庆祝新中国成立60周年百种重点图书

共和国 对外贸易60年

裴长洪 主 编 王万山 副主编

人民出版社

目　录

导　言

共和国对外贸易60年：
变革与增长

　　尽管新中国的经济社会发展可以明显划分为改革开放前后两个重大历史分期，但仍然存在紧密联系的基本线索，那就是中国共产党领导下经济实践中的变革与增长。从新中国对外贸易 60 年的发展历程看，变革与增长是中国对外贸易 60 年前后一贯的历史实践。新中国成立后的前 29 年，中国的对外贸易既是一个数量增长的过程，也是一个变革的过程，所不同的是在改革开放的后 31 年，这后一个过程更加迅速，内涵也更加丰富。

一、新中国成立后的前 29 年：独立自主、增长与
　　进出口商品结构

　　解放前，中国的对外贸易完全依附于帝国主义，完全丧失独立自主的地位。解放后，中国立即废除了帝国主义在中国的一切特权，收回了长期被外国霸占的海关管理权，取消了外国资本在金融、航运、保险、商检、公证、仲裁等方面的垄断权，实行了对外贸易统制。这是当时新中国掌握对外贸易独立自主权的重要保障。随后，全国统一的社会主义外贸体制的

建立，是从没收官僚资本的对外贸易企业和新建国营外贸企业，改造民族资本主义外贸企业这三方面入手。

旧中国的官僚资本依靠国际垄断资本的势力并凭借反动政权的权力，垄断了绝大部分的商品进出口贸易。解放前夕，官僚资本的外汇资产已被卷逃一空；所遗留下来的机器设备、厂房等实物资产，解放后即被我人民政府没收。对于外国在中国的进出口企业，没有采取没收的措施，而是允许它们在服从我国政府法令的条件下继续经营。但是，由于它们丧失了在华特权，特别是在美国及其追随者对华实行封锁禁运后，大都申请歇业，或作价转让给中国政府。此后，外资企业基本上停止了经营活动。新中国第一批的国营外贸企业，是在山东、东北、华北、华东等解放区的外贸企业基础上重新组建的由中央人民政府直接领导的国营外贸企业。

解放初，全国各口岸的民族资本主义外贸企业共 4600 家，从业人员 35000 人，资本约 1.3 亿元（按新币值计算）。其中 10 万元以上资本的大企业为数很少，多数都是中小企业。1950 年，民族私营进出口企业经营额只占全国外贸总额的 33.12%。解放后，国家采取委托经营和公私联营的办法，在职工群众监督下进行对外贸易活动，从而把它们的经营纳入国家计划的轨道。1955 年，民族私营外贸企业的经营比重下降到 0.8%。1956 年，私营外贸企业也实行全行业公司合营，全国共成立了 54 个公私合营的对外贸易公司。私营企业主除了拿定息之外，已经不能支配原来占有的资产。①由此我国对外贸易基本上形成了单一的全民所有制，从而保障了高度集中的计划体制和少数国营公司垄断经营体制的建立与运行。从新中国成立初期国家面临的内外经济、政治形势来看，这种体制的建立不仅是一种深刻的社会经济变革，也是适应当时国民经济最急迫发展的需要。

新中国成立之初，受多年战争的影响，我国国民经济是一种半瘫痪状态，处于恢复和重建状态，同时，由于以美国为首的西方国家对我国实行

---

① 参见王绍熙等编：《中国对外贸易概论》新编本，对外贸易教育出版社 1989 年 12 月版，第 27 页。

封锁、禁运，我国全力发展同苏联、东欧等社会主义国家的经贸关系。在
"冷战"状态的国际背景下，这一时期对外贸易政策的出发点和落脚点都必
须适应战时经济。面对这种情况，实行统制贸易，废除不平等条约，是新
中国政府必然的政治选择。1949年11月中央人民政府政务院设立贸易部，
部内设立国外贸易司，并于1950年12月颁布了《对外贸易暂行管理条例》，
后来又颁布了《暂行海关法》。1951年2月中央政府将全国各口岸已成立的
外贸管理局收归中央贸易统一领导，并在审批登记各类对外贸易企业和外
商机构、实行进出口商品分类管理、推行进出口许可证制度、管制外汇及
审核进出口价格等方面都作了统一规定。同时，着手组建国营外贸公司，
直接经营外贸活动。1952年成立了对外贸易部，对对外贸易进行集中管理。

　　毛泽东、周恩来等领导人十分重视发展新中国的对外经济贸易关系。
在新中国成立前夕，毛泽东在新政治协商会议筹备会上的讲话就明确指
出："中国人民愿意同世界各国人民实行友好合作，恢复和发展国际间的
通商事业，以利发展生产和繁荣经济。"1949年6月30日，毛泽东在
《论人民民主专政》一文中说："完全正确，生意总是要做的。我们只反
对妨碍我们做生意的内外反动派，此外并不反对任何人。"[①] 新中国成立
后，1949年12月22日，毛泽东在《对苏贸易应从统筹全局出发》的指
示信中说："你们在准备对苏贸易条约时应从统筹全局的观点出发，苏联
当然是第一位，但同时要准备和波、德、英、日、美等国做生意，其范围
和数量要有一个大概的计算。"1956年4月25日，他在《论十大关系》
中全面论述了要学习外国的长处，特别是发达国家的企业管理和会做生
意，"这些都应当有原则地好好学过来，以利于改进我们的工作"。[②] 1956
年8月31日他在《对中共八大政治报告稿的批语和修改》中指出："只
要有可能，就发展同世界上任何愿意和我们往来的国家的通商贸易关
系。"1959年6月11日，他在《经济建设是科学，要老老实实学习》中

[①]《毛泽东选集》第四卷，人民出版社1991年6月第2版，第1466、1473页。
[②]《毛泽东文集》第七卷，人民出版社1999年6月第1版，第43页。

指出："搞经济关门是不行的，需要交换。"① 担负国务院总理重任的周恩来也有许多论述，他说："任何一个国家在建设中，任何一个国家在这个世界上，不可能完全闭关自给，总是要互相需求，首先就是贸易往来，技术的合作。"1956年9月16日，他在《关于发展国民经济的第二个五年计划的建议的报告》中指出："我们也愿意根据平等互利的原则，同世界上其他的国家发展经济上、技术上和文化上的联系。我们一直在努力扩大同西方国家的贸易，并且愿意把这些国家的科学技术和管理方法中有用的东西吸收过来，为我们的建设事业服务。"他还说："我们主张扩大国际间经济、技术和文化的合作和联系，不仅是为了加速完成我们的社会主义建设，而且还因为这将为各国之间的和平共处奠定可靠的基础。"②

在1950年到1952年国民经济恢复时期，我国对外贸易承担了组织内外物资交流，扶持工农业生产和恢复交通运输；争取所需物资进口，支持抗美援朝的斗争和粉碎"禁运"、"封锁"斗争的任务，及时进口了一些重要物资，例如钢铁、石油及其制品、化工原料、橡胶及其制品、棉花、纸浆、种畜等。我国的进出口总额从1950年的11.35亿美元上升到1952年的19.41亿美元，年均增长30.8%；进口额从5.83亿美元增长到11.18亿美元，年均增长38%；出口额从5.52亿美元增长到8.23亿美元，年均增长20%。对外贸易的大幅增长，对恢复发展我国国民经济，起到不可忽略的作用。

1953年，国家开始对原有的外贸公司进行调整和改组，按进出口商品的品种和类别划分经营分工，分别成立了12个外贸专业公司。1956年，在对私人工商业的所有制改造基本完成后，管理者、计划制订和执行者、经营者三个职能都集中于对外贸易部一身。至此，对外贸易国家垄断制已基本确立，即全国的对外贸易由外贸部统一领导，统一管理，进出口贸易的具体经营业务，由外贸部所属的各外贸专业公司统一进行。1957年，我国进出口总额达到31.03亿美元，比1950年增长1.73倍，"一五"

①《建国以来毛泽东文稿》第六册，中央文献出版社1992年1月第1版，第150页。
②《周恩来经济文选》，中央文献出版社1993年2月第1版，第236、327~328、642~647页。

时期的年平均增长率达9.8%，其中进口额为15.06亿美元，增长了1.58倍，出口额15.97亿美元，增长了1.89倍。从1956年起，扭转了几十年来中国对外贸易长期逆差的局面。1958年，鉴于当时对外贸易管理和经营受"大跃进"影响而比较混乱，中央政府为了进一步强化在中央高度集中基础上的对外贸易国家垄断制度，规定除对外贸易部所属各总公司和各口岸对外贸易机构外，任何机构不许经营进出口业务。

受三年自然灾害和1960年中苏关系恶化的影响，从1960年起，我国对外贸易连年下降，1962年基本倒退到1954年的水平。在国民经济实行调整中，对外贸易也进行了调整，从对苏联的贸易转向西方资本主义国家，扩大了从西方资本主义国家的进口和出口。1965年随着国民经济的好转，出口贸易迅速恢复到22.3亿美元，提前还清了对苏的全部债务。

"文化大革命"期间，对外贸易处于停滞状态，1969年全国对外贸易总额从1966年的46.15亿美元下降到40.29亿美元；1970年后，周恩来、邓小平先后主持中央日常工作，着手恢复国民经济并整顿"文化大革命"产生的某些严重问题；加上20世纪70年代初，外部环境开始发生有利于中国的变化，西方国家开始陆续同中国建交；1971年中国恢复了在联合国的合法席位；1972年中美建交；到1975年，中国与欧共体正式建立了经济贸易关系。我国对外经济关系格局发生了重大转变，为了适应转变，我国外贸体制开始了变革的尝试。外贸部于1974年着手在一定范围内实行下放外贸经营权的试点，在沿海地区原有广州、大连、上海、青岛、天津五大对外口岸基础上，新辟江苏、河北、浙江、广西四省区为外贸口岸，同时批准原第一机械工业部成立自属机械设备进出口总公司，直接经营对外贸易。这个时期，对外贸易得到了空前的发展。1975年在邓小平实行整顿工作的当年，进出口总额达到147.5亿美元，创新中国成立以来最高水平，而且从1970年以来的5年间年平均增长速度高达26.3%。1976年以后国家政治形势逆转，对外贸易增长势头也随之下降。

尽管改革开放以前我国对外贸易受到"左"的政治运动和经济计划（"大跃进"）的严重干扰，但并没有从根本上阻止进出口贸易增长的势头。

从 1950 ~ 1978 年，我国进出口贸易总额从 11.35 亿美元增长到 206.38 亿美元，年均增长 10.91%；其中，进口贸易从 5.83 亿美元增长到 108.93 亿美元，年均增长 11.02%，出口贸易从 5.52 亿美元增长到 97.45 亿美元，年均增长 10.79%。而且，随着国家工业化进程的发展，比较优势在不同部门也发生了明显变化，从而推动了外贸商品结构的改变和提升。

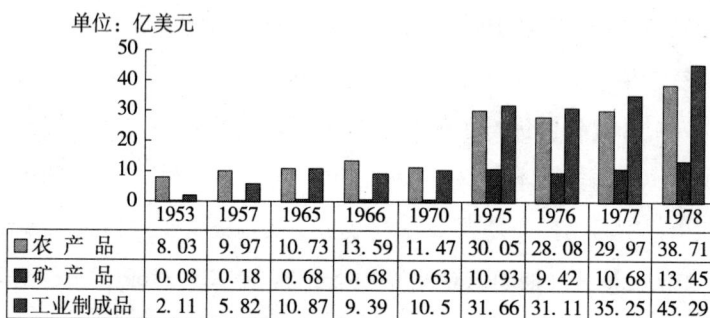

单位：亿美元

	1953	1957	1965	1966	1970	1975	1976	1977	1978
农 产 品	8.03	9.97	10.73	13.59	11.47	30.05	28.08	29.97	38.71
矿 产 品	0.08	0.18	0.68	0.68	0.63	10.93	9.42	10.68	13.45
工业制成品	2.11	5.82	10.87	9.39	10.5	31.66	31.11	35.25	45.29

图 0.1　我国出口贸易结构（1953 ~ 1978 年）

注：根据《1988 年中国对外经济贸易年鉴》中的数据整理计算。

从图 0.1 可以看出，从 20 世纪 70 年代开始，我国工业生产的比较优势开始形成，工业制成品出口和矿产品出口的比重开始明显上升，初级产品特别是农产品出口的比重开始下降。出口商品结构发生了重大变化和提升。与此相对应的是，进口商品结构在不同时期也有明显的变化。在第一个五年计划时期，国家工业化刚开始进行，急需进口大量机器设备，我国积极发展与苏联、东欧国家的经济贸易关系，机器设备在总进口比重中一直占 52% 以上，这种状况持续到 1960 年，1961 年和 1962 年由于受自然灾荒影响，再加上苏联援建项目的停止，机器设备进口比重呈下降趋势，这个趋势到 1966 年有短暂回升，随后的"文化大革命"四年又连续下降，进入 20 世纪 70 年代情况起了变化，特别是从 1972 年到 1977 年，我国先后从美国、日本等十多个国家引进技术和设备 222 项，用汇 39.6 亿美元。主要有化肥设备、化纤设备、数据处理设备、一米七轧钢机设备、采煤机组等。1974～1976 年三年间，机器设备进口比重迅速回升，1975年和 1976 年该比重回升到 30% 以上。1977 年和 1978 年该比重又下降到20% 以下，1979 年回升到 25%。工业原料在进口中的比重一直占重要地位，而且没有太大的起伏波动，从 20 世纪 60 年代初期开始取代机器设备在进口比重中第一的地位，60 年代后期起该比重进一步上升到 50% 左右的压倒地位。农用物资的进口仅仅在 1963～1970 年间呈现较快增长，比重有所提高，其他年份其比重都只在 5%～6% 左右。消费品进口比重也有较大起伏变化，20 世纪 50 年代和 60 年代初期，消费品进口占比重一直较低，但在 1963～1966 年经济恢复阶段，该比重高达 36%，此后十多年又下降但稳定保持在 18%～20% 左右。可见，改革开放前 30 年进口商品结构变化主要受是否有条件进口国外技术设备和能否处理好国内生产与消费关系两方面的影响。工业原料的进口不太受政治运动和经济决策的影响，客观性比较强，当时的工业原料，主要是中间投入品，这类产品在进口比重中的增长，说明了国家工业化还在进行中，国内工业生产的配套条件还比较弱，这在改革开放 30 年后发生了最显著的变化。

表 0.1　1953～1979 年中国进口商品结构

单位：亿美元

	进口总值	机械设备	工业原料	农用物资	消费品
1953～1957	74.35	36.74	23.63	2.84	5.64
占比		49.4%	31.8%	3.8%	7.6%
1958～1962	85.81	34.42	33.19	4.35	5.25
占比		40.1%	38.7%	5.1%	6.1%
1963～1966	70.78	11.51	27.93	5.89	25.45
占比		16.3%	39.4%	8.3%	36.0%
1967～1970	81.16	12.95	42.57	9.15	16.46
占比		16.0%	52.5%	11.3%	20.2%
1971～1975	248.3	58.2	121.63	17.36	51.07
占比		23.4%	49.0%	7.0%	20.0%
1976～1979	403.65	91.74	211.0	24.8	75.4

	进口总值	机械设备	工业原料	农用物资	消费品
占比		23.0%	52.3%	6.1%	18.7%

资料来源：根据《中国对外经济贸易年鉴（1988）》分类数据整理计算。

总起来说，当时我国高度集中、国家统制、国家专营、统负盈亏、政企合一的外贸体制，是当时经济社会发展的需要，它不仅与高度集权的计划经济模式相吻合，也是应对当时国际经济环境和外交格局所必然的产物。解放初期，它对于打破西方国家对我国的经济封锁，保证国民经济的恢复和重建，起了极其重要的作用。后来，这种贸易体制又使我国在很长一段时期内保证了国际收支和财政收支的基本平衡，维持了国民经济的稳定。毫无疑问，在这种体制下，我国对外贸易的增长与发展受到了很大局限，愈到后来，这种体制的弊端就愈显示出其不合理、落后的一面。在20世纪70年代初期，当国际经济环境和外交格局发生新变化的条件下，就必然产生变革的要求。

二、改革开放31年：改革开放、
高速增长与结构变化

1976年10月粉碎"四人帮"后，国家政治生活进入正常状态，1978年党的十一届三中全会纠正了"文化大革命"的错误，经济建设成为全党的中心工作，经济体制改革被提到议事日程上来。在改革初期，邓小平等领导人就极力主张对外开放，发展对外贸易和利用外资、外国技术。1984年10月6日，邓小平在会见参加中外经济合作问题讨论会全体中外代表讲话时指出："对外经济开放，这不是短期的政策，是个长期的政策，最少五十年到七十年不会变。为什么呢？因为我们第一步是实现翻两番，需要二十年，还有第二步，需要三十年到五十年，恐怕是要五十年，接近发达国家的水平。两步加起来，正好五十年至七十年。到那时，更不会改变了。即使是变，也只能变得更加开放。否则，我们自己的人民也不会同意。"① 在改革开放的具体措施方面，邓小平主张下放经济管理权，引进外国资金和技术。与此相呼应下放外贸经营权和利用外资、设立外商合资经营企业，也为我国外贸体制改革拉开了序幕。

改革开放30年来，对外贸易体制改革前赴后继，不断深化，经历了下放外贸经营权改革；进出口商品计划管理体制改革；外贸企业两轮承包经营责任制改革；设立沿海开放城市和经济特区；设立经济技术开发区；外汇管理体制改革；关税管理改革；沿江、沿边对外开放；加入世界贸易组织的配套改革；建立和完善开放型经济体制的改革等在不同时期、不同内容的深刻变革，初步建立了社会主义开放型经济体制的制度框架，有力地支撑了对外贸易的快速发展。对外贸易总额从1978年的206.38亿美元增长到2008年的25631亿美元，年均增长17.43%；其中出口额从97.45亿美元增长到14307亿美元，年均增长18.08%；进口额从108.93亿美元增长到11324美元，年均增长16.74%。在这个快速发展过程中，我国出口商品结构经历了三次重要变化。

（一）从20世纪70年代末期到90年代初期实现了以初级产品出口为主向工业制成品出口为主的转变

表0.2　1978～1990年间中国出口商品结构的变化

	农产品	矿产品	劳动密集型	资本密集型	工业制成品
1978 年					
商品比重（%）	36.1	17.1	31.1	15.2	46.3
世界市场份额（%）	0.5	0.5	2.2	0.2	0.6
比较优势指数	2.00	0.70	2.94	0.32	0.8
1985 年					
商品比重（%）	21.7	28.8	35.5	12.9	50.4

---

① 《邓小平文选》第三卷，人民出版社1993年10月版，第79页。

续表

	农产品	矿产品	劳动密集型	资本密集型	工业制成品
世界市场份额（%）	2.3	1.9	5.2	0.4	1.2
比较优势指数	1.50	1.30	3.30	0.26	0.78
1990年					
商品比重（%）	12.4	9.4	50.8	26.8	80.1
世界市场份额（%）	2.4	1.6	10.3	1.2	2.8
比较优势指数	0.93	0.61	4.02	0.47	1.08
1993年					
商品比重（%）	9.2	4.7	56.8	28.8	87.9
世界市场份额（%）	3.0	1.6	17.4	2.1	4.8
比较优势指数	0.71	0.38	4.13	0.49	1.14

注：比较优势指数，即 Revealed Comparative Advantage，为中国出口商品比重与世界
　　出口商品平均比重的比。
资料来源：宋立刚：《贸易自由化与商品结构变化》，1996年10月，北京学术研讨
　　会论文。

可以看出，到1990年，我国出口商品结构中，工业制成品比重已达到80%，但在工业制成品中，主要是劳动密集型的轻纺工业产品。

（二）从20世纪90年代初期到21世纪初期实现了以轻纺产品出口为主向机电产品出口为主的转变

1995年，我国机电产品的出口比重上升到29.5%，开始大幅度超过纺织品和服装的比重，首次成为中国出口的第一大类商品；到2000年，我国机电产品出口占出口总额的比重已达到42.2%。出口机电产品的主要商品是：收录音机及组合音响、自动数据处理设备及部件、钟表及零件、集装箱、电灯及照明装置等，这表明我国在低端机电产品中的比较优势已经形成并具有国际竞争力。

（三）21世纪以来的8年间，我国出口商品结构进一步高级化，正经历从普通机电产品出口为主日益向高新技术产品出口为导向的新变化

从2000年到2008年，我国机电产品出口比重从42.2%提高到

57.6%；高新技术产品出口比重从14.8%提高到29.1%。2009年，受国际金融危机影响，前6个月我国进出口贸易比上年同期下降23.4%，出口贸易同比下降21.8%，但出口商品结构基本没有变化，机电产品出口比重还提高到58.8%，高新技术产品出口比重仍然达到29.6%。说明我国出口商品结构改善的总趋势没有改变。

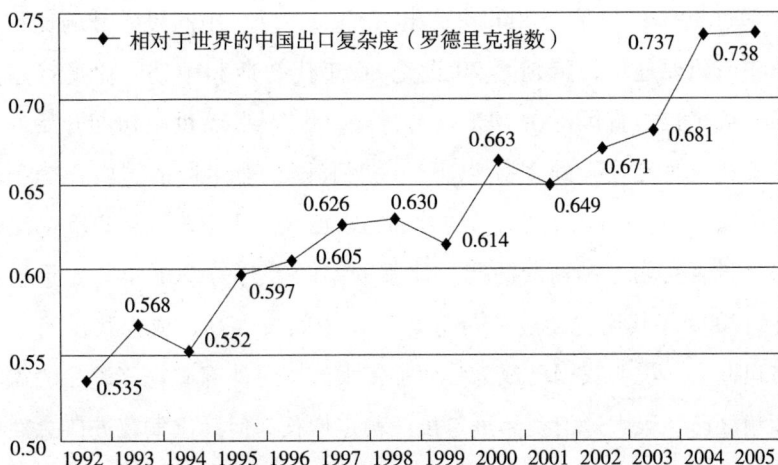

图0.2　中国出口相对复杂度指数（1992～2005年）

资料来源：许斌：《中国出口商品复杂度的度量》，《中欧国际工商学院简报》第135期。

　　实行改革开放也使我国的进口贸易发生了数量增长与结构变化,最重要的变化是由于引进外资和利用国外技术,使机器设备在进口商品结构中的比重迅速提高。刚开始的1978年,曾经有过盲目引进的教训。当年共签订引进合同1230多个,大型项目22个,成交金额78亿美元,几乎是前5年的两倍,引进项目主要有宝山钢铁厂一系列成套设备、化工化肥设备等。这次引进超过了国民经济综合平衡的能力,在一个时期给经济建设带来了困难。① 党的

————————

① 参见《中国对外贸易概论》编写组：《中国对外贸易概论》，对外贸易教育出版社1985年6月版，第173页。

十一届三中全会后，加强了对引进工作的管理，严格控制进口大型成套设备，采取购买使用专有技术的许可证的方式，节约外汇成本；同时，通过利用外商直接投资，引进技术和设备。从20世纪80年代中期开始，我国利用外资见到成效，机器设备进口在进口总额中的比重超过30%，到1993年，我国吸收外商投资超过百亿美元，以当年为起点，机器设备进口就一直成为我国进口商品的第一大类商品，除1990年，其比重始终超过40%，只是到2008年其比重略微下降。中间投入品的比重也一直占有重要地位，特别是20世纪80年代初期和中期，比重曾超过40%，后来也一直保持在30%以上，这种状况到21世纪初期开始发生明显变化，其比重降到25%以下，说明我国工业生产的国内配套条件已有很大提高，对中间投入品的外部需求已经大为下降。进口商品结构的另一显著变化是矿物资源产品比重的不断上升，2001年其比重超过10%，2008年其比重超过23.8%，超过中间投入品，成为我国第二大类进口商品。说明我国已成为工业加工大国，对外部矿物资源品的需求和依赖度已经很大。消费品进口虽然稳定增长，但其比重在进口总额中比较低，进入新世纪后，情况也有所变化，随着我国加入世界贸易组织，对商品进口的关税保护和非关税保护愈来愈弱化，加上国内人民生活水平和收入的提高，对进口消费品需求的增长，消费品进口增长加速，其在进口总额中的比重也有明显上升。农林产品进口在我国的进口商品结构中呈现总体下降趋势，从20世纪80年代初期的30%以上下降到20世纪90年代中后期的10%以下。此后的比重一直比较稳定。农林产品进口比重的下降是在我国扩大开放，实行贸易自由化措施后发生的，因此其比重下降与我国的进口政策没有关系。其主要原因是从20世纪90年代中期以后，我国农业生产不仅产量较为稳定增长，而且农业基础条件进一步增强，粮食和主要农产品的安全保障程度较高，对国外农产品的需求比较稳定。在正常年景下，农林产品的进口不会出现大幅度起伏波动状况。

表0.3　改革开放后我国进口商品结构的变化

单位：亿美元

	进口总额	农林产品	矿物资源	中间投入品	机器设备	消费产品
1981 年	220.1	78.0	2.4	66.4	58.7	5.6
占比（%）	100.0	35.4	1.1	30.2	26.7	2.5
1983 年	213.9	67.5	3.5	94.7	39.9	7.8
占比（%）	100.0	31.6	1.6	44.3	18.6	3.6
1985 年	422.5	45.7	7.2	170.9	162.4	19.0
占比（%）	100.0	10.8	1.7	40.4	38.4	4.5
1988 年	552.7	87.6	13.2	195.5	166.9	19.8
占比（%）	100.0	15.8	2.4	35.4	30.2	3.6
1990 年	533.5	76.3	22.2	155.5	168.4	21.0
占比（%）	100.0	14.3	4.2	29.1	31.6	3.9
1993 年	1039.6	83.9	58.2	382.3	450.2	64.9
占比（%）	100.0	8.1	5.6	36.8	43.3	6.2
1995 年	1321	162.2	81.9	460.7	526.4	82.6
占比（%）	100.0	12.3	6.2	34.9	39.8	6.3
1999 年	1657	143.2	125.3	583.2	694.7	97.0
占比（%）	100.0	8.6	7.6	35.2	41.9	5.9
2001 年	2436	209.1	248.7	740.5	1070.4	150.8
占比（%）	100.0	8.6	10.2	30.4	43.9	6.2
2004 年	5614	440.8	732.2	1398.2	2526.2	501.6
占比（%）	100.0	7.9	13.0	24.9	45.0	8.9
2006 年	7916	541.1	1330.2	1740.4	3571.1	713.0
占比（%）	100.0	6.8	16.8	22.0	45.1	9.0
2008 年	11331	931.8	2696.0	2263.5	4419.2	976.2
占比（%）	100.0	8.2	23.8	20.0	39.0	8.6
2009 年前半年	4246.1	355.4	812.3	976.7	1737.7	351.3
占比（%）	100.0	8.4	19.1	23.0	41.0	8.3

资料来源：根据1990年前各年的《海关统计》年报、1995年后的《海关统计》各年12月和2009年《海关统计》6月的数据整理计算。

2009年前半年，我国商品进口贸易比上年同期下降23.4%，进口商品结构也有所变化，主要是受国内需求收缩的影响，再加上与上年同期相比，矿物资源类产品价格下降，因此矿物资源类产品进口下降幅度达到45%以上，而中间投入品进口下降幅度较小，因此造成矿物资源类商品进口比重下降，而中间投入品进口比重上升的暂时现象。

总之，与改革开放前30年相比，后30年我国进口商品结构有以下重要变化：机器设备进口比重持续上升，成为我国第一大类进口商品；矿物资源性产品进口比重大幅度上升，成为我国第二大类进口商品；中间投入品比重的大幅度下降。这说明中国正在并继续成为"世界工厂"，工业加工制造能力已经明显增强，工业体系已经相当完备。同时，消费类产品进口比重的上升也说明人民生活改善后对进口需求的增加。这些都反映了中国经济面貌的深刻变化。

三、增长与结构变化：外商投资企业的贡献

吸收外商直接投资是改革开放的新事物，吸收外商投资的过程，既是促进我国对外贸易数量增长的过程，也是促进我国比较优势发挥的过程。改革开放头十年，是我国吸收外商投资的初步发展阶段，这个阶段就已经显示出外商投资企业在对外贸易发展中的意义。1988年中国对外贸易总额跃上千亿美元台阶，而在20世纪80年代末期，外商投资企业在我国出口贸易中就开始发挥新生力量的作用。

表0.4　1979～1989年中国对外贸易情况

单位：亿美元

	出口	进口	差额	外资企业出口	占比重（%）
1979	136.6	156.7	-20.1		
1980	181.2	195.5	-14.3	0.08	0.044
1981	220.1	220.2	-0.1	0.32	0.145

续表

	出口	进口	差额	外资企业出口	占比重（%）
1982	223.2	192.9	30.0	0.53	0.237
1983	222.3	213.9	8.4	3.3	1.484
1984	261.4	274.1	-12.7	0.69	0.264
1985	273.5	422.5	-149	2.97	1.086
1986	309.4	429.0	-119.6	5.82	1.881
1987	394.4	432.2	-37.8	12.1	3.068
1988	475.2	552.7	-77.5	24.61	5.179
1989	525.4	591.5	-66.0	49.14	9.353

资料来源：《海关统计》、《中国统计年鉴》。

　　1990～1994年是第二阶段，在这个阶段，外贸企业第二轮的承包经营责任制已经完成，对外贸企业的财政补贴已基本取消，外贸企业已基本成为市场主体，人民币汇率改革进入新的阶段，外汇调剂市场已演进为全国的银行间外汇市场，原先的双重汇率已变为单一汇率。外商投资企业的出口导向特征已基本形成。

表0.5　1990～1994年中国对外贸易情况

单位：亿美元

	出口	进口	差额	外资企业出口	占比重（%）
1990	620.9	533.5	87.5	78.13	12.6
1991	719.1	637.9	81.2	120.47	16.77
1992	849.4	805.9	43.5	173.6	20.44
1993	917.4	1039.6	-122.2	252.4	27.5
1994	1210.1	1156.1	53.9	347.13	28.7

资料来源：《海关统计》、《中国统计年鉴》。

　　1994年中国对外贸易总额迈上了2000亿美元大关，其中出口贸易总额跃上千亿美元台阶，更重要的是，通过外贸体制改革的深化和出口导向型外商投资企业的成长，我国出口贸易的比较优势和国际竞争优势已经形成，并能够连续创造贸易顺差。

第三阶段是从 1995 年到 2001 年，在这个阶段中，我国外贸领域的市场化改革已基本告一段落，而且提出了恢复关税贸易总协定缔约方的申请；在出口贸易中，由于多元投资主体和经营主体的竞争，出口产品中新的比较优势得到积累和发展。特别是外商投资企业在中国出口贸易中的份额持续上升，1996 年超过 40%，2001 年超过 50%，短短七八年间，外商投资企业在中国的出口贸易中就占据了举足轻重的地位。而在这个时期，我国出口贸易总额连续上了 1500 亿美元（1996 年）和 2500 亿美元（2001 年）两个台阶。这种情况也证明，中国出口贸易中新的竞争优势的形成与培育，与外商投资企业的贡献是分不开的；同时也证明，由邓小平极力主张的利用外资的政策对于中国开放型经济的发展起到了关键性的作用。

表0.6　1995～2001 年、2005 年、2008 年、
2009 年上半年中国对外贸易情况

单位：亿美元

	出口	进口	差额	外资企业出口	占比重（%）
1995	1487.8	1320.8	167	468.76	31.51
1996	1510.5	1388.3	122.2	615.06	40.72
1997	1827.9	1423.7	404.2	749.0	41.0
1998	1837.1	1402.4	434.7	809.62	44.05
1999	1949.3	1657.0	292.3	886.28	45.47
2000	2492.0	2251.0	241.0	1194.44	47.93
2001	2661.0	2435.5	225.5	1332.35	50.05
2005	7620.0	6601.2	1018.8	4442.1	58.3
2008	14285	11331	2954	7906.2	55.3
2009 年上半年	5216.3	4246.1	970.2	2884.9	55.3

资料来源：《海关统计》、《中国统计年鉴》，2009 年上半年数据引自《海关统计》2009 年 6 月。

1997 年我国对外贸易总额跃上 3000 亿美元台阶，2000 年跃上 4000 亿美元、2001 年再跃上 5000 亿美元，七年间连续上三个台阶，这与外商投资企业在进出口贸易中发挥的作用无疑有极大关系。2001 年 12 月中国加入世界贸易组织，此后中国对外贸易在 7 年间快速跃上 1 万亿、2 万亿、2.5 万

单位：%

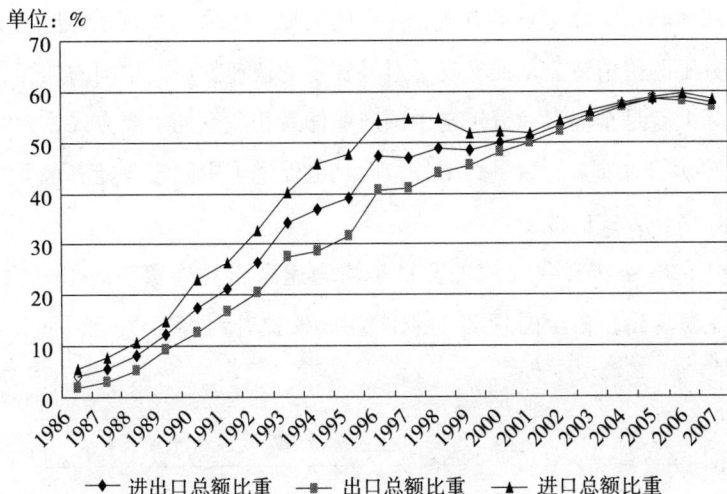

图0.3　外商投资企业进出口在全国总额中的比重（1986～2007年）

亿美元台阶，迅速成为世界贸易大国。2005年外商投资企业出口占我国出口贸易的58.3%，2008年和2009年虽然受国际金融危机影响，但其出口比重仍然达到55%以上。而外商投资企业在中国出口比重的不断上升，更说明了它对中国对外贸易增长以及增长方式转变的重要贡献。

四、增长与结构变化：加工贸易的贡献与成长

20世纪80年代以来，全球生产和贸易获得飞速发展，国际分工与贸易的内涵发生了显著变化，其中最重要的变化就是越来越多的国家和地区通过垂直型的分工链，利用本国在生产要素禀赋和生产技术上的比较优势专门从事某种产品某一工序的生产，从而形成了相互联系、相互影响的全球垂直专业化分工体系。许多有影响的西方学者认为，近30年世界贸易增长的70%来源于这种垂直专业化分工的蓬勃发展。在这个发展机遇中，

中国成功地利用了加工贸易方式,使本国的加工能力和比较优势进入了全球专业分工的价值链,从而实现了对外贸易的快速发展。中国的加工贸易方式实际上就是全球专业分工与中国产业体系相联系的重要方式,它的发展不仅推动了对外贸易数量的增长,而且也促进了中国工业经济水平的提高和贸易增长方式的改变。

1981~2004 年,我国加工贸易年均增速高出对外贸易约 13 个百分点,加工贸易出口占全国总出口的比重由 5% 提升到 55%。

单位:%

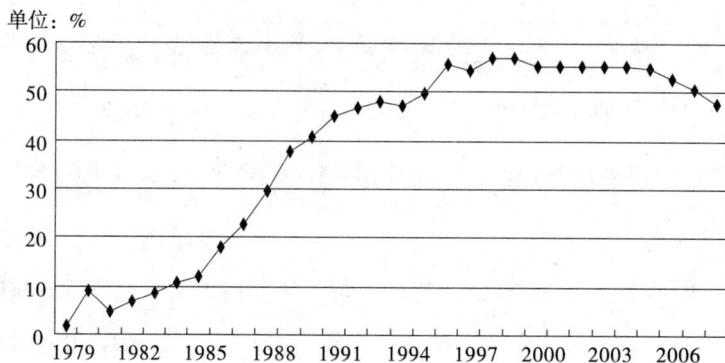

图 0.4 1979~2006 年我国加工贸易出口额占出口总额的比重
资料来源:根据《海关统计》年报和《海关统计》各年 12 月。

单位:亿美元

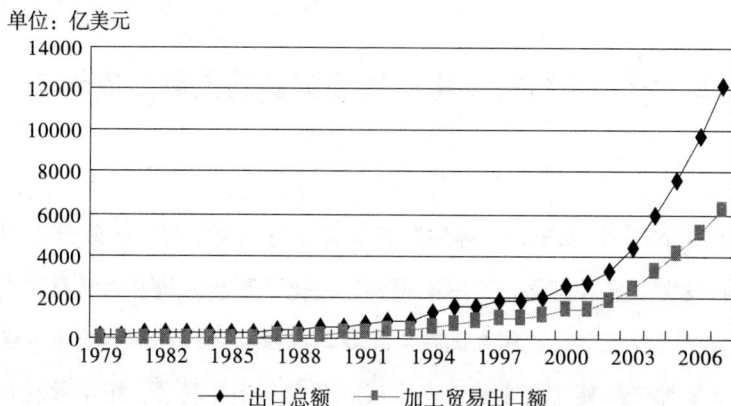

◆——出口总额 ■——加工贸易出口额

图 0.5 我国出口总额与加工贸易出口额(1979~2006 年)
资料来源:根据《海关统计》年报和《海关统计》各年 12 月。

表 0.7　1995、2000、2005、2008、2009 年上半年加工贸易
　　　　在中国对外贸易中的比重

单位：亿美元

	1995	2000	2005	2008	2009 年上半年
加工贸易进出口总额	1320.8	2302	6905	10536	3818.4
占进出口总额比重（%）	47.0	48.5	48.6	41.3	40.4
加工贸易出口额	737.0	1376	4165	6752	2501.7
占出口总额比重（%）	49.5	55.2	54.7	47.3	48.0
加工贸易进口额	583.7	926	2740	3784	1316.5
占进口总额比重（%）	44.2	41.1	41.5	33.4	31.0

资料来源：《海关统计》历年 12 月，2009 年 6 月。

可以看出，在 20 世纪 90 年代中期，加工贸易方式在我国进出口贸易中就已经占据重要地位，此后加工贸易比重不断上升，2008 年和 2009 年上半年受国际金融危机影响，进出口增长速度和比重都有所下降，但加工贸易出口比重仍然达到 48%，加工贸易进口增长速度和比重的下降，一方面说明我国国内加工配套能力的增强，另一方面也反映了矿物类资源产品进口的下降主要表现在加工贸易领域。在未来随着国际贸易形势的稳定与好转，国际垂直型专业分工的继续发展，我国加工贸易方式仍然会在对外贸易中继续发挥重要作用。加工贸易进出口在整个进出口贸易中仍然会保持相当的比重。

从实践上看，我国的加工贸易，即便是沿海发达地区，仍然主要处在 OEM 的发展形态上，甚至是比 OEM 更原始的形态。典型意义的 OEM，虽然加工方要根据委托方的设计和其他商业要求进行"贴牌"生产，但原料和中间品的采购完全是由加工方自由决定和市场化交易的。而我国的加工贸易是从来料加工装配起步的，即生产原料和中间品也是委托方提供的，国内没有生产配套条件，为了促进来料加工，因此采取了海关对该生产原料进口的免税优惠政策。随着国内生产配套条件的逐步提高，加工贸易逐步从来料加工单一形式演化为来料加工与进料加工两种形式，后者虽然也享受海关免税优惠，但它的意义在于加工方进口原料是付费的，这就意味着加工方对原料采购有了较大的商业选择机会，从而就为国内配套生

产提供了需求和拉动。

目前我国加工贸易的转型升级还属于完善 OEM 形态，但却是富有成效的，它首先是从进料加工方式在整个加工贸易中比重的上升和来料加工贸易方式比重的下降起步的，这是一个巨大的进步。

根据海关统计，我国加工贸易发展早期是以来料加工为主，直到 1989 年进料加工进出口额首次超过来料加工贸易额，达 53.1%。此后进料加工一直是加工贸易的主要形式。到 2004 年，已是来料加工贸易总额的 3.5 倍。从 2004 年到 2008 年四年间，来料加工在整个加工贸易中的比重从 22.2% 下降到 19%，下降了 3.2 个百分点，2007 年和 2008 年进料加工进出口额的比重都达到 80% 左右。

其次它表现为加工贸易，特别是进料加工对国内产业配套能力的带动和促进。从 2004 年到 2007 年三年间，来料加工贸易的国内增值率从 28% 提高到 30%，2008 年受国际金融危机影响，来料加工出口下降，其国内增值率降为 22.6%。说明来料加工贸易的生产附加值或国内配套生产有所提高，更有意义的是，2004～2008 年进料加工贸易的国内深加工结转率提高，其国内深加工产值达到加工贸易进出口额的 20%，平均结转 2～3 道左右；进料加工贸易的国内增值率从 54% 提高到 95.9%，这个数据的经济含义可以解释为，与四年前相比，进料加工贸易对国内产业的带动作用大大增强。据有关专家研究，1993 年我国进料加工方式加工贸易的国内配套值为 41.6 亿美元，2004 年国内配套值已达到 776.89 亿美元。1993 年来料加工方式加工贸易的国内配套值为 25.1 亿美元，2004 年这一数字已提高到 126.21 亿美元。2005 年全国深加工结转 1392 亿美元，增长 24.2%，相当于加工贸易进出口的 20%，平均结转 2～3 道左右。如按照当年价格与汇率估算，2004 年进料加工贸易带动国内产业配套的产值约为 3678 亿元人民币，2008 年超过万亿元人民币。

再次它表现为加工贸易产业面的延伸、扩展以及产品结构的优化。我国加工贸易从服装、玩具、鞋类等劳动密集型行业开始发展，逐渐延伸进入家电、电气机械、电子通讯设备、运输设备以及各种信息服务产品等行业领域。从产品结构来看，加工贸易出口产品逐步从劳动密集型产品为主向资本技术密集型产品为主转变。2006年，加工贸易机电产品、高新技术产品分别出口3913.2亿美元、2458.4亿美元，占加工贸易出口的比重分别为76.7%和48.2%，分别比上年同期提高了1.6、1.4个百分点，占全国同类产品出口的71%和87%，轻纺类产品仅占加工贸易出口的13%，化工产品、矿产品占比不到1%，生铁、铁合金、电解铝、皮革等产品的加工贸易出口大幅下降。这主要是因为2006年以来，有关部门按照国务院要求，采取了一系列措施，包括先后对695种"两高一资"产品取消出口退税或开征、提高出口关税；提高了加工贸易企业准入门槛，将环保、能耗、用工、设备水平等指标纳入审核范围，部分商品列入加工贸易禁止类目录；不批准外资进入炼钢炼铁、氧化铝等国家限制的高污染项目。

在国家政策引导下，加工贸易还不断向产业链中的上游制造环节、零部件配套环节以及自主研发环节延伸。特别是研发中心数量不断增加，截至2007年年底，外商已在中国设立研发中心超过750家，跨国公司在华设立地区总部近40家。随着加工贸易在我国国内加工环节不断增多，国内的配套能力不断提高，产业链条不断延伸，在少数发达地区和少数先进企业中也出现了加工贸易的比较高级的形式，如ODM和OLM等其他形态，这虽然在我国加工贸易大潮中还寥若晨星；也有个别企业通过技术创新和长期积累，获得具有自主知识产权的品牌，因此具备了充当原始品牌制造商（即OBM）并进行国际化生产的主要条件（但还不是全部条件），这都表明，加工贸易必将随着自身的发展不断转型升级，从而推动我国外贸增长方式的进一步变化。

五、结论与趋势

变革与增长是新中国对外贸易60年发展的基本线索。新中国成立后，制度变革的主要内容是用社会主义经济贸易制度和计划管理体制取代旧中国半殖民地、半封建的经济贸易制度和维护帝国主义、官僚资本特权的管理体制，建立了独立自主的社会主义经济贸易制度和高度集中的计划管理体制，这是历史的巨大进步。随着中国经济建设的发展和国际经济贸易环境的变化，这种封闭的、高度集权和垄断经营的体制愈来愈不适应我国对外贸易发展的需要，但是它的变革，需要在结束"左"的错误倾向和思想解放之后才能出现。改革开放30年，成功实现了第二次深刻的变革，成为新的历史性巨大进步。

60年的发展不仅表现为贸易规模的扩大，而且增长方式的转变也是明显的。新中国成立后的前30年，中国对外贸易突破了帝国主义的封锁，从无到有，从数量极其有限发展到200多亿美元的规模，换取了宝贵的外汇资源，支持了国家工业化建设。在出口贸易中，从20世纪70年代开始，出口商品结构出现了从农产品为主向工业制成品为主的转化趋势，进口商品结构也体现了工业化发展的需要。改革开放30年，我国出口商品结构经过了三次重要变化，出口商品的复杂程度愈来愈高，结构愈来愈趋同于经济比较发达的国家。进口商品结构则进一步反映了我国工业化进程的深入发展，国内加工制造能力和产业体系的配套完善以及人民生活水平的提高，进出口商品贸易的增长方式愈来愈符合全面建设小康社会的需要。

我国用60年走完了世界贸易大国的路程。到2008年，我国进出口贸易总额仅次于美国、出口贸易总额仅次于德国。但是，中国还不是贸易强国，这表现在两方面，一方面是，虽然中国对外贸易绝对量不小，但相对规模还很小，这表现在人口与世界市场份额很不相称。中国人口占世界的20.13%，2008年中国出口只占世界总出口的8.9%，而德国人口只占世界的1.26%，出口占9.1%；美国人口只占世界的4.6%，出口占8.1%；日本人口只占世界的1.96%，出口世界的4.9%；欧元区15国人口只占世界的5.3%，出口却占到世界的34.8%。另一方面是，中国出口商品反映的产业结构还不全面和不够高级化，许多产品的附加价值还很低，即使是在高新技术产品类别中，中国出口的商品是同类产品中的低端加工的产品，而且，加工贸易出口商品在国内创造的附加价值往往不超过商品价值的25%。中国成为贸易强国的道路还很漫长，中国还需要20年到30年才能实现贸易强国的梦想。在未来的20年到30年时间里，中国还需要继续增长和变革，还需要继续扩大开放与国际经济合作，还需要继续参与经济全球化并与贸易伙伴实现互利共赢。

本章参考文献

1.《毛泽东选集》第四卷，人民出版社1960年9月版。

2.《周恩来经济文选》，中央文献出版社1993年2月版。

3.《刘少奇论新中国经济建设》，中央文献出版社1993年10月版。

4.《邓小平文选》第二卷，人民出版社1994年10月第2版。

5.《邓小平文选》第三卷，人民出版社1993年10月版。

6.《陈云文选》第二卷、第三卷，中央文献出版社2005年6月版。

7.《江泽民文选》第一、二、三卷，人民出版社2006年8月版。

8. 江泽民：《全面建设小康社会　开创中国特色社会主义事业新局面》，人民出版社2002年1月版。

9. 江泽民：《论社会主义市场经济》，中央文献出版社2006年4月版。

10. 胡锦涛：《高举中国特色社会主义伟大旗帜　为夺取全面建设小康社会新胜利而奋斗》，人民出版社2007年10月版。

11.《中共中央关于制定国民经济和社会发展第十一个五年规划的建议》，人民出版社2005年10月版。

12.《中国对外贸易概论》编写组：《中国对外贸易概论》，对外贸易教育出版社1985年版。

13. 万伯涵：《对外贸易实务》，山东人民出版社1988年版。

14. 廖庆薪等编著：《现代中国对外贸易概论》（第三版），中山大学出版社2000年版。

15. 王绍熙等主编：《中国对外贸易概论》，对外贸易教育出版社1989年版。

16. 沈觉人主编：《当代中国对外贸易》，当代中国出版社1992年3月版。

17. 裴长洪主编：《中国对外开放与流通体制改革30年研究》，社科文献出版社2008年11月版。

上 篇

1949～2009 年的共和国对外贸易发展

第一章

1949～1952年国民
经济恢复时期

第一节　国际贸易背景

社会主义对外贸易与资本主义对外贸易不同，它不能在旧社会建立，因为社会主义生产资料公有制和旧社会的生产资料私有制根本对立。因此，社会主义对外贸易，包括社会主义初级阶段的对外贸易，只能在无产阶级取得革命胜利、建立起无产阶级政权这个根本的政治前提下，才能建立和发展。

中华人民共和国成立以前，帝国主义列强长期侵入中国，要把中国变成它们的半殖民地和殖民地。帝国主义列强为了这个目的，向中国发动多次的侵略战争。例如1840年的中英鸦片战争、1857年的英法联军侵华战争、1884年的中法战争、1894年的中日战争、1900年的八国联军侵华战争。用战争打败了中国之后，帝国主义列强不但占领了中国周边的许多原由中国保护的国家，而且抢去了或"租借"去了中国的一部分领土。例如日本占领了台湾和澎湖列岛，"租借"了旅顺，英国占领了香港，法国"租借"了广州湾。割地之外，帝国主义列强又索取了巨大的赔款，强迫中国订立了许多不平等条约。根据这些不平等条约，取得了在中国驻扎海军和陆军的权力，取得了领事裁判权，并把全中国划分为几个帝国主义国家的势力范围。帝国主义列强根据不平等条约，控制了中国一切重要的通商口岸，并把许多通商口岸划出一部分土地作为它们直接管理的租界。它们控制了中国的海关和对外贸易，控制了中国的交通事业。因此它们便能够大量地推销它们的商品，把中国变成它们的工业品的市场，同时又使中国的农业生产服从于帝国主义的需要。帝国主义列强还在中国经营了许多轻工业和重工业的企业，以便直接利用中国的原料和廉价的劳动力，并以此对中国的民族工业进行直接的经济压迫，直接地阻碍中国生产力的发展。帝国主义列强经过借款给中国政府，并在中国开设银行，垄断了中国的金融和财政。因此，它们就不但在商品竞争上压倒了中国的民族资本主义，而且在金融上、财政上扼住了中国的咽喉。

鸦片战争以后，中国的主权和领土完整受到了严重破坏，对外贸易也丧失了独立自主的地位，完全依附于帝国主义，成为半殖民地半封建性质的对外贸易。帝国主义凭借种种特权，以通商口岸、租界为据点，以协定关税和领事裁判权为护身符，向中国倾销商品，掠夺资源，因而促进了中国半殖民地半封建对外贸易的发展。根据有关历史资料计算，从 1868 年到 1913 年，对外贸易总额增长了 7 倍，1929 年比 1913 年又增长了 2.5 倍。1931 年"九一八"事变以后，中国的东北、华北大片领土被日本帝国主义者占领。抗日战争爆发后，沿海口岸也相继沦陷，使国民党统治区的对外贸易几乎陷于停顿状态。但是，到 1945 年日本投降，美帝国主义侵入中国以后，国民党统治区的对外贸易，很快地就超过了历史最高水平。应当特别指出的是，旧中国对外贸易的发展，是在帝国主义侵略下造成的，因此是一种不正常的现象。

中国半殖民地半封建的对外贸易是畸形的，它在历史上发挥的作用也是独特的。一方面，它成为帝国主义、官僚买办资产阶级掠夺、剥削和奴役中国人民的工具，给中国人民带来了深重灾难。这是它的基本方面。另一方面，它加速了中国封建专制对外贸易的解体和自然经济的瓦解，促进了中国资本主义的发展，使中国完全投入世界资本主义市场，商品交换的范围和数量都超过了中国历史上任何一个时代。此外，它对于中国现代工业的建立和开展国际的经济技术交流，在客观上也起过一定的作用。

中华人民共和国成立之前，对外贸易的基本特征，可概括为以下几点。[①]

第一，对外贸易被帝国主义和官僚买办资产阶级所控制和垄断。帝国主义列强于1843年取得了协定关税特权，从1845年起又霸占了中国海关的行政管理权，中国大门的钥匙落到帝国主义手中，为它们的经济侵略大开方便之门，外国资本大量涌入中国。自1882年至1913年，各通商口岸的外商由440家猛增到3805家，向商品流通领域的各个环节和其他领域迅速扩张它们的势力，从而完全控制了中国对外贸易以及外汇、金融、航运、保险、商品检验等有关事业。蒋、宋、孔、陈四大家族，是中国官僚买办资产阶级的总代表，他们在帝国主义的支持下，建立起法西斯政权。在他们当权的二十年中，集中了价值达100亿至200亿美元的巨大财产，控制了全国的经济命脉，成为他们反动政权的经济基础。蒋介石反动政府除了把国家主权出卖给美帝国主义以外，还开办了各式各样的"贸易公司"，为美帝国主义掠夺资源、倾销商品效劳。这些贸易公司垄断了丝、茶、桐油、猪鬃、锑、钨等重要物资的出口和钢铁、车辆、机械、粮食、棉花、原油等物资的进口，它们实际上是美国垄断资本在中国的代理。此外，蒋介石反动政府还通过颁布各种"法令"，控制对外贸易，维护帝国主义和官僚买办资产阶级的利益。

第二，进出口商品结构完全适应帝国主义掠夺资源、倾销商品的需要。鸦片战争以前，中国社会长期处于自给自足的自然经济状态，对外国商品的需要并不殷切；与此相反，资本主义各国却需要中国的商品作为消费资料或进行中间贸易。鸦片战争以后，中国沦为半殖民地半封建社会，帝国主义国家凭借特权，一方面毫无限制地向中国强行推销商品，另一方

---

① 教材编写组：《中国对外贸易概论》，对外贸易教育出版社1985年版，第13～20页。

面，又任意从中国廉价捞取农副产品和工业原料，进出口商品完全适应了帝国主义的需要。出口商品主要是生丝、茶叶、桐油、猪鬃、大豆、花生、锑、钨等农副产品和工业原料。进口商品除1913年前鸦片居首位外，主要是棉织品、毛织品、煤油、汽油、香烟、洋酒、食品罐头、糖果、化妆品等消费品和奢侈品。据统计，自1873年至1947年，每年进口的机器设备从没有超过进口总额的10%。洋纱、洋布、洋油等充斥中国市场，严重打击了民族经济的发展。据国民党统治区二十多个大城市不完全统计，从1946年秋到1947年年底，工商业倒闭的在27000家以上。这种进口以消费品奢侈品为主、出口以重要原料为主的情况，一直到全国解放前夕没有发生什么变化。

第三，中国的贸易对象集中于少数帝国主义国家。帝国主义对中国的经济侵略，在1894年中日战争以前，是以商品输出为主要手段；中日战争以后，就以资本输出为主，用资本输出来带动和扩大商品输出。它们由开辟商品市场改变为划分势力范围。当时，长江中下游被划为英国的势力范围；云南、两广被划为法国的势力范围；山东被划为德国的势力范围；东北原划为沙皇俄国的势力范围，1905年日俄战争后，东北的南部地区又成为日本的势力范围；等等。帝国主义在各自的势力范围内，建立起自己的统治机器，支持中国反动当局血腥镇压中国人民的革命斗争，并且强行开办工厂，设立银行，发行钞票，建筑铁路，开发矿山。同时通过给反动当局的各种借款，取得了中国的关税和国库收入的支配权，掌握了中国的经济命脉。帝国主义"洋行"，把持了中国的对外贸易。但是，由于帝国主义政治经济发展的不平衡，必然引起它们之间的争夺，而且这种争夺愈演愈烈。中国的对外贸易也随着帝国主义列强在华势力的消长而发生变化。自鸦片战争到甲午战争期间，英国在中国对外贸易中占80%以上，几乎处于独占地位。在19世纪最后二十多年中，美、德、法、日等国，加强了与英帝国主义的竞争。沙皇俄国也利用与中国有数千里的边界，发展陆路贸易，又屡次胁迫清朝政府，取得了深入内地城市的贸易权，并把舰队驶入太平洋，积极发展海上贸易。1905年日俄战争后，日本在中国的东北地区取代了俄国的地位，并在华东、华中和华南不断排斥英国的势力，因而对中国的贸易急剧增长。在这种情况下，英帝国主义垄断中国对外贸易的地位发生了动摇。第一次世界大战期间，日本和美国趁欧洲各帝国主义国家混战无暇东顾的机会，进一步扩大了对华侵略势力。日本帝国主义者在中国对外贸易中的比重一跃而居第一位；美国居第二位。1931年以后，中国东北各省的对外贸易完全为日本所独占；1937 年，日本帝国主义者发动全面侵华战争，控制了中国对外贸易的绝大部分。第二次世界大战后，德、日、意三国战败，英、法等国力量也大为削弱，而美国垄断资产阶级却在战争中发了横财，爬上了资本主义世界的霸主地位。中国的对外贸易也为美国帝国主义者所把持。据统计，中国从美国的进口，在1936 年只占进口总额的 22.6%，而 1946 年则增至 51.2%；中国向美国的出口，1938 年只占出口总额的 19.7%，1946 年则猛增至 57.2%。到了国民党反动政府崩溃的前夕，美货充斥市场，蒋管区已经成了美国货的天下。

　　第四，对外贸易长期入超和不等价交换。不等价交换是帝国主义对殖民地和不发达国家进行掠夺的重要手段。一百多年来，帝国主义通过不等价交换，对中国人民进行残酷剥削和掠夺。根据海关统计，19 世纪后期，中国出口土特产品的价格不断下降，这从当时的传统出口商品茶、生丝可以明显看出。假如以 1873 年出口物价指数各为 100，到 1894 年，红茶的出口物价指数为 76.7，生丝为 65.4。后来，出口价格虽有所增长，但总是跟不上进口价格的增长速度。如以 1913 年进、出口物价指数各为 100，到 1936 年，进口物价指数上升到 153.3，而出口物价指数却只增长为139.2。根据 1926 年到 1936 年中国进出口商品统计资料计算，对外贸易由于不等价交换所造成的损失，大约相当于六亿二千八百石大米的价值。再以几种进出口商品为例：进口汽油的价格，1944 年比 1925 年上涨约1480 倍，而中国出口桐油价格，在同期内只上涨 360 倍；进口人造丝的价格，1944 年比 1925 年上涨 626 倍，而中国出口的生丝价格，在同期内仅上涨 129 倍。进口汽油与出口茶叶的交换比例，1925 年需要用壳牌汽油 25.5 箱才能换珍眉绿茶 1 担，而 1943 年，1 箱汽油就可换绿茶 3 担。在美帝国主义独占中国对外贸易时期，这种不等价交换就更加严重。1946年，一架英国产的五灯收音机，在美国批发价是 20 美元，运到中国的售价则合 250 美元；而与此同时，在中国价值 350 万元的生丝，到美国仅值250 万元。由于帝国主义长期对中国倾销商品，使中国对外贸易自 1877年到 1949 年全国解放的 73 年中，年年入超，总额达 64 亿美元之巨，这还不包括大量的走私进口货物在内。其中，在国民党统治时期的贸易入超，达到 33 亿美元，而从 1945 年至 1948 年，即美国帝国主义者垄断中国对外贸易的四年中，贸易逆差即达 12 亿美元之多。长期的贸易入超，造成金银大量外流，赋税成为劳动人民的沉重负担。同时，又迫使中国历届反动政府不得不用举借外债和出卖主权的办法来抵偿贸易入超，从而加深了对帝国主义的屈从和依赖。

第五，民族进出口商艰难发展。鸦片战争以前，清朝政府限定广州为唯一对外贸易口岸，并规定除官府特许的"行商"（或称"公行"、"十三行"）办理承销、代购之外，其他中国商人不得对外自由贸易。鸦片战争后，"行商"垮台，民族进出口商开始出现。但是，由于当时的对外贸易被"洋行"所把持，民族进出口商因为资本薄弱无法进行竞争，往往只能依附于洋商或买办。因此，民族进出口商一开始就受帝国主义和买办阶级的压迫和束缚，可是为了开展经营又和帝国主义、买办阶级有着千丝万缕的联系。第一次世界大战期间，在中国民族工业一度获得发展的同时，中国民族进出口商也有所发展。在大战结束以后，由于西方各帝国主义争夺中国市场的斗争日益尖锐化，日本帝国主义加强了对中国的商品输出和资本输出，使中国的民族工业受到沉重的打击。尽管如此，中国民族进出口商的发展却并没有受到很大影响。这是因为：一方面，帝国主义需要利用种种渠道对中国扩大商品推销和获取原料；另一方面，经营进出口业务能够给民族进出口商带来较多的利润。所以，各式各样的私营进出口行号在各地陆续出现，仅上海一地，这类行号在 1936 年即达 306 户。抗战胜利之后，由于美国货的大量倾销，金融物价极为混乱，商业投机成

风，各式各样的私营进出口行号应运而生。据统计，解放前夕全国已有
4000 余户。这些行号通过各种方式同国外特别是美国建立商业关系，而
且大部分经营美国货。这种私营对外贸易的畸形发展和买办性的加深，是
前所未有的。但是，由于美国帝国主义者从它自身的利益出发，往往把大
宗重要物资交由在华美商包办经营；加以蒋介石反动集团发动的反革命内
战接连遭到惨败，财政枯竭，变本加厉地搜刮外汇和出口物资，实行所谓
"输入限额分配"、"经济紧急措施"，使本来资本短缺、根基脆弱的民族
进出口商受到致命的打击，大部分被迫破产。总之，中国民族进出口商的
力量是软弱的，同时与帝国主义、封建主义有着或多或少的联系，具有明
显的买办性、封建性。这是在半殖民地半封建社会的条件下形成的。

　　鸦片战争以来，中国人民反对帝国主义、封建主义和官僚资本主义的
人民革命斗争，前仆后继，蓬勃发展，争取对外贸易的自主权和反对帝国
主义经济侵略，是人民革命斗争的重要组成部分。中华人民共和国的诞生
和社会主义对外贸易的建立，标志着这一斗争的彻底胜利。

　　新中国成立初期，国内外矛盾错综复杂，困难很多。在国际上，美国
继续与中国人民为敌，力图对新中国实行政治孤立、经济封锁和军事包
围，伺机进行侵略和颠覆。国内，在军事上，人民解放战争尚未结束，国
民党还有上百万军队在西南、华南和沿海岛屿负隅顽抗。在新解放区，国
民党在溃逃时遗留下大批残余力量。在经济上，新中国继承的是一个十分
落后而又千疮百孔的烂摊子。由于长期滥发纸币，市场上物价飞涨、投机
猖獗、秩序混乱；整个经济处于崩溃的局面，生产萎缩，交通阻塞，民生
困苦，失业众多。面对极其困难的财政经济状况，中国共产党采取了一系
列重大的措施，稳定物价和统一财经。经过一年多的艰苦努力，通货膨胀
得到控制，物价日趋稳定，财政收支接近平衡。这表明国家的财政经济状
况已经开始好转。在这样的形势下，1950 年 6 月党召开了七届三中全会，
毛泽东在会上作了书面报告，向全党全国人民提出"为争取国家财政经济
状况的基本好转而斗争"的现阶段的中心任务。会议指出，"现在我国在经
济战线上取得的一批胜利，表现了财政经济状况的开始好转，但这还不是

根本的好转。获得财政经济状况的根本好转，要用三年左右的时间"。党的七届三中全会，及时提出了党在国民经济恢复时期的战略策略方针，通过对工商业的合理调整，不仅使一度出现私营企业生产经营萎缩的态势得到迅速扭转，而且使公私关系、劳资关系的紧张局面得到缓和。

1949年10月中华人民共和国成立到1952年年底，是中国进行国民经济恢复工作的时期，也是进行社会主义经济建设的准备阶段。中国共产党和中国人民面临着巩固人民政权和恢复、发展国民经济的艰巨任务。

在恢复国民经济的同时，中国共产党领导全国各民族、各民主党派、各人民团体、各界爱国民主人士，在政治、思想、文化各条战线上开展了多方面的斗争，特别是1950年至1952年在全国范围内开展了土地改革运动、抗美援朝运动、镇压反革命运动、思想改造运动和"三反"、"五反"运动。

新中国成立后头三年，中国共产党领导人民解放军和各族人民，肃清了国民党在大陆的残余武装力量和土匪，实现了西藏的和平解放，建立起各地各级人民政府，没收了官僚资本企业并把它们改造成为社会主义国营企业，统一了全国财经工作，稳定了物价，完成了新解放区的土地改革，镇压了反革命。在党政机关和国营经济部门的工作人员中，开展了反贪污、反浪费、反官僚主义的"三反"运动。在私营工商业者中，开展了反行贿、反偷税漏税、反盗骗国家财产、反偷工减料、反盗窃国家经济情报的"五反"运动。对旧中国的教育科学文化事业，也进行了很有成效的改造。在胜利完成各种繁重的社会改革任务的同时，迅速恢复了在旧中国遭到严重破坏的国民经济，全国工农业生产到1952年年底已达历史最高水平。从1950年10月～1953年7月，中国人民还胜利地进行了伟大的抗美援朝战争，为社会改造和国民经济建设赢得了一个相对稳定的和平环境。[①]

经过三年的艰苦努力，我们就胜利地完成了国民经济的恢复工作。到

---

① 吴于廑、齐世荣：《世界史·现代史》（下卷），高等教育出版社1994年版，第65页。

1952 年年底，全国工农业生产都超过了历史的最高水平。1952 年，全国工农业总产值比 1949 年增长了 77.5%，其中工业总产值增长 145%，农业总产值增长 48.5%。这一年，钢产量达到 135 万吨，比解放前最高年产量多 43 万吨；原煤 6649 万吨，比解放前最高年产量多 461 万吨；发电量 73 亿度，比解放前最高年产量多 13 亿度；原油 44 万吨，比解放前最高年产量多 12 万吨；水泥 286 万吨，比解放前最高年产量多 56 万吨；棉纱 65.6 万吨，比解放前最高年产量多 21.1 万吨；粮食 16390 万吨，比解放前最高年产量多 1390 万吨；棉花 130.4 万吨，比解放前最高年产量多 45.5 万吨。三年间，全国修复和新建铁路通车线路 2.4 万多公里，公路 12.7 万公里，随着工农业生产的恢复和发展，劳动人民的物质和文化生活水平也得到了明显的改善和提高。从 1949 年到 1952 年，全国职工的平均工资提高了 70% 左右，各地农民的收入一般增长了 30% 以上。

工农业生产和各项事业的迅速恢复与发展，为社会主义对外贸易的进行奠定了必要的基础。同时，社会主义对外贸易的开展也为新中国的经济建设起到了重要的支持作用。

第二节 国际贸易状况

一、总体状况

在国民经济恢复时期，通过贯彻"城乡互助，内外交流"的方针政策，国内经济包括外贸商品生产以及内外商业联系基本恢复，独立自主的对外贸易体系初步建立。通过坚持在平等互利原则的基础上与一切国家开展贸易，通过一系列反对封锁、禁运的对策和措施，使这一时期的对外贸易得到恢复和发展，贸易额有所增加，摆脱了旧中国对外贸易的半殖民地的依附性。

表 1.1 1950～1952 年中国与世界贸易额及中国所占比重

单位：亿美元

年份	进出口		
	世界	中国	比重（%）
1950	1260	11.3	0.9
1951	1720	19.6	1.14
1952	1700	19.4	1.14

资料来源：世界贸易组织（WTO）数据，国研网整理。

新中国成立初期，因为大规模经济建设并未展开以及帝国主义对中国的经济封锁与贸易禁运，中国贸易占世界贸易的比重稍有增加，但变化不大。从 1950 年至 1952 年，世界贸易总额分别为 1260 亿美元、1720 亿美元、1700 亿美元，中国贸易总额分别为 11.3 亿美元、19.6 亿美元、19.4 亿美元，中国贸易占世界贸易的比重分别为 0.9%、1.14%、1.14%。

表 1.2 1950～1952 年中国 GDP、中国贸易额及贸易依存度

单位：亿美元

年份	中国						
	GDP	进出口	依存度（%）	出口	依存度（%）	进口	依存度（%）
1950	173	11.3	6.53	5.5	3.18	5.8	3.35
1951	202	19.6	9.7	7.6	3.76	12	5.94
1952	239	19.4	8.1	8.2	3.43	11.2	4.69

资料来源：中国 GDP 数据来自《中国对外经济贸易年鉴（1984）》，中国对外经济贸易出版社。中国贸易额、世界贸易额数据来自世界贸易组织（WTO）数据，国研网整理。

从 1950 年至 1952 年，中国 GDP 分别为 173 亿美元、202 亿美元、239 亿美元，进出口分别为 11.3 亿美元、19.6 亿美元、19.4 亿美元，贸易依存度分别为 6.53%、9.7%、8.1%，处于较低的水平。同期，中国出口分别为 5.5 亿美元、7.6 亿美元、8.2 亿美元，出口依存度分

别为 3.18%、3.76%、3.43%；进口分别为 5.8 亿美元、12 亿美元、11.2 亿美元，进口依存度分别为 3.35%、5.94%、4.69%。这一时期，中国出口依存度始终小于进口依存度，尤其在 1951 年，两者差值为 2.18%，表明新中国成立伊始相对出口而言，进口对国民经济的增长起了更大的作用。

表 1.3　1951～1952 年中国贸易增长率、世界贸易增长率

单位:%

增长率				
年份	进出口		出口	进口
	世界	中国	中国	中国
1951	36.51	73.45	38.18	106.9
1952	-1.16	-1.02	7.89	-6.67

资料来源：中国贸易额、世界贸易额数据来自世界贸易组织（WTO）数据，国研网整理。

从 1951 年至 1952 年，从进出口贸易额来看，中国贸易增长率始终高于世界贸易增长率，两者之差分别为 36.94%、0.14%。这主要得益于同期中国出口增长率始终高于世界贸易增长率。1951 年，两者之差为 1.67%，1952 年两者之差猛增至 9.05%。

1952 年，中国与世界贸易总额均有下降，但中国贸易总额的下降速度弱于世界贸易额下降水平，特别值得注意的是该年中国出口仍然是增长的，增长率达到了 7.89%，而同期世界贸易总额下降了 1.16%。

表 1.4　1950～1952 年中国前二十位贸易伙伴及占中国进出口总额比重

单位：亿美元

位次	1950			1951			1952		
	国家或地区	贸易额	比重（%）	国家或地区	贸易额	比重（%）	国家或地区	贸易额	比重（%）
1	苏联	3.38	29.95	苏联	8.09	41.26	苏联	10.64	54.86

续表

位次	1950			1951			1952		
	国家或地区	贸易额	比重（%）	国家或地区	贸易额	比重（%）	国家或地区	贸易额	比重（%）
2	美国	2.38	21.07	中国香港	6.12	31.23	中国香港	2.98	15.36
3	中国香港	1.51	13.38	印度	0.72	3.7	德意志民主共和国	1.07	5.53
4	英国	0.74	6.51	捷克斯洛伐克	0.7	3.58	捷克斯洛伐克	0.98	5.04
5	马来西亚	0.63	5.59	德意志民主共和国	0.59	3.01	巴基斯坦	0.81	4.18
6	日本	0.47	4.18	波兰	0.5	2.55	匈牙利	0.52	2.67
7	印度	0.29	2.6	马来西亚	0.37	1.91	波兰	0.48	2.49
8	荷兰	0.22	1.93	英国	0.35	1.79	印度	0.35	1.82
9	德意志联邦共和国	0.19	1.72	匈牙利	0.28	1.43	斯里兰卡	0.3	1.55
10	巴基斯坦	0.16	1.39	巴基斯坦	0.23	1.19	英国	0.26	1.33
11	比利时	0.12	1.1	比利时	0.21	1.09	朝鲜	0.23	1.21
12	中国澳门	0.12	1.1	德意志联邦共和国	0.18	0.92	瑞士	0.13	0.66
13	捷克斯洛伐克	0.1	0.92	朝鲜	0.18	0.89	比利时	0.09	0.46
14	意大利	0.1	0.92	日本	0.13	0.66	埃及	0.09	0.46
15	摩洛哥	0.08	0.7	中国澳门	0.12	0.62	德意志联邦共和国	0.07	0.36
16	波兰	0.07	0.58	瑞士	0.1	0.51	中国澳门	0.06	0.3
17	朝鲜	0.07	0.58	缅甸	0.09	0.45	意大利	0.04	0.23
18	加拿大	0.07	0.58	美国	0.08	0.41	日本	0.04	0.19
19	瑞士	0.06	0.55	斯里兰卡	0.06	0.3	马来西亚	0.04	0.19
20	法国	0.06	0.52	摩洛哥	0.05	0.26	荷兰	0.03	0.16

资料来源：《中国对外经济贸易年鉴（1984）》，中国对外经济贸易出版社。

　　这一时期，中国最大的几个贸易伙伴主要有：苏联、美国、中国香港、印度、德意志民主共和国、英国、捷克斯洛伐克。

二、主要贸易伙伴

（一）苏联

这一时期，苏联一直是中国最大的贸易伙伴国，这是由中国的外交关系决定的。毛泽东同志曾明确指示："在国际关系上，我国必须倒向苏联的一边；因为一边倒是孙中山的四十年经验和共产党的二十八年经验教给我们的。"

中华人民共和国成立以前，中国同苏联的贸易在中国对外贸易总额中所占比重很小，仅为 3%~6% 左右。新中国成立后这种情况有了明显变化。1949 年，我国对苏进出口贸易总额为 2633 万美元，其中进口总额为 858 万美元，出口总额为 1775 万美元，在我国对外贸易总额中排在美英两国之后，居第三位。1950 年，全国解放后的第一年，我国对苏进出口贸易总额即猛增至 33844 万美元，占当年全国进出口比重为 29.95%，其中进口总额为 18519 万美元，出口总额为 15325 万美元，一举超过美英两国，跃居第一位。1951 年的中苏贸易总额与 1950 年相比又成倍增长，达 80860 万美元，占当年全国进出口比重为 41.26%；1952 年的中苏贸易总额比 1951 年又有较大幅度的增长，达 106421 万美元，占当年全国进出口比重为 54.86%。

从进出口商品的构成来看，我国从苏联进口的主要是生产原料和生产工具，而日用消费品和杂货的比重较小，这种商品构成同解放前的对外贸易有显著不同。当时根据我国国情进口的主要商品有：各种机器（包括工作母机和电机）、钢铁材料、石油、铁道器材、棉布、棉花、马达卡车、紫铜及所制材料、马达车零件附件等。1950 年进口的各种机器价值 6581 亿元人民币，1951 年增至 19993 亿元，为上一年的 303.80%。因国内建设的需要，发展工业生产所需的钢铁材料和石油成为进口的大宗，1950 年进口的钢铁材料价值 3519 亿元，1951 年增至 12850 亿元，为上一年的 365.16%。1950 年进口的石油价值 4918 亿元，1951 年增至 7285 亿元，为上一年的 148.13%。新中国成立初期，人民生活所必需的棉布和棉花也十分紧缺，为保障供给，不得不依赖进口。1950年棉布进口价值为658亿元，1951年猛增至4828亿元，为上一年的733.74%。1950年棉花进口价值为799亿元，1951年猛增至4150亿元，为上一年的519.40%。新中国成立初期我国的造纸业也很落后，由于文化教育事业的迅速发展，纸张供应极为紧张，不得不大批从苏联进口纸张，1950年的进口价值为489亿元，1951年增至1669亿元，是上一年的341.31%。①

（二）美国

中国对美国的贸易有多年的历史。特别是第二次世界大战以后，国民党政府在经济等诸方面加深依赖美国，每年对美国贸易总额占全部外贸总额的35%以上，其中1946年达53.2%，绝对值为3.79亿美元。1949年中国对美国进出口总值为8294.5万美元，占中国全部贸易总额的24.4%，其中进口6056.5万美元，占进口总额的34.3%，位于各国之首；出口2238万美元，占出口总额的13.76%，仅次于香港，居第二位。中华人民共和国的成立，并未立即对中美贸易产生影响。1950年，美国是中国的第二大贸易伙伴。中国与美国进出口额为2.38亿美元，为1949年的2.87倍，占当年全国进出口比重为21.07%。这说明中美贸易不仅得到延续，而且略有增长。

1950年美国开始对中国实施禁运，并且"封锁"、"禁运"的严厉程度逐月升级，但是在12月实施全面"禁运"以前，中美贸易额仍然大幅度增长。这一年对美贸易入超4700万美元。自美国的进口前两季各2000万美元，后两季各5100万美元。1950年，在美国政府禁运逐月升级的形势下，中美贸易总额大幅度增长的事实表明，中美两国互通贸易是双方的共同需要。只要美国政府不实行全面禁运，两国的商贸仍能克服重重困难发展起来。

1950年12月美国公布了"有关管制战略物资输出"的加强命令，将

---

① 孟宪章：《中苏经济贸易史》，黑龙江人民出版社1992年版，第370~371页。

所有输往中国、中国香港和中国澳门的一切物资，无论是战略性的或非战略性的都管制起来。12 月 8 日又公布了《港口管制法令》，不但禁止美籍船只开往中国港口，而且其他国家商船凡经过美国辖区口岸转口的，也必须把载运的战略物资申请港口管制机构批准，否则予以扣留。12 月 16 日美国财政部颁布了《管制外人资产法令》，冻结美辖区内我国的所有公私财产。1951 年 3 月美国又实行了限制中国土产输入的办法，8 月美国海关又宣布禁止所有中国及朝鲜所产的货物和两国在其他国家加工的制品进口。

中美两国的正常贸易，由于美国政府越来越紧的"封锁"、"禁运"，被迫降低以至断绝。1951 年的贸易额，只及 1950 年的 3.3%，1952 年起中美贸易彻底断绝。

（三）中国香港

新中国成立后，中国香港是重要的转口贸易基地，是华北、华中、华南进出口贸易的主要集散地，是中国内地对外贸易的主要通道之一，因此在中国内地的对外贸易中居于重要地位。1950 年，中国内地与中国香港进出口额为 1.51 亿美元，占当年全国进出口比重为 13.38%，是中国内地第三大贸易伙伴；1951 年，中国内地与中国香港进出口额为 6.12 亿美元，占当年全国进出口比重为 31.23%，是中国内地第二大贸易伙伴；1952 年，中国内地与中国香港进出口额为 2.98 亿美元，占当年全国进出口比重为 15.36%，是中国内地第二大贸易伙伴。为反"封锁"、"禁运"，这一时期内地外贸部门利用英国和美国的矛盾，运用多种方式将手中的英汇和港汇头寸，从中国香港市场进口了大量物资。以 1951 年为例，当年内地对中国香港的贸易总额达 13.1 亿元，其中进口 8.93 亿元，出口 4.14 亿元，入超 4.79 亿元。这些商品占了当年中国进口值的很大比重。如橡胶的输入占了全国橡胶输入值的 57.63%；钢铁材料的输入占全国钢铁材料输入值的 33.18%，占了从资本主义国家钢铁材料输入的 63.45%；当年中国进口药品的 3/4 由中国香港输入，占从资本主义国家药品输入的 82.43%；医疗器材占全国同类货物输入的 51.33%，占从资本主义国家输入的73.79%；化学染料占全国同类输入品的63.08%；硫酸铵输入占全国同类输入品的54.11%。

（四）英国

中英贸易至新中国诞生时已有100余年的历史。1931年中英贸易总额为1亿余美元，占中国对外贸易总额的7.83%，地位仅次于日本和美国。1951年5月18日，英国同意美国在联合国提出的对中国"禁运"的提案，但反对对中国实施全面禁运，英国驻联合国代表认为，那样做是"欲损人反而害己"。但是1951年6月19日，英国政府还是把运往中国及中国香港地区的一切出口货置于特许管制之下，导致1951年中英贸易额骤然缩减，较1950年减少了50%。1952年莫斯科国际经济会议期间，中英双方代表团达成了1952年进行每方价值达1000万英镑的贸易协议，然而由于英国政府追随美国政府实行敌视中国的禁运政策，到1952年年底，进口仅完成599.8万英镑，出口仅完成188.7万英镑，还不及原协议的1/2。从1950年至1952年，中国与英国进出口额分别为0.74亿美元、0.35亿美元、0.26亿美元，占当年全国进出口比重分别为6.51%、1.79%、1.33%。

（五）捷克斯洛伐克

1950年6月14日，中国贸易部对外贸易司司长林海云和捷克斯洛伐克商务代表团团长佛兰梯塞克·阿达麦克分别代表本国政府，在北京签订了第一个中捷政府贸易协定。1951年6月两国政府签订了第二个中捷贸易协定。1950年，中国与捷克斯洛伐克进出口额为0.1亿美元，占当年全国进出口比重为0.92%；1951年，中国与捷克斯洛伐克进出口额为0.7亿美元，占当年全国进出口比重为3.58%；1952年，中国与捷克斯洛伐克进出口额为0.98亿美元，占当年全国进出口比重为5.04%。中国对捷出口了大量大豆、油脂油料、生铁、铁砂、硫磺、棉花、山羊板皮以及"禁运"物资硼砂，还从其他国家转口供应捷克斯洛伐克橡胶、黄麻和黑胡椒。中国从捷进口的主要商品是成套设备、大型机床、柴油发电机组、挖土机、各种车辆、各种机械零件和钢材等。

（六）德意志民主共和国

1950 年 10 月 10 日，中国贸易部国外贸易司司长林海云和德意志民主共和国商务代表团团长齐勒分别代表本国政府在北京签订了 1951 年中德易货协定。中国从民主德国进口的商品以成套设备和一般机械为主，主要有火力发电设备、水泥厂、糖厂、纺织厂、仪表厂、机床、各种仪器、货船和船用柴油机等，中国对民主德国出口的商品以粮谷、油脂和矿产原料为主，有大米、大豆、花生仁、食用植物油、锡、铂砂、硼砂等。中国对民主德国急需的农产品和矿产品尽量予以满足。1951 年，中国与德意志民主共和国进出口额为 0.59 亿美元，占当年全国进出口比重为 3.01%；1952 年，中国与德意志民主共和国进出口额为 1.07 亿美元，占当年全国进出口比重为 5.53%。值得注意的是，这一时期，由于德意志联邦共和国被迫随美国对中国实施"封锁"，中国对德意志联邦共和国的贸易关系全部转移给德意志民主共和国，德意志民主共和国对中方的出口有 60%以上是德意志联邦共和国的转口货。[①]

这一时期，以下国家和地区也曾是中国的前二十大贸易伙伴，它们是：印度、埃及、中国澳门、巴基斯坦、比利时、波兰、朝鲜、德意志联邦共和国、法国、荷兰、加拿大、马来西亚、缅甸、摩洛哥、日本、瑞士、斯里兰卡、匈牙利、意大利。

第三节　国际贸易结构

一、产品结构

解放前，中国进出口贸易是掌握在洋行洋商手中的，中国进出口商品的结构主要是满足资本主义国家需要的。出口货是为符合资本主义国家的

---

① 董志凯：《跻身国际市场的艰辛起步》，经济管理出版社 1993 年版，第 124、148、180 页。

需要而生产的，如丝、茶、皮毛、油脂、棉花、草帽辫等；进口货是迎合资本主义国家商品输出的要求，大量的是日用消费品、奢侈品，如棉布、糖、酒、烟、煤油、纸张、木材、呢绒、化妆品等。新中国变半殖民地性的贸易为独立自主贸易的一个基本问题，就是改变进出口商品结构，以适应本国生产、消费的需要，有利于保护和发展本国经济。

新中国成立后，国家按照国内生产和消费需要，有计划地组织进出口，大力推销农副产品及国内滞销产品，大量进口国内急需的生产资料、工业原料及部分生活必需品。经济恢复时期，中国进口商品主要有：机床、工程机械、五金材料、工具、金属器材、橡胶、棉花、化肥、化工原料、船舶、汽车及零件、农用机械、运输工具、器材仪器、燃料、农药、西药及医疗器械等。出口商品主要是农副产品及加工品，以及国内生产有余的物品，如大豆、大米、食用油、桐油、煤、矿产品、猪鬃、肠衣、皮毛、羊绒、蛋品、丝绸、茶叶、手工艺品、盐、肉等。

表1.5　1950~1952年中国进口商品构成

单位：亿美元

年份	进口总额	I		II		III		IV		V	
		进口	比重（%）	进口	比重（%）	进口	比重（%）	进口	比重（%）	进口	比重（%）
1950	5.83	0.0059	0.1	0.68	11.6	0.8	13.8	1.4	24.1		
1951	11.98	1.33	11.1	1.72	14.4	1.82	15.2	2.28	19.1		
1952	11.18	2.94	26.3	1.55	13.9	1.15	10.3	1.03	9.2		

年份	进口总额	VI		VII		VIII		IX		X	
		进口	比重（%）	进口	比重（%）	进口	比重（%）	进口	比重（%）	进口	比重（%）
1950	5.83									2.94	50.4
1951	11.98									4.83	40.2
1952	11.18									4.51	40.3

注：I：成套设备和技术；II：机械仪器；III：五金矿产；IV：化工；V：轻工；VI：
　　工艺；VII：纺织品；VIII：粮油食品；IX：土产畜产；X：其他。
资料来源：编委会：《当代中国对外贸易》，当代中国出版社1992年版。

这一时期，中国进口产品中，化工产品在1950年、1951年两年中居进口的第一位，成套设备和技术进口在1952年居第一位。同期，中国对国内紧缺的五金矿产的进口始终居于第二位，一直高达10%以上。

1950年，中国进口总额为5.83亿美元，化工产品、五金矿产、机械仪器是当年进口的前三位，其进口额分别为1.4亿美元、0.8亿美元、0.68亿美元，占当年进口的24.1%、13.8%、11.6%。成套设备和技术进口还未能迅速展开，故只占当年进口的0.1%；其他商品进口为2.94亿美元，所占比重为50.4%。

1952年，中国进口总额为11.18亿美元，成套设备和技术进口、机械仪器、五金矿产分别占当年进口的前三位。其中，成套设备和技术进口、机械仪器、五金矿产进口额依次为2.94亿美元、1.55亿美元、1.15亿美元，分别占当年进口的26.3%、13.9%、10.3%。化工产品与其他商品则分别占当年进口比重的9.2%、40.3%。

新中国成立初期，我国急需恢复和发展工业生产，而我国工业基础薄弱，因之进口了大量的各类机器，此外也进口了一些国内供给不足的钢铁与有色金属。从1950年至1952年的三年内，中国主要进口的大宗物资包括：汽车11057辆（其中载重汽车8392辆）、起重机2525台、拖拉机394台、机床10577台、飞机10架、船舶5艘、钢材149.83万吨、铁道器材18.97万吨、有色金属10.69万吨。其中，铜3.14万吨、铝1.17万吨、铅0.49万吨、锌1.52万吨、镍0.08万吨。

表1.6　1950～1952年中国出口商品构成

单位：亿美元

年份	出口总额	I 出口	I 比重(%)	II 出口	II 比重(%)	III 出口	III 比重(%)	IV 出口	IV 比重(%)	V 出口	V 比重(%)
1950	5.52	2.79	50.4	0.33	5.9	1.81	32.8			0.06	1
1951	7.57	3.28	43.4	0.45	6	1.79	23.6			0.04	0.5
1952	8.23	3.89	47.3	0.54	6.5	2.13	25.8			0.02	0.3

续表

年份	出口总额	VI		VII		VIII		IX	
		出口	比重(%)	出口	比重(%)	出口	比重(%)	出口	比重(%)
1950	5.83	0.44	8	0.1	1.8	0.01	0.1		
1951	11.98	0.88	11.7	1.03	13.6	0.08	1	0.02	0.2
1952	11.18	1.12	13.6	0.26	3.2	0.25	3	0.02	0.3

注：I：粮油食品；II：纺织品；III：土产畜产；IV：工艺；V：轻工；VI：五金矿产；VII：化工；VIII：机械；IX：其他。
资料来源：编委会：《当代中国对外贸易》，当代中国出版社1992年版。

这一时期，由于我国工业落后，加工能力很差，因此出口商品大多为以原材料为主的初级产品。中国出口产品中，粮油食品一直居出口比重的第一位，占历年出口比重的一半左右；土产畜产一直居出口比重的第二位，五金矿产有两年居出口比重的第三位，至于机械产品的出口额则相当小。这显然是由中国当时以农业、矿业为主的经济结构所决定的，正是这些初级产品的出口换回了国内工业生产、人民生活所需的重要物资。

1950年，中国出口总额为5.52亿美元，粮油食品、土产畜产、五金矿产分别占当年出口的前三位，其出口额分别为2.79亿美元、1.81亿美元、0.44亿美元，各占当年出口的50.4%、32.8%、8%。纺织品、轻工、化工产品、机械出口额分别为0.33亿美元、0.06亿美元、0.1亿美元、0.01亿美元，各占当年出口比重的5.9%、1%、1.8%、0.1%。

1952年，中国出口总额为8.23亿美元，粮油食品、纺织品、土产畜产分别占当年出口的前三位，其出口额分别为3.89亿美元、0.54亿美元、2.13亿美元，各占当年出口的47.3%、6.5%、25.8%；轻工、五金矿产、化工产品、机械的出口额分别为0.02亿美元、1.12亿美元、0.26亿美元、0.25亿美元，各占当年出口的0.3%、13.6%、3.2%、3%；其他商品为0.02亿美元，占当年出口的0.3%。

1950年至1952年，中国出口的大宗物质全部为初级产品，计有：

大米 51.07 万吨、大豆 278.71 万吨、杂豆 9.66 万吨、杂粮 133.13 万吨、鲜蛋 13260 万斤、活猪 212.2 万头、冻猪肉 4.28 万吨、食盐 23.31 万吨、棉花 1.24 万吨、棉纱 1.14 万件、棉布 6624 万米、中药材 2240 万美元、猪鬃 23.79 万箱、马鬃尾 2.04 万箱、猪肠衣 3.88 万桶、绵羊毛 5.52 万吨。

二、企业结构

按照"公私兼顾"的原则，国民经济恢复时期对外贸易实行的是国营经济领导下的多种经济成分并存的经营体制。根据当时的外贸统计，按经济类型分类划分的外贸经营成分可分为五大类：国营、私营、公私合营、合作社经营、其他。其中，国营包括中央国营（直接经营、委托经营）、地方国营；私营包括华商经营、外商经营、中外合营。在以上五大类经营成分中，以国营和私营为主，后三者的比重较小。国家对各类经营成分的经营实行监督指导，并逐步将其纳入计划管理的轨道。

表 1.7　1950～1952 年中国对外贸易经营成分分类表

类别	项目
国营	（一）中央国营
	（1）直接经营
	（2）委托经营
	（二）地方国营
私营	（一）华商经营
	（二）外商经营
	（三）中外合营
公私合营	
合作社经营	
其他	

资料来源：《1949—1952 中华人民共和国经济档案资料选编·对外贸易卷》，经济管理出版社 1994 年版。

表1.8　1950～1952年中国进出口贸易经营成分变化

单位：万元

		1950		1951		1952	
		贸易额	比重（%）	贸易额	比重（%）	贸易额	比重（%）
进出口	总计	415434	100	594739	100	646091	100
	国营	276397	66.5	498759	83.9	600999	93
	私营	139037	33.5	95980	16.1	45092	7
进口	总计	213493	100	352661	100	374737	100
	国营	165404	77.5	300845	85.3	355850	95
	私营	48089	22.5	51816	14.7	18887	5
出口	总计	201941	100	242078	100	271354	100
	国营	110993	54.9	197914	81.8	245149	90.3
	私营	90948	45.1	44164	18.2	26205	9.7

资料来源：进出口额数字根据国家统计局：《中华人民共和国商业统计资料汇编（1950—1957）》；百分比数字根据表中数字计算而来。

这一时期，随着国家对外贸易管制政策的实施，国营贸易公司在统一经营全部对社会主义国家的贸易的同时，逐步统一经营对资本主义市场重要物资的进出口业务。此外，对私营进出口商进行行政管理，也由国营外贸公司领导其经营。因此，从1950年至1952年，国营企业对外贸易额增加很快，三年内分别为276397元、498759元、600999元，占全国贸易总额的比重不断提高，分别为66.5%、83.9%、93%；私营企业对外贸易额则逐渐萎缩，三年内分别为139037元、95980元、45092元，占全国贸易总额的比重则不断下降，分别为33.5%、16.1%、7%。

（一）国营进出口贸易的经营

1950年3月，在政务院关于统一全国国营贸易的决定中，决定成立全国范围的国营对外贸易专业总公司，统一有关产品的对外经营。国营外贸企业的建立主要由两部分组成：一部分是原解放区的外贸企业，另一部分是解放后没收的原国民政府和官僚资本的外贸企业。到1951年，共成立有猪鬃、土产、油脂、茶叶、蛋品、蚕丝、烟叶、水果、粮食、进口

（负责对苏联及其他人民民主国家的进口贸易）、矿产、石油、皮毛、进出口（负责对资本主义国家的进出口贸易）、煤业建筑器材矿产、工业器材、海外运输等国营外贸总公司。这一时期，因各公司均为初创，关系尚未理顺，在各公司的设置、相互间的业务分工等方面时有调整。1952 年 8 月对外贸易部成立后，对外贸公司按照业务类型进行调整，重新成立了 16 个国营外贸专业总公司。各总公司在各地设有分公司。这样，国营对外贸易的经营体系基本建立。国营外贸公司按照国家的对外贸易方针，大力开展对世界各国的通商贸易。根据公私分工原则，国营外贸公司统一开展对苏联及其他人民民主国家的贸易，并掌握主要商品的对资本主义国家的贸易。国营外贸公司的经营有直接经营的自营业务，也接受各需要单位委托的进出口业务。由于这一时期对外贸易重心的转移，对苏联和其他人民民主国家的贸易量增长，因而在经营成分上表现为国营对外贸易的迅速发展。

在对资本主义国家的贸易中，1952 年，海关统计的国营外贸公司的进出口总值为 67125 万元，占对资本主义国家贸易总额的 54.31%。这一时期，国营外贸公司在对外贸易经营中取得了领导地位，在国际上建立了广泛联系，并赢得了信誉。

（二）合作社系统的对外贸易

为了便利农产品外销，扩大农副产品的输出，1950 年 9 月，经中财委批准，允许合作机构在规定条件内经营部分进出口业务。按规定，全国各主要口岸，包括天津、上海、广州、青岛、武汉，每地只准全国合作社联合总社或各大行政区合作社联合总社设立一个机构，代表该地区合作社经营进出口贸易。合作机构经营出口的范围，只限于土产、土产加工品及手工业品。在国民经济恢复时期，合作社经营的对外贸易比重并不大。据海关统计，1952 年在对资本主义国家的贸易经营额中，合作社经营的进出口值为 4473.3 万元，占当年对资本主义国家进出口贸易总值的 3.62%。

（三）私营进出口贸易的经营

1949 年 2 月，党中央在《关于对外贸易的决定》中提出："对外贸易应由国家经营和管制。目前国家尚不能经营的某些贸易，以及由私人经营无害或害处不大的某些贸易，应该在国家管制之下允许私人经营。"私营进出口贸易机构主要建立于各大城市。私营进出口商一般具有较雄厚的资本和长期以来所建立的对外贸易关系，在新中国成立初期的对外贸易中，仍是一支重要力量。新中国成立后，国家允许私营进出口商继续经营进出口贸易，发挥其在内外交流中的作用，与国营外贸公司分工合作，为尽快恢复和拓展国际市场、发展国内生产服务。但私商的经营范围一般仅限制在对资本主义国家的贸易方面。

新中国成立初期的私营对外贸易分为在华外商和私营华商。新中国成立初期，全国共有进出口外商 540 余户，1950 年各口岸有经营进出口贸易的外商 426 户，1951 年为 325 户，主要集中在上海、广州。据海关统计，外商直接经营的进出口贸易总额，1950 年为 4996 万美元，1951 年为 1591 万美元，1952 年为 524 万美元，分别占各年对资本主义国家贸易总额的 6.52%、1.73%、0.96%。华商的外贸经营主要是对资本主义国家。据海关统计，在 1952 年的对资本主义国家贸易中，私营进出口总值为 44833 万元，占全部对资本主义国家进出口总值的 36.27%，其中华商占 35.31%。1952 年，地方公私营（包括合作社）对资本主义国家进口总值为 1.22 亿美元，其中私营进口占 28.58%；出口总值为 1.43 亿美元，其中私营占 47.95%。

（四）进出口贸易组织的合营联营

为了在复杂变化的国际形势下，有组织、有计划地团结一切公私对外贸易力量，步调一致地进行对外贸易工作，特别是为了克服私营进出口商之间盲目竞争的现象，争取及时进口重要物资，1950 年 7 月，全国出进口贸易会议提出采用"国际贸易研究会"、"同业公会专业小组"、"联合经营"几种形式，按各地区不同情况，把公私进出口商组织起来。1950 年 7 月全国出进口贸易会议提出：组织"同业公会"和进行"联合经营"要按照自愿原则与具体情况稳步进行。会后，上海、天津、武汉等地都成立了不同形式的进出口业同业公会组织，进出口贸易企业不论公营、私营，不论专业、兼业，都加入了同业公会。据海关统计，1952年在对资本主义国家的贸易中，公私合营的进出口值为5580万元，占当年对资本主义国家进出口总值的4.51%。[①]

三、地区结构

新中国成立伊始，中美贸易并未中断，因此1950年中美贸易仍维持高水平，中国与加拿大贸易也正常进行，这使得该年中国与北美洲的贸易额保持在高水平。但由于西方资本主义国家对新中国的敌对态度，党中央在新中国成立前夕确立了将对外贸易重心转向以苏联和东欧国家为主的基本方针。由此造成在经济恢复时期，中国与欧洲地区的贸易始终占据最大份额。因为需要打破帝国主义的经济封锁，中国与地理相邻的亚洲国家展开了积极的贸易活动，这样中国与亚洲国家的贸易额在这一时期占据第二的位置。而这一时期，中国与拉丁美洲、非洲、大洋洲的贸易并未大规模展开，故与这三大洲的贸易额总量不大。

表1.9　1950～1952年中国与各洲进出口额及所占比重

单位：亿美元

年份	亚洲		欧洲		北美洲		拉丁美洲		大洋洲		非洲	
	进出口额	比重（%）	进出口额	比重（%）	进出口额	比重（%）	进出口额	比重（%）	进出口额	比重（%）	进出口额	比重（%）
1950	3.48	30.8	5.23	46.3	2.45	21.7	0.02	0.17	0.05	0.41	0.12	1.07
1951	8.07	41.2	11.2	57.2	0.09	0.44	0.09	0.45	0.03	0.15	0.07	0.34
1952	4.87	25.1	14.4	74.3	0.01	0.06			0.01	0.03	0.1	0.51

资料来源：《中国对外经济贸易年鉴（1984）》，中国对外经济贸易出版社。

1950年，中国与亚洲、欧洲、北美洲、拉丁美洲、大洋洲及太平洋岛屿、非洲的贸易总额分别为3.48亿美元、5.23亿美元、2.45亿美元、

[①] 吴承明、董志凯：《中华人民共和国经济史》（第一卷），中国财政经济出版社2001年版，第691～701页。

0.02 亿美元、0.05 亿美元、0.12 亿美元，占当年全国进出口比重分别为 30.8%、46.3%、21.7%、0.17%、0.41%、1.07%。

1952 年，中国与亚洲、欧洲、北美洲、大洋洲及太平洋岛屿、非洲 的贸易总额分别为 4.87 亿美元、14.4 亿美元、0.01 亿美元、0.01 亿美 元、0.1 亿美元，占当年全国进出口比重分别为 25.1%、74.3%、 0.06%、0.03%、0.51%。这一年，中国与拉丁美洲的贸易额极小。与 1950 年相比，中国与欧洲贸易额增长幅度最大，达到了 2.75 倍，与亚洲 国家贸易额增长了 40%，与其他四大洲的贸易额都下降了。这是中国面 临帝国主义"封锁"与"禁运"的结果，也是中国外交政策的使然。

第四节　国际贸易方式

贸易方式是为内外交流、发展对外贸易服务的。1951 年 1 月全国对 外贸易管理会议之后，在确定以"先进后出"的易货贸易方式为主的情 况下，并未排除采纳有利的结汇贸易。随着形势的变化，针对不同国家、 不同经营成分，国家提倡采用灵活多变的贸易方式。即使采用易货方式， 做法也并不呆板单一。

一、易货贸易

易货贸易的方式有 4 种：（1）直接易货。进出口商根据先进后出的 原则，确定每次进出口货物的品种、数量和估价，按期办理货物进出口。 （2）记账易货。货物先进口，之后进出口商于一定期限内办理进口手续。 （3）联销易货。货物先出口，之后进出口商于一定期限内办理出口手续。 （4）对开信用证易货。我国进出口商同时确定进出口货物的品种、数量、 估价及期限，与国外贸易商互开有关联的信用证，按期办理货物进出口。

在对资本主义国家的贸易中，实际采纳的易货贸易方式主要为记账易货和联销易货，直接易货比重很小。在经营成分上，私营大于国营。如1951年对资本主义国家的易货贸易中，私营易货进口占37%，出口占32%，国营易货出口占24.5%，进口仅占3.3%。而在对苏联及东欧等国家的贸易中，则95.67%为易货贸易，而且大部分为直接易货。

在1951年贯彻"先进后出"的易货贸易过程中，对资本主义国家的易货贸易发生了入超、补贴和黑市等问题。黑市和补贴上升的原因与入超和价格变化密切相关；加之"先进后出"的易货方式本身需要外汇头寸，先办进口增加了对外汇的需要；此外如当时正值侨汇淡季、土改后一些地主套购港汇外逃等，也是主要原因。在实施易货贸易的过程中，进出口商与指定银行也产生了一些顾虑和困难。

针对以上在易货贸易中出现的新问题，贸易部和中国人民银行主要从两个方面采取措施，解决问题。

1. 发挥银行在对外贸易中的扶持作用，从保证、清算、服务等方面扶持易货贸易。（1）易货贸易通过银行集中清算。（2）组织易货交易所。易货交易所是贸易和金融两部门共同管理贸易的一种机构。它能为进出口买卖双方提供以下方便：介绍专营进口或出口的商人联营以减少自行寻找结合对象的困难；避免因寻找不到联营对象影响资金周转；在易货贸易权利义务及外汇转让方面发挥公证及保证作用；集中交易便于沟通协调。（3）对易货的资金扶植。在"先进后出"的易货方式下，进口所需外汇要由国外垫付，指定银行的国外代理行或国外联行就地加以扶助；在采纳对开信用证方式时国内银行凭保证金或出口货为担保开立进口信用证，对国内出口商采购出口货品斟酌情况以低于一般商业贷款利率予以人民币贷款。（4）服务工作。各口岸中国银行国际贸易服务部协助进出口商调查市场行情，提供供销情况、航运情况、各国管制办法等具体资料。

2. 随着国际形势的变化及时调整贸易方式。1951年，由于帝国主义对我国的"封锁"、"禁运"形势严峻，贸易部决定"对使用外汇进行交易的方式应予放宽采用"，并由银行和贸易部分别掌握1000万美元的机动外汇，以增加业务经营上的灵活性和主动性。在活跃市场的总方针下，中国于1952年及时扩大了结汇贸易和联销贸易的范围，开放了寄售；1952年7月23日中财委决定恢复记账易货；并且实行了以进口补贴出口，用批汇进口带动出口等办法，使中国对资本主义国家的贸易逐渐活跃起来。到1952年10月，据中国银行统计，已推出以往滞销的货物总值达2400万美元。私营进出口商的业务在"五反"后曾一度陷于停顿，这时也迅速恢复了。1952年6月至10月，私营和地方国营的进出口总额达到1.2亿美元。1952年1月至10月，上海、天津、青岛、广州、武汉五大口岸记账易货在进口易货批准的总值中占66.2%，其中广州1月至9月该项比重达93.87%，1月至10月武汉该项比重达85.64%，上海达72.24%。1952年私营进出口商对资本主义国家的贸易额中结汇贸易额占51.06%，国营该项比重则达93.03%。

综上所述，在1949年至1952年短短三年多时间里，中国的主要贸易方式曾由于形势的变化而反复更替，经历了易货—结汇—易货—多种方式并用等变换过程。变换的基本原因是为了在不同的形势下减少损失、扩大贸易。其中以易货为主的方式除在对苏联及各人民民主主义国家贸易中长时期采纳以外，在对资本主义国家贸易中采纳的时间主要为1951年上半年，即"封锁"、"禁运"最猖獗的时期。为了克服易货的困难，国家有关部门和国家银行都尽了极大的努力。形势一旦变化，结汇贸易和记账易货的比重就迅速增加了，以尽可能地减少易货方式给贸易带来的困难。从中可见国家领导人当时对于冲破封锁、发展贸易的良苦用心，以及掌握和运用各种贸易方式的机动灵活性。

二、对中国香港、中国澳门的直接贸易和转口贸易

中国内地同港澳地区之间的经济贸易关系不仅有历史渊源，而且具有互相补充、互相支持和互相依存的性质。20世纪50年代，中国政府即把开展内地同港澳地区的贸易，作为发展中国对外贸易的一个重要方面和反禁运斗争的一条重要战线。

1950年12月，美国为了严密对中国的"封锁"，将中国香港、中国

澳门也列入管制范围。1951 年 5 月，美国进一步在联合国操纵表决机器通过"禁运"案后，英国于 6 月 20 日在伦敦和中国香港同时宣布新的管制法令，扩大了管制范围，并且严格实行领取许可证制度，使中国香港对中国内地的输出受到严重限制。

中国对中国香港的贸易是在错综复杂的一系列斗争中进行的，早在新中国成立前夕，中国共产党人就颇有远见地分别在中国香港和中国澳门投资开办了两个公营的贸易公司：中国香港的华润公司和中国澳门的南光贸易公司。华润公司于 1948 年在中国香港开业。1952 年 9 月中国对外贸易部成立以后，华润公司成为中国各进出口公司在中国港澳以及东南亚地区的总代理。它既是服务、协调管理机构，又是经营贸易业务的企业。20世纪 50 年代，华润公司利用在中国香港的有利条件，积极配合国内反对"封锁"、"禁运"的斗争，为内地调研市场行情，掌握价格动态，反馈市场、经济、技术信息，组织成交。当时，中国同许多国家尚未建立直接的贸易关系，华润公司通过各种渠道把中国出口商品转销到这些国家和地区，特别是东南亚地区，促进了中国同这些国家和地区的经济联系和贸易往来。南光贸易公司于 1949 年 8 月在澳门成立。20 世纪 50 年代反对"封锁"、"禁运"的斗争中，南光贸易公司曾为内地进口一些重要物资，出口主要是代理广东省向澳门供应农副土特产品和少量轻纺产品。20 世纪50 年代中期年营业额为四五百万美元。

帝国主义国家对中国实施"封锁"、"禁运"以后，为了输入中国建设的急需物资，中国充分利用中国香港的转口贸易，通过复杂的斗争开展对外贸易工作。中国通过中国香港实行转口贸易，从资本主义各国购进了一批有利于建设的物资，在一定程度上冲破了对中国的封锁。1951 年，在中国香港逐渐加紧实施"禁运"的情况下，中国努力通过中国澳门突破"封锁"，对中国澳门的贸易额一度显著增加。1951 年 1 月份对中国澳门的贸易总额为 886 万元，从 2 月到 6 月，每月贸易额在 350 万到 800 万元之间。6 月 25 日中国香港实施新管制法令以后，对中国澳门的贸易总额从 7 月起即陡增至 1255 万元，9 月达到 2230 万元。除去以往经常从中国澳门输入的石油和润滑油外，新增加的进口货物有钢铁材料、汽车轮胎、药品、硫酸铵、汽车零件、橡胶、棉布、机器等。

20世纪50年代，内地对中国港澳出口每年基本上维持1亿多美元的水平。出口商品以副食品和土特产品为主。当时中国港澳地区的进口是以供居民消费的农副产品和转口商品为主。中国出口在供应中国港澳本地市场为主的基础上，也利用中国港澳市场的有利条件，将一些出口农副产品转销到一些尚未同中国建立外交关系和直接进行贸易往来的国家，以扩大对外经济贸易联系，促进双边贸易关系的发展。内地供货在中国香港进口贸易中一直居第一位。[①]

第五节 国家统制贸易体制的建立

一、新中国对外贸易管理机构的建立

1949年10月19日，中央人民政府委员会举行第三次会议，任命叶季壮为中央贸易部部长，孔原为海关总署署长。1949年11月2日，中央贸易部是在原华北人民政府工商部及中央商业处基础上成立的，中央商业处是为筹备成立中央贸易部而设置的属于中央性质的临时机构，自1949年9月3日成立至同年11月1日结束。1949年10月25日，海关总署在北京成立，由中央人民政府政务院直接领导，实行集中统一的垂直领导体制。

1950年1月27日，政务院第十七次政务会议通过《中央人民政府政务院关于关税政策和海关工作的决定》。遵循这一决定，海关总署进行了一系列的改革工作。这些工作使中国的海关，开始从百年来遭受帝国主义控制，不独立、不自主的情况下，转变为独立、自主的人民的新海关。在

---

① 董志凯：《跻身国际市场的艰辛起步》，经济管理出版社1993年版，第80～85、149～152页。

组织机构上，根据政务院规定的"中央人民政府海关总署，必须是统一集中的和独立自主的国家机关"的原则，海关总署先后接管了天津、上海、青岛、烟台、广州等地的 26 个海关（分支关所不计在内）；并调整了各海关的组织机构，进行了对旧海关工作人员的教育，以肃清帝国主义残余在海关中的势力和影响。全国各关负责人员，亦多由总署派定。这样全国海关已经初步统一集中在中央人民政府海关总署的直接领导之下。旧海关设置的地点和对外贸易口岸的开放，都是根据不平等条约与帝国主义经济侵略的方便，而不是根据中国对外贸易的需要。因此，海关总署将不宜设关的内河口岸，如重庆、金陵及梧州三关撤销；并拟出全国设关原则与设关地点的方案，呈请政务院批准公布。

新海关的任务，也不是过去那样单纯的收税了，而是依照新民主主义的经济政策，尤其是对外贸易政策，来保护国家的生产事业，使我国不受资本主义国家的经济侵略。根据政务院的决定，海关负责对出入国境的各种货物货币等执行实际的监督，征收关税，与走私进行斗争。各地海关由于遵照中央人民政府的政策，认真地进行了出进口贸易货运的监管工作；同时灵活运用了新的关税政策，在恢复与发展我国国民经济的工作中，起了重要的推动作用。特别是缉私工作，由于贯彻了处罚与教育结合的方针，做出很大的成绩。

1950 年 3 月 10 日，中央人民政府政务院第二十三次政务会议通过《关于统一全国国营贸易实施办法的决定》。依据这一决定，中央贸易部统一领导与管理国内贸易和对外贸易，其中的对外贸易管理事宜，由贸易部领导其所属之对外贸易管理局及其分局执行。具体而言，中央贸易部执行以下职权：（1）根据中央人民政府政务院财政经济总计划起草国营贸易及合作社贸易总计划，经中央人民政府政务院批准后实施；（2）批准全国各专业总公司的业务计划及财务计划并监督其执行；（3）管理与调度全国一切国营贸易资金及存货；（4）决定全国各大市场国营贸易公司批发商品的价格；（5）指导全国私营商业及各级人民政府贸易部门对于市场的管理工作；（6）颁布全国贸易会计法规。全国的国营贸易、合作社贸易与私营贸易的国家总领导机关为中央人民政府贸易部。各大行政区及中央直属省市人民政府的贸易部门，受中央人民政府贸易部及当地人民政府财政经济委员会的双重领导。

1952 年 8 月 7 日，为了加强对外贸易、减轻贸易部的工作量，更有力地分别开展国内和国外贸易工作，根据中央人民政府委员会第十七次会议通过的《关于调整中央人民政府机构的决定》，撤销中央贸易部，成立对外贸易部统一领导和管理中国对外贸易，成立商业部统一领导和管理国内贸易。对外贸易部的职能主要包括：编制国家进出口贸易计划和对外贸易外汇收支计划，组织和检查计划的执行；起草中国同有关国家发展经济贸易和技术合作的联系方案，负责同有关国家进行谈判、签订协定和议定书等，并监督执行；起草对外贸易管理的基本法规和海关管理法规，并贯彻执行；制定国营对外贸易企业进口、出口、运输、包装业务程序，管理并监督执行；签发进口、出口和过境贸易的许可证。

二、新中国对外贸易体制的建立

新中国的外贸体制是在这一时期逐步建立起来的，主要包括国家集中领导、统一管理对外贸易，设立国营外贸公司并开放其他贸易渠道，财务管理体制，行政管理体制，海关管理体制，进出口商品检验管理体制。

（一）国家集中领导、统一管理对外贸易

新中国成立后，在建立集中统一的对外贸易管理机构体系的基础上，陆续颁布了一系列统制全国对外贸易的法令和法规，并制定了有关的具体规定和实施办法。按照统制对外贸易政策，对外贸易部门会同其他有关部门，采取商品分类管理、进出口许可证、外贸企业审批、外汇管制、出口限价、保护关税、货运监督、查禁走私、商品检验等行政管理措施，运用信贷、税收等经济手段，并逐步加强计划管理，把全国对外贸易活动置于国家集中领导、统一管理之下，以统一地进行对外经济活动，维护国家独立自主，促进国民经济的恢复和发展，保证社会主义改造和社会主义建设的顺利进行。

（二）设立国营外贸公司并开放其他贸易渠道

1950 年，贸易部在国外贸易司下设立了经营对社会主义国家贸易的中国进口公司，经营对资本主义国家贸易的中国进出口公司以及中国土产、油脂、茶叶、蚕丝、矿产等国营外贸公司。通过这种方式，人民政府牢牢地控制了全国的对外贸易。20 世纪 50 年代初期，我国存在私营进出口企业，国家主要通过政策法令对其业务进行监督。当时，国家对外贸领域的公私经营范围作了明确的划分，实行公私兼顾、区别对待的政策，对私营进出口商采取以经济调节和行政管理相结合的领导方式。

（三）财务管理体制

外贸财务管理体制是外贸体制赖以维持和运转的基本支柱。其主要内容是各外贸专业总公司负责核算和平衡本公司系统的进出口盈亏，其赢利和亏损一律上报外贸部统一核算和综合平衡后，上报中央财政，赢利一律上缴财政部，亏损也由财政部负责解决。外贸公司不自负盈亏，生产供货单位或使用进口物资的单位对盈亏也概不负责。此外，外贸公司的流动资金也由财政部统一核拨。这是一种集中的、由外贸部统一核算并由财政部统收统支、统负盈亏的财务体制。

（四）行政管理体制

外贸行政管理体制是外贸体制中加强国家对外贸管理和调控的重要手段，也是维护国家政治和经济利益的重要手段。外贸行政管理主要根据中央人民政府于 1950 年 12 月 8 日颁布的《对外贸易管理暂行条例》和中央贸易部于 1950 年 12 月 28 日颁布的《对外贸易管理暂行条例实施细则》进行。对外贸易管理事宜，由中央人民政府贸易部领导其所属之对外贸易管理局及其分局执行之。凡经营进出口业务之本国公私营商号及经营出口之工厂，均须向所在地区之对外贸易管理局申请登记。进出口厂商输入或输出任何货品，均须事先向所在地区之对外贸易管理局申请进口或出口许可证，经核发后，方得凭以办理其他进出口手续。凡货物进出口均须依结汇方式经营，但在必要时中央人民政府贸易部可指定若干种货品，准许进出口厂商以易货或联销贸易方式经营，其办法由中央人民政府贸易部规定之。出口厂商经营出口贸易，如为寄售或售定代收性质者，须照规定手续，经所在地区对外贸易管理局之许可，方得出口，其办法由中央人民政府贸易部会同中国人民银行总行规定。

（五）海关管理体制

海关是一个国家的经济大门。新中国成立后，国家取得了关税及管理海关的自主权。政务院于1951年先后颁布了《中华人民共和国暂行海关法》、《中华人民共和国海关进出口税则》和《中华人民共和国海关进出口税则暂行实施条例》。《暂行海关法》对海关的组织结构、任务和职权，进出口货物的监管，过境和转运货物的监管，进出口货物的报验、征税、保管和放行，走私和违章案件及其处理等作出了全面的规定，是海关执行监管任务的基本法律依据。

（六）进出口商品检验管理体制

进出口商品检验是国家对外贸易管理的一个重要方面。新中国成立后，人民政府接管了国民党政府的商品检验局，在中央贸易部对外贸易司设立了商品检验处，统一领导全国的商检机构和业务，并在天津、上海、广州、青岛、汉口、重庆等地先后设立了商品检验局和四个商检处，建立了独立自主的国家商检机构。1950年3月，中央贸易部召开了全国商检工作会议，制定了《商品检验暂行条例》和《商品检验暂行细则》，以取代各地商检局分别制定的一些规定，统一了全国的进出口商品检验规章制度。1951年11月，《商品检验暂行条例》经过修订，由政务院财政经济委员会公布了新的《商品检验暂行条例》。1952年对外贸易部成立后，设立了商品检验总局，统一领导和管理全国的进出口商品检验工作。

商检组织机构的建立和健全，商检政策和法规制度的制定，为进一步加强中国进出口商品检验工作奠定了基础，在贯彻国家对外贸易管制政策中发挥了积极作用。①

----

① 课题组：《中国外贸体制改革的进程、效果与国际比较》，对外经济贸易大学出版社2007年版，第14～17页。

第六节　国家管制对外贸易的政策

全国解放前夕，在 1949 年 3 月召开的党的七届二中全会上，毛泽东主席指出："人民共和国的国民经济的恢复和发展，没有对外贸易的统制政策是不可能的。对内的节制资本和对外的统制贸易，是这个国家在经济斗争中的两个基本政策。"根据党中央关于统制对外贸易的决策，1949 年 9 月通过的《中国人民政治协商会议共同纲领》规定："实行对外贸易的管制，并采用保护贸易政策。"

20 世纪 50 年代初期，我国实行多种经济成分并存的经济体制，对外贸易实行国家管制，这与单一公有制条件下对外贸易完全由国家统制有所不同。世界上几乎所有独立国家都不放松对外贸的国家管制，但管制的目的、方式、范围不尽相同。经济发达国家管制对外贸易主要是为了保障其商品在国内外的竞争能力，获取高额利润。而包括我国在内的发展中国家实行对外贸易管制主要是为了反对外国资本对本国市场的控制，维护本国的经济利益，以便独立自主地发展国民经济。我国能够行使国家主权，自主地管制对外贸易，这是新民主主义革命胜利的一个重要成果。

实行"进严出宽"的保护贸易政策。1949 年 10 月成立的政务院财政经济委员会主任陈云强调："进口什么东西，要严加管制；出口的东西要放宽尺度，凡是能够出去的东西，不管鸡毛蒜皮都可以出。这样我们就主动了。"同时，国家注意立足于生产发展对外贸易。新中国成立初期我国面临进口需求殷切而出口创汇能力不足的矛盾。为了克服这个矛盾，对外贸易管理部门和各国营对外贸易管理公司，贯彻执行"发展经济，保障供给"的方针，把恢复和发展出口商品生产作为首要任务，协助重点生产单位解决困难，改进收购方式，便利和支持生产，通过增加出口货源，提高产品质量，逐渐改变出口商品的构成，换取国家建设所需的工业设备。

归纳起来，当时管理对外贸易的目的和方法，主要有以下几个方面：

1. 保护和发展国内工业，依此制定税则、税目、税率，实行进出口贸易的许可制度，从而改变全国解放前以输入非必需品和消费品为主的状况。《海关进出口税则》充分体现了《共同纲领》规定的保护贸易政策，确定了如下征税原则：（1）对国内能大量生产的工业品及半成品征收高于进口产品与国内同类产品之间的成本差额的关税；（2）对奢侈品和非必需品征收高于前项产品税率的关税；（3）对国内不能生产或少量生产的设备、工业原料、粮食、种子、化肥、农药、医药品以及科学图书等征收较低关税或减免关税；（4）对来自与中国订有贸易条约或协定国家的产品征收一般正常税率的关税，否则征收高于一般税率的关税；（5）对政府鼓励出口的半成品及加工原料的输出征收较低的关税或免税。

2. 用各种办法增加出口，同时也按需要增加进口。"奖出限入"不是单纯地争取出超，而是争取大量的输出和输入。

3. 管理外汇，严格而又合理地使用外汇，以保证必须和急需的原料与货品进口。1950 年至 1951 年，中国虽然还没有颁布全国统一的外汇管理办法，但是已从外币市场管理、供汇结汇制度、外汇指定银行和侨批业①的管理三个方面，建立起一套新的管理制度，体现着独立自主、公私兼顾、彻底为生产（为贸易）服务的基本精神。与国民党统治时期的依赖帝国主义、公私对立、为帝国主义官僚资本服务的半殖民地性的外汇管理制度具有本质的区别。

首先，在外币市场管理方面，严禁外币在市场流通；采用存兑并辅以有管理的自备外汇进口办法，从而使外币能陆续推出，换回生产及民用必需物资，充分照顾了持有人的利益；对"禁止持有外币"政策则采取很慎重的态度，照顾了持有外币人的利益，又有利于物价稳定。

----

① 侨批业，亦称"侨批局"，专门经营华侨附有信件汇款业务的私人金融业，一般设立在华侨聚居地。

其次，在外汇指定银行和侨批业的管理方面。（1）对外商银行采取利用和管理并行的政策。所谓利用，就是利用它的人力、资力与国外关系，担任外汇指定银行，使它在客观上成为我国对外贸易汇兑中的桥梁；所谓管理，即监督其遵守法令，规定其业务经营范围，使之不能违法、投机和垄断。（2）对华商指定银行和侨汇业进行管理。

再次，在供结汇制度方面。（1）结汇制度。创造了公私两利的外汇存单制度，使外汇持有人在物价上涨汇价上升时期免受贬值损失而乐于将外汇储存国家银行，有利于国家将外汇集中起来使用。（2）供汇制度。各大行政区与直辖市均组成了批汇委员会或批汇小组，负责审核外汇用途，保证外汇使用于购买生产与生活必需品方面。在外汇缺乏时实行"四不批"，即国内生产够用者不批、仓库已有者不批、地区间可以调剂者不批、国内市场已有者不批。在外汇富裕时可放宽尺度，组织私商购货。这种制度保证了外汇绝大部分使用在购买工业必需资料与民用必需品上。

在国家管制对外贸易的政策下，中央人民政府统一领导和部署了新中国成立初期的对外贸易，在全国范围内建立外贸管理机构、统一外贸管理制度、设立国营外贸公司和利用、改造私营外贸企业。这些工作对于反对帝国主义的"封锁"、"禁运"，加强对外经济斗争，促进国民经济的迅速恢复和发展，起了重要作用。①

第七节 拓展对外贸易，打破封锁与禁运

面对朝鲜战争以后美国对中国大陆全面"封锁"、"禁运"，中国政府采用行政和经济手段多方努力，以推进"内外交流"，为国内经济建设取

---

① 董志凯：《跻身国际市场的艰辛起步》，经济管理出版社 1993 年版，第 20～23 页。

得必需的物资、技术和外汇，减少因封锁、禁运带来的损失。

首先，国家运用行政力量、要求对外贸易机构、海关和中国人民银行总行等部门通力协作，多方采取紧急措施，抢购抢运物资，减少损失。政务院财政经济委员会于 1950 年 12 月下令各地：停开一切向美、日的购买证及许可证；中央贸易部限期退购一切已对美、日两国开出的购买证，并将撤回的外汇转存他国后抢购物资运回中国；对于运往中国途中的美国货物，着手与原代理银行接洽，由其担保转运远东其他口岸或委托代理银行转售，退回外汇；争取时间尽速将向西德和其他欧洲国家以及英镑区所订的货物抢运回国，否则争取撤汇或采购其他现货运回中国；为避免进一步的损失，将在中立国的存款购货后运往中国；除易货方式外，各地一律暂停签发出口许可证。

为了协调实施上述措施，做好抢运工作，中国人民银行总行与贸易部、中国进出口公司组织了专责小组，负责组织联系事宜；并在上海由国营贸易机构、银行及私营进出口商等组织工厂设立"紧急处理进口物资行动委员会"，专门负责这项工作。为抢运在国外的物资，针对运输困难，海关实行了异地进出口的转口输出输入及开放临时进出口岸的办法；对于特殊情况下的贸易来往，在手续上予以若干变通的便利。由于各方面协调配合，抢运物资，尽管美国禁运封锁的措施逐月升级，1950 年下半年中国进出口额却显著增加。

第二，国家利用多种经济成分经营对外贸易，组织和发挥私营进出口商的作用。当时国营和私营进出口业在对外贸易中起着相同作用。对苏联和人民民主主义国家的贸易，有 95% 以上是由国营商业机构进行的；而在对资本主义国家的贸易中，国营只是在进口方面占了主要地位，而在出口方面，其所占比重大约只及私营的 1/2。在全面封锁之后，集中正规的进口方式受到很大障碍，为了有计划地引导进口必需物资，国家采用经济和行政两个方面的手段鼓励和组织私营进出口商。一方面，采用经济手段通过国营贸易公司和国家银行鼓励私营进出口商，帮助其解决国内销路、进口利润以及资金不充裕、周转不灵活等问题。当时国家银行的贷款约占私商经营额的 33%。另一方面，针对私营进出口商由于分散经营、各自为政、互相封锁甚至互相倾轧、财力物力有限，难以同国外厂商压价抬价等垄断行为抗衡的状况，国家通过行政手段把私营进出口商组织起来，实行联营。各进出口商自愿参加。到 1951 年 7 月，各口岸除外商之外的私营进出口商都通过同业公会（或商业会）、专业小组或联营机构组织起来。经营同类商品的同业在组内交流情况，统一步调，在反"封锁"中发挥了作用。组织起来以后，私商较过去重视同业团结和搞好公私关系，推动了易货贸易的进行。经过上述措施，1951 年各口岸对资本主义国家的贸易额中，私营进口约占 44.3%，私营出口约占 64.8%，比 1950 年分别增长 1.6% 和 3.3%。

第三，国家加强对外汇、侨汇的管理，实施易货贸易方针。

1950 年 12 月美国冻结我国资金以后，至 1952 年 6 月仍被冻结的外汇资金约有 4250 多万美元。为了减少损失，国家一方面组织抢运了大批货物，同时在金融方面采取措施：中国人民银行于 1950 年 12 月 18 日发出指示，决定在实行易货贸易过程中，必须结汇者收电汇不收票汇，停收美汇；要求进出口商将购买证上的美元套换瑞士法郎，凭账单先行付款，利用外商银行向美国交涉解冻，由外商银行买回打包放款项下冻结的美汇等；对航运业、保险业的存款不支付外币或付予冻结外汇，由其到美国申请解冻付款；降低汇价。为了鼓励大量输入我国生产建设所需物资，1950 年七八两月我国四次调整外汇牌价。美国宣布冻结我资金以后，中国银行结合国际物价情况，又四次降低外汇牌价。前后共降低美元汇价 26.15%，英镑汇价 20.27%，港币汇价 18.31%，及时提高了人民币对外购买力，保证了国内物价、金融的稳定。

在侨汇管理方面，为了减少侨汇承受的资金安全和物资输入安全的双重风险，1950 年 12 月中财委决定实施侨汇业物资进口的办法，由各地侨务局、进口公司、贸易管理局、中国银行共同执行。侨批业（私营侨汇业）可以兼营物资进口。国家对侨汇业进口物资的范围和办法都给予放宽、照顾。通过上述措施，1951 年 1 至 3 月，共收侨汇总额 5143 万元，比1950年同期增加136%。

针对"封锁"、"禁运",在对外贸易方式方面,将以结汇贸易方式为主、改为以易货贸易方式为主、多种贸易方式灵活运用。在1949~1952年短短的三年多中,中国的主要贸易方式曾由于形势的变化而反复替换,经历了易货—结汇—易货—多种方式并用等变换过程。其中以易货为主的方式除在对苏联及人民民主主义国家贸易中长期采纳以外,在对资本主义国家贸易中采纳的时间主要为1951年上半年,即"封锁"、"禁运"最猖獗的时期。为了克服易货贸易的困难,国家银行采取种种措施解除国外商人的顾虑;银行并在一定限额内协助清算;贸易和金融两个部门共同组织和管理易货交易所;对于易货所需的国外资金,国家指定银行的国外代理行或国外联行,就地加以扶助;各口岸中国银行国际贸易服务部协助进出口商调查市场行情,提供供销情况、航运情况、各国管制办法等具体资料。

第四,及时调整对外贸易的方向。

旧中国长期的对外贸易活动中,与中国交往的各个国家、地区的进出口数量有起有伏,但是排在前几名的不外为中国香港、美国、英国、日本、德国等资本主义比较发达的国家和地区。中华人民共和国成立前夕,为适应国际政治经济环境的变化,中国共产党提出了"一边倒"的对外交往方针。从1949年起,中国就开始调整对外贸易的方向了。1950年,苏联对华贸易总额已在各主要国家中占第一位了。中国与东欧国家的贸易也迅速发展。20世纪50年代,在以美国为首的西方国家对中国实施全面经济封锁的情况下,中国同西方国家的贸易额呈陡然下降状态:进口的绝对值由1950年的8.2亿元降为1952年的0.9亿元;出口的绝对值由1950年的6.7亿元降为1952年的0.7亿元。1952年中国对西方国家的进、出口值比1950年均减少了近90%。与此同时,中国对苏联和其他人民民主国家的贸易额呈跳跃式增长。这不仅弥补了与西方国家缩减的贸易额,而且大大提高了中国的总体贸易水平。在西方国家对中国实施"封锁"、"禁运"的重重罗网之中,中国对苏联和其他人民民主国家的贸易形成了

"网开一面"的新的生机。这对于打破"封锁"、"禁运"起了决定性作用，提供了中国经济恢复和建设急需的技术、设备，使中国在极端困难的条件下，在世界市场上有了回旋的余地，稳住了阵脚。在此基础上，中国努力在东南亚突破贸易封锁，积极发展对中国香港、中国澳门的直接贸易和转口贸易，努力开拓对日本、西欧、北美的民间贸易和政府贸易，使帝国主义的"封锁"、"禁运"以失败告终，为新中国进一步扩展国际贸易，打通并扩大与世界市场的联系，奠定了初步基础。

第八节　贸易发展评价

国际贸易，是国家经济生活中不可缺少的一个重要组成部分。它担负着出口本国工农业产品，进口国内生产和人民生活所急需的重要物资，引进先进技术和设备，推动本国经济发展的重要任务。它是沟通国内外物资交流，调剂国内市场余缺的重要桥梁和渠道。在新中国成立初期，大力发展对外贸易，对于打破帝国主义对我国的经济封锁、支持国内工农业生产和恢复国民经济，具有特别重要的意义。

新中国领导人十分重视发展对外贸易，早在新中国成立前夕，1949年2月16日，刘少奇为党中央起草的《关于对外贸易的决定》中明确指出："由于天津及其他重要出海口的解放，许多外国的商业机关和国民党地区的商业机关要求和我们进行贸易，而我们为了迅速恢复与发展新中国的国民经济，亦需要进行这种贸易，因此，我们应该立即开始进行新中国的对外贸易。"对于尚未建立正式外交关系的国家，可以建立临时性质的贸易关系。他还指出："除了靠国内市场以外，我们也要靠出口。帝国主义要封锁我们，我们就靠社会主义国家、新民主主义国家。"[①] 新中国成立

---

① 《刘少奇论新中国经济建设》，中央文献出版社1993年10月版，第64页。

后，陈云同志长期担负全国财经战线的主要领导工作，他对发展新中国的对外贸易和经济合作，发表过许多精湛的意见，例如关于新中国海关建设、对外贸易管理、内销与外销关系、关于打破帝国主义"封锁"和"禁运"同国外做生意、关于发展外贸与稳定国内市场、关于改善进出口商品结构、关于研究国际经济与金融等等。他明确指出，我们发展对外贸易的"目的在于推进中国的工业化"[1]。

解放前，我国的对外贸易事业严重地依附于帝国主义，具有浓厚的半殖民地性质。第一，对外贸易被帝国主义和官僚买办资产阶级所控制和垄断。第二，进出口商品结构完全适应帝国主义掠夺资源、倾销商品的需要。第三，中国的贸易对象集中于少数帝国主义国家。第四，对外贸易长期入超和不等价交换。第五，民族进出口商艰难发展。

从中华人民共和国成立到 1952 年年底，中国人民进行了巩固人民政权、恢复和发展国民经济的艰巨任务，使中国从战争废墟上站立起来，为其后的大规模社会主义经济建设准备了条件。工农业生产和各项事业的迅速恢复与发展，为社会主义对外贸易的进行奠定了必要的基础。同时，新中国积极开展对外贸易为国内的经济建设提供了所需的生产资料，为经济建设起到了重要的支撑作用。人民政府确立了平等互利、独立自主、自力更生、立足生产发展对外贸易、内外销统筹兼顾、适当安排的贸易方针。新中国的外贸体制是在这一时期逐步建立起来的，主要包括计划管理体制、财务管理体制、经营管理体制、价格管理体制、行政管理体制、外汇管理体制、海关管理体制、进出口商品检验管理体制。新中国实行对外贸易的统制政策，废除了帝国主义在中国的一切特权，取消了帝国主义在对外贸易经营和与此有关的外汇、金融、航运、保险、商检等方面的垄断，把对外贸易的权力完全掌握在自己的手中。其次，在没收和改造国民党官僚资产阶级的进出口贸易企业的基础上，建立了新的社会主义的对外贸易体系。第三，在扩大与苏联、东欧等国家的贸易的同时，在平等互利的基

---

[1]《陈云文选》第二卷，中央文献出版社 2005 年 6 月版，第 209 页。

础上也积极同资本主义国家建立和发展贸易关系，并利用某些港口的转口作用，打破帝国主义对我国的封锁。

在恢复时期的 3 年中，我国对外贸易事业获得了很大的发展。到 1952 年，我国先后同苏联、波兰、匈牙利、罗马尼亚、保加利亚、民主德国、捷克斯洛伐克、阿尔巴尼亚、朝鲜、锡兰（现斯里兰卡）、缅甸、印度、巴基斯坦以及英国、法国、瑞士、西德、芬兰、荷兰、智利、日本等国建立或发生了贸易关系。国家按照国内生产和消费需要，有计划地组织进出口，大力推销农副产品及国内滞销产品，大量进口国内急需的生产资料、工业原料及部分生活必需品。此外，对外贸易对在国际上扩大我国的影响，发展和各国人民的友好关系方面也起到了重要的作用。

国民经济恢复时期，随着我国工农业生产的恢复和发展以及国内市场的繁荣，我国的对外贸易也逐步发展起来，取得了历史性的进步。1948 年，世界进出口总额为 1200 亿美元，中国进出口总额为 9.07 亿美元，占当年世界进出口比重为 0.76% ；到了 1952 年，世界进出口总额为 1700 亿美元，中国进出口总额为 19.4 亿美元，占当年世界进出口比重上升至 1.14%。

解放前，我国是一个半殖民地半封建的国家，是帝国主义的商品销售市场和原料来源地。我国的对外贸易几乎年年入超。全国解放后，1950 年就开始扭转了长期入超的情况，出现了出超。在对外贸易商品结构方面，解放前进口货物中，各种消费品烟、酒、化妆品等数量很大。解放后，在进口货中这些奢侈品几乎绝迹，占很大比重的是为我国经济建设所需要的机器设备等生产资料。在出口货物中，虽然主要的仍然是农副产品，但已不同于旧中国，它不再是为适应帝国主义的需要而出口，而是为了促进我国农业的发展和换回外汇以及我国建设所必要的进口物资而出口。国民经济恢复时期，随着贸易额的增长，进出口贸易额的构成也发生了变化。进口商品中，生产资料的比重一直在 80% 以上，都是生产建设急需的物品，奢侈品类及国内生产能满足需要的消费品已停止进口。在出口商品中，农副产品及加工品的比重从 90.7% 下降到 82.1% ，工矿产品的比重从 9.3% 上升为 17.9% 。进出口商品结构的变化表明总的趋势开始向优化转变。

新中国成立初期，中国政府就提出，新中国对外贸易的基本问题，是如何逐步把半殖民地半封建的贸易改变为独立自主的贸易。在国民经济恢复时期反对"封锁"和"禁运"、发展对外贸易的结果，使中国的对外贸易从机构、管理、进出口经营等各个方面真正实现了这一目标。这一时期外贸战线上的胜利充分证明了周恩来在 1951 年 10 月政协一届三次会议上的讲话中所说的："愚昧无知的帝国主义者满以为封锁和禁运一定能给我国以沉重打击，但是他们完全错了。帝国主义者的封锁和禁运正好被我们用以肃清在中国经济中半殖民地的依赖性，缩短我们在经济上获取完全独立自主的过程，而真正受到打击的反而是他们自己。"这些带有预见性的阐述已经并进一步被后来的事实所证明。

中国人民在外部压力下更加奋发图强，从而在短短的 3 年时间里，使国民经济得到恢复和初步发展，我国的对外贸易已经完全成为独立自主的对外贸易，并且取得了显著的成就，建立起对外交流的初步基础。1952年下半年，国际贸易形势的变化使中国开展对外贸易有了新的有利条件，中国政府适时提出了扩大进出口贸易的各项措施，为今后大规模的经济建设做了准备。

本章参考文献

1. 教材编写组：《中国对外贸易概论》，对外贸易教育出版社 1985 年版。

2. 吴于廑、齐世荣：《世界史·现代史》（下卷），高等教育出版社 1994年版。

3. 孟宪章：《中苏经济贸易史》，黑龙江人民出版社 1992 年版。

4. 董志凯：《跻身国际市场的艰辛起步》，经济管理出版社 1993 年版。

5. 吴承明、董志凯：《中华人民共和国经济史》（第一卷），中国财政经济出版社 2001 年版。

6. 课题组：《中国外贸体制改革的进程、效果与国际比较》，对外经济贸易大学出版社 2007 年版。

7. 《陈云文选》第二卷，中央文献出版社 2005 年 6 月版。

8. 刘少奇：《刘少奇论新中国经济建设》，中央文献出版社 1993 年 10 月版。

第二章

1953～1966年国民经济发展、困难与调整时期

第一节 对外贸易发展的经济背景

对外贸易的发展与国民经济的发展是密切联系在一起的，社会主义对外贸易必须服从、体现国民经济发展的要求。因此，不同时期国民经济发展的中心任务和发展特征对对外贸易的发展具有决定性的影响。经过1949～1953 年国民经济恢复期后，中国经济开始发生根本性好转。随后的 1953～1966 年，中国的国民经济开始走上一条探索中发展的道路。根据国民经济发展特征的不同，本书将这一时期细分为发展期、困难期和调整期，不同时期赋予了我国对外贸易发展的不同内涵。

一、第一个五年计划（1953～1957 年）的发展期

从 1953 年开始我国进入大规模的经济建设时期，国家制定了国民经济发展第一个五年计划。在这个五年计划时期，我国国民经济的主要任务是：建设项目 659 个，特别集中主要力量进行由苏联援建的 156 个建设项

目为中心的工业建设，建立我国社会主义工业化的初步基础。"一五"时期中国重点建设项目中，重工业包括钢铁 15 个、电力 107 个、机械制造 63 个、电讯 18 个、化工 15 个、煤炭 195 个、石油 13 个等方面的重要企业；轻工业包括食品 34 个、医药 4 个、造纸 10 个；其他项目 221 个；其中从苏联援建引进情况为重工业包括钢铁 3 个、电力 24 个、机械制造 63 个、电讯 18 个、化工 5 个、煤炭 27 个、石油 2 个等方面的重要企业；轻工业包括医药 2 个、造纸 1 个；其他项目 11 个。

根据以上任务，中央对对外贸易提出以下任务：围绕国家工业化的中心任务，有计划地扩大内外物资交流，积极增加出口，换回我国生产、建设所需的机器、工业器材、原料以及其他重要物资，以促进第一个五年计划的全面实现；加强同社会主义国家的经济合作，扩大对社会主义国家的贸易，在有利于我国社会主义建设的条件下，发展同东南亚各国以及其他资本主义国家的贸易，以增加一些重要物资的进口。

"一五"期间，为配合当时国民经济的发展，满足国家建设的需要，奠定社会主义工业化的初步基础，我国对外贸易迅速发展和进出口商品结构发生重大变化。我国大力发展了同苏联、东欧等国家的贸易经济关系，组织进口了苏联的 156 个大型项目和东欧国家的 68 个重要项目，以及社会主义工业化所必需的工业器材和原料等。同时，随着我国外交政策的胜利，也发展了与东南亚和西方国家的贸易关系，进口了橡胶等一些重要物资。至 1957 年，生产资料进口的比重已高达 92%，其中机械设备的比重就高达 52.5%。我国的出口贸易，在工农业得到恢复和发展的基础上，有了很大的增长，出口商品结构也有了很大的变化。到 1957 年，重工业产品占 24.3%，轻工业产品占 22.7%，农副产品占 53%。除了出口传统的农副土特产品外，还增加了许多新商品，特别是发展了工业品出口，如棉纱、棉布、钢材、五金、玻璃、金笔、缝纫机，以及纺织、水泥、造纸、碾米等成套设备，其中有许多过去是要进口的。1957 年，我国进出口总额达 31.03 亿美元，比 1950 年增长了 1.73 倍，"一五"时期的年平均增长率达 9.8%，其中进口额为 15.06 亿美元，增长了 1.58 倍，出口额

15.97 亿美元,增长了 1.89 倍。从 1956 年起,扭转了几十年来的贸易逆差局面,实现了贸易顺差。

二、第二个五年计划（1958～1962 年）的困难期

我国第二个五年计划主要任务之一就是继续进行以重工业为中心的工业建设,推进国民经济的技术改造,建立我国社会主义工业化的巩固基础。这一时期我国对外贸易的任务是有计划地组织有关物资的出口,以保证国家建设所必需的设备和器材的进口,保证进出口物资的平衡。"二五"时期我国还提出实现五年计划的主要指标,但是,由于 1958 年开始的"大跃进"运动和"反右倾"运动,"二五"计划在制定和执行中出现了严重的冒进倾向,许多计划指标不断修正和大幅度提高。在"左"倾冒进思想的影响下,我国国民经济主要比例关系失调,连年出现财政赤字,人民生活遇到很大困难。这一时期除了受"左"倾思想的影响外,我国还遭遇了从 1959 年开始的连续三年自然灾害和 1960 年中苏关系恶化,内外因素共同作用导致我国经济建设已不能按照第二个五年计划的部署继续发展。1958～1962 年我国国民经济出现了新中国成立以来发展最差的 5 年,"国内生产总值平均速度 -2%,总产值平均每年增长 3.8%,农业总产值平均每年增长 -4.3%,财政收入平均每年增长 0.2%,财政支出平均每年增长 0.1%,财政收支差额 -172 亿元"。

国民经济的波动同样影响到对外贸易的发展。1958 年的"左"倾"大跃进"思想对对外贸易也提出了高指标,脱离实际可能性,终使对外贸易出现大幅度波动。1959 年进出口贸易总额猛增到 43.8 亿美元,比 1957 年增长 41.2%。随后"大跃进"的失败,中国与苏联国家关系的急剧恶化,对外贸易也落入了低谷,以致 1960 年到 1962 年无论是出口还是进口都出现了下降和停滞的情况。从 1960 年起,我国对外贸易被迫大幅度连年下降,至 1962 年降为 26.63 亿美元,基本上倒退到 1954 年的水平,比 1957 年下降了 14.18%,年平均下降 3%。

三、国民经济的调整期（1963～1965年）

面对国民经济发展所遇到的困难，国家决定对国民经济实行调整，1960年9月中共中央在批转国家计委《关于1961年国民经济计划控制数字的报告》中提出了国民经济调整、充实、巩固、提高的"八字方针"，1961年1月党的八届九中全会正式批准。我国国民经济进入了调整时期。这时期的对外贸易任务是大量进口粮食和其他市场物资，进口化肥、农药等支援农业生产，切实改善人民生活；千方百计增加出口货源，扩大对资本主义市场的出口，提前偿还对苏联的债款。为了适应国际形势的变化，克服国内经济困难，我国从对苏联的贸易开始转向对西方资本主义国家的贸易上来。经过国民经济的恢复和对外贸易对象的调整，中国进出口开始回升（1963～1965年），并对整个国民经济的恢复发展发挥了重要的作用。

1960年，随着中苏关系的变化，我国对苏联和东欧国家的贸易急剧下降，新中国的对外贸易遭遇了第一次较大的曲折。在这一形势下，我国对外贸易的主要对象开始转向资本主义国家和地区。我国在坚持内地对港澳地区长期供应稳定，积极发展同亚非拉民族独立国家贸易关系的同时，进一步打开对西方贸易国家的渠道。经过努力，我国同日本和西欧的贸易取得了突破性进展。中日贸易由20世纪50年代的民间贸易转入20世纪60年代的友好贸易和备忘录贸易；1963年，我国同日本签订了第一个采用延期付款方式进口维尼纶成套设备合同，打开了西方国家从技术上封锁中国的缺口。1964年，我国与法国建交，中法两国政府间贸易关系迅速发展，带动西欧掀起了开展对华贸易的热潮。到1965年，中国大陆对西方资本主义国家的进出口总额在全国进出口总额中所占的比重，已经由1957年的17.9%上升到52.8%。对外贸易总额到1965年迅速回升到42.45亿美元，比处于谷底的1963年增长59%，比1957年的31.03亿美元增加了36.8%；进出口商品结构也发生了很大变化。其次，在对外经济援助方面，我国在调整期间除继续大力援助朝鲜、越南、蒙古、古巴、阿尔巴尼亚外，还开展了对亚非民族主义国家的经济援助，但是方针政策有所调整，减少了无偿援助的比重，增加了贷款的比重。中国对外经济援助既给中国经济带来了负担，又为此后中国恢复在联合国的地位、改善国际环境打下了基础。

为了抵偿从西方资本主义国家的进口，我国改进了出口商品的生产工艺，使商品的品质、规格、花色、品种等各个方面适应资本主义市场的需要。因此，中苏关系恶化后，我国的出口商品就在日本、西欧等国家市场打开了销路。由于前一时期重点抓了轻工业产品的生产和出口，因此，除新增加出口搪瓷制品、球鞋、皮件、闹钟、洗衣粉、人棉纱布、涤纶布、珠宝首饰等外，原已出口的棉纱、棉布、针棉织品、罐头、缝纫机、自行车等的出口数量大幅度增长，有的甚至成倍增长。重工业产品出口也有所发展，增加了部分化工产品和拖拉机、工具、小五金、煤炭等的出口。到1965 年，出口总额已恢复到 22.28 亿美元，接近新中国成立以来的最高水平，提前还清了对苏联的全部债务。随着国民经济情况的好转，1965年进出口总额恢复到 42.45 亿美元，接近 1959 年最高水平，比 1962 年增长了 61.84%，年平均增长达 16.8%。

第二节　对外贸易发展状况

新中国成立后，随着国民经济的发展和对外关系的日益扩大，中国对外贸易迅速发展。总的来看，1953～1966 年间中国的国民经济经历了发展、困难和调整三个阶段，在这三个时期由于中国经济、政治和外交关系的变化导致中国对外贸易额、主要贸易伙伴和贸易结构也相应地发生了变动。

一、贸易额

总体而言，1953～1966 年间中国对外贸易总额保持较快增长速度；但中国对外贸易总额的规模不大，年均进出口总额达 106.8 亿元人民币，其中出口额占世界出口总额的比重年均仅达 1.27％；从贸易差额看，从 1956 年开始，中国除 1960 年贸易轻微逆差外一直保持贸易顺差状态。1953～1966 年间，由于受多方面因素的影响我国进出口额增长速度波幅很大，总体概况为发展期的高速增长、困难期的负增长以及调整期的高增长。本书将分别结合这三个时期的特点对我国对外贸易额的发展态势进行阐述。

表 2.1　1953～1966 年中国进出口贸易总额

年份	人民币（亿元）				美元（亿元）			
	进出口总额	出口总额	进口总额	差额	进出口总额	出口总额	进口总额	差额
1953	80.9	34.8	46.1	-11.3	23.7	10.2	13.5	-3.3
1954	84.7	40.0	44.7	-4.7	24.4	11.5	12.9	-1.4
1955	109.8	48.7	61.1	-12.4	31.4	14.1	17.3	-3.2
1956	108.7	55.7	53.0	2.7	32.1	16.5	15.6	0.9
1957	104.5	54.5	50.0	4.5	31.0	16.0	15.0	1.0
1958	128.7	67.0	61.7	5.3	38.7	19.8	18.9	0.9
1959	149.3	78.1	71.2	6.9	43.8	22.6	21.2	1.4
1960	128.4	63.3	65.1	-1.8	38.1	18.6	19.5	-0.9
1961	90.7	47.7	43.0	4.7	29.4	14.9	14.5	0.4
1962	80.9	47.1	33.8	13.3	26.6	14.9	11.7	3.2
1963	85.7	50.0	35.7	14.3	29.2	16.5	12.7	3.8
1964	97.5	55.4	42.1	13.3	34.7	19.2	15.5	3.7
1965	118.4	63.1	55.3	7.8	42.5	22.3	20.2	2.1
1966	127.1	66.0	61.1	4.9	46.2	23.7	22.5	1.2

资料来源：国家统计局国民经济综合统计司编：《新中国五十年统计资料汇编》，中国统计出版社 1999 年版，第 60 页。

从表 2.1 中可以看出，1953～1957 年的"一五"时期，我国实现了进出口总额 142.6 亿美元，年平均增长率达 9.8%，其中出口总额 68.3 亿美元，年平均增长率达 14.2%，进口总额 74.3 亿美元，年平均增长率达 6.1%。不仅如此，从 1956 年起，我国扭转了几十年来的逆差局面，实现了贸易顺差。

在"大进大出"的方针指导下，1958 年春，外贸部门通过大鸣大放、大辩论，订出了 1958 年的跃进指标。执行的结果，当年的进出口贸易总额达 38.7 亿美元，比 1957 年陡增 24.8%，其中出口增长 24%，进口增长 25.5%。1959 年，进出口贸易比 1958 年再增 13.2%，比 1957 年增长 41.2%，总额达 43.8 亿美元，其中出口比 1958 年增长 14.1%，进口比 1958 年增长 12.2%。1958 年和 1959 年对外贸易连续两年的猛增，与国内力量发展的实际严重脱节。自 1959 年下半年起，外贸工作即陷入极其困难的局面。

1960 年的我国进出口贸易总额达 38.1 亿美元，比 1959 年下降 13.01%；1961 年进出口贸易总额达 29.4 亿美元，比上年再下降 22.83%；1962 年进出口贸易总额达 26.6 亿美元，比上年又降 9.52%，基本退回到 1954 年的水平。对外贸易这 3 年之所以连续下降，其根本原因在于"大跃进"使国民经济的主要比例关系全面失调，造成了农业、轻工业的减产，使出口货源大大减少；此外，农业生产从 1959 年开始遭受连续 3 年的自然灾害，以及 1960 年下半年起中苏两国间经济贸易关系出现突然转折，也是重要外部原因。

1962 年的对外贸易，继续坚持"吃饭第一、建设第二"的方针。为配合整个国民经济进一步调整，对外贸易部门积极开拓出口资源，努力扩大工矿产品出口，在主要农副产品出口减少、侨汇收入减少、苏联逼债的情况下，克服重重困难，保持了外汇收支平衡。当年，进口了急需的粮食、化肥、橡胶、钢材等，有力地支援了农业，对稳定市场和促进整个国民经济的调整起了很好的作用。

我国对外贸易在经过 1961 年和 1962 年连续两年的调控之后，1963 年开始回升。这一年的进出口贸易总额达 85.7 亿元（约合 29.2 亿美元），比上年增长 5.93%。1964 年，在国民经济调整任务基本完成的条件下，进出口贸易总额又大幅度上升，达 97.5 亿元。1965 年，接近新中国成立以来的最高水平，提前还清了对苏联的全部债务。随着国民经济情况的好转，1965 年进出口总额恢复到 118.4 亿元（约合 42.5 亿美元），接近 1959 年最高水平，比 1962 年增长了约 60%。1966 年的对外贸易在全面恢复的基础上进一步发展，进出口总额达 127.1 亿元（约合 46.2 亿美元），比上年增长 7.35%。

总的来看，这一时期我国对外贸易增速波动加大，在世界贸易中所占比例不高。具体数据见表 2.2。

表 2.2　我国进出口总额的增长速度和出口总额占世界出口总额比重

年份	进出口比上年增长的百分比（%）	出口比上年增长的百分比（%）	进口比上年增长的百分比（%）	世界出口总额（亿美元）	中国出口总额（亿美元）	中国出口总额占世界出口总额的百分比（%）
1953	22.0	24.2	20.4	829	10.22	1.23
1954	2.7	12.1	-4.4	863	11.46	1.33
1955	29.3	23.2	34.7	940	14.12	1.50
1956	2.0	16.5	-9.8	1042	16.45	1.58
1957	-3.3	-2.9	-3.6	1123	15.97	1.42
1958	24.8	24.0	25.5	1086	19.81	1.82
1959	13.2	14.1	12.2	1159	22.61	1.95
1960	-13.1	-17.9	-7.9	1283	18.56	1.44
1961	-22.9	-19.7	-26.0	1644	14.91	1.11
1962	-9.3	-0.1	-18.8	1419	14.90	1.05
1963	9.5	10.7	7.9	1545	16.49	1.07
1964	18.8	16.2	22.2	1736	19.16	1.10
1965	22.6	16.3	30.4	1872	22.28	1.19
1966	8.7	6.2	11.5	2052	23.66	1.15

资料来源：丁溪主编：《中国对外贸易》，中国商务出版社 2006 年版，第 161 页。

二、主要贸易伙伴

新中国成立初期的20世纪50年代，由于西方资本主义国家对我国采取敌视、封锁政策，我国对外贸易的主要国际市场是苏联和东欧社会主义国家。表2.3中列出了我国1953~1960年间前二十位贸易伙伴，从表中可以看出20世纪50年代中国主要与苏联和东欧国家进行贸易往来，其次为中国香港、澳门地区和东南亚国家。从1953~1960年进出口总额的数据来看，我国对苏联的进出口总额一直位居第一，且占中国进出口总额的50%。

表2.3　1953~1960年前二十位贸易伙伴国（地区）进出口额

单位：万美元

年份	1953	1954	1955	1956	1957	1958	1959	1960
次序	国家（地区）贸易额	国家（地区）贸易额	国家（地区）贸易额	国家（地区）贸易额	国家（地区）贸易额	国家（地区）贸易额	国家（地区）贸易额	国家（地区）贸易额
1	苏联 125823	苏联 129124	苏联 178985	苏联 152377	苏联 136470	苏联 153857	苏联 209700	苏联 166394
2	中国香港 28469	中国香港 21416	中国香港 18937	中国香港 20041	中国香港 20039	德意志民主共和国 25194	德意志民主共和国 23250	中国香港 20828
3	德意志民主共和国 11049	德意志民主共和国 18060	德意志民主共和国 18730	德意志民主共和国 19664	德意志民主共和国 19169	中国香港 23220	捷克斯洛伐克 21039	德意志民主共和国 18855
4	捷克斯洛伐克 10965	捷克斯洛伐克 12209	捷克斯洛伐克 12851	捷克斯洛伐克 12938	捷克斯洛伐克 15590	英国 20395	中国香港 20549	英国 18647
5	斯里兰卡 10359	朝鲜民主主义人民共和国 8231	英国 10463	日本 12840	日本 11473	捷克斯洛伐克 19005	英国 19700	捷克斯洛伐克 17505

续表

年份	1953	1954	1955	1956	1957	1958	1959	1960
次序	国家（地区）贸易额	国家（地区）贸易额	国家（地区）贸易额	国家（地区）贸易额	国家（地区）贸易额	国家（地区）贸易额	国家（地区）贸易额	国家（地区）贸易额
6	英国 9704	斯里兰卡 7414	日本 8331	英国 11250	英国 10228	波兰 9933	印度尼西亚 12906	朝鲜民主主义人民共和国 12037
7	匈牙利 6247	英国 7068	朝鲜民主主义人民共和国 7606	斯里兰卡 8624	波兰 8328	印度尼西亚 9114	朝鲜民主主义人民共和国 11584	波兰 8968
8	波兰 5352	波兰 6723	波兰 7055	波兰 7358	越南 7024	朝鲜民主主义人民共和国 9055	波兰 10345	越南 8331
9	朝鲜民主主义人民共和国 4634	匈牙利 6142	匈牙利 6100	朝鲜民主主义人民共和国 6855	斯里兰卡 6153	匈牙利 8354	匈牙利 8165	印度尼西亚 7401
10	瑞士 3235	日本 3517	越南 4602	匈牙利 6809	马来西亚 5994	日本 8065	新加坡 6999	匈牙利 6778
11	芬兰 2568	巴基斯坦 2207	斯里兰卡 3633	印度尼西亚 5530	朝鲜民主主义人民共和国 5601	新加坡 7078	越南 6087	比利时 6166
12	比利时 2512	瑞士 2003	巴基斯坦 3104	越南 4792	匈牙利 5216	比利时 5657	罗马尼亚 5842	法国 5991
13	法国 2392	越南 1744	缅甸 2797	缅甸 4032	印度尼西亚 4875	埃及 5656	埃及 5783	罗马尼亚 5952
14	罗马尼亚 1283	芬兰 1605	埃及 2653	法国 3898	埃及 4865	越南 5606	斯里兰卡 4984	埃及 5951

续表

年份	1953	1954	1955	1956	1957	1958	1959	1960
次序	国家（地区）贸易额	国家（地区）贸易额	国家（地区）贸易额	国家（地区）贸易额	国家（地区）贸易额	国家（地区）贸易额	国家（地区）贸易额	国家（地区）贸易额
15	埃及 1040	法国 1517	瑞士 2634	瑞士 3890	瑞士 4081	斯里兰卡 4754	意大利 4512	新加坡 5144
16	荷兰 1022	马来西亚 1313	法国 2349	埃及 3773	法国 3672	罗马尼亚 4444	比利时 4836	斯里兰卡 4943
17	日本 992	罗马尼亚 1283	印度尼西亚 2220	马来西亚 3418	比利时 3272	蒙古 4163	瑞士 4476	瑞士 4772
18	意大利 969	埃及 1125	马来西亚 2033	罗马尼亚 3106	瑞典 3196	意大利 3910	法国 4446	意大利 4565
19	罗马尼亚 865	保加利亚 995	印度 1956	印度 2663	罗马尼亚 3031	澳大利亚 3590	蒙古 4434	蒙古 4454
20	巴基斯坦 840	意大利 805	芬兰 1715	巴基斯坦 2302	蒙古 2431	法国 3442	澳大利亚 3655	澳大利亚 2671

资料来源：中华人民共和国国家统计局编：《中国统计年鉴1949—1984》，中国统计出版社1984年版。

进入20世纪60年代以后，我国同苏联关系恶化，苏联终止了同我国的经济合作，停止了对我国的经济援助；东欧一些国家也追随苏联疏远了同我国的关系。这一时期，我国与苏联和东欧国家的贸易额大幅度下降，对外经济贸易逐步转向第三世界国家，同时也发展了同日本、西欧等资本主义国家的经贸关系，到1965年，同我国有经贸关系的国家和地区发展到118个。

1960年，中苏关系极度恶化，导致从1961年开始，虽然苏联仍是我国最大的贸易伙伴，但我国对其的总进出口额已经在不断减少。到1965年，中国香港首次超过苏联，跃居我国贸易伙伴国（地区）的首位，而苏联则跌至第3位，居于日本之后。

20世纪60年代后，我国逐渐重视与第三世界国家的贸易合作，于是在表2.4中，古巴、越南、朝鲜、巴基斯坦等国家都成为我国的主要贸易对象国，其中也包括了我国对这些国家提供的大量援助。

在20世纪60年代中日两国邦交并未恢复正常，因此两国之间几乎没有经济联系，即便是少量的经济联系采取的也大都是民间经济来往的方式，在1958～1960年两国的民间贸易甚至也被迫中断。从1960年开始，在中国政府的支持和协助下，使中日民间贸易开始恢复，并在我国的贸易伙伴中占据着越来越重要的位置。

欧洲大多数国家对华政策在20世纪60年代仍是追随美国，封锁包围我国贸易，但是随着欧洲经济的恢复和发展，欧洲经济共同体的形成，与中国之间的关系开始改善。1964年中法两国发表了建交联合公报，在中国与欧共体国家关系上取得了重大突破。表2.4是这一时期中国与前二十位贸易伙伴的进出口额情况。

表2.4　1961～1966年前二十位贸易伙伴国（地区）进出口额

单位：万美元

年份 次序	1961 国家（地区）贸易额	1962 国家（地区）贸易额	1963 国家（地区）贸易额	1964 国家（地区）贸易额	1965 国家（地区）贸易额	1966 国家（地区）贸易额
1	苏联 82791	苏联 70158	苏联 60106	苏联 44522	中国香港 46357	日本 60315
2	古巴 22241	中国香港 22647	中国香港 29781	中国香港 40654	日本 45426	中国香港 56188
3	中国香港 19330	古巴 18714	澳大利亚 25641	日本 30209	苏联 40744	英国 34285
4	澳大利亚 19163	加拿大 16039	古巴 16910	澳大利亚 20249	英国 25860	苏联 30511
5	加拿大 17017	朝鲜民主主义人民共和国 13457	朝鲜民主主义人民共和国 15138	古巴 19627	澳大利亚 23585	加拿大 25291

续表

年份	1961	1962	1963	1964	1965	1966
次序	国家（地区）贸易额	国家（地区）贸易额	国家（地区）贸易额	国家（地区）贸易额	国家（地区）贸易额	国家（地区）贸易额
6	朝鲜民主主义人民共和国 11693	澳大利亚 11325	日本 12926	加拿大 17211	古巴 21601	朝鲜民主主义人民共和国 20322
7	英国 10408	英国 9216	加拿大 11593	英国 17126	朝鲜民主主义人民共和国 18026	法国 17837
8	德意志民主共和国 9475	日本 7379	英国 11557	朝鲜民主主义人民共和国 15533	越南 15037	古巴 16900
9	印度尼西亚 8346	法国 7000	法国 9308	印度尼西亚 10957	加拿大 14140	越南 15109
10	捷克斯洛伐克 8132	印度尼西亚 6883	印度尼西亚 9148	法国 10214	法国 12092	澳大利亚 12618
11	越南 7700	越南 5893	阿尔巴尼亚 6990	阿尔巴尼亚 9283	印度尼西亚 10885	新加坡 11659
12	缅甸 6059	阿尔巴尼亚 5764	新加坡 5668	阿根廷 9216	阿尔巴尼亚 10234	阿根廷 10816
13	蒙古 4994	德意志民主共和国 5549	越南 5633	越南 7478	阿根廷 9882	意大利 10582
14	法国 4888	斯里兰卡 5442	斯里兰卡 5335	斯里兰卡 6161	意大利 8574	瑞士 7537
15	波兰 4513	缅甸 4653	意大利 3982	巴基斯坦 6032	埃及 7752	斯里兰卡 7394
16	斯里兰卡 4191	波兰 4261	缅甸 3894	新加坡 5256	斯里兰卡 6705	罗马尼亚 7021
17	意大利 4072	阿根廷 4021	捷克斯洛伐克 3812	波兰 4205	新加坡 6629	德意志民主共和国 6753
18	匈牙利 4026	新加坡 3977	荷兰 3638	瑞士 4175	瑞士 6416	巴基斯坦 6750

年份	1961	1962	1963	1964	1965	1966
次序	国家(地区) 贸易额	国家(地区) 贸易额	国家(地区) 贸易额	国家(地区) 贸易额	国家(地区) 贸易额	国家(地区) 贸易额
19	日本 3609	捷克斯洛 伐克 3780	德意志民 主共和国 3549	意大利 3410	巴基斯坦 5960	阿尔巴尼亚 6644
20	瑞士 3524	意大利 3287	罗马尼亚 3148	墨西哥 3392	荷兰 5464	埃及 6345

资料来源：中华人民共和国国家统计局编：《中国统计年鉴1949—1984》，中国统计
出版社1984年版。

第三节　对外贸易结构

对外贸易结构是指构成对外贸易活动的要素之间的比例关系及其相互联系，它包括对外贸易活动主体之间、客体之间以及主体和客体之间的比例关系，主要表现为对外贸易商品结构、对外贸易方式结构和对外贸易区域结构等。

20世纪50年代，由于西方资本主义国家对我国采取敌视、封锁政策，我国对外贸易的主要国际市场是苏联和东欧社会主义国家。因此，无论从商品结构、贸易方式还是贸易区域来看，都显得比较简单和集中。

一、对外贸易商品结构

（一）出口商品规模及结构

随着社会主义经济成分的发展，国营公司在全国外贸总额中的比重不断上升，1953年为92.7%，1954年为98.3%，1955年高达99.2%。1956年对私营进出口商进行了社会主义改造，通过对他们支付"定息"的赎

买方式，使私营进出口商的资产转归国营外贸公司支配。因此，这时全国除西藏还继续存在私营和外商经营的进出口业务外，社会主义的对外贸易已处于统制地位。

与此同时，中国的对外贸易在工农业的生产增长的基础上也有了较快的发展。1950 年到 1976 年，出口总额由 55200 万美元增到 685500 万美元，增长了 11.4 倍；进口总额由 58000 万美元增到 658500 万美元，增长了 10.3 倍；进出口总额从 1950 年到 1976 年，由 113200 万美元增到 1343500 万美元，增长了 10.9 倍。

同一些国家相比，中国出口商品收购总值在工农业的生产总值中所占的比重还是比较低，1958 年也不过占 5.5%。

新中国成立以来，中国的出口商品构成发生了显著的变化，由新中国成立初期以出口农副产品为主，变成以出口工矿产品为主和农副产品加工品为主。由于新中国成立初期一时还难以改变由于旧中国经济发展极其落后所造成的以出口农副产品为主的情况，所以，到国民经济恢复时期结束的 1953 年，中国出口商品中农副产品仍占 55.7%，工矿产品为主和农副产品加工品占 44.3%。随着第一个五年计划的完成，中国的出口商品构成发生了较大的变化，1957 年的出口商品中，工矿产品为主和农副产品加工品占 59.9%，农副产品占 40.1%。到 20 世纪 60 年代中期，农副产品出口总额虽然有了进一步的增长，但在出口中所占的比重仍在进一步下降，1965 年的出口商品中，工矿产品为主和农副产品加工品占 66.9%，农副产品占 33.1%。

中国出口商品构成虽然发生了上述明显变化，可是，工矿产品的出口中，机械设备和化工产品所占的比重很小，出口的工业制成品中主要是轻纺产品，例如，棉布、棉织品、棉针织品、服装、绸缎、搪瓷制品、皮件等。出口的矿产品除了石油外主要是有色金属和燃料，如煤炭、钨砂、锡等。

1953～1957 年是我国第一个五年计划时期。而我国在"一五"期间，出口规模不大，仅占到世界的 1.5% 左右（见表 2.5）。

表2.5　1953～1966年的出口贸易总额

单位：亿美元

年份	出口额
1953	10.22
1954	11.46
1955	14.12
1956	16.45
1957	15.97
1958	19.81
1959	22.61
1960	18.56
1961	14.91
1962	14.90
1963	16.49
1964	19.16
1965	22.28
1966	23.66

资料来源：国家统计局国民经济综合统计司编：《新中国五十年统计资料汇编》，中国统计出版社1999年版，第60页。

而在"一五"期间，我国的出口商品主要集中在农产品、副食品、日常用品等这些初级农副产品，比重超过八成。此外，还有一些初级化工品出口。这都说明我国当时的经济结构和生活水平还是比较落后。

大体上看，在1965年之前，初级产品出口所占比重逐步下降，由1953年的79.4%下降到1957年的63.6%和1965年的51.2%；而工业制成品出口的比重逐步上升，同期占比分别为20.6%、36.4%、48.8%。1965年以后，工业制成品出口的比重有所下降，但基本稳定，见表2.6。

表2.6　部分年份我国出口商品构成

单位：亿美元

年份	1953	1957	1965	1966
出口总额	10.22	15.97	22.28	23.66

续表

年份			1953	1957	1965	1966
初级产品	金额		8.11	10.15	11.41	14.27
	比重（%）		79.4	63.6	51.2	60.3
工业制成品	全部	金额	2.11	5.82	10.87	9.39
		比重（%）	20.6	36.4	48.8	39.7
	其中：重化工业品	金额	0.85	1.61	3.96	2.78
		比重（%）	8.3	10.1	17.8	11.7
	轻纺工业品	金额	1.26	4.21	6.91	6.61
		比重（%）	12.3	26.3	31.0	28.0

注：商品构成按《国际贸易标准分类》划分。
资料来源：《中国对外贸易年鉴（1989）》，中国展望出版社 1989 年版，第 307～
308 页。

　　"一五"计划后，我国工业迅速发展，出口商品结构发生较大变化，但直到 20 世纪 70 年代，初级产品出口仍占我国出口总额的 50% 以上。我国对外贸易的经营和管理也由新中国成立初期的国家统制对外贸易政策，到 1957 年后适应国民经济转入计划经济，形成了国营外贸公司集中统一经营，国家对外贸公司实行指令性计划管理和统收统支、统负盈亏、管理和经营一体化的高度集中的对外贸易体制。对外贸易被看做社会主义扩大再生产的补充手段，局限于互通有无、调剂余缺。

　　1961 年 1 月 14～18 日，党的八届九中全会在北京召开。会议决定自 1961 年起对国民经济实行"调整、巩固、充实、提高"八字方针。至此，我国国民经济进入了调整时期。对外贸易是与整个国民经济同时进入调整阶段的。

　　1961～1965 年的对外贸易，在进出口商品结构和国别地区方向上，进行了大幅度调整，坚持"吃饭第一、建设第二"的方针。为配合整个国民经济进一步调整，对外贸易部门积极开拓出口资源，努力扩大工矿产品出口，在主要农副产品出口减少、侨汇收入减少、苏联逼债的情况下，克服重重困难，保持了外汇收支平衡。

出口方面，因农业连续两年减产，确定一方面大大减少主要农副产品的出口数量，另一方面，千方百计增加出口资源，努力扩大工矿产品的出口，特别是大幅度增加"以进养出"商品的出口。进口方面，为缓和粮食供应的紧张局面，确定大幅度增加粮食进口，切实改善人民生活；为稳定国内市场，支援农业生产，确定进口农业需要的原料和化肥。

从 1963 年起，随着农业生产的恢复，适当减少了粮食进口，增加了其他生活资料的进口。在工业生产初步恢复的基础上，为提高整个工业的科学技术水平，1962～1963 年间，中央批准进口 20 个成套设备项目（后来改为 14 项），并引进了最新的石油化工技术；1963～1964 年间，又批准了冶金、精密机械、电子工业等 100 多个项目的国外考察、询价和相机签约；1964～1965 年间，机械工业又从日本、法国等国家引进了液压件、电动气动量仪、重型汽车三个项目，并引进了玻璃电极、微电机等七项技术和设备。对外贸易的任务开始由"吃饭第一"转向为"巩固、充实、提高"的方针服务。我国 1953～1966 年出口商品构成情况见表 2.7。

表 2.7　1953～1966 年中国出口商品构成情况（占总额百分比）

年份	农副产品	轻工业产品			重工业产品
		全部	纺织品	轻工产品	
1953	55.7	26.9	6.1	20.8	17.4
1954	48.3	32.2	9.5	22.7	19.5
1955	46.1	31.2	11.7	19.5	22.7
1956	42.6	35.3	14.7	20.6	22.1
1957	40.7	35.6	17.7	17.9	24.3
1958	35.5	41.7	17.8	23.9	22.8
1959	37.6	41.9	23.5	18.4	20.5
1960	31.0	46.2	29.1	17.1	22.8
1961	20.7	53.1	35.2	17.9	26.2
1962	19.4	53.3	34.3	19.0	27.3
1963	24.2	51.4	30.3	21.1	24.4

续表

年份	农副产品	轻工业产品			重工业产品
		全部	纺织品	轻工产品	
1964	28.0	47.6	24.8	22.8	24.4
1965	33.7	43.5	20.1	23.4	23.4
1966	35.9	40.9	21.0	19.9	23.2

资料来源：《中国对外贸易年鉴（1989）》，中国展望出版社1989年版，第306页。

（二）进口商品规模及结构

新中国成立以来的进口商品一直以生产资料为主，从1952年到1976年，在冶金、机械、汽车、石油、电力、电讯、化工、矿山、电子和精密机械等方面进口的成套设备和引进的技术，对中国工业基础的形成和提高生产能力，曾起了重要作用。此外还进口了大量的发展工农业的生产和交通运输事业所需要的生产资料，例如机械、船舶、钢材、拖拉机、铁砂、铝、铜、橡胶、纸浆、化肥、农药及轻纺工业所需原料等。

1953～1957年是我国第一个五年计划时期，这一时期我国国民经济的主要任务是建立社会主义工业化的初步基础，外贸工作的主要任务是全面促进"一五"计划的完成，因此进口商品主要以生产资料为主，1957年其比重高达92%，其中机械设备的比重为52.5%。

在"一五"时期，进口什么、进口多少完全由政府根据国内经济建设的需要决定，企业则没有自主权。这一时期，进口仅以调剂余缺为目的。所以，根据当时国内经济条件，我国的进口规模与当时世界各国相比较，还是处于较低水平，但是，却为我国的工业化打下了初步基础（见表2.8）。

表2.8　1953～1966年的进口贸易总额

单位：亿美元

年份	进口额
1953	13.46
1954	12.87

年份	进口额
1955	17.33
1956	15.63
1957	15.06
1958	18.90
1959	21.20
1960	19.53
1961	14.15
1962	11.73
1963	12.66
1964	15.47
1965	20.17
1966	22.48

资料来源：国家统计局国民经济综合统计司编：《新中国五十年统计资料汇编》，中国统计出版社1999年版，第60页。

　　为了满足人们不断增长的物质和文化生活的需要，支援国内市场，对生活资料的进口无论在金额还是品种方面都有所增加，从1950年到1976年中国进口商品总额中，进口商品中生产资料和生活资料所占比重情况是：从1950年到1959年，进口商品中，生产资料约占91.5%，生活资料约占8.5%。从1960年到1969年，进口商品中，生产资料约占71.6%，生活资料约占28.4%。

　　20世纪60年代，在进口商品中，生活资料比重提高的重要原因是1959年到1961年我国国民经济发生了严重的困难。这个时期进口粮食4925万吨，砂糖60万吨，动植物油51万吨，化学纤维44.6万吨，棉花105万吨，手表530万只。这些生活资料的进口，对于克服我国国民经济所遇到的困难，稳定市场和改善人民的生活，都起了很大的作用。

　　上述情况表明，中国进口商品构成的一个特点是一直以进口生产资料为主，这是促进中国的社会主义经济建设所必需的，今后这个特点也将会继续存在。

（三）进出口商品结构

"一五"计划期间，我国的出口贸易，在工农业得到恢复和发展的基础上，有了很大的增长，出口商品结构也有了很大的变化。1953年，初级产品占79.4%，其中，食品占30.9%，饮料及烟草占7.9%，非食品原料占33.3%，矿物燃料占0.8%，动植物油、脂及蜡占6.5%；工业制成品占20.6%，其中，重化工业产品占8.3%，轻纺工业产品占12.3%。1957年"一五"计划完成时，初级产品占63.6%，其中，食品占27.2%，饮料及烟草占3.9%，非食品原料占28.3%，矿物燃料占1.1%，动植物油、脂及蜡占3.1%；工业制成品占36.4%，其中，重化工业产品占10.1%，轻纺工业产品占26.3%。出口商品中，除了传统的农副土特产品外，还增加了许多新产品，特别是发展了工业品出口，如棉纱、棉布、钢材、五金、玻璃、金笔、缝纫机，以及纺织、水泥、造纸、碾米等成套设备，其中有许多过去是要进口的。从1953年到1957年，重工业产品出口占比由17.4%提高到24.3%；轻工业产品由26.9%提高到35.6%，其中纺织品出口占比由6.1%迅速上升到17.7%。同时，农副产品出口占比却由55.7%下降到40.1%。

从我国对外贸易进口商品结构来看，大体上基本稳定。1953年到1957年间，中国积极组织了大量国内生产、建设所需的机器、工业器材、原料以及其他重要物资。1953年，生活资料进口占7.9%，生产资料进口占92.1%，其中，机械设备占56.6%，生产原料占7.9%。至1957年，生活资料占8.0%，生产资料占92%，其中，机械设备降为52.5%，生产原料升至39.5%（见表2.9）。

另据统计，1950到1956年的7年间，中国共进口成套设备（包括当时正在进口的项目）245项，金属切削机床20693台，黑色金属425万吨，石油及石油产品485万吨，棉花43.8万吨，化肥238万吨，纸张43.5万吨，以及其他各类重要物资及生活必需品。共出口价值36.93亿美元的农副产品，21.08亿美元的农副产品加工品，15.56亿美元的工矿产品。

20 世纪 60～70 年代，中国进口商品结构特点是生产资料所占份额较大但在缓慢下降，而生活资料所占出口份额较小但在缓慢上升（见表 2.9）。

20 世纪 60 年代后，生产资料进口比重经过初期大幅下降（1960～1962 年）、逐步回升（1965～1966 年）；1960 年、1962 年和 1965 年生产资料进口占比分别为 95.4%、55.2% 和 66.5%。从生产资料内部结构来看，机械设备进口占比由 1960 年的 49.7% 迅速下降到 1963 年的 9.6%；1965 年后，尽管伴随一些大的波动或反复，但总的趋势还是有所上升。而生产原材料（主要是工业原料）的进口占比在 1960 年到 1963 年间，波动幅度不大，这两年分别为 45.7% 和 46.4%；1965 年后逐步上升。

生活资料进口比重从 1960 年的 4.6% 迅速上升到 1962 年的 44.8%。其中，1962 年由于中国遭受连续三年自然灾害及其他因素的影响，使人民经济生活十分困难，当年的生活资料进口比重是新中国成立以来最高的一年；1963 年、1964 年生活资料进口比重分别为 44.0% 和 44.5%，从而使市场供应的紧张局面得到一定程度的缓解。1965 年，逐步下降后，渐趋稳定。

进口方面，为缓和粮食供应的紧张局面，确定大幅度增加粮食进口，切实改善人民生活；为稳定国内市场，支援农业生产，确定进口农业需要的原料和化肥。鉴于进口需要迫切而外汇收入有限，按轻重缓急，各类进口物资的具体次序为：第一是粮食；第二是化肥、农药、油脂；第三为加工后可出口换汇的物资和化工原料；第四为工业原料，即铜、铝、钢材、橡胶、石油以及尖端和国防所需器材设备等物资。

表 2.9　1953～1966 年中国进口商品构成情况（占总额百分比）

年份	生产资料					生活资料
	全部	机械设备	生产原料			
			合计占比	其中：工业原料	农用物资	
1953	92.1	56.6	35.5	33.7	1.8	7.9
1954	92.3	54.2	38.1	35.0	3.1	7.7
1955	93.8	62.8	31.0	27.8	3.2	6.2

续表

年份	生产资料					生活资料
	全部	机械设备	生产原料			
			合计占比	其中：工业原料	农用物资	
1956	91.6	53.6	38.0	32.4	5.6	8.4
1957	92.0	52.5	39.5	34.6	4.9	8.0
1958	93.1	45.0	48.1	41.6	6.5	6.9
1959	95.7	52.8	42.9	38.2	4.7	4.3
1960	95.4	49.7	45.7	41.6	4.1	4.6
1961	61.9	22.8	39.1	34.5	4.6	38.1
1962	55.2	14.6	40.6	35.1	5.5	44.8
1963	56.0	9.6	46.4	37.6	8.8	44.0
1964	55.5	10.9	44.6	38.2	6.4	44.5
1965	66.5	17.6	48.9	40.1	8.8	33.5
1966	72.2	22.3	49.9	40.9	9.0	27.8

资料来源：(1)《中国对外经济贸易年鉴（1989）》，中国展望出版社1989年版，第309页；(2)《中国对外经济贸易年鉴（1989）》，中国展望出版社1989年版，第307～308页；(3) 赵继昌：《七年来我国对外贸易的重大发展》，《对外贸易论文集》第3集，中国财政经济出版社1957年版，第12页；(4) 根据《中国对外经济贸易年鉴（1984）》，中国对外经济贸易出版社1984年版有关数字计算而得。

由表2.9看到，生活资料进口比重从1960年的4.6%迅速上升到1962年的44.8%。其中，1962年由于中国遭受连续三年自然灾害及其他因素的影响，使人民经济生活十分困难，当年的生活资料进口比重是新中国成立以来最高的一年。

二、对外贸易方式结构

我国的对外贸易方式主要是一般贸易和加工贸易。但是在"一五"期间，一般贸易占了我国对外贸易的主体，达到90%以上（见表2.10）。在"一五"期间，经济十分贫困，可以说是一穷二白，除了资源类产品可以出口外，其他的制造品根本没有能力自己做出来，而"一五"计划正是要初步建立起我国的工业化体系。这样，出口产品主要集中在农产品、资源类等初级产品，以换取进口工业化所需的生产设备。

表 2.10　中国对外贸易方式结构（%）

年份	1953	1954	1955	1956	1957
一般贸易	99.3	98.5	98.5	98	97.3
其他贸易（包括加工贸易）	0.7	1.5	1.5	2	1.7

资料来源：张曙霄：《中国对外贸易结构问题研究》，东北师范大学 2002 年。

　　贸易方式，主要分为一般贸易、加工贸易、补偿贸易等。在 1961～1965 年期间，我国对外贸易方式结构以加工贸易为主，确切地说是以加工贸易中的进料加工为主导，期间国家给予大力政策支持，在 1961 年财贸办公室向中共中央报告《关于 1961 年对外贸易工作安排的意见》中指出：1961 年的进出口贸易，要贯彻执行中央确定的"吃饭第一，建设第二"的精神，出口方面，考虑农业连续两年减产，大大减低主要农产品的出口数量，大幅增加用进口原料加工出口的商品，即"以进养出"的商品。1963 年 1 月 2 日，中共中央批转国务院财贸办公室《关于 1963 年财政、信贷、外汇、市场平衡问题的汇报提纲》指出，1963 年，要适当扩大对外贸易，以进养出。利用记账外汇余额，再多进口棉花 2 万吨，加工成商品棉，用来出口；或者用这些棉纺织品在国内换购农副产品出口。所以说当时的贸易方式主要是加工贸易。这也可以从我们上一部分对外贸易商品结构中进口以生产资料为主，出口以农副产品加工品、轻工业产品为主的构成中看出。

　　除此之外，当时我国还有大量的国际援助，比如 1961 年 1 月 9 日，中缅两国政府经济技术合作协定和支付协定在缅甸仰光签订，协定规定中国在 1961～1967 年之间给予缅甸长期、无息、不附加任何条件和特权的贷款，金额为 3000 万英镑；1961 年 1 月 22 日，中越签订有关中国向越南提供长期贷款和成套设备的协定；1963 年 5 月 29 日，新华社报道，中国决定向阿尔及利亚政府提供 250 亿旧法郎的长期无息贷款；1964 年 12 月 21 日，中国决定给埃及无息贷款 19430 万元；1965 年 4 月 15 日，中国政府和阿尔巴尼亚政府在北京签订关于中国给予阿尔巴尼亚贷款的协定等等。从以上的协定中可以看出，当时我国的国际援助是非常多的，大量的国际援助也是我国当时的贸易结构中的重要组成部分。

三、对外贸易区域结构

20 世纪 50 年代，由于西方资本主义国家对我国采取敌视、封锁政策，我国对外贸易的主要国际市场是苏联和东欧社会主义国家。1950 年 10 月美国和一些国家对中国实行"封锁"、"禁运"，使中国的对外贸易绝大部分转向了苏联和东欧一些国家，中国同美国的贸易陷于停顿。1954 年日内瓦会议以后，在中国和一些西方国家的共同努力下，双方的贸易才得到了恢复和发展。出口方面，1955 年中国出口总额中，苏联和东欧一些国家占 76.2%；一些西方国家和其他的国家和地区则占 23.8%。到了 1957 年，中国出口总额中，苏联和东欧一些国家占 65.6%；其他国家和地区占 34.4%。进口方面，20 世纪 50 年代中国的进口总额中，苏联和东欧一些国家占 78% 左右；其他国家和地区占 22% 左右。1960 年苏联政府单方面决定在 7 月一个月内撤走在中国的 1390 名专家，撕毁了 343 份合同和合同补充书，废除了 257 个科学技术项目，给中国的经济建设事业造成了巨大的损失，这不能不影响中国与苏联的贸易往来。在中国与苏联之间的贸易大幅度下降的情况下，从 20 世纪 60 年代初开始，中国的进出口的绝大部分，由苏联和东欧一些国家转向了西方和发展中国家和地区。

（一）洲际结构

由表 2.11 可知，我国在"一五"期间，对外贸易主要集中在欧、亚、非洲这三大洲，其贸易额占总贸易额的 99%。其中，欧洲的贸易主要是与苏联及东欧社会主义国家之间的贸易；亚洲则以朝鲜、巴基斯坦等传统友谊国家间的贸易为主；而非洲历来与我国都有着良好的友谊，也是我国在这个时期对外贸易的主要内容之一。在"大跃进"以后我国与欧、亚的贸易有下降的趋势，而与非洲的贸易除了 1961、1962 年有所下降外，一直呈上升趋势。我国与大洋洲及太平洋岛屿、北美洲和拉丁美洲的贸易一直直线上升。

表 2.11　1953～1966 年我国同各洲的进出口贸易总额情况

单位：万美元

洲别 年份	欧洲	亚洲	非洲	大洋洲及 太平洋岛屿	北美洲	拉丁美洲
1953	187613	47602	1161	319	127	1
1954	192956	47938	1764	385	110	162
1955	253338	55884	3474	764	326	733
1956	239703	74289	4865	1143	537	287
1957	230296	70584	6166	2197	576	520
1958	291193	82470	8463	3622	1073	332
1959	347168	76089	9087	4359	660	769
1960	287324	74281	11057	3383	1745	3128
1961	150524	76017	7436	19552	17017	23052
1962	127679	80373	7633	11654	16039	22938
1963	123565	100220	12698	26323	11593	17168
1964	121070	140582	13993	20871	17211	32640
1965	150820	176016	24673	24569	14140	34312
1966	169197	201174	21838	13870	35291	29989

资料来源：中华人民共和国国家统计局编：《中国统计年鉴 1949—1984》，中国统计出版社 1984 年版。

（二）国别结构

由表 2.12 可知，与苏联贸易占到整个欧洲贸易的 60% 左右，主要是因为当时"一五"期间为了初步建立我国自己的工业体系，需要大量的相关设备，而当时西方资本主义国家对我国采取敌视、封锁政策，只能同苏联及东欧国家进行贸易。

20 世纪 50 年代期间，我国还逐步发展同亚非民族独立国家的贸易关系，发展祖国内地同港澳地区的贸易。我国同非洲国家贸易关系的发展，如埃及和摩洛哥（见表2.13），增进了非洲国家同中国的友谊，促进了非洲国家民族经济的发展；在"一五"期间，与中国香港地区的贸易占到整个亚洲贸易的 30% 左右（见表2.14）；我国继 1950 年同瑞典、丹麦、瑞士、芬兰建立外交和贸易关系后，又利用各种机会和途径，争取和团结其他西方国家工商界及开明人士，以民促官，推动了我国同日本、西欧等西方国家的民间贸易以至官方贸易（见表2.15）。

表2.12　中国与欧洲主要国家贸易情况及份额

单位：万美元

年份	苏联	占欧洲（%）	德意志民主共和国	占欧洲（%）	捷克斯洛伐克	占欧洲（%）
1953	125823	67.1	11049	5.9	10965	5.8
1954	129124	66.9	18060	9.4	12209	6.3
1955	178985	70.7	18730	7.4	12851	5.1
1956	152377	63.6	19664	8.2	12938	5.4
1957	136470	59.3	19169	8.3	15590	6.8

资料来源：中华人民共和国国家统计局编：《中国统计年鉴1949—1984》，中国统计出版社1984年版。

表2.13　中国与非洲主要国家贸易情况及份额

单位：万美元

年份	埃及	占非洲（%）	摩洛哥	占非洲（%）
1953	1040	90	116	10
1954	1125	63.8	359	20.4
1955	2653	76.4	448	12.9
1956	3773	78.9	448	9.2
1957	4865	78.9	776	12.6
1958	5656	66.83	1411	16.67
1959	5783	63.64	1537	16.91
1960	5951	53.82	1553	14.05
1961	2698	36.28	1487	20.00

续表

年份	埃及	占非洲（%）	摩洛哥	占非洲（%）
1962	3282	43.00	1720	22.53
1963	3369	26.53	1801	14.18
1964	2941	21.02	3262	23.31
1965	7752	31.42	2647	10.73
1966	6345	29.05	2919	13.37

资料来源：中华人民共和国国家统计局编：《中国统计年鉴1949—1984》，中国统计出版社1984年版。

表2.14　中国与亚洲主要国家和地区的贸易情况及份额

单位：万美元

年份	中国香港	占亚洲（%）	朝鲜民主主义人民共和国	占亚洲（%）	日本	占亚洲（%）	斯里兰卡	占亚洲（%）
1953	28469	59.8	4634	9.7	992	1.8	10359	21.8
1954	21416	44.7	8231	17.2	3517	4.6	7414	15.5
1955	18937	33.9	7606	13.6	8331	5.6	3633	6.5
1956	20041	27	6855	9.2	12840	3.1	8624	11.6
1957	20039	28.4	5601	7.9	11473	1.9	6153	8.7

资料来源：中华人民共和国国家统计局编：《中国统计年鉴1949—1984》，中国统计出版社1984年版。

表2.15　中国与欧洲主要国家贸易情况及份额

单位：万美元

年份	苏联	占欧洲（%）	英国	占欧洲（%）	法国	占欧洲（%）
1958	153857	52.8	20395	7.0	3442	1.18
1959	209700	60.4	19700	5.7	4446	1.28
1960	166394	57.9	18647	6.5	5991	2.09
1961	82791	55.0	10408	6.9	4888	3.24
1962	70158	54.9	9216	7.2	7000	5.50
1963	60106	48.6	11557	9.4	9308	7.50
1964	44522	36.8	17126	14.1	10214	8.40

续表

年份	苏联	占欧洲（%）	英国	占欧洲（%）	法国	占欧洲（%）
1965	40744	27.0	25860	17.1	12092	8.00
1966	30511	18.0	34285	20.3	17837	10.54

资料来源：中华人民共和国国家统计局编：《中国统计年鉴1949—1984》，中国统计
出版社1984年版。

1957年，中国已同世界上82个国家和地区建立了贸易关系，并同其
中24个国家签订了政府间贸易协定书或议定书，1957年进出口总额达到
31.03亿美元，比1950年的11.35亿美元增长1.73倍，平均每年递增
15.4%，基本保证进出平衡。

从表2.16~2.18可以看出，随着中苏关系的变化，我国对苏联和东
欧国家的贸易急剧下降，新中国的对外贸易遭遇了第一次较大的曲折。在
这一形势下，我国对外贸易的主要对象开始转向资本主义国家和地区。我
国在坚持内地对港澳地区长期供应稳定，积极发展同亚非拉民族独立国家
贸易关系的同时，进一步打开对西方贸易国家的渠道。经过努力，我国同
日本和西欧的贸易取得了突破性进展。中日贸易由20世纪50年代的民间
贸易转入20世纪60年代的友好贸易和备忘录贸易；1963年，我国同日本
签订了第一个采用延期付款方式进口维尼纶成套设备合同，打开了西方国
家从技术上封锁中国的缺口。1964年，我国与法国建交，中法两国政府
间贸易关系迅速发展，带动西欧掀起了开展对华贸易的热潮。到1965年，
我国对西方国家贸易额占全国贸易总额的比重由1957年的17.9%上升
到52.8%。

表2.16 1958~1960年中国与亚洲主要国家和地区贸易情况及份额

单位：亿美元

年份	中国香港	占亚洲（%）	朝鲜民主主义人民共和国	占亚洲（%）	新加坡	占亚洲（%）
1958	23220	28.16	9055	10.98	7078	8.58
1959	20549	27.00	11584	15.22	6999	9.20

续表

年份	中国香港	占亚洲（%）	朝鲜民主主义人民共和国	占亚洲（%）	新加坡	占亚洲（%）
1960	20828	28.04	12037	16.20	5144	6.93

资料来源：中华人民共和国国家统计局编：《中国统计年鉴1949—1984》，中国统计出版社1984年版。

表2.17　1961～1966年中国与亚洲主要国家贸易情况及份额

单位：亿美元

年份	中国香港	占亚洲（%）	朝鲜民主主义人民共和国	占亚洲（%）	日本	占亚洲（%）
1961	19330	25.5	11693	15.4	3609	4.74
1962	22647	28.2	13457	16.7	7379	9.20
1963	29781	29.7	15138	15.1	12926	12.9
1964	40654	28.9	15533	11.0	30209	21.5
1965	46357	26.3	18026	10.2	45426	25.8
1966	56188	27.9	20322	10.1	60315	29.98

资料来源：中华人民共和国国家统计局编：《中国统计年鉴1949—1984》，中国统计出版社1984年版。

表2.18　中国与拉丁美洲主要国家贸易情况及份额

单位：亿美元

年份	古巴	占拉丁美洲（%）	阿根廷	占拉丁美洲（%）
1961	22241	96.3	493	2.1
1962	18714	81.5	4021	17.5
1963	16910	98.4	63	0.36
1964	19627	60.1	9216	28.2
1965	21601	62.9	9882	26.8
1966	16900	56.35	10816	36.07

资料来源：中华人民共和国国家统计局编：《中国统计年鉴1949—1984》，中国统计出版社1984年版。

第四节 外贸管理体制

1953 年到 1957 年是第一个五年计划时期。在进行工业化建设的同时，中国逐步形成了实行指令性计划和统负盈亏的高度集中的对外贸易管理体制。1956 年完成了所有制方面的社会主义改造，全国的对外贸易均由对外贸易部统一领导，统一管理，各项进出口业务均由各外贸专业公司统一经营，实现了国有外贸专业公司对外贸的垄断经营。此后，国家对外贸易统一管理和经营机制得到不断加强和完善。"大跃进"期间，全国出现了严重的不利于对外贸易集中统一的混乱现象，有的口岸违背原有经营分工规定，相互争货源，争客户，争市场；有的地方抬价收购，削价竞销，肥水外流。中共中央针对各地区一度出现的这些现象，于 1958 年 8 月发布了《关于对外贸易必须统一对外的决定》。明确指出，"对各国政府间的贸易，全由对外贸易部秉承中央的意志统一办理"；"对资本主义国家非政府间的贸易，凡属垄断性强或大宗进出口商品，均由对外贸易部所属总公司统一对外成交"；"对外贸易必须严格统一对外，绝不允许有任何不统一的现象发生"。

一、外贸管理机构建设方面

这一时期，我国在外贸管理机构方面的成就主要有：

（一）进一步建立起集中统一的外贸行政管理机构体系

自 1952 年中央贸易部成立后，逐渐组建地方外贸管理机构。1954 年各大行政区撤销后，在一些省、市建立了对外贸易局。此后各地外贸行政管理机构继续有所调整和变动，主要发展趋势是在全国建立起"条块结合、条条为主"的集中统一的外贸行政管理机构体系。

（二）设立主要按商品经营分工的国营外贸公司

随着对外贸易业务的发展，迫切需要专业化的分工，以提高进出口贸易的效率。1953 年，对外贸易部原有公司主要按商品的经营分工进行调整和改造，更新组建了 14 个专业进出口公司，以及分管海运和陆运的 2 个外贸运输专业公司。后来各个外贸专业公司又进行多次调整，并逐步在各地建立了分支公司。

各国营对外贸易事业公司名单如下：（1）中国机械进口公司；（2）中国五金进口公司；（3）中国运输机械进口公司；（4）中国仪器进口公司；（5）中国技术进口公司；（6）中国进出口公司；（7）中国粮谷油脂出口公司；（8）中国食品出口公司；（9）中国土产出口公司；（10）中国杂品出口公司；（11）中国畜产出口公司；（12）中国茶叶出口公司；（13）中国丝绸公司；（14）中国矿产公司；（15）中国对外贸易运输公司；（16）中国租船公司。

（三）建立驻外贸易管理机构

随着对外贸易的发展，我国和亚、非国家以及某些西方国家建立了广泛的贸易关系，并在这些国家设立了驻外商务机构。先后在我国驻波兰、捷克斯洛伐克、民主德国、匈牙利、罗马尼亚、保加利亚、朝鲜、蒙古、越南等国大使馆设立了商务参赞处或商务参赞，1956 年我国在南斯拉夫大使馆设立了商务参赞处。此外，在我国驻印度、印度尼西亚、缅甸、巴基斯坦、阿富汗、尼泊尔、锡兰、芬兰、瑞士、丹麦、荷兰和瑞典等国大（公）使馆和我国驻英国代办处设立商务参赞；在埃及、叙利亚和黎巴嫩设立了商务代表处。

（四）建立对外贸易争议解决机构

为了满足我国对外贸易日益发展和公平解决对外贸易争议的需要，中央人民政府政务院在 1954 年 5 月 6 日第 215 次政务会议中通过了关于在中国国际贸易促进委员会内设立对外贸易仲裁委员会的决定，在这个决定中，规定了我国对外贸易仲裁委员会的组织和职权，确定了关于审理争议程序的基本原则。同时，也制定了执行仲裁裁决的办法。中国国际贸易促进委员会根据这个决定，选定了仲裁委员会的委员，制定了仲裁程序暂行规则，并在1956年4月9日正式成立对外贸易仲裁委员会。

二、外贸制度建设方面

为了加强外贸的计划管理，1955年7月30日第一届全国人民代表大会第二次会议通过的《中华人民共和国发展国民经济的第一个五年计划》（1953～1957年）的第六章第二节规定了要"巩固国家对外贸易的管制"，要"实行统一定货的审核制度，克服盲目订货的现象，统一外汇管理，严格地节约外汇的使用，保证经济建设的必需物资的进口"，同时"要改善对外贸易的管理工作和组织，指导和调节私营进出口商的贸易活动"。

在外贸制度建设方面主要是进一步制定实施了外贸法律法规。在建立高度集中的外贸管理体制的同时，中国外贸领域以《中国人民政治协商会议共同纲领》和《中华人民共和国宪法》为基础，开展了立法活动和法制建设。1953～1957年发布的主要外贸法律法规如下：对外贸易部发布《商品检验局公正鉴定实施细则》（1954年9月21日）；对外贸易部发布《输出输入商品法定检验实施细则》（1955年1月29日）；对外贸易部发布《海关对进出国境旅客行李物品监管办法》（1956年2月20日）；对外贸易部发布《进出口货物许可证签发办法》（1957年1月23日）。

此外，在这一阶段，中央人民政府和所属外贸、金融、海关等有关职能部门还根据《共同纲领》的规定，制定了一系列关于外贸企业、进出口商品管理、外汇、海关、商检、涉外仲裁等法规，为形成一套基本完整的对外贸易法律、法规体系奠定了初步基础。

三、外贸管理机制建设方面

（一）对私营进出口企业进行社会主义改造和代替

1953年，中国共产党提出了过渡时期总路线，同年10月，中共中央指示："对私营进出口商，必须进一步加强国营贸易经济对他们的领导，严格实行对外贸易管制，并采取逐渐地稳步地代替的方针。"遵照中共中央的指示，1953年开始，国家对一些重要产品实行统购统销和计划供应，加强对出口商品的控制，逐步缩小私营企业经营范围，并基本停止对进口企业批汇；在信贷、税收、价格方面对私营企业加强限制。同时，国营外贸公司对私营企业实行"按行归口，统一安排"，采取联购物资、联合进口、委托代理、公私联营等形式，帮助私营企业解决组织货源等方面的困难，加强对其业务经营的领导，以促进对私营企业的社会主义改造。到1955年底，私营进出口企业由1950年的4600家减少到1083家，从业人员由3.5万人减少到9994人，资本由1.3亿元减少到4993万元，其进出口额在全国进出口额中的比重由31.6%降到0.8%。1956年，在资本主义工商业的社会主义改造高潮中，私营进出口企业也迅速实现了全行业公私合营，全国共成立了54个公私合营专业进出口公司，少数企业直接并入国营外贸公司。至此，在中国对外贸易领域已基本上完成了对生产资料私有制的社会主义改造，全面建立起社会主义中国对外贸易体系。

（二）创立广交会——打开新中国对外贸易的第一扇窗

1957年4月，在周恩来总理的亲自过问下，首届中国出口商品交易会在广州中苏友好大厦成功举办。随着第一届中国出口商品交易会（广交会）的举行，新中国冲破经济封锁，主动打开了对外贸易、经济合作的第一扇窗。当时来了19个国家和地区的1223名客商，成交额约1800万美元。加上当年秋季的广交会，这一年两届交易会出口成交总额占全国当年创汇的20%。从此，广交会每年春秋两届盛会，承担起"让世界了解中国、让中国走向世界"的时代重任。1957年到1965年，广交会艰苦创业，奠定了未来的发展基础。广交会是特殊历史时期的产物，其创办对中国外贸体制、展会模式和对外交流的意义重大而深远。

（三）建立出口商品生产基地

为了适应扩大出口商品生产需要，20世纪60年代初中央国务院决定建立出口商品生产基地。1960年4月8日，周恩来总理在外贸部关于成立生产基地局和抽调干部问题的请示报告上批示："对外贸易部搞好商品生产基地和基本建设很有必要。"次年5月，陈云指出："为了多出口就必须根据国际市场的要求，组织生产搞好出口商品的基地。"1963年李先念进一步指出外贸需要搞基地，国外销路好的商品要发展基地。他要求党的各部门各地区支持这项工作。在这些指示指导下，20世纪60年代建起了一批商品生产基地和专厂。

第五节　外贸政策

在新中国成立初期，我国对外贸易的基本任务是：根据进口需要、出口可能和外汇收支平衡的原则，积极地有计划地组织内外交流、扶助国内工业、农业和副业生产的发展，集中力量为我国的社会主义工业化服务。在这一总目标下，并适当地进口一些为恢复和发展轻工业、交通运输业、农业和广大人民生活需要的物资。我国的对外贸易政策，是根据上述任务要求，并配合我国同外国和平共处的总方针制定的。概括起来说，解放以来，我国的对外贸易政策的主要内容：一是进口主要是为了保证国家工业建设和工、农业生产的需要，同时，也要适当地供应国内市场和满足人民生活的需要；二是出口主要是为了保证国家必要的进口的需要，并促进国内的生产；三是实行对外贸易管制和保护贸易的政策，以防止资本主义国家的经济侵略。因此，我国过渡时期对外贸易的特点是适度进口的保护贸易政策。在国民经济恢复及第一个五年计划时期，我国的对外贸易主要执行的是这些贸易政策，但因为国内情况的变化，在具体执行上还有所调整和补充，主要包括：

第一阶段——20世纪50年代。这一时期复杂的国内建设形势及对外关系，虽然导致贸易政策不断调整，但贸易政策大方向未变、贸易地理方向相对单一。这一时期国内外环境表现出明显的复杂性，但党和国家确定的对外贸易的大原则是明确和具体的。

从大的原则来看，这一时期对外贸易的基本原则与国家处理对外关系和经济发展的基本原则一致。1954年6月，经周恩来总理提议，中国同印度和缅甸共同倡导以"和平共处五项原则"作为国际关系的准则，即互相尊重主权和领土完整、互不侵犯、互不干涉内政、平等互利、和平共处，并于同年9月载入中国第一部宪法。平等互利原则，反映了国际正常发展商品交换和经济技术交流的客观要求，在对外经济关系方面体现了社会主义中国独立自主的和平外交政策，成为中国建立和发展对外贸易关系的基本原则。

从具体原则来看，适当进口、限制出口的目的明确，但根据具体经济建设情况不断调整。1953年，中国开始进行工业化建设，为了进口大量生产建设物资，迫切需要扩大出口。为此，中共中央于同年10月发出指示，要求"密切内外销结合，扩大内外交流，保证供应，工业建设的需要"，"凡对国计民生关系重大的商品（如粮食、大豆、植物油等），保证国内供应是需要的，但不能只强调这一方面。……还必须想尽一切办法挤出来，以供应出口；凡对国计民生关系较小的商品，应积极组织出口；有些商品（如肉类、花生）更可适当节减国内消费，以满足出口需要"。中共中央上述指示的基本精神，是在保证国内市场基本需要的同时，尽量挤出一些东西来扩大出口，从而兼顾人民生活和国家建设，把人民的眼前利益和长远利益恰当地结合起来。这些指示在对外贸易工作中得到了认真贯彻执行，后来形成了处理内外销关系的三条原则：一是有关国计民生的重要物资，限量出口；二是国内市场和出口都需要而货源较紧的商品，要积极发展生产，挤一部分出口；三是国内市场可多可少的商品基本供应出口。

到20世纪50年代中期以后，我国的出口贸易政策为适应经济建设情况进行了具体调整。在1957年对外贸计划指标调整的基础上，出口计划进行了调整，体现了内外销统筹兼顾的原则。主要表现在，我国出口贸易额在构成上，工矿产品的比重逐渐增多，1952年工矿产品出口额在全部出口总额中所占比重为17.9%，1957年提高为28.4%。为了照顾国内需要，做了粮食、猪肉、食用油等产品出口数量的调整，其中粮食为190万吨，比1956年减少54万吨；猪肉为7.7万吨，比上年减少8.5万吨。

到1958年确立了实事求是、量力而行的原则。自1958年开始、在全国范围开展的"大跃进"及由此带来的高指标和浮夸风迅速蔓延到对外贸易领域。1958年2月，对外贸易部提出了脱离客观实际的"大进大出"的口号。在盲目扩大进口的同时，超越国力扩大出口。为了"大进"不顾出口创汇的可能，不讲求进口货物质量，甚至到国外"扫仓库"，把人家积压的低劣东西也买进来。为了"大出"，签订大量出口合同而不认真落实货源。在"以收购来促进推销"的口号下盲目收购，甚至出现了"指山买矿、指河买鱼"等浮夸现象。1959年4月27日李先念就指出："大进大出"的方针没有考虑对外贸易工作的特点和国外市场容量不能迅速增长的客观情况，同时这个方针也没有考虑到国内出口资源供应的实际可能性，出口合同订得过大往往不能履行。为了坚决纠正对外贸易中的浮夸盲目现象，周恩来指出进出口多少必须实事求是，量力而行，在计划一经确定之后是要保证"五先"，即保证出口商品安排在先、生产在先、原材料和包装物资供应在先、收购在先、安排运输力量在先。

从这一时期我国对外贸易地理方向来看，前期单一性比较明显，后期多元化发展趋势明显。20世纪50年代初，西方资本主义国家对中国的封锁禁运，使中国的对外经济基本上只局限与苏联、东欧国家，采取"一边倒"的外贸政策。这使中国与西方国家的对立进一步加强，中国曾一度主张限制与资本主义国家的经济关系。但抗美援朝战争结束后，联合国中大多数国家的对华贸易禁运开始松动。1954年，毛泽东根据国际形势出现的有利变化提出积极改善与西方国家关系的思想后，党的领导人更加强调发展与西方国家经济关系的重要性。1954年日内瓦会议以后，我国同亚、非国家以及西方国家的贸易更有了较大的发展。英国于1957年5月30日宣布将对我国的"禁运"放宽到与对苏联和东欧人民民主国家相当的水平。随后，除美国外，法国、西德、意大利、比利时、荷兰、卢森堡、挪威、丹麦、葡萄牙等西方国家和日本也相继宣布了放宽对我国的"禁运"。同时，我国利用各种机会和途径，争取和团结其他西方国家工商界及开明人士，以民促官，推动了我国同日本、西欧等西方国家的民间贸易以至官方贸易。1957 年我国同亚、非国家和西方国家的贸易总额已经超过 1950 年的水平。

20 世纪 50 年代大陆同香港、澳门地区的贸易也得到很大发展。新中国成立后，中国政府一直把开展内地同港澳地区的贸易，作为发展中国对外贸易的一个重要方面。1954 年中央对外贸易部召开了第一次扩大对港澳出口工作会议，强调要坚决贯彻执行党中央关于对港澳地区长期稳定供应的政策，同时积极扩大对港澳出口及经港澳转口东南亚的贸易。经过外贸部门和驻港澳贸易机构的努力，内地对港澳以出口为主的贸易逐年稳步增长。对港澳地区的贸易额，1957 年比 1950 年增长了 22.7%。在这个时期，内地还通过港澳市场，以多种渠道和方式，向一些对中国实行贸易限制和歧视政策的国家转销商品，并从西方国家买进一些"禁运"物资，对于恢复和发展国民经济、逐步开展对西方国家的贸易起了很大作用。

第二阶段——20 世纪 60 年代初期和中期，我国大的贸易政策未变，但对外贸易地理方向由东转向了西。这一时期，在我国和苏联关系破裂、中国对苏联和东欧国家贸易急剧缩减的情况下，为了社会主义经济建设的需要，我国对外贸易的主要对象开始转向西方发达国家和地区。我国对外贸易在西方除美国外的两个主要市场——日本和西欧，取得了突破性进展，1960 年 6 月一度中断的中日贸易又恢复和发展起来，由 20 世纪 50 年代的民间贸易阶段转入 20 世纪 60 年代的友好贸易和备忘录贸易阶段。1963 年中日贸易恢复到 1956 年水平，1965 年的贸易额比 1963 年增长了 5 倍多。我国对西欧国家的贸易，随着 20 世纪 60 年代西欧独立自强的势头日益加强而继续发展。特别是 1964 年中法建交和两国政府间贸易关系的发展，带动西欧掀起开展对华贸易的热潮。同年，我国和意大利、奥地利互设商务代表处。尽管在美国的压力和"禁运"限制下，我国同西欧的贸易仍步履维艰，但发展速度明显加快。到 1965 年，我国对西方发达国家的进出口总额在全国进出口总额中所占的比重，由 1957 年的 17.9% 上升到 52.8%。

第六节　20世纪50～60年代中日民间贸易

中日两国是一衣带水的近邻、交易往来有着悠久的历史。新中国成立后，中日贸易以民间贸易为基础逐步发展起来。中日民间贸易经历了20世纪50年代的民间协定贸易时期、60年代的友好贸易和备忘录贸易时期。中日民间贸易虽然受两国关系非正常化的影响，双边贸易规模很小，交换的商品种类也有限，但对于发展中日友好关系起到了很好的推动作用。

一、20世纪50年代的民间贸易发展

1950年10月，日本各界进步人士成立了"日中友好协会"，这是日本最早成立的日中友好民间团体。

1952年4月莫斯科国际经济会议期间，日本代表众议员帆足计、宫腰喜助，参议员高良富毅然接受中国代表团的邀请，克服重重困难前来中国访问，这是第二次世界大战后中日关系史上一次开拓性的突破。6月1日，中日贸易协议在北京签字。代表中方签字的是中国国际贸易促进委员会主席南汉宸。日方派帆足计、高良富、宫腰喜助分别代表日方三个民间贸易团体签字。协议规定双方在以货易货的基础上每方购入与售出各为3000万英镑的货物。但是，在美日两国政府对中国禁运政策的严重阻挠下，这个民间贸易协定执行得很不顺利，第一个贸易协定只完成原计划的5%。

1953年，朝鲜战争结束后，日本的经济不景气。在这种情况下，日本一部分经济界人士和劳动团体等要求重新恢复中日贸易的呼声日益高涨，成立于1952年底的日中贸易议员联盟甚至策动国会在众议院、参议院先后通过了日中贸易促进决议案。中国贸促会抓住这一有利时机，邀请

自民党议员池田政之辅访华，商谈签订贸易协定事宜。1953 年 10 月 29 日，双方签订了第二次中日民间贸易协定。这次协定的执行情况有了明显好转，完成总金额的 38.8%。

1954 年底，新上台的鸠山内阁表示要改善中日关系，促进同苏联、中国的贸易。中国方面当即表示愿意同日本建立正常的关系。中日政治关系的松动为签订新的贸易协定提供了新的机遇。1956 年，中国贸易代表团访问日本，于 1955 年 5 月 4 日签订了第三次中日民间贸易协定。这次协议执行情况最好，第一年完成协定进出口总额的 67.2%。据统计，"从 1955 年到 1957 年，中日贸易额连续三年超过 1 亿美元，其中 1956 年达到 1.5 亿美元"，创 20 世纪 50 年代中日民间贸易额最高纪录。

然而，民间贸易的发展并非一帆风顺。1957 年，新上台的岸信介公然支持蒋介石、诬蔑新中国。在这种情况下，第四次贸易协定被撕毁，接着又发生了长崎的少数暴徒侮辱中国国旗事件。中国政府向日本提出了严正抗议，并宣布了废除刚刚签字的《中日钢铁贸易长期协定》、停止中日民间组织访问等强硬措施，中日贸易几乎断绝。到 20 世纪 50 年代末，中日民间贸易直落谷底。

在这一时期形成中日之间这种独特式贸易交往虽然金额少，但意义重大。首先，中日民间贸易打开了中日之间无官方关系条件下民间贸易往来的渠道，这种渠道是中日邦交正常化之前的主要维系方式，为中日友好迈出了第一步。其次，中日民间贸易协议，对 20 世纪 60 年代中日民间贸易的大发展起到了推动作用。

二、20 世纪 60 年代中日民间贸易发展

20 世纪 60 年代，中日之间建立了友好贸易和备忘录贸易两条民间贸易渠道。其主要特征是中日双方官员都参与，两国的经济贸易有了突破性的发展，而两国互设了常驻办事处。

1958 年，岸信介在日本人民的压力下，从本国的经济利益出发，制定了对华外交政经分离原则。1960 年，周总理提出了"政府协定、民间

合同和特别照顾"的原则。这在日本引起了极大的反响，不到三个月，就有十几家日本公司被核准为友好企业。1961年4月，日方38家友好企业首次参加了广交会。到1962年，友好企业成倍增加，许多大企业也加入了友好企业的行列。1962年12月，中日双方还签订了《友好贸易议定书》。这样，包括日本大公司在内的友好企业已达181家。

1962年10月26日，中日双方以廖承志与高崎达之助的个人名义签署了《中日长期综合贸易备忘录》，即"LT贸易"。这一备忘录形式上虽是民间协定，事实上已接近政府协定。1964年，中日双方又同意在各自首都设立备忘录贸易办事处，互派常驻记者。从此，中日关系进入"半官半民"的联系渠道，向中日关系正常化迈出了重要的一步。

然而，就在两国人民都期待着中日关系继续前进之时，美国政府、台湾当局和日本国内右翼势力却向日本政府施加压力。出现了所谓"吉田书简"，使已经开始了的成套设备贸易又告停止。日本又中止履行向中国出口万吨货轮、成套纺织设备的合同。尽管如此，除了大宗成套设备贸易外，其他贸易仍然在两国政治关系陷于僵局时继续增长。1966年，备忘录贸易达到2亿美元，友好商行贸易超过3亿美元。

这一时期，友好贸易和备忘录贸易作为特殊情况下的特殊贸易方式，是战后国际交往中一项极有特色的创新。它不仅促进了双方的经济交流，而且为中日双方提供了联系和互相了解的渠道。

三、20世纪50～60年代中日民间贸易综述

纵观20世纪50～60年代中日民间贸易的发展，尽管非一帆风顺，但使中日贸易朝着正常化方向发展，有着积极的意义。

第一，中日民间贸易在良性的轨道上发展。第二次世界大战后中日关系的发展，不仅是从两国民间交往，而且是从发展两国经贸关系开始的。1956年，中日民间贸易额达到1.5亿美元，占当年中国对外贸易总额的4.8%。双方贸易的商品结构是互补的，对双方经济的发展起到了推动作用。而且这时的中日贸易是在平等互利基础上进行的，彻底改变了第二次

世界大战前日本对中国进行掠夺的殖民地贸易性质。与此同时，日本还成立了日中贸易促进会、日中贸易促进议员联盟。

第二，中日民间贸易额增长较快。20世纪60年代，中日之间建立了友好贸易和备忘录贸易两条渠道。友好贸易，是支持政治三原则和贸易三原则的日本企业同中国对口贸易公司进行的民间贸易，日本方面主要是中小企业。备忘录贸易，日本方面主要是一些大公司，它是一项综合的大宗的、长期的，包括采取延期付款方式在内的贸易。从1964~1966年，中日贸易由3.1亿美元增加到6.21亿美元，3年增长1倍。

第三，中日双方贸易的发展带动政治关系发展，通过贸易往来为两国的友好关系奠定基础，开辟道路，为20世纪70年代中日邦交正常化打下了基础。

第七节　20世纪50~60年代中苏经贸关系

新中国成立初期，由于西方资本主义国家对我国采取敌视、封锁政策，我国采取了"一边倒"的对外贸易政策，对外贸易的主要国际市场是苏联和东欧社会主义国家。中苏经贸关系，作为中国外贸关系的重要内容，曾有过顺利发展的时期，也遭受过挫折。20世纪50~60年代，由于受政治关系的影响，中苏经贸发展可分为两个不同的阶段：20世纪50年代的大发展阶段和60年代的大滑坡阶段。

一、双方经贸大发展的20世纪50年代

从新中国成立到20世纪60年代，是中苏经贸关系的大发展时期。1950年4月中苏双方在莫斯科签订了两国政府间的贸易协定，对中苏贸易做了具体详细的规定，成为后来中苏开展经济贸易往来之根本依据。1953年，李富春率领代表团赴莫斯科谈判，5月双方签订《关于苏维埃社

会主义共和国联盟援助中华人民共和国发展国民经济的协定》等八个文件。在协定和议定书中，苏联承诺援助中国建设91个项目，再加上1950年协议中规定的50个项目共141个。1954年10月12日，中苏双方又签订了《中苏关于苏联帮助中华人民共和国政府新建15项工业企业和扩大原有协定规定的141项企业设备的供应范围的议定书》等一系列协定。至此，苏联援建的项目共有156项，通称"156项工程"。此后，中苏又签订了三个协定，包括158个成套设备项目。除上述304个项目外，苏联还供应了64个单独车间、研究所及装置。苏联向中国提供的这些成套设备项目，对于中国基础工业的建设与发展，起了极其重要的作用。苏联援建的"156项工程"是"一五"计划的核心，填补了我国工业的空白。156个工程项目及其配套项目的建设，在很大程度上改变了原先工业集中沿海的局面，建立起较为完整的基础工业和国防工业体系，初步形成了一批门类较齐全、国家工业化建设急需的基础工业项目。在苏联专家的帮助下和苏联技术的支持下，中国的工业生产能力得到提高。

1958年，两国签订了通商航海条约，奠定和巩固了两国贸易关系的法律基础。这一时期，我对苏贸易额占我对外贸易总额的一半以上，苏联是中国的最大贸易伙伴。1950年，两国进出口贸易总额为3.38亿美元，1959年增至20.97亿美元，分别约占中国和苏联当年进出口贸易总额的50%和20%，而其中成套设备进口又占60%以上。

这一时期，中国从苏联主要进口大批机械设备特别是成套设备，主要包括冶金、机械、汽车、煤炭、石油、电力、化工等项目的设备。中国向苏联主要出口大豆、大米、茶叶、花生、食用植物油、肉类、服装等生活必需品。另外，中国还向苏联提供了重要的战略物资，如制造尖端武器必不可少的矿石原料和稀有金属等。这一时期，两国的科技合作也有不少进展。

应该说，苏联在这一时期对华的无私援助，提高了中国工业生产技术水平，有效地缩短了与发达国家的差距，推动了新中国独立的现代化工业体系的初步建立，大大提高了中国的综合实力。中苏两国的经贸往来并不是单方面的。作为偿付，中国向苏联提供钨、锡、锑等战略物资、可以兑换的外汇和黄金。中国还向苏联输出一些初级产品和消费品，如橡胶等。"斯大林就曾经对周恩来说过，我应当感谢你们在朝鲜作战和提供橡胶两件事情上对苏联的援助。"由此可以看出，斯大林也认为中苏两国的援助是相互的，并不是单方面的付出或获取。此时中苏双方的经贸交流大体上是在平等互利的原则下进行的，在交换方面大致平衡。

但是，20世纪50年代的中苏贸易也存在负面影响。苏联的大国沙文主义和民族利己主义因素在对华贸易中也有所表现。如在与新疆的初期经济贸易中，苏联就一直掌管着新疆出口商品的检验权，随意压低商品的品质等级，对中国聘请苏联专家问题提出苛刻的条件，这些条件既不符合中苏友好原则，又带有明显的不平等性质。不可否认，20世纪50年代中前期，苏联给予中国以无私的援助，这其中固然包含有兄弟国家之间的珍贵情谊，但也有为自己国家利益考虑的因素。中国在得到苏联的帮助的同时，也承受了其大国沙文主义和大民族主义所带来的伤害。当然，帮助和伤害相比起来，伤害显然居于次要地位。

二、两国经贸大大萎缩的20世纪60年代

1960年，随着中苏关系的变化，我国对苏联和东欧国家的贸易急剧下降，新中国的对外贸易遭遇了第一次较大的曲折。这一时期，由于两国政治关系的恶化，中苏经贸关系基本上处于危机状态。两国贸易额迅速下降：1961年为8.28亿美元，占中国外贸总额的28%；而从1968年开始，两国贸易额已低于1亿美元。与此同时，双方经济技术合作也全部中断。1960年7月28日~9月1日，苏联撤走了1390名所有在华专家，并终止派遣专家900多名。"苏联单方面撕毁312个协定和两国科学院签订的1个协定书，以及343个专家合同与合作补充书，废除了257个科技合作项目。苏联停止向中国提供新技术，不再供给中国钴、镍等矿产品。"1960年，中国从苏联进出口量分别占当年进出口量的43%和44%。此后进出口量逐年下降，到1965年中国对苏的出口量仅占当年总出口量的10%，

进口为9%，到1969年两项数字大幅滑落，仅有1%。

这段时期，两国进出口商品结构也发生了某些变化。中国从苏联进口商品虽仍以机械设备为主，但从1966年起，由于中国石油工业取得重大发展，不再从苏联进口石油及其制品。中国向苏联出口商品虽仍以农产品为主，但随着欠苏债务的基本还清，加上国内自然灾害等原因引起的供应困难，相继停止对苏联大豆、大米等农产品的供应。

由于中苏双边贸易的大大萎缩，加上苏联单方撕毁经济、科技合作协定和撤走专家，导致中国大量企业和事业单位的建设处于停顿或半停顿状态，给中国经济发展造成了巨大损失。在中苏关系恶化之后，中国克服巨大困难，加倍努力去限制进口，努力提高出口水平，用辛辛苦苦换得的贸易顺差偿还苏联的债务。终于在1964年前分期偿还了20世纪50年代苏联向中国提供的贷款和利息。

第八节　这一时期贸易发展评价

20世纪50～60年代，我国通过积极拓展对外贸易，不但综合国力大大增强，国民经济迅速恢复和发展，而且突破了美国为首的敌对势力的封锁，加强了与世界上其他国家的经济关系。这一时期，我国的对外贸易对经济发展和人民生活水平的提高都起了很大的促进作用。总体看来，虽然该时期的对外贸易发展规模不大，但增长速度较快。同时，该时期的不同阶段，其发展情况有所差异。

"一五"计划阶段（1953～1957年）：我国确立了国家对外贸易管理的领导和外贸经营的计划体制，并从1956年起，扭转了多年来我国外贸一直逆差的不利局面。该阶段我国对外贸易年均增长9.8%。

"大跃进"及国民经济调整阶段（1958～1965年）：该阶段由于经济发展上的"左"倾错误，致使我国国民经济出现了严重困难的局面。对

外贸易发展出现大起大落的情况，呈现先高（1958～1959年平均递增
18.87%）后低（1960～1962年平均递减15.32%）再高（1963～1965年
年均递增16.91%）的外贸走势。对外贸易总额从1958年的38.71亿美元
增加到1965年的42.25亿美元；该阶段出口商品结构没有大的变化，如
1958年农副产品出口占出口总额的35.5%，1966年则为35.8%。具体说
来，贸易发展如下：

一、出口贸易发展

出口贸易规模逐渐扩大，但在世界出口贸易中仍属低水平。1950年
出口额仅5.5亿美元。之后，随着国民经济的恢复和发展，出口贸易有了
一定的发展，到1959年出口贸易额达22.61亿美元。进入20世纪60年
代后，对外贸易的国内外环境恶化，致使出口贸易连续三年大幅度下降后
才逐渐得以恢复。

出口商品结构不断优化，但始终以出口初级产品为主。1950年我国
出口商品构成中，初级产品所占比重高达90.3%，而工业制成品仅占
9.7%。从1953年开始，除了继续出口传统的农、副、土、特产品外，还
增加了工业制成品的出口。到1957年初级产品在出口总额中的比重降至
79.4%，工业制成品上升到20.6%。之后，工业制成品比重不断上升，
出口商品结构有了较大改善，但初级产品所占比重仍高于工业制成品。

二、进口贸易发展

新中国成立以后，随着我国国民经济的发展和出口贸易的不断扩大，
进口贸易也得到了相应的发展。

20世纪50年代，我国工业基础薄弱，农业生产落后，恢复和发展经
济所需要的大部分物资要依赖进口。为了打破以美国为首的主要资本主义
国家对我国实行的经济"封锁"、"禁运"，我国主要从苏联、东欧国家组
织了短缺物资的进口，有力地促进了国民经济的恢复和发展。

20世纪60年代，是国民经济面临严重困难和调整的时期。由于连续

三年的自然灾害及苏联和东欧国家与我国关系严重恶化，我国对这些国家的进口贸易也急剧下降，主要进口贸易转向东南亚各国、西欧、日本等资本主义国家。从 1960 年至 1962 年，由于苏联要求我国清偿债务，加上当时"大跃进"、"人民公社化"等"左"的错误影响，国民经济发展遇到了前所未有的困难，我国的进口贸易总额也连续三年下降。三年调整时期（1963～1965 年），在国民经济发展提出的"调整、巩固、充实、提高"的八字方针指引下，进口贸易得到了很大的发展。1966 年，进口贸易总值已达 22.48 亿美元，创新中国成立以来的最高水平。

三、其他对外经贸活动的发展

（一）技术引进

新中国成立以后，我国非常重视引进先进技术和设备进口工作，也取得了显著的成就，对发展我国国民经济起到了积极的作用。但我国技术引进工作一直是以进口设备特别是成套设备为主。

20 世纪 50 年代，由于受到主要资本主义国家的封锁禁运，我国的技术引进只能面向苏联和东欧国家。这期间，我国共以 27 亿美元进口成套设备和技术共 400 多项，包括冶金机械、汽车、煤炭、电力、电信、化工以及一些军工项目，如长春第一汽车厂、沈阳第一机床厂、阜新电站、洛阳拖拉机厂等，为我国建立独立完整的工业体系、发展国民经济奠定了良好的基础。但是，到了 20 世纪 50 年代末，由于中苏关系恶化，苏方撤走专家，一些工程被迫中断，我国技术引进工作遭到很大的挫折。

20 世纪 60 年代，我国技术引进的重点逐步转向日本和西欧等西方发达国家。主要引进了石油、化工、冶金、矿山、电子和精密机械等 84 个项目，用汇 28 亿美元，其中主要是成套设备，并开始引进生产制造技术，加强了我国某些工业的薄弱环节，填补了当时一些技术空白，积累了从发达国家技术引进的经验。从 1952 年到 1977 年引进的技术和设备达 706 项。

20 世纪 50 年代，技术引进和成套设备的进口，主要来自苏联和东欧一些国家。根据政府间的协议，从这些国家进口的项目约 400 多个，其中主要是第一个五年计划（1953 年至 1957 年）期间，包括冶金、机械、汽车、煤炭、石油、电力、电讯、化工以及军工等方面的 156 个项目。这种大规模的机械设备和技术的引进，对于奠定中国社会主义工业的初步基础，建立比较完整的工业体系，起了有益的作用。

20 世纪 50 年代末，中苏之间分歧逐步扩大。1959 年 6 月 20 日，苏联方面通知中国政府，停止向中国继续提供核技术资料及技术援助。20 世纪 60 年代一开始，由于苏联政府单方面决定撤退全部在中国工作的专家，撕毁合同，使中国在第二个五年计划前两年与苏联签订的 125 个建设项目不能实现。

中国技术引进的重点，在 20 世纪 60 年代转向了日本和西欧，1962 年从日本进口两套维尼纶成套设备，之后，又从日本、西欧等十个国家进口了石油、冶金、化工、矿山、电子和精密机械等方面的设备和引进的技术共 84 项。20 世纪 60 年代引进的项目，主要还是用于提高现有生产能力的成套设备，同时也开始购买专利使用权。此举加重了国内的经济困难。事实表明，中国的经济调整必须考虑对外经济关系。这一时期，我国的对外贸易和对外援助政策均根据变化了的形势有所转变。20 世纪 60 年代后期，由于林彪、"四人帮"的干扰和破坏，使技术引进工作到 1968 年开始中断。

（二）利用外资

新中国成立后，我国按照"自力更生为主，争取外援为辅"的建设方针，在利用国外资金为本国经济建设服务方面进行了一些尝试和实践。20 世纪 50 年代，我国从苏联、东欧国家引进资金 26 亿美元，建成了冶金、机械、汽车、石油、煤炭、电力等 156 个重点基础项目；中苏关系破裂后的一段时期内，利用外资基本停顿。20 世纪 60 年代，我国利用出口信贷和延期付款方式，从日本、英国、法国、联邦德国、瑞典、意大利、奥地利等国引进了 3 亿多美元的成套设备；除卖方信贷外，我们也利用了一些中国银行在海外的分支机构吸纳的外汇。我国引进的这些外国资金，对当时的国民经济发展曾经起到了较大的辅助作用，但由于主要是借用利率高、还款期短的国外商业贷款来发展重工业，引进成本过高，加之当时我国科技落后、国内配套资金严重不足，利用外资的总体效益不高，引进的资金设备未能发挥应有的效益。

（三）对外援助

新中国成立后，中国政府一直把对外提供经济技术援助作为履行国际主义义务的重要内容。那时，我国提供的贷款一般都是无息贷款。对外援助的方式包括成套项目援助、技术援助、物资援助及现汇援助等。

在初始阶段，尽管我国百业待兴，但根据当时的国际局势，我国仍竭尽全力支援朝鲜和越南抗击外来侵略，帮助他们恢复和发展经济，其后，还向其他经济不发达的社会主义国家提供了援助。1955 年万隆会议之后，随着对外关系的发展，我国对外援助的范围逐步扩大到亚洲、非洲一些民族主义国家。

1964 年初，周恩来总理在访问亚非 14 国时，亲自主持制定了我国对外援助的指导原则——被称为国际经济合作领域"独树一帜"的中国援外八项原则，我国对外援助进入了新的发展阶段。在这一阶段，我国同更多的亚非民族主义国家建立了经济合作关系，援助非洲国家的第一批项目迅速建成，对越南的抗美救国斗争给予了全力支援，对朝鲜、阿尔巴尼亚等社会主义国家继续提供援助，受援国由初始阶段的 20 个增加到 31 个，援助金额增大，成套项目援助有了较大发展。

第九节 我国 1953 ～ 1966 年间对外贸易的经验与教训

这一时期我国的外贸事业并不是一帆风顺的。从 1953～1966 年间，中国贸易经历了大起大落，先是 1953～1957 年的平稳发展，1958～1959

年的猛增，然后是连续 3 年的大幅度下降，从 1963 年起，开始逐步恢复和发展，在这种曲折与失误的过程中，积累了宝贵的经验教训。

一、高度集中的对外贸易管理体制死板僵化

这段时期，我国对外贸易的经营和管理由新中国成立初期的国家统制对外贸易政策，到 1957 年后为适应国民经济转入计划经济，形成了国营外贸公司集中统一经营，国家对外贸公司实行指令性计划管理和统收统支、统负盈亏、管理和经营一体化的高度集中的对外贸易体制。这种外贸体制下，对外贸易被看做社会主义扩大再生产的补充手段，局限于互通有无、调剂余缺，存在统得过死、责权利不分等弊端，不利于对外贸易稳定高速的发展。

二、要采取多边贸易，不能"一边倒"

由于整个 20 世纪 50 年代，中国的对外经济基本上只局限与苏联、东欧国家，采取了"一边倒"的外贸政策。但中苏关系的突然恶化，使中国对外贸易陷入被动，造成了国民经济发展很大的损失。这个深刻的教训告诉我们，要想在国际经济交往中掌握主动权，不能仅仅和一个或几个国家交往，要采取全方位的开放，实行多边贸易，以保证贸易的安全。

三、对外交往要以经济利益为基础

纵观 20 世纪 50 年代到 60 年代的中国对外贸易，存在一个现象：每当中国与外国政治上外交上出现问题时，随之而来的就是贸易额的减少。新中国成立初期，美国等西方国家对中国实行"封锁"、"禁运"政策，我国采取了"一边倒"的外贸政策。此后美国一直对中国持敌视态度，中国反对与美国发展经济关系的态度也一直无大变化。1960 年中苏关系恶化后，中国对苏联采取的对策也是如此，即把对苏联的贸易额降了下来。把经济看成是政治的附属物，以政治决定经济这种倾向对我国正常的贸易发展极为不利。我们不应该过分强调对外经济关系服从政治外交斗

争，而应该从马克思主义的基本观点看，经济和政治是相互作用的，而且
归根到底还是经济决定政治。

本章参考文献

1. 《中国对外贸易概论》编写组：《中国对外贸易概论》，对外贸易教育出版社 1985 年版。

2. 国家统计局国民经济综合统计司：《新中国五十年统计资料汇编》，中国统计出版社 1999 年版。

3. 丁溪：《中国对外贸易》，中国商务出版社 2006 年版。

4. 中华人民共和国国家统计局：《中国统计年鉴 1949—1984》，中国统计出版社 1984 年版。

5. 《中国对外经济贸易年鉴（1989）》，中国展望出版社 1989 年版。

6. 赵继昌：《七年来我国对外贸易的重大发展》，《对外贸易论文集》第 3 集，中国财政经济出版社 1957 年版。

7. 《中国对外经济贸易年鉴（1984）》，中国对外经济贸易出版社 1984 年版。

8. 张曙霄：《中国对外贸易结构问题研究》，东北师范大学 2002 年版。

9. 王林生、陈宇杰：《中国的对外经济关系》，人民出版社 1982 年版。

10. 齐小思：《我国对外贸易基本知识》，财政经济出版社 1958 年第 1 版。

11. 课题组：《中国外贸体制改革的进程、效果与国际比较》，对外经济贸易大学出版社 2007 年第 1 版。

12. 马龙龙、刘元才：《百卷本经济全书对外贸易》，人民出版社 1994 年第 1 版。

13. 于淑云：《简评 50—60 年代中日民间贸易发展的进程》，《内蒙古民族大学学报》（社会科学版）2001 年第 3 期。

14. 徐行：《建国初期的外贸政策与对苏贸易》，《当代中国成功发展的历史经验——第五届国史学术年会论文集》，2005 年。

第三章

1966～1976年十年
"文化大革命"时期

延续十年的"文化大革命",不但在文化方面给共和国造成了十年浩劫,也给经济建设带来了十年混乱,将国民经济推到了濒临崩溃的边缘,使党、国家和人民遭到新中国成立以来最严重的挫折和损失。

第一节 "文化大革命"期间的
国内外贸易环境

"文化大革命"的指导思想来源于"四个存在"理论,即社会主义社会是一个相当长的历史阶段,在这个历史阶段中,始终存在着阶级、阶级矛盾和阶级斗争,存在着社会主义同资本主义两条道路的斗争,存在着帝国主义进行颠覆和侵略的威胁。①

---

① 金春明:《文革起因,众说纷纭》,《党史文汇》1995 年第 3 期,第 2～7 页。

一、"文化大革命"的由来及期间的国民经济

这场"文化大革命"是毛泽东发动和领导的。他的主要论点是：一大批资产阶级的代表人物、反革命的修正主义分子，已经混进党里、政府里、军队里和文化领域的各界里，相当大的一个多数的单位的领导权已经不在马克思主义者和人民群众手里。党内走资本主义道路的当权派在中央形成了一个资产阶级司令部，它有一条修正主义的政治路线和组织路线，在各省、市、自治区和中央各部门都有代理人。过去的各种斗争都不能解决问题，只有实行"文化大革命"，公开地、全面地、自下而上地发动广大群众来揭发上述的黑暗面，才能把被走资派篡夺的权力重新夺回来。这实质上是一个阶级推翻一个阶级的政治大革命，以后还要进行多次。这些论点主要出现在作为"文化大革命"纲领性文件的《五·一六通知》和党的九大的政治报告中，并曾被概括成为所谓"无产阶级专政下继续革命的理论"，从而使"无产阶级专政下继续革命"一语有了特定的含义。①

对于"文化大革命"这一全局性的、长时间的"左"倾严重错误，毛泽东负有责任。他在全局上一直坚持"文化大革命"的错误，但也制止和纠正过一些具体错误，保护过一些党的领导干部和党外著名人士，使一些负责干部重新回到重要的领导岗位。他领导了粉碎林彪反革命集团的斗争，对江青、张春桥等人也进行过重要的批评和揭露，不让他们夺取最高领导权的野心得逞。② 这些都对后来中国共产党顺利地粉碎"四人帮"起了重要作用。

中国共产党和人民在"文化大革命"中同"左"倾错误和林彪、江青反革命集团的斗争是艰难曲折的，是一直没有停止的。正是由于全党和广大工人、农民、解放军指战员、知识分子、知识青年和干部的共同斗

---

① 叶昌友：《毛泽东晚年对"三大主义"的认识偏差与"文化大革命"的发动》，《安徽史学》2005 年第 6 期。
② 中共中央委员会：《关于建国以来党的若干历史问题的决议》，十一届六中全会决议，1981 年 6 月 27 日。

争，使"文化大革命"的破坏受到了一定程度的限制。"文化大革命"期间中国国民经济虽然遭到巨大损失，仍然取得了进展。1976年与1966年相比，工农业总产值增长79%，年平均增长率为7.1%；社会总产值增长77.4%，年平均增长率为6.8%；国民收入总额增长53%，年平均增长率为4.9%。在此期间，工农业生产水平不断上升，除1967年，工农业总产值比上年下降9.6%，1968年比上年又下降4.2%外，其余各年均为正增长。1976年和1966年主要产品产量相比，钢增长33.5%，原煤增长91.7%，原油增长499%，发电量增长146%，农用氮、磷、钾化肥增长117.7%，塑料增长148.2%，棉布增长20.9%，与此同时，农业生产保持了比较稳定的增长。粮食增长33.8%，油料增长61.6%。① 工业交通、基本建设和科学技术方面取得了一批重要成就，其中包括宝成铁路等一些新铁路和南京长江大桥的建成，一些技术先进的大型企业的投产，氢弹试验和人造卫星发射回收的成功，籼型杂交水稻的育成和推广等等。

当然，这一切绝不是"文化大革命"的成果，如果没有"文化大革命"，社会主义建设事业会取得大得多的成就。在"文化大革命"中，尽管遭到林彪、江青两个反革命集团的破坏，但中国共产党、人民政权、人民军队和整个社会的性质都没有改变。历史再一次表明，中国人民是伟大的人民，中国共产党和社会主义制度具有伟大而顽强的生命力。

二、从封闭走向开放的外交路线和国际关系

20世纪60年代是中国国民经济和社会发展最困难的十年。一方面，在国内，"文化大革命"正处高潮，推翻一切，打倒一切的极"左"做法将国民经济推入到面临崩溃的局面；另一方面，随着中苏交恶和越南战争的升级，中国面临着美国和苏联两方面的侵略威胁。从1962年11月到1963年3月，先后就有44个兄弟党按照苏联党的调子，通过由中央发表

---

① 国家统计局：《中国统计年鉴》，中国统计出版社1981年10月版，后面数据不加说明，均来自此处。

声明、决议和告党员书，或者在自己和别国的党代表大会上发表讲话，或者在报纸和刊物上发表文章等种种方式，攻击了中国共产党。他们给中国共产党扣上了"教条主义"、"'左'倾机会主义"、"冒险主义"、"托洛茨基主义"、"民族主义"、"宗派主义"、"分裂主义"、"军国主义"、"假左派"、"假革命"等等帽子，发表了700多篇文章攻击中国共产党。[①]

　　为走出内外交困局面，打破美苏孤立中国的政策，从20世纪60年代中期开始，毛泽东根据国际形势的变化，提出了"两个中间地带"的理论和联合反对苏联霸权主义的"一条线"和"一大片"的战略构想。1974年2月，毛泽东在同赞比亚总统卡翁达谈话时，又提出了划分"三个世界"的正确战略和中国永远不称霸的重要思想。根据这个理论，中国加强了同第三世界国家的团结与合作，大力支援亚、非、拉人民反帝、反殖、反霸的正义斗争，对于第三世界各国发展民族经济，给予了没有附带条件的尽可能的援助，组成了世界范围的反帝、反殖、反霸统一战线。[②] 对外工作开始出现了新的局面。在当时世界上民族解放力量与帝国主义力量较量最激烈的印度支那地区，中国尽力援助和支持越南、老挝、柬埔寨人民进行抗美救国斗争，直至最后胜利。

　　由于这些工作的成绩，第三世界国家人民至今还把中国看做他们的可以信赖的朋友。在第三世界国家坚持不懈的支持下，1971年中国恢复了在联合国的合法席位，取得了新中国成立以来最重要的外交成绩，打破了国际关系中"美苏争霸"垄断世界的格局，国际地位大大提高，国际影响更加扩大。自通过恢复中国在联合国的合法席位决议之日开始，到1972年底短短的一年多的时间里，同中国建交、复交或将代办级外交关系升格为大使级外交关系的国家达到27个。同新中国建交的国家迅速增加，形成了新中国的又一个建交高潮。

---

① 孔东梅：《改变世界的日子：与王海容谈毛泽东外交往事》，中央文献出版社2006年9月版，第80～130页。
② 薄一波：《若干重大决策与事件的回顾》下卷，中共中央党校出版社1991年版，第1300～1319页。

在这期间，第二个大的外交成绩是逐步实现了与美国为代表的西方国家关系正常化。与美国关系好转的背景是 20 世纪 60 年代末，随着美元危机的频繁爆发，布雷顿森林体系命悬一线，越南、老挝、柬埔寨等印度支那半岛抗美斗争在如火如荼地展开，美国国力出现了明显的相对下降。而苏联在赫鲁晓夫局部改革推动下，经济发展取得了明显的成绩，同时在东欧镇压了波兰、捷克斯洛伐克等国家的改革力量和亲美势力，在亚洲、拉美、非洲等地都对美国形成战略进攻态势。为此，从 1969 年起，美国总统尼克松提出了"美、苏、中、欧、日"共治世界的五极世界理论，意图通过"结盟"欧盟、中国和日本，构建一个对苏联进行东西夹攻的战略联盟。①

为此，在化解美苏夹攻危局特别是在同美国人的斗争中，中国一方面坚持不称霸的思想和和平共处五项基本原则，另一方面又非常灵活地调整了中国的外交政策，1972 年 2 月 21 日，毛泽东会见尼克松，双方同意互相发展贸易，取得了新中国成立以来第二个外交大突破。

在结束越南战争问题上，基辛格、尼克松都曾经提出让中国在美越之间进行调解，让越南减少抵抗，多给美国一些照顾，希望"光荣地结束越南战争"。中国采取了拒绝妥协的方针，大力加强对越南的援助，最终迫使美国在兑现《巴黎协定》生效全部撤走侵越美军的同时，还打开了与西方国家建交的大门。1972 年 2 月 28 日，中美两国在上海发表了联合公报（也称"上海公报"）。在台湾问题这一关键问题上，美国表示承认一个中国的原则。② 中美两国二十多年相互隔绝的状态至此宣告结束，其他西方国家也掀起了一个与中国建交的高潮。

三、国际市场的高速成长

在 1966～1976 年间，世界经济仍然保持了较快增长，主要资本主义

---

① 夏亚峰：《"尼克松主义"及美国对外政策的调整》，《中共党史研究》2009 年第 4 期，第 46～56 页。

② 张秀阁、刘凤芹：《周恩来与抗美援越》，《党史纵览》2009 年第 6 期，第 37～39 页。

国家经济正处于第二次世界大战以来兴起的以微电子、原子能为代表的第三次产业革命纵深推进向"石油危机"爆发后平稳增长的过渡过程之中。但是,20世纪70年代初布雷顿森林体系的崩溃和石油价格的大幅度上升也对世界经济产生了重大影响,尤其是严重依赖石油进口的经济体遭受了严重的外部冲击,在这场危机中,美国的工业生产下降了14%,日本的工业生产下降了20%以上。虽然如此,这十年世界经济仍然保持了平稳增长,如表3.1所示。1966～1976年世界经济年均增长4.4%,仅次于第二次世界大战结束头十年世界经济复兴时期(1946～1956年)6.7%和1956～1966年黄金十年期间4.7%的增速,明显高于其后二十年3.1%的平均增速(1976～1986年间为3.2%,1986～1996年间为3%),也明显高于美国"新经济"兴盛期间1996～2006年间4%的增速。其中,美日欧等主要资本主义国家年均增长2.9%、7.3%、3.8%,苏联年均增长3.9%,巴西、印度两个主要发展中国家年均增长8.7%、3.9%。日本和巴西还分别在1966～1970年、1971～1973年分别取得了两位数的经济增长率。在此期间,中国虽然在1966年和1970年都取得了近两位数的高增长,但由于受"文化大革命"冲击,国民经济大起大落,年均经济增速只有3.8%,低于除美国、英国、德国等少数几个发达国家之外几乎所有的主要国家。[1]

表3.1 1966～1976年世界主要经济体国内生产总值增速(%)

年份	全世界	美国	日本	欧洲经济共同体	巴西	印度	苏联	中国
1966	5.4	6.6	10.6	3.7	6.3	0.9	4.9	9.4
1967	3.7	2.5	11.1	3.5	4.0	8.3	4.4	-2.8
1968	5.5	4.8	12.9	5.3	8.9	2.6	5.9	-2.0
1969	5.5	3.1	12.5	5.7	8.7	6.7	1.4	8.6
1970	5.1	0.2	10.7	4.4	9.8	5.1	7.7	12.2

---

[1] Angus Maddison, Historical Statistics, Vertical File, March, 2009, http://www.ggdc.net/maddison.

续表

年份	全世界	美国	日本	欧洲经济共同体	巴西	印度	苏联	中国
1971	4.1	3.1	4.7	3.4	10.1	1.0	2.7	5.0
1972	4.8	5.3	8.4	4.4	10.8	-0.3	0.6	2.9
1973	6.6	5.7	8.0	5.7	12.5	4.7	8.4	7.4
1974	2.3	-0.3	-1.2	2.2	7.9	1.1	2.9	1.7
1975	1.5	-0.3	3.1	-0.4	5.2	8.9	0.3	6.2
1976	4.9	5.2	4.0	4.3	9.4	1.2	4.7	-0.6
1966~1976年间平均	4.4	2.9	7.3	3.8	8.7	3.9	3.9	3.8

资料来源：安嘎斯·麦迪森：《世界经济千年史》，北京大学出版社2004年版。

在强劲的经济增长推动下，1966~1976年国际市场迅速成长，国际贸易大幅飙升。从货物贸易情况来看，据联合国贸发会议统计，1966~1976年，世界商品出口额从2070亿美元增加到10052亿美元，年均增长17.1%；世界商品进口额从2182亿美元增加到10248亿美元，年均增长率为16.7%（如表3.2和表3.3所示）；1966~1976年全世界商品贸易进出口总额年均增速为16.9%，这一增速不仅远远高于此前20年年均8.2%的增幅，也远远高于此后30年8.7%的年均增速，是国际贸易黄金增长的"十年"。

然而，20世纪60年代后期至70年代初，世界经济形势却发生了较大变化。西方资本主义国家面临着新一轮经济危机，苏联、美国争夺世界霸权的活动遭到越来越多国家的抵制，原有的社会主义和资本主义阵营两大经济体系逐渐趋向解体，代之而起的是发达国家和发展中国家之间日益增多的经济往来。1973年，长达28年的以美元为中心国际货币体系崩溃。另一方面，随着中美关系缓和，中国重返联合国，大批西方国家纷纷与中国建交，打破了国际敌对势力长期以来对中国的政治封锁。中国国内在"林彪事件"以后，开始批判和纠正部分的"文化大革命""左"倾错误。这些都为中国扩大对外经济交流创造了有利条件。1972年2月，毛泽东邀请美国总统尼克松访华，准备抓住这个契机，开拓对外经济工作的新局面。他对尼克松说："你们要搞人员往来这些事，要搞点小生意。我们就死也不肯"；"后来发现还是你们对，所以就打乒乓球。"① 从而批判了"文化大革命"中对外贸易领域中那些反对同西方国家进行贸易的所谓"洋奴哲学"的极"左"错误做法。在《中美上海公报》中，双方也同意为逐步发展两国间的贸易提供更多的便利。

表 3.2　1966～1976 年世界主要经济体商品贸易出口增速

单位：百万美元

年份	全球出口	美国	联邦德国	日本	发达国家	发展中国家	苏联东欧	中国
1966	207049	29379	20157	9776	152896	44092	10061	2681
1967	218487	30934	21761	10442	162075	45508	10904	2388
1968	242868	34063	24888	12971	182111	48859	11898	2340
1969	277007	37332	28852	15990	209345	54533	13129	2429
1970	316995	43225	34228	19318	241994	60522	14479	2307
1971	353489	43549	38845	23995	269557	68308	15625	2783
1972	420228	49199	46737	29088	321956	80675	17598	3693
1973	583521	70823	67563	37017	437448	121758	24316	5876
1974	853389	99437	89368	55469	581116	241063	31210	7108
1975	887372	108856	90176	55819	623957	226026	37388	7689
1976	1005192	116794	102162	67304	694706	268438	42047	6943
1966～1976 年均增幅（%）	17.1	14.8	17.6	21.3	16.3	19.8	15.4	10.0

资料来源：联合国贸发会议，2008，Handbook of Statistics，http：//www. unctad. org。

表 3.3　1966～1976 年世界主要经济体商品贸易进口增速

单位：百万美元

年份	全球进口	美国	联邦德国	日本	发达国家	发展中国家	苏联东欧	中国
1966	218213	27745	18167	9523	163358	45367	9488	2482

① 《毛泽东外交文选》，中央文献出版社、世界知识出版社 1994 年版，第 595 页。

续表

年份	全球进口	美国	联邦德国	日本	发达国家	发展中国家	苏联东欧	中国
1967	228516	28753	17546	11663	171630	46642	10244	2169
1968	253001	35350	20295	12988	192440	49354	11207	2068
1969	287196	38312	24876	15023	220690	54045	12461	1917
1970	329501	42428	29947	18881	253779	61117	14606	2279
1971	365646	48342	34293	19712	281368	68546	15732	2129
1972	431480	58862	40378	23863	335395	76797	19288	2851
1973	594102	73572	54891	38389	461262	107221	25619	5208
1974	859164	110478	69661	61948	652453	174279	32432	7791
1975	909019	105881	74931	57860	660585	203766	44668	7926
1976	1024774	132497	88421	64895	759210	220087	45478	6660
1966～1976年均增幅（％）	16.7	16.9	17.1	21.2	16.6	17.1	17.0	10.4

资料来源：联合国贸发会议，2008，Handbook of Statistics，http：//www. unctad. org。

从地区和国别构成看，在 1966～1976 年间，无论发达国家、发展中国家，还是苏联东欧等转轨经济体，商品贸易进口额、出口额的年均增速都超过了两位数。相对而言，由于以石油为代表的大宗原材料价格在 20 世纪 70 年代两次价格飙升，这使得发展中国家增速显得更快一些，以至发展中国家在全球商品出口总额中所占比重从 1966 年的 21.3% 提升至 1976 年 26.7%；同期进口比重也从 20.8% 微升至 21.5% 的水平。发达国家和苏联东欧等转轨经济体商品进出口年均增速虽然要慢一些，但由于国际金融市场主要货币汇率的灵活调整为世界上这些主要经济体吸收石油危机等外部冲击提供了可能，所以相差也不是很悬殊，日本甚至在这十年取得了年均 21.2% 的增速，远远快于其他国家，以至日本商品出口额在 1965 年超过荷兰、苏联后，又于 1969 年超过法国，1971 年超过英国，成为仅次于美国和联邦德国的世界第三大出口国。

由于缺乏统一规范，服务贸易在这期间没有开展官方统计，其具体金

额及其增长速度情况相对难以估计。国际货币基金组织利用第五版《国
际收支手册》的标准，在 1998 年 4 月版《世界经济展望》中率先对全球
货物及商品贸易情况进行了统计。联合国贸发会议则对 1980 年以来，世
界主要经济体的服务贸易情况进行了统计。即便如此，利用麦迪森《世
界经济千年史》和国际货币基金组织等相关资料，我们还是可以对 1976
年以前的世界服务贸易发展情况做出一些基本判断。总的来看，世界服务
贸易出口额在 20 世纪 70 年代之前保持了每十年翻一番，每年约 7% 的增
长率，1950 年全世界服务贸易出口额约在 180 亿美元，1960 年增加到
360 亿美元，1970 年进一步增加到 720 亿美元左右。20 世纪 70 年代之
后，受布雷顿森林体系崩溃和经济全球化的影响，束缚在世界经济自由
化身上的汇率管制、利率管制等枷锁正在逐步打开，在西欧，银行正逐
步从分业经营走向混合经营，金融百货店、控股银行制逐步在模糊银
行、保险公司和证券公司之间的业务界限，同时，以日本新干线为代表
的最新交通技术和微电子技术的发展也在不断降低人们进行贸易和投资
的成本，使世界服务贸易增速明显攀升。如表 3.4 所示，世界服务贸易
进口增速、出口增速在 1970～1976 年间年均增速分别达到 18.3% 和
15.2%，以至全球服务贸易在 20 世纪 70 年代翻了两番多，远远超过历
史上任何一个十年。

表 3.4　1970～2008 年世界服务贸易发展概况

单位：亿美元

年份	世界服务贸易出口	同比增速（%）	占全球货物与服务贸易比重（%）	世界服务贸易进口	同比增速（%）	占全球货物与服务贸易比重（%）
1970	780		19.7	601		15.4
1971	881	13	20	685	14	15.8
1972	1001	13.6	19.2	771	12.5	15.2
1973	1271	26.9	17.9	997	29.3	14.4
1974	1523	19.9	15.1	1286	29	13
1975	1765	15.9	16.6	1490	15.8	14.1

续表

年份	世界服务贸易出口	同比增速（%）	占全球货物与服务贸易比重（%）	世界服务贸易进口	同比增速（%）	占全球货物与服务贸易比重（%）
1976	1822	3.2	15.3	1646	10.5	13.8
1980	3880	20.7	16	4427	50.7	17.6
1990	8302	19.4	19.3	8709	20.1	19.5
2000	15266	5.8	19.1	15366	5.9	18.8
2008	37300	11.8	18.8	34700	11.8	17.5

资料来源：联合国贸发会议，2008，Handbook of Statistics，http：//www. unctad. org；国际货币基金组织，2009，World Economic Outlook Database，April，http：//www. imf. org。

第二节　国际贸易状况

在十年"文化大革命"给中国国民经济与社会发展带来了严重冲击的背景下，对外贸易不可能独善其身，本节我们拟通过对"文化大革命"期间贸易量、贸易额、前20位主要贸易对象等数据的变化，对这段时期中国对外贸易概况进行回顾。

一、贸易额和贸易量的变化

在十年"文化大革命"期间，中国对外贸易虽然没有出现明显滑坡趋势，但与世界其他国家相比，陷入了相应的低潮期。如表3.5所示，1966～1976年，中国对外贸易进出口总额从46.2亿美元增加到了134.3亿美元，年均增速达到了11.3%，明显快于此前十年1956～1966年间3.9%的增速。其中，出口额从1966年的23.7亿美元增加到1976年的68.5亿美元，年均增速为11.3%；进口额从1966年的22.5亿美元增加到1976年的65.8亿美元，年均增速为11.2%。

与此对应的是，1966～1976年全世界商品贸易进出口总额年均增速为16.9%，中国比世界平均增速慢了5.6个百分点。其中出口年均增速慢了5.8个百分点，进口年均增速慢了5.5个百分点。这就导致中国在国际贸易中地位明显下降。1966年中国商品进口额、出口额占世界货物进口总额、出口总额的比例分别为1.14%、1.03%，到1976年这两个比例已经分别下降到了0.68%和0.64%。从国别排序来看，1966年中国进口额、出口额分别位居世界第20位和第16位；到1976年这两个序位已经分别下降到第33位和第35位。

表3.5　十年"文化大革命"期间中国对外贸易规模及增速

单位：亿美元

年份	商品进口	同比增速（%）	商品出口	同比增速（%）	外贸总额	同比增速（%）	进出差额	同比增速（%）
1966	22.5	11.4	23.7	6.3	46.2	8.7	1.2	-42.9
1967	20.2	-10.2	21.4	-9.7	41.6	-10.0	1.2	0.0
1968	19.5	-3.5	21	-1.9	40.5	-2.6	1.5	25.0
1969	18.3	-6.2	22	4.8	40.3	-0.5	3.7	146.7
1970	23.3	27.3	22.6	2.7	45.9	13.9	-0.7	-118.9
1971	22	-5.6	26.4	16.8	48.4	5.5	4.4	-728.6
1972	28.6	30.0	34.4	30.3	63	30.2	5.8	31.8
1973	51.6	80.4	58.2	69.2	109.8	74.3	6.6	13.8
1974	76.2	47.7	69.5	19.4	145.7	32.7	-6.7	-201.5
1975	74.9	-1.7	72.6	4.5	147.5	1.2	-2.3	-65.7
1976	65.8	-12.2	68.5	-5.7	134.3	-9.0	1.7	-173.9

资料来源：国家统计局《中国统计年鉴》，中国统计出版社1984年版。

当然，如果以1971年为界的话，在这十年中，中国对外贸易其实可以划分为衰落的五年和振兴的五年两个阶段。

在第一个阶段中，中国对外贸易陷入了完全停滞中，在"文攻武卫"的冲击下，中国商品进出口贸易总额从1966年的46.2亿美元下降到1970

年的45.9亿美元，年均下降0.2%，其中进口在此期间年均增长0.9%，出口在此期间年均下降1.2%。

从具体年份看，"文化大革命"初期的1966~1968年情况最严重，在"冲击一切，打倒一切"，"踢开党委闹革命"的极"左"思潮影响下，对外贸易作为"资本主义的苗"被置于完全否定的位置上，商品进出口总额在1967年下降10%之后，1968年和1969年又分别下降了2.6%和0.5%。在此期间，商品进口额和出口额分别累计下降了18.7%、7.2%。而在这五年中，世界货物贸易进口总额、出口总额总计增长了53.1%和51%，结果中国在这期间国际贸易地位直线下降。1970年中国商品进口额、出口额的位次双双掉到了世界第28位，中国商品进口额、出口额占世界货物贸易进口总额、出口总额的比例也双双下降到了0.7%的可省略掉水平。

如前所述，1971年是个重要的转折年，在这一年中，中国国务院总理周恩来抓住联合国合法席位得以恢复和林彪反革命集团破产的有利时机，配合毛泽东有关"三个世界"的国际关系最新理论阐述，一方面以"抓革命，闹生产"应对极"左"思潮所带来的全国无政府状态，另一方面以"小球推动大球"，实现了美国总统尼克松访华，成功打破了美苏两个超级大国10年经济封堵和外交困境，为中国重新返回国际社会和1978年改革开放奠定了坚实的基础。

在这个阶段，虽然以江青为代表的"四人帮"紧抓"风庆轮"号事件，在对外贸易领域大肆宣扬要破除"洋奴哲学"，极"左"势力仍未得到根本遏制，"批林批孔"、"反击右倾翻案风"等政治运动也时时给国民经济发展造成重要负面影响，但在对外开放大门初开及与西方国家外交关系不断取得突破的影响下，中国抓住布雷顿森林体系崩溃以后国际经济秩序重整，经济全球化和世界经济多极化趋势大力发展的有利时机和两次原油价格飙升的契机，在20世纪70年代初对外贸易领域掀起了一个迅速发展的小高潮。

据统计，1971~1976年间，中国商品进出口总额、进口额、出口额分别取得了年均22.6%、24.5%和21%的高增速,如果不是1975～1976年"四人帮"祸国殃民的破坏活动进一步升级,毛泽东再次发动"批邓反击右倾翻案风"政治运动的话,这一期间中国对外贸易增速还可以进一步提速,甚至可以超过2002年至2007年入世制度能量大释放时期年均28.5%的增速,在共和国60年贸易史上取得独占鳌头的地位。

在这五年中,1972～1974年是制度能量释放,对外贸易取得爆发性增长的三年。在这三年中,周恩来抓住毛泽东对"文化大革命"极"左"做法进行反思调整的有利时机,大力解放和重新起用了以邓小平为代表的一批无产阶级革命家,并且不失时机地在1974年四届人大会议上提出了实现"四个现代化"的战略目标,使国民经济在一定程度上得以恢复,对外贸易实现了大发展,在三年时间内就翻了一番多,上了一个新台阶。其中1973年中国对外贸易进出口总额、进口额和出口额同比增速分别实现了74.3%、80.4%和69.2%的超常规增长,在共和国60年外贸史上,这一年的出口增速位居第一,进口增速和进出口总额增速则仅次于新中国成立之初的1951年,都取得了位居历史第二的好成绩。1975～1976年,对外贸易随着政治混乱局面的加剧和国民经济面临崩溃再次走入了一个为期两年的衰退期,商品进出口贸易总额、进口额和出口额在这两年中分别下降了7.8%、13.7%和1.4%。

二、主要贸易伙伴

"文化大革命"十年,中国主要贸易伙伴总体比较稳定,但是也出现过一些变化。从表3.6和表3.7的比较中,我们可以看到,在1966年中国前20大贸易伙伴中,到1976年仍然保留在前20大伙伴地位的只有日本、中国香港、英国、苏联等16个国家和地区;而掉出了前20大贸易伙伴地位的国家则有阿根廷、斯里兰卡、巴基斯坦和阿尔巴尼亚4国;新晋20大贸易伙伴地位的国家有美国、荷兰、伊拉克和马来西亚4国。另外,通过表3.6和表3.7的比较,我们还可以观察到如下几个特点:

（一）中国的贸易伙伴正从以社会主义国家为主向以亚洲国家为主转变

表3.6　1966年中国与前20大贸易伙伴概况

单位：万美元

国家或地区	进出口总额	占中国比例（%）	出口额	占中国比例（%）	进口额	占中国比例（%）	贸易差额	占中国比例（%）
日本	60315	13.1	26938	11.4	33377	14.8	-6439	-53.7
中国香港	57802	12.5	56188	23.7	1614	0.7	54574	454.8
英国	34285	7.4	13910	5.9	20375	9.1	-6465	-53.9
苏联	30514	6.6	14041	5.9	16473	7.3	-2432	-20.3
加拿大	25291	5.5	2272	1.0	23019	10.2	-20747	-172.9
朝鲜	20322	4.4	11476	4.8	8846	3.9	2630	21.9
联邦德国	18504	4.0	6446	2.7	12058	5.4	-5612	-46.8
法国	17837	3.9	5960	2.5	11877	5.3	-5917	-49.3
古巴	16900	3.7	8748	3.7	8152	3.6	596	5.0
越南	15109	3.3	13785	5.8	1324	0.6	12461	103.8
澳大利亚	12618	2.7	2172	0.9	10446	4.6	-8274	-69.0
新加坡	11659	2.5	7520	3.2	4139	1.8	3381	28.2
阿根廷	10816	2.3	27	0.0	10789	4.8	-10762	-89.7
意大利	10582	2.3	3709	1.6	6873	3.1	-3164	-26.4
瑞士	7537	1.6	4873	2.1	2664	1.2	2209	18.4
斯里兰卡	7394	1.6	3556	1.5	3838	1.7	-282	-2.4
罗马尼亚	7021	1.5	3879	1.6	3142	1.4	737	6.1
民主德国	6753	1.5	3354	1.4	3399	1.5	-45	-0.4
巴基斯坦	6750	1.5	3565	1.5	3185	1.4	380	3.2
阿尔巴尼亚	6644	1.4	4142	1.7	2502	1.1	1640	13.7

资料来源：国家统计局《中国统计年鉴》，中国统计出版社1984年版。

在1966~1976年间，中国与社会主义国家之间贸易总额虽从11.7亿美元增加到22.5亿美元，但年均增速仅为6.8%，比同期中国对外贸易总额 11.3% 的年均增速慢了 4.5 个百分点，以至其占中国对外贸易总额的比例从 25.2% 降至 16.7%。当然，这个比例下降并非始于"文化大革命"十年，与社会主义国家间贸易额在 20 世纪 50 年代连续 10 年攀高，并在 1959 年创下 30.4 亿美元的历史纪录后就不断下降，在中苏关系公开破裂之后降速更加明显，十年"文化大革命"之后这一比例关系更是降至可有可无的程度。例如，中苏双边贸易额从 1950 年的 3.38 亿美元，增长到 1955 年的 17.9 亿美元，到 1959 年创下近 21 亿美元纪录后不断下降，1960 年双方贸易降到 16.6 亿美元，到 1967 年则为 1.11 亿美元，1970 年为 0.47 亿美元，占中国贸易总额的比例已从 1957 年的 57% 降至微不足道的 1% 的水平，为中苏两国 43 年贸易史上的最低额。此后，随着双边关系解冻、正常化，直到苏联瓦解，中苏双边贸易额虽有缓慢回升，但中苏双边贸易额占中国对外贸易总额比重再也没有超过 1972 年 4% 的比重，这与 20 世纪 50 年代中苏"政治蜜月"期间双边贸易额占中国对外贸易总额 30%～57% 的比重形成了天壤之别。

表3.7　1976 年中国与前二十大贸易伙伴概况

单位：万美元

国家或地区	进出口总额	占中国比例（%）	出口额	占中国比例（%）	进口额	占中国比例（%）	贸易差额	占中国比例（%）
日本	303952	22.6	122291	17.8	181661	27.6	-59370	-212.0
中国香港	176599	13.1	173731	25.3	2868	0.4	170863	610.2
联邦德国	94587	7.0	22488	3.3	72099	11.0	-49611	-177.2
法国	60626	4.5	12885	1.9	47741	7.3	-34856	-124.5
罗马尼亚	44456	3.3	18868	2.8	25588	3.9	-6720	-24.0
英国	43658	3.2	26670	3.9	16988	2.6	9682	34.6
澳大利亚	43086	3.2	8912	1.3	34174	5.2	-25262	-90.2
苏联	41473	3.1	16838	2.5	24635	3.7	-7797	-27.8
朝鲜	39504	2.9	25000	3.6	14504	2.2	10496	37.5
加拿大	34514	2.6	8937	1.3	25577	3.9	-16640	-59.4
美国	31668	2.4	15604	2.3	16064	2.4	-460	-1.6

续表

国家或地区	进出口总额	占中国比例（%）	出口额	占中国比例（%）	进口额	占中国比例（%）	贸易差额	占中国比例（%）
意大利	28775	2.1	12043	1.8	16732	2.5	-4689	-16.7
新加坡	25390	1.9	19934	2.9	5456	0.8	14478	51.7
民主德国	20433	1.5	8535	1.2	11898	1.8	-3363	-12.0
瑞士	18655	1.4	9360	1.4	9295	1.4	65	0.2
荷兰	14280	1.1	5898	0.9	8382	1.3	-2484	-8.9
越南	14136	1.1	11476	1.7	2660	0.4	8816	31.5
伊拉克	13893	1.0	5544	0.8	8349	1.3	-2805	-10.0
马来西亚	13641	1.0	8738	1.3	4903	0.7	3835	13.7
古巴	13603	1.0	4876	0.7	8727	1.3	-3851	-13.8

资料来源：国家统计局《中国统计年鉴》，中国统计出版社1984年版。

与此同时，与亚洲国家间的双边贸易额却在不断攀升。1966～1976年，中国与亚洲国家双边贸易额从20.1亿美元增加到69.4亿美元，年均增长14.3%，比同期中国对外贸易总额年均增速快了3个百分点，以至中国与亚洲国家双边贸易额占中国对外贸易总额比例不断攀升，1966年该比例为43.5%，比20世纪50年代后期至60年代初的比例翻了一番多，到"文化大革命"后期这一比例已经攀升到50%以上，并且在此后30多年中，中国与亚洲国家间贸易额一直占据了中国对外贸易总额半壁江山的重要地位。

上述变化从中国贸易伙伴地位的变化中也可以看出一定端倪。如表3.6和表3.7所示，在1966年中国前二十大贸易伙伴中，社会主义国家占据7席，亚洲国家和地区也是7席；但在1976年中国前二十大贸易伙伴中，社会主义国家只占据5席，亚洲国家和地区仍是7席。

（二）西方国家与中国的贸易往来逐渐趋于活跃

1966年，中国与西方发达国家贸易额为19.2亿美元，1976年这一双边贸易额增加到63亿美元，年均增长12.6%，比同期中国对外贸易总额11.3%的年均增速快了1.3个百分点，以至其占中国对外贸易总额的比例从41.5%升至46.9%。从1966～1976年中国20大主要贸易伙伴的具体情况来看，在这十年中，中国与日本、中国与联邦德国、中国与法国、中国与澳大利亚等西方发达国家的双边贸易额增长比较明显，其中中日双边贸易额自1966年超过中港双边贸易额之后，直到1987年，连续22年保持了中国最大贸易伙伴地位，1966～1976年"文化大革命"期间，中日双边贸易额从6亿美元增加到30.4亿美元，年均增速17.6%，比同期中国对外贸易总额年均增速快了5.3个百分点。另外在这期间，中国与联邦德国双边贸易额从1.9亿美元增加到9.5亿美元，年均增速为17.7%；中国与法国双边贸易额从1.8亿美元增加到6.1亿美元，年均增速为13%；中国与澳大利亚双边贸易额从1.3亿美元增加到4.3亿美元，年均增速为13.1%，都明显高于同期中国对外贸易总额的年均增速。

（三）中国对西方国家贸易多逆差，而对亚洲地区和社会主义国家则多顺差

在这期间，一个比较明显的对照就是中国对西方发达国家表现多为逆差，而对亚洲地区和社会主义国家多为顺差，且逆差者恒为逆差并持续扩大，顺差者恒为顺差并明显扩大。

在中国与日本、联邦德国、法国、澳大利亚、加拿大、意大利等多个西方发达国家的双边贸易中，中国显现为持续逆差并有扩大趋势。这既是国际分工使然，也是由中国经济处于封闭状态，出口产品相对于发达国家国际竞争力较弱的国情所致。例如在1966～1976年，中国对日本的贸易逆差从6439万美元扩大到5.9亿美元，增加了8.2倍之多；中国对联邦德国的贸易逆差从5612万美元扩大到5亿美元，增加了6.7倍之多；中国对法国的贸易逆差从5917万美元扩大到3.5亿美元，增加了4.9倍之多；中国对澳大利亚的贸易逆差从8274万美元扩大到2.53亿美元，增加了2倍多；中国对意大利的贸易逆差从3164万美元扩大到4689万美元，增加了48%；中国对加拿大的贸易逆差虽从2.07亿美元缩小到1.66亿美元，但仍为明显逆差。即便是1972年才开始有了贸易往来的中美贸易，到1976年美方也享有460万美元的贸易顺差。只有中国与英国的贸易平

衡是个特例，在"文化大革命"期间中英双边贸易中，1966年中国对英方出现了6465万美元的贸易逆差，而到1976年，中国则转逆差为顺差，并享有9682万美元贸易顺差。

与之对应，"文化大革命"期间，中国对亚洲地区和社会主义国家则出现了贸易顺差，并有明显扩大趋势。例如，在1966~1976年，中国对中国香港的贸易顺差从5.5亿美元扩大到17.1亿美元，增加了2.1倍之多，显示了香港作为中国对外交流的"窗口"对国内开放性经济发展的引导作用。新加坡在此期间也发挥了类似作用，在1966~1976年，中国对新加坡的贸易顺差从3381万美元扩大到1.4亿美元，增加了2.14倍。与此同时，中国对朝鲜的贸易顺差从0.26亿美元扩大到1.05亿美元，增加了近3倍之多；中国对越南的贸易顺差虽从1.25亿美元缩小到了0.88亿美元，但仍为明显顺差，显现了中国即使自身经济状况欠佳，但仍对处于战争状态中的社会主义国家表现出了无私的兄弟友爱精神和巨大的物质支持作用。在这期间，中国与苏联虽然贸易规模出现萎缩，但中国对苏联的贸易逆差仍从2432万美元扩大到7797万美元，中国对民主德国的贸易逆差也从45万美元扩大到3363万美元，而中国对罗马尼亚则从737万美元贸易顺差变成了贸易逆差6720万美元，中国对古巴也从596万美元贸易顺差变成了贸易逆差3851万美元，这说明中国出口产品相对于上述社会主义国家有相对较弱的国际竞争力。

（四）部分农产品出口国曾在中国对外贸易中占据过重要地位，但位置不稳定

"文化大革命"期间，国内经济形势混乱，导致中国的粮食安全出现了一些问题，不得不从一些农产品输出国进口一些粮食。例如中国在1966年从阿根廷进口了1.08亿美元的物资，其后的1967年、1969年、1973~1976年间又合计进口了1.4亿美元的物资，但是由于中国对阿每年出口额只有30万~60万美元，中方贸易逆差悬殊，再者由于中国只要国内经济形势趋于稳定，粮食自给率就会有明显提高，导致这些农产品出口国虽曾在中国对外贸易中占据过重要地位，但对华贸易地位不稳定，双边贸易年度

波动性大。1968年、1970～1971年间，中国就没有任何从阿根廷进口物资的记录。

第三节 国际贸易结构

"文化大革命"期间，中国对外贸易结构出现了哪些变化呢？本节我们拟从产品结构、企业结构和地区结构的角度对此进行考察。

一、产品结构

"文化大革命"时期，中国的进出口产品结构仍然比较落后，出口多以农副产品和纺织业为主，进口则以机械设备、五金矿产为主，表现出一个典型的农业国家贸易结构。

如表3.8所示，在1966～1976年间，粮油食品几乎一直占据了中国第一大类出口产品的地位，而纺织品仅居其后，甚至在1976年超过粮油食品成为中国第一大类出口商品，土产畜产则稳居第三位，这三类出口商品合计占到中国出口商品的50%以上。当然，中国在此期间出口商品结构也出现了一定的优化趋势。例如，上述三类商品出口比重1966～1969年间和1973年都维持了70%以上比重，但在1974年后该比重迅速下降，1976年已经降至58.4%的比重；与此同时，化工、轻工和工艺类商品出口则呈现为明显提高的趋势，其中化工类产品出口比重已经从1966年的3.6%稳步提高到"文化大革命"末期的15%以上的比重。这说明，新中国成立以来为保障国家安全的"重化工业化"道路在此期间已经显现出了一定的优化出口产品结构，提升中国出口产品国际竞争力的积极意义。

表3.8　中国出口商品结构

单位:%

年份	粮油食品	纺织品	土产畜产	工艺	轻工	五金矿产	化工	机械
1966	35.1	21.9	13.5	4.4	6.3	11.5	3.6	3.7
1967	36.9	22.1	13.2	5	6.8	9.9	3.6	2.5
1968	34.8	23.1	15.5	6.1	6.8	7.7	3.1	2.9
1969	30.5	23.5	17.1	7	7.4	7.8	3.3	3.4
1970	30.7	23	16.1	6.5	8	8.9	3.5	3.3
1971	29.6	21.4	16.2	6.1	8	10.4	4.5	3.8
1972	28.5	24.6	15.2	6.6	7.5	9	5.2	3.4
1973	33.6	23.5	13.6	6.4	7.2	7.4	5.3	3
1974	32.7	14.7	13.5	5.3	7.4	8.5	12.1	2.8
1975	26.6	19.4	12.5	5.6	7.3	8.4	17.1	3.1
1976	21.5	21.6	15.3	6.7	7.7	8.7	15.9	2.6

资料来源:对外经贸部:《中国对外贸易统计年鉴》,中国对外经贸出版社1981年版。

表3.9　中国进口商品结构

单位:%

年份	成套设备和技术	机械仪器	五金矿产	化工	轻工	工艺	纺织品	粮油食品	土产畜产
1966	4.5	18.8	22.1	16.7	1.7	0.4	6.8	24.9	4.1
1967	5.3	15.8	26.8	18.3	2.4	0.3	7.3	21.1	2.7
1968	4	14.9	27.1	22.7	2.2	0.1	5.8	20.8	2.4
1969	0.4	16	31.8	26.4	1.4	0.2	6.5	15.5	1.8
1970		17.5	39.9	18.9	1.4		4.8	15.4	2.1
1971		23	33.8	18.3	1.8		7.3	13.6	2.2
1972	0.6	20	30.7	17.4	2.6		9	17.9	1.8
1973	1.4	14.6	32.9	14.2	2.6		11.5	20.9	1.9
1974	4.1	16.9	27.9	13.5	2.6		11.1	21.9	2
1975	13	19.2	29.2	16.5	2.4		5.9	12.5	1.3
1976	17.1	14	31.6	15	2.2		8.3	10	1.8

资料来源:对外经贸部:《中国对外经贸统计年鉴》,中国对外经贸出版社1981年版。

进口方面,如表3.9所示,粮油食品、五金矿产、化工、机械类产品一直占据了中国进口商品70%以上的绝大多数比重,其中1969～1970年,这一比重甚至一度还上升至90%左右的程度。工艺和成套设备和技术类产品的进口则不太稳定,1970年后工艺品进口已经降低到零;而成套设备和技术类产品在1970～1971年进口降低到零以后又迅速增加,1976年甚至上升到17.6%的高比重,这既反映了1973年"四三方案"通过后,我国积极抓住国内外机遇,大力引进国外设备,掀起了对外经济交流的新高潮,也反映了1976年开始的"洋跃进"运动对进口贸易的不良影响。

采用联合国SITC产品分类标准仍然可以看到类似的中国进出口产品结构的优化趋势。1966～1976年,中国初级产品出口比重已经从60.1%降至45.5%,工业制成品出口比重则从39.9%升至54.5%;中国初级产品进口比重已经从29%降至11.8%,工业制成品出口比重则从71%升至88.2%。这"两升两降"正凸显了新中国成立以来中国工业化的成就和国际竞争力的提升。

二、企业结构

与"文化大革命"期间计划经济体制相适应,在对外贸易企业管理体制方面,中国实行国有公司专营制度,进出口总额主要由中粮进出口公司、中化进出口公司、五矿冶金进出口公司等十几家大型国有专业外贸公司承担。这些大型国有外贸公司一般都是独家经营,对外贸易领域所有制结构呈现单一的公有制,一般都占据了全国进出口贸易的100%以上份额,远高于改革开放以来打破垄断经营后十大外贸公司在全国进出口贸易中所占比重(见表3.10)。

表3.10　十大外贸公司在我国进出口贸易中的比重

年份	出口（%）	进口（%）	年份	出口（%）	进口（%）
1981	81.3	76.6	1987	64.3	30.3
1982	78.5	71.5	1988	21.8	19.1

年份	出口（%）	进口（%）	年份	出口（%）	进口（%）
1983	77.9	60.6	1989	20.2	17.8
1984	74	51	1990	19.3	14.7
1985	76.7	42.3	1991	21.6	9.8
1986	65.7	37.6	1992	16.9	10

注：10 大外贸公司为：机械、五矿、化工、技术、粮油食品、纺织、土畜、轻工、工艺、仪器进出口公司。

资料来源：对外经济贸易部，转引自林桂军：《人民币汇率问题研究》，对外经济贸易大学，1997 年。

下面，我们主要以长期高居《财富》500 强企业排行榜的中化、中矿和中粮公司为例，简要介绍这十大外贸公司在"文化大革命"期间的发展情况。

其中，中国中化集团公司（简称中化集团）的前身中国进口公司成立于 1950 年 3 月 1 日，是新中国第一家专业从事对外贸易的国有进出口企业。1951 年 3 月，中国进出口公司在中国进口公司和华北贸易公司的基础上成立，专营对西方国家的贸易，进口国内生产、生活急需的重要物资，支援了新中国的经济建设。20 世纪 50 年代，中国进出口公司陆续与四十多个国家和地区的数百家客商建立了贸易关系，出口快速增长，并开辟了国际石油和化工品的进口渠道，为成为国内石油、化工贸易的专业进出口公司打下了基础。1961 年 1 月 1 日，中国进出口公司正式更名为中国化工进出口总公司。到 1965 年，与中化集团有石油、化工品贸易关系的国家和地区已达 90 余个，出口商品从 30 余种增加到 300 余种，出口金额达到 8000 万美元。1973 年，中化集团将国内第一船原油出口到日本，之后又陆续出口石油到巴西、新加坡、美国等市场，打开了中国原油向海外输出的通道。在化工品进出口贸易方面，1975 年出口商品增至 400 余种，出口额达到了 2.14 亿美元。进口品种以化肥和农药为主。20 世纪 70 年代的中化集团已成为国际贸易界举足轻重的石油化工品贸易商。

按照中央政府政务院的决定，中国矿产公司（五矿总公司前身之一）

1950年4月成立于北京，1952年9月，中国五金电工进口公司（五矿总公司另一前身）也在北京成立，承担钢材、有色金属、电工电讯器材等商品的进出口业务。1955年7月，中国五金电工进口公司改名为中国五金进口公司。1960年12月，中国矿产公司与中国五金进口公司合并，改名为中国五金矿产进出口公司。1965年8月，中国五金矿产进出口公司再次改名为"中国五金矿产进出口总公司"。1972年10月，五矿代表团访日，达成中日钢材共同谈判协议，由五矿总公司与日本六大高炉厂商每半年举行一次统一谈判，商定日本向中国出口钢材的统一价格。从此以后二十年来，共从日本累计进口各类钢材12000多万吨。中日钢材共同谈判影响巨大，是中日钢材贸易史上的创举。

中粮的前身——中国粮谷出口公司、中国油脂出口公司和中国食品出口公司1952年9月分别在北京组建，各自经营粮食、油脂等大宗农产品以及食品的出口业务。1953年1月，中国粮谷出口公司与中国油脂出口公司合并为中国粮谷油脂出口公司。1961年1月，中国粮谷油脂出口公司再与中国食品出口公司合并成立中国粮油食品进出口公司，1965年该公司再度改名为"中国粮油食品进出口总公司"。20世纪70年代，该公司逐渐发展成为中国最大的粮油糖等农产品贸易进出口公司和实力雄厚的食品生产、加工、期货、物流及相关服务企业。

中国技术进出口总公司1952年9月成立。20世纪50年代从苏联引进了以"156项"为代表的核心技术和成套设备，为新中国工业特别是重工业发展奠定了重要基础。20世纪60年代又突破了苏联、美国对我国封锁、禁运，中技公司先后从日本、联邦德国等西方国家引进大量技术和成套设备。1963年6月，中技公司会同工业部门首先和日本签订第一套维尼纶成套设备合同，随后从日本、西欧等10个国家进口了石油、化工、冶金、矿山、电子和精密机械等方面的技术和设备共84项，提高了中国的工业生产能力。20世纪70年代成功执行了周恩来总理领导制定的"四三"方案，集中进口367个大型化肥设备、大型化纤设备、石油化工装置、数据处理设备、发电设备、采煤机组、制氧设备等技术先进、成熟的成套和单机设备，提高我国工业生产技术水平，填补重大技术装备空白。

三、地区结构

由于资料残缺不全，研究"文化大革命"时期中国对外贸易地区分布是一件相当困难的事情。从现有公开出版的省区统计资料看，主要有三种情况：第一类是对外贸易资料基本齐全的省份，主要有北京、天津、山西、辽宁、吉林、黑龙江、上海、山东、河南、湖北、湖南、广东、广西、贵州、云南、宁夏、新疆等17个省区市，或有进出口总额统计，或有出口额统计；第二类是对外贸易资料出现了时间序列断裂，有些年份有统计，另外一些年份却丢失了统计资料的省份，主要有河北、内蒙古、浙江、安徽、江西、四川、陕西、甘肃、青海等9个省区；第三类是1966~1976年，对外贸易统计资料完全丢失的省份，主要有江苏、福建、西藏等3个省区。为此，我们必须进行数据修复，对第二类情况，我们根据有统计年份数据，参照同期全国外贸及第一类省份外贸数据增长速度进行推断；对第三类情况，我们则根据1978年数据，参照同期全国外贸及第一类情况省份和第二类情况省份外贸数据增长速度进行逆推。最终汇集第一类、第二类和第三类情况，我们可以发现这一时期各省区统计资料与全国对外贸易数据的吻合程度达到了94%~101%之间，基本可以应对研究需要。

从地区分布来看，如表3.11所示，"文化大革命"期间中国对外贸易出口主要集中在东部地区，其占全国出口比重一直介于70%~85%之间。其中上海市一直遥居中国省份第一的地位，在1966~1974年，上海市占据了全国出口总额35%~40%的高份额；广东省居第二位，其在"文化大革命"期间占全国出口总额的比例大致介于15%~19%之间；天津市和山东省分居第三位和第五位，"文化大革命"期间其占全国出口总额的比例大致分别介于10%~16%和6%~8%之间。东北地区在全国出口总额中仅次于东部地区，其占全国出口总额的比重一直稳中趋升，大体介于8%～19%之间,其中辽宁出口总额不仅稳居全国第四,而且其出口年均增速达17.5%,在各省份中增长最快,这说明了东北地区作为"超重化工业化道路"的主要执行者在全国对外贸易和经济增长中的拉动作用。中部地区出口占全国出口总额的比重也一直稳中趋升,但总体比例很小,介于4%～6%之间,其中湖北大约占据了1.6%～2.7%的比重,在全国排位也仅次于上海、广东、天津、辽宁、山东、江苏、北京而居第八位。西部地区出口占全国比例最低,只占全国出口总额的0.5%～1.6%,除云南在此期间维持了全国平均大体差不多的出口增长率,很多省份出口呈明显下滑趋势。

表3.11 "文化大革命"期间中国分地区外贸出口情况

单位:万美元

年份	东部地区	占全国比例(%)	中部地区	占全国比例(%)	西部地区	占全国比例(%)	东北地区	占全国比例(%)
1966	186705	78.8	11038	4.7	3692	1.6	25773	10.9
1967	177909	83.1	9381	4.4	2957	1.4	19977	9.3
1968	178564	85.0	9749	4.6	2804	1.3	18777	8.9
1969	187406	85.2	11384	5.2	1089	0.5	18895	8.6
1970	190242	84.2	14256	6.3	1462	0.6	18380	8.1
1971	215652	81.7	15095	5.7	2754	1.0	32718	12.4
1972	276833	80.5	18091	5.3	6095	1.8	34318	10.0
1973	473337	81.3	26412	4.5	6836	1.2	55020	9.5
1974	515058	74.1	29407	4.2	9466	1.4	100129	14.4
1975	506291	69.7	32149	4.4	10264	1.4	136816	18.8
1976	480534	70.2	36752	5.4	10179	1.5	115032	16.8

资料来源:各省区市统计局历年统计年鉴。

总体看,从地区分布看,"文化大革命"期间中国对外贸易发展的不平衡性较历史上其他时期都要严重,这除了受其间"超重化工业化道路"影响外,还与当时对外贸易地位比较低,全国各省都把出口贸易当做

"调剂余缺"的东西而对出口普遍不够重视有一定关系。

第四节　贸易体制

1956 年，中国对外经贸领域所有制改造全面完成，开始进入社会主义建设时期，对外经贸领域全面实行计划经济体制，贸易制度框架与机构设置也由此进入了与之适应的高度集中的计划管理体制。

一、贸易制度变化

中国对外贸易体制是在模仿苏联对外贸易管理统制制度，并适应新民主主义革命过渡到社会主义建设时期逐步建立起来的，这一制度后来虽有一些调整，但直至 1978 年一直保持了如下特点。

（一）单一的公有制

1956 年，我国在完成生产资料社会主义改造后，就确立了由政府职能部门领导、国营外贸公司集中经营的对外贸易经营体制，对外贸易领域的生产资料所有制是完全的公有制，对外贸易由国家统一领导、统一管理，外贸公司统一经营。这种体制事实上使对外贸易部变成了一个既掌握全国对外贸易行政管理权，又独揽外贸所有权和经营权的大企业。"文化大革命"时期，国家对此虽有调整，下放了一些权力，例如由国务院有关生产主管部门设立出口供应公司，负责对外交货或向外贸公司供货，第一机械工业部还曾成立了产销结合的机械设备进出口公司，另外，除西藏自治区外，经外贸专业公司批准，内地其他省份可以对港澳地区直接发货、装运和结汇，甚至可以经营远洋贸易。但是纵观"文化大革命"前后，直到 1978 年，这种所有制高度集中、独家经营的对外贸易管理体制并未得到根本改变。

（二）实行对外贸易统制

在新中国成立之初，就明确了要实行对外贸易统制的政策。毛泽东同志曾经指出：人民共和国的国民经济的恢复和发展，没有对外贸易统制政策是不可能的，对内的节制资本和对外的统制贸易，是这个国家在经济斗争中的两个基本政策。① 这种对外贸易统制集中表现在：

1. 对外贸易国家垄断经营

对外贸易统制政策的贯彻主要表现在对经营主体的严格限制方面。全国进出口完全由对外贸易部直属的十几家国营外贸专业公司按商品大类垄断经营，其他任何企业都没有外贸经营权，进而由此形成了政企不分的管理体制。

2. 高度集中的计划管理

计划管理体制是传统对外贸易体制的轴心。"文化大革命"时期，中国对外贸易经营管理体制虽然略有调整，1950 年以来先后制定的《对外贸易管理暂行条例》等 30 多部对外贸易法律法规虽然力图赋予企业在进出口、海关、商检、外汇、仲裁等方面以一定的自主权，但在实际上，国家制定的年度性外贸计划指标和政府发布的各项指令、决定等各项内部文件才能对外贸企业的经营活动起着关键的控制作用。计划成为调度对外贸易的唯一手段，价格、汇率等经济杠杆既不能起到调节进出口作用，也不能反映商品的供求关系变化，只能发挥事后核算功能，其作为国家经济杠杆的信号机制不复存在。

3. 实行贸易保护政策

贸易保护政策虽起源于美国建国之初汉密尔顿的保护制度和李斯特等历史主义学者的保护贸易论，但只有在社会主义计划经济体制下，这种贸易保护政策才能发展到无所不包的极致境界。列宁曾经指出：不是关税，也不是边防军，而是对外贸易垄断制在经济上保卫着苏联的边境。② 为

---

① 毛泽东：《在中国共产党第七届中央委员会第二次全体会议上的报告》。
② 列宁：《马克思、恩格斯、列宁、斯大林论国际贸易》，北京外贸学院出版社 1959 年版，第 307 页。

此，1949 年 9 月通过的《中国人民政治协商会议共同纲领》明确规定，我国"实行对外贸易管制，并采用贸易保护政策"。

"文化大革命"时期，我国的贸易保护政策是实行关税壁垒和非关税壁垒并重的多重贸易保护。关税壁垒方面是制定保护性税则，对进出口商品实行分类经营管理，使平均关税水平一直维持在高水平上，当时在关贸总协定的安排下，世界范围内发达国家的平均关税已经降至 5% 上下，发展中国家一般已经降至 20% 上下，而我国的关税一直高达 50% 以上。非关税壁垒方面是通过编制和执行对外贸易计划，实行外汇管制，以强有力的直接行政干预为依托，使外贸计划成为集中调节外贸活动的单一杠杆。

（三）统负盈亏的财务管理

各外贸进出口公司经营活动全部由计划调节，外贸公司没有独立的经济利益，只能无条件执行国家外贸计划，由此发生的全部赢利或亏损也全部由国家财政承担。这种财务管理体制既是适应当时国民经济发展和极"左"意识形态的产物，也是垄断经营、高度集中的计划管理体制的必然结果。

二、贸易机构设置的变化

为了加强对外贸易管理，更加有力地开展国内和国外贸易工作，1952 年中央人民政府委员会第十七次会议通过了《关于调整中央人民政府机构的决议》，决定撤销中央贸易部，成立中央人民政府对外贸易部和中央人民政府商业部。1952 年 9 月 3 日对外贸易部正式成立，作为中央人民政府统一领导和管理对外贸易的行政机构。1954 年，中央人民政府对外贸易部改称为中华人民共和国对外贸易部。1982 年，对外贸易部与出口管理委员会、对外经济联络部和外国投资管理委员会合并为对外经济贸易部。

作为"文化大革命"期间国务院曾经存在的一个部门，对外贸易部的职能主要是：（1）编制国家进出口贸易计划和对外贸易外汇收支计划组织和检查计划的执行；（2）起草中国同有关国家发展经济贸易和技术合作的联系方案,负责同有关国家进行谈判,签订协定和议定书等,并监督执行;(3)起草对外贸易管理的基本法规和海关管理法规,并贯彻执行;(4)领导海关工作,不断加强货物监管和政治经济保卫工作;(5)制定国营对外贸易企业进口、出口、运输、包装业务程序,管理并监督执行;(6)签发进口、出口和过境贸易的许可证;(7)研究拟订商品检验制度。

相较于以前,对外贸易部转移掉的职能主要有:(1)我国对外援助工作;(2)我国贸易促进委员会工作。人事方面,除林海云接任叶季壮在1965～1970年间出任中央对外贸易部党组书记、代理部长外,对外贸易部还先后出现过白相国(革委会主任)、李强、郑拓彬等领导人。

外贸企业方面,由于实行对外贸易统制,中国的外贸企业一方面作为直属企业,本身既是经营者又是外贸部门行政管理的参与者,另一方面,由于实行高度集中、垄断经营的计划管理体制,其数量是名副其实的"屈指可数"。从"文化大革命"爆发直到1978年4月第43届广交会开幕前,全中国的外贸企业一直只有13家。其中粮油食品、轻工工艺、土产畜产、五矿冶金、机械、化工、技术、仪器等全国性、行业性进出口总公司占了8家,另外5家分别是广州、大连、上海、青岛、天津等5市的进出口公司。

第五节　"四三方案"和对外经济工作的新开拓

20世纪60年代初期,中苏关系两国关系紧张后,毛泽东曾考虑扩大同资本主义国家的经济交往,引进先进技术设备。1964年和1965年他提出:有的不会制造,要向别国学。甚至说:在一定时候,可以让日本人来中国办工厂、开矿,向他们学技术。① 但是,由于以美国为首的国际敌对

①《毛泽东外交文选》,中央文献出版社1994年版,第520页。

势力的持续封锁及"文化大革命"的发动，这个设想一直未能实施。

一、"四三方案"

1971 年"林彪事件"以后，周恩来主持中央工作，与李先念、余秋里以及相继复出的陈云、邓小平等人，积极推行了毛泽东打开对外经济工作局面的决策。1972 年 1 月，根据周恩来指示，李先念听取了余秋里召集国家计委及有关部委负责人研究后的汇报，决定抓住西方资本主义国家在经济危机中急于出口的有利时机，针对国内需要，进口成套化纤、化肥技术设备。1 月 22 日，李先念向周恩来报送国家计委《关于进口成套化纤、化肥技术设备的报告》，建议引进我国急需的化纤新技术成套设备 4 套、化肥设备 2 套，以及部分关键设备和材料，约需 4 亿美元。2 月 5 日，经周恩来批示呈报，毛泽东立即圈阅批准了这个报告。①

随后，周恩来等人以此为突破口，将对外引进交流规模进一步扩大。5 月 5 日，冶金部建议从国外进口一米七大型钢板轧机，这是国内钢铁工业长期以来急需的设备，因"文化大革命"的冲击使试制工作停止，而江青集团又借口"自力更生"阻挠进口，严重影响了钢铁工业的发展。这时，国家计委根据李先念批示，正式提出了《关于进口一米七连续式轧板机问题的报告》。8 月 21 日，毛泽东、周恩来予以批准。11 月 7 日，国家计委再次提出《关于进口成套化工设备的请示报告》，建议进口 6 亿美元的 23 套化工设备。周恩来在批准这个报告的同时，又要求将总额 33 亿美元的另一进口方案送他合并考虑，准备采取一个更大规模的引进计划。②

在 1972 年引进一系列项目工作顺利进行的基础上，1973 年 1 月 5 日，国家计委向国务院提交《关于增加设备进口、扩大经济交流的请示报告》，对前一阶段和今后的对外引进项目做出总结和统一规划。报告建

---

① 胡建华：《周恩来与"文革"中的外贸工作》，《纵横》1998 年第 8 期，第 21～26 页。
② 巩玉闽：《周恩来在"文革"期间的经济指导思想》，《党的文献》1999 年第 5 期，第 48～53 页。

议，利用西方处于经济危机，引进设备对我有利的时机，在今后三五年内引进43亿美元的成套设备。其中包括：13套大化肥、4套大化纤、3套石油化工、10个烷基苯工厂、43套综合采煤机组、3个大电站、武钢一米七轧机及透平压缩机、燃气轮机、工业汽轮机工厂等项目。这个方案被通称为"四三方案"，是继20世纪50年代的156项引进项目后的第二次大规模引进计划，也是打破"文化大革命"时期经济贸易领域被封锁局面的一个重大步骤。[①]

在此方案基础上，后来又陆续追加了一批项目，计划进口总额达到51.4亿美元。1974年国务院提出，在今后三五年内，从国外进口一批大型化学肥料、化学纤维和连续式钢板轧机等设备。利用这些设备，通过国内自力更生的生产和设备改造，兴建了26个大型工业项目，总投资额约200亿元。到1982年，26个项目全部投产。其中投资额在10亿元以上的有：武钢一米七轧机、北京石油化工总厂、上海石油化工总厂一期工程、辽阳石油化纤厂、黑龙江石油化工总厂等。这些项目取得了较好的经济效益，对我国经济建设的发展起到了重要的促进作用。受其影响，我国化肥、粮食产量显著提高，1973年国内兴建了几十个化肥厂，化肥产量比1965年增加1倍多，当年夏粮取得了新中国成立以来第二个大丰收。1975年上半年增产的化肥可增产粮食100多亿斤或3000多万担棉花，为我国粮食连续13年丰收奠定了坚实的基础。

"四三方案"的批准实施，带动了对外引进工作的全面开展。毛泽东、周恩来审时度势，在国务院领导人的积极努力下，又果断地进行了开拓整个对外经济工作新局面的部署。1973年国家计委报告还建议，由国家计委及各部委组成"进口设备领导小组"，"像第一个五年计划期间抓156项进口设备那样，扎扎实实地把建设任务抓紧抓好，尽早投产见效"。从1972年起，我国的外贸、金融及与之有关的其他经济领域，出现了一个新中国成立以来对外引进技术设备、开展经济交流的第二次高潮。

---

① 陈东林：《七十年代前期的中国第二次对外引进高潮》，《中共党史研究》1996年第3期。

在引进国外先进技术设备方面，除"四三方案"的主要项目外，重要的引进项目还有：从美国引进彩色显像管成套生产技术项目；利用外汇贷款购买新旧船舶，组建远洋船队；购买英国三叉戟飞机，增强民航运输力量等。1972年9月，国家计委成立了进口技术设备领导小组，负责审查进口设备和综合平衡及长期计划衔接工作，还组织有关部委派出多个考察小组，到国外考察检查进口设备。同时，在国内恢复举办先进科技国家的技术贸易展览会，学习吸取国外先进技术。

二、周恩来等人在"文化大革命"中的抗争和对外经济工作中的新开拓

在制定研究利用外资的战略指导思想方面，周恩来等人顶住江青集团的压力，进行了艰苦的工作。

为了适应外贸和远洋运输的需要，周恩来等人自20世纪60年代后期起就不断抗击林彪、江青反革命集团的攻击，利用造船、买船、租船等多种方式，建立了一批远洋船队，同时，建设了一批万吨级船台和船坞，极大地推动了中国造船工业的发展。1968年1月8日，我国建成第一艘万吨巨轮"东风"号不久，1969年4月2日，第一艘万吨油轮"大庆27号"实现下水，1969年6月13日，国家决定在上海、天津、大连6个船厂新建8个万吨级船台。1971年6月27日，第一艘两万吨货轮"长风"号下水，1976年8月23日，第一艘五万吨级远洋油轮"西湖"号在大连下水。在八年多的时间内，中国造船技术一举跃上万吨、2万吨、5万吨的台阶，造船技术明显提升，从此基本建成了中国船舶工业的使用和建造体系。在1970年至1975年，中国人民本着"自力更生，艰苦奋斗"的精神，累计建造万吨以上的船舶86艘，共151.6万吨，通过国内造船和国外购船，到1975年，中国远洋船队由20世纪60年代末的110万吨发展到500万吨；海上货运量由20世纪60年代末70%靠租用外轮，发展为70%由中国自己的船队承运，不仅基本上改变了长期依靠租用外轮的局面，而且推动了我国造船工业的提高。

林彪集团倒台后，1969 年在党的十大上结成"四人帮"的江青集团，逐步加大对外工作的攻击力度，对"四三方案"竭力反对，设置重重障碍。1974 年 2 月，江青到四机部讲话，说美国康宁公司送给中国彩色显像管生产线考察团的蜗牛礼品是"侮辱我们，说我们爬行"，还说引进这条生产线是"屈辱于帝国主义的压力"，是"崇洋媚外"。当初曾在引进这条生产线报告上批示同意的王洪文立即倒打一耙，附和江青。6 月，王洪文又在几封来信上批示，污蔑向国外买船是"迷信外国资产阶级的假洋鬼子"，是"修正主义路线"。在他们的破坏下，引进彩色显像管生产线的项目被迫中断。

周恩来等人对"四人帮"的破坏进行了针锋相对的斗争。周恩来指示外事部门查清所谓"蜗牛事件"不过是正常的礼节往来后，主持中央政治局通过决定收回江青在四机部的讲话，挫败了江青集团制造的一起阴谋。

周恩来还抓紧了恢复正常生产秩序、工作秩序的工作和恢复必要的规章制度的工作，他指出："有些人要把一切制度砸烂，这是极"左"思潮。"针对对外经济工作中政策过"左"的问题，周恩来明确提出："不要把党的方针所提倡和允许的多种经营，当作资本主义来批判。"① 根据周总理的意见，国务院推出了《1972 年全国计划会议纪要》、《关于坚持统一计划，整顿财经纪律》等文件，提出了整顿企业的若干措施，包括恢复岗位责任制、考勤制、经济核算制、奖励制等。

这一时期，周恩来还开始注意台湾设立经济特区、引进外资的做法。1972 年 4 月他接见广交会代表时，询问了台湾产品加工出口情况，说：为什么台湾能搞，我们搞不了？我们这样伟大的人民，出口才比台湾多 10 亿，不值得骄傲。1973 年 5 月 29 日他接见美国银行家洛克菲勒时说："通过两国银行来推动两国贸易的发展，这是一个有效的渠道。我们过去不会运用银行。……我很直率地说，这一点我们还赶不上台湾的严家淦。他引进美国、日本和其他国家的外资。进口原材料，然后加工，专门供出

① 《周恩来选集》下卷，中央文献出版社 1997 年版，第 128～462 页。

口。他还在台湾高雄划了一个像香港一样的自由港，不收税。这样，台湾的贸易额就大了。"① 10月31日至11月3日他和澳大利亚总理惠特拉姆会谈时，再次表示赞许台湾省吸引外资带着原料去建厂，利用台湾的廉价劳动力、劳务费，然后把商品回销外国的做法。②

由于"文化大革命"，周恩来建立经济特区、引进外资和来料加工的设想不可能付诸实践。但是，他的这一思想对后来的中国经济开放产生了重要的探索作用。

1972年底刚刚复出协助周恩来研究指导外贸工作的陈云在这一期间也发挥了重要作用。1973年5月5日，在听取外贸部周化民等同志汇报外贸计划和价格方面的情况时，陈云就提醒他们要注意研究资本主义经济危机的规律。他还以价格为例，说明了研究资本主义一般情况的重要意义。他说："资本主义市场价格和过去上海交易所一样很敏感。我们进出口今年如按八十亿美元算，在价格上如果差百分之一，一年就要差八千万美金，这是一个很大的数字。"③

针对江青集团的破坏，陈云坚决表示：在外贸工作中，"要把一些界线划清楚，如不要把实行自力更生方针与利用资本主义信贷对立起来"。他毫不退让地回答："如果有人批评这是'洋奴'，那就做一次'洋奴'。"④ 陈云还提出要恢复外贸金融研究机构，认真研究西方资本主义经济资料，并亲自拟定了了解世界经济状况的10个重要问题，写出了《目前经济危机与一九二九年危机的比较》、《对目前世界经济危机的看法》等笔记。根据他的这一思想和周恩来的多次指示，中国人民银行进行了许多调查研究，积极开展筹措外汇和利用外资工作，1973年筹措到外汇资金10亿多元，支持了对外引进的需要。1973年至1974年，利用国际货币动荡时机，

①《周恩来经济文选》，中央文献出版社1993年版，第645~646页。
②《周恩来年谱》(1949—1976) 下卷，中央文献出版社1997年版，第630页。
③ 孙业礼：《"文革"中陈云协助周恩来抓外贸的一些情况》，《党的文献》1995年第3期，第29~31页。
④《陈云文选》第三卷，人民出版社1998年版，第219~224页。

陈云又向李先念建议,适时地购进 600 吨黄金,增加了我国的黄金储备。

在利用和借鉴外国现代金融和管理手段方面,陈云大胆地指出,要利用资本主义国家的商品交易所和期货市场。他说:"对于商品交易所,我们应该研究它、利用它,而不能只是消极回避。"① 根据这一思想,外贸部门在购买国内需要物资时,灵活运用期货手段,积极参与国外交易市场活动,在完成购买任务的同时,为国家赚取了外汇。1972 年 9 月,新中国成立以来规模最大的全国工艺美术展览会在北京开幕,历时 4 个多月。为了扩大加工出口,外贸部门利用国际市场上棉布价格较高、棉花价格较低,而国内棉花歉收、加工能力较强的时机,进口一批棉花,加工成棉布后出口,既解决了国内的棉布紧缺,又赚取了外汇,同时还使国内人民增加了收入。但是,有人却认为,这样做是依靠外国,不是"自力更生"。陈云经过调查研究后,坚决地指出:"我们是要自力更生的",但是要做到完全用自己的棉花需要很长时间,"我们要利用这段时间,进口棉花加工棉布出口。不这样做就是傻瓜"。同时,他还考虑到在整个外贸进出口安排上,都应利用国内丰富劳动力,加工成品出口,如进口化肥和设备,增产粮食,再出口大米、肉类,"要长期搞,这样搞是合理的。我们有劳动力,可以为国家创造外汇收入"②。

在恢复建立国内出口生产基地、扩大出口贸易方面,按照周恩来制定的"外贸要立足于国内,要把生产、使用和科研结合起来,推动国内生产的发展"的方针,李先念等人积极恢复了"文化大革命"初期遭到严重破坏的出口生产工作。李先念在多次有关会议上指出:把出口工艺美术品说成是"为资产阶级服务",不生产,不采购,使出口额显著下降,这种状况必须迅速加以改变。在他和周恩来部署下,工艺美术品、农产品等出口生产基地得到了较快恢复。

在这一基础上,1975 年邓小平进一步提出了采取补偿贸易的"大政

---

① 《陈云文选》第三卷,人民出版社 1998 年版,第 211 页。
② 《陈云文选》第三卷,人民出版社 1998 年版,第 224 页。

策",如引进外国的技术设备开采煤矿,用煤炭偿付。好处一是增加出口,二是带动煤炭工业技术改造,三是容纳劳动力。针对"四人帮"通过制造所谓"风庆轮事件"施加的压力,邓小平在1975年整顿中又提出,要把"引进新技术、新设备,扩大进出口"列为加快工业发展的一项重要措施,"要争取多出口一些东西,换点高、精、尖的技术和设备回来,加速工业技术改造,提高劳动生产率"①。

在周恩来、李先念、陈云等人的领导和斗争下,经过两年多的努力,1973年到1974年,我国对外经济工作取得了开拓性的进展,出现了一个新的局面。1973年我国对外贸易总额达到109.76亿美元,1974年更达到145.7亿,是1970年的3.2倍。1973年全国出口总额达到58.2亿美元,是1970年22.6亿的2.58倍;1974年更达到69.5亿美元,是1970年的3.07倍。一方面,成套设备和先进技术的引进,促进了国内基础工业,尤其是冶金、化肥、石油化学工业的发展,为我国20世纪80年代经济建设的腾飞提供了必要的物质条件,1975年我国红麻、黄麻开始实现自给自足。另一方面,外贸出口创汇也得到迅速发展,有力地支持了国外成套设备的引进。1972年以来,我们每年都会建成几个大型水电站,组合机床取得显著成就,水田机械化取得新进展,高能加速器研制列入国家重点科研项目,一亿只广播喇叭连接千村万户,北京燕山石化炼油厂、湖北第二汽车制造厂、攀枝花钢铁基地、胜利油田、大连新港、津沪复线工程等一大批现代化大型工业项目和交通设施纷纷建成投产。

第六节　贸易发展评价

从1966年到1976年的10年中,中国对外贸易没有达到应有的发展

---

① 《邓小平文选》第二卷,人民出版社1994年10月第2版,第29页。

速度，这是"文化大革命"给国民经济造成的损失之一，但是我们不能以现在否定过去，还需要从中看到期间取得的成就。

一、贸易发展的成就

（一）总体上保持了国民经济的稳定发展，实现了对外贸易的快速发展

这 10 年中，虽然 1967 年、1968 年社会总产值出现下降，1976 年社会总产值增速也低于正常年份，但国民经济还是发展的，1976 年比 1966 年增长 77.4%，社会总产值增长速度年平均为 6.8%。

从"文化大革命"十年对外贸易发展总的情况看，1976 年进出口贸易总额为 134.33 亿美元，比 1966 年的 46.14 亿美元增加 1.9 倍，平均每年增长 11.25%。1967 年至 1969 年外贸虽然连续 3 年下降，1969 年进出口贸易总额为 40.29 亿美元，比 1966 年的 46.14 亿美元下降 12.7%。但 20 世纪 70 年代前期，随着对外关系出现突破，中国进出口贸易额迅速增长。

（二）扩大了对第二、第三世界的贸易，开创了对外贸易新局面

作为 20 世纪中期两个主要世界大国，美苏都曾在中国对外贸易中占据重要地位。例如美国在新中国成立之初的 1950 年曾经一度占据中国对外贸易的 21.4%，但抗美援朝战争爆发以来，美国对中国发动了长达 20 年的经济封锁，以致 1952～1971 年间中美几乎没有对外贸易往来。而受"冷战"格局影响，20 世纪 50 年代，苏联利用与中国形成的政治军事"同盟"关系，承担起了新中国经济建设的重要资金、技术提供者的角色，长期占有中国对外贸易的半壁江山，是新中国的最主要贸易伙伴，但随着 20 世纪 60 年代双边关系的恶化，这种一度异常紧密的经贸关系迅速松弛，1966 年苏联虽然还拥有中国对外贸易 6.6% 的份额，1970 年就降至 1% 多一点的水平。

在美苏联合经济封锁下，中国对外贸易虽一度接近停滞，但在 20 世纪 70 年代初，毛泽东、周恩来等领导人抓住中国恢复联合国合法席位以

及尼克松访华等有利时机，大力发展了对日本、欧洲等第二世界对外贸易
和亚非拉等第三世界对外贸易，截至 1973 年年底，同我国有贸易关系的
国家和地区增加到 150 多个，其中 50 多个国家同我国签订了贸易协议。
1966 年，与第二、第三世界贸易占我国进出口总额的 93.4%，1970 年这
一比重又提高到了近 99% 的水平，其中对除美国之外的西方发达国家年
贸易额从 19.2 亿美元增加到 22.3 亿美元，这些第二世界国家占中国外
贸总额比重从 41.5% 提高至 48.6%。随着中国对外经贸的活跃，美苏
两个大国也逐步开始改变对中国进行经济封锁的政策。1971~1974 年，
美苏合计对华贸易额从 1.5 亿美元增加到 7.8 亿美元，年均增长
73.2%，高于同期中国对外贸易 44.4% 的增速近 30 个百分点，这说明
到 20 世纪 70 年代中期，中国已经基本突破了美苏的经济封锁，开创了
对外贸易新局面。

（三）加快了技术引进步伐，技术创新能力有所提升

1973 年 1 月，根据周恩来指示，国家计委向国务院报送《关于增加
设备进口、扩大经济交流的请示报告》，提出从国外进口预计总价 43 亿美
元成套设备和单机的方案，即"四三方案"。从"四三方案"的实行，开
始逐步大规模引进国外先进技术。

在这十年中，我国建立了比较独立完整的科研体系和工业体系。最重
要的标志是 1966 年 12 月 23 日，我国在世界上第一次实现人工合成结晶
胰岛素，1967 年 6 月第一颗氢弹试验成功和 1970 年人造卫星发射回收的
成功。这标志着我国科学技术和工业发展的水平，已经不是一般水平，而
是跃升到世界先进水平。与此同时，中国的工业交通物质装备水平也有明
显发展。1966 年 5 月 3 日，我国第一批"红旗"高级轿车出厂，10 月 8
日，我国制成第一批 10 万千瓦水轮发电机组。1967 年 7 月 26 日，我国第
一台 100 吨矿山铁路自翻车研制成功；10 月 5 日，我国第一台晶体管大
型数字计算机研制成功；10 月 15 日，我国第一台自动化立体摄影机研制
成功，11 月 29 日，我国最大的无线电望远镜安装调试成功。1969 年 9 月
30 日我国第一台 12.5 万千瓦双水内冷气轮发电机组建成，标志我国电机

制造业进入一个新的阶段。1973年8月27日，我国第一台百万次集成电路电子计算机研制成功；9月3日，我国第一台天文测时、测纬光电等高仪研制成功。

（四）进行了大规模"三线建设"，生产力布局趋于合理，为以后的改革开放奠定了坚实的物质基础

原来"三线建设"的目标是两个，一个备战，一个生产力布局的平衡。备战是为了做到"有备无患"，实际上，更重要的是使生产力布局平衡。经过大规模的"三线建设"，基本实现了预定的目标，以能源交通为基础、国防科技工业为重点、原材料工业与加工工业相配套、科研与生产相结合的战略后方基地初步建成。国防科技工业从常规武器到战略武器的科研、生产、试验体系基本建成，生产能力约占全国的一半，总产值比1964年增长了3.29倍。与此同时，我国生产力布局不合理的状况有了较大改变，不仅在战略后方建立了比较强大的现代国防科技工业，而且改善了交通运输落后的状况，全国铁路网密度由1965年的每100平方公里0.38公里提高到0.48公里，铁路营业里程从1965年的36406公里增加到1976年的46262公里。特别是西南、西北地区的铁路长度的比重，由1965年的20.8%提高到24.5%，电气化铁路由94公里增加为745公里。成昆、贵昆、湘黔、焦枝、汉丹（汉口西至丹江口）、宁铜（南京至安徽铜陵）、杭长（康桥至长兴）、京原（北京至原平）、通让（通辽至让湖路）等铁路的修建，把中国铁路筑路技术提高到新水平。这些对于保障国家的安全，提高综合国力特别是促进中西部经济的开发、改善人民生活、推动我国社会主义现代化建设，打下了基础。

二、贸易发展的经验

为抓好"四三方案"，1973年国家计委在《关于增加设备进口、扩大经济交流的请示报告》中提出了进口设备时应采取的原则：（1）坚持独立自主、自力更生的方针；（2）学习与独创相结合；（3）有进有出，进出平衡；（4）新旧结合，节约外汇；（5）当前与长远兼顾；（6）进口设

备大部分放在沿海，小部分放在内地。这些原则不仅成为当时引进技术设备的指导方针，而且概括了当时我国发展对外贸易的经验，并具有如下优点：

（一）有利于集中调度资源，提高产品国际竞争力，扩大出口

例如针对国际大米价格上升，1973年6月18日中国增加出口100万吨大米换回小麦，保证了中国的粮食安全。又如石油工业，长期被世界界定为贫油国的中国，通过发动大庆油田会战、胜利油田会战，到1967年石油产品品种和数量自给自足，勘、采、炼技术登上世界高峰。原油产量1966年为1454.16万吨，1976年上升至8716万吨，10年间产量增长了5倍，累计出口2820万吨，创汇19.5亿美元。① "文化大革命"期间原油和油品生产的发展，不仅保证了国家的基本需要，而且为国家赚取了大量的珍贵外汇资源。

（二）有利于统一安排进口，保证国家重点建设需要

在"四三方案"推动下，1972年8月21日，中国从联邦德国、日本进口一米七轧机，极大地提高了我国钢铁工业装备水平。1974年5月31日，为保护国内资源，保证国内市场需要，国务院限定出口黄金，大量引进铜、铝、橡胶、涤纶等原料，保证了国家重点建设需要。

（三）有利于集中统一对外，捍卫国家的政治和经济独立

随着中苏关系不断恶化，苏联曾在20世纪50年代末60年代初，不顾中国"大跃进"失败的严重后果，落井下石，趁机逼债，将中国国民经济推入破产的边缘。为了吸取这个教训，中国政府在后来的对外往来中，一贯重视捍卫国家主权和经济独立，1969年2月21日《人民日报》宣布，截至1968年年底，我国国内公债已全部还清，我国已经成为世界唯一既没有内债又没有外债的强大的独立的社会主义国家。不仅如此，为了支持越南、朝鲜、阿尔巴尼亚等国抗美、抗苏斗争，中国人民还不吝一切，竭尽全力支援了这些国家对抗霸权的斗争，保证了这些国家的政治和

① BP, 2009, Statistical Review of World Energy, http://www.bp.com.

经济独立。例如，为了支持越南抗美战争，中国人民先后在1969年9月
26日、1971年9月27日、1972年11月26日和1974年10月26日，无偿
援助越南5.56亿元、36.14亿元、26.57亿元和11.17亿元物资，极大促
进了越南人民抗美战争的胜利。1970年中国外援金额70亿，是新中国成
立以来最多的一年。

三、贸易发展的教训

（一）垄断经营，产销脱节

国家通过外贸专业公司统一经营对外贸易，贸易渠道和经营方式单
一，阻断了各地方、各生产部门和企业与国际市场的联系，造成工贸隔
离、产销脱节。

（二）统负盈亏，缺乏利益激励机制

国家统包盈亏，年度外贸计划是外贸管理的核心，没有兼顾国家、企业、
个人三者的利益，不利于调动各方面的积极性，不利于提高经济效益。

（三）统得过死，管得过多

国家通过高度集中的指令性计划和行政干预，对企业施加了太多的限
制，造成政企职责不分，企业缺乏经营自主权，难以积极主动地参与国际竞争。

（四）没有抓住有利的机遇，大力发展开放型经济和对外贸易

如前所述，1966~1976年间，在全世界商品贸易进出口总额年均增速
高达16.9%的背景下，中国没有抓住第三次产业革命所带的机遇，大力发
展外向型经济，导致在这一期间，中国经济年均增速比世界平均增速慢了
0.6个百分点，中国对外贸易年均增速比世界平均增速慢了5.6个百分点，
以致中国在国际经济与世界贸易中地位明显下降。从1966年至1976年，
中国经济占世界经济比重从4.8%降至4.5%，其中受"文化大革命"严重冲
击的1968年还一度降低至4.2%的新中国成立以来次低水平[1]，同期中国

---

[1] 新中国成立以来最低水平出现在三年自然灾害期间的1961~1962年，当时这一比例曾经降至
4%，详见安嘎斯·麦迪森:《世界经济千年史》，北京大学出版社2004年版，第155页。

商品进出口总贸易额占世界货物进出口总额的比例从 1.2% 降至 0.7%，中国对外贸易依存度从 7.6% 微升到了 1976 年的 9.02%，远低于同期世界货物贸易依存度从 17.6% 提高至 30% 的速度和水平。

第四章

1976～1978年拨乱
反正时期

第一节　对外贸易背景

　　1976～1978 年间，中国正处于一个重要的历史转折期——中国对外
开放的酝酿和起步阶段。从国内来看，"四人帮"的粉碎和"文化大革
命"的结束，使全国人民精神振奋、万众一心，迫切希望早日实现祖国
的社会主义现代化建设。在这一过渡时期，国家面临着三条发展道路：一
条是"老路"，继续"以阶级斗争为纲"；一条是"邪路"，盲目照搬西方
资本主义制度；一条是"新路"，走一条既不同于苏联模式又坚持社会主
义方向的快速发展的中国道路。走"老路"只会使中国更加贫穷；走
"邪路"只会使中国陷入动乱的深渊；走"新路"虽然艰难，但是最有前
途。从国际上来看，从 20 世纪 60 年代中期开始，随着国际分工和专业化
协作的发展，世界市场急剧扩大，国际贸易和国际技术交流非常活跃，一
些实施以"出口导向"为主的经济发展战略的国家经济增长迅速，取得
了快速的发展。同时，1973～1975 年，资本主义世界爆发了严重的经济
危机，西方国家也迫切希望通过开辟世界市场以缓解和摆脱危机。

一、国际背景

（一）国际政治经济环境的变化为中国对外贸易的发展创造了
条件

1970 年以来，中国从国际紧张局势和国家安全利益出发，适时调整了
对外战略，对外关系出现了好转，面临的国际政治经济环境发生了很大的变
化。1971 年 10 月，联合国通过决议恢复中国在联合国的一切合法权利。
1972 年 2 月，中美发表《联合公报》，两国关系趋向好转；同年 5 月，中日实
现了邦交正常化。到 1978 年年底，中国已经同世界上 116 个国家建立了外
交关系。在此形势下，很多工业发达国家的政府和商人纷纷表示愿意同中
国发展贸易、扩大经济合作和技术交流。从 1972 年到 1977 年，中国同西方
十几个国家签订了包括化肥、化纤、石油、化工、轧钢、采煤、火电、机械制造等
方面的 222 个进口项目。[1] 国际政治经济环境的变化使得中国不再与西方
国家处于对立状态，创造了发展对外经济贸易关系前所未有的良好条件。

（二）国际经验的借鉴

第二次世界大战以后，一些采用市场经济体制和"出口导向"为主
的经济发展战略的国家，经济增长大多比较迅速，就业和技术进步状况较
好，经济上逐渐赶上或接近西方发达国家。其中最突出的例子就是日本，
由于采用了市场经济体制和"出口导向"为主的经济发展战略，日本的
对外贸易不断扩大，对劳动力的需求一直在增加，大约从 1960 年起在日
本历史上第一次出现了劳动力短缺的现象。在总结日本经济发展奇迹的经
验时，日本经济学家大来佐武郎写道："由于国内供应的农产品有限，也
由于对原材料需求愈来愈大而本国资源缺乏，日本严重依赖国外进口。战
后经济的迅速增长，仅仅是由于对外贸易的相应发展才得以实现。"[2] 出
口贸易的迅速发展才使日本有可能进口大量技术、原材料和其他商品，以

---

[1] 沈觉人等：《当代中国对外贸易》，当代中国出版社 1992 年版，第 37 页。
[2] ［日］大来佐武郎：《发展中经济类型的国家与日本》，中国对外翻译出版公司 1981 年版，
第 101 页。

满足由于更大的工业产量和人们更高的生活水平而导致的不断增长的需求。其他经济发展较快的国家和地区，例如韩国、新加坡、中国香港和中国台湾等，也都是采取市场经济体制和"出口导向"为主的经济发展战略，或开始实施计划经济体制和"进口替代"的经济发展战略，但后来很快转变为市场经济体制和"出口导向"为主的经济发展战略。相反，一些一直采取计划经济体制和"进口替代"经济发展战略的国家，例如苏联和东欧的一些国家等，都遇到了一些相似的困难和问题——对外贸易受到的限制过大，国防工业和重工业畸形发展，农业、轻工业跟不上，经济效益差，浪费严重，技术进步缓慢，人民生活水平提高缓慢。基于这些国际经验，中国不能不考虑实施"进口替代"的经济发展战略向"出口导向"的经济发展战略进行转变的问题。

（三）20 世纪 70 年代世界经济的发展需要国际经济交流

1. 世界性的经济危机对西方资本主义国家造成了严重的困扰，使他们面临着严峻的考验和挑战，他们希望通过开辟新的途径来缓解危机，渴望与世界上其他国家进行接触。1973 年 12 月，爆发了第二次世界大战后规模最大、影响程度最深的世界性经济危机。西方主要资本主义国家在经济危机中遭受了严重的打击，宣告了从 20 世纪 50 年代起将近 20 年资本主义大发展的"黄金时代"的结束，整个资本主义世界经济发展由迅速增长阶段转入缓慢发展时期。① 资本主义国家急于摆脱经济萧条的困扰，几千亿美元的游资也希望进入世界市场以获取利益。中国作为一个发展中大国，具有广阔的国内市场，自然是西方资本主义国家投资的目标市场。因此，西方国家纷纷表示出愿意同中国友好相处、加强合作的愿望。

2. 劳动和生产的国际化，使世界各国和地区的相互联系更加密切，各

---

① 在美国，经济危机从 1973 年 12 月持续到 1975 年 5 月，GNP 下降了 5.7%，工业生产下降了 15.1%，其中建筑、汽车、钢铁三大支柱产业受打击尤为严重；固定资产投资共缩减 23.6%，1975 年企业的设备投资比 1973 年下降 48%；失业率高达 9.1%。在日本，工矿业生产指数下降了 20.6%，1975 年倒闭企业超过 1.3 万家，刷新了历史纪录。英国和西德的工业生产分别下降 11% 和 10.9%。资料来源：李研：《对外开放的酝酿与起步（1976～1978）》，社会科学文献出版社 2008 年版，第 43 页。

国的经济活动日趋国际化。随着国际分工和生产专业化的日益发展，各国的经济技术和文化交流日益活跃，技术贸易和技术市场得到进一步开拓，跨国公司和国际经济一体化组织纷纷成立，资本国际化和生产国际化迅速发展，世界经济进入了一个以国际经济活动为舞台的发展阶段。世界各国（地区）的经济发展经验表明，任何国家不可能在封闭的、与世隔绝的状态下实现本国经济的繁荣与发展。这一时期，世界各国和地区都不同程度地实行了对外开放的政策，这为中国打开国门、走向世界创造了较好的国际背景。

二、国内背景

（一）经历了"文化大革命"之后，中国初步形成了安定团结的社会局面

这一时期，发展经济成了全党和全国人民的共同心愿，对外贸易也因此有了正常发展的国内环境。1966年5月至1976年10月的"文化大革命"使整个国家的经济和社会发展遭到新中国成立以来最严重的挫折，国民经济急剧滑坡，几乎面临崩溃的局面。[①] 粉碎"四人帮"以后，中国领导人意识到中国能不能发展的关键在于安定团结，安定团结是进行社会主义现代化建设的保证。在揭批"四人帮"的过程中，中共中央积极采取措施稳定社会局势，增强全国人民克服困难、扭转国民经济危机状况的信心。在对外贸易领域也深入揭批了"四人帮"的反革命罪行和极"左"路线，进行拨乱反正。在此基础上，对外贸易领域开始全面贯彻执行曾经受到"四人帮"干扰的各项对外贸易的基本方针和政策，并且冲破他们设置的禁区和条条框框，迅速恢复了正常的外贸经营管理制度和适应国际市场变化的各种灵活的贸易方式。同时，党中央要求尽快恢复生产和正常

[①] 1976年，工农业总产值比上年增长1.7%，大大低于7%~7.5%的计划增长速度，其中农业增长2.5%（计划要求增长4%），工业增长1.3%（计划要求增长8.2%~9%）；国家财政收入完成776.6亿元，比上年减收39亿元，财政支出806.2亿元，比上年减支14.7亿元。1974~1976年间同正常情况相比，工业总产值损失1000亿元，钢产量减少2800万吨，财政收入减少400亿元。资料来源：李研：《对外开放的酝酿与起步（1976~1978）》，社会科学文献出版社2008年版，第50~51页。

生活，希望通过学习西方先进的技术加快中国经济发展的步伐，在较短的时间内实现国民经济的快速发展。

（二）中国对自己过去发展经验和教训的总结

新中国成立以后，中国在各方面取得了很大的成绩，进行了大规模的经济建设，基本上建立起一个独立的、比较完整的国民经济体系，有了一定的重工业基础。但是，由于经济体制和经济发展战略等方面的问题，中国所取得的成就同中国人民所付出的劳动是不相称的。从经济体制方面看，中国的计划经济体制虽然为克服建国初期的经济困难起过很大作用，但是也给中国的工业化带来了一些根本性的重大问题。例如，由于市场机制被否定了，价格不反映供求关系，资金和生产要素无法合理流动，重工业的发展无法带动轻工业和农业等其他产业按比例地协调发展，产业结构无法适应消费结构，生产者利益关系紊乱，资源配置不断出现失误，不断需要大调整，造成巨大浪费。从经济发展战略方面看，中国优先发展重工业的"进口替代"发展战略虽然在建立工业体系的初步基础方面起过积极作用，但也带来了许多不良后果。一是经济效益差。以全国工业企业每百元资金实现的利税为例，1952 年为 25.4 元，1962 年降为 15.1 元，到 1978 年才恢复到 24.2 元。[①] 二是抑制了消费品工业的发展，各个产业之间比例关系失衡，人民生活水平长期没有大的改善。三是由于工农业劳动生产率都没有很大提高，也就没有促成实现工业化所必需的农业劳动力向其他行业的大规模转移。总结过去的经验和教训，加深了人们对经济发展战略转变和对外开放重要性的认识。

（三）通过真理标准大讨论，思想上获得了解放，外贸理论观点开始发生转变

1978 年 5 月开展的真理标准问题大讨论，启发了人们的思维，解除了人们在思想上的束缚，使中国人开始面对现实，在学习西方的问题上更加客观实际，中国的外贸理论观点开始发生转变。第一，由过去全盘否定

[①] 数据来源：《中国工业经济统计资料（1949—1984）》，中国统计出版社 1985 年版，第 425 页。

和批判国际贸易的比较优势理论，转变为认识到这一理论含有科学因素。第二，由过去认为由国家统制的单一国有制外贸体制是唯一可行的社会主义对外贸易体制，转变为认识到这种体制不利于企业追求经济效益和调动各方面的积极性，进而认识到应该进行外贸体制改革。第三，由过去认为一切出口都是为了进口，对外贸易必须为优先发展重工业的"进口替代"经济发展战略服务的观点，转变为认识到这种"进口替代"的内向型经济发展战略存在缺点和局限性。第四，由过去片面强调"自力更生"，把对外贸易归结为"调剂余缺"，转变为认识到国际分工是对外贸易更重要的基础，从而对对外贸易在国民经济中的地位和作用有了新的认识。第五，由过去主要从可能影响自力更生能力、增加在经济上对外国的依赖，可能增强资本主义势力，可能破坏计划经济、妨碍民族工业发展等方面论证利用外资的弊端，转变为从多方面分析利用外资的可取之处。这些转变使得中国对对外贸易的认识更深入更科学。

第二节　对外贸易状况

新中国成立以来，由于帝国主义对新中国实行经济封锁和贸易禁运的歧视政策，使中国同西方发达国家对外交往受到极大限制。因此，直到1978年党的十一届三中全会这段较长时间内，中国对外经济联系基本上处于封闭或半封闭状态。而从1966年到1976年这段时期里，由于林彪、"四人帮"的干扰和破坏，十多年来生产停滞不前，甚至倒退，使我国国民经济濒临崩溃的边缘，我国的对外贸易也受到很大的影响，经历了停滞下降—较快发展—趋向回落这样极不稳定的曲折过程。[1] 1976年，中国再度陷入混乱，国民经济再次受到挫折，正在迅速上升的对外贸易又开始回

---

① 沈觉人等：《当代中国对外贸易》，当代中国出版社1992年版，第37页。

落，这一年我国进出口总额比上年下降 8.9%，出口总额下降 5.6%，进口总额下降 12.1%。

粉碎"四人帮"以后，随着中国现代化建设步伐的加快，1976～1978 年这一时期作为一个特殊的历史转折时期，即中国对外开放的酝酿与起步阶段，中国以前所未有的姿态开展了国际经济交往活动，中国的对外贸易活动也开始进入了一个新的发展阶段。1977～1978 年期间，中国进出口贸易额快速增长，尤其是 1978 年被称做是"中国外贸活动的一个活跃的春天"，如表 4.1～4.3 所示。从统计数据来看，1977 年中国对外贸易扭转了 1976 年负增长的状况，进出口总额超过了新中国成立以来的最高水平，比 1976 年增长 10.2%，比 1950 年增长 1204.3%。1978 年，通过对发达国家的实际考察，结合发展经济的客观需要，中国加快了引进先进技术和设备的步伐，全年进口总额大幅增长，同时中国对外贸易提前一个月完成了全年各项计划，全年进出口总额同比增长 39.4%，比 1950 年增长 1718.3%。这两年的快速增长，带有恢复性质，但是 1978 年的超高速增长主要是由于进口激增 51%，是不正常的。

表4.1　1976～1978 年期间我国的进出口状况

单位：亿美元

年份	进出口		出口		进口	
	总额	增长（%）	总额	增长（%）	总额	增长（%）
1976	134.33	-8.9	68.55	-5.6	65.78	-12.1
1977	148.04	10.2	75.90	10.7	72.14	9.7
1978	206.38	39.4	97.45	28.4	108.93	51.0

资料来源：中国对外经济贸易年鉴编辑委员会：《中国对外经济贸易年鉴》，中国对外经济贸易出版社 1986 年版。

表4.2　1976～1978 年期间我国进出口总额指数（1950 年 = 100）

年份	进出口总额（%）	出口总额（%）	进口总额（%）
1976	1183.5	1241.8	1128.3

续表

年份	进出口总额（%）	出口总额（%）	进口总额（%）
1977	1304.3	1375.0	1237.4
1978	1818.3	1765.4	1868.4

资料来源：《中国对外经济贸易年鉴（1986）》，中国对外经济贸易出版社。

剔除国际市场物价上涨和汇率变动因素，1976～1978年间，我国出口贸易量比1970年分别增长63%、53.1%、82.2%，而进口贸易量则比1970年分别增长77.1%、93.1%、164.4%（见表4.3），特别是1978年由于急于求成导致盲目引进，进口大增，带来较大贸易逆差，出现所谓的"洋跃进"现象，加剧了国民经济的比例失调。[①]

表4.3　1976～1978年期间我国进出口贸易额、贸易量和价格指数

单位:%

年份	贸易额指数		贸易量指数		价格指数	
	出口	进口	出口	进口	出口	进口
1970	100.0	100.0	100.0	100.0	100.0	100.0
1976	303.3	282.8	163.0	177.1	186.0	159.7
1977	335.8	310.1	153.1	193.1	219.3	160.7
1978	431.2	468.3	182.2	264.4	236.7	177.1

资料来源：联合国贸易与发展委员会《国际贸易和发展统计手册》，联合国《统计月报》。

1977～1978年期间，中国对外贸易领域出现了前所未有的发展局面，扭转了"文化大革命"时期的下降趋势，这是不争的事实。但是也必须看到，这一时期中国的对外贸易还处于恢复和起步阶段。从1976～1978年，中国出口贸易额占世界出口总额的比重从1953年的1.23%下降到

---

① 由于这一时期的经济快速发展是建立在引进的基础上，人们称之为"洋跃进"或"洋冒进"，其表现是在对外开放方面引进规模庞大、速度太急，超出已有的外汇支付能力和配套能力。到1978年年底，中国的物资、信贷、财政和外汇支出均出现了较大的不平稳，给经济建设带来新的困难。

0.7%左右，在世界出口贸易中排名从 1953 年的第 17 位下降到第 30 位以后（见表 4.4），说明过去 20 多年中国出口贸易的发展速度低于世界出口贸易的平均发展速度。1978 年我国出口总额甚至尚不及日本该年汽车一项的出口额（1978 年日本汽车出口额达 156.3 亿美元）。1978 年，世界进出口总额已达 26573 亿美元，而我国进出口总额只有 206.4 亿美元，仅占世界进出口贸易总额的 0.78%。[①]

表 4.4　1976～1978 年期间我国出口总额占世界出口总额比重

年份	世界出口总额（亿美元）	中国出口总额（亿美元）	中国出口总额占世界出口总额的比重（%）	中国出口总额在世界出口中的位次
1976	9933	68.55	0.69	34
1977	11269	75.90	0.67	30
1978	12988	97.45	0.75	32

资料来源：《中国对外经济贸易年鉴（1986）》，中国对外经济贸易出版社。

第三节　对外贸易结构

一、产品结构

（一）出口商品结构

发展对外贸易，出口非常重要，它是增加外汇储备的重要途径和满足国民经济进口需要的基本保证。因此，中共中央非常重视出口贸易的发展，把组织工农业产品出口看做是发展对外贸易的重要任务。1976～1978 年间，中国政府按照客观经济规律的要求，在工农业生产发展的基础上，根据国民经济计划任务，适应并自觉地利用国际市场的特点，有计划、积

---

① 李康华、王寿椿：《中国社会主义初级阶段的对外贸易》，对外贸易教育出版社 1989 年版，第 18 页。

极主动地进行了对外出口工作。

出口商品结构反映出一国的经济发展水平和商品在国际市场上的竞争力。我国不同时期的出口商品结构变化基本上反映了不同时期的生产力发展水平和竞争力变化情况。新中国成立以来，我国出口商品构成发生了很大的变化——农副产品及其加工品出口所占比重从1953年的81.6%，到1978年下降为62.6%，工矿产品出口比重则从18.4%上升为37.4%。1976～1978年期间中国出口商品的构成按不同分类标准如表4.5、表4.6、表4.7所示。

表4.5　1976～1978年期间中国出口商品的构成（1）

单位：亿美元

年份	出口总额	农副产品		轻工业产品		重工业产品	
		金额	比重（%）	金额	比重（%）	金额	比重（%）
1976	68.55	19.46	28.4	30.45	44.4	18.64	27.2
1977	75.90	20.96	27.6	34.92	46.0	20.02	26.4
1978	97.45	26.91	27.6	45.69	46.9	24.85	25.5

资料来源：《中国对外经济贸易年鉴（1986）》，中国对外经济贸易出版社。

表4.5是我国出口商品按农副产品、轻工业产品和重工业产品的分类构成。可以看出，这一时期我国出口商品的结构正在逐步发生变化，如轻工业产品的出口比重有所上升，而农副产品和重工业产品的出口比重则略有下降。同时，除了传统轻工业产品外，我国已经能够出口部分化工产品、拖拉机等机械及运输设备，而这些商品以前是进口品。例如，1976～1978年，我国分别出口西药4861万、4844万、7370万美元，出口机床4366、4292、4805台，出口汽车706、2482、1004辆。① 因此，进口替代战略的实施使我国的出口商品结构有所优化，有利于我国建立比较完整的民族工业体系，提高了工业品的国产化程度。但是，由于进口替代战略并

_____

① 资料来源：《中国对外经济贸易年鉴（1986）》，中国对外经济贸易出版社，第430页。

不是按照比较优势为原则来发展对外贸易，而且高度集中的计划经济体制使外贸企业普遍缺乏竞争意识和效率观念，因此我国在这个时期的对外贸易没有发挥其优化资源配置的作用，也无法获取国际贸易的各种静态利益。当然，对外贸易的竞争效应、效率效应、技术进步效应和制度效应等各种动态利益更无从谈起。

表4.6　1976～1978年期间中国出口商品的构成（2）

单位：亿美元

年份	出口总额	农副产品		农副产品加工品		工矿产品	
		金额	比重（%）	金额	比重（%）	金额	比重（%）
1976	68.55	19.46	28.4	22.41	32.7	26.68	38.9
1977	75.90	20.96	27.6	25.74	33.9	29.20	38.5
1978	97.45	26.91	27.6	34.14	35.0	36.40	37.4

资料来源：《中国对外经济贸易年鉴（1986）》，中国对外经济贸易出版社。

表4.6是按农副产品、农副产品加工品和工矿产品分类的出口商品构成。表4.5和表4.6反映了我国重工业产品和工矿产品在出口商品结构中所占比重还相对较低，出口商品中以农副产品、农副产品加工品或农副产品、轻工业产品为主，所占比重分别为62%、73%左右。这说明这一时期我国的出口商品还是以资源性产品和传统劳动密集型产品为主，其国际竞争力较弱，也反映了我国是农业大国和生产力水平还相对比较落后的基本国情。

表4.7　1976～1978年期间中国出口商品的构成（3）

单位：亿美元

年份	出口总额	初级产品		工业制成品	
		金额	比重（%）	金额	比重（%）
1976	68.55	37.44	54.6	31.11	45.4
1977	75.90	40.65	53.6	35.25	46.4

续表

年份	出口总额	初级产品		工业制成品	
		金额	比重（%）	金额	比重（%）
1978	97.45	52.16	53.5	45.29	46.5

注：表中初级产品包括食品、饮料及烟草、非食用原料、矿物燃料、动植物油、脂
　　及腊；工业制成品包括重化工业产品和轻纺工业产品，其中重化工业品又包括
　　化学品及有关产品、按原料分类的制成品、机械及运输设备。
资料来源：《中国对外经济贸易年鉴（1986）》，中国对外经济贸易出版社。

　　表4.7是按《国际贸易标准分类》即划分为初级产品和工业制成品
的出口商品构成。可以看出，这一时期中国出口商品中初级产品所占比重
高于工业制成品，说明我国的经济发展水平还相对较低，出口商品还处于
比较落后的状态。不过，工业制成品的出口比重呈上升趋势，说明出口商
品结构有所改善。出口贸易额的增长和出口商品结构的变化反映了我国社
会主义建设取得了较大的进步。

　　另外，从出口商品的细分构成来看，初级产品以食品、非食用原料
和矿物燃料为主，这3年在初级产品出口中所占比重超过97%，而且各
自所占比重相对稳定，如表4.8所示。这一时期随着我国石油工业的发
展，石油出口迅速增长，成为出口的"拳头"产品。新中国成立以来，
随着国民经济逐步发展，工业生产部门得到迅速建立和逐步完善，我国
制成品的出口从无到有，发展较快。但是也应该看到，由于当时工业水
平相对比较落后，制成品的出口主要是纺织品，化工产品和机械设备的
出口比重很小，耐用消费品的出口基本上是空白，如表4.9所示。在当
时世界出口贸易额最大的100种商品中，我国还有40种商品是出口的
空白。[①]

---

① 李康华、王寿椿：《中国社会主义初级阶段的对外贸易》，对外贸易教育出版社1989年版，
　第19页。

表4.8　1976～1978 年期间中国出口商品中初级产品的构成

单位：亿美元

年份	食品		饮料及烟草		非食用原料		矿物燃料		动植物油、脂及腊		合计	
	金额	比重(%)	金额	比重(%)	金额	比重(%)	金额	比重(%)	金额	比重(%)	金额	比重(%)
1976	16.61	44.4	0.62	1.7	10.38	27.7	9.42	25.2	0.41	1.1	37.44	100
1977	17.97	44.2	0.71	1.7	10.88	26.8	10.68	26.3	0.41	1.0	40.65	100
1978	23.16	44.4	0.71	1.4	14.17	27.2	13.45	25.8	0.67	1.3	52.16	100

资料来源：《中国对外经济贸易年鉴（1986）》，经整理。

表4.9　1976～1978 年期间中国出口商品中工业制成品的构成（%）

年份	重化工业产品				轻纺工业产品
	化学品及有关产品	按原料分类的制成品	机械及运输设备	合计	
1976	6.4	12.0	7.7	26.0	74.0
1977	5.2	10.5	8.4	24.1	75.9
1978	5.2	9.8	7.3	22.3	77.7

资料来源：《中国对外经济贸易年鉴（1986）》，经整理。

（二）进口商品结构

进口贸易是我国社会主义对外贸易的组成部分，进口工作的主要任务是在党的领导下，坚决贯彻执行党的路线、方针、政策和对外贸易的各项具体政策、原则，按照国家计划及时从国外进口各种先进技术、设备和重要物资，为社会主义现代化建设服务，为外交政策服务，为战备服务。我国的进口贸易对促进社会主义现代化建设起着重要的作用。

进口商品结构不仅在某种程度上反映出一国的工业基础和生产状况，而且能反映出该国的市场需求特点和人们的生活水平。新中国成立以来，我国进口贸易迅速增长，进口商品结构不断改善。这与我国不同时期的经济发展、工业化进程、产业结构调整及经济发展战略有着密切的关系。

表 4.10　1976～1978 年期间中国进口商品的构成

单位：亿美元

年份	进口总额	生产资料		生活资料	
		金额	比重（%）	金额	比重（%）
1976	65.78	57.11	86.8	8.67	13.2
1977	72.14	54.92	76.1	17.22	23.9
1978	108.93	88.64	81.4	20.29	18.6

注：表中生产资料包括机械设备和生产原料，其中生产原料又包括工业原料和农业生产用物资。

资料来源：《中国对外经济贸易年鉴（1986）》，中国对外经济贸易出版社。

从 1976～1978 年期间中国进口商品的构成来看，生产资料的进口占据绝大部分比重，如表 4.10 所示。这一时期，我国主要进口工业制成品，特别是技术含量高的机械和运输设备等生产资料以及其他重要物质资料，例如钢材、化工原料、橡胶、机床、拖拉机、挖掘机、汽车、船舶、飞机、化肥、石油等。进口商品中生产资料的分类构成如表 4.11 所示。在进口的生产资料中，以机械设备和工业原料为主，所占比重在 90% 以上，而农业生产用物资所占比重不足 10%。主要原因是，我国经历了"文化大革命"的十年浩劫之后，社会生产受到严重破坏，国民经济各部门之间比例严重失调，生产力发展水平相对落后和人民生活水平较低。因此，我国急需引进各种生产资料，如机械设备和生产原料等，迅速恢复和发展国民经济，建立起相对完整的工业体系，发展社会生产力，加快社会主义现代化建设。

表 4.11　1976～1978 年期间中国进口商品中生产资料的构成

单位：亿美元

年份	机械设备		生产原料					
			工业原料		农业生产用物资		合计	
	金额	比重（%）	金额	比重（%）	金额	比重（%）	金额	比重（%）
1976	20.37	30.9	32.99	50.2	3.75	5.7	36.74	55.9

续表

年份	机械设备		生产原料					
			工业原料		农业生产用物资		合计	
	金额	比重 (%)	金额	比重 (%)	金额	比重 (%)	金额	比重 (%)
1977	12.77	17.7	37.23	51.6	4.92	6.8	42.15	58.4
1978	19.03	17.5	62.72	57.6	6.89	6.3	69.61	63.9

注：表中"比重"是指占该年进口总额的比重。
资料来源：《中国对外经济贸易年鉴（1986）》，中国对外经济贸易出版社。

　　同时，进口贸易除了优先进口生产资料外，根据国内需要也进口了相当数量的生活必需品，起到调剂国内市场供应的作用。如在粉碎"四人帮"后，针对"四人帮"破坏生产所造成的市场物资短缺以及为调换品种，有计划地进口了一些粮、糖、棉、油等物资；同时为满足人民文化生活的需要，在国内生产不足的情况下，还进口了一些电视机、录音机、手表等用品。通过进口一些生活资料，补充了国内市场，改善了人民生活。这种进口结构也充分体现了我国把进口贸易仅仅当做国民经济发展中调节余缺的一种手段，因而对外贸易基本上是发挥互通有无的作用。

二、地区结构

（一）对外贸易的市场结构

　　我国的进出口市场随着国内国际政治经济形势的变化而变化。1976～1978 年期间，随着林彪集团和"四人帮"的粉碎以及中国对外关系的改善，经济发展有了较好的国内外环境，中国对外贸易也迅速发展。根据统计资料，这一时期中国的贸易伙伴的整体分布较广，同世界上各大洲不同发展水平的 140 多个国家和地区都有经济贸易关系，如表4.12 所示。

表4.12　1976～1978年期间我国对外贸易伙伴的分布

单位：个

年份	亚洲	欧洲	美洲	非洲	大洋洲	合计
1976	33	31	26	44	8	142
1977	34	31	26	44	8	143
1978	34	31	26	44	8	143

资料来源：《中国对外经济贸易年鉴（1986）》，经整理。

但是，我国对外贸易的市场结构从洲际分布来看相对比较集中。在这三年中，亚洲和欧洲的市场份额占据绝对优势，进出口贸易总额合计占80%以上，出口贸易总额合计占88%左右，进口贸易总额合计占比略低，但也在72%～82%之间，如表4.13～4.15所示。这说明我国在这一时期的对外贸易受国内外形势的影响，区域性特征较强。随着中美关系的改善，中国与美洲的对外贸易额快速上升。

表4.13　1976～1978年期间我国与各大洲的进出口总额及占比

单位：亿美元

年份	美洲		大洋洲及太平洋岛屿		非洲		欧洲		亚洲	
	进出口总额	占比（%）	进出口总额	占比（%）	进出口总额	占比（%）	进出口总额	占比（%）	进出口总额	占比（%）
1976	9.74	7.3	4.84	3.6	5.58	4.2	44.72	33.6	69.40	52.1
1977	13.17	9.0	6.87	4.7	7.28	5.0	43.83	29.9	76.76	52.3
1978	23.96	11.7	9.36	4.6	7.65	3.7	63.60	31.1	101.44	49.6

资料来源：《中国对外经济贸易年鉴（1986）》，中国对外经济贸易出版社。

表4.14　1976～1978年期间我国与各大洲的出口总额及占比

单位：亿美元

年份	美洲		大洋洲及太平洋岛屿		非洲		欧洲		亚洲	
	出口总额	占比（%）	出口总额	占比（%）	出口总额	占比（%）	出口总额	占比（%）	出口总额	占比（%）
1976	3.31	4.8	1.05	1.5	3.65	5.3	16.76	24.5	43.72	63.8

续表

年份	美洲		大洋洲及太平洋岛屿		非洲		欧洲		亚洲	
	出口总额	占比（%）	出口总额	占比（%）	出口总额	占比（%）	出口总额	占比（%）	出口总额	占比（%）
1977	3.50	4.6	1.25	1.6	4.46	5.9	19.26	25.4	47.31	62.4
1978	4.98	5.1	1.43	1.5	4.73	4.9	25.97	26.7	59.96	61.8

资料来源：《中国对外经济贸易年鉴（1986）》，中国对外经济贸易出版社。

表4.15 1976～1978 年期间我国与各大洲的进口总额及占比

单位：亿美元

年份	美洲		大洋洲及太平洋岛屿		非洲		欧洲		亚洲	
	进口总额	占比（%）	进口总额	占比（%）	进口总额	占比（%）	进口总额	占比（%）	进口总额	占比（%）
1976	6.42	9.8	3.79	5.8	1.93	2.9	27.96	42.5	25.67	39.0
1977	9.67	13.4	5.62	7.8	2.82	3.9	24.58	34.1	29.45	40.8
1978	18.98	17.4	7.93	7.3	2.92	2.7	37.63	34.5	41.48	38.1

资料来源：《中国对外经济贸易年鉴（1986）》，中国对外经济贸易出版社。

从我国对外贸易按不同类型国家和地区的分组情况来看，工业发达国家所占比重较高，1978 年进出口贸易总额占 55.9%，而进口贸易则占 72.5%，如表4.16 所示。这是因为，为了建立完整的工业体系和促进社会主义现代化建设，我国进口的主要任务是引进发达国家的先进技术和设备。

表4.16 1978 年中国对外贸易按不同类型国家和地区分组情况

单位：亿美元

国别、地区	进出口		出口		进口	
	金额	比重（%）	金额	比重（%）	金额	比重（%）
发展中国家和地区	34.09	16.5	19.08	19.6	15.01	13.8
工业发达国家	115.45	55.9	36.44	37.4	79.01	72.5

续表

国别、地区	进出口		出口		进口	
	金额	比重(%)	金额	比重(%)	金额	比重(%)
中央计划经济国家	29.05	14.1	14.89	15.3	14.16	13.0
港澳地区	27.42	13.3	26.67	27.4	0.75	0.7
其他	0.37	0.2	0.37	0.7		
合计	206.38	100.0	97.45	100.0	108.93	100.0

资料来源：李康华、王寿椿：《中国社会主义初级阶段的对外贸易》，对外贸易教育出版社1989年版，第225页。

　　由于当时历史条件的限制，过分强调外贸是外交的一部分，强调外贸工作要遵循毛泽东的"三个世界"战略思想，因此在发展与世界各国的贸易关系时，区分了不同的对象，采取了不同的政策。[1] 毛泽东的"三个世界"划分的思想是当时制定对外贸易国别（地区）政策的理论依据，是处理不同国家和地区贸易关系的指导方针。从表4.17可看出，这一时期的外贸工作完全遵循了毛泽东的"三个世界"的战略思想。首先，中国非常注重与第三世界国家发展贸易关系，采取了平等互利、互通有无、必要时给予照顾的政策，发扬援助的精神，以取得在政治上的相互支持。其次，积极发展与第二世界的对外贸易关系，引进这些国家的先进技术和设备。最后，对于第一世界国家——美国和苏联，基于历史原因和国际形势，对外贸易以服从政治斗争、外交斗争的需要为出发点，中国政府采取了利用矛盾、区别对待的方针，因此对这两个国家对外贸易总额所占比重只有5%左右。这种以国家社会制度和政权性质为根据制定贸易政策的方

---

[1] 1974年2月22日，毛泽东在会见赞比亚总统卡翁达时，提出了划分三个世界的理论。他说，"我看美国、苏联是第一世界。中间派，日本、欧洲、澳大利亚、加拿大，是第二世界。咱们是第三世界。"他又说："美国、苏联原子弹多，也比较富。第二世界原子弹没有那么多，也没有那么富；但是比第三世界富。""第三世界人口很多。""亚洲除了日本，都是第三世界。整个非洲都是第三世界，拉丁美洲也是第三世界。"参见《关于三个世界划分问题》，《毛泽东外交文选》，中央文献出版社1994年版，第355页。

法，是具有特定历史原因的，在一定程度上不符合经济规律的要求。

表 4.17　中国对外贸易（进出口总额）的地区结构：
按"三个世界"的划分

单位:%

年份	第一世界			第二世界	第三世界
	苏联	美国	合计		
1976	3.1	2.4	5.4	58.9	35.6
1977	2.2	2.0	4.2	58.7	37.1
1978	2.1	4.8	6.9	59.5	33.6

注：这里"三个世界"是指前述毛泽东提出的"三个世界"。
资料来源：《中国对外经济贸易年鉴（1986）》，经整理。

（二）主要贸易伙伴

表 4.18 是 1976～1978 年我国对外贸易前二十位贸易对象。从表 4.18 可以看出，我国对外贸易前二十位贸易对象国既包括了"三个世界"的不同国家，也包括了不同社会制度的国家，而且与苏联和东欧社会主义国家的对外贸易占据了比较重要的地位。随着中苏关系的变化，中国把东欧一些国家与苏联相区别，积极与其发展经济贸易关系。20 世纪 70 年代后期，在东欧地区，罗马尼亚成为这一地区与中国关系最紧密的友好国家之一，经贸合作在这一时期也得到了快速的发展。同时，从表 4.18 中数据也可看出，这一时期我国最重要的贸易伙伴是日本和中国香港地区，我国对这两个市场的进出口总额远远超过其他市场，这说明我国对外贸易的市场结构比较集中。

表 4.18　1976～1978 年我国对外贸易前二十位贸易对象

单位：亿美元

名次	1976 年		1977 年		1978 年	
	国家（地区）	进出口总额	国家（地区）	进出口总额	国家（地区）	进出口总额
1	日本	30.40	日本	34.65	日本	48.24
2	中国香港	17.66	中国香港	20.49	中国香港	26.07

续表

名次	1976 年		1977 年		1978 年	
	国家（地区）	进出口总额	国家（地区）	进出口总额	国家（地区）	进出口总额
3	法国	6.06	澳大利亚	6.19	美国	9.92
4	澳大利亚	4.71	加拿大	5.41	澳大利亚	8.33
5	罗马尼亚	4.45	英国	5.30	罗马尼亚	7.65
6	英国	4.37	罗马尼亚	5.27	加拿大	6.69
7	苏联	4.15	朝鲜	3.74	英国	6.67
8	朝鲜	3.95	苏联	3.29	朝鲜	4.54
9	加拿大	3.45	美国	2.94	苏联	4.37
10	美国	3.17	新加坡	2.78	瑞士	4.03
11	意大利	2.88	瑞士	2.56	意大利	3.56
12	新加坡	2.54	德意志民主共和国	2.53	德意志民主共和国	3.15
13	德意志民主共和国	2.04	意大利	2.08	新加坡	2.94
14	瑞士	1.87	马来西亚	2.00	马来西亚	2.74
15	荷兰	1.43	捷克斯洛伐克	1.74	捷克斯洛伐克	2.28
16	越南	1.41	波兰	1.42	荷兰	2.18
17	伊拉克	1.39	法国	1.21	波兰	1.71
18	马来西亚	1.36	阿根廷	1.18	古巴	1.53
19	古巴	1.36	科威特	1.15	泰国	1.44
20	捷克斯洛伐克	1.35	古巴	1.13	菲律宾	1.43

资料来源：《中国对外经济贸易年鉴（1986）》，中国对外经济贸易出版社。

表 4.19 是 1976～1978 年间我国进口贸易和出口贸易的十大贸易伙伴。从表 4.19 可看出，我国对外贸易的市场集中度较高，其中出口贸易集中于中国香港与日本市场，这一时期对香港地区的出口贸易所占比重每年都保持在 25% 以上，而 1977～1978 年对日本出口贸易所占比重则从 1976 年的 1.8% 快速上升到 17.9% 和 17.6%，显著高于其他市场；进口贸易则主要集中于日本市场，这 3 年对日本的进口额占全部进口贸易总额的比重都在 28% 左右，也是远远高于其他市场。香港是中国的领土，在经济上同中国内

地一直有着千丝万缕的关系。同时，香港也是一个国际性城市，是世界著名的自由贸易港和重要转口港，世界各地的先进产品都汇集到这里，是中国与世界各国、各地区进行贸易往来的重要通道之一。因此，中共中央非常重视发展对香港的贸易活动，把香港作为中国对外贸易的出口和转口市场，并积极扩大对香港地区的进出口贸易，使得香港成为我最重要的贸易伙伴之一，经济技术合作关系日益密切。日本是中国一衣带水的近邻，是同中国历史关系最为悠久的国家之一，其工业发达，但是资源紧缺。1972年中日两国邦交正常化后，两国双边贸易获得全面快速的发展，日本成为中国最主要的进口市场和重要的出口市场之一，同时双边经济贸易合作的领域不断扩大。这一时期，中国向日本主要出口石油、煤炭和建设器材等物资，从日本进口钢铁、机械、化肥、化纤、农药等物资，对日贸易一直处于逆差状态。[1]

　　一般来说，较高的对外贸易市场集中度水平，会对国民经济发展的安全与稳定构成一定程度上的潜在风险。新中国成立以来国民经济发展的实践也充分证明这一点。

表4.19　1976～1978年我国对外贸易十大贸易伙伴

单位：亿美元

年份	出口总额	国家（地区）	出口额	占比（%）	进口总额	国家（地区）	进口额	占比（%）
1976	68.55	中国香港	17.37	25.3	65.78	日本	18.17	27.6
		英国	2.67	3.9		法国	4.77	7.3
		朝鲜	2.50	3.6		澳大利亚	3.42	5.2
		新加坡	1.99	2.9		罗马尼亚	2.56	3.9
		罗马尼亚	1.89	2.8		加拿大	2.56	3.9
		苏联	1.68	2.5		苏联	2.46	3.7
		美国	1.56	2.3		英国	1.70	2.6
		法国	1.29	1.9		意大利	1.67	2.5
		日本	1.22	1.8		美国	1.61	2.4
		意大利	1.20	1.8		朝鲜	1.45	2.2
		合计	33.38	48.7		合计	40.37	61.4

---

[1] 这一时期中国对日本出口的商品中，原油上升为第一位。

年份	出口总额	国家（地区）	出口额	占比（%）	进口总额	国家（地区）	进口额	占比（%）
1977	75.9	中国香港	19.13	25.2	72.14	日本	21.09	29.2
		日本	13.57	17.9		澳大利亚	5.18	7.2
		罗马尼亚	2.54	3.3		加拿大	4.61	6.4
		英国	2.51	3.3		英国	2.79	3.9
		朝鲜	2.27	3.0		法国	2.79	3.9
		新加坡	2.02	2.7		罗马尼亚	2.73	3.8
		美国	1.80	2.4		瑞士	1.71	2.4
		苏联	1.76	2.3		苏联	1.53	2.1
		法国	1.42	1.9		朝鲜	1.47	2.0
		德意志民主共和国	1.21	1.6		中国香港	1.36	1.9
		合计	48.23	63.5		合计	45.25	62.7
1978	97.45	中国香港	25.33	26.0	108.93	日本	31.05	28.5
		日本	17.19	17.6		美国	7.21	6.6
		罗马尼亚	3.96	4.1		澳大利亚	7.15	6.6
		英国	3.70	3.8		加拿大	5.74	5.3
		美国	2.71	2.8		罗马尼亚	3.69	3.4
		新加坡	2.48	2.5		瑞士	2.99	2.7
		朝鲜	2.31	2.4		英国	2.96	2.7
		苏联	2.30	2.4		法国	2.47	2.3
		法国	1.78	1.8		朝鲜	2.24	2.1
		意大利	1.65	1.7		苏联	2.07	1.9
		合计	63.41	65.1		合计	67.57	62.0

资料来源：《中国对外经济贸易年鉴（1986）》，经整理。

第四节　对外贸易的方式

一、主要贸易方式

由于不同时期各国经济发展水平不同，对外开放程度不一，以及所处的国际经济背景的差异，国与国之间商品贸易往来方式与途径会有很大差异。中国对外贸易的方式随着外贸体制和贸易对象的变化而发生变化。20
世纪 50 年代，中国与苏联、东欧等社会主义国家普遍采取记账贸易。20
世纪 60 年代以后，中国主要贸易对象逐渐转向西方发达国家，现汇贸易
方式越来越普遍。1966～1976 年期间，林彪、"四人帮"将我国在坚持原
则前提下的一些灵活贸易做法诬蔑为"丧权辱国"、"屁股坐在外国资本
家一边"，对中性包装、接受商标和定牌、来样加工等做法，强行规定一
律不准再做。

　　粉碎"四人帮"后，通过深入揭批其极"左"错误路线，分清是非，
拨乱反正，我国恢复了 1966 年以前采用过的一些贸易做法，如定牌、寄
售、展销、中性包装、进料加工、以进养出等，还积极地采用了国际贸易
中早已通行的来料加工、补偿贸易、延期付款、分期付款等方式，政府间
与非政府间的贷款也在积极酝酿。

　　对外贸易方式一般指一国或地区同别国或地区进行货物交易时所采用
的各种具体做法，包括一般贸易、加工贸易、易货贸易、补偿贸易等。[①]
从前述我国出口商品的结构来看，以资源性商品和劳动密集型商品为主，
因此，在这一时期一般贸易是我国出口贸易的主要方式，其他贸易方式所
占比重很小。中国对一些缺乏现汇支付能力的发展中国家的贸易，采用了
易货贸易的方式。对发展中国家的易货贸易是由双方政府签订的贸易协定
规定双方的贸易额，并附有进出口商品货单，对货单中的主要商品列明数
量或金额，由缔约国政府保证实现。易货贸易采用记账结算方式，在缔约
国双方国家银行中互设清算账户，对有关贸易条款及其从属费用采用记账
冲抵。这一时期我国还积极开展以进养出业务。以进养出的形式有：进料
加工，即进口全部原材料或主要原材料，加工成品出口；进口主件或配
件，加工装配产品出口；以国产原材料为主，进口辅助材料，加工成品出
口；进口饲料、肥料、种子、种畜等养殖、种植，农副土特产品出口；以
及用进口商品，调换国内农副土特产品出口。1977 年，以进养出的货源

---

① 这里对外贸易方式仅指对外货物贸易方式。

占外贸收购总额的 24.3%。① 通过以进养出业务，增加了大量的外汇收入，增加了劳动就业，发挥了生产设备潜力，缓和或解决了内外销在货源和材料分配上的矛盾，扩大了出口能力，提高了我国出口商品在国际市场上的竞争力。1978 年十一届三中全会以后，党中央、国务院在分析了国内和国际形势后，大力鼓励发展"两头在外"、"大进大出"的加工贸易，以充分发挥我国劳动力成本的比较优势。

由于我国进口贸易的发展战略是引进先进技术和关键设备，同时进口生产和建设所需的短缺物资和"以进养出"物资以及国内市场需要的物资，因此我国进口的商品主要包括成套设备和技术、机械仪器、五金矿产、化工、粮油食品等（如表 4.20 所示），分为生产资料和生活资料两大类，因而也是以一般贸易方式为主。

表4.20　中国对外贸易进口商品分类统计表（1976～1978 年）

单位：亿美元

年份	出口总额	成套设备和技术		机械仪器		五金矿产		化工	
		金额	比重(%)	金额	比重(%)	金额	比重(%)	金额	比重(%)
1976	65.78	11.23	17.1	9.21	14.0	20.8	31.6	9.84	15.0
1977	72.14	3.77	5.2	9.07	12.6	22.07	30.6	12.02	16.6
1978	108.93	4.69	4.3	14.48	13.3	40.27	37.0	15.95	14.6

年份	轻工		纺织品		粮油食品		土产畜产		工艺	
	金额	比重(%)	金额	比重(%)	金额	比重(%)	金额	比重(%)	金额	比重(%)
1976	1.43	2.2	5.48	8.3	6.59	10	1.21	1.8	—	—
1977	1.86	2.6	6.94	9.6	14.53	20.1	1.86	2.6	—	—
1978	2.98	2.7	11.38	10.4	16.79	15.4	2.20	2.1	0.19	0.2

资料来源：沈觉人：《当代中国对外贸易》，当代中国出版社 1992 年版，第 392 页。

---

① 李康华、王寿椿：《中国社会主义初级阶段的对外贸易》，对外贸易教育出版社 1989 年版，第 73 页。

二、内地对香港的转口贸易

中国内地与香港的经贸关系是中国对外经济贸易最重要的关系之一。1976～1978年间，内地与香港的对外贸易占香港对外贸易总额的比重居于第二位，内地对香港出口居香港进口总额的位次同样是第二位，显示内地是香港最大的商品供应市场之一。

内地与香港贸易和其他国别地区不同的是转口贸易占有很大比重，香港在历史上就是内地最重要的转口贸易港。香港地少人多，自然资源贫乏，进料加工和来料加工的工业发达，交通便捷，是世界最大的转口贸易据点之一。长期以来，内地利用香港转口与尚无外交关系的国家以及我国台湾地区开展贸易，同时还可避开巴黎统筹委员会的某些禁运限制，采购我国建设社会主义现代化所需要的紧缺器材和物资。

中华人民共和国成立之初，香港一度成为新中国与西方通商的唯一渠道，两地贸易出现"蜜月期"。粉碎"四人帮"后，内地对香港的转口贸易迅速发展。据香港政府统计，1978年内地经香港转口商品总额为36.6亿港元，比1970年增加5.3倍，占内地对香港出口额的34.7%。① 这期间内地经香港市场转销海外的主要商品有纺织原料及制品、服装、轻工产品和土特产品等，主要转销市场是印度尼西亚、美国、新加坡、日本等。从1971年到1983年，内地货物经香港转口额年平均增长速度高达31.06%。②

中国内地自香港地区的进口历来以转口为主。内地经香港地区转口购进的商品主要以纺织品及其制品和原料、半制成品等为大宗，主要来源地是日本、美国和联邦德国等。香港对内地的转口贸易发展也非常快，1980年为1959年的43.2倍。

内地通过香港的转口贸易在香港转口贸易中地位和作用日益重要。

---

① 沈觉人等：《当代中国对外贸易》，当代中国出版社1992年版，第473～474页。
② 李康华、王寿椿：《中国社会主义初级阶段的对外贸易》，对外贸易教育出版社1989年版，第152页。

1978 年，内地经香港转口贸易额占香港转口贸易总额的 27.7%。中国内地对香港市场转口贸易的发展，不但促进了香港地区对外贸易的发展和经济繁荣，而且为内地扩大出口和引进技术设备开辟了更多的渠道，发展了同许多国家和地区的贸易联系。1978 年内地实行改革开放政策，两地贸易终于排除了各种干扰，开始了真正的"蜜月期"，出现了高速发展的局面。

第五节　贸易制度框架与机构设置

在中华人民共和国成立以前一个多世纪的漫长岁月里，西方列强凭借武力从腐败昏庸的清王朝和国民党政府手中攫取了政治经济特权，在中国强行开辟商埠、设立租界，控制了中国海关的管理、关税的制定和主要经济命脉，操纵了中国的对外贸易，使中国对外贸易的进出口结构极不合理，进口以消费品、奢侈品为主，出口以农产品、矿产品为主，并存在着严重的不等价交换。1949 年，中华人民共和国政府成立后立即废除了西方列强在中国的一切特权，收回了外国人所控制的海关管理权和关税制定权，取消了西方国家在华对外贸易经营方面的各种特权及其对外汇、金融、航运、保险、商检、仲裁等方面的垄断权和控制权；没收了国民党政府遗留下来的官僚资本的全部外贸企业，使之变为国有的对外贸易企业；对于外国在华的外贸企业，仍允许在服从中国政府法令的条件下继续经营。但是，在美国和其他西方国家对中国实行外贸封锁和禁运后，在华外国企业大都申请歇业，或作价转让给了中国政府。同时，中国政府颁布了《对外贸易管理暂行条例》，采取了一系列的措施加强对外贸易管理，例如，实行保护关税制度、查禁走私、严格外汇管理、完善商品检验制度和对私营进出口商业进行登记管理等等。

新中国成立后，中国采取了对国内贸易与对外贸易进行统一管理的办法，内外贸易统一由对外贸易部领导，按经营的商品种类实行分工，分别成立外贸专业进出口公司，全部外贸企业在对外贸易部的直接领导下，实行单一指令性计划管理和统负盈亏，从而形成了由对外贸易部统一领导、统一管理、统一经营的高度集中的对外贸易体制。新中国成立后长期沿用的对外贸易体制主要包括外贸计划、财务、经营、定价、行政管理和外汇分配管理等方面。外贸计划管理体制包括外贸收购、调拨、出口、进口、外汇收支以及其他各项计划的编制、下达和执行。出口计划的编制实行外贸行政系统和专业公司系统双轨制，采取自上而下、自下而上的程序进行。进口计划以国家计委为主，外贸部门参与编制。在外贸财务体制方面，实行的是由中央财政统负进出口盈亏的中央财政包干制，各级外贸公司的赢利一律上缴中央财政，亏损亦由中央财政负担。外贸公司所需的流动资金由中央财政统一拨付。外汇则由国家集中管理，统一经营。外贸公司出口所创外汇一律上缴国家，国际结算、汇兑、外汇贷款、外汇买卖等一系列有关外汇的业务，均由国家指定的现金调度总机构——当时的中国人民银行集中代为办理，各部门、地区、企业和外贸公司进口所需外汇，由国家计委和财政部按进口用汇计划统一分配。

　　粉碎"四人帮"后，中央政府继续坚持对外贸易的统制政策和统一对外原则，并对国营外贸专业公司机构进行调整，以适应当时中国的经济体制和国内外形势的需要，同时发挥地方的积极性。1978 年年底，中国共设有国营外贸专业总公司 11 个，它们是中国机械进出口总公司、中国五金矿产进出口总公司、中国化工进出口总公司、中国技术进口总公司、中国粮油食品进出口总公司、中国纺织品进出口总公司、中国土产畜产进出口总公司、中国轻工业品进出口总公司、中国工艺品进出口总公司、中国仪器进出口总公司、中国对外贸易运输总公司。地方的分支公司也随之有所调整。据不完全统计，到 1978 年年底，全国共有外贸专业公司 130 多家。[1] 1978 年 12 月，对外贸易部和外交部联合向国务院提出请示，建

---

[1] 沈觉人等：《当代中国对外贸易》，当代中国出版社 1992 年版，第 94 页。

议在国外设立外贸公司代表机构以适应外贸大发展的新形势，加强在国外的出口推销力量，并不失时机地买进国内急需的物资，做好技术、设备引进工作，建议根据不同情况在国外设立不同的代表机构：（1）设立中国进出口公司代表处，加强出口推销工作；（2）设立中国技术进口公司代表处，负责引进项目的调研探询，组织执行引进项目的合同及接待管理为引进项目派出的考察、谈判、实习、监造、验收等人员；（3）派出常驻的外贸公司代表；（4）设立中国贸易中心或建立外贸仓库；（5）开设私人贸易公司。当时的国务院副总理李先念对此作了批示，邓小平副总理和国务院其他领导人也同意了这一请示。从此，中国外贸公司开始在世界各国设立分支机构，进入一个快速发展的新阶段。①

改革开放前我国的对外贸易体制是在特殊的历史条件下建立的，其最突出的特征是独立性和集权性。当时可以从事对外贸易活动的只有对外贸易部及其下属部门和单位。其中按照各大类商品分工经营的若干国有制外贸总公司由外贸部直接领导，各口岸和内地的分公司由有关的总公司和当地外贸局双重领导。而各省、市、自治区的外贸局则是受外贸部和省、市、自治区政府双重领导的。另外，能够从事对外贸易事务的还有中国各驻外商务机构（有商务参赞处和商务代表处两种形式）。它们既是中国驻各该国的大（公）使馆、代办处的组成部分，又是外贸部的代表机关，受外贸部和驻各该国大（公）使馆的双重领导。除了1978年国家在一些生产主管部门又设立了若干出口供应公司可以直接从事对外贸易活动以外，其他未经国家指定的有关部门或企业可以参加国家指定可以从事对外贸易活动的专业公司负责的对外技术性谈判，但一律不能直接单独从事对外贸易。

隶属于国家外贸部门的外贸专业公司，长期实行统购、包销的出口货

---

① 从中华人民共和国成立后至1978年的近30年时间里，中国除了在港澳地区开设贸易公司及在柏林设立中国进出口公司柏林代表处外，在境外基本上没有投资开设自己的贸易公司和常驻企业机构。当时，中国同世界各国的贸易联系，在国外主要是通过驻外领馆的商务机构办理。

源收购制和进口物资的代理调拨制。这种由外贸专业公司集中经营的方式适应当时中国的经济体制和国内外形势的需要，对发展进出口贸易、促进国内生产发展和保障国内市场供应起了重要的作用。但是，随着国民经济的发展和对外贸易关系的不断扩大，这种由国家少数外贸专业公司垄断经营的体制，在一定程度上束缚了部门和地方发展出口商品生产、提高出口产品质量、改进包装装潢、扩大出口的积极性。而且，还导致生产企业不了解国际市场需求，不关心外贸的经济效益，出口商品产销脱节的现象愈来愈突出，不利于借鉴和学习外国先进技术，也不利于国家对外贸易的持续发展。

第六节　对外贸易政策

由于国家之间实力的区别、体制政策的差异、发展水平及彼此利益的不同，在国际经济合作中充满了矛盾和竞争。因此，在发展同世界各国和地区贸易关系的过程中，必须认真研究中国与不同国家的经贸关系，正确制定和贯彻相应的国别（地区）政策，这对于保证我国对外贸易事业的健康发展和保证对外开放水平的不断提高，有着十分重要的作用。粉碎"四人帮"以前，中国对外贸易的发展受到主客观因素的严重影响，几经波折，发展缓慢甚至倒退。主观因素是受到"左"倾错误思想的干扰，在理论认识上存在着片面性，没有认识到社会主义国家发展对外贸易的重要意义，也没有认识到对外贸易在国民经济发展中的重要地位，反对参与国际分工，认为对外贸易仅仅是调剂余缺的一种手段，把对外贸易置于社会经济发展的辅助地位，从而使中国的对外贸易没有发挥其潜在的作用。客观因素是西方一些国家对中国实行封锁禁运、贸易歧视和敌视的政策。在封锁禁运的情况下，我国取得经济成就助长了关起门来搞建设的思想，从而把对外贸易置于可有可无的地位。粉碎"四人帮"以后，对外贸易领域在联系实际揭批"四人帮"的基础上，全面恢复和贯彻执行了新中国成立后毛泽东制定的对外贸易方针和政策，积极发展社会主义对外贸易。

一、继续执行毛泽东制定的对外贸易的基本方针和政策

从新中国成立以来一直到 1978 年间，中国实行的是国家管制的（权力高度集中于中央政府）、内向型的贸易保护政策。根据中共中央关于统制对外贸易的决策，1949 年 9 月通过的《中国人民政治协商会议共同纲领》规定：实行对外贸易的管制，并采用保护贸易政策。1958 年，党中央作出了《中共中央关于对外贸易必须统一对外的决定》和《中共中央关于贸易外汇体制的决定》，指出：对外贸易统制政策和统一对外的原则，是我国无产阶级专政在对外经济斗争中的体现。在建立集中统一的对外贸易管理机构体系的基础上，陆续颁布了一系列统制企事业对外贸易的法令和法规，并制定了有关的具体规定和实施办法。

（一）继续坚持国家统制的对外贸易政策，同时发挥地方的积极性

对外统制政策是新中国成立以来一直坚持的重要贸易政策。遵照统制对外贸易政策，对外贸易部门会同其他有关部门，采取商品分类管理、进出口许可证、外贸企业审批、外汇管制、出口限价、保护关税、货运监管、查禁走私、商品检验等行政管理措施，运用信贷、税收等经济手段，并逐步加强计划管理，把全国对外贸易经济活动置于国家集中领导、统一管理之下，以统一进行对外经济活动，维护国家独立自主，促进国民经济的恢复和发展，保证社会主义改造和社会主义建设的顺利进行。粉碎"四人帮"后，在对外贸易中，除了继续坚持国家统制政策和统一对外原则外，同时强调正确处理中央和地方的关系，继续坚持和发扬同地方商量办事的作风。

（二）继续贯彻平等互利、互通有无的基本原则，增进与世界经济贸易往来

中国的对外贸易是国民经济的一个组成部分，又是中国对外活动的一

个重要方面，这就决定了对外贸易必须服从国家的对外政策。1949 年 9 月通过的《中国人民政治协商会议共同纲领》规定：中华人民共和国可在平等互利的基础上，与各外国的政府和人民恢复并发展通商贸易关系。平等互利原则是中国共产党多年来对外关系的经验总结，反映了国际正常开展商品交换和经济技术交流的客观要求，在对外经济关系方面体现了社会主义中国独立自主的和平外交政策，是中国建立和发展对外贸易关系的基本原则。

中华人民共和国成立以来，一贯坚持按照平等互利原则开展对外贸易往来。中国对外贸易部门把平等互利原则具体贯彻在对外贸易的各个方面和各个环节，坚持国家不分大小、贫富、强弱，在贸易交往中一律平等，双方的权利和义务应体现对等的原则；进出口商品根据双方供应可能，互相适应对方需要，尊重对方的民族爱好和风俗习惯；按国际市场价格水平公平合理定价，以求互利；严格履行贸易协议和合同，重合同、守信用。平等互利原则的坚决贯彻，鲜明地体现了中国社会主义对外贸易的新风格，是中国贸易政策的一大特点。

（三）坚持独立自主、自力更生的方针，正确处理自力更生与发展对外贸易的关系

独立自主、自力更生是毛泽东一贯倡导的中国革命和建设的根本方针，也是中国对外贸易必须遵循的方针。要实现四个现代化，必须继续贯彻独立自主的方针，就是把立足点放在中国自己力量的基点上。但是，自力更生绝不意味着拒绝国际经济合作和技术交流，排斥外国一切好东西、好经验，闭关自守。因为世界上本来就没有一个国家能够生产自己所需要的一切东西，每个国家都有自己的长处和短处。因此，应该在自力更生的基础上，同世界各国发展通商贸易关系，进行国际交流、互相学习、取长补短、发展生产、繁荣经济。

同时，中国新建立起来的社会主义对外贸易是在自力更生为主的建设方针指导下开展出口和进口贸易工作的。在对外贸易工作中，贯彻自力更生为主的原则，主要依靠中国人民的努力，发挥本国的优势，优先发展出

口；在进口商品安排上，根据出口创汇的可能，积极进口国家需要的各种物资，但区别轻重缓急，贯彻"保证重点，补助一般"的原则，优先保证国家建设所必需的技术设备和重要物资的进口，以促进建立完整的工业体系，增强自力更生能力；与此相适应，在外贸计划和外汇安排方面，实行"以出定进，进出平衡，瞻前顾后，留有余地"的政策。

（四）对外贸易要立足于发展生产、为生产服务

1953年10月，中共中央在批准对外贸易部《关于对外贸易工作基本总结及今后工作指示》时指出，生产是贸易的基础，贸易为生产服务。贸易部门只有真正做到支援生产、组织生产、扩大生产，对外贸易工作才能越做越活，其物质基础才能越来越雄厚，活动的空间也才能越来越广阔。为了增加出口，保证进口，中共中央和中国政府十分强调对外贸易工作要认真贯彻执行"发展经济，保障供给"的方针，立足于生产，大力促进生产的发展。

（五）坚持"统筹兼顾、适当安排"的方针，处理好内外销的关系

外贸和内贸是流通领域两个紧密相关的组成部分，它们之间的关系是既统一又矛盾的辩证关系。为了在人口多、底子薄的情况下，既满足人民生活的基本需要，又保证社会主义建设的顺利进行，国家在处理国内市场供应与对外贸易出口的关系上，采取内外销统筹兼顾，适应安排的方针。在此基础上，逐步形成了处理内外销关系的三条原则：第一，有关国计民生的重要物资，限量出口；第二，国内市场和出口都需要而货源较紧张的商品，要积极发展生产，挤一部分出口；第三，国内市场可多可少的商品，基本上供应出口。在外贸工作中要增强全局的观点，了解国民经济的全面情况，搞好各方面的团结和协作，积极做好出口工作，同时关注国内市场，支援国内市场。

二、中国"对外贸易要有一个大的发展"

粉碎"四人帮"后，为了加快实现四个现代化，在恢复经济的基础

上，中央决定引进一些大型项目。而为了保证进口的顺利进行，必须相应地发展出口，多创外汇，增强中国的对外支付能力。

1978年2月，华国锋在第五届全国人民代表大会第一次会议上的政府工作报告中提出，中国的"对外贸易要有一个大的发展"。1978年12月4日《人民日报》第1版文章《对外贸易要有个大发展》写道，大力发展对外贸易，灵活运用国际上通常采用的一些做法，利用国外资金，引进先进技术，目的就是为了加快发展我国的经济建设事业。这是当前政治、经济形势发展的需要，是加速实现四个现代化的需要。

为了保证对外贸易有个大发展，中央提出以下要求。第一，一定要思想解放，思路开阔。第二，要在体制上、经营管理上进行改革。外贸体制要在统一政策、统一计划、统一对外的前提下，做到统而不死、活而不乱、工贸结合、产销见面，改变目前层次多、关卡多、扯皮多的状况，使管理体制适应外贸大发展的要求。第三，必须全国动手，全党齐心协力。各有关部门，各省、市、自治区要指定有业务知识的领导同志来专管外贸，做好宣传和发动工作，把外贸任务明确落实到各部门、各地区以至有关的企业。外贸、商业、供销、财政、银行和工业、交通、农林战线各行各业齐心合作，互相支持，共同为外贸工作作出贡献。

第七节 中外贸易团体活动频繁

一、中外贸易团体往来频繁

这一时期，为了早日改变中国经济的落后现状，中央提倡学习外国先进技术和经验，因此中国各个领域先后派出了许多代表团前往西方发达国家进行考察，并同世界各国扩大经济贸易联系。与此同时，世界各大洲的贸易团体也频繁访问中国。

一方面，中国加大了对外访问的力度。一是外贸部长亲自带队频繁出国访问。1977年12月，中国对外贸易部部长李强对英国、法国进行友好访问；1978年3月，李强部长对埃及、比利时和卢森堡和西德进行访问；1978年10月，李强部长应邀访问新西兰、澳大利亚等等。二是中国贸易团体纷纷出国访问。1977年9月，由中国国际贸易促进委员会主任王耀庭率领的代表团应美中贸易全国委员会的邀请到美国进行访问；1978年2月，以刘清为团长的中国进出口公司代表团访问了印度；1978年3月至4月，以上海市革命委员会副主任（前国家计划委员会副主任）林乎加为团长的中国经济代表团对日本进行了访问；1978年5月，以中国国际贸易促进委员会主任王耀庭为团长的中国贸易代表团对菲律宾进行了友好访问等等。据统计，从1976年7月1日到1978年6月30日，我国对外交往的总出访次数达907次，见表4.21。另据当时的国务院港澳办公室统计，仅从1978年1月至11月底，经香港出访和去港考察的人员就达529批，共3213人。①

表4.21　我国对外交往的总出访次数（1976年7月1日~1979年6月30日）

时间	总出访次数
1976年7月1日~1977年6月30日	331
1977年7月1日~1978年6月30日	576
1978年7月1日~1979年6月30日	462

资料来源：黄一兵：《出访活动与中国改革开放决策的酝酿和提出》，《邓小平与改革开放的起步》，中央党校出版社2005年版，第237页。

另一方面，外国贸易团体积极访华。1977年2月日中经济协会、1977年3月日本经济团体联合会、1978年2月日本国际贸易促进会、美国菲利普斯石油公司代表团、1977年10月斐济政府贸易代表团、1977年12月罗马尼亚政府贸易代表团和罗马尼亚政府经济技术代表团、1978年5月马达加斯加民主共和国政府经济贸易代表团、1978年6月泰国贸易代

---

① 曹普：《谷牧与1978~1988年的中国对外开放》，《百年潮》2001年第11期。

表团等先后访问了中国。

通过对西方发达国家的访问和考察，中国代表团发现了自己的差距，纠正了一些错误的认识，也获得了西方发达国家发展经济的一些经验和方法，同时增强了建设社会主义现代化的信心。而且，这些中外贸易团体之间的相互访问，还加深了中外之间的相互了解，促进了中外之间的贸易往来，进而加深了相互之间的政治关系，增进了彼此之间的友谊。

此外，为了更深入地了解外国和更积极地宣传中国，中国政府在这一时期开始组建并派出出国小组，对国外市场进行调研。出国小组是一个考察兼推销的组织，由业务人员和调研人员组成，其组建主要是根据业务的需要，因而业务人员占较大的比重。出国小组调查研究的重点是当地市场的需求情况和交易条件以及经济社会发展的一些基本情况，如该国或该地区的经济统计资料和市场环境等。

二、召开专题研讨会——中国对外贸易及经营管理座谈会

为了加强贸易经济联系和友好合作，尤其是为了满足第三世界国家要求了解中国对外贸易及经营管理情况的愿望，1978 年 10 月 16 日到 11 月 2 日，由中国对外贸易部和联合国贸易和发展会议共同在上海举办了"中国对外贸易及经营座谈会"。这是中国第一次举办这种类型的活动。中国外贸部副部长王润生、上海市革委会有关方面负责人、来自亚非拉发展中国家的贸易官员以及联合国贸易发展会议、国际贸易中心和亚洲太平洋经济社会委员会的代表共三十多人出席了开幕式。

座谈会期间，主要由中国方面有关人员分十个专题进行介绍。这十个专题是："中国对外贸易方针政策和计划"、"中国对外贸易组织与机构"、"中国外贸公司的经营方法和程序"、"中国对外贸易运输工作"、"中国商品检验工作"、"中国海关"、"中国银行与中国的国际结算工作"、"中国保险与对外贸易"、"中国国际贸易促进委员会的任务与活动"、"中国出口商品交易会"。所有这些报告，普遍受到与会各国代表的重视与欢迎。联合国贸发会议官员拉索德拉维格先生高度赞扬了这次会议，认为会议举

办得非常成功。与会代表认为，座谈会提供了关于中国对外贸易的理论知识，增进了中国与第三世界国家的相互了解和相互沟通，有利于巩固和发展中国与发展中国家之间的贸易来往和友好合作关系。

第八节　贸易发展评价

一、1976～1978 年拨乱反正时期中国对外贸易的成就与特点

（一）1976～1978 年拨乱反正时期中国对外贸易的成就

1977～1978 年，我国进行了拨乱反正，批判了"两个凡是"的错误思想，确立了解放思想、实事求是、团结一致向前看的指导方针，对外贸易快速增长，对外贸易的商品结构也有所改善，同时引进了大量的外国先进技术和设备，加快了中国的现代化建设速度。

1. 建立了独立自主的对外贸易经济管理体制和基本的对外贸易队伍

改革开放前，我国建立起了独立自主的对外贸易体制和比较完备的中央、地方各级外贸行政和企业组织体系；在国外使、领馆建立商务机构和驻港澳贸易机构，还在 50 多个国家设立了共 560 个公司代表处和境外贸易公司。外贸部门从出口商品生产、外贸仓储、运输、包装等各个环节，逐步建立起相当规模的基础设施，在国外广泛建立和发展了推销服务网络和销售渠道，不断完善计划、统计、财会、审计、调研等各项工作，建立起一支 50 多万人的素质较好的对外经贸队伍。

2. 对外贸易总额不断增长

进出口总额从 1950 年 11.35 亿美元增长到 1978 年的 206.38 亿美元，增长了 17.2 倍；其中出口贸易总额由 5.52 亿美元增长到 97.45 亿美元，增长了 16.7 倍；进口贸易总额由 1950 年的 5.83 亿美元增长到 1978 年的 108.93 亿美元，增长了 17.7 倍。

3. 进出口商品结构有所优化

到改革开放前夕，随着我国工农业的恢复、发展和工业化的进行，我国出口与进口贸易结构呈现优化趋势。一是出口商品中初级产品逐渐减少，工业制成品相应增加，轻纺产品和重工业产品在出口比重中加大。随着工业生产的发展，出口中农副产品的比重逐步下降，而轻纺产品的比重逐年上升，重工业产品在出口中的比重呈上升趋势。二是生产资料在进口中占主导地位，其中又以原材料和机器设备为主。1978 年，生产资料进口所占比重为 81.4%，在引进技术中，以成套设备进口为主，约占 80%。

4. 对外贸易伙伴不断增加

20 世纪 50 年代，我国进出口贸易的对象主要是苏联和东欧国家，对这些国家的出口贸易额分别占总额的 50% 和 16%，进口贸易额分别占进口贸易总额的 60% 和 17%。20 世纪 70 年代，随着我国对外关系得到改善，特别是同美国和日本的关系的改善，我国同发达资本主义国家和发展中国家广泛开展了对外贸易活动，对外贸易伙伴不断增加。到 1978 年，与我国建立贸易关系的国家或地区，已由新中国成立初期的 46 个扩大到 160 个，并与其中 80 个国家和欧洲经济共同体签订了政府间贸易协定或议定书。[①]

同时，这一时期内地与港澳的经济贸易关系不断密切，贸易额不断扩大。而且，随着 1971 年 10 月我国在联合国合法席位的恢复，我国对外贸易关系开始从国家向国际组织延伸，积极参加相关国际组织的各项活动。到 1978 年，我国参加了联合国贸易和发展会议、亚洲及太平洋经济社会委员会、国际贸易法委员会等联合机构和国际组织的活动，拓展了多边贸易关系。

（二）1976～1978 年拨乱反正时期中国出口贸易的特点

在这一时期中国的出口贸易呈现出如下特点：

第一，对外贸易方式更加灵活。20 世纪 70 年代末，中国对外贸易方

---

① 李康华、王寿椿：《中国社会主义初级阶段的对外贸易》，对外贸易教育出版社 1989 年版，第 17 页。

式更加灵活，一些国际贸易上的习惯做法已逐渐恢复，开展了补偿贸易、来料加工、延期付款、分期付款等方式。

第二，出口产品品种增多，出口结构也在逐渐发生变化。中国在出口中不再靠一种产品走向世界市场，而是产品品种多、有特点。除了产品品种多外，出口结构也在发生变化，即出口原料性商品和出口半成品、制成品并举；出口大宗商品和出口新、小商品并举；出口农副产品和出口工矿产品并举。这一时期，农副产品出口的比重在下降，原油、煤炭、纺织品等工矿产品的数量有较大幅度的增加。

第三，准确定位，推出有中国特点的出口产品。中国的工艺品，制作技艺精湛，品种丰富多彩，生产和出口具有悠久的历史，但远远没能发挥出它应有的潜力。工艺品生产投资少、收效快，有许多产品是手工制作或半手工生产的劳动密集型产品，中国有丰富的原材料和充足劳动力可以利用，发展生产和出口有很大的潜力。从国外市场情况来看，随着人们生产消费水平的提高和生活用品日益趋向工艺化，对工艺品的需求越来越大。许多国家和地区对中国工艺品有一定的需求，而中国出口工艺品有许多品种在世界工艺品市场销售总额中所占比重还很小。

第四，初步具有名牌意识，对出口商品开展"保名牌"、"创名牌"活动，发展一批骨干商品，使商品信用有所提高。

第五，建立和扩大生产基地和以出口商品为主的专业工厂。为了发展出口商品生产，增加出口货源，创办出口商品生产基地是一个重要途径。生产基地和专业工厂的建立和发展，有利于调动干部、群众搞好出口的积极性；有利于提高产品质量，发展花色品种，提高创汇能力；有利于改善经营管理，提高竞销能力；有利于老厂改造，提高生产技术水平。实践证明，大办出口商品生产基地是促进出口商品生产、增加出口货源和收取更多外汇的行之有效的措施。

第六，开始以销定产、尽量争取产销对路。过去，中国生产出口产品的办法是根据本国的原料来决定生产，大多是产什么卖什么，不了解国际市场行情，常常有些商品不适应客商需要而滞销。随着对外交往的发展，中国逐渐认识到出口产品应该尽量满足客商的要求，先签合同后安排生产，使产品适应海外市场的需求。贯彻以销定产的方针，不仅有助于尽快发展对外贸易，同时也有助于改变和防止少数干部不考虑国外市场和消费者需求而按"长官意志"办商业、办工业的思想和作风。

第七，注意搞好工贸结合，推动对外贸易的发展。在原有外贸体制下，工业部门是生产部门，负责产品生产，与商业流通没有关系，而对外推销则是外贸部门的工作，两者相互分割。这使得外贸机构不了解工业部门的生产条件，以致签订了合同不能如约履行；而工业部门又不了解出口的需要，生产的产品不符合市场需求，导致生产与销售完全脱节。在这一时期，一个比较大的变化是工业生产部门的代表直接参加对外贸易谈判，听取客商的意见和要求，从而避免了工贸脱节现象的发生。

（三）1976～1978 年拨乱反正时期中国对外贸易的作用

1976～1978 年期间的对外贸易对我国国民经济的发展和促进社会主义建设事业起到了多方面的积极作用。

第一，促进了工农业的恢复与发展。在对外贸易活动中，为了组织农副土特产品和畜产品的收购和出口，通过外贸部门帮助寻找生产门路，培育和发展优良品种，推广先进工具和生产方法，进行加工技术指导和经济扶持，有力地促进了农业经济的多元化经营和农业生产力水平的发展。同时，外贸出口也有力地促进了我国工业生产的发展。为了发展工业品出口，工业部门积极改革生产工艺、更新技术装备、提高产品质量、增加花色品种、研制新产品，从而不断提高生产技术水平。

第二，支持了社会主义工业化，增强了中国人民实现四个现代化的信心。通过引进大批成套设备和技术，迅速提高了技术水平和生产能力，促进了我国科学技术的进步，从而加快了我国的工业化和社会主义现代化建设的步伐，增强了我国人民实现四个现代化的信心。

第三，增加了财政收入，积累了社会主义建设的资金。通过外贸进出口，扩大了利税来源，增加了财政收入，成为我国经济建设资金积累的源泉之一。

第四，拓展和改善了对外关系。我国的对外贸易一贯坚持贯彻执行独立自主的和平外交政策，同外交工作密切配合，互相促进，为在和平共处五项原则的基础上发展对外关系而努力。我国曾经同许多国家在建交前先建立民间的、半官方的以及官方的贸易关系，即通常所说的"外贸先行"，为两国建立外交关系创造了有利条件。通过平等互利的贸易来往，增进了我国同各国人民和政府之间的了解和信任，加强了同各个国家和地区广大工商界人士的联系和合作，促进了对外关系的广泛发展。

此外，这一时期通过对国外的访问与考察，对世界形势有了比较客观的了解，从中外对比中看到了中国的差距，为今后的发展找到了方向。

二、1976～1978 年拨乱反正时期对外贸易发展中存在的问题

（一）总体竞争力偏弱，发展规模较小

1976～1978 年间，中国对外贸易领域出现了前所未有的发展局面，这是不争的事实，但是也必须看到，中国的对外贸易还处于恢复和起步阶段。在我国的出口商品结构中，初级产品所占比重超过工业制成品，而且出口的工业制成品相对低级，在国际分工中地位较低。① 1978 年，中国出口贸易额仅占世界的 0.75%，在世界出口贸易中的排名从 1953 年的第 17 位下降到第 32 位，低于韩国、新加坡、巴西、中国香港的出口额；对外贸易总额占世界贸易总量的比重仅为 0.78%，排名第 32 位，远远落后于美、英、日等发达国家。② 从我国外贸部门国内收购的出口商品总值在工农业总产值中的比重来看，1976 年和 1977 年分别仅为 3.9% 和 3.7%，不仅远远落后于经济发达的资本主义国家，而且也低于许多发展中国家和地区。③ 这同我们这样一个人口占世界 1/5、土地面积占世界 1/14 的国家的

---

① 所谓"低级"是指出口的产品基本上是劳动密集型，提供的产品附加值较低。

② 1978 年，美国、西德、日本、英国、苏联的出口贸易额分别占世界出口总额的 11%、11%、7.6%、5.6%、4.1%，甚至韩国和我国台湾等这样的地区也各占 1%。

③ 1976 年，一些主要国家和地区的出口在其工农业生产总值中所占比重，西德为 55.4%、日本为 30.4%、美国为 22.8%、苏联为 10.6%，而韩国和中国台湾则分别高达 55.1% 和 35.6%。

国际地位很不相称，更与这一时期世界经济和贸易发展存在很大差距，也说明过去20多年中国出口贸易的增长速度低于世界出口贸易的平均增长速度，见表4.22。20世纪50年代中期，中国在发展中国家是相当先进的，而20年后，中国不仅在经济技术上拉大了同世界先进水平的差距，而且比一些新兴的发展中国家也相对落后了。再从世界各国出口贸易占国民生产总值的比重来看，我国的也比较低，表明我国的出口贸易还是低水平的，这同加速实现四个现代化建设的形势很不相应。

表4.22　1976～1978年中国、亚洲和世界对外贸易的增长速度

单位:%

年份	世界			亚洲			中国		
	进出口总额	出口总额	进口总额	进出口总额	出口总额	进口总额	进出口总额	出口总额	进口总额
1976	12.80	13.11	12.50	15.92	22.50	9.99	-8.93	-5.63	-12.13
1977	13.92	13.71	14.13	15.29	17.97	12.60	10.21	10.72	9.67
1978	15.92	15.87	15.97	19.79	19.57	20.01	39.41	28.39	51.00
1950～1978年平均	11.51	11.50	11.53	11.64	11.53	11.76	10.91	10.80	11.02

资料来源：世界和亚洲的数据来源于国研网世界经济数据（原始数据来源：世界贸易组织（WTO）数据），中国的数据来源于《中国对外经济贸易年鉴（1986）》，经整理。

(二) 高度集中的对外贸易体制缺乏活力

1976～1978年，中国还是继续执行新中国成立以来的国家管制下的内向型保护贸易政策和高度集中、国家专营的外贸体制。我国这一时期以高度集中为特征的中国对外贸易体制，基本上是从国家当时实行的以产品经济和单一公有制为基础的集中计划经济体制中派生出来、与之相适应的体制，并且随着国内外形势的发展和变化以及各种客观因素的影响而逐步强化。这种外贸体制的特点是：高度集中、国家统制、国家专营、统负盈亏、政企合一。在外贸经营管理体制上是高度集中，以行政管理为主；在调节进出口贸易上主要靠计划、数量限制的直接干预，关税不起主要作

用；人民币汇率一直被高估；不参与世界性的经济贸易组织而进行双边贸易。实践表明，在当时的历史情况下，这种外贸体制有利于集中调度资源，扩大出口；有利于统一安排进口，保证重点建设；有利于统一对外，集单力为合力，化劣势为优势；有利于粉碎"封锁"、"禁运"，加强与社会主义国家的经济合作，配合外交工作，促进社会主义经济建设事业的发展。新中国的对外贸易在发展中能克服重重困难，不断取得巨大成就，同当时这种外贸体制所起的作用是分不开的。

当然，这种高度集中、国家专营的外贸体制，其弊端也是十分明显的。第一，独家经营不利于调动各方面的积极性。国家通过外贸专业公司统一经营，贸易渠道和经营形式单一，影响了各地、各部门发展对外贸易的主动性和积极性，造成工贸脱节、产销脱节，使生产企业不能面向国际市场和积极参与国际分工，不能生产适销对路的优质出口产品，难以提高对外竞争能力。第二，统得过死，不利于外贸企业发挥自主经营的活力。国家通过指令性计划以及行政包揽和干预，对企业限制过多、统得过死，忽视经济调节，造成政企职责不分，外贸企业经营自主权很小、效率不高，难以积极主动地参与国际市场竞争。第三，长期以来，外贸财务"吃大锅饭"，严重妨碍了外贸企业的发展。国家统负盈亏，不利于外贸企业走上自主经营、自负盈亏、自我发展、自我约束的企业发展道路，导致其国际竞争能力低下，也使外贸出口能力不能得到充分的发挥，导致进口需求过度的倾向长期得不到根本解决；而且没有兼顾国家、企业、个人三者的利益，造成企业吃国家的"大锅饭"，个人吃企业的"大锅饭"的局面，不利于调动各方面的积极性，也不利于加强经济核算和改善经营管理。

（三）这一时期的对外贸易工作出现了急于求成、盲目引进的现象，加剧了国民经济的比例失调，给国民经济造成了一定的损失

1977～1978 年，虽然揭批了"四人帮"，并重新动员全国人民为建设社会主义现代化强国而奋斗，但没有全面纠正"文化大革命"的错误，没有认真清理"左"的指导思想，没有重视解决"四人帮"干扰破坏所

造成的国民经济重大比例失调问题。特别是 1978 年，在经济工作中急于求成，出现了既走"大跃进"高指标、浮夸风的老路，又有盲目引进技术设备和大量借外债为新特点的"洋跃进"。1978 年开始进口宝钢、金山化纤、德兴铜矿基地、3 个石油化工基地、4 套化肥设备等大型重点项目，仓促上马，突击对外订货，一年成交金额达 78 亿美元，超过以前 28 年引进技术和成套设备用汇的总和，大大超过国内消化、配套和支付能力，造成很大的贸易逆差和订货部门大量拖欠货款，后来不得不推迟和撤销部分项目，造成较大的经济损失和对外不良影响，也加剧了国民经济的比例失调，使国民经济发展潜伏着严重危机。总体来看，改革开放前我国对外贸易的发展情况基本取决于我国的政治形势和国民经济的发展情况。

（四）对外贸易在国民经济中处于从属地位，对经济增长的总体贡献非常有限

新中国成立初期到 1978 年，我国计划经济体制和闭关自守的对外政策决定了我国对外贸易在国民经济中的从属地位，如表 4.23 所示。在各种主客观因素作用下，我国实行了高度集中的计划经济体制并在对外经济关系上强调自力更生。这就决定了我国对外贸易在经济中的地位仅仅是"互通有无，调剂余缺"。当然，这一思想的形成有其客观合理性，但同时是不全面的，具有很大的局限性。在外贸管理体制上，实行行政性计划体制，由国家实行高度集中管理、高度垄断经营，外贸价格实行国家统一定价。对外贸易本身市场化程度低，基本上不是按照比较优势来参与国际分工和国际交换。这样，对外贸易对经济增长的总体贡献非常有限。

表 4.23　1976～1978 年我国的对外贸易依存度

单位:%

年份	进出口总额/GDP	出口总额/GDP	进口总额/GDP
1976	8.97	4.58	4.39
1977	8.51	4.36	4.15
1978	9.81	4.63	5.18

资料来源：《新中国五十年统计资料汇编》1999 年，经整理。

　　此外，我国在对外贸易的经营过程中还存在一些具体的不足。首先，中国产品的质量还很粗糙，产品品种不适销，容易被其他国家抢占市场。以工业用盐为例，中国盐过去曾经在日本工业用盐进口中占很大的比重，后来由于杂质多，被质量较好的墨西哥、澳大利亚的同类产品抢去优势。其次，包装和装潢还存在问题。以电池为例，中国向加拿大出口的产品，由于没有吸塑包装，每对两角五分还卖不出去；而国外产品用吸塑分包，每对卖价一元，价格比中国产品高出 3 倍。

本章参考文献

1. 陈焰：《国际贸易与经济增长研究》，厦门大学博士学位论文，2007 年。

2. 傅自应：《中国对外贸易三十年》，中国财政经济出版社 2008 年版。

3. 李康华、王寿椿：《中国社会主义初级阶段的对外贸易》，对外贸易教育出版社 1989 年版。

4. 李研：《对外开放的酝酿与起步（1976～1978）》，社会科学文献出版社 2008 年版。

5. 沈觉人等：《当代中国对外贸易》，当代中国出版社 1992 年版。

6. 吕盛行：《贸易与增长——中国与印度的比较研究》，浙江大学博士学位论文，2005 年。

7. 俞品根：《新兴工业化国家和地区的对外贸易体制》，商务印书馆 1997 年版。

8.《中国对外经济贸易 50 年》编委会：《中国对外经济贸易 50 年》，当代世界出版社 1999 年版。

9. 张曙霄：《中国对外贸易结构论》，中国经济出版社 2003 年版。

第五章

1979～1984年改革开放之初时期

第一节　贸易背景

　　为适应国际经济关系发展的趋势和我国社会主义现代化建设的需要,党的十一届三中全会把改革开放作为长期基本国策,这是中国共产党对国际、国内政治经济形势作了深刻的分析和精确的估量之后,提出的加快社会主义现代化建设的战略决策,对中国对外贸易的发展产生了深远和现实的影响。

　　从国际形势来看,第二次世界大战以后,科学技术的迅猛发展,使许多发达国家显著地提高了社会生产力水平。尤其是 20 世纪六七十年代,第三次科技革命在世界范围内深入发展起来,原子能、电子计算机等新兴产业蓬勃发展。科技成果的广泛应用使社会物质生产部门面貌一新。迅速出现的新产品或新的生产部门,引起新的国际分工。这种国际分工的一个显著特点,就是发展快、变化大,这使国家之间的生产和消费更加具有世界性,也使生产国际化的趋势更进一步加强了。这就客观上需要各国之间发展经济技术合作与交流,发展平等互利的经济关系。同时,随着科学技术进步和社会分工的发展,一些具有某种先进技术或产品生产条件的国家和地区，迅速发展强大起来；而一些不具备这些条件的国家和地区，却被远远地抛在后边。这种优劣形势的变化，无疑是发展一定技术或产品的有利机会，及时发现并正确利用这种机会，就可事半功倍，卓有成效地促进自己民族经济的发展；反之，就会扩大同发达国家之间经济技术的差距。这就是说，随着科技进步和社会生产力的发展，无论哪一个国家，如果要获得经济技术的迅速发展、不被历史所淘汰，就必须自觉地、主动地适应社会生产力和技术进步的客观要求，搞改革开放，奋起直追。这就是中国改革开放政策提出的国际背景。同时，帝国主义国家为了寻找国外市场，已放弃了20世纪50年代那种对我国实行封锁和禁运的政策，积极争取同我国发展经贸关系，也为我国实行对外经济开放政策，提供了有利的国际环境。

从国内形势来说，新中国成立后，经过社会主义改造和社会主义建设，社会主义制度已经建立和巩固，具有一定技术水平和部门比较齐全的国民经济体系已经形成。我们掌握了国民经济发展的重要部门，掌握了国民经济命脉，不仅能够独立自主、自力更生地发展国民经济，而且也具备了消化外国资金、技术和科学管理经验的能力，从而能够真正做到以彼之长，补我之短。但是，在"文化大革命"的十几年间，中国经济却处于一种封闭或半封闭状态。当中国人民打倒"四人帮"，重新睁眼看世界的时候，却发现自己远远落在世界先进水平的后面，中国与发达国家之间的差距又拉大了。概括来说，我国还缺乏资金、技术和科学的经营管理经验。我国地大物博，资源丰富，但要开发出来需要大量的资金和先进技术。我国劳动资源丰富，但需要相应的资金和技术才能发挥作用。我国已经建成了几十万个工矿交电企业，这是我们的立足点，我们前进的基础，但要使这些企业在技术和经营管理上现代化，则不仅需要相当的资金和技术，还需要管理社会化经济的科学经验，需要具备各种现代化技能和知识的人才等等。这一切都迫切要求我们实行对外开放政策，通过对外经济联系、合作、技术交流，利用外资、引进技术，借鉴外国科学的经营管理经验，来改革和发展我国的经济，加速社会主义现代化建设的进程。这就是我国提出对外开放政策的国内背景。

从中国共产党内部情况看，新中国成立后，也曾经有过实行经济开放的考虑，如刘少奇不仅主张吸收苏联等社会主义国家的技术，也主张吸收资本主义国家的技术，而且还提出要与外国合办合资公司。1950 年 1 月 2 日，他致电正在苏联的毛泽东，提议在新疆设立开发金属、石油的中苏合资股份公司。他说："这种事业可能不只在新疆，不只和苏联和各新民主主义国家，在中国其他地方，也可能合办这种工厂和企业，甚至帝国主义国家内的团体和资本家也可能要求来办这种工厂和企业。"① 但受当时主客观条件的限制，"左"的思潮逐渐占据上风，成为中国经济对外封闭的主观原因。在对外经济关系方面的主要表现，就是片面强调自力更生，把自力更生与自给自足混同起来，把对外经济贸易关系长期局限于"外贸"和"外援"的狭隘范围之内，使经济建设错过几次好机会。再就是林彪、江青反革命集团，严重歪曲自力更生的方针，搞得什么都是"崇洋媚外"、"卖国主义"，把我们同世界隔绝了。闭关自守的对外经济政策，使我们走入孤立主义的深渊。"闭关自守"的历史表明，"关起门来搞建设是不能成功的，中国的发展离不开世界"。中国需要解放思想，实事求是，根据国内外的具体条件，开拓具有中国特色的社会主义建设道路，制定新的对外开放的经济贸易方针政策。于是，邓小平排除"左"的思想干扰，毅然提出了对外开放的战略决策。

对外经济开放政策的确立与扩大。党的十一届三中全会完全通过了邓小平的提议，制定了"在自力更生的基础上积极发展同世界各国平等互利的经济合作，努力采用世界先进技术和先进设备"的方针。1980 年 6 月 5 日，邓小平在接见美国和加拿大社论撰稿人访华团时，向外界宣布中国要实行对外开放政策。他说："我们在国际上实行开放的政策，加强国际往来，特别注意吸收发达国家的经验、技术，包括吸收外国资金，来帮助我们发展。"这标志着中国对外经济关系已由封闭或半封闭状态走向对

---

① 《刘少奇论新中国经济建设》，中央文献出版社 1993 年版，第 150 页。

外开放了。1982年9月，邓小平在党的十二大开幕词中重申："我们坚定不移地实行对外开放政策，在平等互利的基础上积极扩大对外技术交流。"1982年12月通过的新宪法规定："中国坚持平等互利的原则，发展同世界各国的经济文化交流。允许外国企业和其他经济组织或个人依照中华人民共和国法律的规定在中国投资，同中国的企业或者其他经济组织进行各种形式的经济合作。"这就以法律形式确定了对外开放是中国加速社会主义现代化建设的基本国策。1984年10月，邓小平在会见参加中外经济合作问题讨论会的全体中外代表时又指出："对内经济搞活、对外经济开放，这不是短期的政策，至少五十年到七十年不变。……即使是变，也只能变得更加开放。否则，我们自己的人民也不会同意。"

对外开放对国际贸易的要求。实行对外经济开放，则要求通过对外贸易深入国际经济技术的发展过程，为利用国内国外两种市场、两种资源不断开创新的局面。利用国际分工发挥自己的某些经济技术优势，同时，又要及时发现并获得国外经济技术发展的新成果，以加速国内现代化建设的进程。为此，就要求：一是国内的生产和流通，要适应世界市场的变化，发展一批专门为世界市场而生产的企业、产品生产部门或生产基地。在深入世界市场的过程中，身临其境地考察国外有关的经济技术动态和市场变化。二是把对外贸易获得的经济技术动态的信息，提供给其他有关部门，使我们能够从世界经济技术发展的动向和趋势中，经过比较、鉴别，发现我们的长处和短处，以便"取人之长，补己之短"，同时，把这些信息同引进技术和利用外资结合起来，也为引进和利用提供了便利。三是通过深入国际市场，获得其他国家某些现代科学技术进步的信息，并及时促进国内有关的企业或部门，采用相应的新技术、新工艺，生产新产品、新材料等等，提高国内经济技术和产品质量，在国际市场发挥自己的优势。这就说明，实行开放政策的对外贸易，虽有专门为世界市场而生产的企业、部门或生产基地，但绝不是像殖民地那样，成为帝国主义国家的原料产地，而是我们进入世界市场，积累资金，获得技术信息的重要途径。我们的进口，也不单纯是为帝国主义"开放"某些商品市场，而是为了获得四化建设所需的技术设备或某些产品。一切都是为了提高我国的科学技术和生产力水平，为了提高我国的综合国力和改善人民的生活水平。①

第二节　贸易状况

一、总体状况

改革开放政策确立以后，中国在拓展外交关系的同时积极发展对外贸易。中央政府对外贸管理体制进行了初步改革，各级政府努力发展出口、积极组织进口，与改革开放前相比地方贸易自主权获得扩大、出口创汇得到鼓励和扶持，这些措施使我国的进出口贸易额有了较大的发展。这一时期，尽管六年中有四年逆差，两年顺差，但中国对外贸易的发展步伐是逐步加快的，贸易总额不断增加。

表 5.1　1979～1984 年中国与世界进出口总额及相应比重

单位：亿美元

年份	进出口		
	世界	中国	比重（%）
1979	33530	293.3	0.87
1980	41090	381.4	0.93
1981	40760	440.3	1.08
1982	38240	416.1	1.09
1983	37360	436.2	1.17
1984	39700	535.5	1.35

资料来源：世界贸易组织（WTO）数据，国研网整理。

---

① 董长芝等：《中华开放强国策》，大连海运学院出版社 1992 年版，第 291～296 页。

从 1979 年至 1981 年，中国货物贸易三年均为逆差，逆差额分别为 20.1 亿美元、19 亿美元、0.1 亿美元；从 1982 年开始，中国货物贸易转为顺差，1982 年至 1983 年内，顺差额分别为 30.3 亿美元、8.4 亿美元；1984 年再次转为逆差，该年逆差为 12.7 亿美元。这表明，在改革开放初期，中国商品出口赚取外汇能力并不强，加之国内大规模经济建设需要相当的进口物资，因此，这一时期中国多数年份货物贸易为逆差。但总的看来，货物贸易基本上是平衡的。

表 5.2　1979～1984 年中国进出口总额与 GDP 及相应比重

单位：亿美元

年份	GDP	进出口总额	依存度（％）	出口	依存度（％）	进口	依存度（％）
1979	1755.74	293.3	16.71	136.6	7.78	156.7	8.93
1980	1882.42	381.4	20.26	181.2	9.63	200.2	10.64
1981	1929.52	440.3	22.82	220.1	11.41	220.2	11.41
1982	2020.88	416.1	20.59	223.2	11.04	192.9	9.55
1983	2273.75	436.2	19.18	222.3	9.78	213.9	9.41
1984	2561.07	535.5	20.91	261.4	10.21	274.1	10.7

资料来源：中国 GDP 数据来自《新中国五十年统计资料汇编》，中国统计出版社 1999 年版。中国贸易额、世界贸易额数据来自世界贸易组织（WTO）数据，国研网整理。

这一时期，中国与世界的贸易往来不断加强，中国进出口占世界进出口的比重连年上升。从 1979 年至 1984 年，世界贸易额分别为 33530 亿美元、41090 亿美元、40760 亿美元、38240 亿美元、37360 亿美元、39700 亿美元，中国贸易额分别为 293.3 亿美元、381.4 亿美元、440.3 亿美元、416.1 亿美元、436.2 亿美元、535.5 亿美元；中国与世界贸易额之比分别为 0.87％、0.93％、1.08％、1.09％、1.17％、1.35％。

这一时期，中国进、出口依存度均值分别为 10.11％、9.98％，两者相当；对外贸易依存度的平均值为 20.08％，且多数年份保持在这一水平。这表明对外贸易在国民经济中的地位是稳定的。从 1979 年至 1984

年，中国进出口总额分别为 293.3 亿美元、381.4 亿美元、440.3 亿美元、416.1 亿美元、436.2 亿美元、535.5 亿美元，对外贸易依存度分别为 16.71%、20.26%、22.82%、20.59%、19.18%、20.91%。

表 5.3　1979～1984 年中国 GDP、中国贸易与世界贸易增长率

单位:%

年份	GDP	进出口		出口	进口
	中国	世界	中国	中国	中国
1979	19.18	25.82	42.1	40.1	43.89
1980	7.22	22.55	30.04	32.65	27.76
1981	2.5	−0.8	15.44	21.47	9.99
1982	4.73	−6.18	−5.5	1.41	−12.4
1983	12.51	−2.3	4.83	−0.4	10.89
1984	12.64	6.26	22.76	17.59	28.14

资料来源：中国 GDP 数据来自《新中国五十年统计资料汇编》，中国统计出版社 1999 年版。中国贸易额、世界贸易额数据来自世界贸易组织（WTO）数据，国研网整理。

这一时期，除 1982 年、1983 年两年外，中国货物贸易增长率均远大于中国 GDP 的增长率，表明对外开放政策的作用是明显的。例如，1979 年中国 GDP、进出口增长率分别为 19.18%、42.1%，进出口增长率比 GDP 增长率高 22.92%；1980 年中国 GDP、进出口增长率为 7.22%、30.04%，进出口增长率比 GDP 增长率高 22.82%；1984 年中国 GDP、进出口增长率为 12.64%、22.76%，进出口增长率比 GDP 增长率高 10.12%。

改革开放使中国更广泛地融入世界经济，对外贸易发展步伐加快。该阶段内，中国货物贸易增长率每年均大于世界货物贸易增长率。例如 1979 年，世界进出口增长率为 25.82%，中国进出口增长率为 42.1%；1980 年，世界进出口增长率为 22.55%，中国进出口增长率为 30.04%；1982 年，世界进出口增长率为 −6.18%，中国进出口增长率为 −5.5%；

1984 年，世界进出口增长率为 6.26%，中国进出口增长率为 22.76%。

表 5.4　1979~1981 年中国前二十位贸易伙伴及占当年中国进出口额比重

单位：亿美元

位次	1979			1980			1981		
	国家或地区	进出口额	比重（%）	国家或地区	进出口额	比重（%）	国家或地区	进出口额	比重（%）
1	日本	67.08	22.87	日本	92.01	24.12	日本	99.78	22.66
2	中国香港	35.43	12.08	中国香港	49.23	12.91	中国香港	61.93	14.06
3	美国	24.52	8.36	美国	48.11	12.61	美国	58.88	13.37
4	德意志联邦共和国	21.99	7.5	德意志联邦共和国	20.43	5.36	德意志联邦共和国	23.25	5.28
5	澳大利亚	11.41	3.89	澳大利亚	12.87	3.37	加拿大	12.25	2.78
6	罗马尼亚	10.94	3.73	英国	11.04	2.89	英国	10.17	2.31
7	英国	9.8	3.34	罗马尼亚	10.38	2.72	澳大利亚	9.01	2.05
8	加拿大	7.68	2.62	加拿大	9.54	2.5	罗马尼亚	7.93	1.8
9	朝鲜	6.47	2.21	朝鲜	6.78	1.78	法国	7.06	1.6
10	法国	6.4	2.18	法国	6.55	1.72	意大利	5.96	1.35
11	意大利	6.12	2.08	新加坡	6.11	1.6	新加坡	5.69	1.29
12	苏联	4.93	1.68	意大利	6	1.57	巴基斯坦	5.07	1.15
13	新加坡	4.01	1.37	苏联	4.92	1.29	朝鲜	4.8	1.09
14	德意志民主共和国	3.95	1.35	泰国	4.51	1.18	巴西	4.11	0.93
15	瑞士	3.77	1.29	瑞士	4.41	1.16	瑞士	3.98	0.9
16	马来西亚	3.61	1.23	德意志民主共和国	4.29	1.12	泰国	3.8	0.86
17	荷兰	3.37	1.15	马来西亚	4.24	1.11	埃及	3.44	0.78
18	波兰	3.09	1.05	荷兰	3.54	0.93	菲律宾	3.29	0.75
19	泰国	2.95	1.01	波兰	3.31	0.87	古巴	3.26	0.74
20	阿根廷	2.87	0.98	菲律宾	3.28	0.86	荷兰	3.13	0.71

资料来源：《中国对外经济贸易年鉴（1984）》，中国对外经济贸易出版社。

表5.5 1982～1984年中国前二十位贸易伙伴及占当年中国进出口额比重

单位：亿美元

位次	1982			1983			1984		
	国家或地区	进出口额	比重（%）	国家或地区	进出口额	比重（%）	国家或地区	进出口额	比重（%）
1	日本	87.61	21.05	日本	90.77	20.81	日本	139.84	26.11
2	中国香港	60.84	14.62	中国香港	66.94	15.35	中国香港	98.78	18.45
3	美国	53.36	12.82	美国	40.24	9.22	美国	64.87	12.11
4	德意志联邦共和国	18.87	4.53	德意志联邦共和国	21.47	4.92	德意志联邦共和国	21.24	3.97
5	加拿大	12.42	2.99	加拿大	15.27	3.5	新加坡	14.55	2.72
6	澳大利亚	11.22	2.7	英国	15.21	3.49	加拿大	13.74	2.57
7	英国	9.12	2.19	新加坡	8.25	1.89	约旦	13.35	2.49
8	新加坡	7.97	1.91	法国	7.85	1.8	苏联	13.27	2.48
9	罗马尼亚	6.98	1.68	澳大利亚	7.6	1.74	澳大利亚	11.75	2.19
10	法国	6.04	1.45	罗马尼亚	6.95	1.59	英国	8.75	1.63
11	朝鲜	5.45	1.31	苏联	6.74	1.54	巴西	8.47	1.58
12	意大利	5.15	1.24	瑞士	6.44	1.48	意大利	7.84	1.46
13	泰国	4.69	1.13	阿根廷	6.42	1.47	罗马尼亚	7.66	1.43
14	巴西	4.55	1.09	巴西	5.71	1.31	法国	6.14	1.15
15	古巴	4.23	1.02	意大利	5.51	1.26	朝鲜	5.24	0.98
16	瑞士	4.19	1.01	朝鲜	4.93	1.13	荷兰	5.05	0.94
17	埃及	3.25	0.78	马来西亚	3.47	0.8	泰国	4.49	0.84
18	巴基斯坦	3.14	0.75	巴基斯坦	3.47	0.79	马来西亚	4.13	0.77
19	马来西亚	3.07	0.74	古巴	3.01	0.69	叙利亚	3.69	0.69
20	中国澳门	2.77	0.66	中国澳门	2.9	0.66	比利时	3.6	0.67

资料来源：1982、1983年数据来自《中国对外经济贸易年鉴（1984）》，中国对外经济贸易出版社。1984年数据来自《中国统计年鉴（1985）》，中国统计出版社1985年版。

这一时期，中国与发达国家和地区的贸易额始终居于主导地位，因为中国需要从这些国家与地区获得大量经济建设所需物资，又需要这些国家与地区作为主要的出口市场。

从 1979 年至 1984 年,日本、中国香港、美国、德意志联邦共和国与中国的进出口贸易额一直稳居前 4 位,而且始终为日本排名第一、中国香港排名第二、美国排名第三、德意志联邦共和国排名第四。这一时期中的每一年,上述四国和地区与中国的贸易额占当年中国贸易总额的比重始终大于 50%。

1979 年,上述四个国家和地区与中国的贸易额占当年中国贸易总额的比重为 50.81%。其中,中国与日本、中国香港、美国、德意志联邦共和国的贸易总额分别为 67.08 亿美元、35.43 亿美元、24.52 亿美元、21.99 亿美元,占当年全国进出口比重分别为 22.87%、12.08%、8.36%、7.5%。

1984 年,上述四个国家和地区与中国的贸易额占当年中国贸易总额的比重更高达 60.64%。其中,中国与日本、中国香港、美国、德意志联邦共和国的贸易总额分别为 139.84 亿美元、98.78 亿美元、64.87 亿美元、21.24 亿美元,占当年全国进出口比重分别为 26.11%、18.45%、12.11%、3.97%。相对于 1979 年,中国与上述四个国家和地区的贸易总额分别增长了 1.08 倍、1.79 倍、1.6 倍、-0.03 倍,其中中国与中国香港和美国的贸易额增长幅度最大,中国与德意志联邦共和国的贸易额微弱减小。

从 1979 年至 1984 年,澳大利亚、加拿大、新加坡、英国、罗马尼亚与中国贸易额排名紧随上述四个国家与地区。这一时期,除上述国家以外,中国前二十名贸易国家和地区还有:阿根廷、埃及、中国澳门、巴基斯坦、巴西、比利时、波兰、朝鲜、德意志民主共和国、法国、菲律宾、古巴、荷兰、马来西亚、瑞士、苏联、泰国、叙利亚、意大利、约旦等。

二、主要贸易伙伴

(一) 日本

进入 20 世纪 80 年代以后,日本开始推行从经济大国到政治大国转变的外交战略,对华经贸政策的政治色彩变浓,开始出现经济政治化的倾向。在日本采取的积极对华政策和美国的支持下,中日贸易关系得到了快速发展。

这一时期,中日贸易发展迅速。1979 年 3 月,日中双方同意将《日中长期贸易协议书》有效期限延长五年，即从1983年至1990年，将双方的出口额扩大到200亿至300亿美元。1980年1月，北京市友谊商业服务公司和东京丸一商事建立了最早的一家合营贸易企业京和股份有限公司，生产北京烤鸭供应东京。生产企业方面，日方历来都是与韩国、中国台湾进行委托加工贸易的，但因这些地区劳动工资不断升高，日方已失去了兴趣，逐渐将目光转向中国。这一时期，中国与日本在洗衣机、无线电产品、照相机、手表、机床、纺织品等方面的委托加工贸易取得了较大进展。

这一时期，中日贸易的一大特点是，除1982年中国顺差9.6亿美元外，其余年份里，中国均为贸易逆差。1979年，中国逆差11.79亿美元；1980年，逆差11.36亿美元；1981年，逆差7.83亿美元；1983年，逆差1.63亿美元；1984年，逆差33.31亿美元。造成中日贸易长期不平衡的原因是多方面的。从进出口商品结构来看，中国商品以初级产品为主，附加价值低，在初级产品国际价格疲软时，中国出口额就受到影响。日本商品则以工业制品为主，附加价值高、国际竞争力强。此外，在中国扩大建设规模、实行经济体制改革并下放权力的过程中，中国外贸部门就近向日本购买所需器材，具有较为便利的条件。

日本向中国的出口商品一直以工业制品为主，从日本1983、1984年的通关统计来看，机械类所占比重增大，两年来各为28.4%、41.6%；钢铁数量增加，但比重下降，各为45.8%、38%；化工原料、化纤、化肥等为16%、14%；其他是纸张等。钢铁在这两年从700万吨增至800万吨，中国成为日本钢铁的最大买主。在机械类商品中，汽车、家用电器曾一度大量增加，化肥也是日本向中国出口的主要商品。

（二）中国香港

改革开放以前，中国内地同香港地区经济贸易关系的发展，经过一段曲折的历程，但总的趋势是不断发展的。在20世纪50年代初至1978年这一时期，中国内地同香港地区的经济贸易关系有3个特点：经济联系以贸易为主；在贸易中，以内地对香港地区的出口为主；在出口中，又以供应副食品和生产原料为主。

1984年中英政府关于香港问题联合声明正式签署，解决了香港的历史遗留问题，"一国两制"的方针使香港前途明朗，把内地与香港地区经济贸易关系的发展推进到新的历史时期，并显示出以下主要特点：一方面，内地对香港地区的进出口贸易额迅速增长，并且过去以内地出口为主转变为双方进出口共同发展。另一方面，香港的转口作用得到空前发挥，并已成为沟通中国大陆与台湾地区的重要桥梁。

在改革开放的形势下，中国内地对香港地区的贸易有了蓬勃的发展，出口迅速增加。内地对香港出口在1982年后，连续6年在香港进口中居首位。中国内地对香港的出口，不仅在内地出口贸易中居于首要地位，而且在香港进口来源中也重新名列榜首。据统计，自1982年起，内地对香港出口开始超过日本，结束了14年位居日本之后的历史，重新成为香港进口的第一大来源地。改革开放以来，内地对香港市场出口的商品品种不断增加。结构也有明显的变化，由以农副土特产品为主转变为以轻纺工业产品为主。自改革开放以来，内地对各种技术、设备和消费品的进口需求增加，而香港地区同内地贸易关系密切，运输、通讯发达，不仅香港厂商通过各种渠道，为中国引进技术穿针引线，积极拓展内地市场，而且世界各地厂商也积极利用香港地区作为扩大对内地出口的重要转口基地。内地从香港地区进口商品主要以纺织品及其制成品和其他原料和半制成品为大宗，其次是机器和通讯设备等。

（三）美国

中美两国国情差异很大，处于不同的发展阶段，中国是世界上最大的发展中国家，美国则是最大的发达国家，两国在资源条件、经济结构、产业结构及消费水平方面存在着较大的差异，所以在出口商品方面存在非常强的互补和互惠的特点，使两国能够较充分地发挥各自出口商品方面的比较优势，以彼所长弥己所短。

1979年1月1日，中国政府和美国政府正式建交，并签订了中美科技合作协定；1979年，在中美建交当年签署的《中美贸易关系协定》明确规定相互给予最惠国待遇。据此，中方一直给予美方无条件、无歧视的最惠国待遇，但受其国内法限制，美方需由总统每年确认及国会审议。1980年9月中美联合经济委员会成立，双方签署了民航协定、海运协定、纺织品协定和领事条约，还签署了政府间粮食协议以及关于投资保险和保证协议。1984年1月，又签署了中美技术合作协议，还签了延长中美科学和技术合作协议。中国对美国出口的主要商品是：纺织品、服装、鞋类、土特产品、畜产品、玩具、工艺品、家电、轻工日用品、小水电设备；汽车零件、飞机零件、电子元件等。中国从美国进口的主要产品是：农产品和原料性货物、粮食、棉花、木材、纸浆、化纤、化肥、水果，也有一些技术设备，如石油勘探设备、化肥设备、精密数据机床、大型电子计算机、通讯卫星地面站等，其中有些技术比较先进，对促进中国科技进步、增强中国自力更生能力有一定的作用。

（四）德意志联邦共和国

1972年10月11日中国同联邦德国建立外交关系后，联邦德国经济界对开拓中国市场寄予很大期望。中国实行对外开放政策，促进了两国经济贸易关系的进一步发展。1979年10月24日，两国外长黄华和汉斯·迪特利希·根舍，分别代表本国政府签订了经济合作协定，并于1980年8月在北京召开了第一次混合委员会。接着，两国政府间又于1982年10月签订了技术合作协定，1983年10月签订了投资保护协定，中国对联邦德国出口的商品主要是：棉花、纺织品（棉布、棉织品、绸缎）和服装，食品（蔬菜罐头、蜂蜜、干菜）和饲料，土畜产品（鬃毛、肠衣、兔毛、羽绒、革皮、裘皮），工艺品（抽纱、地毯、草编制品），轻工业品（鞋类、劳保手套和玩具），医药原料以及五金工具等；从联邦德国进口的传统商品主要是：钢材、化肥、化工原料、汽车及其零件、各种机械设备。20世纪80年代以来，中国对联邦德国增加了煤炭、电视机和船舶等出口，增加了家用电器、农产品、种畜和二手设备（如摩托车、照相机和电冰箱生产线和设备）等进口。①

①　编委会：《当代中国对外贸易》（上），当代中国出版社1992年版，第392、437页。

第三节　贸易结构

改革开放促进了中国国民经济结构的调整，以农矿业为主的第一产业的增长速度逐年下降，以制造业为主体的第二产业的增长速度强劲提高，第三产业平稳发展。与此相关，三大产业的经济规模也出现相应变化。大规模的基础产业和基础设施建设缓解了产业瓶颈制约，制造业成为中国经济增长的主动力，推动了产业结构的升级，而产业结构的升级引致了中国贸易结构的变化。此外，中国贸易的变化是积极参与国际竞争和国际循环的结果。长期以来，中国贸易结构不合理的一个重要原因是没有把国民经济发展纳入到世界经济发展的总体格局中，根据国内外市场的需求变化组织生产和调整产业结构。对外开放使中国的经济发展逐步融入世界经济的总体格局中，充分发挥了中国劳动力的比较优势和已有工业基础的潜力，在积极参与国际竞争的基础上，促进了中国贸易结构的改善。

一、产品结构

这一时期，大力发展劳动密集型产业使中国原有的工业基础和劳动力资源的比较优势较快地转化为出口优势，中国出口商品从资源密集型为主向劳动密集型为主转变的趋势已经出现。这一点可从纺织品与五金矿产的净出口额对比中清晰地体现出来。从 1979 年至 1984 年，中国纺织品历年净出口分别为 16.1 亿美元、51.9 亿美元、-0.28 亿美元、15.8 亿美元、30.3 亿美元、35.3 亿美元，除 1981 年出现了微弱逆差外，六年内五年为顺差；中国五金矿产历年净出口分别为 -39.6 亿美元、-21.75 亿美元、-4.35 亿美元、-13.4 亿美元、-43.26 亿美元、-49.87 亿美元，六年内俱为逆差。

（一）进口结构

改革开放政策确立后，为了利用现成的科技成果装备传统产业，较快地扩大产业的生产规模,同时为了与廉价的劳动力相结合,形成新的出口产业,在这一时期内中国进口的显著特点是工业制成品的进口始终占据主导地位。

表5.6 1979~1984 年进口商品构成（SITC）

单位：亿美元

	进口额	初级产品		I		II		III		IV		V	
		进口	比重(%)	进口	比重(%)	进口	比重(%)	进口	比重(%)	进口	比重(%)	进口	比重(%)
1979	157	44.2	28.2	22.6	14.5	0.22	0.14	18.5	11.8	0.99	0.63	1.88	1.2
1980	200	69.6	34.8	29.3	14.6	0.36	0.18	35.5	17.8	2.03	1.01	2.39	1.19
1981	220	80.4	36.5	36.2	16.5	2.13	0.97	40.3	18.3	0.83	0.38	0.99	0.45
1982	193	76.3	39.6	42	21.8	1.3	0.67	30.1	15.6	1.83	0.95	1.08	0.56
1983	214	58.1	27.2	31.2	14.6	0.46	0.22	24.6	11.5	1.11	0.52	0.7	0.33
1984	274	52.1	19	23.3	8.5	1.16	0.42	25.4	9.27	1.39	0.51	0.8	0.29

	进口额	工业制成品		VI		VII		VIII		IX		X	
		进口	比重(%)	进口	比重(%)	进口	比重(%)	进口	比重(%)	进口	比重(%)	进口	比重(%)
1979	157	113	71.8	10.4	6.64	—	—	25.9	16.5	—	—	—	—
1980	200	131	65.2	29.1	14.5	41.5	20.8	51.2	25.6	5.42	2.71	3.34	1.67
1981	220	140	63.5	26.1	11.8	40.4	18.3	58.7	26.6	5.58	2.53	9.06	4.11
1982	193	117	60.4	29.4	15.2	39.1	20.3	32	16.6	4.86	2.52	11.2	5.8
1983	214	156	72.9	31.8	14.9	62.9	29.4	39.9	18.6	7.82	3.66	13.4	6.26
1984	274	222	81	42.4	15.5	73.2	26.7	72.5	26.4	11.8	4.31	22.2	8.1

注：I：食品及主要供食用的活动物；II：饮料及烟类；III：非食用原料；IV：矿物燃料、润滑油及有关原料；V：动植物油、脂及蜡；VI：化学品及有关产品；VII：轻纺产品、橡胶制品、矿冶产品及其制品；VIII：机械及运输设备；IX：杂项制品；X：未分类的商品。

资料来源：中经网统计数据库。

这个阶段的多数年份，中国工业制成品进口占当年进口总额的比重很高，始终不低于 60%。从 1980 年至 1982 年，中国工业制成品进口额分别为131 亿美元、140 亿美元、117 亿美元，占当年进口总额的比重分别为65.2%、63.5%、60.4%。从 1983 年开始，中国工业制成品进口开始迅猛增加。1983、1984 年，工业制成品进口额分别为 156 亿美元、222 亿美元，各占当年全国进口额的 72.9%、81%。这个变化揭示出，随着改革开放的推进，中国对工业制成品的需求在增加，特别是其中的进口机械及运输设备、轻纺产品、橡胶制品、矿冶产品，进口一直在总进口中维持高水平。1979、1983 年，中国机械及运输设备进口额分别为 25.9 亿美元、39.9 亿美元，占当年进口比重分别为 16.5%、18.6%。但到了 1984 年，机械及运输设备进口额为 72.5 亿美元，比例猛增至当年进口比重的 26.4%。从 1979 年至 1983年，中国进口汽车 129602 辆、起重机 2577 台、拖拉机 10737 台、机床 6426台、飞机 64 架、船舶 232 艘。

这个阶段，中国初级产品进口先增后降。1979、1980、1981 年，中国初级产品进口额分别为 44.2 亿美元、69.6 亿美元、80.4 亿美元，占当年进口比重为 28.2%、34.8%、36.5%。1982 年，初级产品及其中的食品及活动物方面的进口比重在 1982 年均达到改革开放以来的峰值，分别为 39.6% 及 21.8%。其后呈现下降趋势。这说明改革开放初期，我国农业及养殖业发展水平尚未能迅速适应国民经济的需要。1979 年至 1982 年的四年内，中国进口糖 521.37 万吨，小麦 4628.59 万吨，大米 86.38 万吨，玉米 684.73 万吨，大豆 200.81 万吨，动植物油、籽 101.58 万吨（折油）。农业及养殖业发展水平从 1983 年开始取得了真正的大发展，从1983 年起，我国食品及活动物方面的进口水平明显比 1982 年的峰值要低，1984 年这一比例迅速下降为 8.5%。

（二）出口结构

出口商品结构是衡量一国外贸结构状况的重要依据。按照附加值的高低,可将一国的出口商品划分为初级产品和工业制成品。初级产品由于附加值低,在国际市场上的竞争力较弱,创汇能力较差,粗放式的外贸增长方式以初级产品的出口为主。工业制成品附加值较高,具有较强的创汇能力,集约型的外贸增长方式多以工业制成品的出口为主。改革开放以后,在理论界对外贸易"引擎"说和一些国家与地区凭借外贸出口鼓励使经济发展获得成功的诱导下,中国实际上采纳和推行了出口导向战略。随着这一战略的实施,工业制成品出口有了长足发展,中国出口产品结构呈现不断优化的演进趋势。

表5.7 1979～1984 年出口商品构成(SITC)

单位:亿美元

	出口额	初级产品		I		II		III		IV		V	
		出口	比重(%)	出口	比重(%)	出口	比重(%)	出口	比重(%)	出口	比重(%)	出口	比重(%)
1979	136.6	73.2	53.59	—	—	—	—	—	—	—	—	—	—
1980	181.19	91.14	50.3	29.85	16.47	0.78	0.43	17.11	9.44	42.8	23.62	0.6	0.33
1981	220.1	102.48	46.56	29.24	13.28	0.6	0.27	19.48	8.85	52.28	23.75	0.88	0.4
1982	223.2	100.5	45.03	29.08	13.03	0.97	0.43	16.53	7.41	53.14	23.81	0.78	0.35
1983	222.3	96.2	43.27	28.53	12.83	1.04	0.47	18.92	8.51	46.66	20.99	1.05	0.47
1984	261.4	119.34	45.65	32.32	12.36	1.1	0.42	24.21	9.26	60.27	23.06	1.44	0.55
	出口额	工业制成品		VI		VII		VIII		IX		X	
		出口	比重(%)	出口	比重(%)	出口	比重(%)	出口	比重(%)	出口	比重(%)	出口	比重(%)
1979	136.6	63.38	46.4	—	—	—	—	—	—	—	—	—	—
1980	181.19	90.05	49.7	11.2	6.18	39.99	22.07	8.43	4.65	28.36	15.65	2.07	1.14
1981	220.1	117.59	53.43	13.42	6.1	47.06	21.38	10.87	4.94	37.25	16.92	8.99	4.08
1982	223.2	122.71	54.98	11.96	5.36	43.02	19.27	12.63	5.66	37.05	16.6	18.05	8.09
1983	222.3	126.06	56.71	12.51	5.63	43.65	19.64	12.21	5.49	38.04	17.11	19.65	8.84
1984	261.4	142.05	54.34	13.64	5.22	50.54	19.33	14.93	5.71	46.97	17.97	15.97	6.11

注:I:食品及主要供食用的活动物;II:饮料及烟类;III:非食用原料;IV:矿物燃料、润滑油及有关原料;V:动植物油、脂及蜡;VI:化学品及有关产品;VII:轻纺产品、橡胶制品、矿冶产品及其制品;VIII:机械及运输设备;IX:杂项制品;X:未分类的商品。

资料来源:中经网统计数据库。

新中国成立以来，中国初级产品的出口比重长期超过工业制成品的比重。例如，1979年初级产品出口额占当年出口比重为53.59%，而同期工业制成品出口比重只有46.4%；1980年，初级产品出口额占当年出口比重为50.3%，仍高于工业制成品出口比重。

这一现象在1981年出现了历史性的变化。1981年，中国出口总额为220.1亿美元。其中，初级产品出口额为102.48亿美元，占当年出口比重为46.56%；工业制成品出口额为117.59亿美元，占当年出口比重为53.43%；工业制成品出口额首次超越了初级产品出口额，中国出口产品的结构升级实现了里程碑式的跨越。其后的1982年，工业制成品出口比重为54.98%；1983年，工业制成品出口比重为56.71%；1984年，工业制成品出口比重为54.34%。可见，中国出口产品的结构升级已出现了趋势性的新变化。

根据中国要素禀赋的特点，中国大力发展具有比较优势的劳动密集型产业。特别是大力发展加工贸易，加速了中国出口导向产业化进程，面向国际市场的轻纺、机电类劳动密集型产业发展迅速。这一时期，轻纺产品、橡胶制品、矿冶产品及其制品的出口比重多在20%左右，在工业制成品的出口份额中居第一位。以轻纺产品为例，1983年，中国出口棉纱56.23万件、棉布132531万米、丝9330吨、绸缎15018万米、棉涤纶布62233万米、人造棉布11683万米、呢绒1369万米、毛毯389万条、毛针织品15503万美元、羽绒被62.55万条、羽绒枕63万个、球鞋2926万双、皮鞋1027万双。

这一时期，工业制成品的出口成分中，机械及运输设备出口比重虽然并不大，但增长的趋势明显。从1980年至1984年，机械及运输设备历年出口额分别为8.43亿美元、10.87亿美元、12.63亿美元、12.21亿美元、14.93亿美元，占当年出口比重分别为4.65%、4.94%、5.66%、5.49%、5.71%。1983年，中国出口机床5690台、汽车1892辆、缝纫机49.51万架、自行车139.2万辆。化学品及有关产品的出口比重多在6%左右。1983年，中国出口烧碱1万吨、纯碱0.47万吨、硫化碱4.68万吨、石蜡 11.51 万吨。

这一时期，中国初级产品的出口比重出现趋势性下降，幅度很大。从 1979 年至 1984 年，中国初级产品出口额分别为 73.2 亿美元、91.14 亿美元、102.48 亿美元、100.5 亿美元、96.2 亿美元、119.34 亿美元，占当年出口比重逐渐下调，分别为 53.59%、50.3%、46.56%、45.03%、43.27%、45.65%。初级产品出口中，矿物燃料、润滑油及有关原料所占份额最大、其次是食品及主要供食用的活动物。以食品为例，1983 年，中国出口大米 56.59 万吨、大豆 33.39 万吨、杂豆 11.26 万吨、杂粮 80.31 万吨、花生油 7.08 万吨。

二、企业结构

从 1979 年实行对外开放政策以来，我国改变了那种"一无内债，二无外债"的保守思想，开始利用国外资金来加速现代化建设。吸收外商直接投资，是我国对外开放和利用外资的一个重要组成部分，在我国建设经济中起着越来越重要的作用。

表5.8　1981～1984年进出口分企业结构总额及比重

单位：亿美元

国有企业						
年份	进出口	比重（%）	出口	比重（%）	进口	比重（%）
1981	437.87	99.47	219.55	99.75	218.32	99.19
1982	411.34	98.86	222.45	99.66	188.89	97.92
1983	426.18	97.7	218.45	98.27	207.73	97.12
1984	521.71	97.42	259.47	99.26	262.24	95.67
外资企业						
	进出口	比重（%）	出口	比重（%）	进口	比重（%）
1981	1.33	0.3	0.32	0.15	1.01	0.46
1982	3.29	0.79	0.53	0.24	2.76	1.43
1983	10.01	2.29	3.85	1.73	6.16	2.88

续表

年份	外资企业					
	进出口	比重（%）	出口	比重（%）	进口	比重（%）
1984	13.72	2.56	1.93	0.74	11.79	4.3
	其他企业					
	进出口	比重（%）	出口	比重（%）	进口	比重（%）
1981	1	0.23	0.23	0.1	0.77	0.35
1982	1.47	0.35	0.22	0.1	1.25	0.65
1983	0.01	0.001			0.01	0
1984	0.07	0.01			0.07	0.03

资料来源：傅自应：《中国对外贸易三十年》，中国财政经济出版社2008年版。

改革开放之初，外资企业的数量及生产规模都还很弱小，因此国有企业仍是我国对外贸易的主体，其进出口占全国进出口的比重一直接近100%。从1981年至1984年，国有企业的进出口总额分别为437.87亿美元、411.34亿美元、426.18亿美元、521.71亿美元，占全国贸易总额的比重分别为99.47%、98.86%、97.7%、97.42%。本段时期内，国有企业进出口总和为1797亿美元，年均为449.28亿美元。

这一时期，我国外资企业如雨后春笋，蓬勃发展，外资企业贸易额在中国对外贸易中的比重增长势头很猛。从1981年至1984年，外资企业的进出口总额分为1.33亿美元、3.29亿美元、10.01亿美元、13.72亿美元，占当年全国贸易总额的比重分别为0.3%、0.79%、2.29%、2.56%；1983年进出口比1981年增长了6.53倍，1984年比1983年增长了0.37倍，1984年进出口比1981年增长了9.32倍。如此迅速的增长只用了短短的三年时间。

这一时期，在外资企业的进出口结构中，有一明显现象：外资企业的进口总是大于出口。六年内，外资企业的出口总和为6.63亿美元，进口总和为21.72亿美元，逆差为15.09亿美元。这是因为大量外资企业是加工贸易型企业，在企业建立初期需要进口大量国内不能生产的机器设备，而且外资企业出口产能的形成也非短期就能形成。这一时期，外资企业的出口分别为 0.32 亿美元、0.53 亿美元、3.85 亿美元、1.93 亿美元，占当年全国出口的比重分别为 0.15%、0.24%、1.73%、0.74%；1983 年，外资企业出口比 1981 年增长了 11.03 倍。外资企业的进口分别为 1.01 亿美元、2.76 亿美元、6.16 亿美元、11.79 亿美元，占当年全国进口的比重分别为 0.46%、1.43%、2.88%、4.3%；1983 年进口比 1981 年增长了 5.1 倍，1984 年比 1983 年增长了 0.91 倍，1984 年进口比 1981 年增长了 10.67 倍。

这一时期，其他企业（民营企业）在中国对外贸易中的作用尚处于萌芽状态，所占比重甚低。其原因在于改革开放之初，国家外贸政策更多关注外资企业，对民营企业发展外贸的鼓励和支持政策还不到位；此外，民营企业也才刚开始成长，实力不强，当时主要在国内拓展市场，普遍不具备在国际市场进行贸易的能力。从 1981 年至 1984 年，其他企业的进出口额数值极低，分别为 1 亿美元、1.47 亿美元、0.01 亿美元、0.07 亿美元，占当年总贸易额的比重分别为 0.23%、0.35%、0.001%、0.01%，1984 年进出口比 1981 年还下降了 93%。这一时期，其他企业进出口额总和仅为 2.55 亿美元，年均值为 0.6375 亿美元，占历年总贸易额比重的年均值为 0.15%。

这一时期，我国经济与贸易中的一大亮点是中外合资企业从无到有、全面展开。1980 年 4 月 21 日，国家进出口委、外资委副主任兼秘书长江泽民同志将合资经营企业第一号批准证书颁发给北京航空食品公司并出席该合资公司成立大会，以后两年多的时间，全国共举办了 83 家合营企业，投资总额 2.8 亿美元，其中吸收外商投资 1.4 亿美元。这 83 家合营企业中，有工业企业 58 家、旅游服务和饭店 16 家、建筑和商业等 5 家、农牧业 4 家。因合营企业是双方共同投资、共同经营、共担风险、共享利润，外商很关心企业的经济效益，也愿意投进一定的先进技术和设备，这对于我国已有企业的技术改造，促进其产品升级换代和提高质量十分有利。

三、地区结构

这一时期，在中国的洲别贸易中，就贸易额及比重而言，亚洲始终占据第一位、欧洲始终占据第二位、北美洲始终占据第三位，拉丁美洲、非洲、大洋洲与中国的贸易额所占比重变化不大。中国对外贸易的地区结构之所以呈现这样一种状态，显然与日本、中国香港、美国、德意志联邦共和国在本期内一直是中国的贸易四强相关的。

表 5.9 1979～1984 年中国与各洲贸易额及占当年比重

单位：亿美元

年份	亚洲		欧洲		拉丁美洲		非洲		大洋洲		北美洲	
	进出口额	比重（%）	进出口额	比重（%）	进出口额	比重（%）	进出口额	比重（%）	进出口额	比重（%）	进出口额	比重（%）
1979	137.63	46.92	89.44	30.49	12.61	4.3	8.17	2.78	12.85	4.38	32.19	10.98
1980	189	49.55	90.44	23.71	13.31	3.49	11.31	2.97	15.13	3.97	57.67	15.12
1981	213.3	48.44	79.43	18.04	15.16	3.44	10.97	2.49	10.8	2.45	71.14	16.16
1982	209.8	50.43	73.66	17.7	14.41	3.46	11.91	2.86	13.07	3.14	65.8	15.81
1983	216.4	49.61	90.7	20.79	18.11	4.15	9.21	2.11	9.56	2.19	55.54	12.73
1984	312.96	58.44	99.02	18.49	16.41	3.06	12.17	2.27	13.88	2.59	78.61	14.68

资料来源：1979～1983 年数据来自《中国对外经济贸易年鉴（1984）》，中国对外经济贸易出版社。1984 年数据来自《中国统计年鉴（1985）》，中国统计出版社 1985 年版。

1979 年，中国与亚洲、欧洲、北美洲、拉丁美洲、大洋洲及太平洋岛屿、非洲的贸易总额分别为 137.63 亿美元、89.44 亿美元、32.19 亿美元、12.61 亿美元、12.85 亿美元、8.17 亿美元，占当年全国进出口额的 46.92%、30.49%、10.98%、4.3%、4.38%、2.78%。

1984 年，中国与亚洲、欧洲、北美洲、拉丁美洲、大洋洲及太平洋岛屿、非洲的贸易总额分别为 312.96 亿美元、99.02 亿美元、78.61 亿美元、16.41 亿美元、13.88 亿美元、12.17 亿美元，占当年全国进出口额的 58.44%、18.49%、14.68%、3.06%、2.59%、2.27%。相对于 1979 年，中国与上述各洲的贸易总额分别增长了1.27倍、0.1倍、1.44倍、0.3倍、0.08倍、0.49倍。其中，中国与亚洲、北美洲的贸易总额增长幅度最大。

1979年至1984年的六年间，中国与亚洲、欧洲、北美洲、拉丁美洲、大洋洲及太平洋岛屿、非洲的贸易总额分别为1279.06亿美元、522.69亿美元、360.95亿美元、90.01亿美元、75.29亿美元、63.74亿美元，占全国进出口比重的平均值分别为50.57%、21.54%、14.25%、3.65%、3.12%、2.58%。这一时期内，中国与亚洲国家的贸易额是中欧贸易额的2.45倍，是中国与北美贸易额的3.55倍，是中国与拉丁美洲贸易额的14.2倍，是中国与大洋洲及太平洋岛屿贸易额的17倍，是中国与非洲贸易额的20倍。

第四节　加工贸易的崛起

改革开放前我国对外贸易主要是以一般贸易为主，自20世纪70年代末开始，"三来一补"形式的加工贸易开始起步，对我国对外贸易及宏观经济产生了重大影响。

加工贸易是伴随着我国外贸体制改革的深入与利用外资的发展而迅速壮大起来的。我国政府希望通过贸易体制改革，在适当保护国内市场和国内企业的同时大力推动出口贸易发展。一方面，我们实施了对各种产品非歧视的出口补贴、外汇留成、汇率贬值等一系列出口促进政策；另一方面，在进口保护方面则实施阶梯式的关税结构，对原材料、中间产品实行低税率或免税，对最终制成品实行高关税，结果极大地鼓励了利用进口原材料等投入品加工后再出口的加工贸易的发展，而利用国内原材料、中间产品等投入品进行生产和出口的一般贸易增长缓慢。

与此同时，为推动出口贸易发展，在我国渐进式外贸体制改革伊始，为避免对国内市场的冲击，制定实施了"两头在外，大进大出"的政策，对外商投资企业规定出口比例限制。并且，由于实行价格双轨制，外商投资企业在使用中国所产的原材料上不能享受优惠的计划内价格，由此也促使其投向加工贸易。由于加工贸易产品出口销售渠道畅通、出口创汇额较为稳定，从而在较短时间内即成为我国出口创汇的主力军，进而决定着我国对外贸易的整体发展规模。为此，国家对加工贸易实施了一系列优惠政策，其中主要有：（1）对加工贸易料件实行保税政策；（2）对加工贸易进口料件实行宽松的贸易政策，除极少数敏感商品外，对加工贸易进口料件出口，不实行进口数量限制；（3）除国家规定不予免税的少数进口商品外，对外商提供的加工贸易进口设备免征关税和进口环节增值税。①

1979 年 9 月，国务院正式颁布了《开展对外加工装配和中小型补偿贸易办法》。随后，各有关部委和省市地方政府也推出了一系列相关的配套鼓励政策和措施。在这些政策的推动和鼓励之下，加工贸易从小到大迅速地发展和壮大，并很快扩展到其他沿海地区，成为当时利用外资、扩大出口的一种主要贸易方式之一。到 1980 年，全国对外加工贸易出口额达到 14.2 亿美元，占当年全国对外贸易出口总值 180.5 亿美元的 7.9%。

我们可以把 20 世纪 70 年代末到 80 年代中期视为我国加工贸易的起步和稳定发展时期。这一时期，加工贸易基本上是在以广东、福建为主的沿海地区得到发展。这与当时的中央政策有关。1979 年 7 月，中央决定广东、福建两省在对外经济活动中实行"特殊政策"和"灵活措施"，并在两省试办深圳、珠海、汕头和厦门 4 个经济特区。加上这些地区的独特优势——侨胞众多和与港澳邻近，这两个省在发展加工贸易中一马当先，取得巨大的成就。粤闽两省成为当时我国沿海地区开展对外加工装配业务的主要基地。在这一时期，对外加工装配的品种也迅速增加。起初，两省主要承接一些纺织、服装等少数产品的简单加工，但它们很快就发展到加

---

① 孙玉琴：《中国对外贸易体制改革的效应》，对外经济贸易大学出版社 2005 年版，第 287 页。

工 100 多类的 1000 多种产品，涉及的行业有纺织、服装、玩具、人造花、电子、家用电器、鞋帽、工艺品、塑料等等。不少外商为了提高经济效益，改变过去只在内地安排产品后期工序加工装配的做法，逐步把一些产品的前期加工工序引入内地，加工中的技术含量水平有所提高。[①]

表 5.10　1981～1984 年进出口分贸易方式总额及比重

单位：亿美元

	一般贸易					
年份	进出口	比重（%）	出口	比重（%）	进口	比重（%）
1981	411.66	93.52	208	94.5	203.66	92.53
1982	411.3	98.83	222.45	99.66	188.85	97.85
1983	389.28	89.24	201.6	90.69	187.68	87.74
1984	470.11	87.79	231.62	88.61	238.49	87.01
	加工贸易					
	进出口	比重（%）	出口	比重（%）	进口	比重（%）
1981	26.35	5.99	11.31	5.14	15.04	6.83
1982	3.29	0.79	0.53	0.24	2.76	1.43
1983	42.16	9.67	19.44	8.74	22.72	10.62
1984	60.76	11.35	29.29	11.21	31.47	11.48
	其他贸易					
	进出口	比重（%）	出口	比重（%）	进口	比重（%）
1981	2.19	0.5	0.79	0.36	1.4	0.64
1982	1.6	0.38	0.22	0.1	1.38	0.72
1983	4.76	1.09	1.26	0.57	3.5	1.64
1984	4.63	0.86	0.49	0.19	4.14	1.51

资料来源：傅自应：《中国对外贸易三十年》，中国财政经济出版社 2008 年版。

这一时期，一般贸易在我国对外贸易中仍然居于主导地位。1981 年至 1984 年，一般贸易的进出口占当年贸易总额的最小比重亦高达 87.79%

---

① 课题组：《中国加工贸易问题研究》，经济科学出版社 1999 年版，第 24 页。

以上。从 1981 年至 1984 年，一般贸易总额分别为 411.66 亿美元、411.3 亿美元、389.28 亿美元、470.11 亿美元，占当年贸易总额的比重分别为 93.52%、98.83%、89.24%、87.79%。这一时期，一般贸易出口年均为 215.9 亿美元，进口年均为 204.67 亿美元，进口与出口基本平衡；历年出口分别为 208 亿美元、222.45 亿美元、201.6 亿美元、231.62 亿美元，占当年贸易总额的比重分别为 94.5%、99.66%、90.69%、88.61%；历年进口分别为 203.66 亿美元、188.85 亿美元、187.68 亿美元、238.49 亿美元，占当年贸易总额的比重分别为 92.53%、97.85%、87.74%、87.01%。

这一时期，加工贸易在我国对外贸易中的地位开始迅速上升。除 1982 年加工贸易大幅回调外，其余年份加工贸易额及比重迅速上升。从 1981 年至 1984 年，加工贸易额分别为 26.35 亿美元、3.29 亿美元、42.16 亿美元、60.76 亿美元，占当年贸易总额的比重分别为 5.99%、0.79%、9.67%、11.35%，增长明显。1983 年，贸易总额比 1981 年增长了 0.6 倍，1984 年贸易总额比 1983 年又增长了 0.44 倍，这一时期，一般贸易及加工贸易以外的其他贸易在我国对外贸易中的比重很小，变化不大，各年其他贸易额占当年贸易总额的平均比重仅为 0.71%。从 1981 年至 1984 年，其他贸易额分别为 2.19 亿美元、1.6 亿美元、4.76 亿美元、4.63 亿美元，各占当年贸易总额的 0.5%、0.38%、1.09%、0.86%。

第五节　贸易体制的初步改革

这一时期，作为经济体制改革的重要组成部分，我国对外贸易体制进行了重大的调整，主要内容包括调整国家外贸管理机构，打破独家经营局面、下放外贸经营权，开展工贸结合试点，推行进出口代理制，加强外贸行政管理，改革外贸计划体制，改革外贸财务体制等。

一、调整国家外贸管理机构

为加强进出口、外汇平衡、引进技术和利用外资的管理，根据1979年7月五届全国人大常委会第十次会议通过的决议，中共中央、国务院1978年8月发出通知，成立了中华人民共和国进出口管理委员会和外国投资管理委员会。为了适应外贸体制改革的要求，1980年经国务院批准，将对外贸易部直属的海关管理局改为中华人民共和国海关总署，将对外贸易部直属的进出口商品检验局改为中华人民共和国进出口商品检验总局。1982年3月，五届全国人大常委会第二十二次会议通过决议，由原对外贸易部、对外经济联络部、国家进出口管理委员全、国家外国投资管理委员会合并成立对外经济贸易部。经过调整，基本上理顺了政府部门对外贸的管理关系。

二、打破独家经营局面、下放外贸经营权

1979年10月4日，邓小平在中央召开的座谈会上说："过去我们统得太死，很不利于发展经济。有些肯定是我们的制度卡得过死，特别是外贸。好多制度不利于发展对外贸易，对增加外汇收入不利。"[①] 采取的措施主要有：（1）逐步下放外贸进出口总公司的经营权，扩大地方的外贸经营权，以调动地方和生产企业发展外贸的积极性。（2）根据中共中央和国务院关于对广东、福建实行特殊政策、灵活措施的决定，相应扩大这两省的外贸经营权；其产品除个别品种外，全部由省外贸公司自营出口。同时，还规定广东、福建两省可以自主安排和经营本身对外贸易，批准设立产销结合的省属外贸公司。（3）决定各地方经过批准可以成立地方外贸公司。北京、天津、上海、辽宁、福建等省、市分别成立了外贸总公司，在不同程度上增加了外贸自营业务。（4）批准19个中央有关部委成立进出口公司，如机械设备进出口总公司、船舶进出口总公司等，将原来由外贸部所属进出口公司经营的一些进出口商品，分散到有关部门所属的

---

① 《邓小平文选》第二卷，人民出版社1994年第2版，第200页。

进出口公司经营，扩大了贸易渠道，增强了产销结合。（5）陆续批准一些大中型生产企业经营本企业产品的出口业务和生产所需的进口业务。1979年以来成立的众多"三资"生产企业也拥有本企业产品出口和有关原材料进口的经营权。

三、开展工贸结合试点

针对长期以来工贸分离、产销脱节造成的一系列问题，开展了多种形式的工贸结合试点。第一种是外贸公司与工业公司专业对口，实行"四联合，两公开"：即联合办公、联合安排生产、联合对外洽谈、联合派小组出国考察；外贸的出口商品价格对工业部门公开，工业生产成本对外贸部门公开。第二种是工业企业和外贸企业共同出资出人直接结合的工贸公司，如上海玩具公司、北京抽纱公司、北京地毯公司等。第三种是全国性的工贸联合公司，如1982年2月成立的中国丝绸公司即属于这类公司（现已撤销），它把工商贸、产供销紧密结合起来，将原属纺织工业部、对外贸易部、商业部和全国供销合作总社等三部一社管理的全国的麻、生丝和纺织品的收购、生产、内外销业务都由该公司经营和管理，这就接管了中国纺织品进出口公司的丝绸进出口业务。第四种是地方性的工贸联合公司，如1982年4月成立的青岛纺织品联合进出口公司即属于这类公司，它由青岛市9个国营纺织厂联合建立，试行从纺织、印染到针织、服装，实行生产"一条龙"，工贸结合，进出口结合。第五种是经营实体的外贸公司，它由生产同类产品的企业和企业组成联合体，直接对外经营出口业务。这种形式的公司有机械工业部所属的中国轴承、磨具磨料、电线电缆、电瓷等出口联营公司。

四、推行进出口代理制

进出口代理制就是外贸企业为生产企业积极开拓国际市场，受生产企业委托办理进出口业务，收取一定的代理费用，并承担相应的责任，而价格和其他合同条款的最终决定权属生产企业，进出口盈亏和履约责任最终也由生产企业承担。1984年9月，国务院批准的外贸体制改革方案中就强调了进出口实行代理制的问题。党的十三大和国务院《关于国民经济和社会发展十年规划和第八个五年计划纲要的报告》中又重申了推行代理制的问题。

进出口代理制是工贸结合的一种较好的形式。它能充分体现社会分工的原则，发挥各自的优势，对建立工贸之间长期稳定的产销合作关系、携手共同开拓市场、降低生产与营销成本、形成规模效益都有着重要的作用。实行进出口代理制，可以使外贸企业摆脱忙于国内收购业务的倾向，集中精力掌握国际市场动态，为生产企业进入国际市场创造条件。通过广告宣传、反馈信息、发展新的销售网和售后服务网，建立装配厂，建立仓储分拨基础设施等等，外贸企业可以不断改进服务，增强代理能力，扩大出口商品的贸易渠道。而生产企业可以按照国际市场的需要集中精力组织出口商品的生产，提高产品质量，降低生产成本，改进包装装潢，并不断推出新品种，以提高出口商品的竞争能力。实行进口代理，使国内用货单位直接与国际市场挂钩，掌握国际市场信息和价格水平，有利于提高进口经济效益。这样，生产企业，特别是自营进出口的小企业，就会更多地依靠进出口代理来发展外贸业务。

五、加强外贸行政管理

改革开放以后，我国重新调整和改进了外贸的行政管理，措施包括：（1）自1980年起恢复了对部分进出口商品的许可证制度。（2）对部分出口商品实行配额管理。（3）重新设立驻口岸的特派员办事处。1983年，经贸部先后在广州、上海、天津、大连等4个主要口岸，设立办事处，主要任务是负责审批和签发部分进出口商品的许可证。（4）逐步实行对设立外贸企业的管理。1982年，经贸部根据国务院授权，对外贸企业的设立实行归口集中管理，管理内容主要是审批管理各部委和地方设立的各类外贸企业。（5）对出口商品商标的协调管理。协调管理的范围和内容是：研究和制定有关出口商品商标管理的方针政策和规章制度，并组织实施；

监督和检查全国各地区出口商品商标在国内外的使用和注册情况；协调各出口单位之间以及与生产企业之间使用出口商品商标的关系，处理商标争议等。（6）对外国企业在中国设立常驻代表机构的管理。此外，还加强了海关、商检、外汇管理等外贸行政管理职能机构。

六、改革外贸计划体制

改变外贸计划全部由外贸专业总公司承担的局面。随着外贸经营权下放，规定凡经批准经营进出口业务的单位和企业，都要承担国家出口计划任务。自 1984 年起，对部分中心城市的外贸计划在国家计划中实行单列，视同省一级计划单位，享有省级外贸管理权限。

七、改革外贸财务体制

改革外贸财务体制的措施包括以下几个方面：第一，让外贸企业在财务上与其主管部门脱钩。第二，改变对出口商品和进口商品的征税办法。进口盈利较大的商品，由国家征收进口调节税；对出口不盈不亏的商品不再征税；退出口税后仍有差额的出口商品，国家给以定额扶持。进口盈利的商品，除国家批准免税的以外，一律照章征收关税，对少数盈利大的商品，提高关税税率。第三，执行国务院批转财政部关于试行企业基金的规定。凡独立核算的外贸企业，全面完成销售额、进货额、利润额、费用水平和资金周转次数等五项计划指标，按照全国工资总额的 5% 提取企业基金，没有全面完成指标的，则相应适当扣减。由于把企业提取基金与企业对国家的贡献大小、经营好坏直接挂钩，促使企业必须重视经济效益。

第六节　出口导向贸易政策的形成

这一时期，为推动对外贸易的快速发展，中国在贸易政策方面有诸多的调整。主要的政策包括：外汇留成、分类经营、关税政策、加强技术和设备的引进工作、成立专业贸易公司、增加口岸和调整口岸分工、逐步改变出口商品结构、扩大生产企业办外贸的权限、大力组织商品对外销售、对以进养出的物资实行优惠税制、改变出口贸易收汇结算办法和兑换牌价等等。

一、外汇留成

1979 年 8 月 13 日，国务院颁发《关于大力发展对外贸易增加外汇收入若干问题的规定》（即十五条），决定实行贸易和非贸易外汇留成制度，并制定了《出口商品外汇留成试行办法》。国务院规定认为，外汇由国家集中管理，统一平衡，主要用于国家重点建设。同时，实行外汇留成制度，区别不同情况，适当留给地方、部门和企业一定比例的外汇，以利于调动各方面的积极性，解决发展生产、扩大业务所需物资的进口。出口商品的外汇留成，在保证国家调拨任务和市场供应的前提下，各部门、各地区供应出口的商品，以上年外贸实际收购为基数，增长部分的收汇，中央部管商品留成 20%，地方管理的商品留成 40%。中央部管商品的留成外汇，分给主管部、地方和企业各 1/3；地方管理商品的留成外汇，也要适当分给地、县和企业一部分。外贸以进养出（包括进料加工）的出口商品，按净创汇额留成 15%，来料加工、装配业务的工缴费收入，留成 30%。旅游收汇一般留成 30%~50%。经过批准，新开辟的游览区，在开创三年内，收汇全部留给地方，用于游览区建设。赡家侨汇留成 30%，用于解决侨眷、归侨的商品供应。建筑侨汇留成 40%，要用于解决侨眷、归侨建房材料。在侨眷集中地区，要成立建筑公司，保证房屋建设。港口收汇，包括外轮供应和服务、外轮代理、港口装卸等劳务收入，地方和港口共留成 20%，友谊商店收汇留成 20%。

两年来执行结果是：1979 年全国出口留成 8.54 亿美元，占当年出口收汇的 6.5%；1980 年全国出口留成 15.79 亿美元，占当年出口收汇的 9%。两年出口商品留成外汇共 24.33 亿美元，加上中央每年拨给省、市、自治区的 5 亿美元外汇和各种非贸易留成外汇等，共 46.25 亿美元，其中，地方分得 36.66 亿美元，中央有关部门分得 9.59 亿美元。在国家外汇还不能平衡的情况下，为数已不少了。

二、分类经营

为了继续改革外贸体制，贯彻执行统一领导，分级管理，分头经营，发挥各方面积极性的方针，达到扩大出口，增加外汇收入，使外贸有一个较大发展的目的，在 1981 年 11 月外贸部召开的全国外贸计划会议上，与会代表经过讨论，大家认为有必要对现行外贸出口商品实行分类经营。即除极少数大宗的、重要的出口商品，以及出口有特殊加工、整理、配套、出运要求的商品，主要是一些初级产品和原料性商品作为一类商品，由外贸专业进出口总公司（包括工业部门的进出口总公司，下同）经营，或组织统一对外成交，其余商品都由地方经营和成交出口。对于由各地经营出口，各自对外成交，而国外市场竞争比较激烈的商品，以及国外对我商品进口有配额、限额限制或发生供过于求现象的商品，代表们都赞成由外贸专业进出口总公司协调，并拟订一个共同执行的协调办法。

按照会议代表讨论的意见，外贸部拟定了《关于外贸出口商品实行分类经营的规定》，并从 1982 年开始试行。从 1982 年起，出口商品分为三类经营。第一类：对少数大宗、重要的商品，以及出口有特殊加工、整理、配套、出运要求的商品，由外贸专业进出口总公司（包括工业部门的进出口总公司，下同）统一经营或负责组织联合统一对外成交，由省、市、自治区交货、履约，或由内地省拨交口岸对外交货履约。广东、福建两省按中发［1981］第 27 号文件的规定，除成品油、钨砂由外贸专业进出口总公司统一成交外，其他商品中属于本省生产的产品，两省可自行对外成交，但在价格和贸易做法上必须按照有关规定办理。第二类：对各地、各部门交叉经营的、国外市场竞争比较激烈的，以及国外对我商品进口有配额、限额限制的出口商品，在外贸专业进出口总公司组织协调下分别由经营出口的省、市、自治区自行对外成交，出口任务归各地，对尚不能自营出口的省、自治区仍维持目前的调拨办法不变。如需增加自营出口，需由省、市、自治区经营单位报经外贸专业进出口总公司同意后办理。出口商品协调办法。广东、福建两省，国务院各部门、各地区外贸企业及其他企业经营的属于外贸专业进出口总公司协调的出口商品，必须接受外贸专业进出口总公司的协调。地方经营和对外成交而由外贸专业进出口总公司组织协调的出口商品目录。第三类：不属于上述两类的出口商品全部由各省、市、自治区自行经营出口。对暂时不能自营出口的，可委托总公司或口岸分公司代理，或仍维持目前的调拨办法不变。机械类出口商品的经营分类和分级管理按照国家机械委员会的有关规定办理。

此外，对朝鲜、蒙古、古巴、苏联、东欧等国家政府间的协议贸易，由外贸部组织谈判，签订协议，并由外贸专业进出口总公司签订合同或由总公司组织有关分公司、有关企业签订合同，由省、市、自治区和企业交货、结汇，出口任务归省、市、自治区和企业。供应香港、澳门的鲜、活、冷冻商品仍按现行配额管理办法和经营管理体制办理。根据权责利统一的原则，实行经济责任制，改变"吃大锅饭"的财务制度，逐步做到在核定换汇成本的基础上，由各经营地区或单位自负盈亏，在财务体制未下放前仍按目前财务隶属关系办理。外贸部可根据国际市场的变化和国内生产情况的变化在同各有关方面充分协商的基础上及时调整出口商品经营分类。对矛盾尖锐、协调有困难的商品可实行出口许可证制度。

三、关税政策

党的十一届三中全会以后，我国经济体制开始全面改革，逐步由计划经济向市场经济转变。与之相适应，从1979年开始，我国在关税政策上进行了一系列的调整。1982年、1984年，两次对进出口税则进行全面修改。提出了贯彻国家对外开放政策，体现鼓励出口与扩大必需品进口，保护和促进国民经济发展，保证国家关税收入的关税改革方针。

改革开放以前共进行过19次税率的局部调整。总体上讲，这19次调整的范围很小，税率调整幅度也不大。1979年4月，对外贸易部海关管理局在当年召开的全国海关工作会议上，提出要发挥关税的作用，指出，"要研究关税和外贸企业利润分开的问题。进出口税则已不能完全适应需要，对明显过高的税率要做局部调整，以利于发展生产"。1979 年年底，五届全国人民代表大会第五次会议召开，批准通过了《中国国民经济和社会发展的第六个五年计划》，关税政策改革也列入计划中。该计划指出，"要适时调整关税税率，以鼓励和限制某些商品的出口和进口，做到既有利于扩大对外经济技术交流，又能保护和促进国内生产的发展"。

改革开放后的关税调整，充分体现了促进扩大对外经济技术交流的目标，调整范围广，税率开始有所下降。这一时期税率调整的具体情况是：1980 年 9 月 25 日，为了保护国内生产，平衡国内外价格，国家提高了个人自用进口的电视机、收录音机和电子计算器的关税，同年 11 月 1 日，将这三种商品的贸易进口关税税率分别从 60%、60% 和 40% 都提高到 80%。这是我国第 20 次调整税率。1982 年 1 月 1 日，为了适应国民经济调整，扩大对外经济贸易，积极开展加工贸易的方针政策，进行了新中国成立以来和改革开放以来最大范围的税率调整，共调整了 149 个税号的税率，在当时海关税则 939 个税号中占 16%。这是第 21 次调整税率，它同时也是我国关税政策改革的起点。此次关税调整的具体情况是：（1）以低税鼓励国内在相当时期内不能生产或生产不足的短缺原材料进口。对有些属于自然性质的原料或原料性产品，如橡胶、木材、木材制品、夹板、生皮、皮革、纸浆、普通印书纸、印报纸、包装纸等，当时国内生产不足，较长期间需要进口，而当时税率偏高或不合理的，适当降低了税率。（2）调低国内要求大力发展的短线部门的产品的税率。如能源物资、部分化工原料、部分轻纺工业机械设备，国内有需要，当时税率偏高，不利于争取进口的商品适当降低了税率。（3）将零部件税率调至比整机低。关税税则调整前，机械设备、仪器、运输工具等的零、部件税率，大多与整机相同，有的还高于整机。为了有利于国内机械加工工业的发展，对需要进口的零、部件的税率都调整到比整机低。（4）调高国内能生产的动力机械、农业机械、采矿、石油、冶金工业机械、一般通用机械、机床、电机、汽车、机动船舶、民用电器产品等的税率，以保护国内生产发展。（5）有些纺织原材料、普通钢铁材料等，由于科技、生产的发展，出现税率高低不平衡的情况，进行了调整。（6）某些商品如烟、酒、丝质衣着装饰品等，新中国成立以来几乎没有进口，即使有时进口，也要予以临时减税，所订的高税率既无实际作用，对外影响也不好，因此，适当调低了税率。

　　1982 年 6 月，国家决定对 34 种商品开征出口关税。主要是：（1）盈利特别高，且比较稳定的大宗出口商品，在国际市场上出口已占相当比重的商品；（2）国际市场容量有限，盲目出口，容易在国外形成削价竞销的商品；（3）国内紧俏，又要大量进口的商品；（4）国家控制出口的商品。此次国家决定开征出口关税的主要原因，一是有些商品出口盈利较大。因为当时贸易外汇实行 1 美元按 2.80 元人民币的内部结算价，而国家正式外汇牌价为 1 美元兑换 1.50 元人民币左右，使出口商品盈利大大增加。不少部门和地方争相出口利大商品，影响国家计划的安排和调拨，有的甚至对内抬价争购，对外削价竞销，影响国内物价稳定，也影响出口外汇收入。二是控制不正常的进出口贸易。有些商品（如砂糖等），国家大量进口，部分地区却要出口，增加运输和港口装卸的困难。三是有些商品属于国内重要战略资源，大量出口于我国长期经济发展不利。因此，除了从出口许可制度上加强行政管理以外，对一部分出口利润较大的商品，征收一定的出口关税，用经济手段进行调节，是十分必要的。通过开征出口关税来调节出口，可以发挥税收的经济杠杆作用，有利于国家计划的贯彻实施；可以适当调节进出口价格和国内外市场的差价，有利于促进企业加强经济核算；有利于国家获得较为稳定的财政收入；还有利于保护国内资源。①

四、其他系列政策

　　加强技术和设备的引进工作。各部门引进技术和设备计划，经国务院

----

① 杨圣明：《中国关税制度改革》，中国社会科学出版社 1997 年版，第 153 页。

批准后，对外进行考察和一般性询价。引进项目的谈判，由引进部门、外贸、银行、机械和科研设计部门共同组成谈判小组，统一对外。技术谈判，以引进部门为主，上述几个部门参加；商务谈判，以外贸部门为主，其他几个部门参加。大型补偿贸易、合营企业项目和开发石油风险合同，办法另定。引进工作中，要把购买制造技术、设备分交、设备的合作生产以及信贷条件等结合考虑。使用国外贷款支付的项目，必须安排好资金来源、支付方式，核实偿还能力后才能签约。各省、市、自治区使用地方外汇引进技术和设备、组织合作生产、台资企业和补偿贸易的，由省、市、自治区人民政府批准。有关原材料、燃料动力供应需要国家统一平衡的，须事先报经国务院或有关主管部门批准，才能对外签约。使用银行贷款引进的项目，在还款期间，其产品优先用于出口，并免缴利息和税收。

成立专业贸易公司。各省、市、自治区可以成立专业贸易公司，办理地方商品或某些特种商品的出口，办理本地区的进口业务。也可以不另成立公司，由现有外贸各分公司继续办理地方进出口业务。属于这方面的业务，由地方为主安排，单独核算，自负盈亏。某些特种商品，有条件的，可以成立工贸结合的贸易公司，对产、供、销实行一条鞭管理。国务院有关部门经过批准，可以成立出口供应公司，办理本部门的供货业务，参与出口成交，组织交货。有条件的，经过批准，也可以成立工贸结合、农贸结合的出口公司或进出口公司。这类公司原则上由主管部和外贸部双重领导，它们的职责范围、经营体制以及同外贸部各公司之间的关系如何安排，根据具体情况商定。

增加口岸和调整口岸分工。外贸口岸可以直接对外洽谈业务，签约成交，交货接货。要加强现有口岸工作，加强港口建设。有条件的地区，经过批准，可以开辟新的口岸，现行口岸分工不合理的，要根据具体情况适时进行调整。设立口岸的地区，可以经营本地区生产的出口商品和使用地方外汇、留成外汇的进口业务。原有口岸要主动协助内地口岸，在运输、仓储、发运、结算等方面给予方便。

广开出口门路，逐步改变出口商品结构。我国幅员辽阔，物产丰富，

244

发展出口的潜力很大，各地区要因地制宜地培植若干种具有地方特点的骨干出口商品，各部门（包括军工部门）要发挥自己的所长，大力增产国外适销的出口商品。要继续大力组织农副土特产品出口，更要努力增加工业品出口。要扩大传统商品出口，更要发展新品类出口。要充分利用我国的劳动资源，大搞花费劳动多、能多卖钱的商品出口。同时，逐步提高高级加工品出口的比重。要下功夫提高产品质量，增加花色品种，改进包装装潢，开展广告宣传。北京、天津、上海、广东、江苏、浙江、山东、辽宁等条件较好的省市，要向高级精密产品的方向发展，订出具体规划，采取有力措施，大搞高档产品，大搞机械、电气、电子产品的单机、成套设备和化工产品，逐步成为技术先进、生产发达、具有竞争能力的出口基地。为了鼓励新产品出口，生产企业供应出口的产品，由低档变中档，由中档变高档，收汇多，又受国外客商欢迎的，给予精神及物质奖励。

扩大生产企业办外贸的权限。一切有条件的企业，都应积极发展出口商品生产，参与国际贸易活动。在外贸部门的组织下，生产企业可以参加对外洽谈贸易；可以出国考察、推销；经过批准可以邀请外商来华商谈业务，以便交流技术，了解国际市场情况，做到产销直接见面，以销定产，以销促产，大力提高产品的竞争性，增加产品的销售额。办好出口工业品专厂、专车间和出口农副产品基地。各地区、各有关部门要选择有条件的生产单位，加强技术改造，搞好经营管理，建成一批较为先进的出口专厂、专车间和生产基地，作为发展出口商品生产的骨干力量。各地方、各有关部门要从财政信贷上、物资上和技术上对专厂、专车间和基地给予必要的支持。专厂、专车间和基地生产的产品，主要供应出口，适当照顾内销。对出口专厂、专车间的考核，主要依据出口产品的合格率、履约率、交货量和创汇额。

大力组织商品对外销售。要走出去做生意，除了改进广交会、小交会以外，要更多地组织力量出国推销和展销，对主要市场要逐步设立贸易公司的常驻机构，加强市场调查研究，积极销售商品，同时要利用华侨和外商在国外的推销网为我服务。某些国内供应紧张的商品，也要尽可能挤出一部分出口，以便参加国际竞争，接受国际市场的考验，改进品种质量，提高技术水平和管理水平。要利用发展旅游事业，在机场、车站、旅馆、游览地出售各种商品，特别是食品、烟酒、手工艺品、纪念品、字画、图片和文物，以及代销国外商品等。

对以进养出的物资实行优惠税制。凡是进料加工、来料加工、装配业务、补偿贸易和旅游事业需要进口的物资，在一定时间适当减免关税。

改变出口贸易收汇结算办法和兑换牌价。现行外汇牌价，同进出口商品价格脱节，造成出口亏损、进口赚钱，不利于实行经济核算，不利于发展出口，也不利于某些进口商品的国内作价，要研究制订一个较为合理的外汇结算价格，在内部实行。原则上做到，经营出口不赔钱，进口作价简便易行，而外贸部门又能保持原有的合理的利润。在新办法没有实行以前，今后，商品出口结汇，根据全国出口商品的平均换汇成本计算，除了银行按牌价付给人民币外，其余由外贸部补足。个别商品仍有亏损的，经外贸部同意，可以在一定时期一定额度内酌予补贴。银行外汇牌价，应随着国际金融市场的变动情况，随时进行调整。

第七节　对外开放的区域推进

为了取得与外国资本打交道的经验，迅速引进先进技术，积极稳妥地贯彻执行对外开放的政策，扩大开放的广度和深度，在改革对外经济贸易体制的同时，采取创办经济特区和进一步开放沿海 14 个港口城市的两大重要步骤。①

一、创办四个经济特区

经济特区是我国对外经济关系的窗口，是我国对外开放的试验基地。

---

① 赵德馨：《中华人民共和国经济史（1967—1984）》，河南人民出版社 1989 年版，第 789～791 页。

经济特区的成就和经验，集中反映了我国对外经济关系的发展及其意义。

经济特区是中国政府划出的开展灵活多样的对外经济合作和技术交流的特定区域。经济特区源于出口特区。1979年8月13日，国务院在《关于大力发展对外贸易、增加外汇收入若干问题的规定》中指出："为了调动爱国华侨、港澳同胞参加祖国社会主义建设的积极性、更有效地利用外国资金、技术和设备，发展我国出口商品生产，在沿海少数有条件的省市划出一定地区，如广东深圳、珠海、汕头，福建厦门，上海崇明岛等单独进行管理，作为华侨和港澳商人的投资场所。"1980年8月26日，五届人大常委会第十五次会议批准的《广东省经济特区条例》中规定："在广东省深圳、珠海、汕头三市分别划出一定区域，设置经济特区。"10月7日，国务院又批准试办厦门经济特区。至此，开始了四个特区的创办工作。

深圳特区位于广东省深圳市南部，与香港接壤。总面积为327.5平方公里，其中分为蛇口工业区、上涉工业区和罗湖商业区。珠海特区位于广东省拱北海关两侧，南临澳门，原规定面积为6.7平方公里，1983年国家批准调整为15.16平方公里。汕头特区在广东省汕头市东郊龙湖一带。原面积为1.67平方公里，1984年11月29日国家批准调整为52.6平方公里。厦门经济特区最初在厦门岛上湖里地区划出的2.5平方公里的范围之内。1984年5月确定扩大到厦门全岛，包括鼓浪屿在内，面积为131平方公里。

特区的特点，主要在于它实行特殊的经济政策和管理体制。特区的经济成分以中外合资、合作经营企业和外商独资企业为主，不同于内地以社会主义公有制为主。特区的经济调节以市场调节为主，不同于内地以指导性计划调节为主。特区比内地拥有更大的自主权。在特区投资的外商，在税收、出入境等方面，国家给予特殊的优惠和方便。这些优惠政策主要是：客商到特区投资兴办企业、事业，进口所需的机器设备等生产资料，免征进口税；特区企业生产的产品出口，免征出口税；特区企业所得税率为15%，优于内地企业（内地大中型企业所得税率为55%）；特区客商投资用地按不同行业和用途给予优惠，兴办技术特别先进的项目和不以谋利为目的的项目，可免纳土地使用费。

由于采取特殊政策，四个特区的开发和建设进度较快。到 1984 年，已收到明显的经济效果。其中深圳特区尤为突出，至 1984 年止，已与美、日、英、法、丹麦、挪威、瑞典、比利时、新西兰、新加坡等国家和中国港澳地区的客商签订近 3400 项协议，协议投资总额达 26 亿多美元，实际使用额 6 亿多美元。其中有合资经营项目 300 多个，合作经营项目 300 多个，外商独资经营项目 66 个，占总投资额的 90% 以上，其余为来料加工项目。引进一批先进技术和 2500 多台设备。同时，与中央 14 个部（局），20 多个省、市、自治区，80 多个地市县合作，兴建包括工、农、商等项目的企业 500 多个。深圳已由一个偏僻的边境小镇，发展成为一个具有吸引力的新型现代化城市。珠海、汕头、厦门经济特区的开发和建设，也取得不同程度的进展。至 1984 年止，四个特区与外商签订的各种经济合作协议累计达 4700 多项。外商协议投资额达 20 多亿美元，已实际使用外资8.4 亿美元。建立一批中外合资、中外合作企业和外商独资经营企业，引进了一些具有国际先进水平的技术，较好地发挥了对外开放的基地和"窗口"作用。

二、开放沿海 14 个港口城市和海南岛

1984 年 2 月 24 日，邓小平在和中共中央几位领导人谈话时指出："除现在的特区之外，可以考虑再开放几个点，增加几个港口城市，如大连、青岛。这些地方不叫特区，但可以实行特区的某些政策。这样做，肯定是利多弊少。"同年 4 月，国务院作出决定，各经济特区要总结经验，发扬成绩，扎实工作，加强先进技术引进，采取有效措施吸引外资。同时，进一步开放大连、秦皇岛、天津、烟台、青岛、连云港、南通、上海、宁波、温州、福州、广州、湛江、北海等 14 个沿海港口城市和海南岛。这些地方实行经济特区的某些政策，扩大它们的自主权。

1984 年 7 月 12 日，国务院有关负责人就进一步开放沿海 14 个城市的

若干政策答新华社记者问时指出：我们的开放政策是在全国范围内实行的。我们进一步开放沿海14个港口城市，是让它们放得更开一些。主要包含两个方面：一是扩大这些城市开展对外经济活动的权力。二是对投资办厂的外国人士、华侨、港澳同胞、台湾同胞及其公司、企业给予优惠待遇。扩大14个城市的自主权，主要是放宽利用外资建设项目的审批权限。生产性项目，凡是利用外资进行老企业技术改造和建设新厂，国家授予天津、上海两市人民政府对每个项目总投资的审批自主权放宽到3000万美元以下，大连放宽到1000万美元以下，其他开放的沿海城市放宽到500万美元以下。对外商的优惠政策，主要是外商投资办厂，在税收方面可以按照规定享受更优厚的待遇，允许外商兴办独资企业，适当延长合营企业的合营年限，对确定提供了先进技术的产品，允许在国内市场部分销售。这些城市中有条件的可以兴办技术开放区。兴办开放区的目的，是为了积极引进中国四化建设急需的先进技术，特别是技术知识密集型的新兴工业项目。在开发区内，实行更为优惠的政策。

沿海14个港口城市和海南岛的开放，形成了从南到北沿海开放地带，扩大了对外开放的基地，敞开了对外开放的大门。至此，由经济特区而至沿海城市，由沿海城市而至沿海开放地带，由沿海开放地带而向内地扩散的开放格局，已显现其轮廓。

第八节　贸易发展评价

实行对外开放的政策以来，我国对外开放取得了巨大成就，经济建设迅速发展，对外贸易出现了空前活跃的新局面，在各个方面都发生了重大的变化。我国对外经济关系的发展，经济特区建设的成就和经验，利用外资外技对经济发展的促进，从多方面证明了党的对外开放政策的正确。我国的社会主义经济建设，经过党的十一届三中全会以来几年的调整和改革，经济发展的总形势很好，出现了持续、稳定、协调发展的新局面。1984 年，我国工农业总产值突破 l 万亿元，在 1979 年至 1983 年平均每年递增 7.9% 的基础上，比上年增长 14.2%。对外经济关系的发展，是我国整个经济发展中尤为突出的一个方面。经济建设的巨大成就，也是与对外经济关系的发展分不开的。六年的对外开放，使中国对外经济贸易的各个方面发生了巨大变化。

一、进出口总额创历史最好水平，对外贸易关系有新发展

在对外经济关系方面，对外贸管理体制进行了初步改革，采取了一些扩大地方自主权，鼓励和扶持出口创汇的措施，努力发展出口，积极组织进口，使我国的进出口贸易额有了较大的发展，创历史最好水平。这一阶段，中国贸易占世界贸易的位次不断靠前。1981 年，中国进出口在世界进出口中的位次为 22 位，1982 年上升至 20 位，1984 年上升至 16 位。1979 年，中国出口在世界出口中的位次为 32 位，1981 年上升至 19 位，1984 年上升至 18 位。1984 年，世界进出口总额为 39700 亿美元，中国进出口总额为 535.5 亿美元，中国进出口占当年世界进出口比重为 1.35%；世界出口总额为 19560 亿美元，中国出口总额为 261.4 亿美元，中国出口占当年世界出口比重为 1.34%；世界进口总额为 20140 亿美元，中国进口总额为 274.1 亿美元，中国进口占当年世界进口比重为 1.36%。1984 年，中国 GDP 为 2561.07 亿美元，中国进出口总额为 535.5 亿美元，占当年 GDP 比重为 20.91%；中国出口总额为 261.4 亿美元，占当年 GDP 比重为 10.21%；中国进口总额为 274.1 亿美元，占当年 GDP 比重为 10.7%。

1984 年，中国与世界上 176 个国家建立贸易关系，并同其中的 93 个国家和欧洲经济共同体签订政府间贸易协定和议定书。中国与世界不同类型国家和地区的贸易额都有增长。中国的国别、地区贸易中，工业发达国家中占最大比重。其中，日本为中国最大贸易伙伴。1984 年，中国与日本进出口额为 139.84 亿美元，是 1978 年的 2.9 倍，占当年全国进出口比重为 26.11%；中国与中国香港进出口额为 98.78 亿美元，是 1978 年的

3.79 倍，占当年全国进出口比重为 18.45%。美国、欧洲经济共同体在中国对外贸易中占有重要地位。中国与美国进出口额为 64.87 亿美元，是 1978 年的 6.53 倍，占当年全国进出口比重为 12.11%。1984 年，中国与欧洲经济共同体的贸易额比 1978 年增长 6.86 倍。中国与发展中国家和地区的贸易额比 1978 年增长 13 倍。中苏贸易额比 1978 年增长 1.7 倍。中国与其他国家和地区的相互贸易额，都有不同程度的增长。①

二、出口商品品种大量增加，出口贸易结构逐步优化

工农业生产的发展，为出口贸易提供了丰富的货源。出口产品的品种由建国初期的不到 1 万种，发展到 5 万多种。骨干商品和"拳头"商品出口不断增加，累计已有 40 个商品出口额占世界第一位，其中大部分是土特产品，此外，还有蚕丝、棉布等加工品以及黑白钨丝、锑等贵重稀有金属。出口贸易结构发生了明显变化。1984 年，中国出口石油 2341 万吨，占全国出口换汇额的 1/4。以进养出商品的出口占出口额的 1/3。机电产品销往 142 个国家，占出口总额的 1/10 左右，并且由一般产品向中高档和成套设备发展。按联合国商品分类标准统计，中国 1984 年出口商品中，工业制成品占 50.1%，初级品的比重为 49.9%。而 1978 年出口商品中，工业制成品占 46.5%，初级品的比重为 53.5%。这表明中国长期以出口初级品为主的落后而不合理的商品结构已初步得到改善，正在向合理化、先进化的方向发展。

三、利用外资方式多样化，规模迅速扩大

1979 年以来，中国政府在利用外资方面采取了多项重大措施，制定 40 多部涉外经济法规。与美、加、瑞典、罗马尼亚等国签订有关保护投资安全的协定。1980 年 4 月 17 日和 5 月 15 日，中国相继恢复在国际货币

---

① 赵德馨：《中华人民共和国经济史（1967—1984）》，河南人民出版社 1989 年版，第 795～798 页。

基金组织、世界银行、国际开发协会和国际金融公司的合法代表权。这些为中国利用外资创造了有利条件。1978年前，中国利用外资的方式，主要是通过买方信贷，进口西方国家的成套机器设备。1978年后，利用外资的方式逐渐多样化。在吸收国外贷款方面，采取利用外国政府、银行、国际金融组织贷款和国际金融市场发行外币债券等多种形式。在吸收国外直接投资方面，采取举办中外合资企业、合作经营、合作开发、补偿贸易、加工装配、租赁以及外商独资兴办企业等方式。

1978年至1984年间，中国政府与日本、丹麦、科威特、马耳他、意大利等国政府签订政府间贷款协定。中国银行与英、法、日、意等国签订一定数量的信贷协议。中国国际信托投资公司与40多家外国银行签订信贷协议。该公司1981年12月在日本首次发行100亿日元债券。截至1984年，已发行300亿日元债券。1984年11月，中国银行在日本发行200亿日元债券，票面利率为7%，发行价格为99.65日元，偿还期10年。这是中国银行首次在国外发行公募债券。它为筹措外资开辟了新途径。

随着吸收外资方式的多样化，利用外资的规模日益扩大。截至1984年底，中国利用外资的协议金额达253亿美元，其中直接投资额为103.5亿美元，间接投资为149.5亿美元。实际利用外资金额172亿美元，相当于同期国内基本建设总投资额的10%左右。在上述直接投资项目中；中国企业和外国（地区）公司签订的各种合同有4000多个。其中合资经营企业931个，合作经营企业83个，补偿贸易合同1180多个。这些合同涉及的行业，包括石油、化工、交通、电子、建材、纺织、轻工、医药卫生、农牧渔业、食品工业、旅游等。投资者来自港澳的居多。其次来自美国、日本、英国、法国、瑞士、比利时、联邦德国、意大利、挪威、瑞典等20多个国家和地区。

四、加工贸易异军突起

加工贸易的发展是对外贸易体制改革的产物。由于加工贸易的经营主体主要是外商投资企业和乡镇企业，它们基本上是按照市场机制运行，对价格信号反应灵活，因而其成长迅速。加工贸易成为我国企业参与国际分工的重要渠道。加工贸易为国内企业融入国际市场提供了渠道，使我国形成了符合国际市场要求的制造业平台，特别是国内企业通过加工贸易的深加工结转方式为跨国公司进行配套生产，使用外方提供的技术、营销渠道实现了"借船出海"。加工贸易的发展，推动我国对外贸易实现了从以初级产品为主向制成品为主的出口结构的转变。总体来看，我国加工贸易企业的技术和高于同行业平均水平，促进了国内产业结构升级。它为中国对外贸易规模的扩大，中国在国际贸易中地位的提升作出了巨大贡献。但与此同时，它对中国对外贸易的发展也产生了一些负面影响。作为一个落后的发展中国家，通过对国内产业及市场的适度保护推动本国产业的升级亦有其必要性。外商通过来华投资开展加工贸易从而避开了中国相应的贸易壁垒，使中国一些必要的贸易保护政策效果降低甚至完全失效。

我国加工贸易发展很快，但总体而言，加工环节主要仍集中在最终产品的组装和低端零部件的配套生产，劳动密集度高，技术含量较低，在核心技术、产品设计、软件支持、关键零部件配套、关键设备和模具以及品牌等环节上，多数被外方所控制，在全球价值链上处于低端，国内价值链有待进一步延伸。当然，加工贸易所产生的问题是与特定阶段、特定政策密切相关的，特别是随着中国贸易自由化程度的提高，贸易保护失效等问题将会迎刃而解。随着我国利用外资水平的提高，加工贸易的档次也在提高，问题的关键在于如何制定更为有效的政策加速加工贸易的升级，使其发挥对我国产品结构和产业结构的优化作用，提高我国在国际分工中的地位。[①]

五、有计划、有选择地引进先进技术

1978年，由于盲目追求大计划、高指标，造成技术引进工作的失误。

---

① 孙玉琴：《中国对外贸易体制改革的效应》，对外经济贸易大学出版社2005年版，第186页。

后来，对技术引进的内容和方式进行较大调整。1981年1月国务院在《技术引进和设备进口工作暂行条例》中规定，严格控制成套设备进口，着重引进适用而先进的技术。在技术引进和设备进口工作中，各部门和地方应密切配合，统一计划，统一行动，力求避免重复。凡技术引进和设备进口项目，都要编制项目建议书和项目可行性报告，并制定具体的消化和掌握引进技术的规划。

经过调整，技术引进的重点和方式发生了变化。引进重点由过去以新建项目为主，转向以对现有企业进行技术改造为主。1981年至1984年的引进合同中，除少数成套设备合同（如电站设备合同等）为新建项目外，其余大多数为改造现有企业项目。引进方式由过去以引进成套设备为主，转向以采用许可证贸易、合作生产、顾问咨询和技术服务为主。如1984年的引进合同中，许可证贸易、合作生产、顾问咨询和技术服务等四类合同占全年合同总数的67.1%。这四类引进方式中，技术许可证贸易方式又占主导地位。其合同数占全年技术引进合同总数的41%，合同总金额达1.82亿美元，占全年合同总金额的19.2%。

在国民经济调整过程中，技术引进规模稳步扩大，1979年至1984年的六年中，引进技术总额为64.5亿美元。1984年同有关国家和地区签订并经审查批准的合同共计322项，合同总金额为9.5亿美元，比1983年的合同数和金额分别增长51.6%和69.8%。

对外经济贸易关系的新发展，对整个国民经济的发展起了重要的作用。第一，通过对外商品交流，为满足工农业生产和人民生活需要提供了大量物质资料，填补了国民经济总需求的部分缺口。第二，引进的大量技术，创办的合资企业，有利于提高某些部门的技术水平。随着对这些技术的消化、吸收、推广，对整个国民经济技术水平的提高将产生重大影响。第三，对国外资金的利用，弥补了建设资金的不足，加强了对海洋石油资源及其他资源的勘探开发。同时，对国内科技教育事业的发展也起了一定的促进作用。如世界银行向中国提供的约2亿美元的大学教育贷款，为26所重点院校提供了电子计算机及其他较先进的科学仪器及设备，这有助于这些学校教学手段的现代化。

改革开放最初几年的成绩是可喜的。这只是中国走向世界的开始，和一些发达国家比较起来，无论出口贸易总额，还是利用外资的额度，中国都相差甚远。中国是一个发展中的社会主义国家，要实现整个生产的商品化、社会化、现代化，还需要一个相当长的历史时期。以一个"人口多、底子薄"的中国和国际资本打交道，其困难是很多的。但是，只要坚持对外开放的基本国策，坚持对外经济贸易体制改革和整个国民经济体制的配套改革，中国的对外经济贸易关系就会得到进一步发展，中国在国际经济生活中就会发挥更大的作用。

本章参考文献

1. 董长芝等：《中华开放强国策》，大连海运学院出版社1992年版。

2. 编委会：《当代中国对外贸易》，当代中国出版社1992年版。

3. 孙玉琴：《中国对外贸易体制改革的效应》，对外经济贸易大学出版社2005年版。

4. 课题组：《中国加工贸易问题研究》，经济科学出版社1999年版。

5. 杨圣明：《中国关税制度改革》，中国社会科学出版社1997年版。

6. 赵德馨：《中华人民共和国经济史（1967—1984）》，河南人民出版社1989年版。

7. 《刘少奇论新中国经济建设》，中央文献出版社1993年版。

8. 《邓小平文选》第二卷，人民出版社1993年版。

第六章

1984～1989年城市改革
与商品经济时期

第一节　国内外贸易环境

一、国际贸易环境

自20世纪70年代后半期开始，世界经济正处于由资源逐渐枯竭导致的严重危机之中。西方经济的总格局是"滞胀"，20世纪80年代前半期转为经济危机和低通货膨胀。20世纪70年代末到80年代初，世界经济年增长率由1950年至1973年的5%下降到1979年至1983年的1%。1983年世界经济开始复苏，1984年世界经济回升达到高峰，但仍面临不少困难和问题。主要表现为：恢复增长速度慢，失业水平高。生产过剩导致的普遍的供过于求，带来新贸易保护主义抬头。为了防止本国工业生产进一步下降和失业率上升，许多发达国家一方面在发达国家间的平均进口税率降低的同时，对来自发展中国家的加工产品则仍课以较重的关税。另一方面，采取不断扩大的非关税贸易保护措施，包括极其复杂的调整和控制手段。如卫生检疫、不合理的质量规格、标准化、技术规章等等的规定和"自动"出口限制、"有秩序的销售安排"以及各种类型的出口补贴等限制进口的双边和多边协定，重点保护陷入结构性危机的产业部门，从而严重影响发展中国家加工工业和对外贸易的发展。

1984～1989年，我国所面临的国际政治和经济形势发生了重大的变化，西方国家以贷款、贸易、科技和意识形态渗透等各种手段诱压东欧国家，促使它们向西方靠拢，向资本主义"和平演变"。苏东动荡的局势对我国发展经贸合作也产生一定影响。苏联、东欧国家局势的变化，一方面助长了西方发达国家对我国的经济制裁，另一方面也影响双边经贸关系的发展。1988年我国同苏联、东欧国家的贸易额为64.3亿美元，占我国对外贸易总额的8%，其中中苏贸易额为32亿美元，苏联已成为我国的第五大贸易伙伴。我国同它们其他方面的经济技术合作也开始起步。同苏联签订的承包和劳务合同人数已达1.5万人。由于东欧局势变化和持续动荡，1988年下半年对我国的对外贸易影响较大，1989年更为明显。

二、国内贸易环境

1978年12月党的十一届三中全会以后，中国开始实行改革开放的国家战略，进行经济体制改革，其中包括外贸体制的改革。"六五"后期，从1984年第四季度开始，经济发展过程中出现了一些问题：固定资产投资规模过大，消费基金增长过猛，货币发行过多，出现了历史上少有的经济过热。这些也成为"七五"开局的基础条件。经济过热局面成为整个"七五"期间不得不认真对待的难题。

"七五"计划的编制工作历时3年。1983年，国务院即着手组织"七五"计划的起草工作。1986年3月，经六届人大四次会议审议批准。"七五"计划的主要任务是：进一步为经济体制改革创造良好的经济环境和社会环境，努力保持社会总需求和总供给的基本平衡，使改革更加顺利地展开，力争在5年或更长一些的时间内，基本上奠定有中国特色的新型社会主义经济体制的基础；保持经济的持续稳定增长，在控制固定资产投资总额的前提下大力加强重点建设、技术改造和智力开发，在物质技术和人才方面为20世纪90年代经济和社会的继续发展准备必要的后续能力；在发展生产和提高经济效益的基础上，继续改善城乡人民生活。

"七五"期间可以分为两个阶段，前一阶段从1986年到1988年9月，特点是经济发展持续过热，不稳定因素增加；后一阶段从1988年9月到1990年，为经济的治理整顿时期。"七五"时期是实现党的十二大提出的到20世纪末"工农业总产值翻两番"、"前十年打基础"战略部署的重要时期，也是新旧体制转轨过程中两种体制并存同时又激烈冲突的时期。"七五"时期经济体制改革步伐加快，通过改革，我国经济体制的格局和国民经济运行机制都发生了重大变化，为以后的进一步深化改革奠定了基础。

这一阶段外贸体制改革的主要内容是放开部分贸易经营权（包括对外资企业），以及贸易公司自主化改革，其中又分为三个分阶段：（1）1979年至1987年间，政府根据政企分开、外贸实行代理制、工贸结合、技贸结合、进出口结合的原则，下放部分外贸经营权，开展工贸结合试点，简化外贸计划内容，实行出口承包经营责任制。（2）1988年至1991年期间，全面推行对外贸易承包经营责任制，地方政府、外贸专业总公司和工贸总公司向中央承包出口收汇，上交外汇和经济效益指标，承包单位自负盈亏，出口收汇实行差别留成。（3）1990年12月9日，外贸企业出口实行没有财政补贴的自负盈亏，以完善对外贸易承包经营责任制。其中1984年10月20日，党的十二届三中全会一致通过《中共中央关于经济体制改革的决定》，明确提出：进一步贯彻执行对内搞活经济、对外实行开放的方针，加快以城市为重点的整个经济体制改革的步伐。改革的基本任务是建立起具有中国特色的、充满生机和活力的社会主义经济体制，促进社会生产力的发展。1987年1月，党的十三大报告阐述了社会主义初级阶段理论，提出了党在社会主义初级阶段"一个中心、两个基本点"的基本路线，制定了到21世纪中叶分三步走、实现现代化的发展战略，并提出了政治体制改革的任务。党的十三大是党的十一届三中全会以来路线的继续、丰富和发展，实现了马克思主义中国化的新飞跃，开辟了具有中国特色的社会主义建设之路。1988年9月，邓小平提出了"科学技术是第一生产力"的著名论断。

第二节　国际贸易状况

　　1979年到1989年，外贸企业承包经营责任制改革阶段。财政对外贸企业的补贴尚未取消，外贸经营主体尚未确立真正的市场主体地位，外商投资企业的出口导向型特征初具雏形。从表6.1可以看出，这一阶段对外贸易虽有很大增长，特别是1988年对外贸易总额迈上了千亿美元台阶，但外商投资企业的出口比重还很低，多数年份的贸易差额都出现逆差状况，只有两个年份有少量顺差，说明此阶段中国出口贸易整体上比较优势尚未形成。我国1984～1988年的外贸依存度逐年上升，从1984年的17.08%上升到1988年的27.34%，由于受国际环境的影响，我国在1989年的外贸依存度较1988年有所下降。

表6.1　1984～1989年中国对外贸易情况

单位：亿美元

年份	进出口总额	增长（%）	外贸依存度	出口	进口	差额	外资企业出口	比重（%）
1984	535.49	22.77	17.08	261.4	274.1	-12.7	0.69	0.264
1985	696.02	29.98	24.18	273.5	422.5	-149	2.97	1.086
1986	738.46	6.10	26.66	309.4	429.0	-119.6	5.82	1.881
1987	826.53	11.93	27.31	394.4	432.2	-37.8	12.1	3.068
1988	1027.84	24.36	27.34	475.2	552.7	-77.5	24.61	5.179
1989	1116.78	8.65	26.09	525.4	591.5	-66.0	49.14	9.353

资料来源：根据1984～1990年各年的《海关统计》、《中国统计年鉴》整理。

与此同时，我国出口贸易在世界贸易中所占比例稳步提高。

表6.2　1984～1989年中国进出口额占世界贸易的比例

单位：亿美元

年份	中国进口额	占世界的比例（%）	中国出口额	占世界的比例（%）
1984	274.1	1.360373260	261.4	1.335642902
1985	422.5	2.078999864	273.5	1.388073406
1986	429.0	1.930282375	309.4	1.441319163
1987	432.2	1.668479726	394.4	1.562001787
1988	552.7	1.865269934	475.2	1.655291205
1989	591.5	1.852449591	525.4	1.700032392

资料来源：UNCTAD Handbook of Statistics 2008。

从表6.3可以看出，这一阶段劳动密集型产品已成为中国的比较优势产品，初级产品的出口比重大大降低了，从而实现了出口结构从资源型向轻型化、劳动密集化的转变。

表6.3　中国出口的比较优势形成情况

	农产品	矿产品	劳动密集型	资本密集型	制造业
1985 年					
商品比重	21.7	28.8	35.5	12.9	50.4
世界市场份额	2.3	1.9	5.2	0.4	1.2
比较优势指数	1.50	1.30	3.30	0.26	0.78
1989 年					
商品比重	12.4	9.4	50.8	26.8	80.1
世界市场份额	2.4	1.6	10.3	1.2	2.8
比较优势指数	0.93	0.61	4.02	0.47	1.08

注：比较优势指数（RCA），为中国出口商品比重与世界出口商品平均比重的比值。

资料来源：宋立刚：《贸易自由化与商品结构变化》，北京学术研讨会论文，1996年10月。

第三节 主要贸易伙伴

1984～1989 年，随着政府在改革开放所取得的成就及对市场经济的认识，对外贸体制进行了初步的探索和改革，进而在主要贸易伙伴国发生变化，前二十名主要贸易对象国排名极不稳定，但主要贸易伙伴国和地区主要集中在日本、中国香港、美国、德意志联邦共和国、约旦、英国、苏联、法国、新加坡、加拿大、澳大利亚、巴西、意大利等十几个国家和地区。

表 6.4 为中国在 1984～1989 年间与前二十位主要贸易伙伴的双边贸易额，从总体上可以看出以下几点：

1. 从 1984～1989 年，中国与排名前二十位的贸易伙伴之间的双边贸易额呈上升趋势。从 1984 年的 456.4 亿美元上升到 1985 年的 603.3 亿美元，1986 年为 637.1 亿美元，1987 年为 770.8 亿美元，1988 年为 873.7 亿美元，1989 年为 959 美元。

2. 在这段时期，排名前五位的主要是日本、美国、中国香港、德意志联邦共和国、苏联和新加坡。其中，1984～1986 年都是日本排名第一，中国香港排名第二、美国第三、德意志联邦共和国第四、新加坡和苏联分别为第五。而在 1987～1989 年，中国香港取代日本成为中国内地的第一大贸易伙伴，日本退居第二，美国保留第三的位置，其中 1987 年巴西跃居第四，德意志联邦共和国保留第五，1988 年和 1989 年都是德意志联邦共和国和苏联保持第四和第五的位置。

3. 从各个年份看排名变化情况：

1984 年日本排名第一，中国香港排名第二，美国排名第三，排名第四位到第二十位的分别是德意志联邦共和国、新加坡，加拿大、约旦、苏联、澳大利亚、英国、巴西、意大利、罗马尼亚、法国、朝鲜、荷兰、泰国、马来西亚、叙利亚、比利时。

1985 年排在前五位的依然是日本、中国香港、美国、德意志联邦共和国、新加坡，而苏联、巴西、意大利、法国依次上升为第六、第七、第十、第十三，而加拿大、约旦、罗马尼亚、朝鲜却依次降为第八、第十二、第十四和第十八。澳大利亚和荷兰保持原来第九和第十六的位置。同时印度尼西亚、西班牙和捷克进入前二十，而马来西亚、叙利亚和比利时退出中国贸易伙伴前二十名的位置。

1986 年排在前五位的是日本、中国香港、美国、德意志联邦共和国、苏联。苏联、英国、澳大利亚、意大利、法国、波兰、捷克斯洛伐克依次上升为第五、第六、第八、第九、第十一、第十三和第十九。而新加坡、巴西、罗马尼亚却依次降为第七、第十四和第十五。约旦和荷兰保持原来第十二和第十六的位置。同时瑞士和德意志民主共和国进入前二十，而印度尼西亚、朝鲜退出中国贸易伙伴前二十名的位置。

1987 年排在前五位的是中国香港、日本、美国、巴西、德意志联邦共和国。中国香港、巴西、加拿大、荷兰依次上升为第一、第四、第八和第十五。而日本、德意志联邦共和国、苏联、英国、澳大利亚、法国、波兰、罗马尼亚、瑞士却依次降为第二、第五、第六、第十一、第十、第十三、第十四、第十六和第二十。印度尼西亚、扎伊尔、泰国进入中国贸易伙伴前二十名的位置。

1988 年和 1989 年排在前六位的均是中国香港、日本、美国、德意志联邦共和国、苏联和新加坡。1988 年，位置明显退后的是巴西，从第四降落到十八，其次是约旦，从十二到二十。其余国家排名均有所上升。其中马来西亚、捷克斯洛伐克重新进入前二十。而在 1989 年，加拿大、英国、罗马尼亚、印度尼西亚排名有所下降，意大利、法国、澳大利亚、马来西亚、巴西、捷克则有所上升，泰国和荷兰保持原有位置，波兰和瑞士重新进入前二十名而扎伊尔和约旦退出前二十的排名。

根据表 6.5 中国与各大洲的进出口贸易总额和比重可以看出，贸易绝对额都在逐年增加，其中亚洲增加额最大，从 1984 年的 312.96 亿美元增加到 1989 年的 678.66 亿美元，增加 365.7 亿美元，欧洲与中国双边贸易

表 6.4　1984～1989 年我国前二十大贸易伙伴

单位：万美元

排名	1984		1985		1986		1987		1988		1989	
	国家或地区	双边贸易额	国家或地区	双边贸易额	国家或地区	双边贸易额	国家或地区	双边贸易额	国家或地区	双边贸易额	国家或地区	双边贸易额
1	日本	1398429	日本	2114430	日本	1721792	中国香港	2221452	中国香港	3024184	中国香港	3445632
2	中国香港	987820	中国香港	1200128	中国香港	1539430	日本	1647248	日本	1897916	日本	1892862
3	美国	648690	美国	742972	美国	734844	美国	786845	美国	1001111	美国	1227315
4	德意志联邦共和国	212429	德意志联邦共和国	314095	德意志联邦共和国	455928	巴西	691524	德意志联邦共和国	491806	德意志联邦共和国	498772
5	新加坡	145484	新加坡	232288	苏联	263979	德意志联邦共和国	435514	苏联	325804	苏联	399599
6	加拿大	137395	苏联	197809	英国	244474	苏联	251868	新加坡	250345	新加坡	319098
7	约旦	133545	巴西	141108	新加坡	175930	新加坡	194534	加拿大	224522	意大利	255005
8	苏联	132678	加拿大	139366	澳大利亚	161302	加拿大	180704	意大利	224482	法国	194831
9	澳大利亚	117492	澳大利亚	132103	意大利	150135	意大利	179364	英国	155729	澳大利亚	189539
10	英国	87501	意大利	120366	加拿大	131717	澳大利亚	162001	法国	150204	英国	171867
11	巴西	84655	英国	109954	法国	105359	英国	143160	澳大利亚	146933	加拿大	148959
12	意大利	78403	约旦	100327	约旦	105251	约旦	138693	泰国	114228	泰国	125616
13	罗马尼亚	76612	法国	93741	波兰	98176	法国	133552	荷兰	111622	荷兰	120954
14	法国	61446	罗马尼亚	85521	巴西	96439	波兰	86156	扎伊尔	98416	马来西亚	104460

续表

排名	1984		1985		1986		1987		1988		1989	
	国家或地区	双边贸易额	国家或地区	双边贸易额	国家或地区	双边贸易额	国家或地区	双边贸易额	国家或地区	双边贸易额	国家或地区	双边贸易额
15	朝鲜	52434	西班牙	60556	罗马尼亚	80510	荷兰	83841	罗马尼亚	93738	巴西	102447
16	荷兰	50503	荷兰	59972	荷兰	74414	罗马尼亚	82745	印度尼西亚	91796	捷克斯洛伐克	89715
17	泰国	44917	波兰	49038	瑞士	70632	印度尼西亚	77922	马来西亚	87708	印度尼西亚	80522
18	马来西亚	41330	朝鲜	48839	比利时	55143	扎伊尔	71235	巴西	86963	罗马尼亚	77929
19	叙利亚	36941	印度尼西亚	45705	捷克斯洛伐克	54238	泰国	70975	捷克斯洛伐克	83888	波兰	74745
20	比利时	35956	捷克斯洛伐克	45517	德意志民主共和国	50985	瑞士	69275	约旦	76333	瑞士	70525

资料来源:1984～1989年中国统计年鉴。

额则从 99 亿美元增加到 235 亿美元，北美洲从 78.6 亿美元增加到 137.6 亿美元，拉丁美洲则从 16.4 亿美元增加到 29.68 亿美元，与非洲贸易增幅较小，也极其不稳定。占比重最大的是亚洲国家或地区，其次是欧洲，再次是北美洲、非洲、拉丁美洲和大洋洲，其中亚洲的进出口贸易比重一直稳定在 58% 上下，其中最高为 1989 年的 60.77%，最低为 1986 年的 55.04%；欧洲一直稳定在 20% 左右，其中 1986 年占有比重最高，为 26.35%，1984 年最低为 18.49%，北美洲进出口贸易比重一直在 12% 上下，其中 1984 年最高为 14.68%，1986～1989 年都维持在 12% 左右，拉丁美洲和大洋洲总和比重不到 6%，相对进出口贸易较少。

表6.5　1984～1989 年中国与各大洲的进出口贸易总额和比重

单位：万美元

		1984	1985	1986	1987	1988	1989
亚洲	贸易额	3129621	4142059	4064885	4798000	6028455	6786617
	比重（%）	58.44	59.51	55.04	58.05	58.65	60.77
北美洲	贸易额	786085	882338	866561	967550	1225683	1376274
	比重（%）	14.68	12.68	11.73	11.71	11.92	12.32
大洋洲及太平洋岛屿	贸易额	138840	155261	190188	193874	196419	228518
	比重（%）	2.59	2.23	2.58	2.35	1.91	2.05
拉丁美洲	贸易额	164104	256947	208672	173338	257611	296878
	比重（%）	3.06	3.69	2.83	2.1	2.51	2.66
欧洲	贸易额	990206	1426312	1946025	1907016	2183859	2350776
	比重（%）	18.49	20.49	26.35	23.07	21.25	21.05
非洲	贸易额	121703	83040	100967	162093	217282	116655
	比重（%）	2.27	1.19	1.37	1.96	2.11	1.04

资料来源：根据 1984～1990 年各年的《海关统计》、《中国统计年鉴》整理。

表 6.6 是中国与亚洲国家和地区在 1984～1989 年的贸易情况和份额表，从表中不难看出，日本和中国香港是我国在亚洲最重要的贸易伙伴。其中日本在 1984～1986 年这三年中都是中国在亚洲的第一贸易伙伴国，而中国香港在 1987～1989 这三年中，取代日本而成为中国内地的第一贸易伙伴，

无论是增速或是增量都在亚洲贸易伙伴中占据第一，特别是1988年和1989年，中国香港和内地的贸易量占内地贸易的一半以上，这主要得益于我国改革开放和贸易体制的改革，使我国大量企业从事外贸业务，借助中国香港这一国际贸易港口，促进了内地的对外贸易。而新加坡、朝鲜、中国澳门也是我国在亚洲的主要贸易伙伴，三个国家和地区的贸易综合比例相对于日本和中国香港来讲处于较低位置，总和为6%左右。

表6.6 中国与亚洲主要国家和地区的贸易情况及份额

单位：万美元

年份		1984	1985	1986	1987	1988	1989
日本	进出口总额	1398429	2114430	1721792	1647248	1897916	1892862
	占亚洲比重（%）	44.68	51.05	42.36	34.33	31.48	27.89
中国香港	进出口总额	987820	1200128	1539430	2221452	3024184	3445632
	占亚洲比重（%）	31.56	28.97	37.87	46.3	50.17	50.77
新加坡	进出口总额	145484	232288	175930	194534	250345	319098
	占亚洲比重（%）	4.65	5.61	4.33	4.05	4.15	4.7
朝鲜	进出口总额	52434	48839	50939	51330	57902	56193
	占亚洲比重（%）	1.68	1.18	1.25	1.07	0.96	0.83
中国澳门	进出口总额	35257	30304	39601	53628	58846	61500
	占亚洲比重（%）	1.13	0.73	0.97	1.12	0.98	0.91

资料来源：根据1984~1990年各年的《海关统计》、《中国统计年鉴》整理。

第四节 国际贸易结构

中国外贸的发展与进出口商品结构的转变是分不开的。正是得益于这一结构性转变，越来越多体现中国比较优势的产品进入国际市场，并创造了中国外贸持续高增长的局面。

改革开放之初的 1978 年到 1984 年，中国大陆的出口主要依赖初级产品，其中石油一直是中国最主要的外汇收入来源。工业制成品的比重在 50% 以下，其中主要又是加工程度较低的纺织品（如棉布、纺纱等）和矿冶产品。这种较低层次的出口结构，仅仅是利用了自己资源不惜"血本"换汇而已，并没有发挥出劳动力的比较优势。这种贸易结构受当时国际市场初级产品价格波动的影响很大。中国的出口也随之出现较大起伏。虽然在对美欧市场的开拓方面有所加强，我国出口在数量上扩大了，但反映在总体增长率上却不高。以 1983 年为例，中国的出口商品中，17 大类（黑色金属、有色金属、电力、煤炭、石油、重化工、轻化工、重型机械、轻型机械、建材、重型林业产品、轻型林业产品、食品、纺织、缝纫和皮革制品、纸品和文教用品、农业产品）中有 14 类是亏损的，赢利的仅有石油（盈利率 56.9%）、煤炭（盈利率 10.4%）和建筑材料（盈利率 8.6%）三类。这反映出由于当时国内价格体系的严重扭曲，上述亏损类商品在国内的计划价格体系中的价格被明显压低，无法真实地判断出口产品的比较优势，从而在很大程度上导致资源性产品的大量出口。相反，那些可以形成比较优势的劳动密集型的轻纺产品，在出口时只能接受补贴来弥补亏损。由于缺乏刺激出口的因素，加之出口产品结构较为单一，1980～1985 年这 5 年成为中国出口的相对低增长时期。在这 5 年间，中国出口中初级产品和工业产品所占的比重大致相当，各占 50% 左右。1985 年之后初级产品的出口比重开始下降，工业产品比重上升。1985 年的出口中，初级产品的比重达到改革开放以来的最高点 50.56%，石油和煤炭比重超过 1/4，纺织品继续保持 5 年前 17% 左右的水平。而最能反映中国劳动力比较优势的服装和鞋类，出口增长不多。

20 世纪 80 年代，中国在巩固发展轻纺产品出口的同时，大力发展机电产品出口，出口商品结构进一步改善，工业制成品出口比重达到 80%，其中机电产品和纺织品及服装占出口总额的比重分别上升到 15.8% 和

25%。为了鼓励出口，1984 年底，中国开始积极采取措施。经过一两年的外贸体制改革政策刺激后，外贸领域逐渐打破行政"条块"，地方外贸公司自负盈亏，外贸领域进入了竞争年代。而这种竞争使企业开始重新审视"以产定销"的贸易形式，经营理念逐步从"卖方市场"朝着"买方市场"迁移。1985 年之后，中国大陆的出口结构开始出现新的发展趋势，逐渐走上了一条发挥劳动力优势、出口劳动密集型产品的轻型化蜕变之路。中国出口产品经历的第一次大的结构性转变发生在 1986 年，以纺织服装出口首次超过石油出口为重要标志，工业制成品的比重首次超过初级产品，标志着中国出口主导产品由 20 世纪 70 年代的资源密集型产品为主转变为劳动密集型产品为主。1986 ~ 1989 年，初级产品出口逐年下降，1989 年比例为 28.7%，而工业制成品（低加工的纺织品、服装、鞋等典型劳动密集型产品）逐年上升，1989 年出口占当年出口总额的 71.3%，比 1984 年提高了近 17 百分点，中国出口实现了资源型向轻型化和劳动密集化的演变。

表 6.7　1984 ~ 1989 年我国出口商品构成

单位：亿美元

	1984	1985	1986	1987	1988	1989
总值	261.4	273.5	309.4	394.4	475.2	525.38
初级产品	119.34	138.28	112.72	132.31	144.06	150.78
食品及活动物	32.32	38.03	44.48	47.81	58.9	61.45
饮料及烟类	1.1	1.05	1.19	1.75	2.35	3.14
非食用原料	24.21	26.53	29.08	36.5	42.57	42.12
矿物燃料、润滑油及有关原料	60.27	71.32	36.83	45.44	39.5	43.21
动、植物油脂及蜡	1.44	1.35	1.14	0.81	0.74	0.86
工业制成品	142.05	135.22	196.7	262.06	331.1	374.6
化学品及有关产品	13.64	13.58	17.33	22.35	28.97	32.01
按原料分类的制成品	50.54	44.93	58.86	85.7	104.89	108.97
机械及运输设备	14.93	7.72	10.94	17.41	27.69	38.74

续表

	1984	1985	1986	1987	1988	1989
杂项制品	46.97	34.86	49.48	62.73	82.68	107.55
未分类的其他商品	15.97	34.13	60.09	73.87	86.87	87.33

资料来源：根据1984～1990年各年的《海关统计》、《中国统计年鉴》整理。

表6.8　1984～1989年初级产品出口额和工业制成品出口额比重表

单位：万美元

年份	出口总额	初级产品出口额	比重（％）	工业制成品出口额	比重（％）
1984	2614000	1193400	45.65	1420500	54.34
1985	2735000	1382800	50.56	1352200	49.44
1986	3094000	1127200	36.43	1967000	63.57
1987	3944000	1323100	33.55	2620600	66.45
1988	4752000	1440600	30.32	3311000	69.68
1989	5253800	1507800	28.70	3746000	71.30

资料来源：根据1984～1990年各年的《海关统计》、《中国统计年鉴》整理。

这一时期商品结构变化，清晰地折射在了素有外贸"晴雨表"之称的广交会之上。一批适销对路的服装、玩具、鞋类等成为广交会上的主打产品；缝纫机、自行车、日用五金百货等开始取代传统的农副土特产品。反过来，通过广交会这个对接国际市场的窗口，国内企业可以直接参与国际竞争，又进一步促进了产品形式和种类的创新。但是必须指出的是，这一时期的商品技术含量和附加值仍然较低，能叫得上牌子的产品数量屈指可数。

引领中国产品转型升级的外来关键因素，则是外资企业的带动和影响。20世纪80年代，中国的加工贸易主要是与中国香港和东南亚投资企业合作的轻加工制成品，如服装、纺织品、箱包、鞋类产品的出口。境外企业利用与国际市场的联系、技术和管理经验，与中国低成本的劳动力和土地资源相组合，形成了新的出口竞争优势。

表 6.9 1984～1989 年我国进口商品构成

单位：亿美元

	1984	1985	1986	1987	1988	1989
总值	274.1	422.5	429.1	432.1	552.7	591.4
初级产品	52.08	52.89	56.49	69.15	100.68	117.54
食品及活动物	23.31	15.53	16.25	24.43	34.76	41.92
饮料及烟类	1.16	2.06	1.72	2.63	3.46	2.02
非食用原料	25.42	32.36	31.43	33.21	50.9	48.35
矿物燃料、润滑油及有关原料	1.39	1.72	5.04	5.39	7.87	16.5
动、植物油脂及蜡	0.8	1.22	2.05	3.49	3.69	8.75
工业制成品	222.02	369.63	372.55	363.01	452.07	473.86
化学品及有关产品	42.37	44.69	37.71	50.08	91.39	75.56
按原料分类的制成品	73.18	118.98	111.92	97.3	104.1	123.35
机械及运输设备	72.45	162.39	167.81	146.07	166.97	182.07
杂项制品	11.82	19.02	18.77	18.78	19.82	20.73
未分类的其他商品	22.2	24.55	36.34	50.78	69.79	72.15
初级产品比例	19%	12.5%	13.16%	16%	18.2%	19.8%
工业制成品比例	80.99%	87.49%	86.8%	84.01%	81.79%	80.13%

资料来源：根据 1984～1990 年各年的《海关统计》、《中国统计年鉴》整理。

表 6.9 显示了这段时期中国的进口商品结构。从表中可以看出以下几点：

1. 1985 年和 1986 年中国进口的初级产品所占比重略有下降，但从 1985 年开始，初级产品出口比例依次上升，比重在 1989 年达到最高为 19.8%。

2. 1985 年至 1989 年中国进口的工业制成品所占比重不断下降，其比重由 1985 年的 87.49%下降至 1989 年的 80.13%。

3. 在中国初级产品的进口中，呈现明显上升趋势的商品类别是矿物燃料、润滑油及有关原料，比例从 1984 年的 2.67% 增加到 1989 年的 14.04%。

4. 在中国工业制成品的进口中，呈现明显下降趋势的商品类别是化学品及有关产品和按原料分类的制成品。化学品及有关产品的比重由 1984 年的 19% 下降至 1989 年的 15.95%。按原料分类的制成品的比重由 1984 年的 33% 下降至 1989 年的 26%。而机械运输设备的进口则由 1984 年的 32.6% 上升到 1989 年的 38.4%。其他商品类别的比重变化不是特别明显。

表 6.10　1984～1989 年我国出口国别（地区）结构比例

单位:%

	1984	1985	1986	1987	1988	1989
总值	100	100	100	100	100	100
亚洲	73.18	70.52	64.37	67.84	69.33	71.5
中国香港	24.06	26.96	32.10	35.39	38.83	42.15
中国澳门	1.11	0.93	1.03	1.09	0.93	0.90
日本	16.00	20.99	14.31	15.19	15.49	16.14
约旦	4.57	3.68	3.38	3.44	1.54	0.61
新加坡	3.64	7.83	3.51	3.18	2.66	3.25
北美洲	9.33	9.63	9.64	8.85	8.01	9.27
加拿大	0.71	0.84	0.89	0.94	0.79	0.79
美国	6.87	9.92	8.09	7.61	6.82	8.48
大洋洲	0.96	0.87	0.82	0.92	0.90	0.94
拉丁美洲	2.01	0.98	1.49	1.26	0.82	1.06
欧洲	13.69	16.87	22.69	18.67	17.74	16.84
法国	0.81	0.89	1.06	1.14	1.04	1.02
德意志联邦共和国	2.13	2.53	2.77	2.97	3.02	3.09
意大利	0.94	1.20	1.09	1.29	1.35	1.37
荷兰	0.65	0.75	0.82	1.00	1.02	1.46
罗马尼亚	0.92	0.99	0.75	0.93	0.70	0.58
瑞士	0.86	1.31	1.04	0.87	0.73	0.34
英国	1.38	1.68	1.70	1.81	1.58	1.22
苏联	1.83	3.62	3.96	3.01	3.17	3.55
非洲	2.82	2.09	2.47	3.71	4.01	1.42

资料来源：根据 1984～1990 年各年的《海关统计》、《中国统计年鉴》整理。

表 6.10 显示了中国出口国别（地区）结构。从表中可以看出：亚洲是中国出口的第一大目的地，但是，中国出口亚洲商品所占比重有所下降，由 1984 年的 73.18% 下降至 1989 年的 71.5%。中国出口到中国香港的商品比重有所上升。中国出口到日本的商品比重基本平衡，中国出口中国澳门、新加坡等地区的比重有所下降。中国出口非洲的商品比重有所下降，其比重由 1984 年的 2.82% 下降至 1989 年的 1.42%。中国出口欧洲的商品比重有所上升，其比重由 1984 年的 13.69% 上升至 1989 年的 16.84%。中国出口拉丁美洲的商品比重有所下降，其比重由 1984 年的 2.01% 下降至 1989 年的 1.06%。中国出口北美洲和大洋洲的商品比重比较平稳。

表 6.11　1984~1989 年我国进口国别（地区）结构

单位:%

	1984	1985	1986	1987	1988	1989
总值	100	100	100	100	100	100
亚洲	43.06	53.08	49.09	50.63	51.56	52.00
中国香港	12.45	11.27	13.09	19.80	22.30	21.24
朝鲜	0.99	0.57	0.63	0.64	0.43	0.31
印度尼西亚	0.96	0.78	0.75	1.38	1.26	0.98
日本	25.93	25.45	22.17	17.00	13.67	17.84
马来西亚	0.49	0.40	0.31	0.52	0.501	1.17
新加坡	0.72	0.43	0.61	0.64	0.79	2.53
泰国	1.17	0.72	0.98	1.41	1.54	2.46
北美洲	21.46	14.69	13.36	14.62	15.81	15.14
加拿大	3.43	2.05	1.73	2.53	2.70	1.82
美国	12.88	10.28	8.23	8.94	9.41	13.32
大洋洲及太平洋岛屿	4.59	3.10	3.85	3.70	2.86	3.03
澳大利亚	2.92	2.04	2.73	2.61	1.57	2.49
拉丁美洲	4.41	5.42	3.80	2.91	4.07	4.09
欧洲	24.75	22.93	29.28	27.70	25.13	24.98
法国	1.10	1.39	1.42	1.61	1.49	2.40

续表

	1984	1985	1986	1987	1988	1989
德意志联邦共和国	5.30	5.62	6.78	6.46	5.17	5.72
意大利	1.24	1.44	1.62	1.83	1.79	3.10
罗马尼亚	1.41	1.07	1.19	0.84	0.70	0.80
瑞士	1.41	1.07	1.19	0.85	0.71	0.81
英国	2.56	2.29	1.89	1.71	1.22	1.84
苏联	1.99	2.15	3.34	2.65	2.62	3.64
非洲	1.69	0.75	0.59	0.41	0.54	0.72

资料来源：根据1984～1990年各年的《海关统计》、《中国统计年鉴》整理。

表6.11显示了中国进口国别（地区）结构。从表中可以看出：亚洲是中国进口的第一大来源地。中国内地从香港进口的商品比重由1984年的12.45%上升至1989年的21.24%，而中国从日本进口的商品比重由1984年的25.93%下降至1989年的17.84%；中国从非洲进口的商品比重下降，其比重由1984年的1.69%下降至1989年的0.72%；中国从欧洲和拉丁美洲进口的商品比重分别保持在25%和4%左右；中国从北美洲进口的商品比重先下降后上升的趋势，1986年比重最低，为13.36%。

第五节　国际贸易方式

一、加工贸易

加工贸易是我国最重要的贸易方式，改革开放以来，加工贸易从无到有、从小到大，实现了高速度、跨越式发展，取得了举世瞩目的巨大成就，对国民经济和工业化进程起到了重要的推进作用。加工贸易在推动国民经济和社会发展、推进产业结构调整和技术进步、优化我国出口商品结构、扩大利用外资、扩大就业、密切港澳台关系等方面发挥了重要的作用，对中国外贸量的增长和质的提升做出了巨大贡献。从改革开放初期以轻纺等劳动密集型产品出口到后来的机电、高新技术产品等资本、技术密集型产品为主的出口，加工贸易的发展，推动我国对外贸易实现了从以初级产品为主向制成品为主的出口结构的转变，为促进产业结构升级、改善出口商品结构、促进我国的经济增长、就业、税收、创汇等方面及推进我国工业化进程有着功不可没的巨大贡献。

加工贸易是我国企业参与国际分工的重要渠道。加工贸易为国内企业搭建了融入国际市场的桥梁，使我国逐渐形成了符合国际市场要求的制造业平台，特别是国内企业通过加工贸易的深加工结转方式为跨国公司进行配套生产，使用外方提供的技术、营销渠道实现了"借船出海"。加工贸易为我国带来了大量的新产品、新技术，直接带动了众多新兴制造业的发展。

改革开放初期，国家主要将加工贸易作为解决创汇和就业问题的权宜之计，所以采取的政策主要是"对用于加工贸易的进口实行保税政策，免征进口关税；除少数敏感商品外，对绝大多数商品的进口取消配额等非关税"。这种开放式的信任管理模式世界独一无二，发挥了我国在国际分工中的比较优势，加之不断活跃的投资政策，中国的加工贸易迅速发展起来。

在这一时期，加工贸易尚处在探索与鼓励发展阶段。加工贸易以来料加工为主，进料加工逐步兴起。从20世纪80年代开始，外经贸体制改革的重大政策调整之一是将"三来一补"的外贸业务扩大到各种类型的企业，鼓励设立三资企业并容许其进行自营产品出口和自用料、件和设备进口。从制度创新方面看，"三来一补"的加工贸易开始只是一种贸易方式，但由于对内执行的贸易合同对象可以是国营企业、集体企业、乡镇企业甚至是个体企业或个人，其制度上的创新程度大大超前于当时的国内整体经济改革。"三来一补"贸易与吸引外资政策的结合，发挥了中国劳动力资源丰富的优势，改善了资金短缺无法发挥劳动力优势的瓶颈效应，而且能节省学习成本，避开中国开拓国际市场能力不足带来的经营风险。

表6.12 1984～1989年加工贸易进出口统计数据

单位：亿美元

年份	进出口				出口						进口						加工贸易增值率（%）	加工贸易顺差额
	全国		加工贸易		全国		加工贸易			全国		加工贸易						
	进出口	同比（%）	进出口	同比（%）	占比（%）	出口	同比（%）	出口	同比（%）	占比（%）	进口	同比（%）	进口	同比（%）	占比（%）		
1984	535	22.7	59	40.5	11	261	17.6	29	52.6	11.1	274	28	30	30.4	10.9	-3.3	-1
1985	697	30.3	75	27.1	10.8	274	5	34	17.2	12.4	423	54.4	41	36.7	9.7	-17.1	-7
1986	738	5.9	123	64	16.7	309	12.8	56	64.7	18.1	429	1.4	67	63.4	15.6	-16.4	-11
1987	826	11.9	190	54.5	23	394	27.5	88	57.1	22.3	432	0.7	102	52.2	23.6	-13.7	-14
1988	1028	24.5	287	51.1	27.9	475	20.6	140	59.1	29.5	553	28	147	44.1	26.6	-4.8	-7
1989	1116	8.6	362	26.1	32.4	525	10.5	198	41.4	37.7	591	6.9	164	11.6	27.7	20.7	34

资料来源：根据中国国家统计局：《中国统计年鉴》(1984～1990) 整理。

1988 年《以进养出试行办法》、《关于加强综合管理促进对外加工装配业务发展的通知》等政策的出台，明确了对进料加工的鼓励和扶持，放宽了对进料加工的限制。随着鼓励性政策的出台和加工贸易生产、加工、装配能力的增强，进料加工业务得到迅速发展。加工贸易进出口值及其在全国进出口总值中所占比例快速上升。

二、补偿贸易

补偿贸易一般是指甲方在信贷的基础上，从乙方买进设备、技术，约定在一定的期限之内，用其生产出来的产品包括半成品，或者用其他商品，或者以劳务来分期清偿贷款包括商定的利息的一种贸易方式。我国从20 世纪 70 年代中期以后，特别是在 1979 年实行对外开放政策以来，也开始把补偿贸易作为利用外资、引进技术的一种方式，并取得了一定的成效。补偿贸易的基本特征是进口与出口相结合，以出口抵付进口。具体有如下几个特点：（1）贸易与信贷相结合。在易货交易的基础上衍生出来的贸易方式，但是，传统的易货交易不动用贷款，而且只是甲乙双方之间的行为，并不涉及第三者，可见，补偿贸易有别于易货交易。甲方购进设备、技术等的前提是乙方所在国金融机构提供信贷，或者是由甲方所在国金融机构提供信贷。（2）贸易与生产相联系。进行补偿贸易的甲乙双方的关系并不是一次性的单纯买卖关系。乙方往往要关心甲方工程项目的进展和产品的生产情况，特别关心用以返销的产品的质量。因此，乙方除提供设备外，往往还要提供零配件、相应的技术和帮助甲方培训人员。在这一点上，补偿贸易项目与用现汇引进设备的项目不同，与延期付款购买设备的项目也不同。后二者都只是单向以现汇支付的贸易，而补偿贸易项目既有买又有卖，但原则上不动用现汇。（3）在补偿贸易中，甲方在经济上完全是自负盈亏，甲方不仅承担支付进口总价款的义务，而且承担付息的责任，因而对进口的商品、对建成的工程项目及其产品均拥有完全的所有权和使用权。所以，补偿贸易既不同于合资经营，也不同于来料加工。我国截至 1985 年通过补偿贸易方式吸收国外直接投资达 7.68 亿美元，在

7.68亿美元的补偿贸易成交额中，广东、北京分别占25%和19.7%，上海也成交7000多万美元，约占9.3%。但总的来说，我国补偿贸易项目的金额都较小，期限也比较短。近年来，各地开展的补偿贸易项目已开始突破中小型企业的框框，朝金额大、期限长的方向发展。如广东一家啤酒厂同法国德希尼布公司达成了一笔金额近2000万美元的补偿贸易交易。美国西方石油公司对我国煤炭开发投资的大项目基本上也是以煤炭返销来抵偿的。

三、边境贸易

边境贸易作为国家对外贸易的一种特殊形式，在改善边民生活、促进边疆建设、繁荣边远地区经济过程中，为缩小落后地区和发达地区的差距，起到积极的综合平衡作用。虽然我国目前的边境贸易规模还不大，但应该看到边境贸易在我国国民经济中将会占据一定的战略地位。我国不仅有2万多公里的国境线，陆上同12个国家接壤，而且最主要的是我国边境行政区有9个，面积占全国50%以上，人口约占全国15%，除去东北三省，其余均为我国"七五"规划中划定的西部落后地区。1985年西部6个边境省区的工农业总产值仅占全国的7%，其中最大的新疆和西藏分别只占全国的1%和0.1%。6个省区的工业总产值仅占全国的5%，其中新疆60.4亿元、西藏1.7亿元，分别仅占全国的0.9%和0.02%。党的十一届三中全会后，党的改革和开放政策带来了边境贸易的生机，1982年中苏两国外贸部长换文后，内蒙古和黑龙江率先被外贸部批准重新恢复同苏联的边境贸易，1985年内蒙古开始同蒙古开展边境贸易，1986年新疆同苏联的边境贸易达成协议，至此中国已有辽宁、吉林、黑龙江、内蒙古、新疆、西藏、云南等七个边境省区，同朝鲜、苏联、巴基斯坦、尼泊尔、缅甸、老挝等六个国家开展了边境贸易。据估计，仅内蒙古、黑龙江两省区，从1984年至1987年6月，边境贸易额已达3亿瑞士法郎以上，实现税利约1.3亿元人民币。积累国家资金，国家可以获得边境贸易的大部分税款。例如黑龙江1984～1985年的边境贸易中，共产生税利3600万元，而国家以税收形式就取得资金1860万元，国家不花一分钱投资，却

能得到大部分税款包括关税。地方政府能从边境贸易中获得一部分税款和
大部分的利润。如黑龙江为了更进一步开拓边境贸易，1984～1985 年从
中提取投资金额共 248 万元，以加速对现有口岸绥芬河和准备新辟的口岸
黑河、同江、牡丹江的基本建设。边境贸易决不仅仅是我国对外贸易的一
种可有可无、被动的补充或一种权宜措施，而应该是我国对外开放战略的
重要组成部分，在我国国民经济发展中尤其是在边境地区的国民经济发展
中，应该占有相当重要的地位，边境贸易发展的盛衰直接关系到边疆开发
和建设的进程，也关系到我国四化实现的快慢。

第六节　贸易体制与政策

1978 年 12 月党的十一届三中全会以后，中国开始实行改革开放的国
家战略，进行经济体制改革，其中包括外贸体制的改革。这一阶段的主要
内容是放开部分贸易经营权（包括对外资企业），以及贸易公司自主化改
革，其中又分为三个分阶段：（1）1979 年至 1987 年间，政府根据政企分
开、外贸实行代理制、工贸结合、技贸结合、进出口结合的原则，下放部
分外贸经营权，开展工贸结合试点，简化外贸计划内容，实行出口承包经
营责任制。（2）1988 年至 1991 年间，全面推行对外贸易承包经营责任
制，地方政府、外贸专业总公司和工贸总公司向中央承包出口收汇，上交
外汇和经济效益指标，承包单位自负盈亏，出口收汇实行差别留成。（3）
1990 年 12 月 9 日，外贸企业出口实行没有财政补贴的自负盈亏，以完善
对外贸易承包经营责任制，为了配合外贸企业改革，国家采取了放宽外汇
管制，实行出口退税政策，外经贸部下放部分权力等一系列配套改革的措
施，增强了运用经济杠杆调节宏观经济的能力，并为外贸企业利用市场机
制、自主经营创造了外部环境。1984 年 10 月 20 日，党的十二届三中全会
一致通过《中共中央关于经济体制改革的决定》，明确提出：进一步贯彻

执行对内搞活经济、对外实行开放的方针，加快以城市为重点的整个经济体制改革的步伐，是当前我国形势发展的迫切需要。改革的基本任务是建立具有中国特色的、充满生机和活力的社会主义市场经济体制，促进社会生产力的发展。1986 年 12 月 5 日，国务院作出《关于深化企业改革增强企业活力的若干规定》。《规定》提出全民所有制小型企业可积极试行租赁、承包经营。全民所有制大中型企业要实行多种形式的经营责任制。《规定》的出台是推动城市经济体制改革的重大步骤，对于进一步简政放权，改善企业外部条件，扩大企业经营自主权，促进企业内部机制改革，具有重要意义。1987 年，党的十三大阐述了社会主义初级阶段理论，提出了党在社会主义初级阶段"一个中心、两个基本点"的基本路线，制定了到 21 世纪中叶分三步走、实现现代化的发展战略，并提出了政治体制改革的任务。党的十三大是党的十一届三中全会以来路线的继续、丰富和发展，实现了马克思主义中国化的新飞跃，开辟了具有中国特色的社会主义建设之路。1988 年 9 月 5 日邓小平提出了"科学技术是第一生产力"的著名论断。

1984 年 9 月 19 日，国务院批准了对外经济贸易部关于外贸体制改革意见的报告，打破高度集权的外贸总公司垄断全国外贸的局面。内容包括：

一、政企分开

外贸实行政企分开后，经贸部和省、自治区、直辖市经贸厅（委）专门负责对外贸易的行政管理，外贸企业进出口业务，独立核算，自负盈亏。各级行政部门，不干涉外贸企业的经营业务。经过简政放权，进一步扩大省级外贸自主权。各省及下属对外贸易组织开始成为外贸活动的主力军。据统计，1979 年下半年至 1987 年，我国共批准设立各类外贸公司220 多家，1979 年后成立的众多"三资"生产企业也拥有本企业产品出口和有关原材料进口的经营权。

二、实行进出口代理制，改进外贸经营管理

进出口代理制成为外贸经营的基本形式。当时的设想是通过进出口代

理制的推行，使外贸经营企业提供各种服务，代为生产、供货企业办理进出口业务，收取手续费，盈亏由委托单位负责。这样一方面既能使外贸总公司、分公司、地市县外贸公司之间的财务关系脱钩，创造让它们成为独立核算的经济实体的条件；另一方面又能克服生产企业、出口经营企业之间的利益不平衡问题。但实践证明，进口代理制行得通，而出口代理制却难以推行。到1986年，进口商品代理作价的比重已经达到80.46%，相比之下已经实现出口代理制的比重却只有6%。而且出口代理制也并没有取消出口商品的财政补贴，而仅仅是将原先补贴给外贸企业的做法，改为补贴给工业企业。出口代理制难以推行的原因主要有两方面：第一是计划体制与出口代理制相矛盾。当时出口贸易计划分为出口商品收购计划和出口计划，计划任务是下达给外贸出口企业执行的，它们是计划任务的直接承担者。外贸企业要通过收购或代理两种方法完成计划任务。而生产和供货企业由于不直接承担出口计划任务，因而在代理和供货两种方式中有较大的选择权。在出口不如内销更有盈利，或不如内销更便于资金周转的情况下，生产和供货企业更愿意选择供货收取货款。这样，外贸出口企业要完成出口任务，就不得不采取收购的办法。而当时要改变这种计划体制，显然各方面条件还不具备。第二是财务体制与出口代理制相矛盾。由于出口补亏是与出口收汇挂钩的，它通过经贸部、进出口总公司、分公司"条条"下达，补贴的直接对象是进出口公司。出口代理制的补亏对象是生产企业和供货企业，它是通过各级政府部门"块块"下达。在财政补贴不减而又要花费很大成本去改变原先的财务体制和补亏方式的条件下，各方面积极性都不会高，而原有财务体制的维持又妨碍出口代理制的推行。

推行出口代理制的成效甚微，但与此相反的是核定出口成本对于减少外贸企业亏损却产生一定积极效果。出口成本即出口商品换汇成本，是指一种商品换汇1美元所需支付的人民币成本，可以用以下公式表示：

$$出口成本 = \frac{出口商品平均进货成本 + 外贸企业商品流通成本}{出口商品平均销售收入}$$

核定出口成本就是要求外贸企业在上期实际出口成本基础上降低或是

提高一定的幅度，作为下期的核定出口成本。1984年出台的具体要求是：第一，出口成本在5元以上的商品，一般要求出口成本必须降低15%～30%的幅度，因此可以减少出口商品单位亏损30%～60%；第二，出口成本在4元以上的商品，一般要求出口成本必须降低5%～20%的幅度，因此可以减少出口单位亏损20%～70%；第三，出口成本在2.8元以下的盈利商品，出口成本必须降低5%～10%的幅度，因此可以增加盈利25%左右。通过核定外贸企业的出口成本，普遍出现了压低出口商品国内价格的现象，从而使外贸企业的收购进货价格和成本有相当幅度的下降，但却在一定程度上减少了生产企业的盈利水平，从而使部分工厂将原来供应出口的商品转为内销。因此，1984～1986年三年间，出口贸易的平均增长速度比1979～1982年四年间的平均增长速度高16个百分点。这说明，尽管核定出口成本是行政措施，但对于外贸企业不计成本追求出口数量、忽视经济效益的行为有较强的约束力，并产生了积极的效果。

出口商品换汇成本有所下降。1984年，全国平均出口换汇成本降至2.80元，比上年下降10.25%，如果剔除石油出口，下降幅度则达到11.54%。1985年出口成本回升10.7%，但也只达到3.10元，仍低于1983年水平，剔除石油出口，出口成本上升幅度仅为5.28%（详见表6.13）。

表6.13　1984～1987年间出口平均换汇成本

单位：人民币/美元

年份	平均换汇成本	同比升降幅度	全年平均官方汇率	贸易内部结算价
1984	2.80	−10.3%	2.32	2.8
1985	3.10	10.7%	2.94	
1986	4.03	30.0%	3.45	
1987	4.20	4.2%	3.72	

资料来源：转引自林桂军：《改革开放以来人民币汇率问题的研究》，对外经济贸易大学1995年；林九江：《外贸价格与汇率实务》，山东人民出版社1993年版。

扭亏工作取得进展，出口财政补贴减少。1983年我国进出口商品亏损总额为100亿元人民币，而1985年虽然出口换汇成本回升，但由于该年第四季度人民币汇率由1美元兑换2.90元人民币贬值到3.20元，从而使人民币汇价高于全年平均出口换汇成本，出口由亏损转为盈利。1985年进出口亏损总额下降到56亿元人民币，比上年又下降12亿元，下降幅度为17.65%，其中出口由上年的亏损29.5亿元，转为盈利8.76亿元。在进口商品中，粮食、棉花、化肥三大高亏商品的补贴额也有明显的下降。

表6.14　三大高亏进口商品补贴额

单位：亿元人民币

年份	粮食进口 亏损补贴	棉花进口 亏损补贴	化肥进口 亏损补贴	占当年财政物价补贴百分比 （%）
1980	20.76	10.42	9.81	16.9
1984	17.34	0.52	6.69	6.6
1985	8.64	——	8.95	5.9
1986	8.08	——	5.26	5.2

资料来源：《中国经济年鉴（1988）》，经济管理出版社1989年版。

三、改革外贸计划体制

缩小进出口商品的指令性计划范围，扩大指导性计划范围，注意发挥市场调节作用，打破商品垄断经营，放开经营。1984年1月，外经贸部规定28类限制进口的商品，允许包括经贸部所属外贸公司、其他部门所属的外贸公司、省政府经营的外贸公司等一批机构无须经过经贸部就可进口非限制类商品。同时明确，在外贸出口管理方面将出口商品的经营权分为三类：一类为垄断经营商品，二类是政府倾向于适度干预竞争或受被动配额限制的商品，其余的是三类商品。这三类商品分别由中央、外贸专业总公司和地方分别协调管理。经过对商品经营权下放的改革，第三类放开经营商品出口有了长足的发展。需要出口许可证的出口产品数量到1999年降至59种。

四、改革外贸财务体制

实行核定出口成本，增盈分成、减盈自理的办法，扩大企业财务自主权。改革前的外贸行政管理部门直接控制着外贸公司的财务。在外贸企业同主管行政部门脱钩后，尝试用税来替代财务直接给付。曾经试行的办法之一是对盈利大的商品征收出口调节税（对利润在 7.5% 以下的商品不征出口调节税）；同时对亏损产品给予定额补贴。由于国内计划价格扭曲，所以不同产品间的账面利润及相应出口调节税负担十分不平等。这种妨碍企业追逐高额利润的出口调节税开征 78 天后就停止了。

另外，在 1984 年到 1986 年期间实行对外贸企业在核定出口成本的基础上，增加盈利部分的 60% 企业留作自行发展之用，40% 给职工发放福利和奖金。这种把外贸企业出口经营效益与企业、个人收入直接挂钩的办法，极大地刺激了出口的积极性。这些激励措施还包括允许计件工资和奖金成为一种分配形式；改革企业利润留成办法，由全额利润留成改为基数利润留成加增长利润留成；建立企业所得税和个人所得税制度；开始试行"以税代利"、独立核算、自负盈亏的企业经营方式，使企业成为真正的经营主体，并于 1983 年 6 月开始正式推行"利改税"。

1979 年 8 月 13 日为了进一步调动企业出口创汇积极性，增加国家外汇收入，国务院颁布了《关于大力发展对外贸易增加外汇收入若干问题的规定》，恢复外汇留成制度，实行贸易和非贸易外汇留成，即国家根据不同地区、不同部门、不同行业确定不同的留成比例，将有外汇收入的厂商一部分外汇结售给国家，另一部分外汇留给创汇企业，并对外汇留成比例、留成外汇的使用范畴、留成现汇使用办法和留成外汇额度办法进行了相应的规定。广东、福建两省在开放之初作为灵活对外开放政策的一部分，可将出口收汇全部自行留用。从 1984 年 1 月起，多数省份也有权保留一定比例的外汇收入；1985 年 1 月起，允许企业自己决定使用 50% 的留成外汇。由于有自主使用留成外汇的权利，企业开始从完成指令性创汇计划指标的单纯经营目标中摆脱出来。在地方承担较前更多补贴和出口任务的同时，中央政府也给承包各方以保留外汇额度并进行交易的权利。外汇留成制度改变了外汇分配权和使用权高度集中的情况，允许企业拥有一部分由自己支配使用的外汇，把用汇与创汇相结合，调动了企业创汇的积极性,对于弥补出口企业亏损,进口生产所需设备技术起到了积极作用。

从20世纪80年代开始,外经贸体制改革重大的政策调整之一是将"三来一补"的外贸业务扩大到各种类型的企业,鼓励设立三资企业并容许其进行自营产品出口和自用料、件和设备进口。从制度创新方面看,"三来一补"的加工贸易开始只是一种贸易方式,但由于对内执行的贸易合同对象可以是国营企业、集体企业、乡镇企业甚至是个体企业或个人,其制度上的创新程度大大超前于当时的国内整体经济改革。"三来一补"贸易与吸引外资政策的结合,发挥了中国劳动力资源丰富的优势,改善了资金短缺无法发挥劳动力优势的瓶颈效应,而且能节省学习成本,避开中国开拓国际市场能力不足带来的经营风险。

从1985年起,我国经济高速增长,投资规模过大,信贷投放过多,消费基金失控,通货膨胀,物价上涨,出口减少,进口需求膨胀。1985年和1986年两年出现巨额贸易逆差,外汇储备剧降。1986年全国出口商品平均换汇成本升至4.03元,升幅达到30%,而当年官方汇率仅为3.45元。这使核定出口成本的原则难以继续执行,即便执行将更不利于扩大出口,而此时国家急需扩大出口以平衡国际收支,并补充外汇储备。因此,自1987年起实行出口奖励政策,外贸企业每收汇1美元给予人民币2分和外汇额度1美分的奖励。考核指标改为出口收汇、出口换汇成本和利润总额三项,并分别考核奖励。1987年,外经贸部对所属外贸专业总公司实行了出口承包经营责任制。各外贸专业总公司向外经贸部承包出口总额、出口商品换汇成本、出口盈亏总额等三项指标,实行超亏不补、减亏留用、增盈对半分成,并按三项指标完成情况兑现出口奖励。经过调查研究,中共中央总结了改革实践中的新鲜经验。1987年10月,党的十三大报告指出:"为了更好地扩大对外贸易,必须按照有利于促进外贸企业自负盈亏、放开经营、工贸结合、推行代理制的方向,坚决地有步骤地改革外贸体制。"① 根据中共中央的决定,国务院于1988年2月发出《关于加快

---

① 《中国共产党第十三次代表大会文件汇编》,人民出版社1987年版。

和深化对外贸易体制改革若干问题的规定》，决定全面推行对外贸易承包经营责任制，建立自负盈亏、放开经营、工贸结合和推行代理制的外贸体制。改革的核心主要是通过建立和完善以汇率、税收等为主要杠杆的经济调节体系，推动外贸企业实现自负盈亏。主要内容有：（1）国家在对出口的财政补贴加以限制。在全面实行出口退税制度的前提下，由各省、自治区、直辖市和计划单列市政府以及全国性外贸（工贸）总公司向国家承包出口收汇，上缴中央外汇和相应的补贴额度，承包基数三年不变。（2）进一步改革外汇体制。取消原有使用外汇控制指标，凡地方、部门和企业按规定所取得的留成外汇，允许自由使用，并开放外汇调剂市场。（3）进一步改革外贸计划体制、财务体制、外贸行政管理体制和进出口商品经营体制，对进出口商品实行分类经营的管理办法。除统一经营、联合经营的21种出口商品保留双轨制外，其他出口商品改为单轨制，即由各省、自治区、直辖市和计划单列市直接向中央承担计划，大部分商品均由有进出口经营权的企业按国家有关规定自行进出口。（4）在轻工、工艺、服装三个进出口行业进行外贸企业自负盈亏的改革试点。（5）设立进出口商品行业商会。1988年先后成立食品土畜、纺织服装、轻工工艺、五矿化工、机电和医药保健品各进出口商会及若干商品分会。

外贸企业第一轮承包责任制的要点是：（1）明确了以外贸企业作为对外贸易市场经营主体的改革方向，但鼓励工贸结合和出口代理制，从而使外贸企业的组织结构更加多样化，经营方式更加灵活。（2）进出口商品的计划管理进一步放松，对大部分商品放开经营，以适应多渠道经营和向企业放权的需要，指导性计划和市场调节的商品约占出口总额的70%，占进口总额的60%。（3）在财务体制方面，改变实行进出口代理制所要求的跨系统的条块分解组合的设想，而是在外贸系统内部进行条块的分解和重新组合，即"条条承包、地贸分包、包到企业、条块保证"。这种改革方式，保证了用较低的成本、较快的速度改变了以往长期形成的外贸系统自上而下垂直的财务关系，从而使企业有可能脱离传统和习惯的旧财务关系的束缚，得以向市场主体的方向发育成长。（4）没有取消对进出口贸易亏损的财政补贴，但核定亏损额，实行超亏不补、减亏留用、增盈全留的约束激励办法。但同时规定新的出口奖励办法，每出口1美元给予人民币2分和外汇额度1美分的奖励。这个规定实际上软化了核定亏损额的约束手段。实践证明，实行外贸企业承包责任制初步改变了责权利分离的状况，大大调动了各方面的积极性，有力推动了外贸的发展。

1984年2月，邓小平在视察广东、福建后，肯定了建立经济特区的政策，并建议增加对外开放城市，4月，中共中央、国务院根据邓小平的意见召开沿海部分城市座谈会，并于5月4日发出《沿海部分城市座谈会纪要》的通知，确定进一步开放14个沿海港口城市。这14个港口城市是：大连、秦皇岛、天津、烟台、青岛、连云港、南通、上海、宁波、温州、福州、广州、湛江、北海。上述城市交通方便，工业基础好，技术水平和管理水平比较高，科研文教事业比较发达，既有开展对外贸易的经验，又有进行对内协作的网络，经济效益较好，是中国经济比较发达的地区。这些城市实行对外开放，能发挥优势，更好利用其他国家和地区的资金、技术、知识和市场，推动老企业的更新改造和新产品、新技术的开发创造，增强产品在国际市场上的竞争能力，促使这些城市从内向型经济向内外结合型经济转化；将四大经济特区和海南包括在内，从南到北形成一条对外开放的前沿阵地；实现从东到西，从沿海到内地的信息、技术、人才、资金的战略转移。

这些沿海港口城市实行对外开放后，在扩大地方权限和给予外商投资者优惠方面，实行下列政策和措施：（1）放宽利用外资建设项目的审批权限。生产性项目，凡属建设和生产条件不需要国家综合平衡、产品不需要国家包销、出口不涉及配额又能自己偿还贷款的项目，均放宽审批权限。（2）积极支持利用外资、引进先进技术改造老企业。在关税、进口工商统一税、企业所得税、上缴利润、生产计划等方面实行扶植政策。（3）对中外合资、合作经营及外商独资企业，给予优惠待遇。（4）兴办经济技术开发区。大力引进中国急需的先进技术，集中举办三资企业和中外合作的科研机构。在开发区内，放宽利用外资项目的审批权限，产品出口、内销执行经济特区的政策，税收政策更加优惠。（5）增加外汇使用额度和外汇贷款。

第七节　进出口商会

中国进出口商会由中国机电产品进出口商会、中国五矿化工进出口商会、中国纺织品进出口商会、中国轻工工艺品进出口商会、中国食品土畜进出口商会、中国医药保健品进出口商会6大进出口商会构成。

中国纺织品进出口商会成立于1988年10月，是中国纺织服装进出口行业最大的全国性中介组织。截至2009年3月，共有会员企业11000余家，遍及全国31个省、市和自治区，从事各种纺织纤维、纱线、面料、服装、家用纺织品、产业纺织品及辅料的生产和进出口业务。纺织商会会员涵盖全国大多数纺织服装进出口企业、生产企业和三资企业，进出口额占中国纺织服装进出口总额的70%左右。纺织商会的宗旨是：维护行业和会员企业的利益，促进中国纺织服装进出口贸易的可持续发展。其职能可归纳为"协调、指导、咨询、服务"，主要工作如下：维护会员企业的合法权益，向政府反映行业意见和呼声，并对政府决策提供建议和参考；协助政府指导和规范会员企业的经营行为，促进行业自律和互律，制止不公平竞争行为，维护正常的进出口贸易秩序；经商务部授权，负责纺织品被动配额招标的具体实施工作；建立纺织服装敏感商品的监测和预警机制，组织会员企业应对特保、反倾销等国外贸易壁垒；通过《纺织品贸易快讯》、调研报告、各种出版物和商会网站向会员企业提供贸易政策、市场和产业动态、贸易数据等各种信息咨询服务；就会员企业关注的问题组织各种报告会、研讨会、培训项目及其他相关活动；建立与国外同行业组织的对话交流机制，并通过举办年会、信息共享、企业对口洽谈等形式促进会员企业与国外同行的交流与合作；为帮助国内外企业开拓国际和国内两个市场，主办或组织国内外纺织服装展览会，并负责广交会纺织服装馆的组馆工作，同时还组织企业赴国外参展。

中国五矿化工进出口商会于1988年9月1日在北京成立。中国五矿化工进出口商会集中了本行业经营规模最大和最具代表性的企业。会员的经营范围涵盖了黑色金属、有色金属、非金属矿产及制品、煤炭及制品、建材制品、五金制品、石油及制品、化工原料、塑料及制品、精细化工品、农用化工品和橡胶及制品等五矿化工商品。目前，五矿化工商会有会员4200余家，包括了专业外贸公司、工贸公司、三资企业、民营企业和科研院所等各类企业。会员企业每年进出口总额在本行业中占据了近30%的比重；每年约有250多家会员企业进入全国进出口额500强之列。五矿化工商会的会员企业基本代表了我国五矿化工行业的整体实力和水平。商会于2001年通过了ISO9001国际质量体系认证。中国五矿化工进出口商会的主要职责是：遵守法律、行政法规，依照章程对会员的进出口经营活动进行协调指导；维护进出口经营秩序和会员企业的利益；组织对国外反倾销案的应诉工作；进行国内外市场调研，为会员企业提供信息和咨询服务；公正地调解会员企业之间的贸易纠纷；向政府积极有效地反映会员企业的要求和意见，并主动对政府制定政策提出建议；认真监督和指导会员企业守法经营；根据主管部门授权，组织进出口商品配额招标的实施；参与组织出口商品交易会；向政府有关执法部门建议或直接根据同行协议规定，采取措施惩治违反协调规定的会员企业；履行政府委托或根据会员企业要求赋予的其他职责。

中国机电产品进出口商会成立于1988年7月，是由在中华人民共和国境内依法注册、从事机电产品进出口贸易及相关活动的各种经济类型组织自愿联合成立的自律性、全国性行业组织，现有会员7000多家。机电商会始终坚持服务于会员企业、服务于外经贸事业的指导思想，恪守公平、公正、公开的工作原则，在发挥协调和自律作用、维护成员和行业的利益、当好政府的参谋和助手、帮助企业拓展国际市场、发挥政府与企业之间的桥梁纽带作用、促进机电产品贸易与投资持续健康发展等方面发挥了积极作用。中国机电产品进出口商会集中了本行业经营规模最大和最具代表性的企业。会员的经营范围覆盖了从飞机、汽车、船舶、计算机、通讯设备、音频、视频设备、家用电器、仪器仪表、电工产品、机床、工程机械、农业机械到自行车、轴承、电动工具、电子元器件等各类机械电子商品。

中国食品土畜进出口商会成立于1988年9月。中国食品土畜进出口商会的宗旨是：协调、服务、促进、维权。中国食品土畜进出口商会的主要职责是：为企业创造公平竞争的市场环境和良好的经营秩序，维护国家和行业利益，维护会员企业的合法权益，推动行业发展；组织行业和会员企业开拓国际市场；为会员企业提供各种市场、客户、法律法规信息咨询和培训服务；调解会员及国内外企业之间的贸易纠纷；向政府反映行业和会员企业的要求和意见，并对政府制定政策提出建议；监督和指导会员企业守法经营；组织国内外交易会、展览会及研讨会，组织行业与国外同行业组织交流、合作，参加国际同行业组织的活动，开展国际合作与交流；组织国外反倾销应诉，代表行业应对国外贸易壁垒，配合政府解决贸易纠纷，推动质量保障体系和食品卫生安全体系的建设，实施品牌战略，对进口产品倾销及其他不正当竞争行为调查，履行政府委托或根据会员要求赋予的其他职能。商会目前共有5000多家会员企业，其中常务理事53家，理事单位170家。商会会员遍布全国各地，集中了本行业经营规模最大和最具代表性的企业，以及大批中小企业，设立了43个专业商品分会，每个分会均是全国性的行业组织。会员企业经营范围覆盖了粮食谷物、油脂油料、干鲜蔬菜水果、畜禽肉食、水海产品、酒、饮、罐头、糖果等加工食品、林产及林化产品、香精香料、茶叶、蜂产品、食药用菌及制品、花卉、蜡烛、烟花、羽绒羽毛及制品、羊绒兔毛及制品、猪鬃肠衣、裘革皮及制品、地毯等各类农林食品土畜产品。中国食品土畜进出口商会下设14个职能服务部室，43个商品分会。商会聘有一支优秀的懂经济、会外语的专业职工队伍，他们精通商品专业知识，熟悉国内外市场，熟悉行业与企业，并与政府部门保持着广泛的联系，悉心致力于会员企业的生产及贸易活动的协调与促进工作，为会员企业解决生产及进出口贸易中的难题，并提供智力支持。商会配备英、法、德、日、韩、俄、西班牙等各种外语人才以及经济、国际贸易、市场营销、财务、美术设计、IT、信息、法律、食品等各种专业技术人才，可为行业企业提供各种服务。

中国医药保健品进出口商会是 1989 年 5 月 22 日组织成立的。其目的是建立由政府的行政管理、企业的业务经营、商会的协调服务三部分组成的外贸新体制。近二十年以来，商会随着社会主义市场经济体制的逐步建立和医药保健品对外贸易的发展而壮大。现有会员企业 1600 多家，遍布全国各地，国内大部分有影响的医药保健品生产和进出口贸易企业都已加入商会。商会的主要职能是对会员企业的外经贸经营活动进行协调指导，提供咨询服务。本商会的业务协调范围涵盖中药、西药原料和制剂、医疗器械、保健器材、医用敷料、生物药、保健品、功能性化妆品等行业企业和产品。

中国轻工工艺品进出口商会成立于 1988 年，是由从事轻工业品、工艺品进出口贸易的企业依法成立的自律性组织。中国轻工工艺品进出口商会的主要职责是：维护进出口经营秩序和会员企业的利益，协调会员进出口经营活动；为会员提供信息服务，组织国内外研讨、培训；为会员提供法律咨询服务；组织会员参加国内外商品博览会及商务考察；代表行业向政府反映要求、意见和政策建议；与国内外同行业组织进行交流。中国轻工工艺品进出口商会的最高权力机构是会员代表大会，下设理事会、常务理事会。另设 7 个职能部门和 18 个商品分会（协调组）承担日常工作。

第八节　贸易发展及外贸体制改革评价

一、贸易发展评价

党的十一届三中全会以来，在改革开放总方针的指引下，经过全国上下共同努力奋斗，我国对外经济贸易得到迅速发展，我国经济与世界经济的联系日益密切。这主要表现在以下几个方面：

（一）对外贸易规模迅速扩大

根据经贸部进出口贸易统计，1989 年我国进出口贸易总额达到 825.8 亿美元。其中出口额为 434.4 亿美元，比上年增长 6.9%，进口额为 391.4 亿美元，比上年减少 1.8%。从 1979 年到 1989 年，外贸进出口累计额为 5888.52 亿美元，为开放前 29 年累计额的 3.5 倍，年均递增 10.1%，出口累计额为 2929.75 亿美元，为开放前 29 年累计额的 3.33 倍，年均递增 12.3%，进口累计额为 2958.77 亿美元，为开放前年累计额的 3.52 倍，年均递增 9.4%。对外贸易的发展，提高了我国在国际贸易中的地位。同我国有贸易往来的国家和地区由 1978 年的 140 多个发展到 180 多个。

在贸易额增长的同时，我国的进出口商品结构也发生了可喜的变化：工业制品出口所占的比重由 1978 年的 46.5% 上升到 1989 年的 65.3%，初级产品出口则由 53.5% 下降到 34.7%，标志着我国出口商品的附加值明显提高，进口商品中，生产资料一直占 80% 左右，生活资料占 20%，随着我国生产技术水平的提高，高档消费品的进口逐年减少。1989 年高档消费品的进口金额又比上年减少了，其中小汽车、彩色电视机、洗衣机和电冰箱进口均有所减少。这几年外贸收支平衡状况逐步好转，顺差逐年增加。

（二）利用外资取得可喜成绩

1979 年到 1989 年签订国外贷款协议金额累计为 515.3 亿美元，实际使用 393.3 亿美元，批准外商投资企业 21781 个，外商实际投入 154.5 亿美元。在批准的外商投资企业中，工业项目占 56%，旅游宾馆、房地产、公用事业占 27%，海上石油勘探开发项目占 8%，农林渔业占 3%，建筑、交通邮电、教育文化、卫生体育、科研技术服务等占 6%。已有 9900 多家企业投产开业，90% 以上经营良好。1989 年外商投资企业出口达到 36.3 亿美元，占我国上年出口额的 8.4%，外汇顺差 10.8 亿美元。

（三）技术进出口稳步发展

11 年来共引进先进技术和成套设备 3858 项，合计 232.9 亿美元，引进技术的方式也由以引进成套设备为主逐步转向许可证贸易、顾问咨询、合作生产、技术服务等多种较高层次的方式。与此同时，结束了只引进技术的历史，开始出口我国开发的新技术。从1980年至今，共出口技术474项，成交金额14.84亿美元。

（四）承包劳务和海外投资初具规模

这是我国在党的十一届三中全会后开创的新事业。1979年至1989年，我国共对外签订承包工程和劳务合作合同10634项，合同金额累计128亿美元，完成营业额77.7亿美元，创汇12亿美元，累计派出劳务人员约36万人次，业务遍及130多个国家和地区。

（五）对外援助在调整中健康发展

党的十一届三中全会后，我国对外援助贯彻量力而行的方针，相应地调整了援外布局和结构，经济效益和社会效益进一步提高。11年来，我国先后帮助67个发展中国家建成了个成套项目，并对375个建成项目（包括1979年以前的一些援建项目）进行了巩固。同时，在42个国家设立了医疗点，现在国外工作的医疗人员有1262名。我国政府真诚援助的政策，我国援外人员表现出来的国际主义精神、艰苦奋斗的作风，受到第三世界国家的普遍好评。

（六）接受国外援助和国际多边合作取得初步成绩

党的十一届三中全会后，我国突破了"只援外，不受援"的框框，在同联合国有关机构的多边合作中贯彻"有给有取"的方针，即在向这些机构捐款的同时，也接受它们的援助，我国同联合国开发计划署、粮农组织、世界粮食计划署、人口活动基金、工业发展组织、救灾署、技术合作部、跨国公司中心、国际贸易中心和志愿人员组织等开展了卓有成效的合作。从1978年到1990年底，中国接受的由经贸部归口管理的多边援助包括承诺总额为6亿多美元，实际执行额4.7亿美元，安排了600多个项目，涉及国民经济和社会发展许多领域，取得较显著的效益。其他部门归口管理的累计总额还有10亿美元左右。商品领域的国际多边合作也较活跃。我国参加了钨、天然橡胶、苎麻、热带木材、锡、铅、锌、铜、茶叶、棉花等商品的国际多边磋商。在国际经济组织里，还有一个关贸总协定，这是世界上最大的最有影响的一个多边的关税和贸易的协调组织。我国本来是这个组织的缔约国，但新中国成立后我们就未参加过这个组织的活动，直到 1984 年 11 月才作为观察员参与这个组织的活动。1986 年 7 月我国正式向总协定提交了恢复缔约国地位的申请。

对外经济贸易的发展在我国现代化建设中的作用越来越明显。（1）促进国内工农业生产的发展。发展出口贸易，扩大国内产品的销售市场，是促进国内生产发展的重要环节之一。我国每年进口的生产资料占进口总额的 80%，其中绝大部分是国内的短线产品、奇缺的物资和先进适用的技术装备。以 1989 年为例。进口钢材共 847 万吨，占国内钢材总产量的17.8%，主要是薄钢板、管材、特殊钢、合金钢、不锈钢等短线缺门品种，进口天然橡胶 39 万吨，是我国产量的 1.5 倍，进口羊毛 9.5 万吨，占国内产量的 40%，进口木材 659.5 万立方米，占国内产量的 10.8%，进口化肥 1323 万吨，占国内产量的 31.3%，进口粮食 1640 万吨，虽仅占我国产量的 4%，但占商品粮的比重相当大。（2）弥补了我国建设资金积累的不足，加强了国民经济基础设施和薄弱环节的建设。十多年来，我们利用国际金融组织优惠贷款，建成了 220 多个大中型项目，其中基础设施占 60%。我们用外国政府贷款 100 多亿美元，80% 用于能源、交通、通讯和原材料工业建设。十年多来用于港口建设方面的外资 20 多亿美元，建设了 64 个深水泊位及配套设施，设计吞吐能力共 9000 万吨，1988 年经由这些港口向我国南方调运煤炭 3000 多万吨，出口煤炭 1000 多万吨，建成的集装箱码头吞吐量占全国集装箱总吞吐量的 2/3。此外，利用外国政府贷款还新建和扩建复线电气化铁路和复线 1800 公里，每年可增加运输能力 1 亿吨，建成的一些大型发电项目扩大装机容量 559 万千瓦，一年可增加发电量 220 多亿度。（3）引进了先进技术和管理经验，加强了技术改造，使大量的重要产品的生产技术日趋现代化。11 年来，通过技术贸易等各种方式引进技术和设备，建立了一批像上海的宝钢、咸阳显像管厂等具有 20 世纪 70 年代末 80 年代初水平的骨干企业，改变了我们部分企业的技术面貌。通过引进技术使我国机械工业 400 多个重点企业的技术水平已经进入世界行列，有 5000 多个产品达到 20 世纪 70 年代末 80 年代初的水平，用四五年的时间缩短了近 20 年的差距。电子工业通过引进技术对 1/3 的企业进行了改造，使元器件、大规模集成电路、电子计算机、通讯广播、电视几大行业的产品达到世界先进水平，批量生产的国产化水平普遍达到 80% 左右。（4）扩大了劳动就业，有利于安定团结局面的巩固和发展。我国的出口商品大多数属于劳动密集型产品，发展出口商品生产是扩大社会劳动就业的重要渠道。根据测算，按每出口 1 亿元工业品可为 1.2 万人提供就业机会计算，国内从事出口商品生产的就有几千万人。沿海地区搞得较多的"三来一补"，涉及 4 万家工厂，从业人员达 200 多万人。进口也扩大了劳动就业，按国内每亿元工业产值约容纳 8000 个劳动力计算，中国近几年每年进口的生产资料大约可解决近千万人就业。（5）增加国内商品供应，调节和繁荣国内市场，改善人民的生活。我国每年进口的原材料和技术设备，增加了国内市场的生产供应量，提高了商品质量和花色品种。同时还进口了相当数量的生活必需品直接投放市场，对改善国内市场的供应起到了一定作用。可以说，我们国内市场商品供应这样丰富，花色品种和款式更新这样快，是与对外经济贸易的发展密切相关的，目前我国人民衣、食、住、行各方面的改善几乎都与对外经济贸易有关。（6）增加了国家财政收入，积累了建设资金。我国对外贸易的迅速发展扩大了国家税收的来源。与外贸直接有关的进出口关税，出口产品的企业所得税、产品税，进口物资投入生产所发生的一些税收是国家相当可观的财政收入。仅就关税收入一项算，1953 年到 1988 年的关税收入扣除国家用于外贸的政策性补贴后，还为国家净增加财政收入 858 亿元。

二、外贸体制改革评价

中国的外经贸改革因受到出口创汇的经济目标制约，改革的步伐有时要迟于整个经济体制改革。但经济对外开放的总体思路又将外经贸体制推到了市场与计划经济体制矛盾冲突的第一线，而改革的对象是原计划经济

体制和国有外贸企业。外经贸改革的初期目标是要在保持计划体制基本不
变的情况下，通过健全对外经贸的行政管理体制，一方面继续保持国内经
济相对独立于世界经济，另一方面利用国际市场资源解决国内经济发展的
瓶颈。当时的要求是：利用国内外两个市场、两种资源，学会两套本领。
"奖出限入"增加外汇收入以支付技术设备的进口是这一时期贸易政策的
重要特点。1984年政策目标是在确保外汇收入的前提下逐步下放计划权
力。最后，通过20世纪80年代末90年代初计划指标和创汇指标的承包
过渡，实现了对外贸易宏观调控方式的转轨，宏观政策手段由向创汇倾斜
转为向创造公平的市场环境倾斜。

　　中国对外开放和对外贸易政策的演变有力地促进了国内经济体制改
革。我国出口商品实现了向劳动密集型产品为主的转变。作为一个劳动力
丰富而资本、原料匮乏的国家，劳动密集型产品在出口中的比例上升，真
实地反映出我国的资源禀赋状况。中国出口与本国资源禀赋状况趋于一
致，国内资源配置效率得到提高。在计划经济时代，我国国内价格同国际
价格是完全脱钩的，国内在生产、消费领域里都存在着扭曲。外贸的发展
使我国越来越多的产品价格与世界价格逐步实现接轨，减少了国内产品价
格扭曲。

　　对外贸易承包经营责任制打破了长期以来外贸企业吃国家"大锅饭"
的局面，为解决责权利不统一的状况迈出了一大步，从而大大调动了各方
面特别是地方政府的积极性，有力地促进了外贸的发展。它有利于解决中
国经营体制上长期存在的政企不分问题，让企业逐步走向自主经营的道
路，促进了工贸结合，有利于增强外贸企业的国际竞争力。

　　外贸企业第一轮承包经营责任制改革对进出口贸易经济效益的影响主
要体现在：在进口贸易中，企业承包和进口代理制的普及有效减少了企业
进口亏损和财政补贴；但国家定价的少数几类进口商品的企业亏损和财政
补贴仍然大幅度增加，不仅抵消了进口代理作价的成效，而且进口补贴仍
呈现上升趋势。这种政策性亏损说明我国价格体制改革的滞后，将使外贸
企业终难摆脱进口亏损的困境。在出口贸易中，出口换汇成本的增长低于

国内零售物价总指数的平均增长速度。在国内价格普遍上涨而对外贸企业经济效益存在很不利的影响下，外贸企业能够利用国家市场价格上升的有利条件来改善企业的经营状况，出口贸易值的增长高于出口贸易量的增长，外贸出口亏损的增长速度得到有效控制，在第一轮企业承包经营责任制期间，出口贸易的亏损得到一定控制，企业的经营状况和经济效益状况有了一定改善，从而保证了1990年中央财政对外贸企业的亏损补贴大体维持在1987年水平，第一轮企业承包从总体上实现了定额亏损补贴目标。

与此同时，承包制也暴露出一些弊端：（1）尚未建立外贸的自负盈亏机制。承包制仍然保留了中央财政对出口的补贴，财政补贴是一种非规范化的行政性分配，带有主观随意性，也不符合国际贸易的通常做法。（2）助长了局部利益的膨胀和不平等竞争的加剧。对不同地区的承包企业规定不同的出口补贴标准和不同的外汇留成比例，从而造成了地区间的不平等竞争，诱发了对内的各种抢购大战和对外的竞相削价销售，造成外贸经营秩序的混乱。（3）企业行为短期化。企业在追求利润的刺激下，缺乏中长期投资眼光和积极性，只重承包期内任务的完成和超额完成，往往忽略了外贸长期发展的战略目标和战略措施，企业宁可转产附加值低且易迅速出口、换汇成本低的产品，导致国家外向型企业产品结构长期处于低水平运行。（4）承包期一定三年不变，未能适应国内非经营环境的变化。遇有重大的环境变化，承包企业往往难以完成承包任务。进程相适应，自1988年起，外经贸部不再编制、下达外贸收购计划和调拨计划。

这一时期中国外汇管理体制的演变具有从计划向市场过渡的特征。1984年外汇改革后，各级政府均下达创汇指标，而外贸企业在出口中，以完成创汇任务为第一位，成本则放在第二位，外贸企业依赖财政补贴来完成出口任务。因此，换汇成本不断提高，当国家财政不堪重负时，只能通过贬值来保证出口，这就是所谓"汇率跟着换汇成本走"的现象。每轮的贬值都只能暂时性地弥补外贸企业的亏损，很快地又会由于换汇成本的上升而进一步贬值。同时，由于不同地区、不同行业实行不同的外汇留成比例，出现高外汇留成比例的地区到低留成比例地区抬价收购出口货源，以换取更多外汇留成的不正常现象。

表6.15 1987～1989 年出口平均换汇成本与国内零售物价、
工业品出厂价格指数比较

年份	出口平均换汇成本	零售物价总指数	机械工业品出厂价格指数	纺织工业品出厂价格指数	缝纫工业品出厂价格指数
1987	4.2	107.3	104.9	108.3	109.6
1988	4.6	118.5	111.8	122.3	116.2
1989	4.7	117.8	121.2	122.4	118.9

注：物价指数以上年为100。
资料来源：《中国统计年鉴（1993）》，中国统计出版社 1994 年版。

经过外经贸体制改革，我国外贸在世界贸易中的地位不断提高，在世界贸易中的排名从 1978 年初第 32 位，上升到 1989 年的第 15 位。但距离关贸总协定的要求还是有一定差距，如行政审批色彩很重、缺乏明晰的指标体系和监督手段、缺乏透明度、效率不高；配额分配等同于商品管理，制约了政府部门职能转变；滋生出一批依靠配额生存的企业，不利于平等竞争；缺乏快速、平衡的反馈机制和动态调整机制，在当前国际贸易竞争日趋激烈、商品价格波动十分频繁的情况下，极易丧失贸易机会；缺乏对国内生产和国际市场的把握，忽略了改善进出口商品结构和促进国民经济产业结构的优化；缺乏贸易摩擦预警、监测及应对系统。

本章参考文献

1. 董伟：《七五计划（1986～1990）：改革闯关 治理整顿》，新浪财经网，http：//www. sina. com. cn，2009.07.03。

2. 刘昕：《加工贸易在政策调整中迈向优化》，新浪财经网，http：//chanye. finance. sina. com. cn/sm/2008－10－07/358035. shtml，2009.07.03。

3. 刘瑞金：《对我国边境贸易几个问题的重新认识》，《国际贸易问题》1987 年第 5 期。

4. 裴玥：《20世纪80年代：纺织等外贸产品结构上演轻型化蜕变》，中国纺织经济信息网，http：//www. texindex. com. cn/Articles/2008 – 9 – 8/157207. html，2009. 07. 02。

5. 钱定华：《1988年我国对外贸易简况》，《国际贸易》1989年第5期。

6. 孙玉琮：《对外贸易发展的光辉十年》，《国际商务》1989年第5期。

7. 孙玉琮：《关于对外贸易宏观控制的若干问题》，《国际商务》1987年第1期。

8. 孙汉超：《中国对外经济贸易的现状与展望》，《国际贸易》1989年第6期。

9. 涂红：《发展中大国的贸易自由化、制度变迁与经济发展》，中国财政经济出版社2006年10月版。

10. 王艳：《中国外贸政策演变的效果及其产生机制研究》，《现代财经》2002年第8期。

11. 薛荣久：《八十年代以来国际贸易发展的构想》，《世界经济研究》1986年第3期。

12. 许同林：《黑龙江垦区发展边境贸易的战略构想》，《中国农垦经济》1988年第3期。

13. 张锡嘏：《对外开放与我国对外贸易的发展》，《国际商务》1989年第6期。

14. 中国国际电子商务网：《1984年外贸体制改革开启尘封大门，成就外贸大国梦》，http：//news. ec. com. cn/channel/print. shtml？/zxztxw/200811/664426_ 1，2009. 07. 07。

15. 文欣：《中国对外经济贸易十年》，《国际贸易》1989年第9期。

16. 中国国际电子商务网：《1984年国务院确定开放14个沿海港口城市》，http：//news. ec. com. cn/channel/print. shtml？/zxztxw/200811/664080_ 1，2009. 07. 03。

第七章

1989～1992年波动、
解困与转型时期

第一节　对外贸易背景

20 世纪 80 年代末 90 年代初，国际形势发生巨大变化。随着冷战时代的结束，各国都把注意力从政治对抗转向经济贸易竞争。西方发达国家已相继完成产业结构调整，纷纷向信息化迈进。然而总体来说，20 世纪 90 年代的世界经济处于不景气阶段，发达国家普遍呈现经济低速增长状态。1989 年世界经济增长速度为 3.3%，但从 1990 年开始，呈逐年下降趋势。1990 年为 2.4%，1991 年为 1.6%。1992 年是冷战结束的第一年，世界经济增长约 1%，各国为适应国内外形势的变化，展开了一场以科技为先导和经济为基础的综合国力的竞争。发展中国家积极探索发展之路，东亚经济一枝独秀。

1989 年，全球进口额和出口额均突破了 3 万亿美元，分别达到 31900 亿美元和 30890 亿美元，并在接下来的几年持续增长。我国在这样的形势之下，进出口额在 1989～1992 年间有了持续增长（除 1990 年进口出现负增长），而且增幅明显（见表 7.1）。

表7.1 1989~1992年全球及中国贸易情况

单位：亿美元

年份	全球出口	全球进口	我国进口	进口增速（%）	我国出口	出口增速（%）	外贸总额
1989	30890	31900	591.4	7.0	525.4	10.6	1116.8
1990	34420	35420	533.5	-9.8	620.9	18.2	1154.4
1991	35090	36260	637.9	19.6	719.1	15.8	1357.0
1992	37590	38800	805.9	26.3	849.4	18.1	1655.3

资料来源：《新中国五十年统计资料汇编》，中国统计出版社1999年版。

在对外贸易稳步增长的同时，我国也面临着一些对发展贸易的不利因素。由于刚刚经历了1989年政治风波，改革开放政策的执行关系到我国经济发展的前途，许多人对我国改革开放政策的预期持观望态度。苏联解体、东欧剧变、冷战结束使国际政治形势发生巨大的变化。社会主义国家制度在一定程度上受到人们的质疑，在不少国家看来，中国在世界经济中的作用下降。此时，我国国内经济也处于治理整顿阶段，是否坚持社会主义经济，备受外界关注。

在这一阶段，我国复关谈判由于受到一些未曾预料的突发事件的频繁影响，政治化倾向明显，并日益复杂化。1989年12月至1990年9月，我国代表向GATT中国工作组详细介绍了当时我国的治理整顿情况及外贸体制改革的进展。1992年2月，GATT基本结束了对中国贸易制度的审议，开始进入到有关中国复关议定书内容的实质性谈判阶段。

第二节　对外贸易状况

一、对外贸易额

1989年，我国进口额超过出口额，贸易呈现逆差形势。而到了1990年，随着政治经济形势的稳定，出口额有了很大的增长，达到2985.8亿元人民币，实现顺差 411.5 亿元人民币。1991～1992 年延续了这个好形势，出口额持续高速增长（见表 7.2），并开创了此后连续十多年的贸易顺差。

表 7.2　1989～1992 年进出口贸易总额

年份	人民币（亿元）				美元（亿元）			
	进出口总额	出口总额	进口总额	差额	进出口总额	出口总额	进口总额	差额
1989	4155.9	1956.0	2199.9	-243.9	1116.8	525.4	591.4	-66.0
1990	5560.1	2985.8	2574.3	411.5	1154.4	620.9	533.5	87.4
1991	7225.8	3827.1	3398.7	428.4	1356.3	718.4	637.9	80.5
1992	9119.6	4676.3	4443.3	233.0	1655.3	849.4	805.9	43.5

资料来源：《中国统计年鉴》，中国统计出版社 1993 年版。

二、前二十位主要贸易伙伴

1989～1992 年与我国进出口贸易额最大的前三位国家（地区）分别是中国香港、日本和美国。除此之外，德国（原德意志联邦共和国）、苏联、新加坡以及法国、意大利、荷兰、英国等国都是我国传统的密切贸易伙伴国。而 1990 年之后，伴随着韩国和中国台湾的高速崛起，其二者也成为我国主要贸易伙伴，并稳居前十位（见表 7.3）。

表 7.3　1989～1992 年前二十位贸易伙伴国（地区）进出口额

单位：万美元

年份	1989	1990	1991	1992
排序	国家（地区）贸易额	国家（地区）贸易额	国家（地区）贸易额	国家（地区）贸易额
1	中国香港 3445632	中国香港 4090772	中国香港 4960023	中国香港 5805030
2	日本 1892862	日本 1659901	日本 2025066	日本 2538009

年份	1989	1990	1991	1992
排序	国家（地区） 贸易额	国家（地区） 贸易额	国家（地区） 贸易额	国家（地区） 贸易额
3	美国 1227315	美国 1176779	美国 1416631	美国 1719358
4	德意志联邦共和国 498772	德意志联邦共和国 497108	德国 540431	中国台湾 657902
5	苏联 399599	苏联 437911	中国台湾 423385	德国 647100
6	新加坡 319098	新加坡 283217	苏联 390425	俄罗斯 586240
7	意大利 255005	法国 230843	韩国 324488	韩国 506061
8	法国 194831	英国 202693	新加坡 307673	新加坡 326705
9	澳大利亚 189539	加拿大 190872	意大利 238992	意大利 284321
10	英国 171867	意大利 190483	法国 230476	加拿大 257975
11	加拿大 148959	澳大利亚 180805	加拿大 220128	澳大利亚 233207
12	泰国 125615	荷兰 130737	澳大利亚 211179	法国 225999
13	荷兰 120954	泰国 119375	印度尼西亚 188148	印度尼西亚 202558
14	马来西亚 104460	印度尼西亚 118226	英国 166918	英国 193644
15	巴西 102447	马来西亚 117614	荷兰 149204	荷兰 170846
16	捷克斯洛伐克 89715	比利时 65797	马来西亚 133189	马来西亚 147511
17	印度尼西亚 80522	巴西 62943	泰国 126947	泰国 13188
18	罗马尼亚 77029	捷克斯洛伐克 61729	比利时 99821	比利时 99821
19	瑞士 70525	古巴 57815	中国澳门 69787	朝鲜 69657

年份	1989	1990	1991	1992
排序	国家（地区） 贸易额	国家（地区） 贸易额	国家（地区） 贸易额	国家（地区） 贸易额
20	德意志民主共和国 67096	中国澳门 55581	巴基斯坦 68731	中国澳门 69410

资料来源：《中国统计年鉴》，中国统计出版社1991、1993年版。

第三节　对外贸易结构

一、进出口商品结构

在这一阶段，比较优势发展战略取得了巨大成功，劳动密集型产品的国际竞争力稳步提高，出口比重迅速上升，资本和技术密集型产品的出口也不断上升，相应地，资源密集型产品出口比重则迅速下降。改革开放初期，我国不得不实行以资源换技术、以资源换设备的对外贸易战略，通过一段时间的积累，我国企业的技术水平和生产设备都有很大的改善，这为更好地发挥我国劳动力资源丰富的比较优势奠定了良好的基础。1986年，四大类产品的出口比重分别为49.4%、38.2%、8.6%和2.6%，而1992年，其出口比重分别为16.2%、57.6%、15.4%和10.1%。通过对比两组数据发现，这一时期我国出口商品结构的改善是非常显著的，劳动密集型、资本密集型产业和技术密集型产业都得到了很大的发展，对外开放政策取得了显著的成效。20世纪90年代，我国出口贸易在规模迅速扩大的同时，也开始重视出口商品技术含量的提升。到1992年，劳动密集型产品的出口占据了总出口的大部分比重，达到57.6%，传统的纺织品出口占7.3%，低技术含量的服装、杂项制品、鞋靴出口比重分别为20.3%、14.4%、7.6%。与此同时，资本和技术密集型产品的出口比重由1983年的10.2%上升到25.5%，尤其是某些产品开始实现重点突破，在国际市场上占据重要地位，如电信及声音录制重放设备和电力机械的出口比重大幅上升 6.8% 和 5.6%，这为出口结构的进一步升级奠定了基础。

表 7.4　1989～1992 年中国出口商品分类金额

单位：亿美元

年份	1989	1990	1991	1992
总额	525.38	620.91	718.43	849.40
初级产品	150.78	158.86	161.45	170.04
食品及主要供食用的活动物	61.45	66.09	72.26	83.09
饮料及烟类	3.14	3.42	5.29	7.20
非食用原料	42.12	35.37	34.86	31.43
矿物燃料、润滑油及有关原料	43.21	52.37	47.54	46.93
动、植物油脂及蜡	0.86	1.61	1.50	1.39
工业制成品	374.60	462.05	556.98	679.36
化学品及有关产品	32.01	37.30	38.18	43.48
轻纺产品、橡胶制品矿冶产品及其制品	108.97	125.76	144.56	161.35
机械及运输设备	38.74	55.88	71.49	132.19
杂项制品	107.55	126.86	166.20	342.34
未分类的其他商品	87.33	116.25	136.55	

资料来源：《中国统计年鉴》，中国统计出版社 1993 年版。

表 7.5　1989～1992 年中国进口商品分类金额

单位：亿美元

年份	1989	1990	1991	1992
总额	591.40	533.45	637.90	805.85
初级产品	117.54	98.53	108.34	132.55
食品及主要供食用的活动物	41.92	33.35	27.99	31.46
饮料及烟类	2.02	1.57	2.00	2.39
非食用原料	48.35	41.07	50.03	57.75
矿物燃料、润滑油及有关原料	16.50	12.72	21.13	35.70
动、植物油脂及蜡	8.75	9.82	7.19	5.25
工业制成品	473.86	434.92	529.57	673.30

续表

年份	1989	1990	1991	1992
化学品及有关产品	75.56	66.48	92.77	111.57
轻纺产品、橡胶制品矿冶产品及其制品	123.35	89.06	104.93	192.73
机械及运输设备	182.07	168.45	196.01	131.12
杂项制品	20.73	21.03	24.39	55.88
未分类的其他商品	72.15	89.90	111.47	

资料来源:《中国统计年鉴》,中国统计出版社1993年版。

二、进出口国别（地区）结构

从进出口总额上看,亚洲是我国这段时期的主要贸易地区,占据我国进出口贸易总额的半数之上,这是由日本以及中国香港作为我国最大贸易伙伴的现状所决定的。欧洲则以超过15%的贸易份额位居第二位。排在第三的是北美洲,北美洲的美国以及加拿大和我国素来保持着稳定和巨大的贸易额,也占据我国进出口总额的15%以上。相应地,拉丁美洲、大洋洲以及非洲所占份额则比较小,一般都小于3%。

在20世纪90年代初期,我国政府提出了市场多元化战略,防止对外贸易过于集中在少数国家和地区,降低中国在对外贸易中所面临的经济和政治风险,确保中国的外贸安全。所以,从变化趋势来看,亚洲地区贸易额虽然保持着高速增长但所占份额整体呈下降趋势,欧洲地区平稳发展,其他地区所占份额基本表现为不断上升的趋势（见表7.6）。

表7.6　1989～1992年期间我国与各大洲的进出口总额

单位:亿美元

年份	亚洲	欧洲	非洲	北美洲	大洋洲	拉丁美洲
1989	678.66	235.08	11.67	137.63	22.85	29.69
1990	735.54	221.60	16.65	136.77	20.17	22.91
1991	908.73	221.04	14.26	163.69	23.90	23.58

续表

年份	亚洲	欧洲	非洲	北美洲	大洋洲	拉丁美洲
1992	1101.62	274.60	18.06	200.74	28.54	29.76

资料来源：根据中经网统计数据库数据整理。

对比表7.7与表7.8，我们可以更细致地比对我国与各大洲的出口和进口情况。我国对于亚洲有着巨大的贸易顺差，并且呈现逐年递增的状况。对于欧洲和北美洲，则存在着显著的贸易逆差，同时这个逆差是在逐年缩小的。另外在对非洲的贸易中，呈顺差现状；对拉丁美洲和大洋洲的贸易中，呈逆差现状。

表7.7　1989~1992年期间我国与各大洲的出口总额

单位：亿美元

年份	亚洲	欧洲	非洲	北美洲	大洋洲	拉丁美洲
1989	371.76	87.59	7.40	48.22	4.91	5.51
1990	445.52	93.18	12.97	56.10	5.32	7.81
1991	532.80	94.00	10.00	67.14	6.46	7.95
1992	611.25	113.64	13.02	92.47	57.95	10.76

资料来源：根据中经网统计数据库数据整理。

表7.8　1989~1992年期间我国与各大洲的进口总额

单位：亿美元

年份	亚洲	欧洲	非洲	北美洲	大洋洲	拉丁美洲
1989	306.90	147.50	4.27	89.41	17.94	24.18
1990	290.02	128.42	3.68	80.67	14.85	15.10
1991	375.93	127.04	4.26	96.55	17.43	15.63
1992	490.37	160.96	5.04	108.27	20.59	19.00

资料来源：根据中经网统计数据库数据整理。

第四节 对外贸易方式

这段时期，我国的对外贸易方式发生了重大变化，随着国内经济的迅速发展和对外开放的逐步扩大，加工贸易（包括进料加工、来料加工和出料加工等）出口在我国外贸出口中的地位不断上升，成为我国最主要的对外贸易方式。在此期间，传统的一般贸易方式继续发展。并且，20世纪 80 年代后期，随着我国与周边国家关系的改善，沿海对外开放格局的形成，我国边境贸易也获得了高速发展。此外，租赁贸易、补偿贸易等贸易方式也得到了一定程度的发展。与此同时，对外贸易与对外经济技术合作、利用外资、对外投资等结合，提高了总体效益和竞争力，形成了商品、技术、资金、劳务密切结合、相互促进，双边和多边经贸相结合，全面发展的局面。

1990 年，我国一般贸易出口和进口的比重还高于加工贸易，分别高出 16.1 和 13.9 个百分点，一般贸易成为当年最主要的贸易方式。其中，一般贸易出口占全部出口的 57.1%，一般贸易进口的比重虽略低于 50%，但仍然是最主要的进口方式（见表 7.9、表 7.10）。

表 7.9　出口贸易方式统计表

单位：亿美元

年份	合计	一般贸易	加工贸易	其他贸易
1989	525.40	315.52	197.85	12.03
1990	620.90	354.60	254.20	12.10
1991	719.10	381.20	324.30	13.60
1992	849.40	436.80	396.20	16.40

资料来源：《新中国五十年统计资料汇编》，中国统计出版社 1999 年版。

表7.10 进口贸易方式统计表

单位:亿美元

年份	合计	一般贸易	加工贸易	其他贸易
1989	591.40	356.14	171.64	63.62
1990	533.50	262.00	187.60	83.90
1991	637.90	295.40	250.30	92.20
1992	805.90	336.20	315.40	154.30

资料来源:《新中国五十年统计资料汇编》,中国统计出版社1999年版。

从表7.9、表7.10中,我们不难得出这一时期的贸易方式特点:

加工贸易发展迅速,一般贸易发展相对缓慢,致使一般贸易与加工贸易的地位发生了很大变化,并呈现出取代加工贸易成为最主要贸易方式的趋势。

在加工贸易中,进料加工贸易发展尤为迅速,来料加工装配贸易的发展则相对缓慢。

外商投资进口设备在我国进口中已占有很重要的地位。我国良好的投资环境和巨大的市场潜力,对外商来华投资产生了强大的吸引力。

贸易方式更加多样。我国20世纪90年代的贸易方式除一般贸易、来料加工贸易、进料加工贸易和易货贸易外,租赁贸易、保税仓库进出口货物、出料加工贸易发展也十分迅速。

第五节 对外贸易体制

这段时间中国对外贸易体制改革主要经历了对外贸易承包经营责任制改革和对外贸易企业经营机制改革。

一、对外贸易承包经营责任制改革

1988年,国家根据发达国家和新兴工业化国家转移劳动密集型产业以及我国经济发展中农村劳动力的转移和重工业发展资金不足等情况，提出了沿海地区经济发展战略，旨在进一步参与国际分工和国际交换，大力发展外向型经济。沿海地区经济发展战略的提出，要求我国的对外贸易体制改革由重点发展资本密集型产业的内向发展战略模式，转变为大力发展劳动密集型的外向型经济发展的战略模式。在"对外贸易体制改革是要实行自负盈亏、放开经营、加强管理、联合对外，以进一步促进对外贸易的发展"改革方案的指导下，1988～1990年增强企业活力成为经济体制改革的中心环节，改革重点开始向完善企业的经营机制转换。本着所有权与经营权相分离的原则，在企业中实行了多重形式的以自负盈亏为特征的承包经营责任制。

对外贸易承包经营责任制改革的主要内容是：

全面推行外贸承包经营责任制。具体内容包括：由各地方政府、全国性外贸总公司分别向国家承包出口收汇，上缴中央外汇，盈亏由各承包单位自负，承包基数三年不变。同时，主要选择了轻工、工艺、服装三个进出口行业进行外贸企业自负盈亏的改革试点，允许这三个行业的企业出口收汇大部分留归己用，通过灵活运筹的能力实现自负盈亏。

改革进出口经营体制。具体内容包括：对少数关系国计民生的、大宗的、资源性的主要进出口商品实行指令性计划，由国家指定的外贸总公司及其直属的子公司、分公司统一经营；对少数国际市场容量有限、有配额限制、竞争激烈的重要出口商品实行指导性计划，由具有这类商品出口经营权的外贸公司经营；其他大部分商品实行市场调节，放开由各类外贸公司经营，这就扩大了指导性计划和市场调节的范围。

改革外汇管理体制。具体内容包括：取消原有使用外汇控制指标，凡地方、部门和企业按规定所取得的留成外汇，允许自由使用，并开放外汇调剂市场，这对促进贸易的发展起到了积极的作用。同时，在全国相继建立一批外汇调剂中心，外贸公司和出口生产企业均可在外汇调剂中心买卖外汇，外汇调剂价格按照外汇供求状况实行有管理的浮动。

改革外贸财务体制。具体内容包括：实行计划进出口由中央财政统负盈亏，超计划进出口由地方财政自负盈亏，打破了长期以来国家统收统支、统负盈亏的财务"大锅饭"，逐步建立和完善经济调节体制，全面实行出口退税。

改革外贸行政管理体制。具体内容包括：外贸行政管理实行统一管理和分级管理原则。各级外贸主管部门实行政企分开，外贸管理方面由直接控制为主转向以间接控制为主；微观管理转向宏观调控，综合运用法律手段、经济手段和必要的行政手段，调节市场关系，引导企业行为。

实施对外贸易承包经营责任制改革的效果的认识，总的来看评价都是积极的。实行以对外贸易承包经营责任制为核心的外贸体制改革，是为适应当时我国经济和对外贸易的实际情况所做的一种尝试性探索。通过改革，在一定程度上调动了外贸企业的积极性，促使其在经营过程中采用压缩库存、控制出口成本、节约费用、合理调整出口商品结构等具体措施，以保证完成三项承包指标，从而在很大程度上提高了经济效益。

从商品进出口贸易量上看，自进入外贸体制改革的第二阶段——外贸承包经营责任制时期后，我国的对外贸易依然保持了快速的增长，与1987年826.53亿美元的贸易总额相比，1988年的总贸易量增加了24%，达到1027.91亿美元；随后两年，由于受我国1989年"政治风波"的影响，对外贸易增速有所放缓，只有8.6%和3.4%的增长率。同时，伴随着我国出口贸易结构中的工业制成品比例的逐年提高，我国贸易逆差开始减少，在1990年实现了贸易顺差87.46亿美元。这说明，外贸承包经营责任制的实施提高了我国外贸企业的积极性，使出口有了大幅度的提高。

另外，由于在一定程度上打破了财务"大锅饭"的体制，缓解了国家财政压力，达到了出口创汇的目的，这也为日后进一步深化对外贸易体制和经济体制的总体配套改革奠定了基础。但这三年的对外贸易体制改革仍然带有一种过渡性和探索性的特点，存在以下的问题：一是"分灶吃饭"的财政体制本身所带来的地区封锁、市场分隔等问题，不可避免地反映到对外贸易领域中来。二是由于这种承包是以省、市、自治区为主，还没有完全落实到企业，因而企业还没有真正自负盈亏。可以说，这三年的外贸体制改革并未从根本上解决外贸企业的政企不分问题，未从根本上改变企业的附属地位。三是各地各类外贸企业出口补贴和外汇留成水平不一致，由此造成了企业之间的不平等竞争。

需要提到的是，为了保证国民经济发展的规模和速度，不得不做出某种程度的牺牲。例如，在出口方面，以较高的国内价值去换取较小的国外价值，即高价创汇；而在进口方面，对进口商品按国内计划价格出售给用户，实际上是对进口进行补贴，即低价用汇。这种对进口、出口的"双向补贴"，使外贸运行机制不仅不能实现对外贸易应有的经济效益，而且从整体上具有反出口倾向，使国家财政负担沉重。同时，我国的商品进出口贸易结构仍然存在问题，不利于提升我国在国际市场中的竞争力。

二、对外贸易企业经营机制改革

经过十多年的改革，尤其是在对外贸易领域实行承包经营责任制后，我国的对外贸易管理体制发生了较大的变化，但外贸企业并未实现自负盈亏，国家依然承担着较大的财政负担。这种情形与国际惯例相背离，在与有关贸易国进行贸易交易时，常常受到指责。同时，由于各地方、各部门的出口补贴承包基数不一，外汇留成比例也不一样，客观上造成了外贸企业之间的不平等竞争。因此，在总结前三年实行外贸承包经营责任制经验的基础上，从 1991 年起，我国对外贸体制做了进一步的改革和完善，其指导思想是从建立外贸企业自负盈亏机制入手，在外贸领域逐步实行统一政策、平等竞争、自主经营、自负盈亏、工贸结合的市场体制，推行代理制。

这一轮对外贸易体制改革是一场以自主经营、自负盈亏为目的的全面改革，重点放在微观管理层的变革。它既是建立现代企业制度的客观要求，也是前一阶段简政放权的延续。在本次改革所采取的一系列改革措施中，主要有以下一些内容：

改革对外贸易财务体制。取消国家财政对出口的补贴，按国际通行的做法由对外贸易企业综合运筹，自主经营、自负盈亏。

进一步改革外汇管理配制。改变按地方实行不同外汇比例留成的做法，实行按不同商品大类统一比例留成制度。

改革出口管理体制。缩减国家管理的商品范围，取消原来实行的出口商品分类经营的规定，除个别重要的出口商品由国家统一联合经营外，其余种类商品基本上由各类外贸企业在自负盈亏基础上放开经营。

改革进口管理体制。自 1992 年 1 月 1 日起，我国进口税则采用了《国际商品税目和编码协调制度》，并降低了 225 个税目商品的进口税率；1992 年 12 月 31 日，我国对关税进行了一次调整，使关税水平总体下降了 7.4%，调整后的平均关税税率为 39.9%；1993 年 12 月，关税水平再次下调 8.8%；自 1992 年 4 月 1 日起，全部取消进口调节税；1992 年取消了 16 种商品的许可证管理，提高了进口行政管理的透明度。

深化对外贸易企业经营机制改革。在对外经济贸易部（现商务部）制定的《外经贸企业转换经营机制的实施细则》基础上，明确提出了十大目标，并采取相应的政策措施，推行对外贸易企业经营机制的转换。

对实施对外贸易企业经营机制改革的评价也多是积极和正面的。总的评价是：以取消外贸出口补贴、统一外汇留成为主要内容的这一轮对外贸易体制改革，有力地推动了外贸的健康发展，主要体现在：

调动了各地方、部门和对外贸易企业增加出口的积极性，彻底打破了对外贸易企业多年来的"大锅饭"体制，卸掉了国际财政的沉重负担，又使出口创汇直接与对外贸易企业的利益挂钩，因而有力地调动了各地方、部门和对外贸易企业增加出口创汇的积极性。

增强了对外贸易企业的效益意识，推动了经营体制的转换。对外贸易企业第一次真正成为对外贸易经营主体和参与竞争的独立实体，能够在自主经营、自负盈亏的前提下，建立和完善自我发展、自我约束的经营机制，改善经营管理，提高国际竞争力，从而在更深更广的范围内参与国际分工，促进市场秩序健康发展。同时，它还扩大了企业对外汇的支配使用权，有利于保持适度的进口增长，为进一步拓展对外贸易关系创造了良好条件。另外，为了保证国家收汇并防止逃汇、套汇，外汇管理部门和结汇银行实行跟踪结汇，从而加强了对出口外汇的管理。

鼓励公平竞争，贸易秩序得到改善。取消了出口补贴并统一了外汇留成比例，使各类对外贸易出口企业站在同一起跑线上，从而在一定程度上抑制了少数出口企业对内抬价抢购、对外低价竞销的行为，对外贸易经营秩序有所好转。

在这一阶段，进出口的指令性计划已基本取消。到1992年第一季度，只有大约15%的出口品和18.5%的进口品受指令性计划控制。在指令性手段取消的同时，其他调节手段，特别是关税和许可证变得越来越重要，这一变化说明，中国向国际惯例和市场机制方面迈进了一大步。

上述改革的成果以及由关税水平调低带来的我国贸易自由化程度的进一步提高，大大促进了我国商品进出口贸易的快速发展。1991～1993年，我国的商品出口贸易增长一般都在16%以上，商品进口贸易的增长都在20%以上，商品进出口贸易总额的增长也在20%左右。到1993年，我国贸易总额在世界的排名跃升到第15位。受1992年我国关税下调的影响，我国商品进口贸易的增长明显快于出口贸易的增长，连续三年贸易顺差额都出现了下降，尤其到了1993年，我国出现了大额的贸易逆差122.15亿美元。应该说，这些都是我国实施对外贸易体制改革必然要经历的过程。在此过程中，如何提高我国产业和产品的竞争力就成为非常重要的一个问题。

此外，在这一轮的对外贸易体制改革中仍然存在的问题有：一是企业要完成出口创汇的指令性计划，往往不得不牺牲经济效益，进行压低价格争夺客户和市场的粗放经营，因而企业在完成计划任务与追求自身效益之间处于两难境地。二是对外贸易企业与其主管上级没有实现真正意义上的政企分开，地方领导为了地方利益常常向企业摊派出口任务，对外贸易企业的经营活动仍受到不必要的限制。三是官方汇率与调剂汇率并存，人民币汇率仍然发生一定的扭曲，难以发挥人民币汇率作为调节进出口的主要经济杠杆功能。

这些问题的产生主要与下述情况有着密切关联：一是由于宏观调控的行政干预过多，因而对外贸易很难按宏观经济规律运行；二是对外贸易企业的经营机制转换跟不上形势的发展，对市场变化反应迟钝；三是进口管理体制改革滞后于出口管理体制改革，影响进出口的协调发展。

第六节　对外贸易政策

这一时期，我国的贸易政策主要有以下几个要素：

加速经济市场化的步伐，尽快完成企业经营机制，特别是国营大中型企业经营机制的转变，在做到政企分开，企业自主经营、自负盈亏、自我发展的同时，把企业推向市场。因为贸易自由化的最大得益者是那些商品有竞争力、经营效率高、敢冒风险的企业。这样的企业越多，重返关贸总协定对我国的经济发展越有利。

保持国民经济的稳定增长，避免经济"过热"和经济增长速度的大起大落，保持进口和出口的同步稳定增长，为保持贸易收支平衡提供基本条件。

强化我国对外经济活动的宏观调控体系，改革目前存在的对外经济活动中的政出多门、上有政策、下有对策、自相竞争的现象。这也正是关贸总协定基本原则所要求的。

另外，值得一提的就是 1992 年提出来的大经贸战略，这一贸易战略影响并决定了我国 20 世纪 90 年代的贸易政策制定。大经贸战略以进出口贸易为基础，实现商品、资金、技术、劳务合作与交流的相互渗透和协调发展，外经贸部门与生产企业、科技和金融等部门共同参与的经贸发展战略。大经贸主要有"三大"：一是大开放：全方位、多领域、多渠道的开放格局，最大限度地参与国际分工。二是大融合：实现商品贸易、利用外资、技术贸易和服务贸易的大融合和协调发展，实现与世界各国双边与多边经贸合作的有机结合。三是大转变：转变外贸的功能，促进我国产业结构的调整与升级，促进技术进步和经济效益提高，充分发挥外经贸对国民经济的全面导向功能，多方服务功能。

大经贸战略的目标是适度超前增长、集约化发展、市场多元化、地区分工合理化以及实现良性循环。其意义则有以下四点：有利于国内外市场的统一，促进部门、地区之间专业化的协作和联合；有利于产业结构调整和技术进步；有利于打破界限，推动各类企业在微观层次上的联合；对推动改革开放具有十分重要的意义。

具体来说，我国这一时期的贸易政策主要集中在以下几个方面：

继续坚持对外开放的基本国策，即在平等互利的原则上，进一步扩大对外经济技术交流和合作，在对外贸易、利用外资、引进技术和人才等方面争取更大发展。

努力扩大出口和增加外汇收入。在保证出口贸易持续稳步发展的前提下，把工作重点放在改善出口商品结构和提高出口商品质量上。在扩大商品出口的同时，大力发展劳务输出、对外承包工程、国际运输、国际旅游业等服务贸易。

实行有利于扩大出口的政策和措施。利用各种有利条件，建立各种不同类型的工资、农贸结合的出口商品生产基地。国家在资金、物资和运输安排上，实行支持出口的政策。

合理安排进口和调整进口结构。按照技术进步、增强出口创汇能力和节约使用外汇的原则，合理安排进口，把有限的外汇集中用于引进先进技术和关键设备，进口国家重点生产建设所需的物资。

积极有效地利用外资。积极争取利用国际金融机构和双边政府贷款，特别是条件比较优惠的贷款。改善投资环境，采取多种方式吸引外国投资。

进一步贯彻沿海地区经济发展战略，积极发展外向型经济。进一步办好经济特区，巩固和发展已开辟的经济技术开发区、沿海开放城市和开放地带，并认真搞好上海浦东新区的开发和开放。

改革外贸和外汇管理机制。完善和改革现行的外贸承包制，实行自主经营、自负盈亏、工贸结合、联合统一对外的外贸经营体制。扩大大型骨干企业的外贸经营自主权。加强出口收汇管理，改革外汇留成和用汇制度，并改进汇率形成机制，健全外汇调剂市场。

第七节　政治风波背景下的对外贸易关系

在 1989 年 6 月的政治风波后，以美国为首的西方国家对我国实行经济制裁，把暂时不让中国复关作为经济制裁的一项主要内容。美国作为我国传统的密切贸易伙伴国，对我国贸易发展影响重大。自 1989 年起，由于美国政府借口"人权"问题，对中国实行经济贸易制裁，严重阻碍了正在迅速发展的中美贸易关系。众所周知，中美两国长期以来一直存在着政治与意识形态方面的分歧和对立，这就使得中美两国在其贸易发展过程中引入了大量的政治与意识形态因素，从而使两国的政治关系始终伴随和制约着两国的贸易关系。从历史上看，在中美两国政治关系改善时，两国的贸易关系发展就比较顺利，在中美两国政治关系紧张时，两国的贸易关系发展就会出现危机。1989 年以后的中美贸易关系就是一个典型的例证：美国以所谓"人权、军售"等问题为借口，对中国实行严厉的经济贸易制裁，从而使中美贸易关系进入了一个新的低谷。在贸易方面，美国国会中的某些议员以人权问题为借口主张取消给予中国的最惠国待遇，或在给予中国最惠国待遇时附加条件，从而使中美贸易关系发展蒙上了一层阴影。同期，美国宣布冻结对华高技术转让，1991 年 10 月，美国众议院通过了《1991 年综合出口修正法》，取消了对中国的高技术出口的优惠政策，限制美国向中国提供军民两用的产品和技术。应该看到，1989 年以前美国对华高技术转让主要的并不是出于经济和贸易的考虑，而是出于美国全球战略与安全防务方面的需要。为了遏制苏联的扩张势力，美国需要中国的帮助和中国在一定程度上的发展。但是，苏联解体以后，美国对中国的战略需要显著下降。美国对华高技术转让问题很难在短期内得到解决。要恢复到 1989 年以前的水平则更是困难重重。中美双方曾于 1992 年 10 月 10 日正式签署了《中美关于市场准入的谅解备忘录》。在《谅解备忘录》中，中国方面向美国做出了积极的承诺，而美国方面也明确表示支持中国恢复关贸总协定缔约国地位，承诺放宽对于中国高技术出口的管制，并宣布停止根据"301 条款"对中国发起的调查。但是，在此之后，中美关于市场准入问题的争端仍时有发生。中国对于市场准入谈判一直是抱有很大诚意的。自 1991 年中美正式举行市场准入谈判以来，中国方面已在前几轮谈判中就改进外贸管理体制，努力将其贸易体制向国际标准靠拢方面作了相当的承诺。但是，美国方面在谈判中提出了一些超出关贸总协定对发展中国家要求的条件，其中有些方面甚至连美国自己也无法做到，这是中国所不能接受的。1992 年，中美双方终于丢掉了不切实际的幻想，采取了同样坦诚和务实的态度。因为如果谈判破裂，中国受损自不待言，美国自己也将深受其害。

此外，日本作为我国对外贸易重要伙伴国，在这段时期对我国仍实行较严格的技术转让限制。1992 年中国从日本进口技术设备有较大增加，扭转连续四年下降的局面，创造了历史最好水平。但是，日本对华技术转让的水平仍低于欧洲一些国家。放宽日本对华技术转让的限制，可提高中国产业技术水平，也扩大了中国对日本商品的购买需求和购买能力，对双方都有好处。因此，减少和避免贸易摩擦，需要中日双方的共同努力，而日本方面则应拿出诚意来，取消对中国的种种不公正的贸易限制和歧视措施，积极推动中日贸易关系的健康和更加迅速的发展。

第八节　外贸发展评价

这一时期我国对外贸易发展取得的成就，主要表现在以下方面：

首先，从贸易额上来说，1989 年还存在 66 亿美元的贸易逆差，而 1990、1991、1992 年却分别创造了 87.4 亿美元、80.5 亿美元和 43.5 亿美元的顺差，并开启了以后长达十余年的贸易顺差之路。虽然有着来自于政治方面的压力，但是贸易额增长之快、增幅之大都非常可观。

其次，从贸易结构来看，在这一阶段，比较优势发展战略取得了巨大成功，劳动密集型产品的国际竞争力稳步提高，出口比重迅速上升，资本和技术密集型产品的出口也不断上升。相应地，资源密集型产品出口比重则迅速下降。这是一个非常可喜的变化，也是我国对外贸易至今依然需要努力的方向。

再次，从贸易方式来看，这段时期，我国的对外贸易方式发生了重大变化。随着国内经济的迅速发展和对外开放的逐步扩大，加工贸易（包括进料加工、来料加工和出料加工等）出口在我国外贸出口中的地位不断上升，成为我国最主要的对外贸易方式。租赁贸易、补偿贸易等贸易方式也得到了一定程度的发展。与此同时，对外贸易与对外经济技术合作、利用外资、对外投资等结合，提高了总体效益和竞争力，并形成了商品、技术、资金、劳务密切结合、相互促进、双边和多边经贸相结合、全面发展的局面。

此外，还有贸易政策体制方面的改革，为往后的对外贸易创造了更加好的生存和发展条件，也是贸易成就的一部分。

总之，这几年是政治压力比较大的几年，但是中国对外贸易却在蓬勃发展，这是整个世界经济发展的大格局所决定的，是全中国人民辛勤劳动的成果。

本章参考文献

1. 对外经济贸易部人事教育劳动司编：《中国对外贸易企业经营与管理》，1990年。

2. 顾卫平：《中国对外贸易战略性进展研究》，上海人民出版社2007年版。

3. 黄汉民：《中国对外贸易》，中国财政经济出版社2006年版。

4. 金哲松、李军：《中国对外贸易增长与经济发展——改革开放三十周年回顾与展望》，广西师范大学出版社2008年版。

5. 马慧敏：《当代中国对外贸易思想研究》，立信会计出版社2008年版。

6. 梁世彬：《中国对外贸易概论》，中国广播电视大学出版社1993年版。

7. 沈觉人：《当代中国对外贸易》，当代中国出版社 1992 年版。

8. 王绍熙：《中国对外贸易理论和政策》，中国对外经济贸易出版社 1989 年版。

9. 王绍熙、王寿椿：《中国对外贸易概论》，对外贸易教育出版社 1992 年版。

10. 许国生、卫仰霞：《中国对外贸易经济学》，山西经济出版社 1992 年版。

11. 杨李炼、宣家骥：《中国对外贸易理论与实务》，海南人民出版社 1989 年版。

12. 袁文祺：《中国对外贸易发展模式研究》，中国对外经济贸易出版社 1990 年版。

13. 张鸿：《中国对外贸易战略的调整》，上海交通大学出版社 2006 年版。

14. 郑敦诗：《中国对外贸易统计》，中国对外经济贸易出版社 1991 年版。

15. 中国关贸总协定谈判代表团：《中国对外贸易制度备忘录》（1993 年 5 月修订本，汉英对照），中国对外经济贸易出版社 1993 年版。

第八章

1992～2001年市场
经济建立与加入
WTO 冲刺时期

第一节　对外贸易背景

1992～2001 年，对于我国经济发展是一个重要时期，无论是社会主义市场道路的选择还是贸易增长。从国内来看，由于刚刚经历了 1989 年政治风波，对我国改革开放政策是否会变动，许多人都持观望态度，改革开放政策的方向取舍关系到我国经济发展的前途。从国际形势看，苏联东欧体制的相继崩溃使得"计划经济"声誉扫地，社会主义国家制度在一定程度上受到人们的质疑，中国是否坚持社会主义经济形态，备受外界关注。另一方面，1992～2001 年是我国复关或入世议定书内容的实质性谈判阶段，即双边市场准入谈判的重要阶段。经历了长达 15 年的艰难谈判历程，我国终于在 2001 年 12 月 11 日成为 WTO 第 143 个正式成员国。中国加入 WTO，对中国的外经贸是一个新的开始和新的旅程，对我国的国际贸易制度、政策、形态及对象都产生了重大影响。

一、国际背景

(一) 国际政治经济环境的变化

1991 年, 苏联解体, 标志着两极格局的结束。从这时起, 是世界从旧格局走向新格局的过渡时期, 这个过渡时期也是当今世界所处的时期。过渡时期有一些特点: 第一, 时间长。20 世纪世界格局发生三次大变革, 前两次变革都是战争的结果。以战争方式改变世界格局相对比较简单, 兵对兵、将对将, 打到什么地方, 什么地方就属于胜者。即使如此, 第二次世界大战后两极格局稳定下来花费了十年时间, 其标志是两大军事集团在欧洲对峙。第三次世界格局变革是以和平方式进行的, 所以花费时间相对也比较长。旧格局打破了, 新格局还未形成, 要形成最少得十年, 可能是一二十年, 甚至是三四十年时间。第二, 世界处于和平发展期, 第三次世界大战爆发的可能性很小。邓小平同志以前说, 有资格打世界大战的只有美苏两家。放眼世界, 今天没有一个国家有实力跟美国打一场世界大战, 也没有哪个国家愿意打。所以苏联解体以后没人愿意跟美国打世界大战, 在可预见的未来世界大战是不会打起来的, 世界大气候将会是一个稳定的和平世界。第三, 整个过渡时期国际关系处于变动过程之中, 大国关系也处在不断的变化过程当中。世界还处于过渡时期, 我国与其他大国的关系还在过渡当中, 大气候还在变, 我国的外交及与世界各国的关系必须顾及国家利益与世界人民的根本利益。在这个大的气候环境下, 我国可以放心发展, 努力建立和拓展新的国际关系。党的第三代中央领导集体在这个关键时刻对世界形势作出了准确判断。1992 年 6 月 9 日, 江泽民在中央党校省部级干部进修班上发表重要讲话: "世界新科技革命的进程正在加快, 许多国家和地区正在进行产业和产品结构的调整、重组与升级, 亚太地区经济发展出现良好势头。这些都为我们扩大对外开放, 加快经济发展和国际经济技术合作, 提供了有利时机。"① 1992 年年底, 与我国建立外

---

① 江泽民:《论社会主义市场经济》, 中央文献出版社 2006 年版, 第 376 页。

交关系的国家有 141 个；而 2001 年年底，与我国建立外交关系的国家上升至 165 个。可以看出，我国在这个特殊的时期采取的发展路线取得了成功。

（二）中国的艰难的"复关"之路

中国在 1986 年正式申请重新加入 GATT，即所谓的"复关"，但"复关"之路一走就是 15 年，最终在 2001 年 12 月 11 日，成为了 WTO 的第 143 个正式成员国。中国融入国际贸易的大家庭也从"复关"变成"入世"。中国复关和入世谈判大致可分为四个阶段：第一阶段从 20 世纪 80 年代初到 1986 年 7 月，主要是酝酿和准备复关事宜。第二阶段从 1987 年 2 月到 1992 年 10 月，主要是审议中国经贸体制。第三阶段从 1992 年 10 月到 2001 年 9 月，复关或入世议定书内容的实质性谈判，即双边市场准入谈判。第四阶段从 2001 年 9 月到 2001 年 11 月，事项是中国入世法律文档的起草、审议和批准。在漫长的谈判中，中国和世界都发生了根本的变化，这个过程之所以漫长，主要是受到政治经济各种因素的综合影响。首先，中国与西方各经济大国间不同的政治意识形态是最主要的一个阻挠因素。尽管中国在 1992 年正式宣布建立市场经济体制，但由于政治上仍属于社会主义制度，中国与西方各国民主体制有明显不同。

此外，1989 年国内政治形势的动荡加大了中国加入 WTO 的难度。在谈判进入第三阶段即复关议定书内容的实质性谈判时，中国加速和深化了在外贸领域的改革，主要包括：一是实行人民币汇率并轨，建立以市场供求为基础的、单一的、有管理的浮动汇率制度，实行人民币经常项目下的有条件的可兑换；二是改革外汇管理体制；三是取消进出口指令性计划，中国还取消了近千种出口商品的配额和许可证；四是改进和完善出口退税制度；五是加强外贸政策的法制建设；六是 1992 年以来连续 9 次降低关税。在经历了 15 年的艰难谈判之后，中国终于融入了国际贸易的大家庭。中国加入 WTO，对中国有着多方面的好处，包括增加对外贸易总额，优化经济结构，加速国有企业改革，促进私有企业发展等。总之，加入 WTO 有利于中国以市场经济为目标改革的深入发展和最终完成。

二、国内背景

（一）中国社会主义道路的抉择

经过 1989 年政治风波之后，我们党对于制度的选择进行了深刻思考，对于经济建设与政治建设的不同步问题进行了调整。最终坚持了社会主义制度建设和市场经济建设的同步，提出了建设社会主义市场经济的新路线。在 1992 年改革"第二阶段"起步后，形势已经发生变化：一方面，苏联东欧体制的相继崩溃使得"计划经济"失去了进一步发展为主导机制的可能。市场经济逐渐成为明确的发展方向。另一方面，1990 年后建立的新体制成功地排除了左右两边的"争论"，也在很大程度上消除了许多利益群体的博弈能力。在这种形势下，是否继续选择社会主义道路，备受世界的关注。邓小平在南方谈话之后，提出了建设"我们自己的社会主义市场经济"的新方针，一锤定音地确立了向社会主义市场经济转型的经济改革和发展方向。1993 年，随之宏观体制五大改革取得突破性进展、微观层面三大改革继续深化，我国初步确立起社会主义市场经济基本框架。

社会主义市场经济的十几年改革与实践的结晶。建立社会主义市场经济体制，就是要使市场在国家宏观调控下对资源配置起基础性作用。自 1978 年年底党的十一届三中全会确立改革开放的重大决策起，我国经历了农村家庭联产承包责任制改革、国有企业扩大经营自主权改革、非公有制经济的放行与发展、合资企业的起步发展等一系列的改革探索，为我国经济塑造了市场经营主体。同时，改革价格管理体制，逐步扩大市场调节范围，为市场经济塑造了宏观条件。经历了 13 年的探索之后，顺应时代潮流提出市场经济的改革目标是必须也是正确的选择。

（二）改革开放政策的进一步深化

1992～2001 年，我国进一步深化改革开放政策。中国对外贸易稳定增长，关于贸易政策改革的方向及贸易策略的辩论十分激烈而深入，"市场多元化"、"以质取胜"、"大经贸"、"科技兴贸"等贸易新主张为人所瞩目。这一时期,为了适应改革开放的要求,我国对一些外贸政策进行了改革,实行三大变动:一是外汇体制的改革,即1994年由外汇双轨制向基于市场供求关系的有管理的浮动汇率体制转变;二是贸易权的开放,由过去十六家国营公司指定经营的外贸体制转向允许更多的私营公司经营外贸;三是外贸管理开始由行政管理过渡到法律和制度管理,在外贸领域批准和实施反倾销、反补贴、保障措施等一系列法律法规。

第二节　对外贸易状况

一、对外贸易额

在1989年之后,我国确立了改革开放不动摇的国策和建立社会主义市场经济的改革目标,进一步加强我国同世界的联系,大力发展贸易进出口。1992年邓小平南方谈话给国内外投资者以巨大的信心,外经贸领域出现了一次规模较大的投资与贸易热潮。1992年,我国进出口总额比1991年增长了21.98%,出口增长了18.12%,进口增长了26.34%。与此同时,伴随着争取加入WTO和不懈的外贸努力,我国的对外贸易取得良好发展,对外贸易额也是逐年提高。其出口总额也由1992年的世界排名11提升到2001年的第6位。

表8.1　1992~2001年期间我国进出口总额

单位:亿美元

年份	进出口总额	出口总额	进口总额	差额
1992	1655.3	849.4	805.9	43.5
1993	1957.0	917.4	1039.6	-122.2
1994	2366.2	1210.1	1156.1	54.0
1995	2808.6	1487.8	1320.8	167.0
1996	2898.8	1510.5	1388.3	122.2

续表

年份	进出口总额	出口总额	进口总额	差额
1997	3251.6	1827.9	1423.7	404.2
1998	3239.5	1837.1	1402.4	434.7
1999	3606.3	1949.3	1657.0	292.3
2000	4742.9	2492.0	2250.9	241.1
2001	5096.5	2661.0	2435.5	225.5

资料来源：《2008 中国贸易对外经济统计年鉴》，中国统计出版社 2008 年版。

　　表 8.1 显示，1992 年来我国进出口总额逐年上升，贸易差额仅 1993 年一年为逆差，其余年份都是顺差。市场经济目标的确立对我国外经贸的发展起到了极大的推动作用。这一阶段，我国经济取得快速发展，人民生活水平不断提高。

表 8.2　1992～2001 年期间我国出口总额占世界出口总额比重

单位：亿美元

年份	世界出口总额（亿美元）	中国出口总额（亿美元）	中国出口总额占世界出口总额的比重（%）	中国出口总额在世界出口中的位次
1992	37000	849	2.3	11
1993	36870	917	2.5	11
1994	41683	1210	2.9	11
1995	50200	1488	3.0	11
1996	52540	1511	2.9	11
1997	55364	1827	3.3	10
1998	53750	1837	3.4	9
1999	53595	1949	3.6	9
2000	62201	2492	4.0	7
2001	61624	2661	4.3	6

资料来源：《2008 中国贸易对外经济统计年鉴》，中国统计出版社 2008 年版。

　　表 8.2 说明，我国出口总额占世界出口总额的比重逐年上升，排名也平稳提升。我国经济发展的速度超过了世界发展的平均速度，我国经济正

处于快速发展时期。

二、中国前二十位主要贸易伙伴

表8.3和表8.4列出了中国与排名前二十位的主要贸易伙伴的进出口贸易中的贸易额和所占比重的情况。从中可以看出，日本、美国、中国香港、韩国和德意志联邦共和国一直位居我国对外贸易伙伴的前五位。其中，中国香港、日本和韩国地处亚洲，美国是美洲国家，德意志联邦共和国是欧洲国家。在中国对亚洲地区的进出口中，虽然中国香港整体呈下降趋势，但一直占据主导地位。究其原因，一是由于历史传统使内地与香港形成特殊的经贸关系，即所谓的"前店后厂"关系；二是《内地与香港关于建立更紧密经贸关系的安排》的实施，进一步提高了两地经贸合作交流水平；三是随着内资企业对外经营能力的提升、大量外资的直接进入等导致香港特区所占份额呈下降趋势。我国在亚洲的另外一个重要贸易伙伴是日本。

首先，观察所列十年的贸易对象，我国主要的贸易伙伴集中在亚洲，除上面所述的中国香港和日本外，还有韩国、新加坡、泰国、印度尼西亚、马来西亚等都是我国这一时期的主要贸易伙伴。表8.3列出的主要贸易伙伴中，每年有接近一半的是亚洲国家。其次，我国的主要贸易伙伴来自今天的欧盟，比如德意志联邦共和国、法国、英国、瑞士、瑞典、意大利、比利时等。再次，我国的贸易伙伴就是美国和加拿大等美洲国家了。俄罗斯以前是我国主要的贸易伙伴国，但随着我国经济的发展，对俄罗斯贸易逐年有所下降，因此与俄罗斯的贸易额在我国对外贸易总额的比重也逐年下降，俄罗斯在我国贸易中的地位也就有所下降。

表8.4显示出我国的贸易伙伴还有一些特点：一是我国对外贸易额逐年上升，而与排名前列的贸易伙伴之间的贸易额在中国全部对外贸易额中所占比重确呈下降趋势，与排名稍微靠后的贸易伙伴之间的贸易额在中国全部对外贸易额中所占比重则呈上升趋势；二是我国与第20位贸易伙伴之间的贸易额和比重不断上升，也即进入前二十位贸易伙伴的门槛不断提

高；三是我国对外贸易伙伴的前二十位排名比较稳定，贸易对象基本上没变，变的只是排名。其中，只有 1992 年的朝鲜和中国澳门出现了一次就离开了前二十名的行列，2000 年挤进阿曼和芬兰，还有沙特阿拉伯、瑞典和瑞士时进时出，其他的都无大变化。

表 8.3　中国前二十位主要贸易伙伴及中国与之贸易额的情况

单位：亿美元

位次	1992	1993	1994	1995	1996	1997	1998	1999	2000	2001
	国家/地区（贸易额）	国家/地区（贸易额）	国家/地区（贸易额）	国家/地区（贸易额）	国家/地区（贸易额）	国家/地区（贸易额）	国家/地区（贸易额）	国家/地区（贸易额）	国家/地区（贸易额）	国家/地区（贸易额）
1	中国香港（580.50）	日本（390.33）	日本（479.06）	日本（574.71）	日本（600.67）	日本（608.33）	日本（579.35）	日本（661.74）	日本（831.64）	美国（971.83）
2	日本（253.80）	中国香港（325.37）	中国香港（418.03）	中国香港（445.74）	美国（428.38）	中国香港（507.73）	美国（548.31）	美国（614.25）	美国（744.62）	日本（877.28）
3	美国（174.94）	美国（276.52）	美国（353.55）	美国（408.32）	中国香港（407.33）	美国（490.16）	中国香港（454.00）	中国香港（437.55）	中国香港（539.47）	中国香港（559.64）
4	联邦德国（64.71）	联邦德国（100.08）	联邦德国（118.99）	韩国（169.81）	韩国（199.81）	韩国（240.57）	韩国（212.66）	韩国（250.34）	韩国（345.00）	韩国（358.96）
5	俄罗斯（58.62）	韩国（82.20）	韩国（117.21）	联邦德国（137.09）	联邦德国（131.67）	联邦德国（126.78）	联邦德国（143.75）	联邦德国（161.15）	联邦德国（196.87）	联邦德国（235.23）
6	韩国（50.61）	俄罗斯（76.79）	俄罗斯（50.76）	新加坡（68.98）	新加坡（73.50）	新加坡（87.88）	新加坡（81.79）	新加坡（85.63）	新加坡（108.21）	新加坡（109.19）
7	新加坡（32.67）	新加坡（48.91）	新加坡（50.50）	俄罗斯（54.63）	俄罗斯（68.44）	俄罗斯（61.24）	英国（65.84）	英国（78.75）	英国（99.03）	俄罗斯（106.69）
8	意大利（28.43）	意大利（40.42）	意大利（46.59）	意大利（51.82）	澳大利亚（51.07）	英国（57.94）	法国（60.28）	法国（67.06）	澳大利亚（84.53）	澳大利亚（104.36）
9	加拿大（25.80）	英国（35.92）	英国（41.84）	英国（47.70）	意大利（50.82）	法国（55.77）	荷兰（59.96）	荷兰（64.24）	马来西亚（80.45）	英国（103.07）
10	澳大利亚（23.32）	澳大利亚（30.10）	澳大利亚（39.40）	法国（44.90）	英国（50.82）	荷兰（54.79）	俄罗斯（54.80）	澳大利亚（63.12）	俄罗斯（80.03）	马来西亚（94.25）
11	法国（22.60）	法国（29.36）	法国（33.63）	加拿大（42.14）	荷兰（44.55）	澳大利亚（53.04）	澳大利亚（50.47）	俄罗斯（57.20）	荷兰（79.23）	荷兰（87.35）
12	印度尼西亚（20.26）	加拿大（25.73）	加拿大（32.46）	澳大利亚（42.11）	加拿大（41.89）	意大利（46.91）	意大利（48.56）	意大利（56.09）	法国（76.55）	法国（77.91）

续表

位次	1992 国家/地区（贸易额）	1993 国家/地区（贸易额）	1994 国家/地区（贸易额）	1995 国家/地区（贸易额）	1996 国家/地区（贸易额）	1997 国家/地区（贸易额）	1998 国家/地区（贸易额）	1999 国家/地区（贸易额）	2000 国家/地区（贸易额）	2001 国家/地区（贸易额）
13	英国 (19.36)	荷兰 (23.23)	荷兰 (29.75)	荷兰 (40.50)	法国 (41.47)	印度尼西亚 (45.15)	加拿大 (43.64)	马来西亚 (52.79)	印度尼西亚 (74.64)	意大利 (77.76)
14	荷兰 (17.08)	印度尼西亚 (21.43)	马来西亚 (27.40)	印度尼西亚 (34.90)	印度尼西亚 (37.08)	马来西亚 (44.17)	马来西亚 (42.70)	印度尼西亚 (48.30)	加拿大 (69.09)	加拿大 (73.73)
15	马来西亚 (14.75)	马来西亚 (17.88)	印度尼西亚 (26.41)	泰国 (33.63)	马来西亚 (36.14)	加拿大 (39.13)	泰国 (36.72)	加拿大 (47.67)	意大利 (68.80)	泰国 (70.51)
16	泰国 (13.19)	比利时 (13.93)	泰国 (20.24)	马来西亚 (33.52)	泰国 (31.45)	泰国 (35.15)	印度尼西亚 (36.31)	泰国 (42.16)	泰国 (66.24)	印度尼西亚 (67.24)
17	比利时 (9.98)	泰国 (13.52)	比利时 (18.54)	比利时 (21.30)	巴西 (22.47)	巴西 (25.33)	瑞典 (26.74)	比利时 (27.93)	比利时 (36.87)	比利时 (42.51)
18	朝鲜 (6.97)	瑞士 (12.81)	西班牙 (16.50)	巴西 (19.91)	比利时 (20.65)	比利时 (22.79)	比利时 (25.20)	瑞典 (27.62)	瑞典 (35.03)	沙特阿拉伯 (40.70)
19	中国澳门 (6.94)	巴西 (10.55)	巴西 (14.21)	西班牙 (18.90)	瑞典 (17.72)	印度 (18.31)	巴西 (22.19)	西班牙 (23.37)	阿曼 (33.21)	巴西 (36.98)
20	瑞典 (6.91)	西班牙 (10.07)	西班牙 (13.44)	瑞典 (13.96)	沙特阿拉伯 (15.77)	瑞典 (18.26)	菲律宾 (20.26)	菲律宾 (22.87)	芬兰 (31.90)	印度 (35.95)

资料来源：根据中经网统计数据库数据整理。

表8.4　中国前二十位主要贸易伙伴及中国与之贸易所占比重的情况

单位：%

位次	1992 国家/地区（比重）	1993 国家/地区（比重）	1994 国家/地区（比重）	1995 国家/地区（比重）	1996 国家/地区（比重）	1997 国家/地区（比重）	1998 国家/地区（比重）	1999 国家/地区（比重）	2000 国家/地区（比重）	2001 国家/地区（比重）
1	中国香港 (35.07)	日本 (19.95)	日本 (20.25)	日本 (20.46)	日本 (20.72)	日本 (18.71)	日本 (17.88)	日本 (18.35)	日本 (17.53)	美国 (19.07)

续表

位次	1992 国家/地区（比重）	1993 国家/地区（比重）	1994 国家/地区（比重）	1995 国家/地区（比重）	1996 国家/地区（比重）	1997 国家/地区（比重）	1998 国家/地区（比重）	1999 国家/地区（比重）	2000 国家/地区（比重）	2001 国家/地区（比重）
2	日本 (15.33)	中国香港 (16.63)	中国香港 (17.67)	中国香港 (15.87)	美国 (14.78)	中国香港 (15.61)	美国 (16.93)	美国 (17.03)	美国 (15.70)	日本 (17.21)
3	美国 (10.57)	美国 (14.13)	美国 (14.94)	美国 (14.54)	中国香港 (14.05)	美国 (15.07)	中国香港 (14.01)	中国香港 (12.13)	中国香港 (11.37)	中国香港 (10.98)
4	联邦德国 (3.91)	联邦德国 (5.11)	联邦德国 (5.03)	韩国 (6.05)	韩国 (6.89)	韩国 (7.40)	韩国 (6.56)	韩国 (6.94)	韩国 (7.27)	韩国 (7.04)
5	俄罗斯 (3.54)	韩国 (4.20)	韩国 (4.95)	联邦德国 (4.88)	联邦德国 (4.54)	联邦德国 (3.90)	联邦德国 (4.44)	联邦德国 (4.47)	联邦德国 (4.15)	德国 (4.62)
6	韩国 (3.06)	俄罗斯 (3.92)	俄罗斯 (2.15)	新加坡 (2.46)	新加坡 (2.54)	新加坡 (2.70)	新加坡 (2.52)	新加坡 (2.37)	新加坡 (2.28)	新加坡 (2.14)
7	新加坡 (1.97)	新加坡 (2.50)	新加坡 (2.13)	俄罗斯 (1.95)	俄罗斯 (2.36)	俄罗斯 (1.88)	英国 (2.03)	英国 (2.18)	英国 (2.09)	俄罗斯 (2.09)
8	意大利 (1.72)	意大利 (2.07)	意大利 (1.97)	意大利 (1.85)	澳大利亚 (1.76)	英国 (1.78)	法国 (1.86)	法国 (1.86)	澳大利亚 (1.78)	澳大利亚 (2.05)
9	加拿大 (1.56)	英国 (1.84)	英国 (1.77)	英国 (1.70)	意大利 (1.75)	法国 (1.72)	荷兰 (1.85)	荷兰 (1.78)	马来西亚 (1.70)	英国 (2.02)
10	澳大利亚 (1.41)	澳大利亚 (1.54)	澳大利亚 (1.66)	法国 (1.60)	英国 (1.75)	荷兰 (1.68)	俄罗斯 (1.69)	澳大利亚 (1.75)	俄罗斯 (1.69)	马来西亚 (1.85)
11	法国 (1.37)	法国 (1.50)	法国 (1.42)	加拿大 (1.50)	荷兰 (1.54)	澳大利亚 (1.63)	澳大利亚 (1.56)	俄罗斯 (1.59)	荷兰 (1.67)	荷兰 (1.71)
12	印度尼西亚 (1.22)	加拿大 (1.31)	加拿大 (1.37)	澳大利亚 (1.50)	加拿大 (1.44)	意大利 (1.44)	意大利 (1.50)	意大利 (1.56)	法国 (1.61)	法国 (1.53)
13	英国 (1.17)	荷兰 (1.19)	荷兰 (1.26)	荷兰 (1.44)	法国 (1.43)	印度尼西亚 (1.39)	加拿大 (1.35)	马来西亚 (1.46)	印度尼西亚 (1.57)	意大利 (1.53)
14	荷兰 (1.03)	印度尼西亚 (1.10)	马来西亚 (1.16)	印度尼西亚 (1.24)	印度尼西亚 (1.28)	马来西亚 (1.36)	马来西亚 (1.32)	印度尼西亚 (1.34)	加拿大 (1.46)	加拿大 (1.45)
15	马来西亚 (0.89)	马来西亚 (0.91)	印度尼西亚 (1.12)	泰国 (1.20)	马来西亚 (1.25)	加拿大 (1.20)	泰国 (1.13)	加拿大 (1.32)	意大利 (1.45)	泰国 (1.38)

续表

位次	1992 国家/地区（比重）	1993 国家/地区（比重）	1994 国家/地区（比重）	1995 国家/地区（比重）	1996 国家/地区（比重）	1997 国家/地区（比重）	1998 国家/地区（比重）	1999 国家/地区（比重）	2000 国家/地区（比重）	2001 国家/地区（比重）
16	泰国 (0.80)	比利时 (0.71)	泰国 (0.86)	马来西亚 (1.19)	泰国 (1.08)	泰国 (1.08)	印度尼西亚 (1.12)	泰国 (1.17)	泰国 (1.40)	印度尼西亚 (1.32)
17	比利时 (0.60)	泰国 (0.69)	比利时 (0.78)	比利时 (0.76)	巴西 (0.78)	巴西 (0.78)	瑞典 (0.83)	比利时 (0.77)	比利时 (0.78)	比利时 (0.83)
18	朝鲜 (0.42)	瑞士 (0.65)	西班牙 (0.70)	巴西 (0.71)	比利时 (0.71)	比利时 (0.70)	比利时 (0.78)	瑞典 (0.77)	瑞典 (0.74)	沙特阿拉伯 (0.80)
19	中国澳门 (0.42)	巴西 (0.54)	巴西 (0.60)	西班牙 (0.67)	瑞典 (0.61)	印度 (0.56)	巴西 (0.68)	西班牙 (0.65)	阿曼 (0.70)	巴西 (0.73)
20	瑞典 (0.42)	西班牙 (0.51)	西班牙 (0.57)	瑞典 (0.50)	沙特阿拉伯 (0.54)	瑞典 (0.56)	菲律宾 (0.63)	菲律宾 (0.63)	芬兰 (0.67)	印度 (0.71)

资料来源：根据中经网统计数据库数据整理。

第三节 国际贸易结构

一、中国进出口商品结构

（一）出口商品结构

随着中国经济的发展，对外贸易额逐年增加，对外贸易在国内生产总值中的比例也越来越高。作为对外贸易的基础，出口对我国经济增长所起的作用也愈加明显。贸易是经济增长的"发动机"，研究出口贸易对经济增长的作用因此显得更加重要。出口商品结构是指一国在一定时期内各类出口产品在整个贸易总额中所占的比重。它是反映一国资源状况、产业发展水平以及对外贸易政策的指标。按照产品附加值的高低，可以将出口商品分为初级产品和工业制成品两大类。初级产品技术含量低，在国际市场上的竞争力弱，在粗放式的外贸增长方式、国内产业结构水平较低时所占的比重较大。相对而言，工业制成品技术含量较高，竞争能力较强，集约型的外贸增长方式多以工业制成品的出口为主。由表8.5～表8.7中可以看出，自改革开放政策深入推行以来经济的高速增长为中国的国际贸易创造了一个稳定的环境，出口导向战略使得出口总规模不断扩大的同时，出口商品中工业制成品的比例在显著上升。1992年，中国工业制成品的出口额约为679.36亿美元，占当年出口总额比重为79.98%；到2001年，这一数字已经跃升为2397.60亿美元，占90.1%。

　　从表8.5～表8.7中还可以看出，中国出口商品结构变化除了出口总额中初级产品与工业制成品比重的变化外，还有工业制成品内部结构的变化，以轻纺产品、橡胶制品、矿冶产品及其制品为代表的劳动密集型产品所占比重在逐年下降，以化学品、机械和运输设备为代表的资本技术密集型产品所占比重在逐年上升，大大改变了以往主要倚重资源密集型和劳动密集型产品扩大出口的局面。

表8.5　1992～2001年期间中国出口商品的构成

单位：亿美元

年份	出口总额	初级产品		工业制成品	
		金额	比重（%）	金额	比重（%）
1992	849.40	170.04	20.02	679.36	79.98
1993	917.44	166.66	18.17	750.78	81.83
1994	1210.06	197.08	16.29	1012.98	83.71
1995	1487.80	214.85	14.44	1272.95	85.56
1996	1510.48	219.25	14.52	1291.23	85.48
1997	1827.92	239.53	13.10	1588.39	86.90
1998	1837.09	204.89	11.15	1632.20	88.85
1999	1949.31	199.41	10.23	1749.90	89.77
2000	2492.03	254.60	10.22	2237.43	89.78

续表

年份	出口总额	初级产品		工业制成品	
		金额	比重（%）	金额	比重（%）
2001	2660.98	263.38	9.90	2397.60	90.10

资料来源：根据中经网统计数据库数据整理。

表 8.5 显示我国出口中初级产品比重逐年下降，由 1992 年的 20.02%降至 2001 年的 9.90%，工业制成品比重逐年上升，由 1992 年的 79.98%升至 2001 年的 90.1%。

表 8.6 1992～2001 年期间中国出口商品中初级产品的构成

单位：亿美元

年份	食品及主要供食用的活动物		饮料及烟类		非食用原料		矿物燃料、润滑油及有关原料		动植物油、脂及蜡		合计	
	金额	比重（%）	金额	比重（%）	金额	比重（%）	金额	比重（%）	金额	比重（%）	金额	比重（%）
1992	83.09	48.87	7.20	4.23	31.43	18.48	46.93	27.60	1.39	0.82	170.04	100
1993	83.99	50.40	9.01	5.41	30.52	18.31	41.09	24.65	2.05	1.23	166.66	100
1994	100.15	50.82	10.02	5.08	41.27	20.94	40.69	20.65	4.95	2.51	197.08	100
1995	99.54	46.33	13.70	6.38	43.75	20.36	53.32	24.82	4.54	2.11	214.85	100
1996	102.31	46.66	13.42	6.12	40.45	18.45	59.31	27.05	3.76	1.71	219.25	100
1997	110.75	46.24	10.49	4.38	41.95	17.51	69.87	29.17	6.47	2.70	239.53	100
1998	105.13	51.31	9.75	4.76	35.19	17.17	51.75	25.26	3.07	1.50	204.89	100
1999	104.58	52.45	7.71	3.87	39.21	19.66	46.59	23.36	1.32	0.66	199.41	100
2000	122.82	48.24	7.45	2.93	44.62	17.52	78.55	30.85	1.16	0.46	254.60	100
2001	127.77	48.51	8.73	3.32	41.72	15.84	84.05	31.91	1.11	0.42	263.38	100

资料来源：根据中经网统计数据库数据整理。

表 8.6 显示我国这一时期出口商品初级产品构成中，食品及主要供食用的活动物占的比重最重也最平稳，一直以来都在 50%左右，其次是矿物燃料、润滑油及有关原料等依靠资源禀赋进行出口的商品。

表 8.7　1992~2001 年期间中国出口商品中工业制成品的构成

单位：亿美元

年份	化学品及有关产品		轻纺产品、橡胶制品、矿冶产品及其制品		机械及运输设备		杂项制品		未分类的其他商品		合计	
	金额	比重(%)	金额	比重(%)	金额	比重(%)	金额	比重(%)	金额	比重(%)	金额	比重(%)
1992	43.48	6.40	161.35	23.75	132.19	19.46	342.34	50.39			679.36	100
1993	46.23	6.16	163.92	21.83	152.82	20.35	387.81	51.65			750.78	100
1994	62.36	6.16	232.18	22.92	218.95	21.61	499.37	49.30	0.12	0.01	1012.98	100
1995	90.94	7.14	322.40	25.33	314.07	24.67	545.48	42.85	0.06	0.00	1272.95	100
1996	88.77	6.87	284.98	22.07	353.12	27.35	564.24	43.70	0.12	0.01	1291.23	100
1997	102.27	6.44	344.32	21.68	437.09	27.52	704.67	44.36	0.04	0.00	1588.39	100
1998	103.21	6.32	324.77	19.90	502.17	30.77	702.00	43.01	0.05	0.00	1632.20	100
1999	103.73	5.93	332.62	19.01	588.36	33.62	725.10	41.44	0.09	0.01	1749.90	100
2000	120.98	5.41	425.46	19.02	826.00	36.92	862.78	38.56	2.21	0.00	2237.43	100
2001	133.52	5.57	438.13	18.27	949.01	39.58	871.10	36.33	5.84	0.24	2397.60	100

资料来源：根据中经网统计数据库数据整理。

（二）进口商品结构

进口商品结构是指一定时期内一国进口贸易中各种商品的构成，可以间接说明一国在资源、要素配置技术等方面对国外市场的依赖程度。自 1992 年始，我国进口总额稳步增长，由下列表格我们可以看出，1992 年的进口总额仅约为 805.85 亿美元，到 2001 年增长至 2435.53 亿美元。其中，初级产品和工业制成品进口分别从 132.55 亿美元和 673.30 亿美元增长到 457.43 亿美元和 1978.10 亿美元，都有了显著提升。在结构变化方面，工业制成品在进口总额中的比重起伏不定，但总体水平发展相对比较平稳，维持在 80% 左右。初级产品在进口总额中的比重与工业制成品相对，也比较平稳。我国进口总额中，虽然工业制成品和初级产品进口比重近年来保持相对稳定，但是两者进口的增长率相对变动幅度却很大。

从 1992 年至 2001 年的商品构成中可以看出，工业制成品所占的比重较大，在初级商品构成表中，如表 8.9，非食用原料、矿物燃料、润滑油及有关原料为主要进口商品，两者相加的比重一般在70%左右。因为我国食品出口比较多，所以在这里的进口所占比例较小。在工业制成品构成表中，如表8.10，最主要的进口项目是机械及运输设备等资本密集型、科技含量高的产品，这与改革初期我国是资本密集型产品进口是一致的。其次是轻纺产品、橡胶制品、矿冶产品及其制品，这些原料的进口可能属于加工贸易的范畴，进口是为了更好地出口。两者相加的比重一般维持在75%左右，其他项目的进口比重较小。

表8.8　1992～2001年期间中国进口商品的构成

单位：亿美元

年份	进口总额	初级产品		工业制成品	
		金额	比重（%）	金额	比重（%）
1992	805.85	132.55	16.45	673.30	83.55
1993	1039.59	142.10	13.67	897.49	86.33
1994	1156.14	164.86	14.26	991.28	85.74
1995	1320.84	244.17	18.49	1076.67	81.51
1996	1388.33	254.41	18.32	1133.92	81.68
1997	1423.70	286.20	20.10	1137.50	79.90
1998	1402.37	229.49	16.36	1172.88	83.64
1999	1656.99	268.46	16.20	1388.53	83.80
2000	2250.94	467.39	20.76	1783.55	79.24
2001	2435.53	457.43	18.78	1978.10	81.22

资料来源：根据中经网统计数据库数据整理。

表8.9　1992～2001年期间中国进口商品中初级产品的构成

单位：亿美元

年份	食品及主要供食用的活动物		饮料及烟类		非食用原料		矿物燃料、润滑油及有关原料		动植物油、脂及蜡		合计	
	金额	比重（%）	金额	比重（%）	金额	比重（%）	金额	比重（%）	金额	比重（%）	金额	比重（%）
1992	31.46	23.73	2.39	1.80	57.75	43.57	35.70	26.93	5.25	3.96	132.55	100
1993	22.06	15.52	2.45	1.72	54.38	38.27	58.19	40.95	5.02	3.53	142.10	100

续表

年份	食品及主要供食用的活动物		饮料及烟类		非食用原料		矿物燃料、润滑油及有关原料		动植物油、脂及蜡		合计	
	金额	比重(%)	金额	比重(%)	金额	比重(%)	金额	比重(%)	金额	比重(%)	金额	比重(%)
1994	31.37	19.03	0.68	0.41	74.37	45.11	40.35	24.48	18.09	10.97	164.86	100
1995	61.32	25.11	3.94	1.61	101.59	41.61	51.27	21.00	26.05	10.67	244.17	100
1996	56.72	22.29	4.97	1.95	106.98	42.05	68.77	27.03	16.97	6.67	254.41	100
1997	43.04	15.04	3.20	1.12	120.06	41.95	103.06	36.01	16.84	5.88	286.20	100
1998	37.88	16.51	1.79	0.78	107.15	46.69	67.76	29.53	14.91	6.50	229.49	100
1999	36.19	13.48	2.08	0.77	127.40	47.46	89.12	33.20	13.67	5.09	268.46	100
2000	47.58	10.18	3.64	0.78	200.03	42.80	206.37	44.15	9.77	2.09	467.39	100
2001	49.76	10.88	4.12	0.90	221.27	48.37	174.66	38.18	7.63	1.67	457.43	100

资料来源：根据中经网统计数据库数据整理。

由于初级产品进口的比重变化较平稳，所以初级产品构成中，各进口项目的进口比重也比较平稳，无强烈波动。

表8.10　1992～2001年期间中国进口商品中工业制成品的构成

单位：亿美元

年份	化学品及有关产品		轻纺产品、橡胶制品、矿冶产品及其制品		机械及运输设备		杂项制品		未分类的其他商品		合计	
	金额	比重(%)	金额	比重(%)	金额	比重(%)	金额	比重(%)	金额	比重(%)	金额	比重(%)
1992	111.57	16.57	192.73	28.62	313.12	46.51	55.88	8.30			673.30	100
1993	97.04	10.81	285.27	31.78	450.23	50.17	64.95	7.24			897.49	100
1994	121.30	12.24	280.84	28.33	514.67	51.92	67.68	6.83	6.79	0.68	991.28	100
1995	172.99	16.07	287.72	26.72	526.42	48.89	82.61	7.67	6.93	0.65	1076.67	100
1996	181.06	15.97	313.91	27.68	547.63	48.30	84.86	7.48	6.46	0.57	1133.92	100
1997	192.97	16.96	322.20	28.33	527.74	46.39	85.50	7.52	9.09	0.80	1137.50	100
1998	201.58	17.19	310.75	26.49	568.45	48.47	84.56	7.21	7.54	0.64	1172.88	100

续表

年份	化学品及有关产品		轻纺产品、橡胶制品、矿冶产品及其制品		机械及运输设备		杂项制品		未分类的其他商品		合计	
	金额	比重(%)	金额	比重(%)	金额	比重(%)	金额	比重(%)	金额	比重(%)	金额	比重(%)
1999	240.30	17.31	343.17	24.71	694.53	50.02	97.01	6.99	13.52	0.97	1388.53	100
2000	302.13	16.94	418.07	23.44	919.31	51.54	127.51	7.15	16.53	0.93	1783.55	100
2001	321.04	16.23	419.38	21.20	1070.15	54.10	150.76	7.62	16.76	0.85	1978.10	100

资料来源：根据中经网统计数据库数据整理。

二、中国进出口国别（地区）结构

中国出口商品的地区结构是以国家或地区为单位计算的中国出口商品的市场结构。它用来表明世界各个地区或国家在中国外贸出口中所占的地位，通常是用中国对世界其他各个地区或国家的出口额占中国总出口额的比重来表示。中国出口商品的地区结构表明了中国出口商品的去向，反映了中国与其他国家或地区之间的经济贸易联系程度。如果某一个或某几个国家在中国出口中所占的份额比较大，则中国出口商品的地区结构就比较集中，反之，中国出口商品的地区结构就比较分散。从对外贸易的平稳发展来看，出口商品的地区结构应适度集中，否则容易受制于人，从而在对外贸易中处于不利的地位。在20世纪90年代初期，中国政府提出了"市场多元化战略"，防止对外贸易过于集中于少数国家和地区，降低中国在对外贸易中所面临的经济和政治风险，确保中国的外贸安全。所以，自1992年以来，我国对亚洲和欧洲国家的贸易比重有所下降，而非洲和大洋洲的国家贸易比重有所上升。另一方面，我国国内政策和世界环境的变化也不断影响着我国对外贸易市场结构的变化，由于我国在2001年加入了世贸组织，成为了WTO的第143个正式成员国，所以在2001年，我国的贸易伙伴数量发生了快速增长，由2000年的171个增长到215个，可以说是我国贸易史上的一次飞跃。由

表 8.11 可以看出，我国对外贸易伙伴主要分布在亚洲、欧洲、非洲和美洲。但通过表 8.12、表 8.13 和表 8.14 我们又看到，我国对外贸易主要发生在亚洲、欧洲和美洲，非洲虽然贸易伙伴国较多，但贸易量却较小。所以，从整体上看，这一时期中国对外贸易的洲际分布主要在亚洲、欧洲和北美洲。

从 1992 年到 2001 年的数据可以看出，中国最大的出口地区是亚洲，所占份额一般都在 56% 到 66% 之间，其次是美洲和欧洲，所占份额一般都在 18% 到 20% 左右（1992 年要低于这一数值）。其他洲所占份额都比较小，一般都小于 3%。从变化趋势来看，亚洲地区所占份额整体呈下降趋势，欧洲地区平稳发展，其他地区所占份额基本上表现为不断上升的趋势。从表 8.13 可以看到，我国进口地区结构和出口地区结构大体相当，主要集中在亚洲、欧洲和美洲。以亚洲为首，比重平稳在 60% 左右；其次是欧洲，所占比重在 20% 左右；再次是美洲，在 15% 左右，其他地区所占比重较小。

表 8.11 1992～2001 年期间我国对外贸易伙伴的分布

单位：个

年份	亚洲	欧洲	美洲	非洲	大洋洲	合计
1992	43	36	27	43	6	155
1993	43	41	27	44	6	161
1994	44	41	27	44	6	162
1995	44	44	29	44	8	169
1996	44	44	29	45	8	170
1997	44	44	29	45	8	170
1998	44	44	29	45	8	170
1999	44	44	29	46	8	171
2000	44	44	29	46	8	171
2001	46	46	48	57	18	215

资料来源：根据中国经济统计数据库数据整理。

表8.12　1992～2001年期间我国与各大洲的进出口总额及占比

单位：亿美元

年份	亚洲		欧洲		非洲		美洲		大洋洲	
	金额	比重(%)	金额	比重(%)	金额	比重(%)	金额	比重(%)	金额	比重(%)
1992	1101.62	66.63	274.60	16.61	18.06	1.09	230.50	13.94	28.54	1.73
1993	1152.12	58.87	404.14	20.65	25.31	1.29	339.42	17.34	35.93	1.84
1994	1422.16	60.11	437.89	18.51	26.43	1.12	433.04	18.30	46.39	1.96
1995	1700.57	60.55	507.96	18.09	39.21	1.40	511.61	18.22	49.24	1.75
1996	1746.81	60.26	515.14	17.77	40.31	1.39	537.53	18.54	58.98	2.03
1997	1973.63	60.70	547.44	16.84	56.73	1.74	613.08	18.85	60.72	1.87
1998	1854.19	57.22	597.68	18.44	55.32	1.71	675.06	20.83	58.19	1.80
1999	2042.43	56.64	681.27	18.89	64.90	1.80	744.66	20.65	73.04	2.03
2000	2736.50	57.70	862.66	18.19	105.97	2.23	939.89	19.82	97.88	2.06
2001	2880.55	56.52	976.18	19.15	107.99	2.12	1028.14	20.17	103.66	2.03

资料来源：根据中经网统计数据库数据整理。

表8.12显示，我国进出口总额与各大洲的关系集中表现在亚洲、欧洲和美洲，三者占据我国进出口总额的95%左右，在三者中又以亚洲为主。

表8.13　1992～2001年期间我国与各大洲的出口总额及占比

单位：亿美元

年份	亚洲		欧洲		非洲		美洲		大洋洲	
	金额	比重(%)	金额	比重(%)	金额	比重(%)	金额	比重(%)	金额	比重(%)
1992	611.25	71.99	113.64	13.38	13.02	1.53	103.23	12.16	7.95	0.94
1993	526.36	57.36	164.29	17.90	15.27	1.66	199.39	21.73	12.32	1.34
1994	734.48	60.70	187.71	15.51	17.49	1.45	253.15	20.92	17.24	1.42
1995	920.02	61.84	229.88	15.45	24.94	1.68	293.94	19.76	19.02	1.28
1996	912.42	60.41	238.60	15.80	25.66	1.70	314.17	20.80	19.62	1.30
1997	1089.66	59.61	289.88	15.86	32.09	1.76	392.31	21.46	23.98	1.31
1998	982.47	53.45	334.25	18.18	40.56	2.21	453.97	24.70	26.85	1.46

续表

年份	亚洲		欧洲		非洲		美洲		大洋洲	
	金额	比重（%）	金额	比重（%）	金额	比重（%）	金额	比重（%）	金额	比重（%）
1999	1025.63	52.61	354.82	18.20	41.15	2.11	496.59	25.48	31.13	1.60
2000	1323.08	53.09	454.82	18.25	50.42	2.02	624.59	25.06	39.10	1.57
2001	1409.18	52.96	492.28	18.50	60.06	2.26	658.73	24.76	40.73	1.53

资料来源：根据中经网统计数据库数据整理。

表8.14　1992～2001年期间我国与各大洲的进口总额及占比

单位：亿美元

年份	亚洲		欧洲		非洲		美洲		大洋洲	
	金额	比重（%）	金额	比重（%）	金额	比重（%）	金额	比重（%）	金额	比重（%）
1992	490.37	60.97	160.96	20.01	5.04	0.63	127.27	15.83	20.59	2.56
1993	625.76	60.21	239.86	23.08	10.03	0.97	140.02	13.47	23.61	2.27
1994	687.68	59.50	250.17	21.64	8.94	0.77	179.90	15.56	29.16	2.52
1995	780.54	59.10	278.09	21.05	14.27	1.08	217.67	16.48	30.22	2.29
1996	834.39	60.10	276.54	19.92	14.64	1.05	223.35	16.09	39.36	2.84
1997	883.97	62.09	257.57	18.09	24.64	1.73	220.78	15.51	36.74	2.58
1998	871.72	62.16	263.43	18.78	14.77	1.05	221.10	15.77	31.35	2.24
1999	1016.81	61.36	326.45	19.70	23.75	1.43	248.07	14.97	41.91	2.53
2000	1413.42	62.79	407.84	18.12	55.55	2.47	315.30	14.01	58.77	2.61
2001	1471.37	60.41	483.90	19.87	47.93	1.97	369.41	15.17	62.92	2.58

资料来源：根据中经网统计数据库数据整理。

三、国内各地区出口结构

　　表8.15显示了我国各地区出口占全国出口的比重。从表中可以看出，广东一直是我国出口的最重要城市，一直占据40%左右的比重，2001年有所下滑，其次就是福建、辽宁、北京、上海、江苏、山东、浙江等沿海或经济中心区域，一般所占比重在4%～10%。中西部地区和内陆城市出

口比重较小，且各主要出口城市所占比重呈逐步上升趋势。

表8.15　各地区出口占全国出口的比重

单位:%

	1992	1993	1994	1995	1996	1997	1998	1999	2000	2001
全国	100	100	100	100	100	100	100	100	100	100
北京	1.89	1.32	6.89	6.89	5.38	5.26	5.72	5.08	4.80	4.42
天津	2.28	2.39	2.22	2.73	3.08	2.87	2.99	3.25	3.46	3.57
河北	2.41	1.95	1.90	1.93	2.04	1.77	1.70	1.60	1.49	1.49
山西	0.46	0.47	0.54	0.77	0.62	0.62	0.49	0.43	0.50	0.55
内蒙古	0.70	0.56	0.39	0.34	0.34	0.36	0.29	0.27	0.39	0.24
辽宁	7.23	6.00	5.00	5.54	5.72	5.01	4.38	4.21	4.36	4.13
吉林	1.43	1.40	1.13	0.74	0.64	0.51	0.41	0.52	0.50	0.55
黑龙江	2.32	1.96	1.03	0.78	0.72	0.72	0.49	0.49	0.58	0.61
上海	8.03	7.62	7.57	8.71	8.63	8.24	8.68	9.64	10.17	10.38
江苏	4.96	5.40	5.52	6.58	7.68	7.71	8.50	9.39	10.34	10.85
浙江	4.43	5.01	5.03	5.17	5.32	5.52	5.91	6.60	7.80	8.63
安徽	0.83	0.91	0.86	0.94	0.87	0.85	0.82	0.86	0.87	0.86
福建	5.43	5.98	5.31	5.32	5.55	5.62	5.42	5.31	5.18	5.23
江西	0.80	0.71	0.67	0.70	0.56	0.61	0.55	0.46	0.48	0.39
山东	4.99	4.87	4.85	5.48	6.08	6.00	5.68	5.94	6.23	6.81
河南	1.01	0.87	0.85	0.91	0.82	0.70	0.65	0.58	0.60	0.64
湖北	1.43	1.42	1.42	1.33	1.01	1.05	0.93	0.78	0.78	0.68
湖南	1.41	1.32	1.28	0.99	0.90	0.79	0.70	0.66	0.66	0.66
广东	41.28	43.39	41.48	38.02	39.29	40.78	41.16	39.85	36.89	35.86
广西	1.10	1.04	1.07	1.14	0.84	1.25	0.98	0.64	0.60	0.46
海南	1.11	1.07	0.79	0.62	0.44	0.44	0.42	0.38	0.32	0.30
重庆	—	—	—	—	—	0.41	0.28	0.25	0.40	0.41
四川	1.52	1.34	1.49	1.53	1.16	0.70	0.64	0.58	0.56	0.59
贵州	0.26	0.23	0.25	0.30	0.24	0.24	0.21	0.18	0.17	0.16
云南	0.76	0.92	0.80	0.85	0.69	0.62	0.61	0.53	0.47	0.47
西藏	0.12	0.12	0.04	0.01	0.01	0.02	0.03	0.04	0.05	0.03
陕西	0.77	0.85	0.79	0.85	0.72	0.67	0.64	0.59	0.53	0.42

续表

	1992	1993	1994	1995	1996	1997	1998	1999	2000	2001
甘肃	0.33	0.25	0.29	0.24	0.18	0.20	0.19	0.16	0.17	0.18
青海	0.11	0.09	0.10	0.09	0.08	0.06	0.06	0.04	0.04	0.06
宁夏	0.08	0.07	0.09	0.11	0.10	0.10	0.11	0.13	0.13	0.13
新疆	0.54	0.44	0.35	0.40	0.31	0.31	0.41	0.53	0.48	0.25

资料来源：根据中经网统计数据库数据整理。

　　表 8.16 是我国各地区进口占全国进口的比重，由表中可以看出，广东在进口方面也处于第一的位置，是一个进出口大省，其次是北京和上海，北京是我国的首都，进口需求较大，上海是我国经济发展的中心，也属于进出口强省，再次就是和上面出口大体一致的沿海省市，如辽宁、山东、福建等。

表 8.16　各地区进口占全国进口的比重

单位:%

	1992	1993	1994	1995	1996	1997	1998	1999	2000	2001
全国	100	100	100	100	100	100	100	100	100	100
北京	2.74	2.99	18.11	20.28	15.27	14.59	14.26	14.76	16.73	16.31
天津	1.95	2.26	2.47	3.01	3.52	3.57	3.65	3.78	3.79	3.56
河北	0.85	0.92	0.74	0.80	0.80	0.61	0.79	0.88	0.68	0.73
山西	0.29	0.29	0.16	0.20	0.17	0.15	0.16	0.27	0.23	0.19
内蒙古	0.57	0.60	0.39	0.38	0.38	0.29	0.31	0.46	0.73	0.58
辽宁	3.77	3.94	3.62	3.75	3.91	4.04	3.34	3.33	3.63	3.61
吉林	1.39	1.53	1.23	1.14	0.82	0.65	0.64	0.72	0.58	0.72
黑龙江	1.90	1.90	1.02	0.92	0.98	0.81	0.79	0.75	0.68	0.73
上海	8.67	9.34	7.70	8.63	10.16	10.35	11.00	11.96	13.04	13.66
江苏	4.94	5.41	4.39	4.94	6.55	6.70	7.65	7.82	8.83	9.23
浙江	2.36	2.84	2.51	2.89	3.23	2.92	2.84	3.28	3.73	4.03
安徽	0.50	0.53	0.45	0.47	0.65	0.58	0.58	0.59	0.52	0.55
福建	6.14	5.75	4.98	4.95	5.14	5.57	5.13	4.39	3.69	3.57
江西	0.52	0.65	0.43	0.21	0.19	0.15	0.16	0.25	0.19	0.20

续表

	1992	1993	1994	1995	1996	1997	1998	1999	2000	2001
山东	3.05	3.62	3.25	4.38	5.03	4.69	4.47	4.04	4.20	4.45
河南	0.57	0.66	0.53	0.66	0.53	0.43	0.39	0.38	0.35	0.44
湖北	0.95	1.18	0.89	1.08	0.96	0.90	0.80	0.70	0.57	0.73
湖南	0.83	0.70	0.53	0.43	0.37	0.31	0.36	0.41	0.38	0.41
广东	52.59	48.21	40.18	35.85	36.43	38.99	38.63	37.81	34.73	33.28
广西	0.76	1.37	1.51	1.05	0.55	0.41	0.43	0.31	0.24	0.23
海南	1.43	1.88	1.56	1.08	1.16	0.79	0.70	0.28	0.22	0.39
重庆	—	—	—	—	—	0.64	0.37	0.43	0.35	0.30
四川	1.14	1.26	1.12	0.92	1.42	0.38	0.66	0.80	0.51	0.62
贵州	0.18	0.17	0.14	0.17	0.09	0.13	0.17	0.11	0.11	0.09
云南	0.57	0.44	0.58	0.67	0.58	0.38	0.37	0.38	0.28	0.31
西藏	0.15	0.10	0.52	0.16	0.11	0.10	0.05	0.05	0.01	0.00
陕西	0.60	0.68	0.40	0.31	0.48	0.35	0.62	0.52	0.37	0.39
甘肃	0.23	0.21	0.13	0.18	0.14	0.08	0.07	0.05	0.07	0.12
青海	0.02	0.03	0.02	0.02	0.01	0.01	0.01	0.01	0.02	0.02
宁夏	0.04	0.05	0.06	0.04	0.03	0.03	0.02	0.04	0.05	0.07
新疆	0.31	0.48	0.38	0.44	0.34	0.39	0.55	0.45	0.47	0.45

资料来源：根据中经网统计数据库数据整理。

第四节　贸易方式

对外贸易方式分为一般贸易、加工贸易和其他形式的贸易。其中，一般（进出口）贸易是指我国进口一国利用自己的原材料生产的商品，或者我国利用自己的原材料和技术生产产品出口的贸易形式。加工贸易主要包括"进料加工"、"来料加工"、"来件组装"和"协作生产"四种形式，是通过进口原材料、零部件，加工成产品后再出口，以获得部分附加值的贸易形式。其他形式的贸易包括易货贸易和保税仓库进出境货物等。20世纪90年代我国对外贸易方式主要是一般贸易和加工贸易。改革开放以来,我国对外贸易获得了高速发展。其中加工贸易的增长尤为迅速。在 1992 年,加工贸易在我国贸易构成表中所占比重就达到了 43%,可以说是占据了"半壁江山"。在 1996~1999年期间更是超过了一般贸易和其他形式的贸易的总和,占据主导地位。在 20世纪 90 年代,加工贸易带动整个对外贸易的发展,其增长速度高于其他贸易方式,因而在进出口总值中的占比也不断攀升。即便是 1999 年之后,加工贸易所占的比重也稳定在 47% 左右的水平,这说明我国的对外贸易已由加工贸易"一枝独秀"的阶段,进入了一般贸易和加工贸易"比翼齐飞"的阶段。

表8.17　我国国际贸易贸易方式构成表

单位:亿美元

年份	进出口总值	一般、其他形式的贸易	加工贸易	一般、其他形式的贸易比重	加工贸易比重
1992	1655	944	711	57%	43%
1993	1957	1150	807	59%	41%
1994	2366	1320	1046	56%	44%
1995	2809	1488	1321	53%	47%
1996	2898	1432	1466	49%	51%
1997	3252	1554	1698	48%	52%
1998	3239	1508	1731	47%	53%
1999	3606	1761	1845	49%	51%
2000	4743	2441	2302	51%	49%
2001	5098	2683	2415	53%	47%

资料来源:根据中经网统计数据库数据整理。

第五节　贸易体制

一、社会主义市场经济体制的确定和相应对外贸易体制的改革

随着改革的稳步推进,人们的认识不断地深化。1992 年春,邓小平

在南方谈话中指出："计划多一点还是市场多一点，不是社会主义与资本主义的本质区别。计划经济不等于社会主义，资本主义也有计划；市场经济不等于资本主义，社会主义也有市场。计划和市场都是手段。"1992年6月9日，江泽民在中共党校省部级干部进修班上发表讲话，第一次确认了"社会主义市场经济体制"这个提法。随后党的十四大确立了建立社会主义市场经济体制的改革目标。对外贸易体制改革的目标由此也被明确为"深化外贸体制改革，尽快建立适应社会主义市场经济发展的、符合国际贸易规范的新型外贸体制"。为加快市场经济体制的建立，并与国际贸易规则相适应，1994年以后中国连续对关税及非关税壁垒措施进行大幅度削减，使价格机制的作用逐步取代数量限制手段。主要内容包括：（1）连续大幅度降低关税，缩减配额及许可证管理的商品范围；（2）取消外汇管制，实现人民币经常项目下的可兑换；（3）双重汇率并轨，实行有管理的浮动汇率制度，使汇率开始发挥对贸易及国际收支的调节功能；（4）加强对外贸易法制化管理，颁布了《中华人民共和国对外贸易法》及一些相应的实施细则；（5）取消外贸承包制，按照现代企业制度改组国有外贸企业。总体而言，1994年以后，中国加快了贸易自由化步伐，正如江泽民1998年8月28日在第九次驻外使节会议上讲话所说："经济全球化，是由发达资本主义国家首先推动起来的，而且他们在其中一直起着主导作用，广大发展中国家总体上处于不利地位，我们既要积极参与国际经济合作和竞争，充分利用经济全球化带来的各种有利条件和机遇，又要对经济全球化带来的风险保持清醒的认识。"①

当然，贸易自由化的内涵是相当广泛的，在我国社会主义市场经济体制的建立过程中，贸易体制的自由化是一个渐进的过程，并表现在多个基本的方面：第一，关税和非关税壁垒持续下降。20世纪90年代以来，我国连续多次大幅度地降低关税，许多高额的关税已显著地调低了。另一方面，实施非关税措施的商品大幅度缩减，如有关部门废止了相当数量的过

---

① 江泽民：《论社会主义市场经济》，中央文献出版社2006年版，第205页。

去管制进口品的内部文件，取消了对外贸易方面的国家指令性计划，大大减少了许可证管理的商品范围，简化了申领手续，提高了贸易政策的透明度。1994 年以后的对外贸易体制已经同过去传统的计划经济时期的体制有了实质性的区别。第二，外汇管理走向市场化。货币是市场经济运转的中枢，外汇的自由度对进出口贸易的开展有着重大的影响。严格的外汇管制是与进口替代的贸易保护体制相适应的手段，为实现国家的工业化目标，政府要扶持新兴产业的发展，由此带来的后果是出口歧视现象发生，导致出口创汇能力低下。而新兴产业的发展需要进口先进技术设备，在外汇供给约束下，政府势必要控制有限的外汇，强化对外汇的行政控制，如对外汇流动和使用需要计划审批，汇率的制定脱离市场供求关系等。对外开放提出了改革计划外汇体制的内在要求。市场取向的改革首先形成了双轨外汇管理体制，进而到 1994 年 1 月 1 日起实现了汇率并轨并取消了外汇留成，统一了结汇制度，建立起以市场供求关系为基础的单一的有效的浮动汇率制度，实现了人民币经常项目下的可兑换。这一改革从深层上提高了对外贸易的自由化程度。第三，外贸经营主体日趋多元化。市场经济下的对外贸易经营必然是一种竞争的经济形态，而我国过去在计划经济体制下，国家仅授权少数专业外贸公司实行进出口贸易，而广大的生产经营企业、科研院所则被排除在外，人为地割断生产企业、科研部门与国际市场之间的直接联系，导致了外贸发展与国内经济脱节，出口商品结构落后，国际竞争能力弱小。因此，市场取向的改革就要扩大外贸经营权起步，逐步取消外贸行业的进入壁垒。

20 世纪 90 年代以后，大批外资企业进入外贸领域，逐渐占据了我国对外贸易的半壁江山。另一方面，我国加快赋予生产企业、科研院所自营进出口权，给予商业流通企业、物资企业及民营企业进出口经营权，并在深圳等经济特区实行对外贸易经营权自动登记制度。这最终导致了外贸"放开经营、平等竞争"原则的确立。与此同时，市场经济也促使国有专业外贸公司走综合化、实业化的路子。这种起源于外贸经营权放开的改革，一步一步地从根本上重塑了我国对外贸易的微观基础。

二、法制建设

出于遵循国际贸易惯例、保护中国在国际贸易中的权益、减少贸易摩擦以及中国申请"复关"和"入世"谈判等多方面的需要,国家于 1992 年 3 月 8 日公布实施了《中华人民共和国出口货物原产地规则》。鉴于中国申请"复关"的谈判进入关键时期,为了进一步规范中国的配额和许可证管理、增强对外贸易管理法规的透明度、规范企业的出口经营、强化对出口商品的管理,1992 年 12 月 29 日,国家公布实施了《出口商品管理暂行办法》。随着机电产品在中国进出口商品结构中的比重及其在国民经济发展过程中所产生的作用的变化,1993 年 10 月 7 日,国家就机电产品的进出口管理问题专门公布实施了《机电产品进口管理暂行办法》。由于 20 世纪 90 年代前半期中国经济发展出现了较大波动,国家被迫实施宏观调控,加之中国申请恢复关贸总协定缔约国地位的谈判进入最后时刻,综合各方面因素,国家于 1993 年 12 月 29 日公布实施了《一般商品进口配额管理暂行办法》。由于进口贸易经营管理过程中出现了一定程度的不规范现象,国家相关部门又于 1994 年 7 月 19 日公布实施了《进口商品经营管理暂行办法》;国家在上述各个时期对进出口商品所制定的相关法规为规范中国的对外贸易行为产生了重要的作用。进入 20 世纪 90 年代后,国际贸易格局发生了重大变化,世界贸易组织取代关贸总协定正式运行、中国对外贸易规模持续快速扩大,在中国与美国、欧盟、日本等主要贸易大国关于中国加入世界贸易组织的相关谈判结束之后,为了适应加入世界贸易组织后中国对外贸易发展和海关管理的需要,2000 年 7 月 8 日,全国人大常委会对 1987 年公布实施的《海关法》中的诸多条款进行了重大修订,并于 2001 年 1 月 1 日正式实施。研究表明:2000 年修订后的《海关法》不仅符合世界贸易组织关于海关管理的相关规则,同时也为新的对外贸易环境下中国的海关管理提供了一个完整的法律框架。

三、外贸组织结构变化

我国对外贸易组织结构在20世纪80年代的行政管理实行分级制，经贸部及其驻各地特派员办事处为一级，各省、自治区、直辖市及计划单列市为一级，外经贸部对外贸经营由直接管理转向间接管理为主。

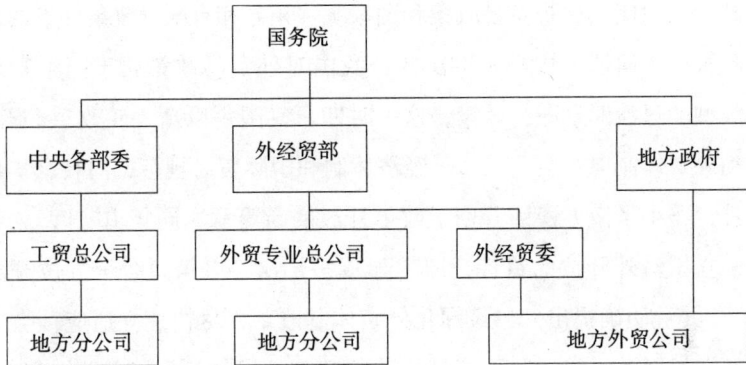

图8.1　20世纪80年代中国外贸组织结构

20世纪90年代以后，随着市场经济体制的逐步建立，无论是中央还是地方对对外贸易的行政管理逐步弱化，特别是政企分开后，各级政府不再承担微观管理的职能，转向对对外贸易宏观管理，与市场经济相适应的经济手段、法律手段在对外贸易管理中开始发挥主要作用。

第六节　贸易政策

对外贸易政策是一国政府为了实现保护本国市场、扩大商品出口、积累资本和技术等目的而制定的有关贸易的方针、法规及措施，它决定着一国的关税政策、非关税政策、进出口政策和国别政策等。对一个国家向世界贸易大国和贸易强国的发展，起着非常重要的作用。

　　新中国成立后，立即废除了帝国主义在华的一切特权，收回了被它们长期霸占的旧海关，建立了独立自主的新海关，取消了它们对外汇、金融、航运、保险、商检等方面的垄断，摧毁了它们对对外贸易的控制，把外贸的独立自主权牢牢地掌握在中国人民自己的手中，从而开始我国自己的对外贸易政策建设。至1992年之前，我国对外贸易政策已经经历了国家统制下的封闭的保护贸易政策和国家统一领导和有限开放条件下的保护贸易政策两个阶段。1992～2001年，我国对外贸易政策属于国家管理下的开放型的过渡时期贸易政策，这一时期，我国是以新一轮改革和开放，来推动外贸体制向社会主义市场经济体制和国际贸易规范方向转移。1992年1月，邓小平南方谈话开创了改革开放的新篇章。同年10月，党的十四大确立了对外开放的目标，即"形成多层次、多渠道、全方位开放的格局"。并且明确提出"继续深化外贸体制改革，尽快建立适应社会主义市场经济发展的、符合国际贸易规范的新型外贸体制"。20世纪90年代以来，我国为了加快外贸体制改革，解决外贸工作中出现的重量不重质、低价竞销、不计成本和不讲效益等问题，开始在外经贸全行业落实中央提出的两个根本性转变，即传统的外贸体制转变为符合社会主义市场经济体制和国际惯例的新体制，外贸增长方式从粗放型增长向集约型增长转变。从企业制度改革入手，通过建立产权明晰、自主经营、自负盈亏、科学管理的现代企业制度，来促进经营方式的转变。此外，还提出了"以质取胜"、"科技兴贸"的战略，力争使我国由贸易大国向贸易强国迈进。总的来看，这一时期是我国力争加入世贸组织并最终取得胜利的关键时期，也是改革开放取得重大成就，顺利完成向社会主义市场经济体制过渡的重要时期，我国贸易政策也发生了重要的变化，主要体现在以下方面：多次大幅度自主降低关税和减少非关税壁垒，实行更加自由而开放的贸易政策；建立起一套外贸宏观调控体系，充分利用多种市场化的政策工具对外贸实施管理；实行全方位协调发展的国别地区政策，和世界各国与区域发展经贸关系；通过信贷重点支持和提高出口退税率等政策措施，促进机电产品和高科技产品的出口；采用放宽投资领域和控股限制等措施，鼓励外商投资于农业、基础设施和中西部地区；根据世贸组织根本原则调整贸易政策，使之更加规范、统一和公正等等。

自 1994 年开始也是中国入世谈判进入关键时期，中国加快了运用 WTO 规则深化改革和扩大开放的步伐，所出台的法律法规中也更频繁地出现了"按照国际惯例"的字样，外贸体制有了突破性的改革，这一时期，对外贸易迅猛发展，尤其是出口增长迅速，出口总额由 1994 年的 1210.1 亿美元增加到 2001 年的 2661 亿美元，使社会总需求大幅度提高，成为国民经济增长的"发动机"。外贸政策实行的是一种趋向贸易自由化的保护贸易政策，国家管制色彩逐步淡化。

第七节　市场化改革加速

一、商品市场迅速发展

1992 年提出建立社会主义市场经济体制的目标以后，我国的商品市场发展迅速。2000 年，全国亿元以上商品交易市场数量达到 3087 个，摊位总数 2115115 个，成交额达到 156723889 万元。其中综合性商品交易市场的数量为 1256 个，摊位数为 1002117 个，成交金额 57490531 万元；专业性市场发展到 1235 个，市场摊位数达 648395 个，涉及纺织品服装、食品饮料、家具、机动车、金属材料、煤炭、木材、粮油市场、蔬菜、水产品、农业生产资料等 20 多个行业，市场成交额达到 73989891 万元。此外，金融市场、劳动力市场、房地产市场、土地市场等要素市场也得到一定的发展。

二、商品价格逐步市场化

1992 年，全国商品价格中市场调节的份额，农副产品为 77.8%，消费品为 83.4%，其中工业消费品为 78.1%，生产资料为 61.8%，粮食价格到 1993 年年底已经全部放开，实行市场定价为主。1992 年 8 月份国家物价局颁布了新的价格管理目录，放开了绝大多数商品的价格。到 1992 年底，各类商品价格中，国家定价的比重已不足 20%。社会商品零售额中市场调节价的比重上升到 90%。生产资料领域，除少数（10 种）物资尚需按计划分配供应外，1993 年基本实现生产资料自由购销。中国沿海地区地市级生产企业所需物资的 95%、重点大型企业所需物资的 85% 都是通过市场条件下自由购销进行的，初步实现了由政府定价体制向市场价格体制的转轨，市场机制在价格形成中的主导地位基本确立。

三、商业企业改革

首先是公有制商业企业方面，1992 年以来，公有制商业企业制度改革不断深化。一方面，在国有商业企业为基础组建的股份制企业，到 1992 年全国已有 200 多家，涉及工业品、副食品、粮食、饮食业、零售业和批发业多个方面。全国最大的国有零售商业企业——上海第一百货商店 1992 年改组为股份制企业，全国粮食系统的第一家股份制企业——上海良华实业股份有限公司也于 1992 年 6 月成立。另一方面进行国有小型商业企业股份合作制的试行。1988 年四川省广汉市股份合作制的试点工作。1997 年党的十五大以后，商业股份合作制在全国各地铺开。基本做法：一是职工入股，实行合股经营；二是清理资产，明确产权归属；三是税后利润，按公益金 8%、奖励基金 5%、分红基金 15%、扩股基金（公基金）72% 的比例进行分配；四是全民职工身份自愿转为集体企业职工。

其次是非公有制商业不断发展。一方面，个体商业的逐步发展，1997 年年底，在社会消费品零售总额中，国有经济和集体经济仅占 42.5%，其他经济比重已经超过 50%；另一方面，开始试办外商投资企业。1992 年 7 月，国务院做出《关于商业零售领域利用外资问题的批复》，同意来自国外的零售企业以及来自港、澳、台的海外华人企业先在北京、上海、天津、广州、大连、青岛 6 个城市和深圳、珠海、汕头、厦门、海南 5 个经济特区，各试办一至两个中外合资或合作经营的商业零售企业，暂不举办外商独资经营的商业零售企业，试办期间，外商投资商业企业项目由地方政府报国务院审批。

第八节 贸易发展评价

一、1992~2001 年时期中国对外贸易的成就

（一）对外开放的深度和广度不断拓展，对外开放从局部地区向全国推进

20 世纪 80 年代中期至 90 年代初，对外开放的范围由特区逐步扩大到了沿海、沿江、沿边地区，初步形成从沿海向内地推进的格局。1992年相继开放沿江城市和三峡库区、边境和沿海地区省会城市、沿边城市，开放太原等 11 个内陆省会城市。随后几年，又陆续开放了一大批符合条件的内陆县市。对外开放从商品贸易向投资和服务贸易领域推进，改革开放之初，我国对外开放以"出口创汇"为切入点，千方百计扩大出口成为政策的基本指向。针对当时的国际国内形势，邓小平指出，对外开放不仅要继续扩大商品贸易，而且可以让外商来华直接投资办企业、搞加工贸易。这样就使原来的对外经贸交流从贸易领域扩展到投资和生产领域。外商直接投资、借用外债、到国际市场融资等多种方式被广泛采用。随着对外开放的不断深入，服务领域开放步伐不断加快，服务贸易迅速发展。

（二）对外贸易连上新台阶

1. 对外贸易额迅速增长，世界地位快速提高

我国对外贸易在这一时期取得了快速发展，进出口总额由 1992 年的1655.3 亿美元稳步提高到 2001 年的 5096.5 亿美元，是一个平稳快速发展的过程。我国出口总额在世界出口中的位置也由第 11 位上升到第 6 位。对外贸易伙伴国分布越来越广泛，改变了过去对外贸易伙伴国过于集中的

局面，特别是 2001 年我国加入世界贸易组织之后，对外贸易伙伴国的数量发生了一次飞跃，是我国对外贸易史上的一次重要事件、一个转折、一个新时期的开始。

2. 货物贸易结构不断优化

从出口商品结构看，我国贸易从以初级产品为主到以工业制成品为主，以轻纺等劳动密集型产品为主到以机电和高新技术产品等资本技术密集型产品为主，我国出口商品结构不断优化升级。从贸易市场结构看，改革开放以来，我国的贸易伙伴已达 220 多个，贸易市场多元化格局逐步形成。特别是随着经济全球化与区域经济一体化的发展，我国与美国、欧盟、日本三大经济体的贸易合作蓬勃发展，对东盟、俄罗斯、印度等新兴市场的开拓取得较大进展，与其他贸易伙伴往来发展较快。

（三）利用外资发展迅速，连续多年位居发展中国家首位

利用外资规模不断扩大，外商直接投资渐成主流。1992 年以前，我国利用外资主要是对外借款特别是政府贷款，外商直接投资一直偏小。1979 年至 1991 年，每年都是对外借款大于外商直接投资，13 年间累计对外借款高达 526 亿美元，而外商直接投资仅为 251 亿美元。1992 年，利用外商直接投资首次超过对外借款，此后，外商直接投资逐年大幅度增长，成为我国利用外资的最主要的方式。1992 年以后呈现出蓬勃发展势头，1992 年吸收外资首次突破 100 亿美元，1993 年登上 200 亿美元台阶，1994 年迈过 300 亿美元，三年上了三个台阶，此后，我国成为全球投资热点的地位逐步确立，吸收外国直接投资规模稳步扩大。

二、1992～2001 年时期中国对外贸易存在的问题

在我国经济发展的初期，我国出口结构数量型特征比较明显，主要靠出口数量拉动出口产值的增大，从而增加国内生产总值。这种单靠出口数量拉动经济增长的方式，称之为粗放型贸易增长方式，目前这种粗放型贸易增长方式主要表现在：（1）贸易增长主要是数量扩张型增长，出口商品中高附加值产品相对欠缺。纵观我国各年出口额，可以发现我国自

1980年以来，出口贸易额增加迅速，从产品结构划分的出口商品额来看，工业制成品的出口额增长速度大于初级产品出口额的增长速度。但从我国与发达国家出口商品结构比较来看，我国高附加值产品的出口数量比例偏低。（2）工业制成品国际竞争力不强，是导致外贸增长方式粗放型的重要因素。当前由于技术水平、科技能力等原因，中国工业制成品的国际竞争力比较弱。中国贸易品的竞争优势主要体现在能够发挥劳动力要素禀赋优势的劳动密集型产品上，而附加值较高的资本密集型和技术密集型产品大多缺乏国际竞争力。（3）出口产品主要是劳动密集型产品。中国已成为世界上许多劳动密集型产品的生产链的一环，但在整个链条中只占增值很少的一部分。而且在许多城市，对外贸易的增长，很大程度上等价于外资企业的出口增长。（4）大量的出口也引起越来越多的贸易摩擦。

三、对我国贸易发展的一些建议

（一）从主要出口国家或地区适度地增加战略性进口

适度是指在保证金融安全（外汇充足）、外贸安全和国内市场安全的前提下增加进口。战略性是指平衡与其他国家的贸易差额和进口本国经济发展所急需的重要性资源。因此，适度的增加战略性进口，既可以加强与其他国家的经贸关系，平衡进口和出口，缓解国际贸易摩擦，又可以缓解中国经济发展中遇到的资源瓶颈。从洲际地区来看，中国应该增加从拉丁美洲、大洋洲和非洲地区进口经济发展所需的自然资源；从国家或地区来看，中国应该从美国、欧盟、日本增加技术资源的进口，从俄罗斯、澳大利亚、加拿大增加自然资源的进口。

（二）积极开拓新的出口市场和培育新的出口商品

开拓新的出口市场是指在保持现有出口市场的同时，开拓其他国家或地区的内部市场，减少对现有市场的依赖度。培育新的出口商品是指对现有出口商品进行技术升级，转变生产方式，提高出口商品的质量，打出自己的品牌，改变目前"以量创利"的粗放型出口模式。产品的培育主要是针对目前出口的劳动密集型产品和潜在的容易引起贸易摩擦的出口产品。培育新的出口商品，既要注重技术的引进，又要注重技术的自我研发和创新，既要考虑产品的国外需求，又要考虑产品的国内需求，把生产和国内、国外需求有效地结合起来，避免生产体系和国内、国外需求体系相脱节的现状。新市场的开拓主要是指加强中国出口比较少的发达国家，以及有出口潜力的发展中国家之间的贸易往来。开拓新的出口市场，一方面要注意目标市场的经济与政治稳定，另一方面要注重出口秩序，避免本国企业之间恶性竞争，防范产生新的贸易摩擦。

（三）加大战略性对外直接投资的力度

目前，由跨国公司主导的"贸易投资一体化"现象成为世界经济一个显著的新特征。在这种新形势下，贸易和投资日益紧密，二者相互影响，增加对外直接投资，既可以带动本国出口的增加，又可以缓解贸易摩擦问题。根据中国经济发展的现状和趋势，中国加大对外直接投资既有可能性又有必要性。在中国对外贸易量急剧增加、贸易摩擦日益加剧的情况下，中国更应该积极地通过加大对相关贸易国的战略性直接投资来缓解贸易问题，以营造良好的合作环境。

本章参考文献

1. 张庆萍：《1980 年以来美国的对外贸易政策及对我国的启示》，《北京大学学报》（哲学社会科学版）2006 年 S1 期。

2. 潘金娥：《入世后的对外经贸关系及对越南的启示》，《庆祝中国成立 55 周年学术研讨会会议论文》。

3. 隆国强：《对加工贸易的评价》，《经济研究参考》2003 年第 11 期。

4. 朱波：《对外贸易方式与贸易融资的比较研究》，安徽大学 2004 年。

5. 来特、王国顺：《对外贸易评价体系的构建及我国对外贸易关系现状评析》，《国际商务》2006 年第 3 期。

6. 吴建民：《改革开放 30 年的国际背景》，《时事报告》2008 年第 12 期。

7. 李剑竹：《我国对外贸易体制改革探讨》，《南开经济研究》1998 年增刊。

8. 魏浩、马野青：《中国出口商品的地区结构分析》，《世界经济》2006 年第 5 期。

9. 陈潇潇：《中国出口商品结构的演变特征、影响因素及对策建议》，重庆大学 2008 年。

10. 孙玉琴：《中国对外贸易体制改革的效应》，对外经贸大学 2004 年。

11. 王芳：《中国对外贸易政策的现实选择、管理贸易》，首都经济贸易大学 2005 年。

12. 徐黑妹：《中国对外贸易政策的研究》，厦门大学 2007 年。

13. 马丹：《中美对外贸易体制比较研究》，对外经济贸易大学 2005 年。

14. 董志凯：《转轨之路——中国社会主义市场经济起步（1992—2001）》，《中国经济史研究》2008 年第 4 期。

15. 余淼杰：《中国对外贸易三十年（1978—2008）》，北京大学中国经济研究中心 2008 年。

16. 裴长洪：《中国对外开放与流通体制改革》，经济管理出版社 2008 年 11 月版。

17. 中国政府网：http：//www. gov. cn/jrzg/。

18. 中华人民共和国外交部网站：http：//www. fmprc. gov. cn/chn/gxh/tyb/。

第九章

2001～2009年加入 WTO 后贸易迅速 发展时期

第一节　国际贸易环境中的大事件

一、中国加入世界贸易组织

2001 年 12 月 11 日，中国正式加入世界贸易组织（WTO），成为其第 143 个成员。正式成为世贸组织成员后，中国将全面参与世贸组织的各项工作。中国将向世贸组织总部所在地——瑞士日内瓦派出中华人民共和国常驻世界贸易组织代表团，并派出大使。中国将全面享受世贸组织赋予其成员的各项权利，并将遵守世贸组织规则，认真履行义务。"多哈发展议程"已经启动，作为世贸组织成员，中国将认真积极参加世贸组织新一轮多边贸易谈判，并在其中与其他成员一道发挥积极和建设性的作用。

中国加入世界贸易组织，不仅将促进中国自身的改革开放和经济发展，还将鼓舞全球经济增长的信心，有助于多边贸易体制的发展，中国将为世界经济贸易的发展做出积极贡献。

二、"9·11"事件

"9·11"事件，又称"9·11 恐怖袭击事件"、"美国 9·11 事件"等，指的是 2001 年 9 月 11 日恐怖分子劫持的民航客机撞击美国纽约世界贸易中心和华盛顿五角大楼的历史事件。

美国东部时间 2001 年 9 月 11 日早晨 8:40，四架美国国内民航航班几乎被同时劫持，其中两架撞击位于纽约曼哈顿的世界贸易中心，一架袭击了首都华盛顿美国国防部所在地五角大楼。而第四架被劫持飞机在宾夕法尼亚州坠毁，据事后调查，失事前机上乘客试图从劫机者手中重夺飞机控制权。这架被劫持飞机目标不明，但相信劫机者撞击目标是美国国会山庄或白宫（事后对参与策划袭击的恐怖分子进行审问的结果表明，恐怖袭击的第四个目标是国会大厦。而在此之前美国官方一直怀疑目标是白宫）。

纽约世界贸易中心的两幢 110 层摩天大楼在遭到攻击后相继倒塌，除此之外，世贸中心附近 5 幢建筑物也受震而坍塌损毁；五角大楼遭到局部破坏，部分结构坍塌；袭击事件令曼哈顿岛上空布满尘烟。

在"9·11"事件中共有 2998 人罹难（不包括 19 名劫机者）：其中 2974 人被官方证实死亡，另外还有 24 人下落不明。罹难人员名单中包括：四架飞机上的全部乘客共 246 人，世贸中心 2603 人，五角大楼 125 人。共有 411 名救援人员在此次事件中殉职。

2001 年 9 月 11 日，当天的恐怖袭击对美国及全球产生巨大的影响。这次事件是继第二次世界大战期间"珍珠港事件"后，历史上第二次对美国本土造成重大伤亡的袭击。这次事件是美国历史上最严重的恐怖袭击事件。美国政府对此次事件的谴责和立场也受到大多数国家的同情与支持；全球各地在事件后都有各种悼念活动，事发现场的清理工作持续到次年年中。"9·11"事件使美国乃至全世界的人都感到恐惧，进而反对类似"9·11"事件。该事件也导致了此后国际范围内的多国合作进行反恐怖行动，包括了阿富汗战争和伊拉克战争。

三、SARS 疫情

2003 年爆发的 SARS 疫情"非典"是全球众多国家和地区面临的一场疫病危机，其中中国内地是重灾区。根据世界卫生组织的统计，日内瓦时间 2002 年 11 月 1 日至 2003 年 6 月 9 日下午 2 时，席卷 30 余个国家和地区的 SARS 疫情，已经导致全球累计临床报告病例 8421 例，其中中国内地 5328 例，占 63%；全球死亡病例 784 例，其中中国内地 340 例，占 44%。

"非典"自 2002 年 11 月在中国内地出现病例并开始大范围流行，大致可以分为两个阶段：2002 年 11 月至 2003 年 3 月，疫情主要发生在粤港两地；2003 年 3 月以后，疫情向全国扩散，其中尤以北京为烈。2004 年 6 月 24 日，世界卫生组织（WHO）宣布解除对北京的旅游禁令，表明中国内地抗击"非典"取得胜利。

据亚洲开发银行（ADB）统计，因受 SARS 影响，全球在此期间经济总损失额达到 590 亿美元，其中中国内地经济的总损失额为 179 亿美元，占中国 GDP 的 1.3%，中国香港经济的总损失额为 120 亿美元，占香港 GDP 的 7.6%。

四、人民币升值

2003 年，中国经济在扩大内需投资和对外贸易增长的带动下，经济保持年增 8.2% 的强劲势头。另一方面，我国近 10 年来的贸易顺差持续扩大，尤其是来自美国的顺差，目前已成为排在日本之后全球第二大贸易顺差的国家，这是国外要求人民币升值的主要原因。还有一个原因就是中国巨额的外汇储备。主权国家都需要保持一定数量的外汇储备，以支持本国货币汇率的稳定。外汇储备的增加，不仅可以增强宏观调控能力，而且有利于维护国家和企业在国际上的信誉，我国自 1994 年外汇体制改革以来，外汇储备的绝对规模和增长速度都持续攀高，至 2005 年 9 月底，达到 7690 亿美元，成为仅次于日本的第二大外汇储备国。我国外汇储备的增加在长期内影响着人民币名义和实际有效汇率，使得人民币面临着长期持续的升值压力。

同时，2003 年 2 月，在西方七国集团财政部长会议上，日本财务大臣盐川正十郎提案，要求效仿 1985 年《广场协议》，让人民币升值。2003 年 9 月，美国财长斯诺来华访问。他要求中国政府放宽人民币的波动范围。之后，美国甚至威胁称，若中国未来 6 个月内不对汇率做出实质性调整，将对中国提高关税 27% 以上。

2005 年 7 月 21 日中国人民银行公布《关于人民币汇率形成机制改革的公告》，宣布自 2005 年 7 月 21 日起我国开始实行以市场供求为基础、参考一篮子货币（包括美国、日本、中国香港、欧盟、印度尼西亚、马来西亚、新加坡、泰国、韩国、中国台湾、澳大利亚、加拿大等 12 个国家和地区的货币）进行调节的、有管理的浮动汇率制度，人民币兑美元汇率上调 0.2%，并在一定范围内浮动，宣布兑美元汇率升值 2%，为 8.11:1。此后，人民币兑美元每天在 0.3% 的范围内浮动，非美元货币兑人民币汇率每天浮动幅度在 1.5% 以内，人民币弹性进一步增强。详见表 9.1。

表 9.1　人民币汇改后兑美元升值概况

单位：元

时间表	人民币/1 美元 平均折合值	相对升值	累计升值
汇改前	8.2765		
2005 年 7 月 21 日~12 月 31 日	8.1133	0.1632	0.1632
2006 年 1 月 1 日~12 月 31 日	7.9814	0.1319	0.2951
2007 年 1 月 1 日~12 月 31 日	7.6071	0.3743	0.6694
2008 年 1 月 1 日~12 月 31 日	6.8346	0.7725	1.4419

资料来源：根据 Wind 资讯金融终端中有关人民币汇率数据整理所得。

至 2009 年 7 月，1 美元约折合人民币 6.83 元，也就是说，从 2005 年 7 月 21 日至 2009 年 7 月，累计升值幅度超过 17%。

人民币升值有利于扩大中国进口、降低原材料进口依赖型厂商的成本、增强国内企业对外投资能力、提高中国 GDP 的国际地位以及增强中国百姓国际购买力。但是，人民币升值给中国的外贸出口造成极大的伤害。

五、国际油价大涨

世界市场石油价格从 2002 年的每桶 20 多美元涨至 2008 年 7 月的 147 美元。石油价格的上涨过程，大体可以分为三个阶段：第一个阶段是从 2002 年 1 月的 20 美元/桶上涨到 2005 年 9 月的 65 美元/桶，这是一个持续上涨的阶段，中间也有几波的调整；第二个阶段是从 2005 年 9 月的 65 美元/桶到 2007 年 1 月的 54 美元/桶，这是一个区间震荡的阶段，呈现回落—上涨—再回落的走势；第三个阶段是从 2007 年 1 月的 54 美元/桶上涨到 2008 年 7 月的 147 美元/桶，除了中间有一两个月的微幅调整，基本呈单边上扬走势。

国际油价大涨原因分析有国际市场投机过盛、美元贬值、欧佩克限产、需求增长过快、石油生产已达休伯特正态曲线的峰值等等。

六、全球金融危机

又称 2007～2008 环球金融危机、金融海啸、信用危机及华尔街海啸等，是一场在 2007 年 8 月 9 日开始浮现的金融危机。自次级房屋信贷危机爆发后，投资者开始对按揭证券的价值失去信心，引发流动性危机。即使多国中央银行多次向金融市场注入巨额资金，也无法阻止这场金融危机的爆发。直到 2008 年，这场金融危机开始失控，并导致多家相当大型的金融机构倒闭或被政府接管。

从 2001 年到 2005 年，美国住房市场在长达 5 年的时间里保持繁荣，一些银行等放贷机构纷纷降低贷款标准，使得大量收入较低、信用记录较差的人加入了贷款购房的大潮。

2006 年，美国住房市场开始大幅降温，房价下跌。房价下跌使购房者难以将房屋出售或者通过抵押获得融资。与此同时，美国联邦储备委员会为抑制通货膨胀持续加息，加重了购房者的还贷负担。在截至 2006 年 6 月的两年时间里，美联储连续 17 次提息，利率总共提升了 4.25 个百分点。由此，出现了大批"次贷购房者"无力按期偿还贷款的局面，次贷危机于 2007 年夏季全面爆发并呈愈演愈烈之势，导致全球主要金融市场持续动荡。

2008 年 3 月，危机迎来了第一个"高危期"。当时，美国第五大投资银行贝尔斯登因涉足次贷业务而濒临破产，这一消息对投资者心理带来巨大冲击。最终，在美联储担保下，贝尔斯登被摩根大通公司收购。2008 年 4 月，全球主要金融市场曾进入一个短暂的平静期。美国高盛公司、花旗集团等金融巨头的负责人甚至乐观地表示，次贷危机最严重时期已经过去。但到 2008 年 7 月份，美国金融市场形势再度恶化。在美国两大住房抵押贷款融资机构——房利美和房地美陷入困境后，危机迅速升级。

2008 年 9 月，金融市场形势进一步恶化，次贷危机进入第二个"高危期"。2008 年 9 月 7 日，为避免"两房"破产对美国和世界金融体系造成难以估量的破坏，美国政府宣布接管"两房"。2008 年 9 月 15 日，美国第四大投资银行雷曼兄弟公司宣告破产，第三大投资银行美林公司被美国银行收购。随后，美国前两大投资银行高盛公司和摩根士丹利公司宣布转为银行控股公司。华尔街多年来由投资银行主导的格局不复存在。

除了"两房"和华尔街顶级投资银行外，美国国际集团、花旗集团等其他一些金融巨头也受到重创，不得不向政府求援。随着这些昔日声名显赫的金融巨头一个个"倒下"，投资者极度恐慌，美欧日股票市场频频暴跌。

至此，由美国住房市场泡沫破裂引发的次贷危机终于升级为一场全面金融危机，并开始向美国以外的地区蔓延，最终发展为全球金融危机。

随着全球金融动荡的加剧，世界各国都不同程度地出现了流动性短缺、股市大跌、汇率震荡、出口下降、失业率上升等现象，全球金融市场和实体经济正面临严峻考验。

金融风暴首先重创了美国的银行体系，粉碎了这个"世界最完备体系"的神话。美国商业银行的市场集中度远远落后于欧洲国家。美国有大量的州立银行与中小银行。这些银行在过去几年内投资了大量的次级抵押贷款金融产品以及其他证券化产品。次贷危机爆发后，它们出现了大面积的资产减记与亏损。

在世界范围内，欧洲银行业遭受殃及最深，因为欧洲银行过分依赖于短期借贷市场，而不是通常的客户储蓄。新兴市场经济体也很难独善其身。金融危机爆发后，大量资金从新兴市场经济体撤离，一些自身经济结构比较脆弱、对外资依赖程度比较高的国家正面临严峻考验。

而且，全球金融危机不可避免地要传导至实体经济领域，拖累甚至阻滞全球经济增长。目前，美国房地产投资已经持续缩减。而在房地产市场与股票市场价格交替下挫的负向财富效应的拖累下，美国居民消费日益疲软。由于自身股价下跌，美国企业投资的意愿和能力均有所下降。而由于能够提供的抵押品价值下跌，美国企业能够获得的银行信贷数量也大幅下降。美国经济在2009年陷入衰退。欧元区经济、日本经济等发达经济体和部分新兴市场经济体也将步其后尘。这主要是由于美国经济占全球比重近30%，其进口占世界贸易的15%，美国经济衰退将导致全球商品贸易量下降，进而影响一些外贸依存度大的发展中国家的出口和经济增长。而危机对实体经济的严重影响，会带来全球范围贸易保护主义的抬头，形成经济复苏的新障碍。大规模救市措施，也会使本来就有巨大财政赤字的美国政府雪上加霜，一旦出现大肆发行债券、印发钞票，势必会导致美元信用下跌，并推高全球通胀率。

全球金融危机发生的原因有：一是住房贷款过度扩张，风险控制不严；二是金融产品创新过度，大量结构性产品太复杂，难以准确估值，风险不透明；三是金融机构杠杆率过高，风险管理模式存在缺陷；四是金融监管体系不完善、不协调，监管不到位，问责不严厉；五是中介机构不够尽职，财务审计和信用评级有偏差；六是金融机构激励过度，薪酬过高，容易刺激管理者冒险逐利；七是按市值计价会计原则在市场高涨或发生危机时，严重高估或低估资产价值，容易造成财务结果失真；八是格林斯潘长期推行低利率扩张性货币政策，造成全球流动性过剩；九是对金融机构和金融领域之间问题传染及可能引发的系统性风险认识不足，监控管理薄弱；等等。

第二节　国际贸易状况

一、中国进出口总体情况

中国加入世界贸易组织后，中国进出口贸易发展非常迅速，而且贸易顺差也逐年扩大。只是在 2008 年全球金融危机发生后，中国进出口出现负增长，即便如此，中国的进出口贸易仍然保持了较大的贸易顺差。详见表 9.2。

表 9.2　2001~2009 年 1~5 月中国进出口总体情况

年份	进出口		出口		进口		差额（亿美元）
	同比增速（%）	总额（亿美元）	同比增速（%）	总额（亿美元）	同比增速（%）	总额（亿美元）	
2001	5096.51	7.5	2660.98	6.8	2435.53	8.2	225.45
2002	6207.66	21.8	3255.96	22.4	2951.70	21.2	304.26
2003	8512.07	37.1	4383.71	34.6	4128.36	39.9	255.34
2004	11547.92	35.7	5933.69	35.4	5614.23	36.0	319.46
2005	14221.18	23.2	7619.99	28.4	6601.18	17.6	1018.81
2006	17606.86	23.8	9690.73	27.2	7916.14	20.0	1774.59
2007	21738.33	23.5	12180.15	25.7	9558.18	20.8	2621.96
2008	25616.32	17.8	14285.46	17.2	11330.86	18.5	2954.59
2009 年 1 月	1417.98	-29	904.54	-17.5	513.44	-43.1	391.09
2009 年 2 月	1249.488	-24.9	648.95	-25.7	600.54	-24.1	48.41

年份	进出口		出口		进口		差额 (亿美元)
	同比增速 (%)	总额 (亿美元)	同比增速 (%)	总额 (亿美元)	同比增速 (%)	总额 (亿美元)	
2009 年 3 月	1620.20	−20.9	902.91	−17.1	717.29	−25.1	185.61
2009 年 4 月	1707.34	−22.8	919.35	−22.6	788.0	−23	131.35
2009 年 5 月	1641.27	−25.9	887.58	−26.4	753.70	−25.2	133.89

资料来源：根据中经网统计数据库数据整理。

二、中国前二十位主要贸易伙伴

中国对外贸易的迅速增长，要归功于中国与贸易伙伴特别是与主要贸易伙伴之间贸易的迅速增长。

表9.3和表9.4显示了中国与排名前二十位的主要贸易伙伴的进出口贸易的贸易额和所占比重的情况。

从总体上可以看出以下几点：

从2001年至2008年，中国与排名前二十位的贸易伙伴之间的贸易额呈现出上升趋势。

在这段时期，排名前5位的是美国、日本、中国香港、韩国和德国。其中，除2002年和2003年日本排名第一外，其余时间都是美国排名第一。

与排名前列的贸易伙伴特别是美国之间的贸易额在中国全部对外贸易额中所占比重呈下降趋势，而与排名稍微靠后的贸易伙伴之间的贸易额在中国全部对外贸易额中所占比重则呈上升趋势。

排名前二十位的国家中，亚洲国家或地区最多，其次是欧洲。2001年至2008年进入前二十位的亚洲国家或地区分别有9个、10个、10个、10个、10个、10个、10个和10个。2001年至2008年进入前二十位的欧洲国家分别有7个、6个、6个、6个、6个、6个、6个和6个。北美洲有美国和加拿大，大洋洲有澳大利亚，拉美国家中只有巴西进入了前二十位，非洲没有国家进入前二十位。

中国与第 20 位贸易伙伴之间的贸易额不断上升，也即进入前二十位贸易伙伴的门槛不断提高。2001 年至 2008 年中国与排名第二十位的贸易伙伴之间的贸易额分别为 35.95 亿美元、48.98 亿美元、73.19 亿美元、102.98 亿美元、148 亿美元、190.55 亿美元、249.96 亿美元、285.80 亿美元。

中国与第 20 位贸易伙伴之间的贸易额所占比重也呈上升趋势。2001 年至 2008 年中国与排名第二十位的贸易伙伴之间的贸易额所占比重分别为 0.71%、0.79%、0.86%、0.86%、1.04%、1.08%、1.15%、1.12%。

从各个年份可以看出排名变化情况：

2001 年美国排名第一，日本排名第二，中国香港排名第三，排名第四位到第二十位的分别是韩国、德国、新加坡、俄罗斯、澳大利亚、英国、马来西亚、荷兰、法国、意大利、加拿大、泰国、印度尼西亚、比利时、沙特阿拉伯、巴西和印度。

2002 年日本取代美国排名第一，美国排名第二。排名第三位到第五位的仍然是中国香港、韩国和德国。马来西亚排名上升 4 位，排名第六位。新加坡排名下降 1 位，排名第七位。俄罗斯排名下降 1 位，排名第八位。英国排名第九位。荷兰排名上升 1 位，排名第十位。意大利排名上升 2 位，排名第十一位。澳大利亚进入前二十位并排名第十二位。泰国上升 2 位，排名第十三位。法国下降 2 位，排名第十四位。印度尼西亚上升 1 位，排名第十五位。加拿大排名下降 2 位，排名第十六位。菲律宾进入前二十位并排名第十七位。沙特阿拉伯排名第十八位。印度上升 1 位，排名第十九位。比利时进入前二十位并排名第二十位。而巴西则退出前二十位。

2003 年仍然是日本取代美国排名第一，美国排名第二。排名第三位到第八位的仍然是中国香港、韩国、德国、马来西亚、新加坡和俄罗斯。荷兰上升 2 位，排名第九位。英国下降 1 位，排名第十位。澳大利亚上升

1位，排名第十一位。法国上升2位，排名第十二位。泰国仍然排名第十三位。意大利下降3位，排名第十四位。意大利、加拿大和菲律宾仍然分别排名第十五位至第十七位。巴西重返前二十位并排名第十八位。印度仍然排名第十九位。沙特阿拉伯下降2位，排名第二十位。

2004年美国排名重返第一位。排名第二位到第五位的分别是日本、中国香港、韩国和德国。新加坡上升1位，排名第六位。马来西亚下降1位，排名第七位。荷兰上升1位，排名第八位。俄罗斯下降1位，排名第九位。澳大利亚上升1位，排名第十位。英国下降1位，排名第十一位。法国、泰国和意大利仍然分别排名第十二位至第十四位。加拿大上升1位，排名第十五位。印度上升3位，排名第十六位。印度尼西亚下降2位，排名第十七位。菲律宾和巴西各下降1位，排名分别为第十八位和第十九位。沙特阿拉伯仍然排名第二十位。

2005年排名第一位至第七位的仍然是美国、日本、中国香港、韩国、德国、新加坡和马来西亚。俄罗斯上升1位，排名第八位。荷兰下降1位，排名第九位。澳大利亚和英国仍然排名第十位和第十一位。泰国上升1位，排名第十二位。法国下降1位，排名第十三位。加拿大和印度各上升1位，分别排名第十四位和第十五位。意大利下降2位，排名第十六位。菲律宾上升1位，排名第十七位。印度尼西亚下降1位，排名第十八位。沙特阿拉伯上升1位，排名第十九位。巴西下降1位，排名第二十位。

2006年排名第一位至第七位的仍然是美国、日本、中国香港、韩国、德国、新加坡和马来西亚。荷兰上升1位，排名第八位。俄罗斯下降1位，排名第九位。排名第十位至第十三位的仍然是澳大利亚、英国、泰国和法国。印度、意大利和菲律宾各上升1位，分别排名第十四位、第十五位和第十六位。加拿大下降3位，排名第十七位。巴西上升2位，排名第十八位。沙特阿拉伯仍然排名第十九位。印度尼西亚下降2位，排名第二十位。

2007年排名第一位至第五位的仍然是美国、日本、中国香港、韩国和德国。俄罗斯上升3位，排名第六位。新加坡、马来西亚和荷兰各下降

1位，分别排名第七位、第八位和第九位。排名第十位和第十一位的仍然是澳大利亚和英国。印度上升2位，排名第十二位。泰国和法国各下降1位，分别排名第十三位和第十四位。第十五位至第二十位的国家不变，分别是意大利、菲律宾、加拿大、巴西、沙特阿拉伯和印度尼西亚。

　　2008年排名第一位至第五位的仍然是美国、日本、中国香港、韩国和德国。澳大利亚上升4位，排名第六位。俄罗斯下降1位，排名第七位。马来西亚仍然排名第八位。新加坡下降2位，排名第九位。印度上升2位，排名第十位。荷兰下降2位，排名第十一位。巴西上升6位，排名第十二位。英国下降2位，排名第十三位。沙特阿拉伯上升5位，排名第十四位。泰国、法国和意大利各下降2位，分别排名第十五位、第十六位和第十七位。加拿大下降1位，排名第十八位。印度尼西亚上升1位，排名第十九位。菲律宾下降4位，排名第二十位。

　　2009年1月至5月排名第一位至第六位的仍然是美国、日本、中国香港、韩国、德国和澳大利亚。马来西亚上升1位，排名第七位。印度上升2位，排名第八位。新加坡仍然是第九位。荷兰上升1位，排名第十位。俄罗斯下降4位，排名第十一位。英国上升1位，排名第十二位。泰国上升2位，排名第十三位。巴西下降2位，排名第十四位。法国、意大利和加拿大各上升1位，分别排名第十五位、第十六位和第十七位。沙特阿拉伯下降4位，排名第十八位。印度尼西亚仍然排名第十九位。伊朗进入前二十位，排名第二十位。而菲律宾的排名被挤出了前二十位。

表9.3　中国前二十位主要贸易伙伴及中国与之贸易额的情况

单位：亿美元

位次	2001	2002	2003	2004	2005	2006	2007	2008	2009年1~5月
	国家/地区（贸易额）	国家/地区（贸易额）	国家/地区（贸易额）	国家/地区（贸易额）	国家/地区（贸易额）	国家/地区（贸易额）	国家/地区（贸易额）	国家/地区（贸易额）	国家/地区（贸易额）
1	美国(971.83)	日本(1019.00)	日本(1335.73)	美国(1696.26)	美国(2115.00)	美国(2626.59)	美国(3020.67)	美国(3337.38)	美国(1082.54)

续表

位次	2001 国家/地区（贸易额）	2002 国家/地区（贸易额）	2003 国家/地区（贸易额）	2004 国家/地区（贸易额）	2005 国家/地区（贸易额）	2006 国家/地区（贸易额）	2007 国家/地区（贸易额）	2008 国家/地区（贸易额）	2009 年 1~5 月 国家/地区（贸易额）
2	日本 (877.28)	美国 (804.79)	美国 (1263.34)	日本 (1678.86)	日本 (1844.00)	日本 (2072.95)	日本 (2359.51)	日本 (2667.85)	日本 (803.71)
3	中国香港 (559.64)	中国香港 (691.89)	中国香港 (874.08)	中国香港 (1126.78)	中国香港 (1367.00)	中国香港 (1660.89)	中国香港 (1972.40)	中国香港 (2036.66)	中国香港 (595.92)
4	韩国 (358.96)	韩国 (441.03)	韩国 (632.23)	韩国 (900.46)	韩国 (1119.28)	韩国 (1342.46)	韩国 (1598.51)	韩国 (1861.13)	韩国 (545.75)
5	德国 (235.23)	德国 (277.88)	德国 (417.34)	德国 (541.12)	德国 (632.50)	德国 (781.94)	德国 (940.97)	德国 (1150.09)	德国 (371.26)
6	新加坡 (109.19)	马来西亚 (142.71)	马来西亚 (201.27)	新加坡 (266.82)	新加坡 (331.47)	新加坡 (408.58)	俄罗斯 (481.55)	澳大利亚 (596.57)	澳大利亚 (205.0)
7	俄罗斯 (106.69)	新加坡 (140.31)	新加坡 (193.49)	马来西亚 (262.61)	马来西亚 (307.00)	马来西亚 (371.10)	新加坡 (471.44)	俄罗斯 (568.31)	马来西亚 (169.81)
8	澳大利亚 (140.36)	俄罗斯 (119.27)	俄罗斯 (157.61)	荷兰 (214.88)	俄罗斯 (291.00)	荷兰 (345.11)	马来西亚 (463.86)	马来西亚 (534.69)	印度 (164.39)
9	英国 (103.07)	英国 (113.95)	荷兰 (154.34)	俄罗斯 (212.32)	荷兰 (288.02)	俄罗斯 (333.87)	荷兰 (463.42)	新加坡 (524.36)	新加坡 (163.05)
10	马来西亚 (94.25)	荷兰 (106.79)	英国 (143.94)	澳大利亚 (203.91)	澳大利亚 (273.00)	澳大利亚 (329.48)	澳大利亚 (438.30)	印度 (517.80)	荷兰 (138.84)
11	荷兰 (87.35)	意大利 (91.47)	澳大利亚 (135.63)	英国 (197.25)	英国 (245.00)	英国 (306.70)	英国 (394.32)	荷兰 (512.11)	俄罗斯 (134.83)
12	法国 (77.91)	澳大利亚 (89.95)	法国 (133.92)	法国 (175.70)	泰国 (218.11)	泰国 (277.26)	印度 (386.29)	巴西 (484.97)	英国 (134.37)
13	意大利 (77.76)	泰国 (85.57)	泰国 (126.55)	泰国 (173.42)	法国 (206.46)	法国 (251.90)	泰国 (346.38)	英国 (456.24)	泰国 (127.08)
14	加拿大 (73.73)	法国 (83.25)	意大利 (117.33)	意大利 (156.75)	加拿大 (192.00)	印度 (248.59)	法国 (336.68)	沙特阿拉伯 (417.87)	巴西 (125.95)
15	泰国 (70.51)	印度尼西亚 (79.35)	印度尼西亚 (102.09)	加拿大 (155.16)	印度 (187.00)	意大利 (245.72)	意大利 (313.80)	泰国 (412.53)	法国 (123.07)
16	印度尼西亚 (67.24)	加拿大 (79.30)	加拿大 (100.08)	印度 (136.14)	意大利 (186.14)	菲律宾 (234.13)	菲律宾 (306.16)	法国 (389.44)	意大利 (118.91)

续表

位次	2001 国家/地区（贸易额）	2002 国家/地区（贸易额）	2003 国家/地区（贸易额）	2004 国家/地区（贸易额）	2005 国家/地区（贸易额）	2006 国家/地区（贸易额）	2007 国家/地区（贸易额）	2008 国家/地区（贸易额）	2009年1~5月 国家/地区（贸易额）
17	比利时 (42.51)	菲律宾 (52.59)	菲律宾 (93.95)	印度尼西亚 (134.72)	菲律宾 (175.57)	加拿大 (231.79)	加拿大 (303.35)	意大利 (382.56)	加拿大 (108.65)
18	沙特阿拉伯 (40.70)	沙特阿拉伯 (51.07)	巴西 (79.86)	菲律宾 (133.28)	印度尼西亚 (167.87)	巴西 (202.90)	巴西 (297.14)	加拿大 (345.21)	沙特阿拉伯 (103.02)
19	巴西 (36.98)	印度 (49.45)	印度 (75.95)	巴西 (123.47)	沙特阿拉伯 (160.70)	沙特阿拉伯 (201.40)	沙特阿拉伯 (253.67)	印度尼西亚 (315.21)	印度尼西亚 (92.28)
20	印度 (35.95)	比利时 (48.98)	沙特阿拉伯 (73.19)	沙特阿拉伯 (102.98)	巴西 (148.00)	印度尼西亚 (190.55)	印度尼西亚 (249.96)	菲律宾 (285.80)	伊朗 (78.70)

资料来源：根据中经网统计数据库数据整理。

表9.4　中国前二十位主要贸易伙伴及中国与之贸易所占比重的情况

单位:%

位次	2001 国家/地区（贸易额）	2002 国家/地区（贸易额）	2003 国家/地区（贸易额）	2004 国家/地区（贸易额）	2005 国家/地区（贸易额）	2006 国家/地区（贸易额）	2007 国家/地区（贸易额）	2008 国家/地区（贸易额）	2009年1~5月 国家/地区（贸易额）
1	美国 (19.07)	日本 (16.42)	日本 (15.7)	美国 (15.7)	美国 (14.87)	美国 (14.92)	美国 (13.9)	美国 (13.03)	美国 (14.18)
2	日本 (17.21)	美国 (12.96)	美国 (14.85)	日本 (14.85)	日本 (12.97)	日本 (11.78)	日本 (10.85)	日本 (10.42)	日本 (10.53)
3	中国香港 (10.98)	中国香港 (11.15)	中国香港 (10.27)	中国香港 (10.27)	中国香港 (9.61)	中国香港 (9.43)	中国香港 (9.07)	中国香港 (7.95)	中国香港 (7.81)
4	韩国 (7.04)	韩国 (7.1)	韩国 (7.43)	韩国 (7.43)	韩国 (7.87)	韩国 (7.63)	韩国 (7.35)	韩国 (7.27)	韩国 (7.15)
5	德国 (4.62)	德国 (4.48)	德国 (4.9)	德国 (4.9)	德国 (4.45)	德国 (4.44)	德国 (4.33)	德国 (4.49)	德国 (4.86)

续表

位次	2001 国家/地区（贸易额）	2002 国家/地区（贸易额）	2003 国家/地区（贸易额）	2004 国家/地区（贸易额）	2005 国家/地区（贸易额）	2006 国家/地区（贸易额）	2007 国家/地区（贸易额）	2008 国家/地区（贸易额）	2009年 1~5月 国家/地区（贸易额）
6	新加坡 (2.14)	马来西亚 (2.3)	马来西亚 (2.37)	新加坡 (2.37)	新加坡 (2.33)	新加坡 (2.32)	俄罗斯 (2.22)	澳大利亚 (2.33)	澳大利亚 (2.68)
7	俄罗斯 (2.09)	新加坡 (2.26)	新加坡 (2.27)	马来西亚 (2.27)	马来西亚 (2.16)	马来西亚 (2.11)	新加坡 (2.17)	俄罗斯 (2.22)	马来西亚 (2.22)
8	澳大利亚 (2.05)	俄罗斯 (1.92)	俄罗斯 (1.85)	荷兰 (1.85)	俄罗斯 (2.05)	荷兰 (1.96)	马来西亚 (2.13)	马来西亚 (2.09)	印度 (2.15)
9	英国 (2.02)	英国 (1.84)	荷兰 (1.81)	俄罗斯 (1.81)	荷兰 (2.03)	俄罗斯 (1.9)	荷兰 (2.13)	新加坡 (2.05)	新加坡 (2.14)
10	马来西亚 (1.85)	荷兰 (1.72)	英国 (1.69)	澳大利亚 (1.69)	澳大利亚 (1.92)	澳大利亚 (1.87)	澳大利亚 (2.02)	印度 (2.02)	荷兰 (1.82)
11	荷兰 (1.71)	意大利 (1.47)	澳大利亚 (1.59)	英国 (1.59)	英国 (1.72)	英国 (1.74)	英国 (1.81)	荷兰 (2.00)	俄罗斯 (1.77)
12	法国 (1.53)	澳大利亚 (1.45)	法国 (1.57)	法国 (1.57)	泰国 (1.53)	泰国 (1.58)	印度 (1.78)	巴西 (1.89)	英国 (1.76)
13	意大利 (1.53)	泰国 (1.38)	泰国 (1.49)	泰国 (1.49)	法国 (1.45)	法国 (1.43)	泰国 (1.59)	英国 (1.78)	泰国 (1.66)
14	加拿大 (1.45)	法国 (1.34)	意大利 (1.38)	意大利 (1.38)	加拿大 (1.35)	印度 (1.41)	法国 (1.55)	沙特阿拉伯 (1.63)	巴西 (1.65)
15	泰国 (1.38)	印度尼西亚 (1.28)	印度尼西亚 (1.2)	加拿大 (1.2)	印度 (1.32)	意大利 (1.4)	意大利 (1.44)	泰国 (1.61)	法国 (1.61)
16	印度尼西亚 (1.32)	加拿大 (1.28)	加拿大 (1.18)	印度 (1.18)	意大利 (1.31)	菲律宾 (1.33)	菲律宾 (1.41)	法国 (1.52)	意大利 (1.56)
17	比利时 (0.83)	菲律宾 (0.85)	菲律宾 (1.1)	印度尼西亚 (1.1)	菲律宾 (1.23)	加拿大 (1.32)	加拿大 (1.4)	意大利 (1.49)	加拿大 (1.42)
18	沙特阿拉伯 (0.8)	沙特阿拉伯 (0.82)	巴西 (0.94)	菲律宾 (0.94)	印度尼西亚 (1.18)	巴西 (1.15)	巴西 (1.37)	加拿大 (1.35)	沙特阿拉伯 (1.35)

续表

位次	2001 国家/地区（贸易额）	2002 国家/地区（贸易额）	2003 国家/地区（贸易额）	2004 国家/地区（贸易额）	2005 国家/地区（贸易额）	2006 国家/地区（贸易额）	2007 国家/地区（贸易额）	2008 国家/地区（贸易额）	2009 年 1~5 月 国家/地区（贸易额）
19	巴西 (0.73)	印度 (0.8)	印度 (0.89)	巴西 (0.89)	沙特阿拉伯 (1.13)	沙特阿拉伯 (1.14)	沙特阿拉伯 (1.17)	印度尼西亚 (1.23)	印度尼西亚 (1.21)
20	印度 (0.71)	比利时 (0.79)	沙特阿拉伯 (0.86)	沙特阿拉伯 (0.86)	巴西 (1.04)	印度尼西亚 (1.08)	印度尼西亚 (1.15)	菲律宾 (1.12)	伊朗 (1.03)

资料来源：根据中经网统计数据库数据整理。

第三节　国际贸易结构

国际贸易结构包括进出口商品结构、进出口国别（地区）结构、各地区进出口结构等。

一、中国进出口商品结构

表9.5 显示了这段时期中国的进口商品结构。从表中可以看出以下几点：

除 2002 年和 2003 年中国进口的初级产品所占比重略有下降外，从总体上看，2001 年至 2008 年中国进口的初级产品所占比重呈现出不断上升趋势，其比重从 2001 年的 18.78% 上升至 2008 年的 32.02%。

2001 年至 2008 年中国进口的工业制成品所占比重不断下降，其比重由 2001 年的 81.22% 下降至 2008 年的 67.98%。只是在 2009 年第一季度略有上升，但这一上升是由于初级产品的价格大幅度下降引起的，并非由产业结构变动所引起。

在中国初级产品的进口中，呈现明显上升趋势的商品类别是矿物燃料、润滑油及有关原料,其比重由 2001 年的 7.17% 上升至 2008 年的 14.92%。其他商品类别的比重变化不是特别明显。

在中国工业制成品的进口中,呈现明显下降趋势的商品类别是化学品及有关产品和按原料分类的制成品。化学品及有关产品的比重由 2001 年的 13.18% 下降至 2008 年的 10.52%。按原料分类的制成品的比重由 2001 年的 17.22% 下降至 2008 年的 9.46%。其他商品类别的比重变化不是特别明显。

表9.5 2001~2009 年 1~3 月中国进口商品结构

单位:%

	2001	2002	2003	2004	2005	2006	2007	2008	2009 年 1~3 月
总值	100	100	100	100	100	100	100	100	100
初级产品	18.78	16.69	17.63	20.89	22.38	23.64	25.42	32.02	26.90
食品及活动物	2.04	1.77	1.44	1.632	1.42	1.26	1.20	1.24	1.66
饮料及烟类	0.17	0.13	0.12	0.10	0.12	0.13	0.15	0.17	0.15
非食用原料	9.09	7.70	8.26	9.86	10.64	10.51	12.34	14.76	14.53
矿物燃料、润滑油及有关原料	7.17	6.53	7.08	8.55	9.69	11.24	10.97	14.92	9.90
动、植物油脂及蜡	0.31	0.55	0.739	0.75	0.52	0.50	0.77	0.93	0.67
工业制成品	81.22	83.31	82.37	79.11	77.63	76.36	74.58	67.98	73.10
化学品及有关产品	13.18	13.22	11.86	11.71	11.78	11.00	11.25	10.52	11.63
按原料分类的制成品	17.22	16.43	15.48	13.19	12.29	10.99	10.77	9.46	10.63

续表

	2001	2002	2003	2004	2005	2006	2007	2008	2009 年 1～3 月
机械及运输设备	43.94	46.42	46.72	45.00	44.03	45.11	43.16	39.00	42.15
杂项制品	6.19	6.71	8.00	8.93	9.22	9.01	9.15	8.62	8.32
未分类的其他商品	0.69	0.53	0.31	0.27	0.30	0.26	0.26	0.39	0.37

资料来源：根据中经网统计数据库数据整理。

　　表9.6 显示了这段时期中国的出口商品结构。从表中可以看出以下几点：

　　从总体上看，2001 年至 2008 年中国出口的初级产品所占比重呈现出不断下降趋势，其比重从 2001 年的 9.97% 上升至 2008 年的 5.45%。

　　2001 年至 2008 年中国出口的工业制成品所占比重不断上升，其比重由 2001 年的 90.10% 上升至 2008 年的 94.55%。

　　在中国初级产品的出口中，呈现明显下降趋势的商品类别是食品及活动物、饮料及烟类、非食用原料以及矿物燃料、润滑油及有关原料。其中，食品及活动物的比重由 2001 年的 4.80% 下降至 2008 年的 2.29%，饮料及烟类的比重由 2001 年的 0.33% 下降至 2008 年的 0.11%，非食用原料的比重由 2001 年的 1.57% 下降至 2008 年的 0.79%，矿物燃料、润滑油及有关原料的比重由 2001 年的 3.16% 下降至 2008 年的 2.21%。而动、植物油脂及蜡的比重变化不是特别明显。

　　在中国工业制成品的出口中，呈现明显上升趋势的商品类别是按原料分类的制成品和机械及运输设备。其中，按原料分类的制成品的比重由 2001 年的 16.46% 上升至 2008 年的 18.32%，机械及运输设备的比重由 2001 年的 35.66% 上升至 2008 年的 47.13%。而呈现明显下降趋势的商品类别是杂项制品和未分类的其他商品。化学品及有关产品的比重变化不是特别明显。

表9.6　2001～2009年1～3月中国出口商品结构

单位:%

	2001	2002	2003	2004	2005	2006	2007	2008	2009年1～3月
总值	100	100	100	100	100	100	100	100	100
初级产品	9.97	8.76	7.94	6.83	6.44	5.46	5.05	5.45	5.29
食品及活动物	4.80	4.49	4.0	3.18	2.95	2.65	2.52	2.29	2.83
饮料及烟类	0.33	0.30	0.23	0.20	0.16	0.12	0.11	0.11	0.12
非食用原料	1.57	1.35	1.15	0.98	0.98	0.81	0.75	0.79	0.70
矿物燃料、润滑油及有关原料	3.16	2.59	2.53	2.44	2.31	1.83	1.64	2.21	1.61
动、植物油脂及蜡	0.04	0.03	0.03	0.024	0.04	0.04	0.02	0.04	0.03
工业制成品	90.10	91.23	92.06	93.17	93.56	94.54	94.95	94.55	94.71
化学品及有关产品	5.02	4.71	4.47	4.44	4.69	4.60	4.96	5.55	5.40
按原料分类的制成品	16.46	16.26	15.75	16.96	16.95	18.04	18.05	18.32	15.94
机械及运输设备	35.66	39.0	42.86	45.21	46.23	47.09	47.39	47.13	48.02
杂项制品	32.74	31.07	28.77	26.36	25.48	24.56	24.37	23.43	25.23
未分类的其他商品	0.22	0.20	0.22	0.19	0.211	0.25	0.18	0.12	0.13

资料来源：根据中经网统计数据库数据整理。

二、中国进出口国别（地区）结构

表 9.7 显示了中国出口国别（地区）结构。从表中可以看出以下几点：

亚洲是中国出口的第一大目的地，但是，中国出口亚洲商品所占比重有所下降，由 2001 年的 52.96% 下降至 2008 年的 46.43%。中国出口到日本和中国香港的商品比重下降明显。其中，中国出口到日本的商品比重由 2001 年的 16.89% 下降至 2008 年的 8.13%，中国出口到中国香港的商品比重由 2001 年的 17.49% 下降至 2008 年的 13.35%。而中国出口到东盟的商品比重上升，其比重由 2001 年的 6.91% 上升至 2008 年的 7.99%。

中国出口非洲的商品比重有所上升，其比重由 2001 年的 2.26% 上升至 2008 年的 3.56%。

中国出口欧洲的商品比重有所上升，其比重由 2001 年的 18.50% 上升至 2008 年的 24.00%。中国出口欧盟的商品比重有所上升，其比重由 2001 年的 15.37% 上升至 2008 年的 20.50%。中国出口俄罗斯的商品比重有所上升，其比重由 2001 年的 1.02% 上升至 2008 年的 2.31%。

中国出口拉丁美洲的商品比重有所上升，其比重由 2001 年的 3.10% 上升至 2008 年的 5.00%。

中国出口北美洲的商品比重有所下降，其比重由 2001 年的 21.66% 下降至 2008 年的 19.19%。其中，中国出口美国的商品比重有所下降，其比重由 2001 年的 20.40% 下降至 2008 年的 17.66%。

中国出口大洋洲的商品比重有所上升，其比重由 2001 年的 1.53% 上升至 2008 年的 1.81%。

表 9.7　2000~2009 年 1~3 月中国出口国别（地区）结构

单位:%

	2001	2002	2003	2004	2005	2006	2007	2008	2009 年 1~3 月
总值	100	100	100	100	100	100	100	100	100

续表

	2001	2002	2003	2004	2005	2006	2007	2008	2009 年 1~3 月
亚洲	52.96	52.32	50.78	49.80	48.09	47.04	46.63	46.43	46.60
日本	16.89	14.88	13.56	12.39	11.02	9.46	8.40	8.13	8.91
韩国	4.70	4.77	4.58	4.695	4.61	4.59	4.61	5.18	4.63
中国香港	17.49	17.96	17.40	17.00	16.34	16.03	15.14	13.35	13.10
中国台湾	1.88	2.02	2.05	2.28	2.17	2.14	1.93	1.81	1.53
东盟*	6.91	7.24	7.05	7.23	7.27	7.36	7.73	7.99	8.11
新加坡	2.18	2.14	2.02	2.14	2.18	2.39	2.43	2.26	2.36
非洲	2.26	2.14	2.32	2.33	2.45	2.75	3.06	3.56	4.13
欧洲	18.50	18.19	20.14	20.63	21.74	22.22	23.64	24.00	22.72
欧盟**	15.37	14.81	16.46	18.06	18.86	19.19	20.13	20.50	20.31
英国	2.55	2.48	2.47	2.52	2.49	2.49	2.60	2.52	2.52
德国	3.66	3.49	4.00	4.00	4.27	4.16	4.00	4.14	4.36
法国	1.39	1.25	1.66	1.67	1.53	1.44	1.67	1.63	1.74
意大利	1.50	1.48	1.52	1.55	1.53	1.65	1.74	1.86	1.83
荷兰	2.74	2.80	3.08	3.12	3.40	3.18	3.40	3.21	2.95
俄罗斯	1.02	1.08	1.38	1.53	1.73	1.63	2.34	2.31	1.52
拉丁美洲	3.10	2.91	2.71	3.07	3.11	3.72	4.23	5.00	4.27
北美洲	21.66	22.81	22.39	22.45	22.92	22.61	20.70	19.19	20.17
加拿大	1.26	1.32	1.28	1.38	1.53	1.60	1.59	1.53	1.63
美国	20.40	21.48	21.09	21.06	21.38	21.00	19.11	17.66	18.54
大洋洲	1.53	1.62	1.66	1.71	1.69	1.65	1.73	1.81	2.11
澳大利亚	1.34	1.41	1.43	1.49	1.45	1.41	1.48	1.56	1.73

注：*东盟：包括文莱、印度尼西亚、马来西亚、菲律宾、新加坡、泰国、越南、老挝、缅甸和柬埔寨。

**欧盟：包括比利时、丹麦、英国、德国、法国、爱尔兰、意大利、卢森堡、荷兰、希腊、葡萄牙、西班牙、奥地利、芬兰、瑞典。自2004年5月起，统计范围增加塞浦路斯、匈牙利、马耳他、波兰、爱沙尼亚、拉脱维亚、立陶宛、斯洛文尼亚、捷克、斯洛伐克。自2007年1月起，增加罗马尼亚、保加利亚。

资料来源：根据中经网统计数据库数据整理。

表9.8 显示了中国进口国别（地区）结构。从表中可以看出以下几点：

亚洲是中国进口的第一大来源地。中国从日本和中国香港进口的商品比重下降明显。其中，中国从日本进口的商品比重由 2001 年的 17.57% 下降至 2008 年的 13.30%，中国从中国香港进口的商品比重由 2001 年的 3.87% 下降至 2008 年的 1.14%。

中国从非洲进口的商品比重有所上升，其比重由 2001 年的 1.97% 上升至 2008 年的 4.94%。

中国从欧洲进口的商品比重有所下降，其比重由 2001 年的 19.87% 下降至 2008 年的 14.84%。中国从欧盟进口的商品比重有所下降，其比重由 2001 年的 14.66% 下降至 2008 年的 11.71%。中国从俄罗斯进口的商品比重也有所下降，其比重由 2001 年的 3.27% 下降至 2008 年的 2.10%。

中国从拉丁美洲进口的商品比重有所上升，其比重由 2001 年的 2.75% 上升至 2008 年的 6.35%。

中国从北美洲进口的商品比重有所下降，其比重由 2001 年的 12.42% 下降至 2008 年的 8.31%。其中，中国从美国进口的商品比重有所下降，其比重由 2001 年的 10.76% 下降至 2008 年的 7.19%。

中国从大洋洲进口的商品比重有所上升，其比重由 2001 年的 2.58% 上升至 2008 年的 3.54%。

表9.8　2000～2009 年 1～3 月中国进口国别（地区）结构

单位:%

	2001	2002	2003	2004	2005	2006	2007	2008	2009 年 1～3 月
总值	100	100	100	100	100	100	100	100	100
亚洲	60.41	64.47	66.11	65.82	66.89	66.38	64.86	62.01	59.94
日本	17.57	18.11	17.96	16.81	15.22	14.62	14.01	13.30	13.21
韩国	9.60	9.68	10.45	11.09	11.64	11.34	10.86	9.90	10.53

续表

	2001	2002	2003	2004	2005	2006	2007	2008	2009年 1~3月
中国香港	3.87	3.63	2.69	2.10	1.85	1.36	1.34	1.14	0.90
中国台湾	11.23	12.89	11.96	11.54	11.31	11.00	10.57	9.12	7.89
东盟*	9.53	10.57	11.46	11.22	11.36	11.31	11.34	10.32	10.37
新加坡	2.11	2.39	2.54	2.49	2.50	2.23	1.83	1.78	1.82
非洲	1.97	1.84	2.03	2.79	3.19	3.63	3.80	4.94	3.10
欧洲	19.87	18.10	16.89	15.86	14.61	14.51	14.61	14.84	17.23
欧盟**	14.66	13.06	12.85	12.49	11.15	11.41	11.61	11.71	13.82
英国	1.45	1.13	0.86	0.85	0.84	0.82	0.81	0.84	0.83
德国	5.65	5.56	5.90	5.41	4.65	4.79	4.75	4.93	5.97
法国	1.69	1.44	1.48	1.36	1.36	1.42	1.40	1.38	1.52
意大利	1.56	1.46	1.23	1.15	1.05	1.09	1.07	1.03	1.24
荷兰	0.60	0.53	0.47	0.53	0.44	0.46	0.52	0.47	0.45
俄罗斯	3.27	2.85	2.36	2.16	2.41	2.22	2.06	2.10	1.94
拉丁美洲	2.75	2.82	3.62	3.88	4.06	4.32	5.34	6.35	5.11
北美洲	12.42	10.46	9.27	9.27	8.52	8.45	8.41	8.31	10.33
加拿大	1.65	1.23	1.06	1.31	1.14	0.97	1.15	1.12	1.28
美国	10.76	9.23	8.20	7.96	7.38	7.48	7.26	7.19	9.04
大洋洲	2.58	2.32	2.08	2.38	2.73	2.69	2.97	3.54	4.29
澳大利亚	2.23	1.98	1.77	2.06	2.45	1.99	2.70	3.30	3.94

注：*东盟：包括文莱、印度尼西亚、马来西亚、菲律宾、新加坡、泰国、越南、老挝、缅甸和柬埔寨。

**欧盟：包括比利时、丹麦、英国、德国、法国、爱尔兰、意大利、卢森堡、荷兰、希腊、葡萄牙、西班牙、奥地利、芬兰、瑞典。自2004年5月起，统计范围增加塞浦路斯、匈牙利、马耳他、波兰、爱沙尼亚、拉脱维亚、立陶宛、斯洛文尼亚、捷克、斯洛伐克。自2007年1月起，增加罗马尼亚、保加利亚。

资料来源：根据中经网统计数据库数据整理。

三、国内各地区进出口结构

表 9.9 显示了各地区出口占全国出口的比重。从表中可以看出，出口比重趋于下降的地区有天津、辽宁、吉林、上海、江苏、浙江、广东等，趋于上升的地区有江西、新疆等。广东一直排在出口的第一位。

表9.9　各地区出口占全国出口的比重

单位:%

	2001	2002	2003	2004	2005	2006	2007	2008	2009 年 1～5 月
全国	100	100	100	100	100	100	100	100	100
北京	2.97	2.57	2.27	2.21	2.41	2.57	2.48	2.43	2.67
天津	3.33	3.39	3.16	3.45	3.42	3.37	3.14	2.90	2.67
河北	1.30	1.28	1.36	1.64	1.58	1.57	1.79	2.04	1.64
山西	0.97	0.84	0.85	1.21	0.83	0.68	0.79	1.00	0.37
内蒙古	0.34	0.31	0.35	0.32	0.30	0.28	0.31	0.32	0.36
辽宁	4.04	3.71	3.43	3.30	3.24	2.93	2.93	2.95	2.66
吉林	0.57	0.57	0.55	0.32	0.36	0.32	0.33	0.34	0.26
黑龙江	0.82	0.74	0.85	0.63	0.76	0.72	0.83	0.65	0.61
上海	10.09	9.53	10.46	11.75	11.36	11.19	11.28	11.24	11.47
江苏	11.04	11.99	13.59	14.84	16.35	16.82	17.05	17.17	16.91
浙江	9.12	9.70	10.13	10.31	10.70	11.10	11.25	11.62	12.38
安徽	0.82	0.71	0.63	0.60	0.67	0.68	0.70	0.75	0.75
福建	5.56	5.65	5.36	5.15	4.72	4.31	4.04	3.92	4.33
江西	0.41	0.33	0.32	0.44	0.35	0.41	0.45	0.55	0.62
山东	6.94	6.60	6.32	6.27	6.26	6.23	6.42	6.77	6.89
河南	0.69	0.72	0.76	0.74	0.74	0.75	0.75	0.87	0.76
湖北	0.67	0.64	0.59	0.55	0.55	0.61	0.66	0.80	0.79
湖南	0.65	0.55	0.49	0.53	0.51	0.53	0.54	0.62	0.52
广东	36.00	36.58	35.09	32.42	31.62	31.52	30.65	28.78	29.51
广西	0.51	0.45	0.41	0.39	0.38	0.40	0.40	0.48	0.39
海南	0.24	0.21	0.15	0.14	0.11	0.11	0.14	0.12	0.14

续表

	2001	2002	2003	2004	2005	2006	2007	2008	2009 年 1~5 月
重庆	0.44	0.34	0.34	0.32	0.31	0.32	0.35	0.37	0.35
四川	0.63	0.81	0.69	0.59	0.54	0.59	0.60	0.75	1.05
贵州	0.19	0.17	0.19	0.21	0.15	0.14	0.17	0.19	0.16
云南	0.43	0.40	0.34	0.34	0.31	0.32	0.35	0.31	0.28
西藏	0.03	0.02	0.02	0.02	0.01	0.02	0.02	0.02	0.02
陕西	0.53	0.48	0.44	0.44	0.50	0.45	0.44	0.48	0.41
甘肃	0.18	0.16	0.17	0.17	0.15	0.17	0.14	0.12	0.06
青海	0.06	0.05	0.05	0.08	0.04	0.05	0.02	0.03	0.01
宁夏	0.15	0.11	0.12	0.12	0.11	0.11	0.11	0.12	0.08
新疆	0.25	0.40	0.54	0.49	0.66	0.72	0.88	1.29	0.87

资料来源：根据中经网统计数据库数据整理。

表9.10 显示了各地区进口占全国出口的比重。从表中可以看出，出口比重趋于下降的地区有辽宁、广东等，趋于上升的地区有江苏、浙江、江西等。广东一直排在进口的第一位。

表9.10 各地区进口占全国进口的比重

单位:%

	2001	2002	2003	2004	2005	2006	2007	2008	2009 年 1~5 月
全国	100	100	100	100	100	100	100	100	100
北京	8.10	6.22	5.18	5.30	5.32	5.76	5.42	5.32	6.00
天津	3.86	3.99	3.92	4.05	4.34	4.37	3.91	4.01	4.16
河北	0.96	0.91	0.91	0.99	1.10	1.05	1.32	1.92	2.26
山西	0.28	0.29	0.35	0.33	0.43	0.39	0.59	0.51	0.43
内蒙古	0.53	0.56	0.41	0.44	0.46	0.43	0.55	0.52	0.53
辽宁	4.22	3.85	3.59	3.63	3.39	3.04	3.09	3.53	3.28
吉林	0.81	0.75	1.06	0.99	0.70	0.71	0.76	0.77	0.86
黑龙江	0.79	0.77	0.60	0.62	0.71	0.89	0.88	0.98	0.81
上海	13.89	13.97	15.67	15.51	14.38	14.24	14.29	13.54	13.58

续表

	2001	2002	2003	2004	2005	2006	2007	2008	2009 年 1～5 月
江苏	10.30	12.02	14.94	16.30	17.25	17.19	17.22	16.35	16.02
浙江	5.19	5.01	5.31	5.97	6.40	6.63	6.51	6.74	6.30
安徽	0.61	0.64	0.70	0.61	0.63	0.71	0.76	0.80	0.70
福建	3.94	4.05	3.66	3.44	3.16	2.93	2.74	2.92	2.85
江西	0.29	0.32	0.37	0.39	0.35	0.42	0.51	0.65	0.60
山东	5.69	5.38	5.26	5.74	6.27	6.35	6.55	8.03	8.14
河南	0.65	0.47	0.55	0.53	0.52	0.48	0.53	0.66	0.73
湖北	0.97	0.83	0.79	0.77	0.88	0.78	0.76	0.87	0.89
湖南	0.49	0.50	0.61	0.52	0.47	0.35	0.38	0.42	0.59
广东	34.56	36.03	32.83	30.45	30.03	29.86	29.19	27.04	26.33
广西	0.30	0.38	0.35	0.45	0.44	0.48	0.58	0.71	0.82
海南	0.41	0.38	0.31	0.37	0.19	0.29	0.57	0.70	0.79
重庆	0.40	0.31	0.26	0.33	0.28	0.28	0.31	0.33	0.39
四川	0.69	0.62	0.67	0.57	0.54	0.63	0.66	0.81	1.01
贵州	0.15	0.14	0.18	0.20	0.14	0.11	0.12	0.18	0.13
云南	0.41	0.35	0.30	0.31	0.40	0.42	0.47	0.43	0.32
西藏	0.01	0.02	0.01	0.01	0.00	0.00	0.00	0.00	0.00
陕西	0.51	0.41	0.40	0.34	0.35	0.32	0.30	0.33	0.49
甘肃	0.18	0.18	0.13	0.17	0.28	0.36	0.43	0.42	0.35
青海	0.04	0.02	0.03	0.03	0.03	0.05	0.04	0.04	0.06
宁夏	0.10	0.05	0.05	0.07	0.06	0.07	0.06	0.08	0.11
新疆	0.70	0.61	0.60	0.55	0.50	0.40	0.49	0.57	0.48

资料来源：根据中经网统计数据库数据整理。

第四节　贸易方式

贸易方式是包括一般贸易和加工贸易等。表 9.11 至表 9.14 显示了这段时期各种贸易方式的变化。

首先，一般贸易持续增长，其在贸易总额中所占的比重也有所上升，其比重由2001年的44.21%上升至2008年的48.22%。

其次，加工贸易中，补偿贸易出现萎缩，来料加工装配贸易在贸易总额中所占的比重明显下降，其比重由2001年的13.95%下降至2008年的7.83%。而进料加工贸易和出料加工贸易趋势不明显。

第三，在其他贸易方式中，易货贸易和免税外汇商品的贸易量趋于萎缩。加工贸易进口设备、外商投资企业作为投资进口的设备物品在贸易总额中所占的比重也有所下降，加工贸易进口设备的比重由2001年的0.32%下降至2008年的0.11%，外商投资企业作为投资进口的设备物品的比重由2001年的2.85%下降至2008年的1.08%；而对外承包工程出口货物和保税仓库进出境货物在贸易总额中所占的比重有所上升，其比重由2001年的0.09%上升至2008年的0.43%。

表9.11 一般贸易变化

	2001	2002	2003	2004	2005	2006	2007	2008	2009年1~5月
金额（亿美元）	2253.9	2653.3	3697.3	4918.6	5948.1	7495.0	9672.2	12352.6	3741.4
比重（%）	44.21	42.74	43.44	42.59	42.83	42.57	42.49	48.22	48.82

注：比重根据一般贸易进出口总额与全部进出口总额之比计算。
资料来源：根据中经网统计数据库数据计算整理。

表9.12 加工贸易变化情况

	补偿贸易		来料加工装配贸易		进料加工贸易		出料加工贸易	
	金额（千美元）	比重（%）	金额（千美元）	比重（%）	金额（千美元）	比重（%）	金额（千美元）	比重（%）
2001	18501	—	71095564	13.95	170341184	33.42	42389	0.01
2002	68776	0.01	81659716	13.155	220493586	35.52	45935	0.01

续表

	补偿贸易		来料加工装配贸易		进料加工贸易		出料加工贸易	
	金额 （千美元）	比重 （%）	金额 （千美元）	比重 （%）	金额 （千美元）	比重 （%）	金额 （千美元）	比重 （%）
2003	16866	—	93456906	10.98	311327725	36.57	43108	0.01
2004	9366	—	122290283	10.59	427438711	37.01	50915	—
2005	770	—	150998814	10.62	539508509	37.94	59974	—
2006	920	—	168317185	9.56	663554286	37.69	57350	—
2007	410	—	205208548	9.44	780840734	35.92	83219	—
2008	19	—	200681399	7.83	852905497	33.30	278415	0.01
2009 年 1 月	—	—	10257298	7.23	43944546	30.99	8166	0.01
2009 年 2 月	—	—	10295220	8.24	43367349	34.71	8119	0.01
2009 年 3 月	—	—	12404342	7.66	53524240	33.04	12986	0.01
2009 年 4 月	—	—	12720274	7.45	55452268	32.48	9029	0.01
2009 年 5 月	—	—	12599463	7.68	53828449	32.80	7912	—

注：比重根据各类加工贸易进出口总额与全部进出口总额之比计算。
资料来源：根据中经网统计数据库数据整理。

表9.13 其他贸易方式的情况

单位：千美元

	租赁贸易	加工贸易 进口设备	对外承包 工程出口 货物	易货贸易	外商投资 企业作为 投资进口 的设备 物品	出口加工 区进口 设备	免税外 汇商品	保税仓库 进出境 货物	保税区仓 储转口 货物
2001	1834244	1616297	480853	69459	14515119	149067	51863	8007060	10004709
2002	1413082	1726664	551422	81591	17143670	373404	18300	8312479	16682170
2003	1400316	1960524	640076	47442	20967932	558103	6888	11201478	30635594
2004	2238674	2602634	1130066	41221	31202670	882122	6231	16820078	47073772
2005	3771685	2861801	1704700	20613	27674209	1410892	7640	28021177	55870313

续表

	租赁贸易	加工贸易进口设备	对外承包工程出口货物	易货贸易	外商投资企业作为投资进口的设备物品	出口加工区进口设备	免税外汇商品	保税仓库进出境货物	保税区仓储转口货物
2006	8281295	2816944	3071437	25590	27822737	3623410	5984	45086503	69971106
2007	8364088	3277490	5188160	9283	25906013	4108345	5511	60343479	87886775
2008	7120810	2858715	10963025	17385	27677107	3118157	5717	85680506	97676265
2009 年 1 月	490365	82225	1166664	150	1585262	139181	251	4521159	4280817
2009 年 2 月	347119	67333	1014772	10	1288878	137994	322	5163662	4753206
2009 年 3 月	282934	87523	1323874	734	1322331	72462	369	5956570	5955501
2009 年 4 月	224545	101555	1359569	1880	1693348	118940	464	6345468	5883454
2009 年 5 月	255596	106639	1192969	535	1034418	95907	187	6204619	5970442

资料来源：根据中经网统计数据库数据整理。

表 9.14 其他贸易方式所占比重

单位:%

	租赁贸易	加工贸易进口设备	对外承包工程出口货物	易货贸易	外商投资企业作为投资进口的设备物品	出口加工区进口设备	免税外汇商品	保税仓库进出境货物	保税区仓储转口货物
2001	0.36	0.32	0.09	0.01	2.85	0.03	0.01	1.57	0.36
2002	0.23	0.28	0.09	0.01	2.76	0.06	—	1.34	0.23
2003	0.16	0.23	0.08	0.01	2.46	0.07	—	1.32	0.16
2004	0.19	0.23	0.10	—	2.70	0.08	—	1.46	0.19
2005	0.27	0.20	0.12	—	1.95	0.10	—	1.97	0.27
2006	0.47	0.16	0.17	—	1.58	0.21	—	2.56	0.47
2007	0.38	0.15	0.24	—	1.19	0.19	—	2.78	0.38
2008	0.28	0.11	0.43	—	1.08	0.12	—	3.34	0.28

续表

	租赁贸易	加工贸易进口设备	对外承包工程出口货物	易货贸易	外商投资企业作为投资进口的设备物品	出口加工区进口设备	免税外汇商品	保税仓库进出境货物	保税区仓储转口货物
2009 年 1 月	0.35	0.06	0.82	—	1.12	0.10	—	3.19	0.35
2009 年 2 月	0.28	0.05	0.81	—	1.03	0.11	—	4.13	0.28
2009 年 3 月	0.17	0.05	0.82	—	0.82	0.04	—	3.68	0.17
2009 年 4 月	0.13	0.06	0.80	—	0.99	0.07	—	3.72	0.13
2009 年 5 月	0.16	0.06	0.73	—	0.63	0.06	—	3.78	0.16

注：比重根据各类其他贸易进出口总额与全部进出口总额之比计算。

资料来源：根据中经网统计数据库数据整理。

第五节 贸易体制

外贸体制主要包括：外贸领导体制；进出口商会；进口治理体制；出口治理体制。相关的规定主要体现在有关的贸易法律法规之中。

国家的贸易体制要用法律来规范。在中国于 2001 年 12 月 11 日成为 WTO 成员之后，为履行中国加入 WTO 的承诺，2004 年 4 月 6 日发布了修订后的《对外贸易法》。它主要对 1994 年《对外贸易法》与中国入世承诺，对中国享受世界贸易组织成员权利的实施机制和程序作出规定，并反映了加入 WTO 以来发生的变化以及出现的新情况。除 2004 年《对外贸易法》外，中国还颁布了《货物进出口管理条例》等对外贸易管理方面的其他法规。这些法律规范与《对外贸易法》共同构成了法律体系。除国内法之外，中国作为 WTO 成员，还必须履行 WTO 以及中国在加入 WTO

时所做承诺，这些承诺主要体现在《中国加入世界贸易组织议定书》中，还有中国参加或承认的有关国家贸易的国际公约、条约和国际惯例，譬如世贸组织规则、联合国《国际货物销售合同公约》等。

2004 年 5 月 5 日，胡锦涛总书记在江苏考察工作结束时讲话指出："现在，我国社会主义市场经济体制已经初步建立，全方位、宽领域、多层次的对外开放格局已经基本形成，但改革开放的任务还远远没有完成。""要继续坚定不移地实施对外开放的基本国策，下大气力提高对外开放的水平。"2007 年 10 月 15 日他在党的十七大报告中作出了我国开放型经济进入新阶段的判断，提出了进一步拓展对外开放的广度和深度，提高开放型经济水平的新任务。特别是提出了加快转变外贸增长方式，立足以质取胜，调整进出口结构，促进加工贸易转型升级，大力发展服务贸易等具体目标。①

一、2004 年《对外贸易法》

总则中规定了对外贸易的基本原则。国家实行统一的对外贸易制度，鼓励发展对外贸易，维护公平、自由的对外贸易秩序。中华人民共和国根据平等互利的原则，促进和发展同其他国家和地区的贸易关系，缔结或者参加关税同盟协定、自由贸易区协定等区域经济贸易协定，参加区域经济组织。中华人民共和国在对外贸易方面根据所缔结或者参加的国际条约、协定，给予其他缔约方、参加方最惠国待遇、国民待遇等待遇，或者根据互惠、对等原则给予对方最惠国待遇、国民待遇等待遇。任何国家或者地区在贸易方面对中华人民共和国采取歧视性的禁止、限制或者其他类似措施时，中华人民共和国可以根据实际情况对该国家或者该地区采取相应的措施。

其次，该法规定，对外贸易经营者，是指依法办理工商登记或者其他

---

① 胡锦涛：《高举中国特色社会主义伟大旗帜　为夺取全面建设小康社会新胜利而奋斗》，人民出版社 2007 年版。

执业手续，依照本法和其他有关法律、行政法规的规定，从事对外贸易经营活动的法人、其他组织或者个人。同时，国家可以对部分货物的进出口实行国营贸易管理。

对于货物和技术的进出口，该法规定，国家准许货物与技术的自由进出口。但是，国家基于下列原因，可以限制或者禁止有关货物、技术的进口或者出口：为维护国家安全、社会公共利益或者公共道德；为保护人的健康或者安全，保护动物、植物的生命或者健康，保护环境；为实施与黄金或者白银进出口有关的措施；国内供应短缺或者为有效保护可能用竭的自然资源；输往国家或者地区的市场容量有限；出口经营秩序出现严重混乱；为建立或者加快建立国内特定产业；对任何形式的农业、牧业、渔业产品有必要限制进口的；为保障国家国际金融地位和国际收支平衡；等等。同时，该法规定，国家对限制进口或者出口的货物，实行配额、许可证等方式管理；对限制进口或者出口的技术，实行许可证管理。

为了维护对外贸易秩序，该法规定，在对外贸易活动中，不得有下列行为：伪造、变造进出口货物原产地标记，伪造、变造或者买卖进出口货物原产地证书、进出口许可证、进出口配额证明或者其他进出口证明文件；骗取出口退税；走私；逃避法律、行政法规规定的认证、检验、检疫；等等。

为了促进对外贸易，该法规定，国家制定对外贸易发展战略，建立和完善对外贸易促进机制，包括：建立和完善为对外贸易服务的金融机构，设立对外贸易发展基金、风险基金；国家通过进出口信贷、出口信用保险、出口退税及其他促进对外贸易的方式，发展对外贸易；国家建立对外贸易公共信息服务体系，向对外贸易经营者和其他社会公众提供信息服务；国家采取措施鼓励对外贸易经营者开拓国际市场，采取对外投资、对外工程承包和对外劳务合作等多种形式，发展对外贸易。而且，该法也规定，对外贸易经营者可以依法成立和参加有关协会、商会。有关协会、商会应当遵守法律、行政法规，按照章程对其成员提供与对外贸易有关的生产、营销、信息、培训等方面的服务，发挥协调和自律作用，依法提出有关对外贸易救济措施的申请，维护成员和行业的利益，向政府有关部门反映成员有关对外贸易的建议，开展对外贸易促进活动。

二、商务部组建与改革

国务院对外贸易主管机关是中华人民共和国商务部。根据第十届全国人民代表大会第一次会议批准的国务院机构改革方案和《国务院关于机构设置的通知》（国发〔2003〕8 号），组建商务部。

其主要职责包括：拟订国内外贸易和国际经济合作的发展战略、方针、政策，起草国内外贸易、国际经济合作和外商投资的法律法规，制定实施细则、规章；研究提出中国经济贸易法规之间及其与国际多边、双边经贸条约、协定之间的衔接意见。拟订国内贸易发展规划，研究提出流通体制改革意见，培育发展城乡市场，推进流通产业结构调整和连锁经营、物流配送、电子商务等现代流通方式。研究拟订规范市场运行、流通秩序和打破市场垄断、地区封锁的政策，建立健全统一、开放、竞争、有序的市场体系；监测分析市场运行和商品供求状况，组织实施重要消费品市场调控和重要生产资料流通管理。研究制定进出口商品管理办法和进出口商品目录，组织实施进出口配额计划，确定配额、发放许可证；拟订和执行进出口商品配额招标政策。拟订并执行对外技术贸易、国家进出口管制以及鼓励技术和成套设备出口的政策；推进进出口贸易标准化体系建设；依法监督技术引进、设备进口、国家限制出口的技术和引进技术的出口与再出口工作，依法颁发与防扩散相关的出口许可证。研究提出并执行多边、双边经贸合作政策；负责多边、双边经贸对外谈判，协调对外谈判意见，签署有关文件并监督执行；建立多边、双边政府间经济和贸易联系机制并组织相关工作；处理国别（地区）经贸关系中的重要事务，管理同未建交国家的经贸活动；根据授权，代表中国政府处理与世界贸易组织的关系，承担中国在世界贸易组织框架下的多边、双边谈判和贸易政策审议、争端解决、通报咨询等工作。指导中国驻世界贸易组织代表团、常驻联合国及有关国际组织经贸代表机构的工作和中国驻外经济商务机构的有关工作；联系国际多边经贸组织驻中国机构和外国驻中国官方商务机构。负责组织协调反倾销、反补贴、保障措施及其他与进出口公平贸易相关的工作，建立进出口公平贸易预警机制，组织产业损害调查；指导协调国外对中国出口商品的反倾销、反补贴、保障措施的应诉及相关工作。宏观指导全国外商投资工作；分析研究全国外商投资情况，定期向国务院报送有关动态和建议，拟订外商投资政策，拟订和贯彻实施改革方案，参与拟订利用外交的中长期发展规划；依法核准国家规定的限额以上、限制投资和涉及配额、许可证管理的外商投资企业的设立及其变更事项；依法核准大型外商投资项目的合同、章程及法律特别规定的重大变更事项；监督外商投资企业执行有关法律法规、规章及合同、章程的情况；指导和管理全国招商引资、投资促进及外商投资企业的审批和进出口工作，综合协调和指导国家级经济技术开发区的有关具体工作。负责全国对外经济合作工作；拟订并执行对外经济合作政策，指导和监督对外承包工程、劳务合作、设计咨询等业务的管理；拟订境外投资的管理办法和具体政策，依法核准国内企业对外投资开办企业（金融企业除外）并实施监督管理。负责中国对外援助工作；拟订并执行对外援助政策和方案，签署并执行有关协议；编制并执行对外援助计划，监督检查援外项目执行情况，管理援外资金、援外优惠贷款、援外专项基金等中国政府援外资金；推进援外方式改革。拟订并执行对香港、澳门特别行政区和台湾地区的经贸政策、贸易中长期规划；与香港、澳门特别行政区有关经贸主管机构和授权的民间组织进行经贸谈判并签署有关文件；负责内地与香港、澳门特别行政区商贸联络机制工作；组织实施对台直接通商工作，处理多边、双边经贸领域的涉台问题。负责中国驻世界贸易组织代表团、驻外经济商务机构以及有关国际组织代表机构的队伍建设、人员选派和管理；指导进出口商会和有关协会、学会的工作。

　　其职能部门包括：办公厅、人事司、政策研究室、综合司、条约法律司、财务司、市场秩序司、市场体系建设司、商贸服务管理司、市场运行调节司（国家茧丝绸协调办公室）、反垄断局、对外贸易司、服务贸易司、外国投资管理司、对外援助司、对外投资和经济合作司、进出口公平贸易局、产业损害调查局、国际经贸关系司、世界贸易组织司（中国政府世界贸易组织通报咨询局）、亚洲司、西亚非洲司、欧洲司、美洲大洋洲司、台港澳司、信息化司、外事司、机关党委、离退休干部局。

第六节　贸易政策

一、影响贸易政策的因素

首先是中国的入世承诺。WTO 是以推进贸易自由化为宗旨的多边贸易组织，作为 WTO 成员，中国运用外贸政策干预经济的回旋余地十分有限，对外贸易政策将趋于中性化，这种影响主要体现在如下几个方面：关税大幅度削减；工业品非关税壁垒几乎全部取消；出口鼓励政策将受到严重削弱和阻碍。

其次是中国的国际收支状况。在目前情况下，中国的外贸政策必须转向进出口基本平衡、略有节余的中性目标，以平衡贸易收支，缓和与他国的贸易摩擦。

最后是中国的经济结构和比较优势。各国的经济结构存在巨大差异，中国目前已成为"世界制造业中心"，发达国家的跨国公司纷纷在中国建立生产基地，甚至有些国际企业将研发中心也迁到了中国，产业链条不断延长。外贸政策的制定要充分考虑本国的经济结构，充分发挥本国的比较优势，以外贸带动中国的产业结构调整和经济发展。

二、对外贸易政策的制定原则

主要依据的原则：第一，符合国际上相关法律法规的规定，特别是世贸组织协议的规定。世贸组织原则有：自由贸易原则，要求各贸易国家只能以关税作为进口贸易保护措施，逐渐降低关税水平，并且减少非关税壁垒；非歧视性原则，即世贸组织成员国相互给予最惠国待遇和国民待遇；公平贸易原则，即反对倾销和补贴等不公平的贸易行为；公开原则，要求各贸易国家的贸易政策要有透明度、减少行政命令行为。第二，符合中国国内的相关法律法规的规定，比如《对外贸易法》等。第三，要根据中国经济发展阶段、经济结构特征、对外贸易状况和国民经济发展制定幼稚工业保护政策，产业结构和对外贸易结构调整政策——即可持续发展政策。

三、与加入 WTO 承诺相关的对外贸易政策改革

根据世贸组织秘书处 2006 年和 2008 年两次对中国贸易政策的审议，中国对外贸易政策进行了重大调整。

中国实行了一系列贸易及与贸易有关的改革。中国实施的最惠国关税税率也从 2001 年的 15.6% 降至 2005 年的 9.7%。2005 年，中国农产品（世贸组织定义）和非农产品的最惠国平均税率分别为 15.3% 和 8.8%。2005 年，中国的约束税率为 10%，预计 2010 年将降至 9.9%。根据《曼谷协定》，中国还将双边贸易优惠的适用扩展至东盟各国、巴基斯坦以及香港特别行政区和澳门特别行政区等。

中国遵守《入世议定书》的承诺，逐步取消了非关税措施。目前，中国保留的进口禁止措施主要存在于健康和安全领域，受国际公约的保护。此外，中国也禁止进口一些单纯的加工产品或二次出口产品，如部分农产品、矿产品、化学肥料以及其他废弃原料。中国利用自动许可和非自动许可程序对一些进口予以规制。其中，非自动许可程序主要针对国际公约明令禁止进口的产品；自动许可程序主要用于监控进口，确保进口产品不引起剧烈波动。2002 年，中国自动许可程序下的关税税目小幅增长，约占关税税目总数的 16%。进口配额完全取消，除部分农产品和化肥仍然存在关税配额以外。

中国已经开始简化检验检疫措施、应急措施等。2005 年，32% 的标准设立与国际标准接轨。最近的研究显示，44% 的标准经过修改与国际接

轨，11.6%的标准被取消。

中国《政府采购法》规定了政府机关、公共和社会机构的采购权，没有赋予国有企业的该项权利，目的是为了促成经济和社会的发展。采购的范围涉及国内产品、建筑和服务领域。中国是世贸组织《政府采购协议》的观察员。

中国的出口机制包括出口关税、出口禁止、出口许可和出口配额。包括禁止和许可在内的出口限制目的是避免国内产品供给不足，或为了保留自然资源和能源为己所用，或削减中国大量的贸易顺差，以避免贸易争端。中国对部分农产品、石油和矿产品设立了全球出口配额；对香港特别行政区和澳门特别行政区的活牛、活猪、活鸡出口设立了专门配额。根据中国与欧盟和美国签订的谅解备忘录，中国限制纺织品服装出口，并分别于2007年年底和2008年年底取消该限制。此外，中国将大米、玉米、棉花、煤、原油及精炼油、钨矿及钨产品、锑矿和锑产品、银、烟制品纳入国营贸易范畴，以确保上述产品稳定的国内供应。从价税率和出口税率也进行了相应的调整，目的是满足特定产品的国内供应。

中国持续利用各种贸易政策，以促进对高科技产业的投资、鼓励创新与保护环境（例如：减少能源的损耗）。该工具包括租税奖励、直接补贴、价格管制，以及各种形式的"指导"，包括特定部门的工业政策。

中国也加强参与多边贸易体系，同时与若干贸易伙伴洽签区域自由贸易协议，并积极参与WTO多哈回合谈判。在2006年及2007年中国有两个自由贸易协议（Free Trade Agreement，FTA）生效，分别是在2006年10月1日生效中国—智利FTA，以及在2007年7月1日生效中国—巴基斯坦FTA。

中国也利用了产业政策。政府的直接管制还是农业政策的重要内容之一。中国的农业政策规定了一系列限制性措施。20世纪70年代末期的农业改革赋予了农民自主决定产量的灵活性，许多限制措施被放宽，农产品最惠国平均税率从2001年的23.1%降至2005年的15.3%，谷物、食用油、食糖、矿产品、化学肥料、羊毛和棉花制品的进口配额逐步转向税率配额。但是，中国的国营贸易仍然存在，目的是维持供求和价格的稳定。税制改革则主要针对农村地区不合理的税负。中国正在通过进口和在全球石油产业的外部投资补充国内石油供应；中国还将设立全国石油储备，稳定油价，实现供需平衡。石油和电力的价格仍由政府决定，国有企业的供给和国营贸易则从另一方面平衡供需。中国计划以水力发电、核电来弥补当前的煤炭发电的不足，并降低能源消耗。中国正在鼓励对制造业高新技术的投资，并适时运用政府指导和贸易政策。中国主要产业内部的快速发展，导致钢铁产业产能过剩，政府希望通过并购、企业重组、关闭一些小企业的方式重新限制产能。尽管制造业最惠国税率低于其他产业（2005年为5%），但进出口的限制措施仍继续规制供需。2004 年年底，中国取消了对汽车零部件的进口配额，这也是中国《入世议定书》中所作的承诺。中国的最惠国税率从 2001 年的 30.1% 降至 2005 年的 14.8%。纺织服装业更趋自由的规定提高了生产能力，并将提升产品的附加值。以往受出口配额和许可程序约束的丝绸产品数量减少。中国纺织品的关税从2001 年的 20.7% 降至 2005 年的 10.9%，成衣关税从 2001 年的 24.1% 降至 2005 年的 15.8%。但是，棉花进口仍然处于国营贸易和税率配额的保护之下。电子通信设备是中国出口量最大的领域之一，也在向鼓励国内生产、出口高附加值产品的方向发展。在服务业方面，中国遵守世贸组织《服务贸易总协定》，放宽对服务业的限制；其承诺事项涉及服务业 12 个大部门中的 9 个。2004 年，中国服务业产值占国内生产总值的 40.7%，2005 年占 40.3%。2002 年，服务业就业率占总就业率的 25%。重要服务部门的开放步伐比其他部门稍慢。银行业、保险业、电信业、运输业带有明显的公有制经济特征。电信业由 6 家国有企业垄断，大部分附加值服务则由私营企业提供。政府虽然出台了价格上限或指导价格，但电信业价格仍然由政府决定。基础电信业允许少量的外国投资，主要通过证券市场。航空运输和海上运输业也由国有企业垄断。

中国仍然持续采取一些贸易或贸易相关的措施以提高透明度，例如《政府公开讯息条例》的颁布，还有 2007 年 9 月成立全国贪污防治局，以及相关法令的执行，包括《物权法》、《企业所得税法》、《反独占法》和《企业破产法》等，均有助于投资环境的改善。

中国已经建立起完备的知识产权保护体系，近两年来政府部门针对侵权行为的多次大规模执法行动也起到了很好的效果。但仍然存在一些不足，比如虽然通过司法体系判决的案件数量正在上升，但行政处罚的案件数还是居高不下。另外，对侵权案件的惩罚力度还不够，构成刑事案件的"门槛"定得比较高。

四、出口退税政策

1994年税制改革以来，中国出口退税政策历经7次大幅调整。

1995年和1996年进行了第一次大幅出口退税政策调整，由原来的对出口产品实行零税率调整为3%、6%和9%三档。

1998年为促进出口进行了第二次调整，提高了部分出口产品退税率至5%、13%、15%、17%四档。

此后，外贸出口连续三年大幅度、超计划增长带来了财政拖欠退税款的问题。2004年1月1日起国家第三次调整出口退税率为5%、8%、11%、13%和17%五档。

2005年进行了第四次调整，中国分期分批调低和取消了部分"高耗能、高污染、资源性"产品的出口退税率，同时适当降低了纺织品等容易引起贸易摩擦的出口退税率，提高重大技术装备、IT产品、生物医药产品的出口退税率。

2007年7月1日执行了第五次调整的政策，调整共涉及2831项商品，约占海关税则中全部商品总数的37%。经过这次调整以后，出口退税率变成5%、9%、11%、13%和17%五档。

2008年8月1日第六次出口退税政策调整后，部分纺织品、服装的出口退税率由11%提高到13%；部分竹制品的出口退税率提高到11%。

第七次调整就是将从2008年11月1日实施的上调出口退税率政策。此次调整涉及3486项商品，约占海关税则中全部商品总数的25.8%。主要包括两个方面的内容：一是适当提高纺织品、服装、玩具等劳动密集型商品出口退税率。二是提高抗艾滋病药物等高技术含量、高附加值商品的出口退税率。届时，中国的出口退税率将分为 5%、9%、11%、13%、14% 和 17% 六档。

第八次调整从 2009 年 6 月 1 日起执行，电视用发送设备、缝纫机等商品的出口退税率提高到 17%；罐头、果汁、桑丝等农业深加工产品，电动齿轮泵、半挂车等机电产品，光学元件等仪器仪表，胰岛素制剂等药品，箱包，鞋帽，伞，毛发制品，玩具，家具等商品的出口退税率提高到 15%；部分塑料、陶瓷、玻璃制品，部分水产品，车削工具等商品的出口退税率提高到 13%；合金钢异性材等钢材、钢铁结构体等钢铁制品、剪刀等商品的出口退税率提高到 9%；玉米淀粉、酒精的出口退税率提高到 5%。

第七节　全球金融危机对中国进出口贸易的影响分析

一、全球金融危机对中国进出口贸易的影响

（一）全球金融危机对中国进出口贸易总体上的影响

表 9.15 显示了全球金融危机前后中国进出口贸易的总体情况。从出口来看，2008 年 8 月后同比增速有所下降，并从 2008 年 11 月开始出现了同比负增长；从进口来看，2008 年年底增速放缓，并也从 2008 年 11 月开始出现了同比负增长；从进出口总额来看，也是在 2008 年年底增速放缓，并从 2008 年 11 月开始出现了同比负增长；从进出口差额来看，则同比出现了较大的波动。

总之，全球金融危机对中国对外贸易的负面影响比较大，而对进出口差额的影响则不明显。

表9.15　中国进出口贸易总体上当月同比增速

单位:%

年份	出口	进口	进出口总额	进出口差额
2008 年 1 月	26.6	27.6	27.1	22.58
2008 年 2 月	6.5	35.1	18.4	-63.99
2008 年 3 月	30.6	24.6	27.8	95.12
2008 年 4 月	21.9	26.4	24	-1.06
2008 年 5 月	28.1	40	33.2	-10.07
2008 年 6 月	17.2	31	23.1	-21.96
2008 年 7 月	26.9	33.7	29.8	3.78
2008 年 8 月	21.1	23.1	22	14.90
2008 年 9 月	21.5	21.3	21.4	23.36
2008 年 10 月	19.2	15.6	17.6	30.27
2008 年 11 月	-2.2	-17.9	-9	52.54
2008 年 12 月	-2.8	-21.3	-11.1	71.82
2009 年 1 月	-17.5	-43.1	-29	100.91
2009 年 2 月	-25.7	-24.1	-24.9	-43.41
2009 年 3 月	-17.1	-25.1	-20.9	38.44
2009 年 4 月	-22.6	-23	-22.8	-21.20
2009 年 5 月	-26.4	-25.2	-25.9	-33.75

资料来源：根据中经网统计数据库数据整理。

（二）全球金融危机对中国各个商品类别进出口贸易的影响

表9.16和表9.17显示了全球金融危机前后中国各个商品类别进出口贸易的情况。

从出口来看，所有商品类别同比增速都出现下降，且除了非食用原料（燃料除外）商品出口仍保持累计同比正增长外，其余各类商品都或早或晚出现累计同比负增长。

从进口来看，所有商品类别同比增速都出现下降，且各类商品都或早或晚出现累计同比负增长。

表9.16　中国各个商品类别出口累计同比增速

单位:%

年份	0 类	1 类	2 类	3 类	4 类	5 类	6 类	7 类	8 类	9 类
2008 年 1 月	13.7	31.7	34.5	72.2	39.3	46.7	20.7	26.1	27.7	-44.1
2008 年 2 月	3.3	18.4	24.4	49.8	27.7	38.8	7.1	19.8	14	-33.8
2008 年 3 月	4.4	19.9	26.6	44.8	54.8	45.6	13.5	22.2	21.3	-24.5
2008 年 4 月	6.1	17	25.7	42.7	57.8	44.2	12.3	23.8	20	-32.3
2008 年 5 月	8.1	17	25.3	52.5	75.3	48.2	13.8	25.8	19.1	-36.1
2008 年 6 月	7.6	15.9	25	59.4	101.2	46.8	13.4	25.8	15.5	-30.4
2008 年 7 月	9	18.5	28.3	66.9	108.2	47.3	16.3	25.8	15	-29.3
2008 年 8 月	9.3	16.5	28.8	68.4	113.7	45.7	19.7	24.7	13.8	-30.2
2008 年 9 月	10.6	16	29.7	68.5	108.3	44.1	22.3	23.8	13.2	-28.7
2008 年 10 月	10.6	13.9	30	64.6	106.2	42.2	23.2	22.9	13.3	-27.1
2008 年 11 月	8.5	10.3	26.8	58.7	102	36.9	21	19.6	12.6	-24.7
2008 年 12 月	6.6	9.5	24.5	52	89.5	31.5	19	16.7	12.7	-21.2
2009 年 1 月	-12.8	1.1	-28.3	-25.6	-30.7	-30.3	-21.5	-22	-3	-0.1
2009 年 2 月	-14.1	2.5	-31.6	-25	-38.4	-27.5	-26.7	-21.8	-14.3	1.2
2009 年 3 月	-8.1	9.2	-32.5	-30.2	-41.4	-27.6	-25.6	-21	-10.5	-3.3
2009 年 4 月	-8	10.8	-33.1	-33.1	-43.7	-28.8	-27.7	-21.4	-10.9	-7.3
2009 年 5 月	-7.8	9.1	-33.5	-40	-48	-31	-30.3	-21.9	-11.9	-9.2

注：按照 SITC 分类：0 类——食品，1 类——饮料及烟类，2 类——非食用原料（燃料除外），3 类——矿物燃料、润滑油及有关原料，4 类——动植物油、脂及动植物蜡，5 类——化学成品及有关产品，6 类——按原料分类的制成品，7类——机械及运输设备，8 类——杂项制品，9 类——未分类的商品。
资料来源：根据中经网统计数据库数据整理。

表9.17　中国各个商品类别进口累计同比增速

单位:%

年份	0 类	1 类	2 类	3 类	4 类	5 类	6 类	7 类	8 类	9 类
2008 年 1 月	35.2	89.4	69	57.4	51.7	19.8	13.4	12.5	37.3	10.8
2008 年 2 月	33.3	65.8	75.8	70.8	86.3	19.4	15.2	13.9	38.9	75
2008 年 3 月	24.1	28	65.8	79.9	87.8	16	10	12.4	36.6	62.4
2008 年 4 月	21.7	20.9	63.5	72.2	98.6	16.5	8.3	13	36.5	105.3

续表

年份	0类	1类	2类	3类	4类	5类	6类	7类	8类	9类
2008 年 5 月	25.1	33.5	64.2	79.4	94.7	18.1	9.4	15.3	36.8	113.3
2008 年 6 月	25.2	41.2	62.9	82.1	91.8	19.7	8.3	15.6	34.2	99.6
2008 年 7 月	25.2	42.3	63	83.2	93.9	22.5	9.4	15.7	31.7	93.9
2008 年 8 月	25.4	40.7	60.2	86.6	77.6	20.6	8.6	14.7	27.7	85.8
2008 年 9 月	25.5	36.4	60.9	84.9	63.1	19.7	8.9	13.7	24.3	82.5
2008 年 10 月	25.4	34.3	57.2	82.2	54.1	18.9	9.1	13.2	21.2	85
2008 年 11 月	22.9	35.7	49.5	71.9	50	14.3	6.3	9.8	16.2	80.6
2008 年 12 月	22.2	37.1	41.8	61.2	42.8	10.8	4.2	7.1	11.6	79.3
2009 年 1 月	-23.2	-25.7	-47.7	-55.4	-64.3	-41.4	-42.8	-36.5	-50.4	12.9
2009 年 2 月	-11.2	-17.7	-38.6	-54.1	-59.3	-28.7	-30.1	-26.8	-40.5	-8.6
2009 年 3 月	-6.9	-20.8	-33.7	-53	-52	-24.8	-25.2	-23.7	-36.6	-16.6
2009 年 4 月	-4.9	0.8	-32.1	-49.9	-53.4	-23	-20.2	-22	-34.7	-38.8
2009 年 5 月	-5.8	-5.9	-31.8	-49	-50.2	-21.7	-17.1	-21.6	-33.6	-42.8

注：按照 SITC 分类：0 类——食品，1 类——饮料及烟类，2 类——非食用原料（燃料除外），3 类——矿物燃料、润滑油及有关原料，4 类——动植物油、脂及动植物蜡，5 类——化学成品及有关产品，6 类——按原料分类的制成品，7 类——机械及运输设备，8 类——杂项制品，9 类——未分类的商品。

资料来源：根据中经网统计数据库数据整理。

（三）全球金融危机对中国各个地区进出口贸易的影响

表9.18 显示了全球金融危机前后中国各个地区进出口总值累计同比增速的情况。可以看出，除海南外，全球金融危机造成了中国各个地区进出口贸易的下降；而且，除海南和四川外，中国各个地区进出口总值累计同比都出现了负增长。

表 9.18 中国各个地区进出口总值累计同比增速

单位：%

年份	2008年1月	2008年2月	2008年3月	2008年4月	2008年5月	2008年6月	2008年7月	2008年8月	2008年9月	2008年10月	2008年11月	2008年12月	2009年1月	2009年2月	2009年3月	2009年4月	2009年5月
北京	47.2	52.7	53.7	48.7	53.5	55.5	56	56.3	55.3	54.4	47.8	40.7	-41.9	-37.5	-35.6	-33.4	-34.8
天津	9	12.2	13.8	13.6	16.5	17.8	19.2	18.4	18.5	18.1	14.3	11.3	-36.9	-28.9	-28	-27.4	-28.5
河北	57.1	44.5	43.8	46.6	51	56	60.2	66	66.2	64.4	57.2	50.5	-19.9	-18.4	-15.5	-17.8	-20.8
山西	43.6	29.6	36.5	35.8	40.9	44.2	43.5	43.4	40.5	38.6	32.9	24.3	-38.7	-44.6	-51.2	-52.8	-54.8
内蒙古	11.7	22.9	11.9	11.5	11.2	9	13.5	26.4	27.7	26.7	21.1	15.5	-49.5	-48.2	-36.8	-32.8	-31
辽宁	30.2	19.4	25.8	22	20.7	23.5	24.8	27.2	29	28.2	25.1	21.8	-23.5	-18.6	-22.6	-23.6	-22.7
吉林	-7.2	23.9	24.8	21.7	39.8	43.6	43.4	44.6	39.5	37.3	31	29.5	-4.1	-18.5	-22.3	-24.9	-27.6
黑龙江	68.7	65.9	55.1	47.7	43.6	23.4	22.2	12.8	12	15.5	23.9	32.4	7.3	-8.1	-13.3	-11.3	-11.6
上海	24	19.1	20.2	22	23.7	23.2	23.3	21.6	20.6	19.8	16.5	13.9	-29.5	-28.1	-26.3	-26.3	-26.2
江苏	18.7	18.1	18.1	18.5	21.3	21.7	21.9	21	19.9	18.9	15.1	12.2	-32.2	-31.8	-27.9	-27	-26.9
浙江	31.5	17.2	25.5	24.9	26.1	27	27.1	26.3	25.7	24.9	21.6	19.4	-17.4	-23.5	-19.3	-19.4	-19.5
安徽	44.3	30.4	42.1	37	37.4	36.3	39.2	35	35.5	36.1	31.3	28.3	-29.7	-32	-30.3	-31.6	-33
福建	29.2	23.4	27.7	27.9	28	23.1	23.5	23.4	21.9	20.7	16.8	14	-15.9	-20.1	-19.2	-19.7	-19.5
江西	59.6	46.6	47.4	49.8	53.6	55.3	52.2	48.6	47.9	48.7	47.4	45.5	-10.8	-14.1	-10.7	-13	-17
山东	40.1	34.2	35.3	36.9	37.3	36.1	38	37.3	37.7	37	33.5	29.3	-25.3	-22.9	-20.3	-20.3	-19.9
河南	43.8	35	35.6	36.4	38.3	38.8	40.8	42.3	44.5	46.2	40.4	37.1	-30.9	-23.2	-22.9	-23.1	-25.8
湖北	58.4	38.9	50	50	52.8	51.4	48.5	46.6	49	48.4	43.1	38.3	-21.9	-21.2	-21	-23.4	-23.7

续表

年份	2008年1月	2008年2月	2008年3月	2008年4月	2008年5月	2008年6月	2008年7月	2008年8月	2008年9月	2008年10月	2008年11月	2008年12月	2009年1月	2009年2月	2009年3月	2009年4月	2009年5月
湖南	41.9	34.4	33	29.9	33.6	29.8	32.8	32.6	34.5	34.9	31.7	29.7	-26.8	-24	-24.4	-25.6	-26.4
广东	18.3	14.1	14.3	14.1	15.1	13.3	14	13.4	13.3	12.6	10	7.7	-31.1	-25.9	-23.1	-21.7	-21.8
广西	92	75.8	77.3	71.3	68.9	63.3	63.7	64	64	59.4	52.4	43.4	-29.2	-15.8	-19.7	-19.5	-17.3
海南	11.4	2.1	16.4	18	17.6	14.8	22.5	37.3	39.4	37.3	32.7	28.7	107.3	100.1	64.5	50.3	37.8
重庆	36.9	50.9	49.6	45.6	47.7	43.9	45	43.1	39.8	37.2	33.3	28	-32	-34.9	-32.2	-30.2	-31.8
四川	57.2	52.8	59.7	67	62.2	57.6	58.4	57.4	56.8	58.9	56.1	53.3	-7.4	2.5	15.1	9.3	8.9
贵州	73.6	58.1	67.8	65.3	79.3	82.1	81	77.9	78.9	69.4	59.4	48.4	-40.4	-10.3	-7.9	-15.5	-25.8
云南	80.4	53.1	45.1	33.2	34.7	31.4	32.9	29.7	27.8	22.6	14.4	9.2	-57.6	-48.8	-49	-47.7	-47.2
西藏	34.4	43.2	31.9	17	4.9	2	4.1	17.3	24.2	32	54.4	94.5	-13.4	-12.1	-19.1	24.6	29.6
陕西	8.3	5.6	9.5	17	18.5	18.9	19.5	23	23.3	24.5	21.9	21.5	-14.1	-6.2	-2.8	-4.5	-1.4
甘肃	33.9	22.4	22.1	28.3	32.9	14.7	20.4	16.7	18.4	18.2	15.7	10.2	-44.8	-45.4	-51.7	-51.3	-56
青海	-39.8	-13.5	-6.8	-20.2	-13.5	-1.1	11.8	18.2	9.7	10.9	8.7	12.5	18.6	-4.3	-12.7	-13.2	-0.2
宁夏	23.6	16.3	23	25.4	30.8	29.2	34.9	36.3	35.3	34.3	24.8	18.8	-33.6	-33.4	-45.7	-46	-48.1
新疆	115.6	75.7	90.4	91.8	95.2	92.1	95.9	85.2	77.8	73.9	66.7	62	-22.9	-20.4	-21.8	-28.4	-34

资料来源：根据中经网统计数据库数据整理。

（四）全球金融危机对中国与各个贸易对象地区进出口贸易的影响

表 9.19 显示了全球金融危机前后中国与各个贸易对象地区进出口总值累计同比增速的情况。可以看出，全球金融危机后，中国与各个贸易对象地区进出口总值累计同比增速都出现了下降，而且累计同比先后都出现了负增长。

表 9.19　中国与各个贸易对象地区进出口总值累计同比增速

单位:%

	亚洲	非洲	欧洲	北美洲	拉丁美洲	大洋洲	欧盟	东盟
2008 年 1 月	25.1	63.7	31.7	35.3	53.5	39.3	30.1	30
2008 年 2 月	22.7	61.4	21.9	38.6	49.7	34.4	19.9	25.3
2008 年 3 月	22.8	72.3	26.8	26.3	51.3	33.4	24.7	26.2
2008 年 4 月	22.3	67.7	27.6	25.1	47.2	35	25.4	26.2
2008 年 5 月	24	67.3	29.8	26.2	49.8	36.4	27.9	26.9
2008 年 6 月	23.6	65.6	28.6	24.6	49.7	36.3	27.7	25.2
2008 年 7 月	24.7	60.1	28.6	24.3	50.4	39.6	27.9	25.8
2008 年 8 月	24	61.3	27	22.4	49.2	40.8	26.9	24.6
2008 年 9 月	23.2	58.4	25.9	22.3	51.7	42.4	25.9	22.9
2008 年 10 月	22.2	57.6	24.9	21.2	50.9	41.9	25	21.6
2008 年 11 月	18.3	51.4	22	18.6	44.4	38.1	22	17.8
2008 年 12 月	14.9	45.1	19.5	17.2	39.7	33.3	19.5	13.9
2009 年 1 月	-35.7	-29.4	-20.9	-30.5	-34.7	-25	-18.7	-36.6
2009 年 2 月	-30.4	-35.1	-22.7	-21.2	-37.4	-17	-20.2	-32.2
2009 年 3 月	-27.6	-34.2	-22.4	-18.3	-31.5	-11.3	-19.8	-28.5
2009 年 4 月	-26.5	-31.9	-23.5	-17.6	-28.1	-10.3	-21	-27.1
2009 年 5 月	-26.6	-32.8	-24.1	-17.1	-28.6	-9.9	-22.1	-25.9

资料来源：根据中经网统计数据库数据整理。

二、中国的应对策略

第一，中国致力于推动应对危机的国际合作。体现在积极参与和开展多边外交，协调与新兴国家及发展中国家立场，密切同主要发达国家对话沟通，在切实维护自身根本利益的基础上，努力提高国际社会应对危机的效率与经济合作的水平。危机之初，中国领导人在华盛顿二十国集团首次金融峰会上呼吁，世界各国应增强信心、加强协调、密切合作；2009年年初，中国领导人又展开了举世瞩目的"正月外交"，与受访国就加强双边经贸往来、深化互利合作达成许多共识；在伦敦二十国集团第二次金融峰会上，中国再次提出包括进一步"加强合作"、"推进改革"和"反对保护主义"在内的五项主张；在随后的博鳌亚洲论坛上又提出包括深化经济合作、坚持开放政策和共同应对挑战等五项倡议。在十分困难的条件下，中国仍然派出采购团、投资团赴主要贸易伙伴国，展现了维护全球贸易投资自由化的决心与责任，这与一些国家任由贸易保护主义抬头形成了鲜明对比。

第二，完善出口退税政策。自2008年8月以来，3次提高出口退税率，缓解了出口企业的困难。

第三，维持人民币兑美元汇率的基本稳定。尽管很多与中国类似的出口导向型国家出现了汇率大幅贬值的情况，但为了避免出现竞争性贬值，中国作为一个负责任的大国，仍然采取了保持人民币汇率稳定的政策。目前人民币兑美元汇率基本稳定在1美元兑换6.83元人民币左右。

此外，还应改善出口企业的融资环境，帮助出口企业开拓国内市场，维持出口企业的生存，等等。

第八节　贸易发展评价

一、贸易发展成就

国际贸易发展迅速，世界排名靠前。2008年中国外贸排名世界第三、出口第二、进口第三、顺差第一。2008年进出口总额排名前五位的国家依次是：美国 34670 亿美元、德国 26710 亿美元、中国 25616 亿美元、日本 15440 亿美元、法国 13170 亿美元。中国与排名第二的德国相差 1094 亿美元，比上年减少 1028 亿美元。2008 年出口排名前五位的国家依次是：德国 14650 亿美元、中国 14285 亿美元、美国 13010 亿美元、日本 7820 亿美元、荷兰 6340 亿美元。中国与排名第一的德国相差 365 亿美元，比上年减少 725 亿美元。2008 年进口排名前五位的国家依次是：美国 21660 亿美元、德国 12060 亿美元、中国 11331 亿美元、日本 7620 亿美元、法国 7080 亿美元。中国与排名第二的德国相差 729 亿美元，比上年减少 271 亿美元。2008 年顺差排名前五位的国家依次是：中国 2955 亿美元、德国 2590 亿美元、沙特 2187 亿美元、俄罗斯 1800 亿美元、挪威 735 亿美元。中国从上年的第二位跃居第一位，比排名第二的德国高出 365 亿美元。

进出口贸易结构不断优化。2001 年至 2008 年，中国进口的初级产品所占比重不断上升，而中国出口的初级产品所占比重不断下降，工业制成品所占比重上升，特别是机械及运输设备出口上升较快。从中国出口国别（地区）结构来看，亚洲是中国出口的第一大目的地，但是，中国出口亚洲商品所占比重有所下降；中国出口非洲、欧洲、拉丁美洲和大洋洲的商品比重有所上升，中国出口到日本和中国香港的商品比重有所下降，出口到东盟和欧盟的商品比重有所上升。从中国进口国别（地区）结构来看，亚洲是中国进口的第一大来源地，中国进口的非洲、拉丁美洲和大洋洲的商品比重有所上升，而中国进口的欧洲和北美洲的商品比重有所下降；中国进口的日本和中国香港的商品比重有所下降，中国进口的欧盟的商品比重也有所下降。与排名前列的贸易伙伴特别是美国之间的贸易额在中国全部对外贸易额中所占比重呈下降趋势，而与排名稍微靠后的贸易伙伴之间的贸易额在中国全部对外贸易额中所占比重则呈上升趋势。从各地区出口占全国出口的比重来看，出口比重趋于下降的地区有天津、辽宁、吉林、上海、江苏、浙江、广东等沿海省市，趋于上升的地区有江西、新疆等内地省区。从各地区进口占全国出口的比重来看，进口比重趋于下降的地区有辽宁、广东等省份，趋于上升的地区有江苏、浙江、江西等省份。从贸易方式来看，一般贸易持续增长，其在贸易总额中所占的比重也有所上升，加工贸易等略有下降。

包括《对外贸易法》在内的各种法律法规不断完善，有利于规范进出口行为，保证中国对外贸易持续稳定地发展。

相关政策的使用比较妥当。采取了对人民币缓慢升值的政策，保证了中国对外贸易的稳定增长；出口退税政策的使用，减轻了金融危机对中国商品出口的巨大冲击。

二、贸易发展中的不足

出口产品结构的低端特性，使中国出口面临日益严重的技术性贸易壁垒的制约，因而结构升级是中国出口可持续发展的根本突破口。但是，中国出口产品升级既面临企业自主创新能力低下的制约，又面临发达国家企业与政府利用知识产权的双重制约。另外，中国的出口还受到贸易伙伴国内知识产权法律的限制，中国已经成为美国超级 301 调查和 337 调查最多的国家。

中国对外贸易虽然发展很快，但是出口贸易增长对外商投资企业依赖严重。2001 年外资企业进口所占比重为 51.7%，出口所占比重为 50.1%。2004 年外资企业进口所占比重为 57.8%，出口所占比重为 58.7%。2005 年外资企业进口所占比重为 57.8%，出口所占比重为 58.3%。2006 年外资企业进口所占比重为 59.7%，出口所占比重为 58.18%。2007 年外资企业进口所占比重为 58.53%，出口所占比重为 57.1%。2008 年外资企业进口所占比重为 54.71%，出口所占比重为 55.34%。2009 年第一季度外资企业进口所占比重为 54.69%，出口所占比重为 55.41%。

贸易平衡的压力较大。由于外汇收支仍然保持经常项目和资本项目双顺差的格局，中国的外汇储备继续大幅增加。中国贸易顺差持续扩大的根本原因在于国际产业转移所形成的"美欧消费、亚洲加工"的全球贸易格局，短期内迅速调整、实现贸易平衡的难度很大。

外商投资企业大量出口给中国带来的只是劳动者的报酬加上一些原材料费用，留下的还有环境污染，中国实际得到的贸易利益或收益十分有限。

由于自主品牌的缺失，中国在对外贸易中的获益较少。

本章参考文献

1.《世界贸易组织动态与研究》编辑部：《WTO 首次审议中国贸易政策》，《世界贸易组织动态与研究》2006 年第 6 期。

2.《世界贸易组织动态与研究》编辑部：《WTO 对中国进行第 2 次贸易政策评审》，《世界贸易组织动态与研究》2008 年第 6 期。

3. 杨小勋：《新时期我国外贸政策取向分析》，《西北工业大学学报（社会科学版）》2007 年第 1 期。

4. 袁欣、宁静：《中国对外贸易管理体制的演化路径分析》，《广东外语外贸大学学报》2008 年第 6 期。

5.《中华人民共和国对外贸易法》（1994 年 5 月 12 日第八届全国人民代表大会常务委员会第七次会议通过，2004 年 4 月 6 日第十届全国人民代表大会常务委员会第八次会议修订）。

下　篇

共和国对外贸易 60 年专题

第十章
中国国际服务
贸易 60 年

第一节　1949 ~ 1978 年的中国服务贸易

新中国成立初期，中国的产业结构十分简单，工业生产水平十分低下。1949 年，中国社会总产值中农业产值的比重达到了 58.5%，整个工农业总产值中农业的比重达到了 70%。随着经济的发展、生产的扩大，中国的产业结构也发生了相应的变化。中国以当年价计算的社会总产值由 1949 年的 557 亿元增至 1977 年的 6003 亿元，增加了近 10 倍，年均增长率为 8.86%。30 年间，农业总产值在社会总产值中的平均比重约为 32.5%，工业约为 48.9%，建筑业约为 7.6%，运输业约为 3.3%，商业则约为 8.5%。经过近 30 年的演变，农业总产值在社会总产值中的比重降至 1977 年的 20.87%，年均下降 3.62%；工业和建筑业的比重在上升，分别上升至 1977 年的 62.05% 和 7.7%，年均上升率分别为 3.28% 和 8.83%；运输业的比重基本未发生变化，1977 年为 2.98%；商业的比重在下降，1977 年为 6.4%，年均下降 2.28%。由此可见，在 1949 ~ 1978 年中，农业比重下降较多，工业比重上升较快，第三产业服务业的发展较为滞后，在国民经济中的比重由 1949 年的 19.6% 下降至 1977 年的 17.08%。

1949～1978 年中国处于封闭发展计划经济时期，对外贸易以货物贸易为主，服务贸易发展十分缓慢，行业规模和领域也很小。究其原因，主要是这一时期中国经济发展承接苏联模式，重视工业发展，忽视服务业的扶持与发展。同时，这一时期的经济指导思想深受"服务不创造价值、只参与价值分配"的理论所影响，使服务业成为人们眼中的"享受产业"而受到轻视，主要的服务业发展重点只在生产和基本生活领域，消费型的服务业和创新型的服务业发展极其缓慢和微小，由此严重制约了服务贸易的成长，主要的服务贸易只局限在运输服务贸易、旅游服务贸易、技术服务贸易以及少部分的金融服务贸易和教育服务贸易领域。主要的服务贸易对象国为苏联和东欧社会主义国家，对于其他国家则以转口贸易、加工贸易等货物贸易为主，服务贸易规模几乎可以忽略不计。而且，这一时期的服务贸易统计没有建立，除少数几个行业，如货运、旅游、银行有不完整的统计外，其他行业的服务贸易统计处于空白状态。因此，对于 1949～1978 年中国服务贸易发展，只能根据不完整的数据做相关行业贸易分析。

一、运输服务贸易

1949～1959 年，由于对苏联和东欧国家的贸易占中国对外贸易的主要地位，因此铁路运输成为当时我国进出口货物的主要运输方式。在这段时期中，国际铁路货运量平均占我国进出口货运总量的 45% 以上，最高年份为 1952 年，达到 56%。1951 年 4 月，中国与苏联缔结了中苏铁路货物联运协定。1954 年 1 月，参加了包括苏、朝、蒙、越、捷、波、匈、罗、保、民主德国、阿尔巴尼亚等十二国国际铁路货物联运协定，实行进出口货物一票直达的国际货物铁路联运。

1960～1966 年，中国对外进出口货运量仍逐年增长，1966 年达到 3487 万吨，为 1950 年 634 万吨的 5.5 倍。其中海运 2653 万吨，为 1950 年 391 万吨的 6.8 倍。在海运方面，1961 年 4 月，中国远洋运输公司（简称"中远公司")成立,国轮船队虽有发展,但运力较小,海运任务主要由租轮承担。租船的货运量占中国派船货运量的 70% 左右。到 1977 年,国轮承运外贸货运量已占中国派船货运总量的 83%,租轮只占 11.7%,外国班轮占 3.3%,合营船占 2.0%。

在国际陆运服务贸易方面,由于对苏联和东欧国家贸易锐减,进出口铁路货运量由 20 世纪 50 年代平均占进出口货运总量 45% 以上,下降到 28% 左右,而其中对朝鲜、越南的运输量占较大比重。此外,在 20 世纪 60 年代初,外贸部门建立了汽车队,作为外贸物资国内短途运输的工具。当时外贸部门在全国 24 个省、市、自治区已共拥有 4400 多辆卡车的短途运输队伍,为外贸出口货物的收购和发运做了大量的工作,起到了重要的作用。

1966~1976 年是"文化大革命"时期。从 1967 年开始,外贸进出口货运量连续五年下降,到 1971 年只有 3230 万吨,低于 1966 年水平。1969 年的货运量是 2600 万吨,仅相当于 1963 年水平。1972 年货运量开始回升,到了 1975 年外贸进出口货运量已增加到 5200 万吨,比 1962 年增长了近 50%。

在航空运输贸易方面,从 1976 年开始,组织了鲜活商品航空运输。1978 年,大批租赁包机专程空运外贸进出口货物。1978 年以来,随着中国对外贸易和民航事业的发展,外贸进出口航空货物运输有了较大发展。由北京、上海、天津、沈阳、大连、青岛、广州、昆明、南宁和乌鲁木齐等十个国际航空站所在地的外运分公司承担了各地外贸进出口货物航空货运工作。在管道运输贸易方面,1975 年 12 月,中朝友谊输油管道建成,把我国丹东至朝鲜新义州连接起来,使石油从丹东通过油管源源输送过境。

从 1977 年开始,为了满足外贸发展的需要,外运公司首先引进了国外先进的国际运输组织技术和运输工具,开展了陆海、陆空联运,多式联运,大陆桥和小陆桥运输等多种形式的运输;发展了采用滚装船承运车辆和扩大集装箱运输的运输方式;组建了拥有约百万吨自营船舶的船公司;

开办了航空货运代理和船务代理业务；筹建了数十家包括空运、码头、仓库、集装箱租赁和制造、船舶经营和船务代理，以及消防器材、包装供应等方面的国内外合营企业。

二、技术贸易

中国在 1949～1978 年中引进工作的基本特点是以引进大型先进技术设备为主。引进工作基本上由中央各部委直接组织，对外工作则由中国技术进口总公司负责。据统计资料反映，这一时期签订的技术与设备引进合同金额累计共达 129 亿美元（其中成套设备项目总额为 120 亿美元，约占 93%）。

20 世纪 50 年代，新中国刚刚成立，由于西方各国对我采取敌对态度，经济上实行封锁禁运，当时为尽快恢复经济，中国接受了来自苏联和东欧各国的经济技术援助，通过政府间签约，由援助国提供贷款、设计、技术、设备和专家为我国兴建新企业或改造老企业，在这阶段，引进了156 个大型成套项目，用汇约 27 万美元。同时，也派出了大量的人员赴苏联和东欧各国学习和培训，造就了一大批技术骨干，为中国工业化奠定了基础。

20 世纪 60 年代，由于苏中关系恶化，苏联停止对中国提供技术和设备援助。自 1963 年起，转向日本、西欧各国引进技术和设备，引进的重点是冶金、化纤、石油、纺织、化工、机械等行业。这一阶段虽然引进规模不大，但引进了不少急需的先进技术，填补了一些技术上的空白，提高了工业生产能力。

1973～1977 年，我国扩大了从美国、联邦德国、法国、日本和英国等国家技术引进的规模，这一时期共引进项目 222 项，用汇约 43 亿美元，其中主要是成套设备（占用汇总额的 90% 以上）。这些项目的建成，提高了我国的生产能力和改善人民的生活水平，加快了中国经济发展的步伐。

三、金融服务贸易

1949～1978年，中国从事对外金融贸易的主要机构是人民银行领导下的各大银行。1952年，新中国已经形成了以新成立的证券交易所为核心、票据市场和外汇市场并存的市场结构。

从具体对外金融服务贸易业务上看，在外汇汇兑及结算方面，中华人民共和国成立后政府接管了旧中国的金融机构，将私营银行、钱庄改组成公私合营银行，并指定中国银行为外汇专业银行，加强金融市场的管理；取缔了外商银行在中国的金融垄断特权，清理了外商银行，外汇由国家集中管理、统一经营；宣布人民币为唯一合法的货币，规定人民币同其他货币的比价，限期兑换。人民币不准带出境外，外币和外国资本不准自由流入境内。任何单位、个人之间不得私自买卖外汇，不得私自将国内资金、财产或权益转到国外；除经批准者外，一切外汇收入必须交售给中国银行；需用时，按国家批准的计划和规定向中国银行申请购买。1968年以前，我国对外贸易只能使用外国货币结算。从1968年开始，对中国香港、中国澳门的贸易试用人民币计价结算，1970年逐步扩大到英、法、瑞士、联邦德国等国家。

在国内外资金融通方面，中国的银行长期以来没有发挥应有的作用。直至20世纪60年代末，才开始扩大与外国银行间的相互存款业务，并利用银行的外汇资金贷款给国内一些企业，进口必要的关键设备。例如，中国银行将自己的外汇资金贷款给交通部门，向国外购买货轮，建立了一支远洋运输船队。但是，1966～1976年"文化大革命"期间对外金融业务受到了较大限制。

四、旅游服务贸易

中国国际旅游服务贸易起步较晚，开始于20世纪50年代中期。1954年4月15日中国国际旅行社正式成立，并在上海等14个城市建立分社，当时的业务范围只是在苏联、东欧和蒙古人民共和国间办理自费旅游业务。1964 年 7 月 22 日中国旅行游览事业管理局正式成立，标志着中国国际旅游贸易开始进入正常发展的轨道。

1949～1978 年间的旅游接待即入境旅游在性质上未作为经济事业看待，而作为外事工作的一部分。其主要特点是：第一，接待对象局限在外国友好团体及其成员和华侨、港澳同胞，其他类型游客受到限制。旅游接待规模很小，最高年份也不过接待外国游客 5 万多人。第二，旅游接待不计成本，各接待单位多为事业性质，接待的目的不是为了经营，而是作为政治任务来完成。第三，旅游主管部门与旅游接待单位合为一体。因此，这个时期只能说是我国旅游业的初始时期。

该阶段中国旅游业大体上可以分为三个发展时期：（1）1954 年以前，当时的旅游机构主要是为华侨回国探亲、访友、参观、旅游提供服务。（2）1954 年中国国际旅行社成立后，开始接待当时苏联和东欧各国的自费旅游者。（3）1964 年中国旅行游览事业管理局成立，中国的旅游事业开始进入了一个新的历史阶段，来自西方国家的旅游者逐年增加，1965 年接待了 12877 名国际入境旅游者。

五、教育服务贸易

新中国建立后的教育服务贸易主要与苏联和东欧社会主义国家展开，与中国历史上历次留学运动不同的是，新中国派遣留学生计划与国家工业建设计划密切结合。1949 年年初七届二中全会决议中指出："在革命胜利以后，迅速恢复和发展生产，对付国外的帝国主义，使中国稳步地由农业国转变为工业国，由新民主主义国家转变为社会主义国家。"

在 20 世纪 50～60 年代中国共计派出留学生 18000 人。从 1950 年到 1952 年，中国先后与苏联和东欧各国达成了交换留学生协议并陆续开始执行。由中国教育部门派出的留学生，1950 年 35 名，1951 年 381 名，1952 年 231 名，1953 年 675 名，1954 年 1518 名，1955 年 2093 名，1956 年 2401 名。1957～1960 年每年减少至 400～500 名。60 年代初中苏关系紧张后，派出人数进一步减少，1964 年以后基本停止向苏联派遣，改向西方各国。据教育部统计，1950～1963 年间总共派出留学生 9594 人，主要分布于苏联（8357 人）、东欧（共 925 人，其中，德意志民主共和国 273 人、捷克斯洛伐克 238 人、波兰 160 人、匈牙利 88 人、罗马尼亚 75 人、保加利亚 68 人、阿尔巴尼亚 23 人、西欧和亚洲各国 17 人）等国家和地区。

除前述教育部门派出的以外，还有 20 世纪 50 年代军委系统派出的军事留学生 800 人，共青团中央派出 138 人。为执行各项苏联、东欧援建计划，"一五"期间由工业部门独立派出 7820 人去苏联、东欧工厂、矿山对口实习工艺技术和管理，其中管理人员 609 人、工程技术人员 4876 人、工人 2291 人、其他 44 人。

1971 年 10 月中国恢复了在联合国的席位，打开了与西方各国经济技术交流的大门，为开展教育服务贸易创造了有利条件。为学习和吸收国外先进科学技术、经营管理经验及其他有益的文化，向世界开放，加速培养人才打下了坚实的基础。

第二节 1978～2009 年的中国国际服务贸易

在长期计划经济时代，中国经济发展的原则是以农业为基础，以工业为主导，因此服务贸易一直是处于非常落后的状态。改革开放以来，中国服务业有了较快的发展，服务业对中国国内生产总值累计增长的贡献为 33%，由此也带动了服务贸易的迅速发展。

一、1978～2009 年中国服务贸易发展概况

随着经济全球化的深入，服务贸易已经成为世界贸易发展的新引擎。1982 至 2007 年间，世界服务贸易出口额从 3650 亿美元扩大到 2.71 万亿美元，26 年间增长了 6.42 倍；1982 至 2007 年，中国跨境服务贸易进出

口总额从43.4亿美元增长到1570.8亿美元，26年间增长了35.5倍，其中，服务贸易出口增长近29倍。

（一）1978～2009年中国服务贸易额

如表10.1所示，1982～2007年中国服务贸易进出口，随着中国对外改革开放的深化，服务市场的对外开放范围和程度不断扩大。在1982～2007年间，服务贸易进出口总额以年均12.22%的速度飞快增长，高于同期世界平均的年增长速度。同时，随着引进外资、引进技术和货物贸易的发展，服务贸易的领域越来越宽，相关的货物追加服务（如运输、国际结算）、通信、金融、保险、技术服务、咨询、人员培训等服务贸易也迅速发展。

进入20世纪90年代以来，中国的服务业有了长足的发展。据国家统计局数据显示，1990年中国第三产业产值为5813.50亿元人民币，1995年达到17947.20亿元人民币，1999年则高达27037.70亿元人民币。1990年中国服务贸易进出口总额为102.07亿美元，1995年增至443.53亿美元，1999年高达550.66亿美元，10年间中国服务贸易的平均增长率高于国民经济的增长率，也高于国内服务业的增长率。服务贸易的迅速发展对国内服务业的发展起到了重要的推动作用，第三产业的从业人数也有了大幅度增长，为中国服务业与国际接轨，进而为发展国际服务贸易做了铺垫。

2001年12月11日，中国加入WTO，为中国服务贸易发展创造了良好的国际市场环境，服务贸易进出口额以及增长速度持续上升。据WTO统计资料显示，1999年和2007年相比，中国的服务贸易出口额由262亿美元增加到1216亿美元，占世界服务出口总额的比重由1.9%增加到3.7%，成为世界上第七大服务贸易出口国；同时，进口由310亿美元增加到1293亿美元，占世界进口总额的比重由2.2%增加到4.2%（见表10.1），成为世界第五大服务进口国。

表10.1　1982～2007年中国服务贸易进出口情况

单位：亿美元

年份	中国出口额	中国出口占世界比重（%）	世界出口额	中国进口额	中国进口占世界比重（%）	世界进口额	中国进出口额	中国进出口占世界比重（%）	世界进出口额
1982	25	0.7	3646	19	0.5	4028	44	0.6	7674
1983	25	0.7	3543	18	0.5	3829	43	0.6	7372
1984	28	0.8	3656	26	0.7	3963	54	0.7	7619
1985	29	0.8	3816	23	0.6	4011	52	0.7	7827
1986	36	0.8	4478	20	0.4	4580	56	0.6	9058
1987	42	0.8	5314	23	0.4	5439	65	0.6	10753
1988	47	0.8	6003	33	0.5	6257	80	0.7	12260
1989	45	0.7	6566	36	0.5	6855	81	0.6	13421
1990	57	0.7	7805	41	0.5	8206	98	0.6	16011
1991	69	0.8	8244	39	0.5	8510	108	0.6	16754
1992	91	1.0	9238	92	1.0	9471	183	1.0	18709
1993	110	1.2	9413	116	1.2	9596	226	1.2	19009
1994	164	1.6	10332	158	1.5	10438	322	1.6	20770
1995	184	1.6	11849	246	2.0	12015	430	1.8	23864
1996	206	1.6	12710	224	1.8	12697	430	1.7	25407
1997	245	1.9	13203	277	2.1	13056	522	2.0	26259
1998	239	1.8	13503	265	2.0	13350	504	1.9	26853
1999	262	1.9	14056	310	2.2	13883	572	2.0	27939
2000	301	2.0	14922	359	2.4	14796	660	2.2	29718
2001	329	2.2	14945	390	2.6	14941	719	2.4	29886
2002	394	2.5	16014	461	2.9	15793	855	2.7	31807
2003	464	2.5	18340	549	3.0	18023	1013	2.8	36363
2004	621	2.8	21795	716	3.4	21328	1337	3.1	43123
2005	739	3.1	24147	832	3.5	23613	1571	3.3	47760
2006	914	3.4	27108	1003	3.8	26196	1917	3.6	53304
2007	1216	3.7	32572	1293	4.2	30591	2509	4.0	63163

资料来源：WTO国际贸易统计数据库以及历年中国国际收支平衡表。

（二）中国服务贸易主要对象

2007年，我国实现服务贸易进出口总额2509.1亿美元，比上年增长30.9%；其中出口1216.5亿美元，增长33.1%；进口1292.6亿美元，增长28.8%。服务贸易逆差76.1亿美元，比上年下降17.1%。我国对中国香港地区、美国、欧盟、日本和东盟等主要贸易伙伴的服务贸易进出口均实现增长。

其中，中国香港地区、美国、欧盟、日本和东盟为我国前五大服务贸易伙伴，如图10.1所示，2007年我国与五大贸易伙伴实现服务贸易进出口额1695.6亿美元，占我国服务贸易进出口总额的66.8%。其中中国香港地区位居第一，进出口总额为515.3亿美元，占有20.5%的份额。

单位：亿美元

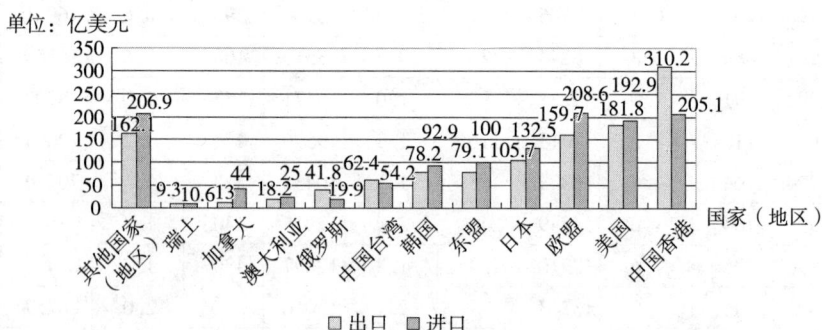

图10.1　2007年中国与主要国家（地区）服务贸易进出口情况

如图10.2、图10.3所示，2007年，我国对中国香港地区服务贸易出口310.2亿美元，占服务贸易出口总额的25.5%，为我国服务贸易第一大出口市场。美国、欧盟和日本位居中国香港地区之后，我国对其服务贸易出口分别占有14.9%、13.1%和8.7%的份额。

欧盟、中国香港地区、美国和日本为我国服务贸易前四大进口来源地。2007年我国从上述四地进口的服务贸易额均超百亿美元，占服务贸易进口总额的比重分别为16.1%、15.9%、14.9%和10.3%。

2007年，我国对中国香港地区服务贸易顺差最大，为105.1亿美元，

单位：%

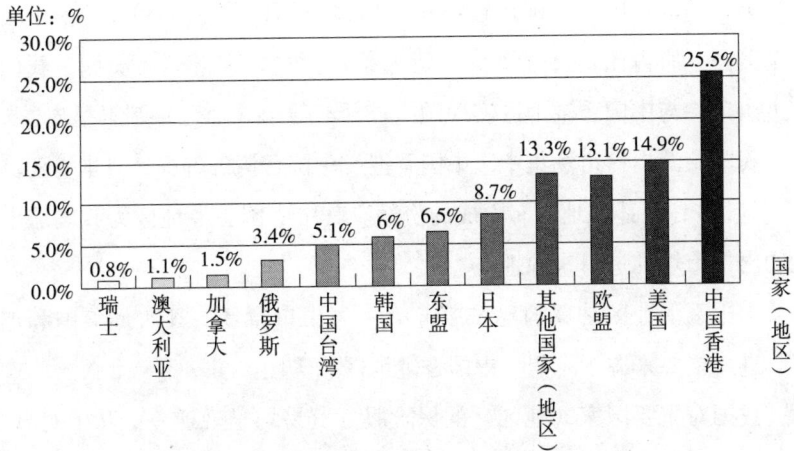

图 10.2　2007 年中国服务贸易出口目的地结构

单位：%

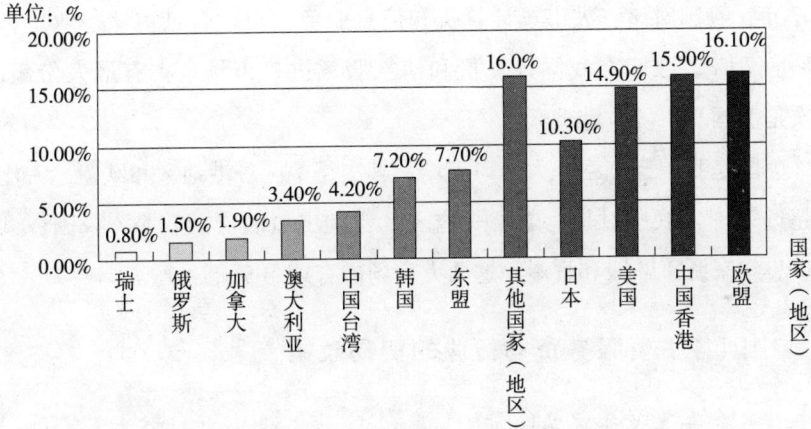

图 10.3　2007 年中国服务贸易来源地结构

远高于其他国家（地区）。逆差最大的地区是欧盟，加拿大和日本位居其后。我国对欧盟、加拿大、日本和东盟的服务贸易逆差额分别为 48.9 亿美元、31 亿美元、26.8 亿美元和 20.9 亿美元；对美国服务贸易逆差也超过 10 亿美元。

中国香港地区为我国运输第一大出口市场，约占有 30% 的份额；其次是美国，所占比重接近 20%。运输第一大进口来源地为美国。我国运输进出口除与中国香港地区实现顺差外，与他国（地区）基本呈现逆差。

我国旅游出口市场集中于中国香港、中国台湾、韩国、日本等亚洲国家（地区），上述四地占有六成的份额。其中中国香港地区为我国旅游最大的出口市场和进口来源地。

中国香港地区是我国建筑服务第一大出口市场，其次是美国和加拿大。进口主要来源于东盟、中国香港地区和美国。

我国对主要国家（地区）的保险服务贸易均呈现逆差。其中对日本、欧盟、东盟、韩国的逆差额较大，均在 10 亿美元以上；对美国逆差超过 7 亿美元。

美国为我国计算机和信息服务最大的出口市场，其次是东盟和欧盟。2007 年，我国对该三大市场计算机和信息服务出口额合计占该行业出口总额的 70%。欧盟在我国计算机和信息服务进口市场中占有最大份额，其次是美国和中国香港地区。

美国是我国咨询第一大出口市场，其次是中国香港地区和欧盟，占比均超过 20%。我国对其他国家（地区）咨询出口的份额较小。我国咨询进口集中来源于欧盟和日本，这两大市场占有近 50% 的份额。

二、中国各主要服务贸易行业的贸易政策

（一）法律服务贸易政策

2002 年 1 月 1 日施行的《外国律师事务所驻华代表机构管理条例》（国务院第 338 号令，2001 年 12 月 22 日公布，以下简称《条例》）是目前规范外国律师事务所驻华代表机构的主要国内法规。《条例》以及《司法部关于执行〈外国律师事务所驻华代表机构管理条例〉的规定》对外国律师事务所驻华代表机构的设立、变更、注销，代表的派驻，代表机构的业务范围和规则，代表处的监督管理以及法律责任等事项做出了明确

规定。

此外，根据《条例》的授权，司法部于 2002 年颁布了《香港、澳门特别行政区律师事务所驻内地代表机构管理办法》，专门就香港、澳门律师事务所在内地设立代表机构，开展法律服务活动的相关事项做出了规定。

根据国务院批准的《内地与香港关于建立更紧密经贸关系的安排》和《内地与澳门关于建立更紧密经贸关系的安排》（以下简称 CEPA），以及此后 4 个 CEPA 的《补充协议》，内地向香港、澳门进一步扩大法律服务领域的开放。为落实 CEPA，司法部于 2003 年颁布了《香港特别行政区和澳门特别行政区律师事务所与内地律师事务所联营管理办法》、《取得内地法律职业资格的香港特别行政区和澳门特别行政区居民在内地从事律师职业管理办法》、《香港法律执业者和澳门法律执业律师受聘于内地律师事务所担任法律顾问管理办法》等行政规章。根据 CEPA 及上述行政规章的规定：（1）在内地设立代表机构的香港、澳门律师事务所（行）可以与内地律师事务所联营，但联营组织不得以合伙形式运作，联营组织的香港、澳门律师不得办理内地法律事务；（2）内地律师事务所可以聘用香港法律执业者和澳门执业律师担任法律顾问，被内地律师事务所聘用的香港法律执业者和澳门执业律师不得办理内地法律事务；（3）香港特别行政区和澳门特别行政区永久性居民中的中国公民可以按照《国家司法考试实施办法》参加内地统一司法考试，取得内地法律职业资格，并在内地律师事务所从事非诉讼法律事务及涉港、澳婚姻、继承案件的代理活动；（4）香港大律师和澳门律师可以公民身份担任内地民事诉讼的代理人。

（二）教育服务贸易政策

《中华人民共和国教育法》第六十七条规定："教育对外交流与合作坚持独立自主、平等互利、相互尊重的原则，不得违反中国法律，不得损害国家主权、安全和社会公共利益。"

在中国加入 WTO 之前，中外合作办学、中外合作举办教育考试等形式已经出现。为适应形势发展的需要，加强对涉外教育活动的管理，1995年1月和1996年5月，原国家教育委员会先后发布《中外合作办学暂行规定》和《中外合作举办教育考试暂行管理办法》。

2003年3月，国务院颁布《中外合作办学条例》。随后，教育部出台了《中外合作办学条例实施办法》和一系列规范性文件；2006年出台的《关于当前中外合作办学若干问题的意见》，进一步细化了有关管理制度和措施，对相关政策性问题做出了更加明确的规定。

中国政府坚持实行"支持留学，鼓励回国，来去自由"的方针。加入WTO以后，中国施行了进一步为公民出国留学提供便利的政策措施。2002年11月，教育部废除了向自费出国留学人员收取高等教育培养费的制度；从2003年起设立了国家优秀自费留学生奖学金，并在28个国家实施。国家外汇管理局还扩大了对自费出国留学人员供汇的范围，并且供汇额度进一步提高。为了帮助广大自费出国留学人员正确选择外国学校，维护自费出国留学人员的合法权益，自2003年6月起，教育部先后分三批通过教育涉外监管信息网和中国留学网公布了33个国家和地区的部分学校名单，累计15000所学校，基本涵盖中国公民主要留学目的地。针对一些出国留学中介违规问题和境外机构在华非法招生案件，教育部会同有关部门加大查处力度，建立留学预警制度。教育涉外监管信息网已成为中国教育部在留学中介工作中联系社会，向广大留学人员提供服务，并对各自费出国留学中介服务机构进行日常监管的最有效渠道和手段之一。

（三）文化服务贸易政策

近年来，中国财政部、商务部、文化部、中国人民银行、海关总署、税务总局、广电总局、新闻出版总署等部委在促进文化出口方面采取了以下措施：

1. 降低门槛，为文化产品和服务"走出去"营造良好外部环境

鼓励和支持各种所有制文化企业积极开展、参与和从事文化产品和服务出口业务。对从事文化产品和服务出口的文化企业销售人员、演出人员，简化因公出境审批手续，实行"一次审批、全年有效"的办法。海

关为文化产品和服务出口提供通关便利。

2. 加强对文化产品和服务"走出去"的指导和服务

制定《文化产品和服务出口指导目录》，完善文化产品和服务进出口统计，加强对文化企业走出去的指导。鼓励文化企业在境外设立出版社、广播电视网、出版物营销机构等，支持广播电视在境外落地，鼓励文化企业在境外购买媒体播出时段、开办广播电视频率频道。有关政府部门的网站应设立文化产品和服务出口相关网页，介绍我国文化产品和服务出口相关信息。鼓励和支持文化企业在自愿的基础上注册成立产业协会性质的文化产品和服务进出口商会，充分发挥商会维护会员权益、维护市场秩序的功能。成立全国性的文化产品和服务出口联盟，整合企业力量，扩大对外宣传，加强行业自律，帮助企业开拓海外文化市场。

3. 帮助企业解决出口资金短缺问题

利用中央外贸发展基金支持文化产品和服务出口。利用中小企业国际市场开拓资金支持文化企业在境外参展、宣传推广、培训研讨和境外投标等市场开拓活动。中国进出口银行、国家开发银行等政策性银行把文化产品和服务出口纳入业务范围。

4. 完善文化产品和服务出口奖励机制

对出口规模较大、出口业务增长较快的文化企业，对积极引进我国版权的国外文化机构和企业，对将我国文化产品推向海外市场做出贡献的国内外媒体、中介机构和友好人士，给予相应的表彰和奖励。

商务部、外交部、文化部、广电总局、新闻出版总署、国务院新闻办等6部委制定了《文化产品和服务出口指导目录》，进一步加强了对文化产品和服务出口工作的指导。

（四）广告服务贸易政策

根据《外商投资广告企业管理规定》（2004年3月2日中国国家工商行政管理总局、商务部令第8号，以下简称《广告规定》）、《外国投资者并购境内企业暂行规定》（2003年3月7日中国对外贸易经济合作部、国家税务总局、国家工商行政管理总局、国家外汇管理局令第3号，以下简称《并购规定》),2006年4月国家工商行政管理总局、商务部联合下发了《关于外国投资者通过股权并购举办外商投资广告企业有关问题的通知》,明确指出外国投资者可以依据《并购规定》和《广告规定》等有关规定,通过购买境内广告企业的部分股权举办中外合营广告企业,通过购买境内广告企业的全部股权举办外资广告企业,同时就外国投资者通过并购举办外商投资广告企业有关问题进行规范。

2006年,中国在广告监管制度方面加大了立法立规的力度,工商总局与卫生部修订了《医疗广告管理办法》;十一个部门联合制定了《违法广告公告制度》;《户外广告登记管理规定》、《停止广告主、广告经营者、广告发布者广告业务实施意见》等也相继出台;药品广告审查办法、药品广告审查发布标准已经形成修订稿。同时,各地结合工作实际,酝酿出台了一批地方性广告管理规章或条例。广告管理规章和规范性文件的及时修订或制定,为广告市场整治工作提供了重要支持。另外,《广告法》修订工作也已进入前期准备阶段。

(五)计算机及其相关服务贸易政策

自2000年以来,中国政府制定了促进软件及信息服务发展的专项政策和行动纲要,从投融资、知识产权保护、信息化应用、推动贸易发展、人才培养、规范市场秩序等方面创造了良好的发展环境。

2006年9月19日,中国商务部、信息产业部等六部门联合发布了《关于发展软件及相关信息服务出口的指导意见》,从培育出口促进服务体系、完善税收和金融政策、促进人才培养等方面出台了多个政策措施,为促进软件和信息服务及贸易发展创造良好的条件。

2007年年初,国务院出台了《关于加快发展服务业的若干意见》,从优化服务业发展结构、调整发展布局、发展农村服务业、提高对外开放水平等方面提出了多项税收和融资支持措施,软件及信息服务业作为服务业中的先导和高技术行业,是政策支持的重点领域。

(六)金融服务贸易政策

2006年4月17日中国人民银行发布《商业银行开办代客境外理财业

务管理暂行办法》，进一步推进人民币资本项目可兑换，满足境内机构和个人对外金融投资和资产管理的合理需求，促进国际收支平衡。

在银监会积极推动下，国务院于 2006 年 11 月 11 日修订并颁布《外资银行管理条例》。与原《外资金融机构管理条例》相比，修订内容有五个方面：兑现承诺的修订，加强审慎监管的修订，体现中、外资银行统一监管标准的修订，适用范围的调整以及体现国家区域经济发展战略的修订。11 月 24 日，银监会颁布《外资条例实施细则》。同时，按照《银监法》的授权，陆续出台了一批银行业稳健发展所急需的部门规章和规范性文件。自 2006 年 12 月 11 日起，取消对外资银行经营人民币业务的地域和客户限制，取消对外资银行在华经营的非审慎性限制。根据新修订的《外资银行管理条例》，在允许外资银行自主选择商业存在形式的前提下，鼓励机构网点多、存款业务规模较大并准备发展人民币零售业务的外资银行分行转制为在我国注册的法人银行。转制后，外资法人银行在注册资本、设立分支机构、营运资金要求以及监管标准方面，完全与中资银行相同。外资银行分行转制为法人银行后，可以继续保留一家分行。

为了推动基金管理公司完善公司治理，规范经营运作，2006 年 6 月，中国证监会制定了《证券投资基金管理公司治理准则（试行）》。8 月，为了规范合格境外机构投资者在中国境内证券市场的投资行为，促进中国证券市场的发展，中国证监会、中国人民银行、国家外汇管理局联合制定了《合格境外机构投资者境内证券投资管理办法》，对合格境外投资者的资格条件、审批程序、股份托管、登记和结算、投资运作以及资金管理等进行了规定。

（七）旅游服务贸易政策

为适应中国加入 WTO 的形势，扩大旅游业对外开放，促进旅行社业发展，2003 年 6 月 12 日，国家旅游局、商务部颁布了《设立外商控股、外商独资旅行社暂行规定》（国家旅游局第 19 号令），确定了外商在中国境内设立外商控股或外商独资旅行社的有关条件。2005 年 2 月 17 日，对此规定进行了修订（国家旅游局第 20 号令）；2005 年 12 月 29 日，又对此规定做出了补充规定（国家旅游局第 25 号令）。

根据国务院批准的《〈内地与香港关于建立更紧密经贸关系的安排〉及补充协议一、二、三、四》和《〈内地与澳门关于建立更紧密经贸关系的安排〉及补充协议一、二、三、四》做出的具体承诺包括：

（1）允许香港和澳门服务提供者以独资形式在内地建设、改造和经营饭店、公寓楼和餐馆设施。

（2）香港和澳门旅行社与内地合资设立的由内地拥有多数股权的合资旅行社无地域限制。

（3）降低香港和澳门旅行社进入内地的准入条件，即：在内地设立独资旅行社的旅游企业的年旅游经营总额不低于 1500 万美元，在内地设立合资旅行社的旅游企业的旅游经营总额不低于 800 万美元。

（4）允许在广东省、北京市、上海市、天津市、重庆市、成都市、济南市、南宁市、海口市、长沙市、贵阳市、昆明市、南昌市，以及浙江省的杭州市、宁波市、台州市，福建省的福州市、泉州市、厦门市，辽宁省的沈阳市、大连市，江苏省的南京市、无锡市、苏州市的居民个人赴港澳旅游。

（5）允许在广东、广西、湖南、海南、福建、江西、云南、贵州和四川等省、自治区的香港和澳门独资或台资旅行社，申请试点经营具有该省、自治区正式户籍的居民前往香港、澳门的团队旅游业务。

（八）通信服务贸易政策

我国在加入 WTO 时承诺开放快递服务（CPC75121），但"现由中国邮政部门依法专营的服务除外"。按照现行《邮政法》规定，信件及其他具有信件性质的物品的寄递业务由邮政企业专营。因此，我国仅承诺开放物品类的快递服务。但考虑到外资企业在我国经营国际信件快递业务的现实情况，允许外资企业在办理邮政委托手续后，继续经营国际信件快递业务。

2005 年 12 月 11 日起，我国已允许外国快递企业设立独资公司，目前中国快递市场的开放水平已经非常高。中国认真履行 WTO 承诺，着力建立健全相关法规和制度，按照有序、可控的原则逐步开放市场。

2006 年 2 月，国务院出台关于国家邮政局职责、机构和人员编制的"三定方案"，再次明确重组后的国家邮政局作为国家邮政监管机构，对包括普遍服务和快递服务在内的邮政市场实行统一监管，主要职责是：保障邮政普遍服务，保障国家通信与信息安全，依法监管邮政市场和集邮市场，对快递等邮政业务实行市场准入制度。

2007 年，在国务院法制办的主持下，《邮政法》的修改工作继续抓紧进行。新的《邮政法》将贯彻国务院有关文件精神，切实保障邮政普遍服务，加强对快递等邮政业务的市场监管，保证邮政市场公平竞争。修订工作将继续坚持 WTO 透明度原则，依照《中华人民共和国立法法》的有关规定，采用各种必要的形式充分征求相关方面的意见。

（九）建筑服务贸易政策

加入 WTO 后，中国关于建筑业企业出台的主要文件有：《外商投资建筑业企业管理规定》及其补充规定、《有关资质管理的实施办法》等。关于设计企业，出台的主要文件有：《外商投资工程设计企业管理规定》及其补充规定、《关于外国企业在中华人民共和国境内从事建设工程设计活动的管理暂行规定》等。关于工程总承包和项目管理，出台的主要文件有：《关于培育发展工程总承包和工程项目管理企业的指导意见》、《建设工程项目管理试行办法》、《建设工程项目管理规范》等。以上规定，在工程设计和施工领域确定了以下准入原则：外国企业在我国境内开展工程设计和施工活动需设立企业法人，并取得建筑业企业资质证书或工程设计企业资质证书。外商独资、合资、合作设计企业以及中外合资、合作建筑企业承包工程范围同国内企业同等待遇。外商投资设计、建筑企业以及工程服务企业的资质取得标准实行国民待遇。

2006 年以来，关于咨询服务企业出台的主要文件有：《外商投资建设工程服务企业管理规定》、《工程造价咨询企业管理办法》、《工程建设项目招标代理机构资格认定办法》等。关于设计、施工企业，出台的主要文件有《外商投资建设工程设计企业管理规定实施细则》等。企业资质标准和相关资质管理规定修订后，国内国外企业市场准入执行统一的标准，外国企业可按照资质管理的有关规定提出申请。

在项目管理方面，按照《建设工程项目管理试行办法》（2004 年建设部 200 号），推行工程总承包和项目管理是一项工程建设项目组织实施方式的改革，旨在加快与国际工程承包和管理方式接轨，提高我国工程建设企业的国际竞争力。对上述两种方式不再设立新的市场准入许可，允许专业机构在承担任务方式上有多种探索，引导企业在更高层面发展。中外企业只要具有设计、施工、监理、招标、造价等任何一项资质，就可以开展工程项目管理业务。工程项目管理也是外国公司在中国境内开展业务的主要方式。这种做法对中国企业和外国企业都是有益的、积极的，也是顺应国内外发展潮流的。

（十）保险服务贸易政策

1. 外资保险公司设立条件

营业许可的发放不设经济需求测试或许可数量限制，设立条件如下：（1）投资者应为在 WTO 成员境内有超过 30 年经营历史的外国保险公司；（2）必须在中国设立代表处连续 2 年；（3）在提出申请前一年的年末总资产不低于 50 亿美元。但保险经纪公司除外：2001 年 12 月 11 日起，申请设立公司的最低年末总资产要求为 5 亿美元，以后每年递减 1 亿美元。2005 年 12 月 11 日起，申请设立公司的最低年末总资产要求为 2 亿美元。

2. 外资保险公司企业设立形式

（1）寿险：2001 年 12 月 11 日起，允许外国寿险公司在华设立合资公司，外资比例不超过 50%，外方可以自由选择合资伙伴。（2）非寿险：2001 年 12 月 11 日起，允许外国非寿险公司在华设立分公司或合资公司，合资公司外资比例可以达到 51%。2003 年 12 月 11 日起，允许外国非寿险公司设立独资子公司，取消企业形式限制。（3）再保险：2001 年 12 月 11 日起，允许外国保险公司以分公司、合资公司或独资子公司的形式提供寿险和非寿险的再保险业务。（4）经纪：2001 年 12 月 11 日起，允许设立合资保险经纪公司，外资比例不超过 50%，2004 年 12 月 11 日起，外资股比可以达到 51%，2006 年 12 月 11 日起，允许设立全资外资子公司。

3. 业务经营范围限制

外资保险公司不允许经营法定保险业务。（1）寿险：2001年12月11日起，允许外资寿险公司向外国公民和中国公民提供个人（非团体）寿险服务；2004年12月11日起，允许其向中国公民和外国公民提供健康险、团体险和养老金/年金服务。（2）非寿险：2001年12月11日起，允许外国非寿险公司跨境从事国际海运、航空和运输保险业务，允许外资非寿险公司从事没有地域限制的"统括保单"和大型商业险保险业务，允许提供境外企业的非寿险业务、在华外商投资企业的财产险、与之相关的责任险和信用险服务；2003年12月11日起，允许向外国和中国客户提供全面的非寿险服务。保险经纪：允许外国保险经纪公司跨境从事大型商业险经纪，国际海运、航空和运输保险经纪及再保险经纪业务。允许外资保险经纪公司从事大型商业险经纪，再保险经纪，国际海运、航空和运输险及其再保险经纪业务；同时允许其在国民待遇的基础上提供"统括保单"经纪业务。（3）再保险：2001年12月11日起，允许外国保险公司跨境从事再保险业务。允许外国（再）保险公司以分公司、合资公司或独资子公司的形式提供寿险和非寿险的再保险业务，没有地域限制或发放营业许可的数量限制。

三、服务贸易结构

通过对历年中国国际收支平衡表的分析，中国服务贸易的统计自1997年开始与国际接轨，比照WTO的国际服务贸易门类并结合中国国情对中国的国际服务贸易进行分类，因此在本书中对1997～2008年中国服务贸易结构进行分析。从表10.2中可知，1997～2008年，我国服务贸易出口总额中，旅游服务一直居于首位，其比重均在30%以上，最高年份达59.3%（1999年）；运输服务的比重有所上升，由12.1%升为23.05%；其他商业服务占有20%～30%左右；金融服务所占比重较低，只有0.3%左右；而计算机和信息、咨询、专利权利费等也较低。所以，我国服务贸易收入相对集中在旅游、运输和其他商业服务等门类中。

根据资料显示，1997～2008年服务贸易总体结构中，旅游服务所占比重为 40% 左右；运输所占比重为 20% 左右；通信、建筑、咨询、专利权利费、计算机和信息、金融服务等均占很低的比重，从 0.10% ~ 5% 不等。因此，我国服务贸易虽然取得了巨大的进步，服务贸易业务范围不断扩大，在通信、金融、保险、计算机和信息、电影、音像以及咨询等知识、技术密集型的服务业务有所发展，但是在一些以信息技术为基础的新兴服务业、知识密集型和技术密集型的服务行业则明显地处于弱势。

表 10.2　1997 ~ 2008 年中国服务贸易出口结构

单位:%

项目＼年份	1997	1998	1999	2000	2001	2002	2003	2004	2005	2006	2007	2008
运输	12.1	10.2	10.2	12.1	13.9	14.4	16.9	19.33	20.73	22.84	23.05	22.92
旅游	49.1	52.4	59.3	53.3	53.4	51.3	37.2	41.23	39.37	36.9	34.05	32.98
通信服务	1.1	3.4	2.5	4.4	0.8	1.4	1.4	0.7	0.65	0.8	0.92	1.25
建筑服务	2.4	2.5	4.2	2.0	2.5	3.1	2.8	2.35	3.49	2.99	3.56	4.15
保险服务	0.7	1.6	0.8	0.4	0.7	0.5	0.7	0.61	0.74	0.6	0.51	0.73
金融服务	0.1	0.1	0.7	0.4	0.3		0.15	0.19	0.16	0.19	0.28
计算机和信息	0.3	0.5	1.1	1.2	1.4	1.6	2.4	2.62	2.47	3.22	4.25	5.31
专有权利费	0.2	0.2	0.3	0.3	0.3	0.3	0.2	0.38	0.21	0.22	0.31	0.53
咨询	1.4	2.2	1.2	1.2	2.6	3.2	4.0	5.05	7.15	8.52	9.82	11.85
广告、宣传	1.0	0.9	0.9	0.7	0.8	0.9	1.0	1.36	1.45	1.57	1.85	1.46
电影、音像	0.04	0.1	0.03	0.03	0.08	0.07	0.07	0.07	0.18	0.15	0.12	0.12
其他商业服务	31.2	25.8	18.5	23.3	21.8	22.0	32.2	25.55	22.69	21.41	20.6	17.9
政府服务	0.3	0.1	0.3	0.9	1.3	0.9	0.8	0.61	0.67	0.63	0.58	0.51

资料来源：根据 1997 ~ 2008 年中国国际收支平衡表整理。

同时，我国服务贸易收支伙伴也主要集中在美国、中国香港等国家和地区。而从国内地区发展情况看，地区发展也不平衡，上海、北京和广东等地区服务贸易规模较大，中西部地区服务贸易所占份额极小。服务贸易交易项目和地区分布的不均衡，形成了我国服务贸易发展总体水平偏低、短期内难以有所突破的格局。并且，由于服务贸易发展的多元化程度不够，导致我国服务贸易抗冲击能力较差，易受国内外形势变化的影响。

劳动力资源丰富是中国的比较优势，虽然近些年来中国服务贸易结构有明显的变化，但仍以传统的、劳动密集型的商业、服务业为主。以 2003 年上半年为例，旅游、其他商业服务和运输项目依旧是服务贸易的主要收入来源，收入分别为 73.31 亿美元、54.77 亿美元和 35.42 亿美元，分别占服务贸易总收入的 38%、28% 和 18%，三项合计占服务贸易收入的 84%。

第三节　中国服务贸易发展变化趋势

经过 60 年的发展，中国服务贸易具有以下变化趋势：

第一，服务贸易总体虽仍处逆差，但逆差规模有所减小，贸易结构有所优化。1997 年以来，中国的服务贸易发展迅速，总量不断扩大，贸易结构也发生了相应的变化，总体上出现了连续 11 年的贸易逆差。进入 21 世纪，服务贸易逆差呈现出先扩大再减小的趋势，2004 年达到逆差的最高值 95.4 亿美元，其后逐年下降，2007 年逆差呈大幅下降之势，同比下降 14.6%；从部门构成上，传统的以自然资源和劳动密集型为特征的消费者服务中的旅游服务总量继续扩大，但占比已明显下降，从 2000 年的 53.8% 下降到 2007 年的 30.6%，具有现代意义的作为中间投入品的生产者服务中的金融、保险、计算机与信息等知识、技术密集型部门发展迅速，占比逐渐扩大，从 2000 年的 34.0% 上升到 2007 年的 43.7%，说明服务贸易内部结构有趋于优化的趋势。

第二，服务贸易总体竞争力仍然偏低，但呈现出缓慢的提升趋势。相关服务贸易竞争力指数的研究表明中国服务贸易从总体上处于比较劣势，国际竞争力较弱。另外，一国服务业的发展水平决定了该国参与国际服务贸易的程度，其中知识型服务所占比重的大小决定了该国在世界服务贸易中的竞争能力。从服务贸易具体部门来看，中国服务贸易进出口结构不平衡，竞争力差异很大，只有旅游和其他商业服务具有一定的竞争力，而具有资本、知识、技术密集型特征的金融、保险、通讯、计算机和信息服务不仅出口额小，而且不具备国际竞争力。

第三，境外商业存在发展迅速，境内商业存在结构有待优化。中国境外商业存在虽然起步较晚，但近年来发展迅速。2004 ~ 2006 年，中国服务业对外直接投资所占比重平均达到 55.8%，接近世界平均水平。以 2006 年为例，服务业对外直接投资达到了 113.8 亿美元，占当年中国对外直接投资总额的 53.8%。从服务业对外直接投资的结构上看，租赁和商业服务业、金融服务业、交通运输仓储和邮政业、批发和零售业分别占服务业对外直接投资的前四位。除金融类和传统服务业对外直接投资稳定增长外，以知识、技术密集型为特征的非金融类现代服务业对外投资增势迅猛，尤其在信息传输、计算机和软件、科研技术服务等服务业表现突出。相对于境外商业存在而言，中国服务业利用外资总额较大，但比重偏低，结构不合理。2006 年中国服务贸易领域实际使用外资金额 211.4 亿美元，占全国利用外资总额的 30.4%。2004 ~ 2006 年，服务业外商直接投资占实际利用外资的比重在 30% 以下，远低于世界平均水平。服务贸易领域利用外资的结构也不合理，以 2006 年为例，房地产业和金融业实际利用外资达 152.8 亿美元，占当年服务贸易领域吸收外商直接投资总量的 72.3%；而现代服务贸易领域利用外资较少，发展很不平衡。这说明，中国现代服务业发展滞后，现代服务贸易领域吸引外资的能力有待加强。

第四节　中国服务贸易发展经验教训及对策

一、中国服务贸易发展的经验教训

经过新中国成立以来的 60 年发展，中国服务业和服务贸易取得了巨大的成就，但由于我国服务贸易起点低、基础差，缺乏国内的产业支撑，与发达国家的服务业和服务贸易发展水平相比，中国服务业和服务贸易主要存在以下问题：

（一）服务业在国民经济中的比重较低，结构不合理

长期以来，由于我国不重视发展第三产业，导致服务业的发展滞后于经济的发展，中国服务业占 GDP 的比重相当低，不仅远远低于发达国家，而且也低于发展中国家的平均水平。据世界银行统计，发达国家服务业占 GDP 的比重，一般都在 60% 以上，中等收入国家平均达到 50% 左右，而中国 2004 年却不到 35%，不足美国的一半，接近于一般低收入国家的平均水平。此外，中国服务业的发展主要集中在旅游、劳务出口、远洋运输等传统的劳动密集型部门和资源禀赋优势部门上，而全球贸易量最大的金融、保险、咨询、电信等技术密集和知识密集服务行业在中国仍处于初步发展阶段，与其他产业发展的需要很不适应。

（二）服务贸易总体水平较低，出口结构不合理

一是服务贸易明显落后于货物贸易的发展。中国货物贸易总量呈快速增长趋势，2005 年中国货物进出口额、出口额和进口额世界排名均为第三名，但中国服务贸易出口在世界排名仅列第八位，进口第七位。我国服务出口占贸易出口总额的比重只有 9%，远低于 19% 的世界平均水平。二是我国服务贸易呈现逆差，2005 年服务贸易出口 812 亿美元，进口 853 亿美元，逆差 41 亿美元。三是中国服务业内部行业结构不合理，新兴行业少，生产性服务行业发展不足，严重阻碍了生产的专业化、社会化进程。服务贸易优势部门主要集中在海运、旅游等比较传统的领域，旅游和运输服务的出口占中国服务出口一半以上，而金融、保险、计算机服务等现代服务业的国际竞争力还很低。

（三）服务贸易管理滞后

由于服务业是由许多相关行业组成的产业群，国际服务贸易涉及的行业范围极广，国际社会要求一国对其国内的服务业进行整体协调和管理。服务业管理和协调主要由外经贸部负责，因而存在诸如中央和地方在服务

贸易政策和规章方面的差别，容易出现服务业多头管理、政出多门等问题。

（四）服务业法律法规不健全

长期以来，中国服务贸易立法严重滞后，虽然近年中国先后颁布了《商业银行法》、《外资企业法》、《保险法》、《外资金融机构管理条例》等一批涉及服务贸易领域的重要法律法规，对构筑真正适应社会主义市场经济和国际通行规则需要的统一开放、有序竞争、规范管理的服务贸易体制起到了重要作用。但是，目前中国尚没有一个关于服务业的一般性法律，一些重要的服务部门如旅游、电信等领域尚无立法或立法不完备。

二、中国发展服务贸易的几点对策建议

结合以上对中国服务贸易的主要经验教训，不难看出当前中国服务贸易正面临着严峻的挑战。现代服务贸易已占整个国际贸易的将近1/4，但中国服务贸易出口占贸易出口总额9%的现有水平，远低于19%的世界平均水平，中国货物贸易强、服务贸易弱的格局将严重制约中国对外贸易持续有效地发展，中国贸易转型已成为现实需要。我国发展服务贸易，应采取以下对策：

（一）充分发挥政府的作用，加大对我国服务贸易的支持保护

政府应进一步转变观念，提高认识，把服务业提到与工业、农业同等重要且优先发展的位置；要加强服务基础设施的建设，加强对人力资本及科技方面的投入，为加快发展服务业和服务贸易创造良好的环境。要充分发挥政府在服务业竞争能力培育中的作用。政府应加大对服务贸易企业，尤其是知识技术密集型服务企业的政策倾斜与扶持力度，实施积极的产业政策，完善财政、信贷等优惠措施，提高我国服务贸易的整体竞争力。健全我国国际服务贸易管理体制，实施有效的宏观管理，统一政策，服务企业，保证我国服务贸易的顺利发展。

（二）优化服务贸易出口结构，提高经济效益

大力发展具有现实和潜在比较优势的服务出口项目，同时不断提高服务出口项目的附加值，从劳动密集型和资源密集型出口项目向资本、技术和知识密集型项目过渡。应重点发展国际旅游业、国际工程承包与劳务合作业、国际运输业、国际金融与保险业、国际通讯业、国际信息与咨询业和国际广告业等行业，带动服务业整体水平提高。积极发展新兴服务业，主要是需求潜力大的房地产、物业管理、社区服务、教育培训、文化体育等行业，形成新的经济增长点。改组改造传统产业，运用现代经营方式和服务技术，着重改造商贸流通、交通运输、餐饮、农业服务等行业，提高技术水平和经营效率。

（三）完善服务贸易立法，建立统一协调的管理机构

政府应加强对 GATT、GATS、WTO 等有关条款原则的研究，尽快建立健全符合我国经济发展目标，又不违背国际准则的法律、法规；对服务市场准入原则，服务贸易的税收、投资、优惠条件等要以法规形式规定下来，以增加服务贸易的透明度，使服务贸易真正实现制度化和规范化。尽快按照国际上通行的服务贸易统计方法，建立服务贸易统计制度，完善服务贸易的统计工作，为制定服务贸易发展规划、反映和监测服务贸易的发展情况、决定服务贸易的政策措施提供科学依据。

（四）进一步开放服务贸易市场，吸引外商投资

进一步开放国内服务贸易市场，既可以吸引大量外资，引进先进技术和管理经验，又可以培育新的服务行业，提高国内服务业水平，改变服务业发展滞后的现状。服务贸易自由化是一个渐进的过程，因此应结合国际服务贸易发展趋势，有步骤地将利用外资从生产领域扩大到第三产业，有重点、有步骤、分阶段地开放服务贸易市场。对不同地区应区别对待，沿海地区可优先发展，特别是知识密集型产业的银行、保险、咨询、邮电、通讯等行业可在沿海地区优先试点、发展，使其逐渐成熟，再向山区进行推广。同时要适当加快对国外第三产业的投资，通过设立服务行业的海外机构，拓展服务贸易发展的渠道。

（五）加快服务贸易人才培养工作

目前我国缺乏服务贸易方面的高素质人才，如熟悉服务贸易的研究人员、工商企业家、金融家、会计师、审计师、律师和工程承包商等，是国际化经营中的突出问题，因此要强化国际服务贸易复合型人才的培养。为适应服务行业发展对人才的需要，应多渠道、多方式加快培养服务业人才，全面推进职业资格证制度，建立服务业职业资格标准体系，以满足市场对服务人才的需要。加强对现有人员的培训，使其尽快了解和熟悉《国际服务贸易协定》的有关条款，以及服务业面临的机遇与挑战，以提高我国国际服务贸易的市场竞争力。

本章参考文献

1. 李金华：《中国产业：结构、增长及效益》，清华大学出版社2007年版。

2. 《中国对外贸易运输总公司发展史》编写组：《中国外运40年》，中国工人出版社1990年版。

3. 方建文、李啸尘：《WTO规则与国际贸易实务》（国际事务领导全书第三卷），国际文化出版公司2002年版。

4. 薄一波：《若干重大决策与事件的回顾》，中共中央党校出版社1991年版。

5. 宋健：《百年接力留学潮》，《科技日报》2003年1月30日。

6. 《邓小平同志谈清华问题时关于派遣留学生问题的指示》，《中华留学教育史路》1978年。

7. 中国经济年鉴编辑委员会：《中国经济年鉴1981简编》，经济管理出版社1982年版。

8. 蔡则祥：《金融结构优化论》，中国社会科学出版社2006年版。

9. 邵泽华、靳德行：《中国国情总览》，山西教育出版社1993年版。

10. 徐复：《中国对外贸易》，清华大学出版社2006年版。

11. 唐任伍、马骥：《中国经济改革30年·对外开放卷》，重庆大学出版社2008年版。

12. 中国商务部：《中国服务贸易发展报告2008》，中国商务出版社2008年版。

13. 吴汉嵩：《国际服务贸易发展趋势及我国的对策》，《特区经济》2008年第8期。

14. 陈继勇、余道先：《知识经济时代世界服务贸易发展的新趋势及中国的对策》，《世界经济研究》2009年第4期。

15. 陶红：《论我国服务贸易发展的现状及对策论》，《中外企业家》2007年第3期。

第十一章

中国投资与贸易60年

对外贸易和 FDI 对促进我国经济增长均发挥了重要作用。新中国成立
60 年来，中国的对外贸易取得了长足的发展，新中国成立初期就改变了旧
中国长期存在的外贸逆差，加入 WTO 后则成为世界贸易大国。60 年来，无
论是贸易伙伴国的扩大、可贸易品的扩大，还是贸易规模的大幅增长、贸
易产业的结构升级等，中国的 FDI 对贸易所起的促进作用有目共睹。

第一节　1949~1978 年的投资与贸易

一、1949~1978 年投资与贸易概况

新中国成立前，由于外资企业在我国一些行业具有长期的从业历史，
因此仍然占有非常重要的地位。如公用事业几乎全由外商经营，英商、法
商经营的电车、自来水、煤气均居独占的地位。随着解放战争的节节胜
利，外资企业纷纷作收缩和转移资金的安排。1936 年外国资本占我国产
业资本的 57.22%，经过 1937~1945 年的抗日战争，外国在华企业的资本
有较大的减少，只占全国资本的 7.8%。

由于历史原因，我国利用外资的统计工作自 1983 年起才有了年度序

列数据，这使我们无法了解 1982 年前利用外资的具体变化。因此，1949～1978 年中国投资的概况，只能根据不完整的数据作一般性的阐述。

新中国成立初期，中国开始对外资企业进行改造。以上海为例，上海外资企业改造始于 1949 年 5 月，于 1962 年结束。大致可以分为四个阶段：1949 年 5 月～1950 年为第一阶段，主要是监督和利用在华外资企业。1951～1952 年为第二阶段。受到朝鲜战争爆发的影响，政府开始大量军管、征用、代管、转让外资企业。1953～1956 年为第三阶段，上海外资企业全部纳入改造轨道。1957～1962 年为第四阶段，外资企业改造进入尾声。

20 世纪 50 年代，我国从苏联、东欧国家引进资金 26 亿美元，建成了冶金、机械、汽车、石油、煤炭、电力等 156 个重点基础项目。我国引进的这些外国资金，对当时的国民经济发展曾经起到了较大的辅助作用，但由于主要是借用利率高、还款期短的国外商业贷款来发展重工业，引进成本过高，加之当时我国科技落后，国内配套资金严重不足，一些利用外资项目被迫下马调整，利用外资的总体效益不高，引进的资金设备未能发挥应有的效益。此外，伴随着对外援助事业的发展，新中国在成立后也开展了一些对外承包工程项目。从 20 世纪 50 年代开始，我国以贷款和赠送方式，帮助第三世界国家共建成多个建设项目。

新中国成立初期以有利于内外交流为原则实行灵活多样的贸易方式。朝鲜战争爆发前，由于国际环境还容许我国对外贸易正常发展，我国为便利外贸和加强统制，将解放区长期实行的易货贸易为主改变为对西方贸易以结汇为主。在以美国为首的西方国家对我国实行全面"禁运"、"封锁"后，为减少损失，扩大贸易，我国采用以易货为主的方针，并且灵活运用协定贸易、结汇贸易、边境小额贸易等多种方式，以扩大内外交流。

中国政府克服重重困难，首先本着"积极协作、平等互利、实事求是"的方针，大力发展了同苏联、东欧等社会主义国家的经贸关系；在同以美国为首的主要资本主义国家的封锁禁运进行针锋相对斗争的同时，积极发展了对亚非国家的贸易和经济合作，并打开了同西方国家的贸易渠道。

20 世纪 50 年代，由于西方资本主义国家对我国采取敌视、封锁政策，我国对外贸易的主要国际市场是苏联和东欧社会主义国家。当时，我国根据恢复和发展国民经济的需要，本着"积极协作、平等互利、实事求是"的方针，积极开展对苏联、东欧国家和其他友好国家的贸易和经济合作，不断突破西方国家的封锁、禁运，对医治我国战争创伤、恢复和发展国民经济起到了积极作用。我国按照"自力更生为主，争取外援为辅"的建设方针，在利用国外资金为本国经济建设服务方面进行了一些尝试和实践。在这一时期里，中国逐渐展开对外投资活动，为了支持进出口贸易以及开拓国际市场，中国在境外的投资主要是建立金融、贸易和海洋运输企业，且以政府投资为主。此外，中国各外贸公司也先后在巴黎、汉堡、伦敦、纽约、东京、新加坡、中国香港等地设立了分支机构，成立了一批贸易企业，这些投资活动的主要目的是为中国的进出口贸易服务。尽管这些企业投资规模普遍较小，但是这些境外投资企业的建立为新中国对外贸易的发展起到了积极的推动作用。除此之外，我国的对外经济技术援助活动、对外工程承包和劳务输出也为我国的对外直接投资奠定了良好的基础。

自1957年我国实行计划经济以来，形成了国营外贸公司集中统一经营，国家对外贸公司实行指令性计划管理和统收统支、统负盈亏，管理和经营一体化的高度集中的对外贸易体制。对外贸易被看做社会主义扩大再生产的补充手段，局限于互通有无、调剂余缺。

从1963年起，随着农业生产的恢复，适当减少了粮食进口，增加了其他生活资料的进口。在工业生产初步恢复的基础上，为提高整个工业的科学技术水平。1962~1963年间，中央批准进口20个成套设备项目（后来改为14项），并引进了最新的石油化工技术。1963~1964年间，又批准了冶金、精密机械、电子工业等100多个项目的国外考察、询价和相机签约。1964~1965年间，机械工业又从日本、法国等国家引进了液压件、电动气动量仪，重型汽车三个项目，并引进了玻璃电极、微电机等7项技术和设备。对外贸易的任务开始由"吃饭第一"转向为"巩固、充实、提高"方针服务。

在1961~1965年期间，我国对外贸易方式结构以加工贸易为主，确切地说是以加工贸易中的进料加工为主导，期间国家给予大力政策支持。20
世纪 60 年代初期，西方资本主义国家对我国态度由敌视到一定程度的放松，
同时又由于与苏联关系的破裂，导致我国对东欧五国的贸易量也有所下降。
此时期，我国对外贸易的主要国际市场是由苏联和东欧社会主义国家转向
各资本主义国家。中国人民在自己经济最困难的日子里，提前于 1964 年偿
还了欠苏联的债款。同时，发扬国际主义精神，对越南、朝鲜、蒙古、阿尔
巴尼亚、巴基斯坦、缅甸、古巴、几内亚等 30 多个亚非拉国家提供了大量
援助。20 世纪 60 ~ 70 年代，中国出口商品结构特点是工业制成品所占份额
较小但在缓慢上升，而初级产品所占出口份额较大但在缓慢下降。

　　20 世纪 70 年代中国恢复了在联合国的合法席位后，中国的对外关系有
了很大的突破和广泛的发展，国内外形势也要求中国的对外贸易往来和经济
合作迅速扩大，原有的外贸体制的缺陷也日益明显和突出，越来越不适应对
外贸易发展的需要，外贸体制改革势在必行。自给自足的经济思想根深蒂固
使得人们习惯于从自给自足经济的角度去看待社会化的大生产，因而在国家
财政上强调"既无内债、又无外债"，否定了利用外资的必要性和重要性。在
进口和出口的关系上力求进出平衡，略有顺差，限制了对外贸易的发展。

　　在 1949 ~ 1978 年这 30 年间，我国对外贸易总体情况如表 11.1 所示，
在这一阶段，我国的对外贸易在低位徘徊，但整体上看进出口总额保持递
增的势头。其中，1960 至 1962 年的下降形势与当时的政治环境和国内经
济形势关系密切；20 世纪 70 年代开始，我国的对外贸易形势发展快速，
也主要与国际政治环境关系密切。

表 11.1　1950 ~ 1978 年我国对外贸易总体情况

单位：亿美元

年份	进出口总额	出口额	进口额
1950	11.35	5.52	5.83
1951	19.55	7.57	11.98
1952	19.41	8.23	11.18
1953	23.68	10.22	13.46

续表

年份	进出口总额	出口额	进口额
1954	24.33	11.46	12.87
1955	31.45	14.12	17.33
1956	32.08	16.45	15.63
1957	31.03	15.97	15.06
1958	38.71	19.81	18.90
1959	43.81	22.61	21.20
1960	38.09	18.56	19.53
1961	29.36	14.91	14.45
1962	26.63	14.90	11.73
1963	29.15	16.49	12.66
1964	34.63	19.16	15.47
1965	42.45	22.28	20.17
1966	46.14	23.66	22.48
1967	41.55	21.35	20.20
1968	40.48	21.03	19.45
1969	40.29	22.04	18.25
1970	45.86	22.60	23.26
1971	48.41	26.36	22.05
1972	63.01	34.43	28.58
1973	109.76	58.19	51.57
1974	145.68	69.49	76.19
1975	147.50	72.64	74.86
1976	134.33	68.55	65.78
1977	148.04	75.90	72.14
1978	206.38	97.45	108.93

资料来源：中华人民共和国国家统计局编：《中国统计年鉴1949—1984》。

二、1949～1978年投资与贸易的相互关系

自1949年新中国成立至1978年改革开放这30年的时期内，建设资金短缺一直是制约我国经济发展的重要因素，为弥补国内资金建设资金的不足，

引进国外先进的技术设备和管理经验,扩大出口,加速经济增长,积极利用外资成为我国对外开放的一项重要内容。在20世纪70年代,由于利用外资的立法与国内基础设施尚不完善,外商对华投资还心存顾虑,FDI基本还处于试探阶段,中国引进外资的数量并不大,且主要是贷款等间接资本。

在这一阶段,我国重视工业的发展和发展国内经济,并逐渐重视发展对外贸易。囿于相对封闭的经济政策和环境,重视自力更生,在吸引外资方面,采取较为不提倡的态度。这一阶段,投资与对外贸易的相互关系主要体现在:(1)基于我国当时经济发展相对落后,新中国成立初期,国内农业发展技术水平低、工业发展程度落后,投资与对外贸易都处于较低水平的发展,投资对我国当时的经济增长作用不明显;(2)投资与贸易的关系在此阶段与邓宁的投资发展周期理论比较相符,投资与贸易的关系随经济发展水平的不同而呈现出不同的周期性特点,净国际直接投资和国际贸易地位与其经济发展水平存在密切的正相关关系。

第二节　1978～2009年的投资与贸易

一、1978～2009年投资概况

(一)1978～1991年投资概况

1978年12月,党的十一届三中全会在北京举行,这次会议的主要成就就是结束了以阶级斗争为纲的路线,国家的政策重心转向经济工作,经济体制改革和对外开放被确定为基本国策。自此,中国经济发展进入了一个新的阶段。

在改革开放初期,由于利用外资的立法与国内基础设施尚不完善,外商对华投资还心存顾虑,FDI基本还处于试探阶段。虽然这一期间中国整体经济增长形势不错,连年保持了两位数的经济增长速度,粮棉油等连续多年保持了快速的增长,农村改革取得了历史性的大突破,工业改革也在开始启动。但中国引进

外资的数量并不大,且主要是贷款等间接资本,外商直接投资较少。

为了加大对外资的管理力度,我国对外资实行了"借用国外资金计划"和"吸收国外投资计划"两种计划管理体制,将外国政府和国际金融机构的贷款划归财政部和中国人民银行统一管理,分别使用,实行国家统借统还、国家统借部门自还、部门自借部门自还的办法进行管理;将FDI划归国家计委、财政部、经贸部和中国人民银行分工管理,共同负责,建立了严格的项目可行性研究报告评估制度。

在这一阶段,外商对我国直接投资的项目数和实际使用外资金额年度数据如表11.2所示。

表11.2　1979～1991年外商对我国直接投资情况

单位:亿美元

年度	项目数	实际使用外资金额
总计	632348	7907.47
1979～1982	920	17.69
1983	638	9.16
1984	2166	14.19
1985	3073	19.56
1986	1498	22.44
1987	2233	23.14
1988	5945	31.94
1989	5779	33.93
1990	7273	34.87
1991	12978	43.66

资料来源:国家商务部外资统计。

从图11.1可以看出,在此阶段,我国利用外资结构中对外借款都占主导地位,我国吸引的FDI不仅项目少,规模偏小。FDI来源、地区和行业分布高度集中。在1979～1986年,我国引进FDI项目8295个,实际吸引FDI为83.04亿美元,年均仅1037项和10.38亿美元,每项平均金额也仅100万美元,资金来源主要是港澳台地区,以劳动密集型的"三来一

单位：亿美元

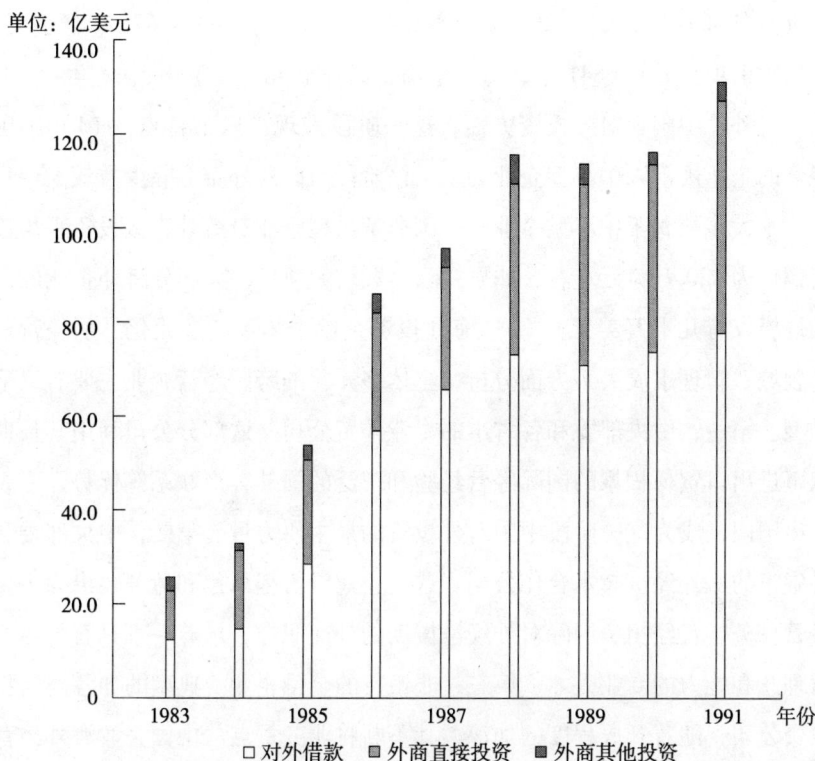

图 11.1　1983~1991 年我国利用外资结构

资料来源：国家统计局网站《从封闭半封闭到全方位开放的伟大历史转折——改革开放 30 年我国经济社会发展成就系列报告之二》。

补"项目和宾馆、服务设施等第三产业为主，且主要集中在改革初期所设立的四个经济特区。为加快利用 FDI 的步伐，1986 年 10 月，国务院颁布实行了《鼓励外商投资的规定》，1987 年起又制定了外商直接投资产业目录，对先进技术企业和出口企业给予更多的税收优惠，以促进 FDI 产业结构的改善。1988 年国家又决定将沿海经济开放区从东南扩展至辽东半岛、山东半岛等地区，设立海南经济特区，1990 年还决定开发和开放上海浦东新区，并加大了对基础设施的投入力度。这些措施有效地改善了外商投资环境，在 20 世纪 80 年代后期，流入我国的 FDI 不仅在规模上明显扩大，而且投资结构和区域均有了明显的改善。1987～1991年间，我国共批准外商直接投资34208项，实际吸引外商直接投资167.54亿美元，年均吸引项目升至6841个，每项平均金额升至489.7万美元。

另外，中国在对外投资方面，这一阶段表现出以下特点：（1）跨国经营的企业规模以中小型企业为主。该阶段中国海外企业除少数较大项目外，绝大多数属于中小型企业。中国非贸易型企业对海外直接投资平均投资额仅为120万美元左右，如果扣除少数较大项目，大部分海外企业的平均规模仅有几十万美元。（2）海外投资企业主体逐渐多元化。从经营业务领域、管理隶属关系方面分析，主体多元化的跨国经营企业主要有以下类型。第一，中央部委和各省市的专业外贸公司。这部分公司利用其长期从事进出口贸易积累的国际经营经验和广泛的国外客户联系等优势，率先走出国门，成为这一阶段中国对外投资的最主要力量。第二，中央部委和各省市的对外经济技术合作公司。这类企业以工程承包和劳务输出为主要经营任务，曾经担负国际对外经济援助的外交职能，培养一批具有国际经营理念和能力的专业人才。第三，非银行的金融企业。典型的如各类信托投资公司，随着开放程度的加深，其不断将业务重点从中国企业海外经营的金融支持角色转向拥有海外企业的对外直接投资者。第四，工业企业集团。一些大中型企业和企业集团，以及由工业企业和外贸、商业企业联合发展起来的工贸集团，在中国对外投资主体构成中地位逐渐重要。第五，窗口型企业。这主要是指1979年以来由各省市政府和中央有关部委在港澳地区兴办的以收集信息为主要任务的综合性公司。其中相当一部分已经发展成为涉及贸易、制造、运输、金融等业务领域的多元化企业集团，成为中国进行海外直接投资的重要主体。（3）企业跨国经营的地区相对分布集中。中国企业海外投资这一阶段主要集中在亚太地区，这主要是由于中国与亚太各国相比较有一定的经济技术优势，相近的地理、文化、消费习惯等使产品和生产技术输出比较容易。（4）跨国经营企业的投资行业分布呈现多样化的趋势。中国企业跨国经营涉及的行业领域从制造业、资源开发、交通运输到餐饮、旅游、科技开发、咨询服务以至贸易金融、房地产业等。工业企业向贸易等其他领域多样化发展，外贸公司以及以工程承包为主的对外经济技术合作公司则逐步扩大海外制造业的投资比重。

（二）1992～2009年投资概况

1992年，邓小平南方谈话发表之后，我国社会主义市场经济体制得以初步确立。国务院决定进一步开放6个沿江港口城市、13个内陆边境城市和18个内陆省会城市，全方位开放格局正式成型，利用外资在广度和深度方面都有了极大的发展，经济发展和对外开放进入了一个新的阶段。

在这个阶段，除社会主义市场经济体制确立这件大事外，国际经济领域主要还有四件大事发生：一是爆发于1997年盛行于1998～1999年间的亚洲金融危机；接下来是2001年发生的"9·11"恐怖袭击事件和中国加入世界贸易组织（WTO）；另一件是始于2007年美国次贷危机引发的金融危机。这些事件对于外资的流向起着不同的影响，使外资流向出现明显的阶段变化特征。

自1992年至今的外商直接投资分成三个阶段，第一阶段为1992～1997年，第二阶段为1998～2005年，第三阶段自2005年至今。如图11.2，1992～2007年外商直接投资的金额及增长率。

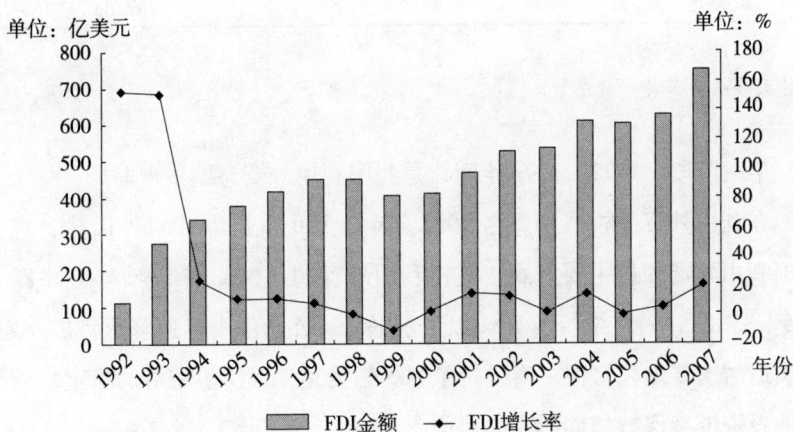

图11.2　1992～2007年外商直接投资的金额及增长率
资料来源：国家统计局网站《从封闭半封闭到全方位开放的伟大历史转折——
　　改革开放30年我国经济社会发展成就系列报告之二》。

表11.3　1992～2008年外商对我国直接投资情况

单位：亿美元

年度	项目数	实际使用外资金额
1992	48764	110.08
1993	83437	275.15
1994	47549	337.67
1995	37011	375.21
1996	24556	417.26
1997	21001	452.57
1998	19799	454.63
1999	16918	403.19
2000	22347	407.15
2001	26140	468.78
2002	34171	527.43
2003	41081	535.05
2004	43664	606.30
2005	44019	724.06
2006	41496	727.15
2007	37892	835.21
2008	—	952.53*

注：＊不包括金融类。
资料来源：商务部外资统计。

第一阶段：1992～1997年间，是我国利用外资急剧发展时期。

在利用外资的构成中，自1992年起，FDI就已取代对外借款，成为我国利用外资的最主要方式，其占利用外资的比例，在1992年一举跃升为57.3%，并一直维持了70%以上水平。对外借款则迅速降至2成左右，虽然退居次要地位，但一直维持了100亿美元，保持了相对的稳定。外商其他投资继续保持辅助形式的地位。

从表11.3可以看到，在这一阶段，FDI增长幅度大。1992年当年批准外商直接投资项目48764个，超过此前13年总和，实际到位资金连续两年保持了150%以上同比增速，导致我国国际排名迅速上升。自1993

年起，我国实际引进 FDI 金额一举跃居世界第二位，仅次于美国。在投资方式上，外商独资经营比重日渐增加，并出现了诸如 BOT、证券投资等新的利用外资形式。

为优化投资结构，改变各地外商投资产业结构严重趋同化趋势，自 1995 年起，我国对利用外资政策进行了一些适当的调整。1995 年 6 月，国家计委、经贸委和对外经贸部联合颁布了《指导外商投资方向暂行规定》和《外商投资产业目录》，将外商投资项目划分为鼓励、允许、限制和禁止四类，并从 1996 年 4 月起，逐步取消外商投资企业资本性货物进口的税收优惠政策，试点加工贸易的台账制度，1997 年 7 月，这一制度在全国全面推行。受此影响，1995 年后，我国批准外商直接投资项目个数明显减少，FDI 实际到位金额增速也显著下降，1994～1996 年虽仍维持了两位数增速，但到 1997 年只有 8.5%。

尽管如此，这一阶段我国共批准外商直接投资项目 262318 个，实际使用外资金额达 1967.94 亿美元，均创造了历史纪录。虽然增速方面，后三年比前三年明显下降，但外资的实际到位率却从 28.4% 提高至 57.8%，每项平均实际到位金额也从 40.2 万美元提高至 150.8 万美元。这表明，越来越多的大型跨国公司进入中国投资，资金来源结构正日益改善。随着 FDI 项目规模不断扩大，投资的产业分布和地区结构也在不断优化，不仅资本、技术密集型项目日增，并且第三产业也开始了利用外资的试点，FDI 还在开始流入中西部地区。

第二阶段：1998～2005 年，是我国利用外资缓慢发展时期。

1997 年亚洲金融危机爆发后，实际流入中国的 FDI 在 1998 年维持了 0.5% 的微弱增长，在 1999 年就下降了 11.3%。这次金融危机的消极影响如此之大，以至于流入中国的 FDI 连年保持低位，到 2000 年也只有 1% 的微弱增长。在 1998～2000 年间，我国累计签订外商直接投资项目 59064 个，合同利用外资 1557 亿美元，均远低于 1992～1994 和 1995～1997 年间，但外资实际到位率进一步提高至 81.2%，每项平均实际到位金额也进一步增加到 214 万美元。这表明，跨国公司的 FDI 要比小企业 FDI 稳定，而 FDI 则要比其他资本流动形式稳定。

2001 年美国"9·11"事件发生以来，美国作为国际资本"最安全地方"地位明显下降，国际资本流向开始出现流出美国的倾向。同年 11 月中国加入 WTO，我国对外开放进入了一个新的阶段，实际利用外资重新进入增长轨道。

值得提出的是，由于我国利用外资的统计口径出现了一些变化，自 2000 年起，对外借款不再包括在实际利用外资中，导致利用外资数据不可比。尽管如此，从 FDI 的几个统计指标来看，我国利用外资工作基本保持了稳定增长态势。2001 ~ 2005 年间，我国累计签订外商直接投资项目 189057 个，年均增速 13.9%；合同利用外资 4205.11 亿美元，年均增速 30.4%；实际到位金额 2740.15 亿美元，年均增速 6.5%。

第三阶段：2006 年至今，是我国利用外资发展不稳定时期。

从表 11.3 中可以看出 2006 年较 2005 年我国实际利用外资金额相当、2007 年我国实际利用外资金额较上一年增长了 14.9%。2008 年我国实际利用外资金额较上一年增长 14.05%。值得提出的是，2008 年全年我国实际利用外资金额呈现高开低走的局面，2008 年第一、二、三季度较上年同期分别增长 59.13%、26.1%、26%，第四季度较上年同期减少 15.82%。2008 年第一季度的超常增长主要是因为人民币升值的预期高涨，且美国的次贷危机使得国际资本绕开美国，大量流向中国等发展中国家；第四季度的负增长是因为次贷危机在第三季度末已经发展成为金融危机，并向全球蔓延，致使全球资本大幅缩水，流向我国的外资也跟着减少。2009 年上半年，流向我国的外资较上年同期继续减少，较上年同期负增长 18.07%，其中，第一季度较上年同期负增长 21.09%，第二季度较上年同期负增长 14.75%。

另外，在对外投资方面，经过 30 年的探索和发展，我国对外投资的规模虽依然较小，但已取得积极进展。加入 WTO 以来，我国企业对外投资步入较快发展期。2002 年我国对外直接投资仅有 27 亿美元，到 2007 年已经上升到 265 亿美元，2002 ~ 2007 年 6 年间年均增速 25.1%。截至

2007 年底，7000 多家境内投资主体设立的境外直接投资企业已超过 1
万家。

对外投资的领域不断拓宽，对外投资的层次和水平不断提升。目前，
我国企业对外投资呈现出市场多元化发展态势，投资国别已覆盖 170 多个
国家和地区，主要集中在亚洲和拉丁美洲地区。2007 年，亚洲地区占我
国对外直接投资流量的比重为 62.6%，拉丁美洲占 18.5%，欧洲、北美
和大洋洲合计占 13%。对外投资由单一的绿地投资向跨国并购、参股、
境外上市等多种方式扩展。跨国并购已成为对外投资的重要方式，主要流
向资源、电讯和石油化工等行业。2007 年，以收购、兼并方式实现的对
外直接投资占全部投资流量的 23.8%。一批境外研发中心、工业产业集
聚区逐步建立，境外经济贸易合作区建设取得重要进展。

不仅采掘业、制造业和商务服务业继续加大对外投资，金融业也开始
了境外投资试点。截至 2006 年底，中国工商银行等五大国有商业银行海
外总资产达 2268 亿美元。国有商业银行在美国、日本、英国、澳大利亚、
俄罗斯、巴西等 29 个国家和地区设有 47 家分行、31 家附属机构和 12 家
代表处。到 2008 年 4 月底，我国已批准 10 家证券公司、6 家期货公司在
香港设立分支机构，31 家境内企业获准从事以套期保值为目的的境外期
货交易。

截至 2007 年底，我国对外直接投资存量达到 1179 亿美元，其中，金
融类企业存量 167 亿美元，非金融类企业存量 1012 亿美元。对外直接投
资涉及的领域行业分布广泛，涵盖了贸易、生产加工、资源开发、交通运
输、承包工程、农业及农产品综合开发、医疗卫生、旅游餐饮及咨询服务
等，其中采矿业、商务服务业、金融业投资占比大。投资区域重点由港
澳、北美向亚太、非洲、拉美、东欧等发展中国家转移，多元化的对外经
营格局正在形成。投资主体多元化趋势逐步显现。截至 2006 年底，中国
已完成的对外直接投资超过 80% 以上是由国有中央企业完成的，而剩余
不足 20% 的又由少数省市区所属国有企业实现，这一对外直接投资的主
体构成反映出中国私营企业在中国对外直接投资所扮演的角色微不足道。

2006年，中国对外直接投资流向采矿业主要是石油和天然气开采业、黑色金属矿采选业的投资；交通运输仓储业主要是水上运输业的投资；批发和零售业主要是从事进出口贸易类企业的投资；制造业主要是通信设备、计算机及其他电子设备制造业、纺织业、电气机械制造业、交通运输设备制造业、木材加工业、通用设备制造业、黑色金属冶炼及压延业等的投资。虽然中国对外直接投资取得巨大进展，但与发达国家与主要发展中国家比较，中国仍存在较大差距。如图11.3、图11.4。

单位：亿美元

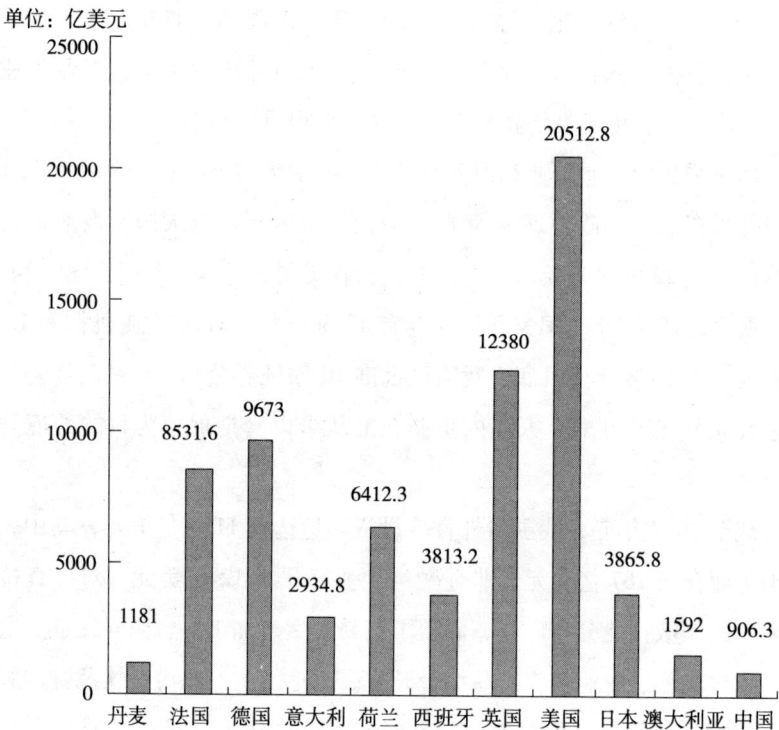

图11.3 截至2006年与主要发达国家对外直接投资存量比较
资料来源：《2006年中国对外直接投资统计公报》。

从图11.3可以看出，与发达国家相比，中国对外投资规模尚小；从图11.4可以看出，与发展中国家相比，中国对外投资属于中上规模。中

单位：亿美元

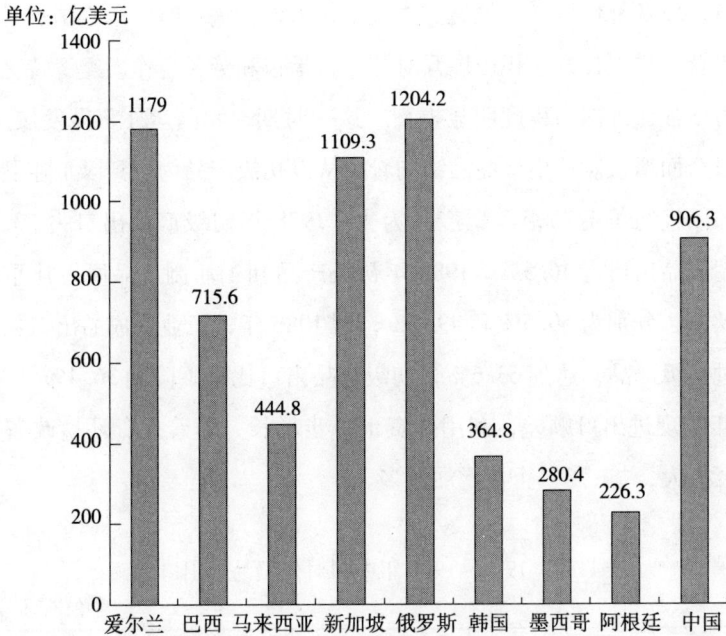

图 11.4　截至 2006 年与主要发展中国家对外直接投资存量比较
资料来源：《2006 年中国对外直接投资统计公报》。

国对外投资发展的空间很大。

境外投资方式不断创新，境外收购、参股、重组性投资正日渐成为新时期对外投资发展的趋势。中国企业以投资办厂、建生产基地、设营销网络、跨国并购、参股、境外上市等多种方式进行投资。

二、1978～2009 年对外贸易概况

（一）1978～1991 年对外贸易概况

1978～1991 年我国对外贸易进出口金额的总体情况如表 11.4，这个时期，我国的对外贸易有了快速发展，在出口商品中初级产品所占比重进一步减少，工业制成品比重上升，在进口商品初级产品所占比重上升，工业制成品比重进一步下降。20 世纪 80 年代，我国积极引进外资，包括吸

收外商直接投资和使用各种贷款，用于海上石油合作勘探开发、合资与合作经营，以及补偿贸易中外商提供设备，另外，这一时期，我国的对外经济技术合作进展良好，积极展开对外工程承包和劳务合作。经济特区的经济实力增强，外向型程度明显提高。这一时期，我国对外贸易发展迅速，进出口全面增长。从出口商品结构看，从以初级产品为主到以工业制成品为主，以轻纺等劳动密集型产品为主。1978 年初级产品出口占 53.5%，工业制成品出口占 46.5%。1985 年初级产品和工业制成品所占比重已经平分秋色，分别为 50.5% 和 49.5%；到 1986 年，工业制成品出口比重大大超过初级产品，达到 63.6%，初级产品出口比重下降到 36.4%。其中，1990 年实现进出口顺差，利用外资也稳步增长，随着投资环境改善和开放地区扩大，"三资"企业增加较多。

表 11.4　1978～1991 年中国对外贸易进出口金额

单位：亿美元

年份	进出口总额	出口额	进口额
1978	206.38	97.45	108.93
1979	293.33	136.58	156.75
1980	378.22	182.72	195.50
1981	403.75	208.93	194.82
1982	392.97	218.19	174.78
1983	407.27	221.97	185.30
1984	522.30	252.50	269.80
1985	696.20	273.60	422.60
1986	738.00	309.00	429.00
1987	827.00	395.00	432.00
1988	1027.90	475.40	552.50
1989	1116.00	525.00	591.00
1990	1154.10	620.60	533.50
1991	1357.00	719.00	638.00

资料来源：1978～1983 年出自《中国统计年鉴》（1983）；1984～1991 年出自中国政府网各年度统计公报。

（二）1992~2009年对外贸易概况

1992年，我国对外开放的范围、领域明显扩大，全方位、大开放格局已初步形成，密切了我国同国际经济的联系，对外经济空前活跃。1992~2008年，中国对外贸易进出口金额如表11.5。图11.5表明1978~2007部分年份我国进出口总额及增长速度。

表11.5　1992~2008年中国对外进出口金额

单位：亿美元

年份	总额	出口额	进口额
1992	1656	850	806
1993	1958	918	1040
1994	2367	1210	1157
1995	2809	1488	1321
1996	2904	1513	1391
1997	3251	1827	1424
1998	3240	1838	1402
1999	3607	1949	1658
2000	4743	2492	2251
2001	5098	2662	2436
2002	6208	3256	2952
2003	8512	4384	4128
2004	11548	5934	5614
2005	14221	7620	6601
2006	17607	9691	7916
2007	21939	12296	9643
2008	25758	14442	11316

资料来源：1992~2006年出自中国政府网各年度统计公报；2007~2008年出自中经网统计数据库。

20世纪90年代，进出口规模扩大规模继续扩大，进出口商品结构进一步改善，出口中机电产品比重逐年上升，传统初级产品减少较多；进口中国内紧缺的原材料及机械运输设备类明显增加。1995年，机电产品出

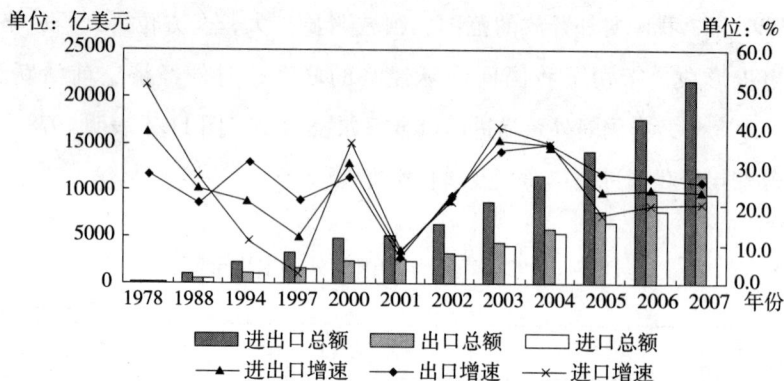

图 11.5　1978～2007 部分年份我国进出口总额及增长速度
资料来源：国家统计局网站《从封闭半封闭到全方位开放的伟大历史转折——改革开放 30 年我国经济社会发展成就系列报告之二》。

口比重由上年的 26.4% 上升到 29.4%，超过服装纺织品类成为我国出口第一大类产品；国内紧缺的原材料及生活资料进口增加较多。外商投资企业进出口继续大幅度上升；市场多元化战略取得新进展，我国对外贸易伙伴国家和地区由上年的 221 个增加到 227 个，对非洲和拉丁美洲的进出口额分别增长 48.3% 和 30%，大大高于对其他各洲的增长速度。1997 年，我国进出口贸易在世界各国（地区）中的排位，由第 11 位上升到第 10 位；外商投资到位率有所提高，投资结构进一步改善，基础设施和基础产业项目增加，中、西部地区招商引资比重加大。1998 年，在对外贸易方面，受亚洲金融危机的冲击，出口增长明显放慢；受国内需求等因素的制约，进口下降；外商直接投资稳步发展，对外借款下降；对外承包工程、劳务合作和设计咨询业务保持增长势头。全年签约 118 亿美元，比上年增长 3.7%，完成营业额突破百亿美元大关，达到 101 亿美元，增长 20.9%。1999 年，由于国家采取了包括提高出口退税率在内的一系列鼓励出口的政策，加上亚洲金融危机国家和地区经济的逐步复苏，我国外贸出口转降为升；外商直接投资下降；对外承包工程、劳务合作和设计咨询业务继续保持增长。

进入21世纪，对外贸易继续保持增长势头，能源和原材料进口大幅度增加。2000年由于国内外经济快速增长以及鼓励出口等一系列政策的推动，对外贸易持续高速增长。2003年，能源和原材料进口大幅度增加，全年进口原油9112万吨，比上年增长31.3%；成品油2824万吨，增长38.8%；钢材3717万吨，增长51.8%；氧化铝561万吨，增长22.6%；铁矿砂及其精矿14813万吨，增长32.9%。2005年，在实际使用外商直接投资金额中，制造业和房地产业所占比重分别为70.4%和9%，分别比上年下降0.6和0.8个百分点；租赁和商务服务业、交通运输仓储和邮政业所占比重分别为6.2%和3%，分别上升1.6和0.9个百分点。进出口贸易的快速增长不断提升我国在世界贸易中的位次，改革开放初期位居第32位，2004~2007年稳居第3位。占世界贸易总额的比重由1978年的不到1%提高到2007年的近8%，成为名副其实的贸易大国。其中，2007年出口额占世界出口总额的比重提高到8.8%，世界排名跃居到第2位；进口额占世界进口总额的比重也提高到6.7%，位居世界第3位。

受金融危机影响，2009年第一季度我国贸易总值为4287.4亿美元，同比降低了24.9%；其中，出口总值为2455.4亿美元，同比下降了19.7%，进口总值为1832.0亿美元，同比降低30.9%；上半年我国进出口总值9461.2亿美元，同比下降23.5%。其中出口5215.3亿美元，下降21.8%；进口4245.9亿美元，下降25.4%。累计贸易顺差969.4亿美元，下降1.3%，净减少13亿美元。

第三节　1978~2009年的投资与贸易相互关系

改革开放以来的30年，中国经济取得了飞跃式发展，究其发展的原因有很多，从经济学角度上来说，主要是推动经济增长的"三驾马车"——消费、贸易和投资的迅猛发展。其中，投资与贸易的发展脱颖而出，改革开放以来我国的外商投资与贸易的发展关系也较为复杂，不能一概而论。这一时期，投资与贸易的关系体现在：

一、外资企业出口一直维持较全国出口更高的增速

改革开放30年来，外资企业出口增速从未出现负增长，即便亚洲金融危机期间（1997～1999年）也不例外，这表明FDI对促进我国商品出口起到了巨大的推动作用，外资企业也早已经成为我国出口的中流砥柱。外资企业出口额一直维持了远较全国出口为高的增速，表明FDI对促进我国商品出口起到了巨大的推动作用，外资企业早已成为我国出口的主体。

二、国际直接投资引起了国际贸易模式的转变

跨国资本流动规模的扩大，特别是产业资本国际化对国际贸易的影响，不仅使国际贸易的规模和发展呈现出某些新特点，而且使国际贸易出现了内部化现象，推动了以要素禀赋差异为基础的产业间贸易逐步向以竞争优势为基础的产业内贸易模式转变，世界范围内产业内贸易比重不断上升。规模巨大的跨国公司在世界各地组织生产，在"全球战略"的指导下，企业内部贸易和产业内贸易发展迅速，构成世界贸易的重要组成部分。

改革开放以来，流向我国的国际资本的流动促使了新的贸易方式的产生，例如加工贸易、补偿贸易、国际租赁业务、国际分包等等。这些贸易方式是适应资本的流动而出现的，因此它们与传统的商品贸易方式有很大的差别。比如补偿贸易，就是引入方先引进国外技术和设备，尔后再用生产出的产品直接或间接给予技术和设备提供者补偿，这实际上已起到了国际直接投资的作用。

三、对外投资对我国进出口贸易的促进作用

由于改革开放以来我国的对外直接投资中以贸易促进型的投资为主体，

我国对外投资的长期作用表现为促进贸易的作用。当然,在近些年来我国生活水平不断提高的背景下,有一部分边际产业的确转向了国外,这部分也是导致我国国际贸易规模增加的因素。作为一个发展中国家,我国对外直接投资有一个特点就是要借着直接投资在国外获取资源、技术和管理经验等,这部分直接投资近年来有增加的趋势,它们对国际贸易也有促进作用。

四、伴随着中国进入全面开放阶段,中国企业国际化经营也将迈入一个新的发展阶段

经济全球化的背景下,我国企业今后的国际化道路应积极推动生产要素的双向流动以及"走出去"与"引进来"协调发展,推动在全球范围内优化要素配置,真正实行对两个市场、两种资源的充分利用。因此,对中国企业进行国际化经营必须做出清晰的战略规划,对中国企业对外直接投资的目标、方式、主体进行明确界定,并相应给出国家的支持政策。

五、学习和运用发达国家跨国公司成功经验

中国的跨国公司尚属年轻,在向海外投资扩张和开发海外市场中,需要在实践和总结自身经验的基础上,学习和运用发达国家跨国公司成功的经验和国际通行的游戏规则,同时,要从中国国情与企业发展需要出发,创新中国企业跨国经营的战略管理模式。中国社会经济发展的多样性决定了中国企业国际化经营发展模式的多样性,也没有一种模式是放之四海而皆准的,企业必须从国情和实际出发,借鉴、吸收,最后创新发展出适合本企业的国际化经营模式。

第四节　60年投资对对外贸易促进的评价

纵观新中国成立60年来,中国投资与对外贸易的发展,改革开放前,

FDI 和我国对外投资与贸易无论是规模还是结构都处于较低水平，改革开放后，FDI 与贸易都取得了迅速发展，迈入 21 世纪，我国对外投资也迅猛发展。投资与贸易的长足发展对我国经济的快速发展起了不可磨灭的作用。

经历几十年动荡的政局和战乱，中国人民于 1949 年终于迎来了当家作主的新时代，旧的政治体制、经济体制面临改革，人民的生活得以保障，生活水平更待提高。此外，中华人民共和国更以一种全新的姿态亮相国际舞台，参与国际政治、国际经济、国际秩序的建设和发展。新中国成立的十年里，在结束数十年的战乱之时，面对百废待兴的局面，发展经济成为中国领导人和全中国人民面临的问题。在这一阶段，国家主要集中精力在国内经济建设、自力更生的思想指导下，国民经济得到恢复，虽然外商对我国的投资、国外对我国的援助以及我国对外贸易发展规模很小，但这是一个发展的态势，且增长速度较快，这为我国今后参与对外经济活动奠定了基础。

20 世纪 60 年代，对外贸易发展之路较曲折，先是大幅下降、随后逐步恢复和发展，再到下降。在 20 世纪 60 年代的高度集中的外贸体制下，对外贸易被看做社会主义扩大再生产的补充手段，局限于互通有无、调剂余缺。存在统得过死、责权利不分等弊端，不利于对外贸易稳定高速的发展。在外商投资方面，由于与苏联关系恶化，苏联停止向中国继续提供核技术资料及技术援助，撤退全部在中国工作的专家，撕毁合同，使中国在第二个五年计划前两年与苏联签订的 125 个建设项目不能实现。中国积极拓展与西方国家的关系，20 世纪 60 年代，我国利用出口信贷和延期付款方式，从日本、英国、法国、联邦德国、瑞典、意大利、奥地利等国引进了 3 亿多美元的成套设备；除卖方信贷外，我们也利用了一些中国银行在海外的分支机构吸纳的外汇。我国引进的这些外国资金，对当时的国民经济发展曾经起到了较大的辅助作用，但由于主要是借用利率高、还款期短的国外商业贷款来发展重工业，引进成本过高，加之当时我国科技落后，国内配套资金严重不足，利用外资的总体效益不高，引进的资金设备未能发挥应有的效益。

20世纪70年代，随着中国与日本以及主要西方国家政治关系的进一步改善，外商的投资与中国的对外贸易都取得了较大的发展。虽然我国的对外贸易仍处在低位，但整体上看进出口总额保持递增的势头，同时，贸易结构也在发生变化，贸易一定程度上融入到了国民经济中，为国民经济的发展起到了促进作用。在投资方面，在引进技术方面取得了较大进展，为我国经济的发展起到了推动作用。

改革开放的30年中，对外贸易发展迅速。特别是2001年12月正式加入世贸组织后，我国积极参与经济全球化进程，抓住国际产业加快转移的历史性机遇，对外贸易发展焕发出勃勃生机，赢得了历史上最快最好的发展时期。货物贸易结构不断优化，从出口商品结构看，30年来，从以初级产品为主到以工业制成品为主，以轻纺等劳动密集型产品为主到以机电和高新技术产品等资本技术密集型产品为主，我国出口商品结构不断优化升级。从进口商品结构看，为满足国民经济快速发展和工业化、现代化进程的需要，进口商品结构中，资源、基础原材料等初级产品所占比重明显扩大，机电产品和高新技术产品快速增长。服务贸易取得长足发展，2007年，服务贸易总额占我国全部对外贸易总额的比重从1982年的9.4%上升到10.3%，占世界服务贸易的比重从0.6%升至4%；世界排名仅次于美国、英国、德国和日本位居第5位，成为世界服务贸易的重要国家，其中出口额和进口额分别位居第7位和第5位。

改革开放以来，外商对我国的投资发展迅猛，外资的进入，弥补了长期困扰我国的资金和技术双缺口，推动了经济增长，增加了税收和就业机会，促进了产业结构的优化升级，对加快我国经济发展，提高国民经济整体素质，增强企业核心竞争力起到了重要作用，加快了我国经济全面融入国际社会的步伐。利用外资规模不断扩大，外商直接投资渐成主流，1979年至1991年，每年都是对外借款大于外商直接投资，1992年，利用外商直接投资首次超过对外借款，此后，外商直接投资逐年大幅度增长，成为我国利用外资的最主要的方式。利用外资方式不断拓展，改革开放初至我国加入世贸组织前后，我国吸收外国直接投资的方式相对单一，一直以绿地投资为主，并购投资和到国际资本市场融资等方式很少。加入 WTO 以来，我国认真履行加入 WTO 承诺，循序渐进、积极稳妥地开放资本市场，完善相关法律法规，资本市场的国际化进程正在有序推进。利用外资产业结构不断优化，在新的外商投资政策指导下，外商投资的重点，从一般制造业发展到高新技术产业、基础产业、基础设施建设，尤其是近几年外商投资于研发中心、集成电路、计算机、通信产品等高技术项目明显增加；开放服务贸易领域后，商业、外贸、电信、金融、保险、房地产等服务业已成为外商新一轮投资的热点。

我国的对外投资虽然规模不大、结构水平较发达国家低，但是改革开放以来也取得了较大发展。"走出去"战略的主要内容是，推动企业以对外投资、对外经济技术合作等多种方式走出国门，充分利用"两个市场、两种资源"，实现我国经济的可持续发展。对外经济合作范围不断扩大，竞争力逐步增强，对外经济合作始于 20 世纪 70 年代末，是改革开放带来的新生事物，经过不断努力，迅速发展成我国对外经贸的重要组成部分。对外投资规模增势强劲，经过 30 年的探索和发展，我国对外投资的规模虽依然较小，但已取得积极进展。加入 WTO 以来，我国企业对外投资步入较快发展期。2002 年我国对外直接投资仅有 27 亿美元，到 2007 年已经上升到 265 亿美元，2002～2007 年 6 年间年均增速 25.1%。截至 2007 年底，7000 多家境内投资主体设立的境外直接投资企业已超过 1 万家。

回首过去，对外贸易的长足发展对我国经济发展的作用显著，投资的快速发展对我国经济发展起到很大推动作用，两者都为我国经济的发展起到了强大的推动作用。此外，投资与我国的对外贸易之间存在相互促进的关系。

展望未来，推进对外开放的任务仍十分繁重。按照党的十七大确定的对外开放的方针路线，进一步拓展对外开放的广度和深度，提高开放型经济水平，把"引进来"和"走出去"更好地结合起来，完善内外联动、互利共赢、安全高效的开放性经济体系，努力创造并保持经济全球化条件下参与国际经济合作与竞争的新优势。

本章参考文献

1. Dunning. J. H., Trade, Location of Economic Activity and the Multinational Enterprise：A Search for an Eclectic Approach，In B. Ohlin, P. O. Hesselborn and P. M. Wijkman（eds.），*The International Allocation of Economic Activity*，London：Macmillan，1977.

2. Coyne E. J., *An Articulated Analysis Model for FDI Attraction into Developing Countries*，Florida：Nova Southeastern University，1994.

3. Maddison, Chinese Economic Performance in the Long-Run，http：//www. ggdc. net/maddison，2009.

4. 吴先明：《国际贸易理论与国际直接投资理论的融合发展趋势》，《国际贸易问题》1999 年第 7 期。

5. 赵春明、焦军普：《当代国际贸易与国际直接投资的交叉发展趋势》，《北京师范大学学报（社会科学版）》2003 年第 2 期。

6. 冼国明等：《中国出口与外商直接投资——1983～2000 年数据的计量研究》，《南开经济研究》2003 年第 1 期。

7. 陈铭：《国际贸易与国际直接投资双向作用的微观分析》，《华东师范大学学报（哲学社会科学版)》2002 年第 7 期。

8. 侯乃文：《外商直接投资对我国出口贸易的影响》，对外经济与贸易大学硕士学位论文 2007 年。

9. 葛玉萍：《外商直接投资对我国对外贸易的影响研究》，湘潭大学硕士学位论文 2007 年。

10. 董志凯：《关于新中国经济增长与发展阶段（1949—2004）的探索》，《中国经济史研究》2004 年第 4 期。

11. 张侃：《建国初期在华外资企业改造初探（1949—1962）：以上海为例》，《中国经济史研究》2004 年第 1 期。

12. 裴虹菲：《贸易与投资一体化背景下中国对外直接投资战略研究》，黑龙江大学硕士学位论文 2008 年。

13. 唐心智：《中国对外直接投资的贸易效应分析》，《统计与决策》2009

年第 12 期。

14. 丁溪:《中国对外贸易》,中国商务出版社 2006 年版。

15. 徐海宁、田春华等:《中国对外贸易》,世界图书出版公司 1998 年版。

16. 裴长洪等:《中国对外开放与流通体制改革》,2007 年。

17. 刘振林:《FDI 与中国国际收支平衡研究》,2006 年。

18. 王绍熙、王寿椿:《中国对外贸易概论》,对外经济贸易大学出版社 1998 年版。

19. 江小涓:《中国的外资经济——对增长、结构升级和竞争力的贡献》,中国人民大学出版社 2002 年版。

20. 陈继勇:《国际直接投资的新发展与外商对华直接投资研究》,人民出版社 2004 年版。

21. 刘思专:《外商直接投资的出口贸易效应分析》,《当代经济科学》1999 年第 2 期。

22. 中国对外经贸部:《中国对外经济贸易年鉴》,1984 年。

23.《从封闭半封闭到全方位开放的伟大历史转折——改革开放 30 年我国经济社会发展成就系列报告之二》,国家统计局网站 2008 年。

24. 邱黎黎:《对外直接投资对我国国际贸易的影响——东道国和母国的视角》,《西安财经学院学报》2005 年第 6 期。

第十二章

中国对外经济合作与贸易60年

一国的开放战略除对外商品贸易外，还包含更为广泛的内容，比如吸引外资与对外直接投资、对外服务贸易、技术进出口、对外工程承包以及积极参与区域经济合作（尤其是参与组建 FTA、自由贸易区）等，而这些合作都与国际贸易直接相关。由于前两章专门介绍了新中国成立以来中国对外服务贸易以及投资与贸易情况，因而本章集中论述新中国成立后中国的技术进出口、对外工程承包、对外援助以及参与区域经济合作的情况。

第一节　新中国成立以来中国的技术进出口情况[①]

一、中国的技术进口

我国技术进口始于 1950 年。近 60 年来，我国技术进口取得了巨大成

[①] 本部分主要根据对外经济贸易大学技术贸易课题组:《中国技术贸易 50 年》,《国际贸易问题》1999 年第 10 期,第 11～18 页,以及中华人民共和国商务部科技发展和技术贸易司技术贸易统计分析数据、国家统计局报告《改革开放 30 年报告之十四:科技创新取得了举世瞩目的巨大成就》整理所得。

就，为促进工农业技术进步，提高科学技术水平，增强我国自力更生能力，缩小与发达国家的技术水平差距，加快社会主义现代化建设发挥了重要的作用。我国技术进口大致可分如下阶段：

第一阶段（1950～1959 年）。新中国成立后，我国国民经济经过 3 年恢复并开始实施第一个五年计划。由于当时资本主义国家对我国实行政治上的封锁和经济上的禁运，我国只能从苏联和东欧社会主义国家引进技术设备、生产线及少量的单项技术，成交的项目约 450 项，总金额约 37 亿美元。其中，"一五"期间的"156 项"是这个时期引进的重点建设项目，涉及的行业有煤炭、电力、石油、冶金、化工、机电、航空、汽车、轻工、纺织、军工等领域。我国在进口成套设备的同时，还进口了许多技术资料，培训了技术干部和工人。这批项目的建成投产，不仅对促进我国国民经济的恢复和发展，增强我国自力更生的能力，造就一支工程设计、科研、生产的技术骨干队伍发挥了极其重要的作用，而且还为我国的工业化奠定了初步基础。

第二阶段（1960～1969 年）。由于中苏关系的变化，我国开始从一些西方发达国家引进技术和设备，先后从日本、西欧等国进口了石油、化工、化纤、冶金、电子等方面的成套设备和关键设备，合同数为 84 项，合同总金额 14.5 亿美元。1966 年以后，受"文化大革命"的影响，技术引进工作未能正常进行。

第三阶段（1970～1978 年）。这一时期，技术引进和设备进口得到了发展。我国先后从日本、联邦德国、英国、法国、美国、荷兰、瑞典等十几个国家引进包括化肥、化纤、综合采煤机组、冶金等技术和成套设备、关键设备，成交的项目 310 项，合同总金额 68.2 亿美元。主要包括化肥、化纤、冶金等技术和成套设备，其中，成套设备的引进占用汇总额的90% 以上。这批项目技术比较先进成熟，自动化程度较高。建成投产后，使我国有关领域的生产能力和技术水平有了很大提高，对增强我国经济实力，增加市场有效供给发挥了重要作用。但是这个时期的技术引进工作，由于引进规模过大，超过了当时国家财力、物力的承受能力，一些项目不得不停建或缓建。这不仅使国家在经济上遭受损失，在国际上也造成了不良影响。

第四阶段（1979～1998年）。党的十一届三中全会以后，我国开始实行对外开放、对内搞活的方针。技术引进工作总结过去多年经验教训的基础上，提出了更高要求，强调和鼓励以多种灵活方式进口适用的先进技术，特别是生产制造技术。

该阶段我国技术进口进入了相对快速的发展轨道，共引进技术27829项，合同总金额1054.8亿美元。技术进口的项数和合同总金额分别是改革开放前30年总和的32.93倍和8.8倍。

与改革开放前相比，这一阶段我国技术引进工作有如下几个特点：

第一，技术引进方式灵活多样。随着我国综合国力的提高，我国在技术设备的引进方式上已基本改变过去单一的成套设备进口方式，更多的是通过技术转让、技术许可、合作生产、成套设备、关键设备、顾问咨询和技术服务等合同方式进口技术设备。

第二，技术引进的来源更加广泛。引进技术和进口设备的来源由改革开放初期的十几个国家，扩大到50多个国家和地区，主要集中在日本、加拿大、德国、美国、俄罗斯、英国、法国、瑞典、意大利等国家。

第三，经营技术进口的公司、企业不断增加，扩大了经营技术进口的队伍。在执行技术进口计划上，由单一的指令性经营发展到指导性经营和自行委托经营，使技术进口的经营活动更加活跃，形成了一定的竞争态势，也促进了有关公司经营作风的改善。

第四，下放了技术进口项目的审批权限。技术进口项目的立项权，由中央逐步下放到各省、自治区、直辖市、计划单列市、沿海开放城市和经济特区，并根据项目的投资规模，实行分级管理；由中央抓技术进口，发展到中央、地方共同抓技术进口，从而大大调动了各方面的积极性。

第五，技术进口的资金来源不断拓宽。目前，政府贷款、专项外汇、商业贷款、企业自筹、国际金融组织贷款、出口信贷、合作生产、租赁、补偿贸易、中外合资以及利用外商直接投资等资金渠道和合作方式已在技术引进中广为采用。这既减轻了我国的外汇负担，又保证了技术进口的持续发展。

第六，技术进口的法规日臻完善。我国政府相继颁布了《商标法》、《专利法》、《涉外经济合同法》、《著作权法》以及《技术引进合同管理条例》及其《细则》、《计算机软件保护条例》、《承担或代理国家技术设备进口项目管理办法（试行）》、《技术引进和设备进口贸易工作管理暂行办法》、《当前国家重点鼓励发展的产业、产品和技术目录》、《鼓励外商投资产业指导目录》等法规，为技术进口创造了良好的条件。

第五阶段（1999 年以后）。1999 年以后，特别是进入 21 世纪以来，我国技术进口管理更为规范，规模也日益扩大。为了进一步规范与引导技术进口，2000 年以来，我国先后出台了《关于加强技术进口合同售付费管理的通知》、《中国禁止进口限制进口技术目录》、《技术进出口合同登记管理办法》、《技术进出口管理条例》等法律法规。2004 年，我国共登记技术引进合同 8605 份，同比增长 20.69%；合同总金额 138.56 亿美元，同比增长 3.01%。2007 年我国高技术产品进口更是高达 2870 亿美元，是 1986 年的 57.6 倍。

二、中国的技术出口

我国技术出口始于 20 世纪 80 年代初，经过 20 多年的努力已有了一定的发展。特别是随着我国经济的持续增长和科技水平的不断提高，我国技术出口的资源将不断丰富，技术出口前景将更为开阔。我国技术出口大约经历了如下几个发展阶段：

探索阶段（1981～1985 年）。这一阶段属于缺乏国家宏观管理的自发阶段。国家没有明确的归口管理部门，没有专门的法规和政策。出口的内容主要以新技术、新工艺等软件技术为主，主要出口国家和地区是发达国家。

起步阶段（1986～1988 年）。这一阶段开始了有组织、有管理的技术出口工作。1986 年国务院明确规定经贸部和国家科委为归口管理技术出口的部门,规定了技术出口的政策、审批权限和程序。此外,技术出口的内容和方式也在增加,除单纯转让"软件"技术外,成套设备出口、技术服务等技术贸易方式也被较多地采用,技术出口的国别地区扩大到发展中国家。

初步发展阶段(1989~1997年)。《技术出口管理暂行办法》的颁布使我国的技术出口走上了法治化管理轨道。这一阶段签订的技术合同的数量和合同金额迅速上升。自1990~1997年,我国对外签订技术出口合同6269项,合同金额203亿美元;以成套设备为载体的技术出口明显增多,1997年大型成套设备和高技术产品占技术出口额的55%。

逐渐成熟阶段(1998年以后)。1999年6月,科技部与外经贸部联合发布了《科技兴贸行动计划》,以贯彻落实科教兴国战略,发挥科技与产业优势,促进高新技术产品出口,提高传统出口产品的技术含量和附加值,加快出口商品结构的战略性调整,实现我国由贸易大国向贸易强国的跨越为宗旨。此外,还先后出台了一系列扶持、鼓励高新技术产品出口的优惠政策。这些措施有力地促进了我国技术出口的发展。2007年,我国高新技术产品出口3478亿美元,是1986年的484.4倍,占当年商品出口总额的28.6%,比1986年的2.3%增加了26.3个百分点。

技术贸易不同于一般货物贸易。科学技术是第一生产力,是人类的共同财富。由于各国发展水平不同,其科学技术水平存有较大差异,通过优势互补,能全面提高各国的生产力水平。新中国成立以来的技术进口实践和20世纪80年代以来技术出口的实践都证明,技术进出口是推动我国经济发展的重要手段之一,在我国社会、经济、技术发展中有着重要的地位和作用。

第二节 新中国成立以来中国对外承包工程情况

对外工程承包,尤其是总包项目,需从国内采购设备、材料、零配件和施工机具，从而可极大地促进我国原材料和机械设备等出口，并带动相关的劳务输出，在我国国民经济发展中有着重要作用，是我国对外开放，尤其是我国积极"走出去"的重要组成部分。

我国对外承包工程始于1978年底1979年初，是在党的十一届三中全会以后随着改革开放的不断深入逐步发展、壮大起来的一项新兴事业，也是一项迄今发展较为成熟的事业。30年来，这一事业从无到有、从小到大，稳步发展，取得了令人瞩目的成就。

截至2008年底，我国累计签订对外承包工程合同额达4341亿美元，完成营业额2630亿美元。在业务总量规模快速增长的同时，我国对外工程承包的单项规模也在急剧增大，单项合同金额屡创新高，先后突破1亿美元、5亿美元、10亿美元、60亿美元和80亿美元大关。特别是2005年以来，我国对外工程承包项目大型化趋势更加显著。工程规模的迅速扩大，意味着我国对外工程承包整体实力的增强。

我国企业是在既缺资金又缺人才的情况下，开始对外承包工程业务的。30年来，我国企业奋力开拓、努力经营，发挥自身的优势，克服了国际承包劳务市场竞争激烈的恶劣条件，使对外承包工程和劳务合作业务有了较大发展。目前，我国从事国际工程承包的企业已达1600多家，许多企业已跻身于世界225家国际大承包商行列，基本形成了一支门类齐全、具有较强竞争实力的经营队伍。

一、我国对外工程承包的发展历程

回顾我国对外工程承包的发展历程，大致可分为三个阶段：

（一）起步阶段（1978～1982年）

20世纪70年代末，阿拉伯石油输出国凭借巨额石油外汇收入掀起大规模的建设高潮。在改革开放政策的指引下，中国建筑工程总公司等企业抓住国际市场有利时机，率先进入中东地区市场，使我国对外承包劳务业务的发展初见成效。

20世纪70年代末，国际石油市场原油价格两次大幅上涨，阿拉伯石油输出国因此获得了巨大的石油外汇收入。一些石油输出国投入巨额资金，在该地区掀起空前的、大规模的经济开发和建设高潮。由于这些中东国家缺乏劳动力，施工力量也不足，吸引了众多的国际承包工程公司和外籍劳务人员涌入该地区开展相关业务。

当时，党的十一届三中全会提出了"实事求是、解放思想，对外开放、对内搞活"的经济发展方针，为发展我国国民经济指明了方向，同时为我国企业打入国际工程承包市场打开了大门。1978 年，当时的对外经济联络部分析了国内国际形势，联合国家基本建设委员会向国务院上报了《关于拟开展对外承包工程的报告》，提出应抓住国际承包工程市场的有利时机，利用我国通过对外援助与中东各国建立起来的友好合作关系，尽快组织我国建筑力量进入国际市场。国务院很快批准了这一报告。根据中央的批示精神及国内国外的具体情况，中国建筑工程总公司、中国公路桥梁工程公司、中国土木工程公司以及中国成套设备出口公司率先开展了对外承包工程业务。1979 年，这四家企业在伊拉克、埃及、索马里等国和中国香港地区共签订承包工程合同 36 项，合同金额 5117 万美元，揭开了我国对外承包工程业务的序幕。

为了大力开拓对外承包工程业务，1982 年，按照国务院关于"每个省市、每个部委设立一家公司"进行试点的指示精神，在原有四家企业的基础上，国务院及外经贸部又先后批准成立了港湾、中航技、中水电、石油、化工、冶金等专业公司及省市"窗口"型企业，如四川、江苏、北京、天津、上海等国际经济技术合作公司，使享有对外承包工程经营权的企业增加到近 30 家。在国家和有关部门的关怀和指导下，企业发扬了坚忍不拔、百折不挠的开拓精神，特别是克服了资金短缺、经验不足、人才缺乏的困难，使我国的对外承包工程和劳务合作业务的发展初见成效。

1978 ~ 1982 年，我国共批准了 29 家企业从事对外承包工程和劳务合作业务，累计签订对承包工程和劳务合作合同 755 项，合同额 12.5 亿美元，完成营业额 5.6 亿美元，外派劳务 10.26 万人次，1982 年年末在外劳务人数 3.16 万人。业务发展到 45 个国家和地区，其中西亚和北非为重点市场。工程项目主要是房建和筑路，项目的规模较小，承揽方式以分包和承包施工为主。

（二）稳步发展阶段（1983～1989年）

1983～1989年，随着我国对外开放的不断扩大，我国对外承包工程和劳务合作业务进入稳步发展的阶段。从1983年起，国际承包市场受全球经济不景气的影响，市场成交额大幅下滑，中东和北非地区的发包额急剧收缩，各主要工程发包国和劳务进口国陆续颁布了限制外国公司和外籍劳务进入本国市场的规定。国际承包工程公司间的竞争日趋激烈，业主越来越多地以带资承包、延期付款和实物支付作为发包条件，使刚起步不久的我国对外承包工程业务面临着严峻的考验。

这一时期，国家在给予经营对外承包工程的企业正确宏观政策指导的同时，也在政策、资金等方面有力支持了企业对外开展业务。企业在逆境中奋力开拓，在竞争中求发展。它们在加强自身建设、搞好对外承包工程和劳务合作业务的同时，注意结合自身的特点和优势，采取积极和灵活多样的措施，内联外引，举办实业，开展内外贸，从事技术进出口等，搞活了经营，成效显著。

1983～1989年，我国累计签订对外承包工程和劳务合作合同额115.6亿美元，完成营业额72.2亿美元，外派劳务24.4万人次，1989年年末在外人数6.71万人次；享有对外经营权的企业增加到近百家；市场进一步扩大，业务扩展到130多个国家和地区；合作领域更加广泛，除住房、路桥等土建工程外，对外承包工程开始承揽一些技术含量较高的项目如电站、糖厂、化肥厂等。所有这些，为20世纪90年代的快速发展奠定了基础。

（三）快速发展阶段（1990～1999年）

1990年的海湾战争，给我国在中东市场的承包工程业务带来很大冲击。我国对外承包工程企业在政府引导下，及时调整市场格局，加大了对苏联、东欧、东北亚、东南亚、非洲和拉美市场的开拓力度。1992年邓小平同志南方谈话和党的十四大召开后，在党的建立社会主义市场经济体制的方针指导下，我国改革开放步伐加快。各级政府主管部门在指导对外承包工程企业深化改革、转换经营机制和促进对外业务的迅速拓展等方面做了大量的工作，我国对外承包工程业务步入了快速增长时期。

1990 至 1999 年间，我国企业累计签订对外承包工程合同额 836.6 亿美元，完成营业额 617.9 亿美元。我国享有对外承包工程经营权的企业增加到近千家，其中不但有过去的"窗口"型企业，还有大量的专业实体，整体实力增强。我国的对外承包工程业务已遍及全世界 180 多个国家和地区，其中，1999 年营业额在 1998 年首次突破 100 亿美元大关的基础上，再创新高，达到 130 亿美元，标志着我国的对外承包工程和劳务业务进入了规模发展阶段。营业额最大的国家和地区主要有：中国香港、新加坡、苏丹、巴基斯坦、伊朗、美国、中国澳门、尼日利亚、日本、科威特等。外派劳务人员最多国家和地区是：新加坡、韩国、中国台湾、中国澳门、日本、中国香港、美国、毛里求斯、俄罗斯、科威特、苏丹、以色列等。

（四）规范管理、有序发展阶段（2000 年至今）

进入新世纪以来，我国对外工程承包无论是营业额还是新签合同总额都在稳步增长。虽然期间 2003 年一度受到突如其来的 SARS 的影响，但是我国对外承包工程的发展势头依然强劲，当年营业额与合同额同比增长幅度分别达到 23.6% 和 17.4%。2008 年，我国对外承包工程营业额为 566 亿美元，是 1990 年的 34.5 倍；新签合同额 1046 亿美元，同比增长 34.8%。

为了进一步引导、支持、规范我国对外工程承包业务的发展，不断增强我国工程承包企业在国际市场的竞争力，我国陆续出台了一系列的管理制度和规定。2008 年，我国先后出台了《对外承包工程管理条例》、《对外承包工程国别产业导向目录》、《对外承包工程业务统计制度》以及《对外劳务合作和境外就业业务统计制度》，加强了对对外承包和劳务合作工作的管理、控制和引导。为了进一步支持我国对外工程承包和劳务合作，我国在 2007 年出台了《财政部商务部关于 2006 年对外承包工程项目贷款贴息有关问题的通知》，2008 年出台了《关于在有关国家开展对外承包工程保函风险专项资金试点工作的通知》。为了推动和促进中国工程技术标准"走出去",我国于2007年12月正式成立了中国对外承包工程商会工程技术标准委员会,其宗旨是在我国已有技术标准的基础上,建立统一的中国工程技术标准英文版体系,对外打造中国工程技术标准的统一品牌,在国际市场上进行大力推广,大力提升中国企业在国际市场上的核心竞争力,为更好地实施国家"走出去"战略服务。

二、我国对外工程承包的特点

综观我国对外工程承包30年的发展,大致具有如下特点:

(一)合作领域不断拓宽,大型项目增多

对外承包的工程从最初的房屋建筑和交通领域发展到涉及建筑、冶金、石油、化工、交通、电力、通讯、轻工、农业、渔业以至航空、航天及和平利用原子能等高科技领域,几乎涉及国民经济各个行业。虽然目前我们对外承包工程的核心仍然是土木工程,但在各类工业项目和农业项目,能源和其他基础设施建设项目上都有很大的突破。近几年来更是广泛涉足石化、电力、电子通讯和航空航天等新兴领域,已逐步形成了承包技术密集型的成套工程和劳动密集型的基础设施并举的局面。另外,对外承包大项目逐年增多,2000年以来,每年上亿美元的大项目均在10个以上。

(二)合作方式逐渐向高端发展

进入国际工程承包市场初期,中国企业是以土建项目的劳务分包起家的。中国劳务的辛勤汗水在换取了一定数量的外汇的同时,也浇灌着中国承包商这棵破土而出的幼苗。从土建分包到土建总承包,中国对外工程承包事业实现了第一次业务升级。然而,这依然是以土建施工为主的低端项目。

为了推动业务升级,顺应国际工程市场产业内分工的要求,我国政府主管部门先后批准100多家工程设计院所进入国际工程设计市场,并取得了一定的成效,实现了业务的第二次升级。2007年,我国对外设计咨询业务完成营业额 4.9 亿美元，同比增长 48.5%；新签合同额 10.3 亿美元，同比增长 151%。截至 2007 年年底，我国对外设计咨询累计完成营业额 22.2 亿美元，签订合同额 37.8 亿美元。

正当国际工程设计师纷纷踏上中国土地、扬威中国工程设计市场的时候，中国的"土人景观"设计师却走出国门，在号称本世纪全美最大工程、耗资 160 多亿美元的波士顿大开挖工程中中标地表工程的设计业务。这是新中国设计师首度被选中承担美国最具影响的城市建设工程的设计商，不仅令美国当地设计师大吃一惊，而且极大地鼓舞了中国企业的斗志。

成功进入国际工程设计咨询领域，带动了中国企业在工程承包全产业链分工地位的变化，承揽的业务环节逐渐向业务链的上游移动，越来越多的中国企业涉足项目规划、勘探、设计、管理等领域，通过开展高端业务进一步带动全行业的发展。工程承包的模式随之发生重大变化，中国承包商正在实现向 EPC（设计、采购、施工）总承包模式的全面升级。据初步统计，目前总承包项目已经占到了我国对外投标项目总数的 52.6%，其中 EPC 交钥匙工程显著增多，带动了我国大量国产设备的出口。近年来，中国对外承包工程企业还探索了工程换资源等新的合作模式，以各种新的路径进入对外承包工程高端业务领域，并且取得了一定成果。

（三）市场结构呈现多元化格局

过去 30 年，我国对外工程承包事业历经数次重大的市场战略调整。每一次调整，都是对风云变幻的世界经济发展走势的客观判断，对国际工程承包市场机遇的有效把握。我国对外工程承包事业起源于我国政府对非洲国家提供的经济技术援助项目，20 世纪 70 年代末进入如火如荼的中东市场，20 世纪 80 年代中期在中东市场发生严重衰退之际实现了向亚洲市场进军的重大战略转移，1998 年亚洲金融危机后开始了面向全球市场的市场多元化征程。到 2006 年，我国对外工程承包市场多元化格局已经初步实现。我国企业不仅在非洲市场大获全胜，而且在开拓亚洲、拉美、欧洲和北美市场进程中都取得了实质性进展。目前业务已遍及全世界 180 多个国家和地区，基本形成了"亚洲为主，发展非洲，恢复中东，开拓欧美和南太"的市场格局。初步达到了市场多元化的预期目标。

（四）对外工程承包企业群体在不断地壮大

20 世纪 70 年代末，我国进入国际工程承包市场的企业只有 4 家（中国建筑工程公司、中国公路桥梁工程公司、中国土木工程公司和中国成套设备出口公司），而目前有资格开展对外承包工程和劳务合作的公司已达约 1600 家，其中大型专业工程公司所占比重不断增加，主体结构不断优化，经营水平也在不断提高，现已基本形成了一支门类齐全、具有较强竞争实力的经营队伍。

中国对外工程承包经过 30 年的发展，已进入"而立"之年，成长着并在磨砺中走向成熟，这表明我国对外承包工程已经进入了平稳、快速发展的时期。在业务总体规模快速扩大的同时，企业迅速成长，产业结构和业务构成水平不断提高。与此相对应，这项业务在我国对外经贸关系中的地位迅速提升，国家对于这项业务的规范、促进和服务措施也将更加完善、成熟。

第三节　新中国成立以来中国对外援助情况[①]

对外援助是中国对外工作的重要组成部分，是促进中国与发展中国家友好合作关系的重要方式和渠道，同时也直接间接地在一定程度上促进了中国的出口。

---

① 该部分主要参考文献有：周宏：《中国对外援助与改革开放 30 年》，《世界经济与政治》2008 年第 11 期，第 33～43 页。王世春：《提供无私援助　促进共同发展——改革开放以来中国对外援助取得显著成效》，《中国经贸》2009 年第 3 期，第 24～30 页。商务部援外司：《中国对外援助基本情况》，商务部援外官方网站 2008 年 1 月 30 日，http://yws.mofcom.gov.cn/aarticle/m/200801/20080105361773.html。

一、新中国成立以来对外援助经历的阶段

（一）新中国成立之初至改革开放之前

新中国成立之初，为支持一些国家的民族解放运动并帮助其恢复和发展经济，我国克服自身困难，先后向朝鲜、越南、阿尔巴尼亚等社会主义国家和亚洲的一些发展中国家提供了军事援助和经济援助。

1964年1月14日，周恩来总理在同加纳总统克瓦米·恩克鲁玛会谈时，首次提出了中国对外援助的"八项原则"，即：

（1）中国政府一贯根据平等互利的原则提供对外援助，从来不把这种援助看做是单方面的赐予，而认为援助是相互的；

（2）中国政府在对外提供援助的时候，严格尊重受援国的主权，绝不附带任何条件，绝不要求任何特权；

（3）中国政府以无息或低息贷款的方式提供经济援助，在需要的时候延长还款期限，以尽量减少受援国负担；

（4）中国政府对外提供援助的目的，不是造成受援国对中国的依赖，而是帮助受援国逐步走上自力更生、经济上独立发展的道路；

（5）中国政府帮助受援国建设的项目，力求投资少，收效快，使受援国能够增加收入，积累资金；

（6）中国政府提供自己能生产的、质量最好的设备和物资，并且根据国际市场的价格议价，如果中国政府所提供的商品和物资不合乎商定的规格和质量，中国政府保证退换；

（7）中国政府对外提供任何一种技术援助的时候，保证做到使受援国的人员充分掌握这种技术；

（8）中国政府派到受援国帮助进行建设的专家，同受援国自己的专家享受同样的物质待遇，不允许有任何特殊要求和享受。

中国对外援助"八项原则"在国际经济合作领域独树一帜，在亚非国家中产生了广泛而深远的影响。

其后，随着我国经济的恢复和发展，我国对外援助的规模与范围也有

了较大发展。从 20 世纪 60 年代中期到 70 年代初,我国对外援助支出比初始阶段增加了一倍多,项目数量增加了两倍多,援助范围也拓展到 30 多个国家,尤其是增加了对非洲国家的援助,并给予越南大量的军事、物资和技术援助用来抗美。

1971 年,随着我国在联合国合法席位的恢复,我国对外援助力度进一步加大,援助范围由 30 多个国家迅速增加到 66 个国家,援助地区从亚洲和非洲国家扩大到拉美和南太平洋国家。援助规模也急剧扩大,1971～1978 年 8 年间我国对外援助是 1950～1970 年 20 年援助总额的 159%。这一时期我国对外援助支出占政府同期财政收入的 5.88%,其中 1973 年高达 6.92%。①

这一阶段我国对外援助在为我们争取广泛的国际支持的同时,也存在缺乏可行性研究、规模过大、承诺任务超重等由意识形态因素导致的违反经济规律的现象。

(二) 改革开放以后至 20 世纪末

1978 年,邓小平同志根据我国的实际和当时的国际国内形势,提出了我国既要提供援助又要接受援助的思想。邓小平同志非常强调援外工作要根据自身实力,要实事求是,要注重效率。1979 年,邓小平同志进一步提出,"在援助问题上,方针要坚持,基本援助的原则还是那八个条,具体方法要修改,真正使受援国得到益处"②。1983 年,中共中央对援外工作提出了四项原则,即"平等互利、讲求实效、形式多样、共同发展"③。其中"平等互利"、"共同发展"是"八项原则"的精髓,"讲求实效"来自邓小平的改革思想,而"形式多样"则是对邓小平效率原则的落实。

在上述援外思想的指引下,改革开放以后,我国对援外工作的方针和政策进行了全面、合理的调整。尤其是 1995 年下半年,我国对对外援助

---

① 转引自周宏:《中国对外援助与改革开放 30 年》,《世界经济与政治》2008 年第 11 期,第 35 页。

② 转引自周宏:《中国对外援助与改革开放 30 年》,《世界经济与政治》2008 年第 11 期,第 36 页。

③ 转引自周宏:《中国对外援助与改革开放 30 年》,《世界经济与政治》2008 年第 11 期,第 37 页。

的方式进行了改革，中心内容是实行援外方式的多样化和援外资金来源的多元化，推动我国企业和受援国企业直接合作。改革援外工作的目的在于提高援助效益，更有效地帮助受援国发展民族经济，促进我国同其他发展中国家的友好关系和经贸合作。为此，新时期援外工作的主要方针是帮助受援国发展当地有需要又有资源的中小型生产项目，并与发展双边、多边经贸关系以及互利合作相结合，让有限的援外资金为受援国发挥更大的效益，促进受援国和我国的共同发展。

（三）进入 21 世纪以后

进入 21 世纪以后，中国与世界的对外援助同时活跃起来，2005 年 6 月，八国集团财长会议宣布立即免除包括 18 个重债穷国欠国际金融机构 400 亿美元的债务。随后，八国集团在同年 7 月召开的八国首脑会议上承诺，到 2010 年将对非洲发展援助每年增加 250 亿美元。

在人们静静等待西方援助国兑现自己承诺的时候，中国却以雷厉风行和言必行、行必果的风格开展了新时期的对外援助工作。

2005 年 9 月 16 日，胡锦涛主席在联合国发展筹资高级别会议上宣布了中国对外援助的"五大举措"。2006 年伊始，中国政府又发表了《中国对非洲政策文件》，提出建立政治平等互信、经济合作共赢、文化交流借鉴的新型战略伙伴关系。同年 4 月和 6 月，胡锦涛主席、温家宝总理相继访问非洲。在 2006 年 11 月中非合作论坛北京峰会上，我国又对非洲国家做出如下承诺：

（1）扩大对非洲援助规模，到 2009 年使中国对非洲国家的援助规模比 2006 年增加 1 倍。

（2）今后 3 年内向非洲国家提供 30 亿美元的优惠贷款和 20 亿美元的优惠出口买方信贷。

（3）为鼓励和支持中国企业到非洲投资，设立中非发展基金，基金总额逐步达到 50 亿美元。

（4）为支持非洲国家联合自强和一体化进程，援助建设非洲联盟会议中心。

（5）免除同中国有外交关系的所有非洲重债穷国和最不发达国家截至 2005 年底到期的政府无息贷款债务。

（6）今后 3 年内为非洲培训培养 15000 名各类人才；向非洲派遣 100 名高级农业技术专家；在非洲建立 10 个有特色的农业技术示范中心；为非洲援助 30 所医院，并提供 3 亿元人民币无偿援款帮助非洲防治疟疾，用于提供青蒿素药品及设立 30 个抗疟中心；向非洲派遣 300 名青年志愿者；为非洲援助 100 所农村学校；在 2009 年之前，向非洲留学生提供中国政府奖学金名额由目前的每年 2000 人次增加到 4000 人次。

截至 2007 年年底，接受中国援助的国家已有 160 多个。50 多年来，中国帮助其他发展中国家建成了 2000 多个项目，涉及农业、水利、纺织、造纸、化工等多种领域。

除上述成套项目援助外，中国还在援款项下，向广大发展中国家提供了大量的物资援助和各类技术援助。自 1983 年以来，中国向 100 多个国家和 10 多个国际及区域组织提供了技术援助。截至 2007 年底，已有近 10 万名官员及管理和技术人才来华参加了培训和研修，涉及农业、畜牧业、渔业、小水电、机械、能源、医疗卫生、环保、气象、沙漠治理、粮食加工等几十个专业。

目前，我国负责对外援助的主要机构是商务部、外交部、财政部、中国人民银行，此外，各专业部委也分别参与一些相应专业援助。

二、中国对外提供援助的主要方式

我国对外提供援助主要有以下三种方式：

（一）无偿援助方式

无偿援助主要用于帮助受援国建设中、小型社会福利性项目，如医院、学校、低造价住房、打井供水等。此外，无偿援助还用于提供物资援助、人道主义紧急救灾援助及人才培训等。

（二）无息贷款方式

无息贷款主要用于帮助受援国建设一些基础设施和民用设施项目。在过去 50 多年里, 中国帮助发展中国家建设了一大批公共民用设施。今后, 为满足受援国的迫切需要, 中国政府还将保留适当比例的无息贷款, 用于帮助受援国建设这类项目。

(三) 优惠贷款方式

优惠贷款是中国政府指定的金融机构对外提供的具有政府援助性质的中、长期低息贷款。优惠利率与中国人民银行公布的基准利率之间的利息差额由中国政府进行补贴。

优惠贷款主要用于中国企业与受援国企业合资合作建设、经营当地需要又有经济效益的生产性项目, 或提供中国生产的成套设备和机电产品等。

中国与受援国合资企业、受援国企业或经受援国同意的中国企业都可申请使用优惠贷款, 但项目必须经过中国进出口银行和受援国借贷机构进行评估认为可行后才能放贷。优惠贷款是具有援助性质的贷款, 因此主要向经济困难的发展中国家提供。

除以上三种主要援外方式外, 中国政府还面向非洲国家设立了"投资专项资金"和"非洲人力资源开发基金"。前者用于支持和鼓励有实力、有信誉的中国企业到非洲国家投资, 开展互利合作; 后者用于帮助非洲国家培训各类管理和技术人才等。

对外援助不仅是我国担负大国义务的需要, 也是我国架设与其他发展中国家友谊之桥, 共创和谐世界的有效途径。与此同时, 对外援助还在一定程度上有利于我国原材料、机械设备、零部件等的出口, 因为我国很多对外工程承包项目本身也就是我国的援建项目。

第四节　中国参与区域经济合作的情况

传统的区域经济合作是指两个或者两个以上的国家或者经济体基于地

缘关系的一种经济合作，比如人们所熟悉的欧盟和北美自由贸易区等。而当前区域经济合作已经跨越了这一阶段，超越了地缘范畴，出现了很多跨区域的经济合作，比如中智自贸区协定、美韩自贸区协定等。

现在世界范围内的区域经济合作不断升温，其中尤以区域贸易协定（RTAs）为甚。据WTO统计，截至2008年12月底，共有421个区域贸易协定向GATT/WTO进行了通报，已生效并正在执行之中的有230个，其中主要是FTA。并且，随着经济全球化，尤其是WTO多哈回合谈判屡屡受阻，这一趋势有进一步升温之势。

中国是一个具有国际影响力的大国。从人口、资源、经济总量以及在国际政治、经济中的地位来看，中国对世界经济和政治生活的影响举足轻重。但是，中国参与区域经济合作的水平却没有达到应有的高度。从目前来看，中国主要进行了以下三种类型的区域经济合作。

一、参与具有论坛性质的区域经济合作组织

中国参与的具有论坛性质的区域经济合作组织有亚太经合组织（APEC）、亚欧会议以及博鳌亚洲论坛。

（一）亚太经合组织

亚太经合组织（APEC）成立于1989年，是亚洲和太平洋地区最大的区域性经济组织。我国于1991年汉城会议上加入了APEC。作为重要成员国，中国自加入APEC以来，全面参加了APEC的各项活动，对APEC近年来的合作进程发挥了积极作用。我国积极参与了APEC各类专业部长会议、高级官员会议、贸易投资委员会及其下属工作组、专家组会议。1991年的汉城会议上，我国外长钱其琛提出了亚太合作的多样性、开放性、合理性三原则，为《汉城宣言》的制定奠定了基础。此后，我国外交部长和外经贸部长参加了历届部长级年会。近年来中国在APEC中扮演了越来越重要的角色，在推动贸易自由化和便利化方面做出了巨大贡献，例如用实际行动落实在降低进口关税方面的承诺和推动经济技术的合作等。

（二）亚欧会议

首届亚欧会议于1996年3月1～2日在泰国首都曼谷举行。中国重视和支持亚欧会议，从一开始就积极介入亚欧会议进程。中国作为创始国积极参与了亚欧会议的各项后续活动：首脑会议、亚欧外长会议、经济部长会议、财长会议、高官会议、海关署长会议等。在会上，中国提出了合理建议和主张，受到普遍重视，为促进两大洲的合作与交流发挥了积极作用。

（三）博鳌亚洲论坛

博鳌亚洲论坛是在经济全球化进程加快和亚洲区域经济合作迅速发展的背景下成立的，是一个非官方、非赢利、定期、定址的开放性国际组织，在推动亚洲各国经济合作与发展中有着不可低估的作用。

1998年，菲律宾前总统拉莫斯、澳大利亚前总理霍克和日本前首相细川护熙提出建立"亚洲论坛"的构想。在中国政府的大力支持下，26个发起国的代表于2001年2月27日聚会博鳌，宣告成立博鳌亚洲论坛并通过《博鳌亚洲论坛宣言》。博鳌亚洲论坛是第一个总部设在中国的国际会议组织。论坛的成立获得了亚洲各国的普遍支持，并赢得了全世界的广泛关注。从2002年开始，论坛每年定期在中国海南博鳌召开年会。

中国自该论坛成立以来，积极参与其中，为亚洲各国的团结合作作出了不懈的努力。

2002年4月12日至13日，博鳌亚洲论坛举行首届年会，48个国家和地区的1900多名代表参加会议。时任国务院总理朱镕基出席会议并发表讲话。

2003年11月2日至3日，博鳌亚洲论坛2003年年会举行，来自30多个国家和地区的1200多名代表参加了会议。国务院总理温家宝在大会上发表了题为"把握机遇　迎接挑战　实现共赢"的演讲。

2004年4月24日至25日，博鳌亚洲论坛2004年年会举行，来自35个国家和地区的1000多名政界、工商界人士和专家学者参加了会议。国家主席胡锦涛出席并发表了题为"中国的发展 亚洲的机遇"的主旨演讲。

2005年4月22日至24日，博鳌亚洲论坛2005年年会举行，来自40多个国家和地区的1200多名政界、工商界人士和专家学者出席了会议。全国政协主席贾庆林出席会议并发表题为"推进全面合作 共建和谐繁荣的亚洲"的主旨演讲。

2006年4月21日至23日，博鳌亚洲论坛2006年年会举行，来自约40个国家和地区的850余名代表与会。国家副主席曾庆红出席会议并发表了"把握亚洲新的机会 共创世界美好未来"的主旨演讲。

2007年4月20日至22日，博鳌亚洲论坛2007年年会举行，来自36个国家和地区的1410名代表参加了会议。全国人大常委会委员长吴邦国在博鳌亚洲论坛2007年年会上发表题为"开创亚洲和平合作和谐新局面"的主旨演讲。

2008年4月11日至13日，博鳌亚洲论坛2008年年会举行，1700名来自亚洲和世界其他地区的政府官员、企业代表、专家等参加了会议。中共中央总书记、国家主席、中央军委主席胡锦涛在博鳌亚洲论坛2008年年会上发表题为"坚持改革开放 推进合作共赢"的主旨演讲。

二、参与具有一定机制的区域经济合作组织

到目前为止，中国参与的具有一定机制的区域经济合作组织有"10+3"区域合作、上海合作组织、图们江地区的次区域合作组织、澜沧江—湄公河地区的次区域经济合作。

（一）"10+3"区域合作

"10+3"区域合作是指东盟10国与中、日、韩三国的合作。"10+3"区域合作始于1997年，中国是"10+3"区域合作的重要成员，在"10+3"合作中举足轻重。在2000年第四次"10+3"会议上，中国阐明了关于"10+3"合作定位的主张，指出"10+3"可以发展成东亚区域合作的主渠道，建议逐步建立起地区金融、贸易、投资的合作框架，实

现地区经济的大融合。

（二）上海合作组织

"上海合作组织"是由"上海五国会议"发展而来的。"上海五国会议"成立于1996年4月。虽然"上海五国"会晤机制最初是以边境裁军和加强军事信任为议题，但随着时间的推移，五国关系日益密切，友好关系深入发展，经贸合作与文化交流也相继展开，它为五国合作增加了更为丰富的内容。"上海合作组织"是中国与中亚国家合作的主渠道，中国为促进"上海合作组织"的健康发展作出了重要贡献。2000年7月，在"上海五国"杜尚别会晤上，江泽民主席提出四点倡议，更加充实和完善了"上海五国"机制，即以五国元首年度会晤为核心和动力，促进各方面各领域的具体合作，从而在"上海五国"框架内形成多层次、多领域的会晤机制，逐步将五国会晤机制发展成为五国合作机制。2001年6月，中国、俄罗斯、哈萨克斯坦、吉尔吉斯斯坦、塔吉克斯坦和乌兹别克斯坦六国元首在上海举行了第六次会晤，签署了《"上海合作组织"成立宣言》，成立了"上海合作组织"。这是第一个以中国地名命名的国际合作组织。2003年9月23日，由温家宝总理主持的上海合作组织成员国总理会晤，签署了加强经济合作的条约，其最终目标是在中亚地区建立起自由贸易体制。

（三）图们江地区次区域合作组织

图们江地区次区域合作组织是东北亚地区同时并存的三个小区域经济合作圈（又被称为"增长三角"）中最重要的一个。1991年7月，联合国开发计划署（UNDP）提出一个开发图们江三角洲的计划。同年10月，UNDP召开了图们江开发会议，正式成立图们江开发项目，并成立了项目管理委员会等机构，图们江地区开发正式启动。1995年12月，中、朝、韩、俄、蒙五国就建立图们江经济开发区和东北亚开发协商委员会等问题达成三个协议，次年各签署国政府正式批准该三项协议。由此，东北亚区域经济合作利益协调机制初步建立起来，并开始投入运行。2004年7月，在长春结束的UNDP图们江区域开发项目第七次政府间协商协调会议上，

UNDP 的官员表示，UNDP 将继续发挥牵头和协调作用，促进图们江区域各国实现互利和共同繁荣。

(四) 澜沧江—湄公河地区的次区域经济合作

澜沧江—湄公河次区域腹地涉及东南亚和南亚的许多国家和地区，大约拥有 20 亿人口，是当今世界经济最具活力的地区之一，也是世界重要的战略物资补给地，有望成为 21 世纪世界和亚洲新兴的巨大市场。而我国是这个开发合作计划的核心国，当前已与湄公河沿岸各国在交通、能源、电信、环境、旅游、人力资源、贸易与投资等众多领域开展了合作。

三、参与具有实质性优惠安排的区域经济合作

中国目前参与的具有实质性优惠安排的区域经济合作组织以 FTA 为主。中国与他国（地区）组建 FTA 虽然起步较晚（进入 21 世纪以后开始起步），但发展迅速。目前，中国参与的已签协定的自贸区有：内地与港澳更紧密经贸关系安排、中国—东盟自由贸易区、中国—巴基斯坦自由贸易区、中国—智利自由贸易区、中国—新西兰自由贸易区、中国—新加坡自由贸易区、中国—秘鲁自由贸易区以及亚太贸易协定。此外，中国正在与海湾合作委员会、澳大利亚、冰岛、挪威、南部非洲关税同盟以及哥斯达黎加就组建自由贸易区进行谈判，而与韩国、印度的自贸区合作也在积极研究之中。中国参与的正在谈判的自贸区有：中国—海湾合作委员会自贸区、"10 + 1"自由贸易区和曼谷协定。

(一) 内地与港澳更紧密经贸关系安排

2003 年，内地与香港、澳门特区政府分别签署了内地与香港、澳门《关于建立更紧密经贸关系的安排》（以下简称"CEPA"），2004 年、2005 年、2006 年又分别签署了《补充协议》、《补充协议二》和《补充协议三》。CEPA 是"一国两制"原则的成功实践，是内地与港澳制度性合作的新路径，是内地与港澳经贸交流与合作的重要里程碑，是我国家主体与香港、澳门单独关税区之间签署的自由贸易协议，也是内地第一个全面

实施的自由贸易协议。

（二）中国—东盟自由贸易区

中国—东盟自贸区是我国同其他国家商谈的第一个自贸区，也是目前建成的最大的自贸区。其成员包括中国和东盟十国①，涵盖18.5亿人口和1400万平方公里。

2000年11月，我国时任总理朱镕基提出建立中国—东盟自贸区的设想，得到了东盟各国领导人的积极响应。

经过双方的共同努力，2002年11月4日，我国与东盟签署了《中国—东盟全面经济合作框架协议》，决定在2010年建成中国—东盟自贸区，并正式启动了自贸区建设的进程。

2004年1月1日，自贸区的先期成果——"早期收获计划"顺利实施，当年早期收获产品贸易额增长40%，超过全部产品进出口增长的平均水平。

2004年11月，双方签署自贸区《货物贸易协议》，并于2005年7月开始相互实施全面降税。根据我国海关统计，2007年我国与东盟贸易总额达到2025亿美元，同比增长25.9%。2008年上半年，双边贸易额达1158亿美元，同比增长25.8%。双边贸易实现了稳健、持续的增长，取得了令人满意的成果。

2007年1月，双方又签署了自贸区《服务贸易协议》，已于当年7月顺利实施。目前，双方正共同努力，争取早日完成《投资协议》的谈判，确保在2010年全面建成中国—东盟自贸区。

（三）中国—巴基斯坦自由贸易区

2005年4月，温家宝总理在访问巴基斯坦期间，与阿齐兹总理共同宣布启动中巴自贸区谈判。胡锦涛主席2006年11月访巴期间，时任商务部部长的薄熙来和巴商务部部长胡马云签署《中巴自贸协定》，双方同时

① 东盟十国包括文莱、印度尼西亚、马来西亚、菲律宾、新加坡、泰国、柬埔寨、老挝、缅甸和越南。其中，前6个国家加入东盟的时间比较早，是东盟的老成员，经济相对发达；后4个国家是东盟新成员。

宣布启动服务贸易谈判。2007年7月1日，《协定》正式生效。

（四）中国—智利自由贸易区

2004年11月18日，胡锦涛主席与智利前总统拉戈斯共同宣布启动中智自贸区谈判。2005年11月18日，在韩国釜山APEC领导人非正式会议期间，在胡锦涛主席和拉戈斯总统的见证下，双方签署《中智自贸协定》。2006年9月，吴邦国委员长访智期间，与智总统巴切莱特共同宣布自2006年10月1日起开始实施《中智自贸协定》，并正式启动服务贸易和投资谈判。

《中智自贸协定》纳入了与货物贸易有关的所有内容，包括市场准入、原产地规则、卫生与植物卫生措施、技术贸易壁垒、贸易救济、争端解决机制等，并且将经济、中小企业、文化、教育、科技、环保、劳动和社会保障、知识产权、投资促进、矿产和工业领域的合作涵盖在内。

（五）中国—新西兰自由贸易区

2008年4月7日，《中华人民共和国政府与新西兰政府自由贸易协定》在两国总理的见证下正式签署。这是中国与发达国家签署的第一个自由贸易协定，也是中国与其他国家签署的第一个涵盖货物贸易、服务贸易、投资等多个领域的自由贸易协定。目前，中新双方均已完成各自国内法律程序，《协定》已于2008年10月1日开始生效。

（六）中国—新加坡自由贸易区

2008年10月23日，在温家宝总理和新加坡李显龙总理见证下，商务部长陈德铭与新加坡贸工部长林勋强代表各自政府在北京人民大会堂签署了《中华人民共和国政府和新加坡共和国政府自由贸易协定》。同时，双方还签署了《中华人民共和国政府和新加坡共和国政府关于双边劳务合作的谅解备忘录》。

中国—新加坡自由贸易区谈判启动于2006年8月，经过8轮艰苦而坦诚的磋商，双方于2008年9月圆满结束谈判。《协定》涵盖了货物贸易、服务贸易、人员流动、海关程序等诸多领域，是一份内容全面的自由贸易协定。双方在中国—东盟自贸区的基础上，进一步加快了贸易自由化进程，拓展了双边自由贸易关系与经贸合作的深度与广度。根据《协定》，新方承诺将在 2009 年 1 月 1 日取消全部自华进口产品关税；中方承诺将在 2010 年 1 月 1 日前对 97.1% 的自新进口产品实现零关税。双方还在医疗、教育、会计等服务贸易领域做出了高于 WTO 的承诺。

《协定》的签署是中新双边关系发展历程中新的里程碑，将进一步全面推进中新双边经贸关系的发展，也将对东亚经济一体化进程产生积极影响。同时，在全球共同应对金融动荡的时刻，《协定》的签署有利于维护两国经济与贸易的稳定和增长，为维持世界经济稳定和促进贸易自由化做出积极贡献。

（七）中国—秘鲁自由贸易区

中秘自贸协定谈判始于 2007 年 9 月 7 日，国家主席胡锦涛主席在悉尼出席 APEC 领导人非正式会议期间，与秘鲁总统加西亚共同宣布启动。经过 8 轮谈判和一次工作组会议，2008 年 11 月 19 日，胡锦涛主席在对秘鲁进行国事访问期间，与加西亚总统共同宣布中国—秘鲁自贸协定谈判成功结束。2009 年 4 月 28 日中国与秘鲁两国在北京正式签署《中国—秘鲁自由贸易协定》。《协定》涵盖货物贸易、服务贸易、投资、原产地规则、海关程序、技术性贸易壁垒、卫生和植物卫生措施、争端解决、贸易救济、机构问题、知识产权、地理标识、合作等内容，是我国与拉美国家达成的第一个一揽子的自由贸易协定。

（八）亚太贸易协定

《亚太贸易协定》前身为《曼谷协定》。《曼谷协定》签订于 1975 年，是在联合国亚太经济社会委员会（简称亚太经社会）主持下，在发展中国家之间达成的一项优惠贸易安排，现有成员国为中国、孟加拉、印度、老挝、韩国和斯里兰卡。其核心内容和目标是通过相互提供优惠关税和非关税减让来扩大相互间的贸易，促进成员国经济发展。1994 年 4 月，在联合国亚太经社会第五十届年会上，我国正式宣布申请加入《曼谷协定》。从 2001 年 5 月 23 日起，中国正式成为《曼谷协定》成员国。《曼谷协定》是中国加入的第一个具有实质性优惠安排的区域贸易协议。

2005 年 11 月 2 日，在北京举行的《曼谷协定》第一届部长级理事会上，各成员国代表通过新协定文本，决定将《曼谷协定》更名为《亚太贸易协定》，并在各成员国完成国内法律审批程序后，实施第三轮关税减让谈判结果。

第十三章

中国加入 WTO 的
历程及多哈回合
谈判立场

世界贸易组织（WTO）与区域贸易协定（主要是各种自由贸易协定，也即 FTAs）是主导当前世界贸易格局的两大体制。尽管后者自 20 世纪 90 年代中后期以来发展迅猛，而前者则屡屡受挫。但不可否认的是，在两者之中，WTO 仍是主流，区域性贸易协定只能是在 WTO 多边谈判受阻背景下的次优选择。

中国自 2001 年 12 月 11 日起成为 WTO 的正式成员。中国加入世贸组织，是中国社会主义市场经济发展的内在要求，是中国积极参与经济全球化的重要体现，是中国改革开放历史进程中的重大事件，其意义不亚于当年中国恢复联合国席位。入世使我国获得了更加稳定的国际经贸环境，享受到其他国家和地区贸易投资自由化的便利，促进了中国的改革开放和经济发展，同时也为经济全球化的进一步发展注入新的生机与活力。

入世后，中国经济并没有像人们当初所担心的那样遭受巨大冲击，反而愈来愈强，经济规模和贸易规模分别由当初的全球第七和第九上升为 2008 年的第三位。

然而，回顾我们当初的入世之路，曲折坎坷之情仍历历在目。用当初中国复关/入世工作组法律专家、中国入世全部法律文件的起草者杰弗瑞·盖勒特的话来说："从来没有一个国家加入 WTO 的过程像中国这样独特，其间的曲曲折折可以写一本书。"

与中国入世几乎同时启动的 WTO 多哈回合，其谈判范围之广，谈判分歧之烈，谈判道路之曲折，牵动着世人的神经。多哈回合的一个贯穿始终的重大议题便是发展中国家的发展问题，中国作为最大的发展中国家，其在多哈回合中的立场，不仅对中国，甚至对所有发展中国家，都有着重要意义。

本章的主要目的，其一，在于回顾、梳理中国的入世进程；其二，剖析中国在多哈回合中的谈判立场。

第一节　中国加入 WTO 的历程[①]

一、中国与关贸总协定的早期历史

中国与 WTO 的渊源最早可追溯至 1947 年。该年 10 月 30 日，中国政府在日内瓦与其他 22 个缔约方一道，签署了《关税与贸易总协定》，也即 WTO 的前身 GATT。

1948 年 4 月 21 日，中国政府《关于接受 GATT 临时适用议定书的文件》，并从 1948 年 5 月 21 日正式成为关贸总协定缔约方。

1949 年 10 月 1 日，中华人民共和国成立，国民党政府退居台湾。不久，朝鲜战争爆发，冷战全面开始，新中国没能继承中国在联合国的合法席位和在 GATT 的缔约地位，而由台湾当局继续占据。

1950 年 3 月 6 日，台湾当局已无法履行其在 GATT 中的相应义务，而战时状态又使其不能在 GATT 中获取任何贸易利益，遂由其"联合国常驻

---

① 该部分参考文献主要有：张汉林：《张汉林解读中国入世》，经济日报出版社 2002 年版；
　王毅：《世纪谈判——在复关/入世谈判的日子里》，中央党校出版社 2007 年版。

代表"以"中华民国"的名义照会联合国秘书长，决定退出关贸总协定。

但是，中国政府从来没有承认台湾当局 1950 年退出 GATT 的合法性，一些缔约方也对台湾的做法提出了异议，因为新中国成立后，台湾当局退出人员不具备代表中国的合法权力。

1965 年 1 月 21 日，台湾当局提出观察总协定缔约国大会的申请，同年 3 月第 22 届缔约国大会接受台湾当局派观察员列席缔约国大会。

1971 年 11 月 16 日，第 27 届缔约国大会根据联合国大会 1971 年 10 月 25 日通过的 2758 号决议①，决定取消台湾当局的缔约国大会的观察员资格。

台湾当局被撤销 GATT 观察员资格后，没有与 GATT 再发生任何联系。至此，中国（包括台湾当局）中止了与 GATT 的联系。

由于在 1995 年 WTO 诞生之前，建立国际贸易组织宪章及 GATT 是在联合国经社理事会的管辖范围之内，GATT 的最高行政长官"执行秘书"是由联合国经社理事会国际贸易组织临时委员会的成员投票产生，而中国在 1971 年之后已是联合国的重要一员，因而使得中国虽没有恢复在 GATT 的席位，但却能在 1980 年 8 月于国际贸易组织过渡委员会投票赞同亚瑟-邓克尔先生为 GATT 秘书长。

与此同时，中国在党的十一届三中全会的指引下，开始走对内改革、对外开放之路。学术界也展开了中国是否要积极参与国际分工和国际贸易的大讨论。1982 年《红旗》杂志发表了编辑部文章《关于我国的对外经贸关系问题》，旗帜鲜明地提出"要利用两种资源——国内资源和国外资源，要打开两个市场——国内市场和国外市场，要学会两种本领——组织国内建设的本领和发展对外经济关系的本领"。再加上亚瑟-邓克尔先生当选 GATT 秘书长后，对华非常友好，多次访华，进一步促使中国领导人下决心早日恢复 GATT 席位。

---

① 1971 年 10 月 25 日联合国大会表决以 76 票赞成、35 票反对、17 票弃权的压倒多数通过了恢复中华人民共和国在联合国的一切合法权利，并立即把国民党集团的代表从联合国一切机构中驱逐出去的决议。这就是我们经常讲的联合国历史上有名的 2758 号决议。

二、为复关而进行的热身运动

其实在 1982 年之前，我国已在为恢复 GATT 席位做技术准备。1978年，我国第一次派代表团出席国际贸易中心①联合咨询组年会，与国际贸易中心建立了经常联系。

1980 ~ 1981 年，当时的对外贸易部先后 3 次派人到国际贸易中心参加 GATT 举办的贸易政策培训班，学习 GATT 的有关协定、协议及贸易理论与政策方面的知识，进一步了解 GATT 的发展和各缔约方的情况。

1982 年 9 月，中国申请在 GATT 中的观察员地位。

1982 年 11 月，中国政府获得观察员身份并首次派团列席关贸总协定第 36 届缔约国大会。从而能够出席缔约方的年度会议。

1982 年 12 月 31 日，国务院批准中国申请参加关贸总协定的报告。

同年，我国确定了复关的三原则和三要求。复关三原则包括：

（1）中国是"恢复"GATT 创始缔约国地位，而不是加入或重新加入；

（2）中国以关税减让方式为承诺条件，而不是以承担具体的进口增长义务恢复缔约国地位；

（3）中国以发展中国家的身份恢复并享受与其他发展中国家的相同待遇，承担与我国经济贸易发展水平相适应的义务。

复关的三项具体要求包括：

（1）按 GATT 原则，美国应给予中国多边无条件的最惠国待遇；

（2）根据 GATT 第四部分和东京回合"授权条款"的规定，中国应享受发达缔约国给予发展中国家的普惠制待遇；

（3）按 GATT 有关规定，欧共体应取消对中国实施的歧视性限制

---

① 国际贸易中心是同时隶属联合国贸发会议和 GATT 的国际组织，成立于 1964 年，最早是 GATT 提供贸易政策、贸易信息和贸易促进服务的机构。1968 年 1 月，联合国大会通过决议，该中心改由联合国贸发会议和 GATT 分摊正常预算、共同管理。其宗旨主要包括协助发展中国家制定有效的贸易发展战略，帮助发展中国家培训外经贸政策人才等。

措施。

此后，中国加快了向 GATT 靠拢的步伐，例如：

1983 年 12 月 15 日，中国申请加入多边纤维协定。

1984 年 1 月，中国获准加入多边纤维协定并签署了关于纺织品国际贸易的安排。

1984 年 4 月，中国获得 GATT 特别观察员的地位，从而能够出席 GATT 代表理事会的会议。

1984 年 11 月 6 日，GATT 理事会决定，中国可以参加 GATT 所有组织的会议。

1986 年 4 月 23 日，根据 GATT 第 26 条第 5 款（c）项的规定，中国香港以单独关税地区成为关税总协定缔约方。

三、一波三折的复关谈判

中国向 GATT 正式提出复关申请是在 1986 年。该年 7 月 10 日，中国驻日内瓦代表团大使钱嘉东代表中国政府正式提出申请，希望恢复中国在关贸总协定中的缔约方地位。

1986 年 9 月 15～20 日，中国出席了在乌拉圭埃斯特角城举行的 GATT 部长级会议，正式以观察员的身份全面参与了乌拉圭回合的多边贸易谈判。1986 年 10 月 27 日，中国向 GATT 提出要求，希望列席在东京回合中达成的 6 个关于非关税措施协议的专门委员会会议①，并于 1987 年 6 月获得了这些委员会的批准。

从正式递交复关申请开始，中国外经贸部及海关总署、外交部、国家计委等部门就开始按照 GATT 接纳新成员的基本程序，认真准备向 GATT 递交《中国对外贸易制度备忘录》，以供各缔约方了解中国对外经济贸易制度、相关经济政策及法规。1987 年 2 月 13 日，中国向 GATT 正式提交

---

① 这 6 大专门委员会指技术性贸易壁垒委员会、进口许可委员会、补贴与反补贴委员会、反倾销委员会、海关估价委员会、政府采购委员会。

了该备忘录。

1987 年 3 月 4 日，GATT 理事会设立了关于中国缔约方地位的中国工作组，邀请所有缔约方就中国的外贸体制提出问题和质疑。同年 7 月，GATT 任命瑞士驻 GATT 大使皮埃尔-路易斯-吉拉德先生为中国工作组主席。

1987 年 10 月 22 日，关贸总协定中国工作组第一次会议在日内瓦举行，确定工作日程。

1987 年 11 月，中国向关贸总协定正式递交了关于我国外贸体制的答疑稿。

1988 年 2 月，中国工作组举行首次会议。

1989 年 4 月 18 日至 19 日，关贸总协定中国工作组第 7 次会议在日内瓦举行，完成了对中国外贸制度的评估。

1989 年 5 月 24 日至 28 日，中美第 5 轮复关问题双边磋商在北京举行，磋商取得实质性进展。

总的来说，在此之前，中国的复关谈判都是较为顺利的。也正因如此，国际国内对中国于 1989 年底结束复关谈判普遍较为乐观。然而，随后中国复关谈判开始进入艰难曲折的第二阶段，该阶段直至 1992 年 2 月中国复关工作组第 10 次会议召开。在这一阶段，以美国为首的西方国家对华实行经济制裁，并把暂时不让中国复关作为其经济制裁的一项主要内容，加之国内经济处于治理整顿阶段，致使中国复关谈判事实上陷于停顿，甚至危及第一阶段取得的成果。

1989 年 12 月 12 日至 14 日，被推迟的关贸总协定中国工作组第 8 次会议在日内瓦举行。由于政治原因，美欧等主要发达国家缔约方故意挑刺，认为我国自 1988 年以来治理整顿的一系列经济政策是改革开放的倒退。

1990 年 9 月 19~20 日，在中国工作组第九次会议上，美欧公开向中国发难，故意刁难中国复关工作组的工作，乃至推翻工作组各缔约方近四年来所取得的谈判成果，我国的复关谈判在事实上又重新回到对贸易制度进行审议的阶段。

1991 年 10 月 15 日，中国向 GATT 提交了《关于中国外贸制度的补充文件》和"关于近两三年中国外贸制度的变化情况"，对我国对外贸易制度进行了新的注释。

同年 10 月，中国总理李鹏致函关贸总协定各缔约方首脑和关贸总协定总干事，阐明中国复关问题的立场，强调当务之急是立即举行工作会议，开始议定书实质性谈判，在与中国政府协商并取得一致前，不得成立台湾工作组。

1992 年 2 月，关贸总协定中国工作组第 10 次会议举行，中国复关谈判恢复。

1992 年 9 月 29 日，关贸总协定理事会主席根据中国与主要缔约方谈判达成的谅解，就处理台湾加入关贸总协定的问题发表声明，声明基本反映中国政府关于处理台湾入关问题的三项原则。

1992 年 10 月 10 日，中美达成《市场准入备忘录》，美国承诺"坚定地支持中国取得关贸总协定缔约方地位"。

1992 年 10 月 21～23 日，中国工作组第十一次会议举行。在会上，佟志广团长提出工作组应该在第十次会议基础上，尽快结束对中国对外贸易制度的审议，并将主要工作转为中国恢复议定书的起草和中国在 GATT 中的实质性权利与义务的谈判。中国代表团的建议和要求得到了大多数缔约方、欧共体及中国复关工作组主席吉拉德的积极支持，但由于美国的反对，最终达成的妥协是"对中国对外贸易制度的审议基本结束"，各缔约方仍有权对现存及今后可能出现的问题提出质疑。不过，在中国代表团的积极努力下，工作组的重心已转向议定书的起草，主席吉拉德也在本次会议上提出了非正式的议定书框架讨论文件——"初步综合问题清单"，并建立了议定书非正式磋商机制。

1992 年 1 月 18～2 月 23 日，邓小平到武昌、深圳、珠海、上海等地，提出社会主义也可以搞市场经济，同年 9 月党的十四大正式提出中国经济体制改革的目标是建立社会主义市场经济体制，由此解决了长期困扰我国入世谈判的经济体制问题。1992 年 11 月 9～11 日，对外经贸大学 GATT

研究会承办了"GATT 与中国"高级研讨会及高级研修班，11 月 23 日，《人民日报》发表署名文章《在对外经贸工作中按国际规则办事——论恢复我国在 GATT 中的缔约国地位》。由此，在国内掀起了一股强劲的"关贸热"，为中国复关营造了良好的国内舆论环境。

1992 年 12 月 9～11 日，中国工作组第十二次会议举行。由于中国在苏联、东欧剧变后仍继续坚持改革开放，确定建立市场经济目标，国际舆论对此持欢迎态度，使复关面临的总体国际政治环境较好。但中国仍坚持走社会主义道路让美国很难堪。由于美国态度的冷淡，中国工作组第十二次会议未能取得实质性进展。

1993 年 3 月 15～17 日，中国工作组第十三次会议举行。外经贸部副部长佟志广率中国代表团参加此次会议。在 3 天主要集中讨论"初步综合问题清单"，并就议定书内容进行了非正式磋商。此次会议透露出的一个明显的信号是在 1993 年上半年结束复关谈判基本无望。

1993 年 5 月 24～28 日，中国工作组第十四次会议举行。中国代表团团长由外经贸部副部长谷永江担任。在此次会议上，工作组主席吉拉德宣布对中国对外贸易制度的审议正式结束，重心应是复关议定书"初步综合问题清单"的讨论。会议基本完成了对"初步综合问题清单"的第一轮讨论，向议定书框架的起草迈进了一小步，表明我国复关谈判已出现取得突破性进展的前景。

1993 年 9 月 28～30 日，中国工作组第十五次会议举行。尽管中国对此次会议抱有很大希望，在农产品和非农产品关税减让方面作出了很大努力，但主要缔约方对此似乎不感兴趣，相反却从各自立场提出了更多的要求与中方进行磋商。由此，当年年底结束复关谈判近乎渺茫。

1993 年 12 月 15 日，乌拉圭回合多边贸易谈判在摩洛哥的马拉喀什结束。

1994 年，复关进入冲刺阶段。中国从最高首脑到参加复关谈判的普通公务员，都在为早日复关而进行艰辛的工作。

1994 年 2 月 21～22 日，中美第 8 轮复关问题磋商在北京举行。由于此时乌拉圭回合已经谈判成功，美国贸易政策的重心开始从多边转向双边，因而美国对此次磋商格外认真，表示准备开始与中国进行关税谈判，并重新考虑议定书的框架和内容。

1994 年 3 月 15～18 日，中国工作组第十六次会议举行。在此次会议上，中国在关税和非关税措施两方面都做了更大让步。

1994 年 4 月 12 日至 15 日，关贸总协定部长级会议在摩洛哥的马拉喀什举行，乌拉圭回合谈判结束，中国同其他 122 个缔约方一道，签署《乌拉圭回合谈判结果最后文件》和《建立世界贸易组织协议》。鉴于世界贸易组织的成立，中国表示希望成为 WTO 的创始成员国。

1994 年 5 月 1～10 日，GATT 秘书长兼 WTO 筹备委员会主席彼得-萨瑟兰先生访华，向中国政府通报了中国加入 GATT/WTO 的情况。

1994 年 6 月 29 日～7 月 1 日，中国工作组第十七次会议举行。会议就关贸总协定秘书处汇总各缔约方要求提出的一份以议定书形式起草的非正式文件进行了讨论。7 月 19 日，GATT 秘书处散发了集中第十七次中国复关工作组会议后各方所提意见的议定书非正式文件的修正案文。针对该案文，中国在一周后，也即 7 月 26 日通过秘书处散发了中方提出的复关议定书非正式案文，向各缔约方表达了中国的基本立场和谈判的基本要点。

1994 年 7 月 29～30 日，中国工作组第十八次会议举行。各方围绕议定书非正式案文展开了激烈的讨价还价。

1994 年 8 月底，中国提出改进后的农产品、非农产品和服务贸易减让表。作为解决复关问题的一揽子方案，并从 9 月至 10 月派出以海关总署关税司司长吴家煌为团长的市场准入代表团在日内瓦与缔约方进行了50 多天的谈判。

1994 年 11 月 28 日，外经贸部部长助理龙永图会见关贸总协定总干事萨瑟兰。与此同时，中国驻美国、欧共体和日本大使分别约见驻在国高级官员，通报中国政府关于复关谈判最后时限的决定。

1994 年 11 月 28 日至 12 月 19 日，龙永图率中国代表团在日内瓦就市场准入和议定书与缔约方进行谈判，谈判未能达成协议。1994 年 12 月

17~21 日，中国工作组第十九次会议举行。中国与其他缔约方未能就中国成为 WTO 创始国问题达成协议。中国政府代表团团长、外经贸部副部长谷永江在会上严厉谴责少数缔约方漫天要价，无理阻挠，致使复关谈判未能达成协议。该会议未能结束中国复关实质性谈判，中国复关未果，表示不再主动要求谈判，也不再有新的出价。

1995 年 1 月 1 日世贸组织正式成立，有 134 个成员。它取代关贸总协定，负责管理乌拉圭回合一揽子协议的实施，负责管理世界经济和贸易秩序。

1995 年 3 月 11 日至 13 日，美国贸易代表坎特访华，与外经贸部部长吴仪就复关问题达成 8 点协议，同意在灵活务实的基础上进行中国"入世"的谈判。在中国发展中国家地位问题上，美方立场有所松动，并同意在乌拉圭回合协议基础上，实事求是地解决中国发展中国家地位的问题。

1995 年 5 月 7 日至 19 日，应关贸中国工作组主席吉拉德邀请，外经贸部部长助理龙永图率中国代表团赴日内瓦与缔约方就中国复关进行非正式双边磋商。此次磋商被西方媒体称为"试水"谈判。

1995 年 7 月 1 日，WTO 决定接纳中国为该组织的观察员。

四、漫漫入世之路

1995 年 11 月，中国复关谈判转为加入 WTO 的谈判。中国政府照会世贸组织总干事鲁杰罗，把中国复关工作组更名为中国"入世"工作组。

1995 年 11 月 28 日，美方向中方递交了一份"关于中国'入世'的非正式文件"，即所谓的"交通图"，罗列了对中国"入世"的 28 项要求。

1996 年 2 月 12 日，中美就中国"入世"问题举行了第 10 轮双边磋商。中方对美方的"交通图"逐点做了反应。

1996 年 3 月 22 日，龙永图率团赴日内瓦出席世贸组织中国工作组第一次正式会议并在会前和会后与世贸组织成员进行双边磋商。

1996 年 10 月 30 日~11 月 1 日，世界贸易组织中国工作组第二次会

议在日内瓦举行。中国代表团和与会的 20 多个世贸组织成员就中国参加
该组织的议定书草案和 6 个附件进行了深入讨论。

1997 年 3 月 6 日，欧盟委员会副主席布里坦在布鲁塞尔就中国加入世
界贸易组织发表声明说，欧盟希望在年底前就中国加入该组织达成一致。

1997 年 4 月 22 日，国务院总理李鹏会见世贸组织总干事鲁杰罗，李
鹏表示，中国加入世贸组织的政策是一贯的，但对中国的要求不能超越中
国现在经济发展的水平，更不能把中国加入世贸组织的问题政治化。鲁杰
罗说，他一直关心中国加入世贸组织的进程，他将继续作出努力推动谈判
进程，使中国早日加入世贸组织。

1997 年 5 月 23 日，世界贸易组织中国工作组第四次会议召开，中国
加入世贸组织谈判获新进展。会议就中国加入世贸组织议定书中关于非歧
视原则和司法审议两项主要条款达成协议。中国代表团团长、首席谈判代
表龙永图 23 日下午在正式会议上发言时强调，中国与世贸组织成员就非
歧视原则和司法审议两项条款达成协议具有重要意义。这两项条款表明中
国愿意在对外经贸工作中遵守国际通行规则，愿意与世贸组织成员一道，
维护无条件最惠国待遇、非歧视等国际多边经贸体制中最为重要的原则。
中国愿意在权利与义务平衡的条件下，成为国际多边经贸体制中负责任的
一员。龙永图还指出，有关协议的达成将大大改善外国企业在中国贸易投
资的法律环境，降低在中国的贸易和投资成本，从而有利于中国进一步积
极、有效、合理地利用外资，促进中国对外贸易的发展。

1997 年 8 月 1 日，世界贸易组织中国工作组第五次会议举行。在这次
会议上，中国代表团团长、首席谈判代表龙永图宣布了中国政府在进一步
降低关税、消除非关税壁垒和取消农产品出口补贴等方面采取的重大步骤。

1997 年 8 月，中国入世双边谈判取得标志性成果，中国与新西兰和
韩国分别达成协议。

1997 年 10 月 13 至 24 日，外经贸部首席谈判代表龙永图副部长率
团在日内瓦与欧盟、澳大利亚、挪威、巴西、印度、墨西哥、智利等 30
个世贸组织成员进行了双边磋商，与匈牙利、捷克、斯洛伐克、巴基斯坦

签署了结束中国"入世"双边市场准入谈判协议,并与智利、哥伦比亚、阿根廷、印度等基本结束了中国"入世"双边市场准入谈判。

1997 年 10 月 26 日至 11 月 2 日,中国国家主席江泽民应邀访美,10 月 29 日在华盛顿与克林顿总统发表联合声明。在声明中中美两国认为,中国全面参加多边贸易体制符合双方的利益。为了实现这一目标,双方同意加紧关于市场准入、包括关税、非关税措施、服务业、标准、农业等问题和履行世界贸易组织原则的谈判,以便中国可以在商业上有意义的基础上尽可能早日加入世界贸易组织。重申加快中国"入世"谈判,争取尽早结束谈判。江主席还宣布了中国参加信息技术协议(ITA)的意向。

1997 年 11 月 1 日至 16 日,随同李鹏总理访日的外经贸部首席谈判代表龙永图副部长与日本外务省副外相原口就中国"入世"问题发表联合声明,重申中日双方已在服务业市场准入谈判方面取得重大进展,从而表明中日两国关于中国"入世"双边市场准入谈判已基本结束。

1997 年 12 月 1 日至 12 日,以外经贸部首席谈判代表龙永图副部长为团长的中国代表团在日内瓦出席了世贸组织中国工作组第 6 次会议,就议定书和工作组报告的绝大部分内容达成了谅解,期间还与美国、欧盟、日本、澳大利亚、巴西、墨西哥等国进行了双边磋商。1997 年 12 月 5 日,世界贸易组织中的发展中国家成员 12 月 5 日在日内瓦发表声明,一致支持中国尽早加入世贸组织。

1997 年 12 月 15 日中国与土耳其和新加坡签署了双边市场准入协议。至此,与中国签署上述双边协议的国家已有 9 个:匈牙利、捷克、斯洛伐克、日本、韩国、巴基斯坦、新西兰、土耳其和新加坡。

1998 年 3 月 28 日至 4 月 9 日,世贸组织中国工作组第 7 次会议,中国代表团向世贸组织秘书处递交了一份近 6000 个税号的关税减让表,得到了主要成员的积极评价。

1998 年 5 月 18 日至 22 日,龙永图率中国政府代表团赴日内瓦参加了多边贸易体制 50 周年大庆和世贸组织第 2 届贸易部长会议。

1998 年 6 月 17 日,江泽民接受美国记者采访时提出"入世"3 原则:

WTO 没有中国参加是不完整的；中国毫无疑问要作为一个发展中国家加入 WTO；中国的"入世"是以权利和义务的平衡为原则的。

1998 年 11 月 16 日，江泽民和美国副总统戈尔在 APEC 吉隆坡会议上会晤，双方都表示希望在 1999 年早些时候结束中美双边谈判。

1999 年 3 月 15 日，中国总理朱镕基在中外记者招待会上说："中国进行复关和入世谈判已经 13 年，黑头发都谈成了白头发，该结束这个谈判了。现在存在这种机遇。第一，WTO 成员已经知道没有中国的参加 WTO 就没有代表性，就是忽视了中国这个潜在的最大市场。第二，中国改革开放的深入和经验的积累，使我们对加入 WTO 可能带来的问题提高了监管能力和承受能力。因此，中国准备为加入 WTO 作出最大的让步。"

1999 年 4 月 6 日至 13 日，朱镕基访美。4 月 10 日，中美签署"中美农业合作协议"并就中国加入 WTO 发表联合声明，美方承诺"坚定地支持中国于 1999 年加入 WTO"。

1999 年 4 月 13 日，克林顿与朱镕基通过电话达成一致：双方应进行紧张的谈判来解决中美关于中国加入 WTO 会谈中的遗留问题。

1999 年 4 月底，美国首席谈判代表卡西迪率团来京，就双方遗留下来的问题继续谈判。

1999 年 5 月 8 日，以美国为首的北约袭击中国驻南斯拉夫大使馆，中国政府被迫中断了"入世"谈判。

1999 年 7 月 9 日，中日双方圆满结束了服务贸易谈判，加之双方已于 1997 年达成了货物贸易协议框架，至此中日已实质性结束全部双边谈判，双方对此表示欢迎。中国和日本两国政府代表团 7 月 9 日在北京发表了《关于中国加入世界贸易组织双边谈判的联合新闻公报》。

1999 年 9 月 6 日，中美恢复谈判。

1999 年 11 月 3 日，中智两国就中国加入世贸组织达成协议。外经贸部副部长孙振宇在北京与来访的智利外交部副部长马里亚诺·费尔南德斯共同签署了两国关于中国加入世贸组织问题的双边市场准入协议。智利是世贸组织成员中第一个与中国结束双边谈判的拉美国家，也是第十二个与中国正式结束谈判的世贸组织成员。

1999 年 11 月 15 日，中美关于中国加入世界贸易组织的双边协议正式签署。中国和美国在北京经过长达六天、眼看就要破裂的漫长与艰苦谈判后，11 月 15 日峰回路转，终于达成了双边协议。中国外经贸部部长石广生和美国贸易代表巴尔舍夫斯基分别代表中美双方签署了中美关于中国加入世界贸易组织的双边协议。该协议的签署，为中国"入世"扫清了最大的障碍。石广生说，双方是本着互谅互让、平等协商的精神以及"双赢"的原则，最终取得双方满意的结果。巴尔舍夫斯基说，两国达成的世贸协议将有力地稳定中美关系，推进中国的改革开放和法治，并且充分保护了美国的商业利益。

此后，中国入世进入快车道，从 1999 年 11 月 ~ 2000 年 5 月，中国分别与加拿大、巴西、斯里兰卡、古巴、乌拉圭、秘鲁、挪威、冰岛、菲律宾、印度、哥伦比亚、泰国、阿根廷、波兰、吉尔吉斯斯坦、马来西亚和拉脱维亚就中国入世问题达成双边协议。

2000 年 5 月 19 日，经过四轮艰苦谈判，并且在谈判关键时刻朱镕基总理介入，中国与欧盟终于在北京就中国加入世界贸易组织达成双边协议。外经贸部部长石广生和欧盟委员会贸易委员帕斯卡尔·拉米分别代表中欧双方签署了协议。中欧双边协议的签署，标志着中国加入世贸组织的进程又向前迈出了一步。

之后，中国又分别与澳大利亚、厄瓜多尔、危地马拉和哥斯达黎加结束双边谈判达成协议。2000 年 9 月 26 日，中国和瑞士签署关于中国加入世贸组织问题的双边协议。

2001 年 6 月 28 日 ~ 7 月 4 日，中国入世工作组第十六次会议开始入世冲刺。中国入世工作组主席吉拉德认为，此次会议就所有重要问题进行了紧张和建设性的谈判，取得了重大突破，是中国加入世贸组织的一次决定性会议。这次工作组会议后，世贸组织秘书处将实质性谈判形成的全面共识整理为具体文件。

2001 年 7 月 16 ~ 20 日，WTO 中国工作组第十七次会议召开。这次会议对中国加入世贸组织的法律文件及其附件和工作组报告书进行了磋商，并最终完成了这些法律文件的起草工作，从而为最终通过文件，结束中国工作组谈判奠定了基础。

2001 年 9 月 17 日，世贸组织中国入世工作组第十八次会议在世贸组织总部举行了正式会议。会议逐项通过了中国入世工作组报告书、中国入世议定书、货物贸易减让表草案和服务贸易减让表，并决定将这些文件提交世贸组织总理事会审议，从而标志着中国入世谈判的最后结束。

2001 年 11 月 10 日，世界聚焦卡塔尔首都多哈。多哈时间晚上 6 时 38 分，世界贸易组织第四次部长级会议主席，卡塔尔财政、经济和贸易大臣卡迈勒一锤定音，标明部长级会议以协商一致的方式批准中国入世。11 日，中国政府代表签署了加入 WTO 议定书。30 天后，也即 2001 年 12 月 11 日，中国经过 15 年的艰苦谈判，正式成为世贸组织的第 143 个成员。

第二节　中国参与多哈回合[①]谈判立场[②]

历史往往会有巧合，在 2001 年的多哈会议上，同时完成了批准中国加入 WTO 和启动新一轮多边贸易谈判两个重要的历史事件，从而使中国从加入 WTO 一开始便能以正式成员身份参加多哈回合谈判。"9·11"事

[①] 多哈回合谈判的宗旨是促进世贸组织成员削减贸易壁垒，通过更公平的贸易环境来促进全球，特别是较贫穷国家的经济发展。谈判包括农业、非农产品市场准入、服务贸易、规则谈判、争端解决、知识产权、贸易与发展以及贸易与环境等 8 个主要议题。谈判的关键是农业和非农产品市场准入问题，主要包括削减农业补贴、削减农产品进口关税及降低工业品进口关税三个部分。多哈回合谈判虽是多边谈判，但真正谈判主角是美国、欧盟以及由发展中国家组成的"20 国协调组"。

[②] 该部分较多参考了：何中：《支持多边贸易体制　推动多哈发展回合》，《WTO 经济导刊》2005 年第 12 期，第 44～46 页。佚名：《中国致函世贸组织阐述多哈回合农业谈判立场》，《新华月报·记录》2007 年第 7 期，第 27～28 页。佚名：《薄熙来孙政才阐述多哈回合农业谈判中国政府立场》，中央政府网 www. gov. cn，2007 年 5 月 22 日。

件在使美国经济遭受重创的同时，也使西方世界认识到，不能长久地忽视发展中国家的发展问题。因此，在新一轮多边贸易谈判中，给予了发展问题更多的关注。中国作为最大的发展中国家，其谈判立场不仅关系到中国自身权益的维护，也直接影响到整个发展中国家的利益。新一轮谈判自启动以来一波三折，历经磨难，但中国对于推动新一轮谈判的积极立场始终坚定不移。

一、西雅图会议：未雨绸缪，初步表明态度

尽管1999年12月的西雅图会议未能成功启动新一轮多边贸易谈判，但会议期间许多国家依然立场鲜明地表达了对于新一轮谈判的态度。中国当时虽然尚未加入WTO，但考虑到未来新一轮谈判对中国的影响，仍然表达了中方对于新回合谈判的基本立场。时任中国外经贸部部长的石广生在出席西雅图会议并作正式发言时表示，中国加入世贸组织将是对多边贸易体制的贡献，也是对新一轮多边贸易谈判的支持。对于即将启动的新一轮谈判，中国提出了五点主张：

第一，充分尊重发展中国家的经济发展目标及与之相适应的渐进的市场开放模式。

第二，发达国家应当切实履行在乌拉圭回合协议中承诺的义务，改进发展中国家的市场准入环境。

第三，制定新的贸易规则，必须有发展中国家的充分参与。

第四，加强发展中国家之间的协调，增强参与多边贸易体制的集体谈判能力。

第五，新一轮多边贸易谈判应当集中讨论与贸易有关的问题，不应当把那些与WTO职能无关的问题，如劳工标准等纳入到议程中。

中国代表进一步表示，在成为世界贸易组织成员之后，中国将根据自身的经济发展水平，为新一轮多边贸易谈判的成功作出贡献。在未来的多边贸易体制中，中国将是一个负责任和发挥建设性作用的成员。

二、多哈会议：恰逢其时，充分阐述立场

2001 年 11 月，在卡塔尔首都多哈举行的世贸组织第四次部长级会议。部长们通过了《多哈宣言》，启动了新一轮多边贸易谈判。

对于参加新一轮多边贸易谈判而言，中国的加入可以说是恰逢其时。中国政府紧急抓住这一重要历史时机，在多哈会议上充分阐述了中国对于多边贸易体制的观点以及对于新一轮谈判的总体立场。

关于多边贸易体制，中国主张正视现行多边贸易体制中存在的明显缺陷，使其更加充分地反映发展中国家的利益要求，并让所有成员平等参与、相互协商，让更多的发展中国家分享经济全球化带来的机会和利益，避免贫富差距继续扩大，避免一部分国家被边际化。

关于新一轮谈判，中国代表表示，中国政府支持在充分考虑发展中国家的利益和合理要求的基础上，发动新一轮多边贸易谈判。中国主张，新一轮谈判的目标应当是：第一，有利于建立公平、公正和合理的国际经济新秩序；第二，有利于世界经济的发展和贸易投资便利化；第三，有利于发达国家和发展中国家的利益平衡。为实现上述目标，中国提出了四个"必须"的主张：

一是必须充分考虑发展中国家相关产业的发展水平，在开放的程度和速度上给予特殊处理。

二是必须采取切实、有效的措施保证乌拉圭回合协议的实施。'

三是必须保证发展中成员的全面和有效参与，议题的确定和谈判必须在平等协商的基础上进行。

四是必须以平衡和一揽子的方式进行谈判，保障谈判结果体现各方利益的总体平衡。

三、从多哈到坎昆：充分参与，表达中方关切

从 2001 年 11 月的多哈会议到 2003 年 9 月的坎昆会议，新一轮谈判全面展开，但进展并不顺利。中国政府全面参加了多哈回合各项议题的谈

判，并且充分利用各种适当的场合表达中方对于新一轮谈判的立场和
关切。

在 2002 年 11 月 15 日于澳大利亚悉尼召开 WTO 小型贸易部长会议
上，中国外经贸部部长阐述了中国对于坎昆会议和当时谈判形势的观点，
指出坎昆会议能否取得成功关系到新一轮谈判能否如期结束。新一轮谈判
如期结束并取得平衡的结果对各方都有利，并且只有使发展中成员受益，
才能最终有利于发达成员。后来的事实证明，中国的观点是正确的。

2003 年 9 月，第五次 WTO 部长级会议在墨西哥坎昆如期召开。中国
商务部首任部长吕福源率中国代表团第一次以正式成员的身份参加 WTO
部长级会议。会议期间，为提高发展中国家在农业议题上的集体谈判力
量，中国与印度、巴西等共计 20 个成员联合组成了著名的"20 国协调
组"（G20），对谈判朝着平衡的方向发展起到了重要作用。由于成员未能
在会议期间消除分歧，特别是在农业问题上尚存在巨大鸿沟，新一轮谈判
被蒙上阴影，多哈回合谈判陷入僵局。中国代表在本届会议上全面阐述了
中方在各个谈判议题上的立场，并且特别强调了发展问题的重要性。关于
具体的谈判议题，中国代表认为，农业议题是新一轮谈判的核心问题，高
补贴、高支持、高关税的发达成员应该做出重大的实质性的减让承诺，才
有可能打破目前的僵局，从而推动整个谈判的进展。农业谈判的三个支柱
应当取得平衡进展。

非农产品的市场准入应该大幅削减关税高峰和取消关税升级，并遵循
"非完全互惠"的原则，切实保障发展中成员的利益。其他议题应统筹考
虑各成员的具体情况，特别是发展中成员的实际困难和立场。特殊和差别
待遇以及乌拉圭回合协议实施等发展中成员关切的问题应放在优先解决的
地位。关于发展问题，中国代表提出，新一轮谈判中 WTO 各成员应平等
参与，各方利益都应得到尊重和体现。在 WTO 成员中，绝大多数是发展
中成员，使发展中成员真正从谈判中受益，是多哈发展议程取得成功的基
本保障。无视这样一个重要的基本现实，只会使多哈进程更加曲折和漫
长。新一轮谈判应充分考虑包括中国在内的所有新加入成员的政府和产

业，特别是某些脆弱的产业结构调整正在面临巨大压力。要承认新成员已经做出的重要贡献，在新一轮谈判中新成员的特殊关切必须得到有效解决，这样才能体现 WTO 公平公正的原则。

由于坎昆会议的失败，多哈回合谈判不得不向后推迟。针对多哈会议与坎昆会议之间谈判进展缓慢的情况，中国提出了三点主张：第一，发达成员未能显示应有的灵活性是导致谈判进展缓慢的主要原因。因此，发达成员应承担起更大的责任，拿出更大的政治意愿，表现出更大的灵活性，优先解决好发展中成员的关注，确保它们对多边贸易谈判的有效参与和利益的实现。第二，在新一轮谈判中应充分肯定和考虑新成员在加入谈判中做出的内容广泛的承诺。这些承诺是对多边贸易体制和新一轮谈判的重大贡献。新成员不应该在新一轮谈判中被要求承担超过其经济发展水平的更多义务。第三，新一轮谈判的进展取决于全体成员的共同努力。应尊重多数成员的意愿，增强新一轮谈判的透明度，推动所有成员积极参与相关决策。

四、从坎昆到香港：实质推动，举办大连会议

坎昆会议的失败曾一度使新一轮谈判势头大减，但之后不久在成员们的推动下，谈判势头又得以恢复。经过成员们的共同努力，2004 年 8 月 1 日在日内瓦达成《多哈回合框架协议》①，为其后的谈判重新确定了蓝图，为确保香港会议取得成功奠定了基础。中国政府在积极参加其后各类谈判活动的同时，于 2005 年 7 月在大连举办 WTO 小型部长会议。大连小型部长会议对香港会议的成功召开和新一轮谈判的整体进程起到了实质性的推动作用。中国代表团在大连会议上表达了对新一轮谈判几个主要议题的基本立场：

首先是农业议题。在农业议题的市场准入方面，中方主张根据农业特

---

① 2004 年 8 月，世贸组织总理事会议上达成《多哈回合框架协议》，同意将结束时间推迟到 2006 年年底。协议明确规定美国及欧盟逐步取消农产品出口补贴及降低进口关税，为全面达成协议跨出了重要一步。

别会议主席提姆·格鲁斯散发的主席报告中的四个要素，自下而上、先易后难推进谈判，在关税削减的平均减让和非线性减让公式之间寻找一条中间道路；在国内支持方面，中方主张尽快确定对扭曲贸易的国内支持进行总体削减的层数和分层界点；在出口竞争方面，中方认为应按照美欧领导人在 G8 峰会上表态的精神，将 2010 年确定为出口补贴的最终取消时间。

其次是非农产品市场准入议题。对此，中方认为，非农谈判的核心是在削减关税的公式和系数之间寻找平衡点。中方支持巴基斯坦提出的两个不同系数的建议。同时，中方支持在给予发展中成员一定灵活性的前提下，对所有迄今尚未约束的税目进行关税约束，并适用公式继续进行减让。对于未约束税目的关税削减基期税率，各方可以墨西哥和加拿大的共同提案为基础，继续进行讨论。

再次是发展议题。中方认为，发展问题是多哈回合的核心，各成员应在所有领域中给予考虑。中国作为发展中国家，在帮助最不发达国家克服困难、扩大市场准入机会方面是与它们站在一起的，中方呼吁所有发达国家给予最不发达国家出口产品零关税和零配额待遇，同时表示中国也在尽其所能为最不发达国家的主要对华出口产品提供零关税待遇。此外，发展是所有发展中成员关注的重要问题，如果对最不发达国家以外的其他发展中国家进行进一步分类，会使整个多哈回合谈判陷入危险境地。

最后是规则议题。对此，中方坚决反对在世界贸易中滥用反倾销措施的趋势。中国作为反倾销措施的最大受害者，支持对现行协定进行澄清和改进，建议由秘书处制作提案汇编，尽快进入以文本为基础的实质性谈判阶段。

五、香港会议：立场积极，期望取得进展

2005 年 12 月 13～18 日，WTO 第六届贸易部长会议在中国香港举行。香港会议是在中国境内举办的第一次 WTO 部长级会议，中国政府对此高度重视。

在此前举行的亚太经合组织 APEC 部长会议上，中国商务部部长薄熙

来、副部长易小准和中国驻 WTO 大使孙振宇分别表达了中国对 WTO 新一轮谈判的积极态度，期望香港会议取得进展。

薄熙来说，中国对推进新一轮谈判持积极立场，有关各成员都应拿出决心来，才能推动谈判在 12 月 WTO 香港部长级会议上取得突破。在农业议题上，美欧作为发达国家，完全有能力消化削减出口补贴和国内支持带来的影响，应当采取更加积极主动的举措。

易小准表示，中方对新一轮谈判一直持积极态度。尽管目前谈判遇到比较大的困难，但各成员仍应继续努力，保持整个多哈回合谈判的雄心和水平，力争在香港会议前取得实质性进展。他强调，新一轮谈判对发展问题应给予特别关注，应作为多哈回合的"早期收获"来解决。新加入成员的特殊关切也应得到有效解决。

孙振宇认为，中国一直努力在谈判中发挥积极的、建设性作用，支持谈判尽可能地取得成果，同时中国也将根据自身的发展水平，为谈判做出力所能及的贡献。作为发展中国家，中国还希望通过谈判解决国际贸易发展不平衡的现状，特别促进发展中国家有出口利益部门的市场开放，而目前发达国家在这些领域承诺水平比较低，必须通过谈判加以解决。我国的服务贸易整体发展水平还不高，优势部门有限。中国刚刚经过加入 WTO 的谈判，开放程度已经很大，进一步开放难度很大。多哈发展议程不仅是多边贸易体制自身的需要，也是中国全面发展的需要。中国在谈判中将尽量争取获得一个平衡的结果，总的目标是和各方一道努力降低一些国家的高关税和高补贴水平，同时充分考虑到发展中国家的经济脆弱性，使它们得到应有的保护。

六、谈判中止之后：务实合作，力促谈判重启

2006 年 7 月 24 日，由于世贸组织六个关键成员方美国、欧盟、日本、澳大利亚、巴西和印度在农业及非农产品市场准入问题上僵持不下，世贸组织总干事拉米宣布全面中止多哈回合谈判，并且表示不为恢复谈判设置任何时间表。之后，谈判实质处于停滞状态。

　　正式谈判虽然中止，但各方为推动多哈回合继续前进的努力并没有停止，中国也不例外。2007年5月18日，中国商务部部长薄熙来、农业部部长孙政才联名致函世贸组织总干事拉米、总理事会主席雅各布和农业谈判委员会特别会议主席福尔克纳，就多哈回合农业谈判相关问题阐明了中国政府的立场。

　　在联名信中，薄熙来和孙政才首先感谢福尔克纳为实质恢复多哈回合多边谈判进程发挥的重要作用，特别是其亲自起草并向世贸组织成员散发了第一份"挑战性"文件，并在该文件中就农业谈判提出了个人建议。两位部长认为，福尔克纳的一些想法反映了中国和其他发展中成员的观点，比如要求有效削减扭曲贸易的国内支持，对发达成员关税采用分层削减方案等，中方对此表示赞赏。但这份文件存在的问题是，在解决发达成员和发展中成员关注的问题方面不平衡，特别是在国内支持与市场准入、市场准入中的发达成员与发展中成员的关注问题这两个方面。

　　为使文件在逐步改善的情况下成为各方能够真正接受的谈判基础，两位部长在信中强调了中方的立场：

　　必须对发达成员扭曲贸易的国内支持进行"有效削减"。长期以来，由于发达成员大量存在的扭曲贸易的国内支持，抑制了世界农产品价格，对发展中成员的农民造成了不利影响。中国有7.4亿农民，发达成员的国内支持对中国农民的生计有着重大影响，特别是发达成员给予大量补贴的小麦、棉花、大豆等产品，都是直接关系中国国计民生的大宗产品，严重损害了中国农民的利益。关于削减的幅度，中方认为，不管最终数字是多少，但一定要实质性地削减，要低于发达成员目前的实际使用水平，而不是只削减其中的水分。

　　关于关税削减公式。中方认为，福尔克纳关于市场准入的工作设想有些方面是值得赞赏的，比如对发达成员采用"20国协调组"提出的分层削减方案。但在发展中成员的分层标准和削减幅度上，中方认为福尔克纳的建议值得商榷。关税分层削减应该遵循世贸组织成员所确定的"高税多减、低税少减"的基本原则，而福尔克纳在文件中却提出了发展中成员总体"最低平均削减"的新概念，这必将对业已为多边贸易体制和贸易自由化作出突出贡献的成员造成惩罚，是"鞭打快牛"的做法，中方难以接受。

发展中成员和发达成员的关税结构不同，应该有不同的分层和削减幅度。中方认为，"20 国协调组"的公式对发展中成员的分层充分考虑了发展中成员和发达成员的关税结构差异，平衡了两者立场差距。如果将其吸收到文件中，将有利于文件进一步凝聚共识。

关于特殊产品。中方认为，多哈回合的重大进步，就是要纠正过去谈判的缺陷，对发展中成员进行补偿，使它们分享世界贸易的成果。中方认为，福尔克纳对特殊产品"灵活待遇"的解读会产生误导作用。"灵活待遇"当然不能把"免减"排除在外。如果要求特殊产品至少做出 10% 至 20% 的削减，那么特殊产品和一般产品的本质区别就难以体现，发展中成员在粮食安全、生计安全和农村发展上的目标也就难以实现。此外，中方认为，福尔克纳建议的特殊产品数量和相关成员的立场相去甚远，无法妥善解决发展中成员关注的问题，希望他对数量问题再加以认真考虑。中方认为，为推动谈判，可以开创性地讨论特殊产品的指标和数量，但在特殊产品的待遇上，必须明确要有部分产品免减、部分少减的待遇。这是许多发展中成员的共同目标，福尔克纳应认真考虑这一建议。

福尔克纳在文件中建议发展中成员考虑采用乌拉圭回合关税平均削减公式，中方认为，世贸组织成员是否采取这一做法，绝非简单问题。此外，福尔克纳提出取消包括特殊产品和三分之二削减等特殊差别待遇，以使问题简单化。中方认为，这样做的结果可能适得其反，中方希望福尔克纳能作进一步的思考。

联名信说，福尔克纳不久将向世贸组织成员散发第二份"挑战性"文件，提出解决包括新成员等议题的内容。作为新成员之一，中方非常重视新成员关注的问题是否能够有效解决。中方强烈要求福尔克纳在文件中明确提出，新成员可以享受部分产品少减、部分产品免减的待遇，以切实有效地解决新成员关注的问题，缩小新成员与其他成员间的不平衡。

　　联名信还说，多哈回合谈判取得今天的谈判势头来之不易。中方希望福尔克纳能在下一步谈判中，充分考虑各方意见，尤其是倾听发展中成员的呼声，以把握住当前稍纵即逝的机遇。中方愿一如既往地与各位主席和成员一起，按照现有授权，共同推动多哈回合谈判，尽早达成一个全面的、符合发展导向的和公平的协议。

第十四章

中国国际贸易
研究60年

第一节　中国国际贸易研究发展阶段

新中国成立 60 年来，我国的对外贸易取得了飞速的发展。目前，我国是世界第三贸易大国，这与国内经济学家们对外贸理论的积极探索密不可分。在不同的历史阶段，我国的对外贸易所处环境不同、面临的问题不同、对外贸易理论的焦点也不同。中国对外贸易理论的发展大体可以分为以下四个阶段：

一、第一阶段（1949 年至 1978 年）：改革开放以前时期

在借鉴第一个社会主义国家苏联发展对外贸易模式的基础上，我国所倡导的贸易理论与政策属于国家统制型保护贸易的理论与政策。由于这一时期西方国家长期对我国采取封锁和禁运的歧视与敌对态度，致使我国对外经济交往范围十分有限。因此，对外贸易理论的焦点并不多，主要围绕"对外贸易国民经济赢利性问题"，"社会主义国际分工问题"，介绍和批判"比较成本学说"，关于中国社会主义国民经济需要对

外贸易等展开讨论。①

在国家统制型保护贸易理论的指导下，中国对外贸易形成以下特点：国家集中垄断对外贸易；外贸经营管理权一律集中于国家和少数外贸专业公司；以计划和划分经营范围控制进出口贸易，关税没有起到调节进出口的作用；国家严格外汇管制，人民币汇率高估；国内外市场价格割裂；不与国际性的经济贸易组织交往。

二、第二阶段（1979年至1992年）：改革开放探索时期

马克思国际经济关系理论成为我国开放型贸易理论的基础。同时在邓小平理论的指引下，我国理论界摆脱了闭关自守理论的束缚，在涉外经济各方面开展了富有成果的研究。

首先，在闭关自守近30年后，学者们开始重新思索对外贸易在国民经济中的作用。不少学者提出了要重视外贸在价值交换方面的作用，要从国民经济赢利性角度看外贸，认为"调剂余缺，互通有无"的思想不能作为对外贸易的主要功能，要重新认识外贸的经济效益。学者们普遍认为对外贸易应在国民经济中发挥更重要的作用。

其次，改革开放之初，比较利益或比较优势理论引起了中国经济学界的高度重视，并就其指导中国发展对外贸易的适用性问题进行了广泛的争论与深入的探讨。争论中具有代表性的理论观点基本上有三种。第一种观点认为中国发展对外经贸应当借鉴大卫·李嘉图的比较优势理论，主张"比较成本学说"和"国际分工论"可以作为我国对外贸易的一个指导原则。第二观点认为大卫·李嘉图的比较优势的理论思想含有"合理的内核"，发展中国对外经贸可以借鉴"比较成本学说"的合理内核与科学成分，但不主张把比较成本学说作为中国发展对外经济贸易理论的指导思想。第三种观点认为"比较成本学说"过去长期给落后国家带来了灾难，

---

① 薛荣久：《50年的探索——对建国以来中国外贸理论的回顾与思考》，《国际贸易》1999年第10期。

今天仍然起着破坏性的作用。如果像中国这样落后的国家也按照比较优势原则来参与国家分工，将永远成为初级产品和劳动密集型产品的出口国。这些探讨取得了积极的成果。在理论上，比较优势理论在中国经济学界逐渐占据了主导地位，并成为中国外经贸理论界参与制定政府对外经贸政策的主要理论依据；在实践中，中国制定对外经贸发展战略和发展出口产业的政策中，基本上遵循了比较优势理论的原则。

关于中国外贸发展的战略也展开了激烈的讨论，主要围绕着采取"进口替代政策"还是"出口导向型战略"。一些学者认为，采取进口替代政策，可以较少受到国际的影响，利于安定，适合国情；可继续实行保护政策，促进民族工业的发展等等。但是另一些学者认为进口替代战略过于强调保护国内市场，无法有效利用两个市场、两种资源，必然限制外贸对国民经济发展的促进作用。因此，应加大出口导向战略的分量。20 世纪 80 年代中后期，随着对外贸易在经济发展特别是在工业发展规划中的地位提高，对外贸易发展战略与经济发展战略研究结合起来，建立和发展外向型经济成为潮流，出口导向型战略影响也在扩大。

在这个阶段，开始运用汇率、外汇留成、奖励政策、实行部分出口商品退税等办法，促进外贸出口的发展。20 世纪 80 年代中后期，中国外贸出口的迅猛发展使全世界为之瞩目。

三、第三阶段（1992 年至 2001 年）：扩大改革开放时期

随着社会主义市场经济的建立，开放型的对外贸易理论和政策进一步深入，并开始确立新型的对外贸易体制。

面对着世界经济全球化进程的加快以及中国的"复关"和"入世"，关于中国贸易自由化的进程在理论界引起了广泛的争论。如何推进中国贸易自由化进程的争论，可以归纳为 3 种观点：一种观点认为，贸易增加了国民福利，中国应当推进贸易自由化的进程。另一种观点认为，中国在推进贸易自由化的进程中，应当将贸易自由化和贸易保护结合起来，循序渐进地推进中国的贸易自由化进程。还有一种观点认为，中国应当顺应世界

经济全球化的发展趋势，但同时也应当对中国的幼稚产业和高技术产品以及关系国计民生的支柱产业实行适当、合理的保护。同时，许多学者开始使用计量经济模型定量地分析贸易自由化对我国经济的影响。尽管所采用的方法有所不同，但是研究者的结论基本都认为，贸易自由化有利于中国经济以及相关国家或地区甚至全球经济的发展。

自20世纪90年代中期开始，特别是东南亚金融危机爆发后，中国外贸出口增长缓慢，而且有的出口产品开始出现滑坡的现象。中国经济理论界再次展开了对于比较优势理论的探讨和争论。争论的焦点仍然主要集中在比较优势理论是否还能够作为中国参与当代国际经济分工、制定对外经济贸易发展战略以及发展中国外贸出口产业的主要理论依据。有学者提出了"比较利益陷阱"，认为单纯的由资源禀赋决定的比较优势在国际贸易中不一定具有竞争优势，单纯依据资源禀赋来确定自己的国际贸易结构，企图以劳动密集型产品作为出口导向，就会跌入"比较利益陷阱"。还有不少学者指出一国的资源禀赋比较优势并不等于该国产业和产品在国际市场上的竞争优势，而比较优势是竞争优势的基础，但只有将一国所拥有的资源禀赋比较优势转化为竞争优势，其产业和产品才能在国际市场上具有竞争力。这说明中国学术界开始认识到比较优势理论与竞争优势理论之间的区别，以及从比较优势向竞争优势转换的重要性。

自东南亚金融危机爆发后，中国经济学界开始对东南亚对外贸易的发展模式进行反思与探讨。主要集中在以下几个问题，中国出口导向发展战略问题，国际市场与国内市场的关系问题，我国出口产品结构问题以及对外经济开放模式问题等等。

由于服务业和服务贸易的发展滞后，中国的服务贸易研究一直落后于货物贸易研究。随着《服务贸易总协定》的签署和中国"入世"脚步的临近，越来越多的学者开始关注服务贸易的研究，并且取得了显著进展，主要围绕着我国服务业的开放与保护展开，具体到行业是否开放以及如何开放等。

四、第四阶段（2001 年至今）：全方位开放时期

加入 WTO 之后，中国的对外贸易发展规模进一步加速。理论界对我国对外贸易的发展进行更深入的思考。学者们不再局限于关注对外贸易的增长速度和规模以及对外贸易对我国经济增长速度的影响上，而上升到如何优化我国出口商品结构、经营主体结构、市场结构、如何转变外贸的增长方式以及如何由贸易大国走向贸易强国等。

中国对外贸易高速增长的同时，也带来一系列的负面影响，最突出的问题是人口、资源、环境与经济发展的矛盾。目前，中国没有完全摆脱西方发达国家"先污染，后治理"的局面。因此，如何解决贸易与环境的矛盾，保持经济的可持续性发展，理论界对贸易与环境相互之间的影响进行了深入的探讨，为制定与完善对外开放与环境保护协调发展的政策提供了坚实的理论基础。

此外，中国与主要贸易国家贸易摩擦越来越多。不仅贸易摩擦的增长速度加快，贸易摩擦的领域扩展，而且发达国家对华启动贸易摩擦的手段也多种多样，对中国外贸出口的影响也越来越大。因此，对贸易摩擦的研究逐渐成为我国对外经贸研究的重要领域。

当前，全球经济因"百年一遇"的金融危机而陷入大幅减速和深度调整，造成了我国进出口增长大幅减速，对国内经济带来了一系列的挑战。怎样度过"寒冬"，怎样抓住这一契机，对外贸进行结构调整，实现外贸与国民经济更加协调发展，是目前理论界的热点问题。

第二节 60 年国际贸易研究的焦点及进展

60 年来，我国国际贸易研究的范围很广，内容丰富，名家和成果都甚多，本书限于篇幅无法全部囊括，只能简单介绍比较集中的研究领域及

焦点问题。以下从对外贸易在国民经济中的地位和作用、贸易摩擦、国际贸易与环境、服务贸易四方面介绍新中国成立 60 年来我国对外经贸理论的研究进展。

一、关于对外贸易在国民经济中的地位和作用研究

任何一个国家在经济发展的过程中，都不可能完全脱离与世界经济的联系，尤其是在经济全球化发展的今天。因此，认识对外贸易在国民经济中的地位和作用，将有利于促进外贸的发展，促进经济的增长。

（一）党的十一届三中全会以前

国内学者关于对外贸易对国民经济作用的认识，是随着我国参与世界经济生活的深度和广度而逐渐发生改变的。从新中国成立到党的十一届三中全会之前，由于多方面的因素，我国当时没有认识到对外贸易在国民经济中的重要作用，对外贸易仅仅在国民经济中处于不甚重要的辅助地位，其主要作用是与国外互通有无，通过对外贸易换取国内不能生产的物资，实现物资的转换，是国民经济中调剂余缺的一种手段。当时的这种认识，导致了对外贸易发展比较缓慢，不能充分发挥它在国民经济中的作用。

（二）党的十一届三中全会～20 世纪 80 年代末

党的十一届三中全会作出了实行了对外开放的决策。随着对外开放的逐步深入，对外贸易在国民经济中的地位越来越重要，不少学者都提出对外贸易在我国经济发展中应处于重要的战略地位。程卫华认为对外贸易活动的目的不是调剂余缺，而是通过实现出口商品价值，转换商品使用价值，以比较成本和比较差异获取利益。[①] 对外贸易地位认识的提升，促进了我国对外贸易的发展，而对外贸易的发展又促进了国民经济的协调发展，它对于推动工农业生产、提高科技水平、扩大劳动就业都起到了一定的促进作用。

[①] 程卫华：《树立效益观念促进外贸体改》，《国际贸易》1987 年第 10 期。

（三）20 世纪 90 年代

20 世纪 80 年代末 90 年代初，国内经济改革进入调整时期，改革的重点转向国内，同时国外敌对势力影响的加强，导致了国内外贸理论的发展进入相对停滞时期。

1992 年邓小平同志南方谈话为中国未来经济的改革和发展指明了方向。党的十四届三中全会和十五大召开以后，我国对外贸易又呈现一片欣欣向荣的景象，外贸理论的研究也出现高潮。在这一阶段理论界基本达成共识，认为对外贸易是中国经济增长的发动机。陈家勤指出对外贸易使生产者有机会实行新的分工、采用新的技术，从而提高劳动生产率、促进资金的积累，不断增加一个国家的经济资源，最终促进经济的增长。[1]

不少学者还运用计量经济学的方法，实证分析了我国外贸对经济增长的拉动作用，同时大部分学者都认为外贸对经济增长的拉动作用，主要来自于出口对经济增长的贡献。李文通过建立经济增长模型，运用回归的分析方法，对中国的 1978～1994 年的数据进行实证分析，结果表明出口部门对非出口部门具有正的外部效应，出口部门要素生产率高于非出口部门要素生产率，从而出口部门对我国经济增长具有积极的促进作用。[2] 类似地，贾金全从国民经济核算体系（SNA）恒等式及其增量公式推导出外贸对经济增长的量化公式，并说明了出口对经济增长的重要意义。[3] 魏巍贤[4]通过方差分解、因果关系检验、林毅夫[5]通过联立方程组都得出出口对经济增长具有拉动作用。也有部分学者通过实证研究得出进口对经济增长的作用比较大。如刘晓鹏运用协整等方法对中国的数据进行实证分析，得出进口对经济增长具有较大的促进作用，这主要是由于进口中包含着大量的先进设备和技术，它将促进科技的进步和生产率的提高，促进经济集

---

[1] 陈家勤：《国际贸易论》，经济科学出版社 1999 年版，第 26 页。

[2] 李文：《出口对我国经济增长贡献的定量分析》，《审计与经济研究》1997 年第 5 期。

[3] 贾金全：《论外贸进出口对经济增长的作用》，《财贸经济》1998 年第 6 期。

[4] 魏巍贤：《中国出口对经济增长贡献的实证分析》，《商业研究》1999 年第 1 期。

[5] 林毅夫、李勇军：《必要的修正——对外贸易与解决增长关系的再考察》，《国际贸易》2001 年第 9 期。

约化增长程度的提高，从而导致全要素生产率的提高，最终促进经济增长率的提高。①

（四）21 世纪初

在确定了对外贸易在国民经济中的重要地位以后，国内学术界转而研究对外贸易对国民经济产生的具体影响，如出口结构、对外贸易的方式、贸易自由化等对国民经济的增长和发展所产生的具体影响。这部分的研究主要集中在 20 世纪 90 年代末到 21 世纪初。

1. 出口结构对国民经济的影响

根据比较优势理论，本国应当依据自己的资源禀赋生产具有比较优势的产品，然后出口，由此确立出口结构。但是有学者认为由此确定的出口结构，虽然在短期内能获取贸易利益，但是不利于缩短与发达国家之间的差距，在国际贸易中也不一定具有竞争优势，因此国内学者的研究从比较优势理论转向竞争优势理论。认为一个国家的竞争优势的形成关键在于能否使主导产业具有优势，而这一点又与该国的创新机制和企业的进取精神息息相关。② 在此基础上，不少学者研究了我国出口结构的变化对经济增长的作用。多数学者都认为出口结构的优化——即从以劳动密集型的初级产品的出口为主转向以资本、技术密集型的工业制成品的出口为主的转变——有利于促进经济的增长。

张燕生认为出口对我国国民经济增长的贡献度在 20 世纪 80 年代为 15% 左右，20 世纪 90 年代为 30% ~40% 以上。同时他认为出口增长的基础是国际竞争力的提高，通过扩大本国产品的生产和市场规模，增加本国的就业机会和产出增长机会，提高产品的动态国际竞争力，加速出口部门新产品和新技术的开发和引进，以及供给结构根据需求结构变化的动态调整，并将这些动态效应扩散到其他经济部门，将带动整个国民经济持续、

---

① 刘晓鹏：《协整分析与误差修正模型——我国对外贸易与经济增长的实证研究》，《南开经济研究》2001 年第 5 期。
② 洪银兴：《从比较优势到竞争优势——兼论国际贸易的比较利益理论的缺陷》，《经济研究》1997 年第 6 期。

快速、健康发展。针对中国当时的情况，他提出我国出口促进国民经济发展的作用并没有充分发挥出来，应提高出口产品的国际竞争力，加快高附加值产品出口的增长，使高附加值产品出口成为国民经济新的增长点。[①]

沈程翔运用计量经济学的方法分析了 1980～1997 年中国出口结构的变迁与多样化进程是如何影响经济增长和出口增长的。结果他发现，出口结构的调整以牺牲经济增长率为代价，出口结构的变动并没有进一步推动经济的扩张，而出口多样化的特征与经济增长率之间存在明显的负相关关系，在出口更为专业化的情况下，经济增长更为强劲。同时，出口结构的变化对出口增长具有正面的促进作用。[②]

陈仲常、刘林鹏运用协整等实证分析的方法对我国 1980～2004 年间劳动密集型产品出口和资本密集型产品出口对经济增长的贡献进行了分析，结果表明它们对经济增长都具有一定的贡献，但是在现阶段，我国处于产业结构升级换代的过程中，劳动密集型产品的出口对经济增长的贡献不大，应加强资本密集型产品的出口。[③] 类似地，马慧敏通过 VAR 模型进行实证研究，也得出技术含量高的产品的出口对经济增长具有明显的拉动作用。[④]

易力等分析了初级产品出口、工业制成品出口对经济增长的作用，认为出口商品结构优化对经济增长的促进作用在长期较明显，短期则不明显。特别是工业制成品出口有力地推动了经济的增长。原因是工业制成品的出口优化了出口商品结构，从而间接促进经济增长。同时结构的调整是一个长期的过程，对经济增长的影响也是长期的。出口商品结构调整往往需要大量引进国外优势产品促进本国出口商品质量、档次的提高，当本国

---

① 张燕生：《贸易结构调整、出口效益增长与国民经济发展》，《财贸经济》1997 年第 2 期。

② 沈程翔：《1980—1997：中国经济增长中的出口多样化进程与结构变迁》，《上海经济研究》1999 年第 6 期。

③ 陈仲常、刘林鹏：《我国工业制成品出口结构变迁对经济增长的实证分析》，《国际贸易问题》2006 年第 10 期。

④ 马慧敏：《我国出口商品结构与经济增长——基于 1989—2004 年时序数据的计量检验分析》，《国际贸易问题》2008 年第 3 期。

出口的工业制成品在国际市场上取得竞争优势以后，本国出口商品的数量会剧增，从而促进经济增长，显然它具有一定的时滞性。[①] 丁雯也得出了相同的结论。[②]

穆智蕊、杨翠红则从总量和部门层次上研究了出口结构变动对我国国民经济产生的影响。实证分析的结论指出传统出口如农业、石油和天然气开采业等在早期的作用较大，随着产业结构的调整和经济的发展，附加值较高的深加工制造业和服务业对 GDP 的贡献逐年上升。[③]

2. 贸易方式对国民经济的影响

在贸易方式方面，不少学者指出了加工贸易的缺点，如潘永源认为，加工贸易"静态贸易效应"弱，经济效益低，创汇能力不理想，是造成外贸"贫困化增长"的主要原因，加工贸易产业链短、辐射面窄，对国民经济发展的带动效应弱，它加剧了加工工业的过分膨胀和产业结构失衡，冲击了一般贸易的发展。[④]

部分学者还通过实证研究分析了贸易方式对国民经济的影响。曾卫锋通过研究认为中国非加工贸易比加工贸易具有更大更显著的国际知识溢出效应，知识在接受国是公共品的性质还是私人品的性质并不重要，重要的是贸易方式与企业接受知识的能力。因此，他提出我国今后应提高一般贸易的比重，加快加工贸易的转型升级，扭转贸易条件恶化的趋势，以便更有效地发挥对外贸易促进经济增长的作用。[⑤]

李兰、朱启荣分析了我国贸易方式转变对经济发展具有两方面的作用：一方面，加工贸易的快速发展不但增加了我国的就业，同时还产生了"技术溢出"效应和"顺差"效应，促进了我国经济的增长；另一方面，

---

① 易力、李世美、刘冰：《出口商品结构优化与经济增长相互作用的实证研究——基于我国初级产品与工业制成品出口的协整分析》，《国际贸易问题》2006 年第 9 期。

② 丁雯：《我国出口商品结构和经济增长关系的实证分析》，《国际贸易问题》2008 年第 4 期。

③ 穆智蕊、杨翠红：《出口结构及其变动对国民经济影响的分析》，《国际商务》2009 年第 2 期。

④ 潘永源：《加工贸易之我见》，《经济学动态》1999 年第 3 期。

⑤ 曾卫锋：《国际 R&D 溢出、贸易方式与中国的经济增长》，《财贸经济》2008 年第 8 期。

由于我国对加工贸易中间投入品和机器设备进口实行"保税"、"免税"等优惠政策，加工贸易进口比重的不断提高造成了国家税源不断萎缩和国民收入损失，而且它还对我国相关产业造成了一定的冲击和损害。从实证分析的结果来看，加工贸易比重的提高从总体上对我国经济增长产生了一定的不利影响。[①]

虽然加工贸易的快速发展对经济发展产生了一定的不利影响，但是有学者指出中国目前仍处于大力发展加工贸易阶段，加工贸易在相当长的一段时间内仍然具有其存在的必然性，只不过应尽快实行其转型升级。[②]

3. 贸易自由化对国民经济的影响

随着中国加入 WTO，贸易自由化提到议事日程。众多学者在此问题上进行了相关的研究。大多数学者都认为贸易自由化能促进经济的增长、人们收入水平的提高，从而促进国民福利的增长。

冯雷、黄一平利用 GTAP 模型对中国在 1995 年 APEC 大阪会议上承诺削减关税的政策结果进行了模拟分析，其结果显示：在其他 APEC 成员国同时采用贸易自由化措施时，中国经济福利增长非常明显，这主要是由于贸易扭曲被纠正以后，按照比较优势进行资源的重新配置使实际产出和福利得以增长。同时中国的经济结构调整也比较明显，在中国的贸易伙伴中，发展中国家的国际市场份额有所下降，工业化国家的纺织部门会受到一定的冲击。[③]

谢识予等分析了贸易自由化进程中的关税削减对中国经济产生的影响，他们通过对 1984～1994 年数据的实证分析表明，削减关税对进口的影响和对国内产业的冲击没有一般理论预言的那样大，对当时国内福利的影响总体并不很大，因此通过削减关税进一步推进贸易自由化，从总体上

---

① 李兰、朱启荣：《中国对外贸易方式变化对经济增长影响分析》，《价值工程》2008 年第 5 期。

② 中国社会科学院财贸经济研究所：《迈向市场经济前沿——加工贸易对我国国民经济总体作用的评价》，《国际贸易》2000 年第 9 期。

③ 冯雷、黄一平：《中国贸易自由化与实际解决结构调整》，《亚洲经济杂志》1997 年第 3 期。

代价不是很大。但是部分工业制成品，特别是其中的消费品，进口的需求价格弹性比较大，意味着削减这部分产品的关税付出的代价较大，因此在减税时应重点保护这部分产品。①

樊明太、郑玉歆通过中国可计算一般均衡模型，模拟了贸易自由化对中国宏观经济、行业和地区经济的短期比较静态影响。从宏观经济总体结果上看，中国关税削减和 APEC 贸易自由化都通过关税的变动和出口离岸价格的作用对中国宏观经济产生影响，总的来说，它导致了实际 GDP 的增长、进口价格的上升、人民币实际贬值、贸易条件的改善。因此贸易自由化对中国宏观经济的影响是利大于弊。从部门结果上看，除运输设备业外，其他部门产出都因关税的削减而增加了；除农业、电力加工业、仪器仪表业、金属采矿和食品加工业的进口下降外，其他部门都因为关税的下降而扩大了进口；除金属采矿业外，其他部门的出口都增加了。从地区结果上看，贸易自由化对中国 30 个地区的总产出都产生了促进作用，且其短期比较静态影响比较平均。不过，浙江、福建、广西增长比较快，陕西和黑龙江增长较慢。因此，他们提出中国应该加快贸易自由化进程，但不同部门由于投入结构和产出结构的不同，应采取不同的应对措施。②

王丽娟分析了贸易自由化对区域经济差距的影响。她认为贸易自由化具有产业集聚的效应，而产业集聚有利于经济的增长，促进人们收入水平的提高。相对于内陆地区而言，沿海地区由于具有突出的区位优势、雄厚的经济基础、良好的人力资本、发达便利的交通通讯设施，贸易自由化程度较大，从而导致了沿海和内陆地区的收入差距。③

郭熙保、罗知通过构造联立方程组，利用中国的省际数据分析了贸易自由化对贫困的影响。他们认为贸易自由化通过促进经济增长提高了贫困

---

① 谢识予、尹翔硕、陈晔：《削减关税对中国经济的影响：理论和实证》，《世界经济文汇》1998 年第 4 期。

② 樊明太、郑玉歆：《贸易自由化对中国经济影响的一般均衡分析》，《世界经济》2000 年第 4 期。

③ 王丽娟：《贸易自由化对中国区域经济差距的影响分析》，《世界经济研究》2005 年第 9 期。

人口的收入水平，且它对我国内陆地区贫困人口收入提高的边际作用更大。同时贸易自由化通过经济增长对减轻贫困的影响随自由化程度的加深而提高。[1]

王勤研究了东南亚国家贸易自由化的影响。他认为贸易自由化推动了进出口贸易规模的扩大、提升了货物贸易与服务的世界市场占有率，促进了产业部门尤其是制造业的出口贸易、劳动生产率和最终收入的增长，并提出在世界性和区域性贸易自由化加速发展的背景下，东南亚国家贸易自由化的进程应有所加快。[2]

新中国成立以来，国内学者逐渐认识到对外贸易在国民经济中的地位和作用是不可低估的。这种认识对我国经济建设中充分发挥对外贸易的作用具有重要的指导意义。随着理论认识的提高，对外贸易在经济中的地位也逐渐由新中国成立初的辅助地位演变为拉动经济增长的"三驾马车"之一。到目前为止，理论界已经基本达成共识，充分肯定了外贸对国民经济的拉动作用。虽然国内学者在这个问题上的研究几乎不存在争议，但是对外贸易包含的内容比较广，对国民经济作用的具体领域比较多，它们是如何发挥作用的，在这方面的研究还很不够，有待于进一步加强。比如对外贸易在国民经济结构调整中的作用、在技术进步中的作用、对外贸易改革与国民经济改革的协调等问题，都值得进一步探讨。另外，关于对外贸易对经济增长产生的作用的研究，国内学者比较多的是采用计量经济学的方法进行实证分析，但是由于实证分析中采用的方法、选取的变量以及样本时间段的不同，很可能会导致不同的结论。而对外贸易与经济增长之间的关系是变化和复杂的，研究者在研究这个问题的时候，应当首先进行详细的定性分析，定量分析只能作为补充手段。而在我国学者关于对外贸易影响经济增长的定性分析中，比较多的是借鉴国外的已有理论，缺乏自己的原创性的理论观点，这一点也是国内学者在理论研究上的缺陷。

---

[1] 郭熙保、罗知：《贸易自由化、经济增长与减轻贫困——基于中国省际数据的经验研究》，《管理世界》2008 年第 2 期。

[2] 王勤：《论东南亚贸易自由化与经济增长》，《南洋问题研究》2005 年第 1 期。

二、关于贸易摩擦研究

在当今经济全球化的进程中，关于贸易摩擦的研究是国际贸易理论研究中的一个重要方面。随着我国对外贸易持久快速的发展和贸易总量的扩大，我国与主要贸易伙伴的贸易摩擦也越来越多，对外贸易进入摩擦多发期。积极应对贸易摩擦，关系到我国对外贸易、国内就业和相关产业乃至国民经济的健康发展。因此，不少学者针对贸易摩擦问题进行了广泛而深入的研究。

（一）贸易摩擦的类型

1. 反倾销

隆国强认为中国已经成为反倾销调查的最大受害者。[①] 自1979年欧共体发起第一例对华反倾销案以来，对华反倾销案数量不断增加。从20世纪70年代，中国出口产品受到反倾销调查的数目仅有2起，到80年代平均每年6.4起。随着对外贸易量的不断增加，从20世纪90年代开始，以中国产品为调查对象的全球反倾销案数量迅速上升为平均28.5起。2000～2005年底，这个数目猛增至50.8起。近年来，中国产品遭遇的反倾销调查和起诉几乎涉及所有的出口产品。齐俊妍计算了出口倾销贸易指控指数。我国的出口倾销贸易指数在1981～2001年间平均值居于首位，而美国、日本和欧盟国家该指数却不足1。[②] 据估计，反倾销造成的损失约合我国一般贸易出口总额的5%～10%。

2. 反补贴

2004年4月，加拿大边境服务署对原产于我国的烧烤架立案，进行反倾销和反补贴合并调查，结束了我国产品在国外无反补贴调查的历史。赵玉阁认为，随着越来越多的国家承认我国的"市场经济国家"地位和我国部分产业的"市场导向产业"地位以及各国在对反倾销措施有所收

---

① 隆国强：《十大应对策略——中国直面贸易摩擦高发期》，《国际贸易》2003年第12期。
② 齐俊妍：《中国遭遇倾销和对外反倾销的指数对比分析》，《财贸研究》2006年第1期。

敛的情况下，进口国会越来越多地选择反补贴措施。① 今后针对我国的反补贴案件会大幅上升，形势非常严峻。

3. 保障措施与特别保障措施

赵晓、柳阳认为，特别保障措施案件的迅速增加成为 2004 年中国贸易摩擦的一大显著特征。② 孙赫认为，随着贸易自由化的推进，以及我国入世后各成员国对我国逐步开发市场，我国出口产品的国际竞争力逐渐增强，"特保"可能会成为继反倾销措施后对我国出口影响最大的措施。③

4. 技术性贸易壁垒（TBT）

夏有富等指出 20 世纪 70 年代在影响国际贸易的非关税壁垒中，只有 10%～30% 是技术性贸易壁垒，而进入 20 世纪 90 年代以来，这个比例急剧增加，当前世界贸易壁垒的 80% 来源于技术性贸易壁垒。近年来中国有 60% 的出口企业不同程度地受到国外技术性贸易壁垒影响，技术性贸易壁垒正在成为影响我国越来越多产品出口的重要因素。可以预见，在 21 世纪的一定时期内，TBT 将成为制约我国出口贸易发展的重要障碍。④

（二）贸易摩擦的原因

1. 外因

贸易摩擦是经济全球化、贸易自由化过程中的一个必然产物。邵来安认为，在经济全球化和自由化的过程中，国与国之间的经济联系日益加深，相互依赖性加强；与此同时，国家间发生经济摩擦的机会也大大增加。生产的全球性和统一的世界市场在客观上要求各国具有趋同的各种制度、规则，甚至文化和风俗，而这在目前和相当长的未来是不可能实现的。⑤ 因此，只要这些差异存在，国与国之间在增强相互之间的联系外，

① 赵玉阁：《警惕反补贴调查成为我国外贸出口的新障碍》，《国际贸易问题》2005 年第 5 期。
② 赵晓、柳阳：《再论中国崛起之"国际经济摩擦时代"》，《国际经济评论》2005 年第 2 期。
③ 孙赫：《世贸组织保障措施与反倾销措施的对比分析及我国的对策》，《国际商务》2005 年第 2 期。
④ 夏有富、俞雄飞、李丽：《TBT——技术性贸易壁垒发展趋势及其对中国出口贸易的影响》，《国际贸易》2002 年第 10 期。
⑤ 邵来安：《中国对外贸易摩擦问题及对策》，《经济问题探索》2005 年第 5 期。

产生摩擦是不可避免的。可以说，经济全球化和贸易自由化的过程就是国与国之间不断发生摩擦、碰撞、妥协和调整的过程。

贸易保护主义引致贸易摩擦。鞠真认为，贸易保护主义根深蒂固是贸易摩擦的根本原因。① 贸易自由化虽然已成世界的主要潮流，但贸易保护主义依然存在，有时甚至呈加剧态势。某些发达国家为了确保本国在国际市场上的既得利益和市场份额，总是依据一定的贸易保护理论，采取某些限制进口或鼓励出口的行为。尤其是发达国家在经济不景气的情况下，常以 WTO 中某些模糊性规则，打"擦边球"，设置技术性贸易壁垒，滥用反倾销和保障措施等。这些新流行的贸易保护主义政策成为国际摩擦的首要根源。

利益集团和企业的政治经济行为导致贸易摩擦。政府制定贸易政策会关注特定利益集团的福利状况。唐宜红、徐世腾在贸易政策经济学理论框架下对贸易摩擦的成因进行了分析，研究表明，一国政府出于维护国内进口或出口利益集团的目的，会选择贸易保护政策，从而引发贸易伙伴国之间在贸易政策方面的冲突，出现贸易摩擦。在政府背后的利益集团既可能是贸易摩擦的"系铃"之因，同时也可能是"解铃"之钥匙。② 梁军也认为，单纯从经济学角度解释中美贸易摩擦存在诸多困惑，必须考虑美国的利益集团压力、政府自身政治需要及对华整体战略等因素，才能对日益加剧的中美贸易摩擦给出一个较为合理的解释。③

WTO 争端解决机制的缺陷在遏制贸易摩擦的产生方面力度不够。唐宇认为，WTO 条款的模糊性给了缔约国"钻空子"的机会，导致了贸易摩擦的产生。一旦产生了贸易摩擦，WTO 的争端解决机制就应该通过集体或指定的力量来做出可信、有效的评判，有力地惩罚有关国家单方的钻空投机行为。但是 WTO 争端机制本身的缺陷实际上却可能纵容投机行为

---

① 鞠真：《入世以来的贸易摩擦：现状、原因与对策》，《经济纵横》2005 年第 6 期。
② 唐宜红、徐世腾：《政府对利益集团收入的关注与贸易摩擦的形成》，《国际贸易问题》2007 年第 6 期。
③ 梁军：《中美贸易摩擦的经济学困惑及其政治经济学解释》，《国际观察》2005 年第 4 期。

的发生。①

2. 内因

中国出口的超速增长。刘力认为，自20世纪80年代以来，中国出口高速增长，尤其是在劳动密集型产品的出口方面，增长尤其迅猛，这必然会对有关国家的国内产业造成一定的冲击，有时甚至是很严重的冲击，从而引发贸易壁垒和中外经济摩擦。②

出口商品结构不尽合理。裴长洪认为，我国加入世界贸易组织三年内，进出口总额翻了一番，世界贸易史上罕有其匹。但我国出口的产品绝大多数集中于低技术、低附加值的劳动密集型领域，靠价格低廉取胜。而且往往是一个企业开辟了某一国际市场，其他众多厂商蜂拥而至，血拼挣扎，使部分产品销售成本低于社会实际平均成本，很容易招致国外的反倾销。加上企业不熟悉国际规则，知识产权观念淡薄，这些因素都容易引起贸易摩擦。③

基于贸易政策和贸易制度差异引发的摩擦。钱学锋认为，我国现行的贸易政策、制度与迅速发展的多边贸易体制相比，仍然存在很大的差距，在公平贸易、政策透明度、市场准入、投资政策、知识产权保护、进出口政策、汇率政策、产业政策等诸多方面经常备受责难，往往成为其他国家挑起对华贸易摩擦的口实。另一方面，由于缺乏完善的贸易政策和制度，不能对外国对华歧视性行为给予有效的可信性威胁，愈加怂恿了某些国家肆意挑起对华贸易摩擦。④

国内还有一些文献从技术进步和产业结构方面对贸易摩擦的原因进行研究。如雷达、于春海（2004）研究了内外均衡、结构调整和贸易摩擦的关系；魏国学、熊启泉（2006）构造了美国进口政策模型，推导出贸易摩擦和保护是美国政府的最优选择；赵建（2004）认为，国际间产品

① 唐宇：《中国面临贸易摩擦之根源探析》，《中国社科院研究生学报》2004年第5期。
② 刘力：《当前中国面临的国际经济摩擦与对策》，《管理世界》2004年第9期。
③ 裴长洪：《我们应如何看待和应对贸易摩擦》，《学习与实践》2005年第8期。
④ 钱学锋：《经济全球化下中国的贸易摩擦问题及其解决机制》，《亚太经济》2004年第6期。

结构不相配是引发贸易摩擦的深层原因，同时各国经济政策及其国内利益集团的政治行为是使国内外产业间的矛盾外部化为国际贸易摩擦的关键。

（三）贸易摩擦的经济效应

国内关于贸易摩擦的文献主要集中于研究贸易摩擦对中国出口及对中国经济的影响。一个通常的观点认为贸易摩擦阻碍了中国商品的出口，使中国贸易所得利益减少，国内产业发展受阻，劳动力就业率降低，以至于影响整体经济增长。苗迎春认为，中美的贸易摩擦不仅破坏了双边的正常经贸关系，而且具有溢出效应，贸易摩擦的加剧往往会波及政治领域，使中美关系受到抑制性影响。[1] 吴秀敏、林坚运用国际经济学理论全面分析了技术性贸易壁垒对中国农产品出口的消极影响：短期消极影响和长期消极影响。根据影响效果的不同程度，技术性贸易壁垒对中国农产品出口的消极影响会有贸易限制、贸易禁止和贸易转移三种效应。分析表明，技术性贸易壁垒对中国农产品出口的消极影响是深刻而广泛的。[2] 向洪金通过构建一个"两国三地"的价格竞争博弈模型，理论分析了国外对华反倾销措施的贸易转移和贸易限制效应。[3] 在此基础上利用美国对华纺织品（10 位 HST 代码）反倾销案例数据，实证分析了国外对华反倾销措施对我国以及相关国家贸易模式的影响。结果表明，美国对华反倾销措施导致我国涉案产品对美国出口减少，具有负的贸易限制效应，但是在不同阶段，这种贸易限制效应有所不同；美国对华反倾销将会导致韩国、印度等竞争国同类产品对美国出口增加，即国外对华反倾销措施具有正的贸易转移效应。尹翔硕在划分两类贸易摩擦的基础上，提出中国比较优势领域的贸易摩擦对于中国的战略性影响不大，而比较劣势领域的贸易摩擦关系到中国经济的长远发展，消极效应较大。[4]

---

① 苗迎春：《中美贸易摩擦及其影响》，《当代亚太》2004 年第 3 期。

② 吴秀敏、林坚：《技术性贸易壁垒对中国农产品出口的消极影响分析》，《国际贸易问题》2004 年第 12 期。

③ 向洪金：《国外对华反倾销的贸易限制效应与贸易转移效应研究》，《数量经济技术经济研究》2008 年第 10 期。

④ 尹翔硕：《中国贸易摩擦的影响及我们的重点》，《世界经济研究》2006 年第 8 期。

与此同时，也有一些学者认为贸易摩擦也存在一定的积极效应。包小忠指出，贸易摩擦可以淘汰一些缺乏竞争力的企业和产业，从而增强中国实力。① 贾海基、李春顶认为，中国贸易摩擦的积极效应表现在：提升产业结构、刺激对外投资，引入竞争而激发技术创新，优胜劣汰以优化资源配置等。② 秦臻、祁春节采用面板数据和基于广义最小二乘法的固定效应分析了技术性贸易壁垒对中国园艺产品出口的中长期影响。他们的研究表明，国外的技术壁垒对中国园艺产品的出口影响是巨大的，阻碍作用和促进作用并存。从中长期看，促进作用大于阻碍作用，从短期来看则以阻碍作用为主。③ 王晰、宗毅君以欧盟钢铁产业为研究对象，综合运用理论分析和计量回归统计方法，分析了反倾销、反补贴与产业国际竞争力的关系。研究表明，反倾销、反补贴行为对产业国际竞争力有正向促进作用，但也存在负外部性作用如进口转移、下游成本提高、投资跨越等。在运用这些政策工具的同时要通过加强反规避、国家政策协调和完善产权界定等手段控制其外部性作用，并结合产业促进措施来有效地发挥其积极作用。④

中国作为一个贸易大国，在遭受贸易摩擦的同时，也运用合理的政策工具来维护自身的权利。国内有一些文献分析了这些政策工具的运用带来的效应。宾建成对中国首例进口新闻纸反倾销措施的执行效果进行了多方面评估，在肯定反倾销措施对新闻纸产业较好的产业救济效果的同时，指出反倾销税将减少报刊出版业的消费者剩余，使报刊出版业获得质量优良新闻纸的费用更高，不利于发展文化产业，并呼吁反倾销措施不能为了保护一些落后的上游产业的利益而削弱增长潜力较大的下游产业的竞争

① 包小忠：《中国对外贸易摩擦前瞻》，《华南师范大学学报》（社会科学报）2006年第1期。
② 贾春海、李春顶：《中国对外贸易摩擦频繁爆发之合理性研究及对策》，《国际贸易问题》2006年第7期。
③ 秦臻、祁春节：《技术性贸易壁垒对中国出口影响的实证分析》，《国际贸易问题》2008年第10期。
④ 王晰、宗毅君：《欧盟反倾销、反补贴运作维护产业国际竞争力的效果实证研究》，《世界经济研究》2009年第1期。

力。[1] 朱钟棣、鲍晓华同样认为反倾销措施的实施在保护国内受损产业的同时，会损害下游产业和消费者的利益。他们以化工行业为例，利用中国投入产出表定量分析了反倾销税价格效应对国民经济各产业部门的关联影响。研究表明我国对外反倾销涉案产品大多是中间产品，因此在反倾销措施执行中应当全面考虑包括下游产业利益在内的公共利益问题。[2] 鲍晓华、朱钟棣利用海关 4 位数和 2 位数税则号产品的细分数据，以频数比率和覆盖率为量化指标，计算了中国包括技术性贸易壁垒在内的各类进口监管措施的保护水平，并在此基础上测定技术性贸易壁垒对中国进口贸易的限制效应。研究表明，技术性贸易壁垒频数比率、进口覆盖率和进口贸易额之间是显著负相关的，说明中国目前已初步建立了内在性技术性贸易壁垒保护体系。[3] 但是，中国内生与外生技术性贸易壁垒存在明显的行业结构差异，这在某种程度上也反映了中国相对落后的技术水平，使得其和发达国家在技术性贸易壁垒实施及其经济后果上存在较大的差异。

（四）贸易摩擦化解的途径

在贸易摩擦的化解途径上，国内文献主要研究中国如何应对出口贸易中的贸易摩擦问题。

1. 政府角度

适当调整经济发展战略，着重培育国内市场。[4] 首先要摒弃"出口至上主义"。实行"出口至上"战略引发出口过度增长，加剧了国际经济摩擦；同时，"出口至上"战略还恶化了贸易条件，增加了财政负担，因此，须及时地调整我国的发展战略，适当向内需主导型转变，国内市场巨大是中国区别于其他市场经济国家的最大特点，所以应该更加关注国内市场的培育和开发，促使国内、国外两个市场的均衡、协调发展。

---

① 宾建成：《中国首次反倾销措施执行效果评估》，《世界经济》2003 年第 9 期。

② 朱钟棣、鲍晓华：《反倾销措施对产业的关联影响》，《经济研究》2004 年第 1 期。

③ 鲍晓华、朱钟棣：《技术性贸易壁垒的测量及其对中国进口贸易的影响》，《世界经济》2006 年第 7 期。

④ 姜跃春：《对中外经贸摩擦问题的若干思考》，《国际问题研究》2005 年第 3 期。

进一步深化经济体制改革。于铁流、李秉祥指出我国应继续深化经济体制改革，完善市场经济运作方式，最终成为一个真正的市场经济体，这样可以缩小中国与西方市场经济国家的体制差异。首先，政府要转变政府职能，运用符合国际惯例的手段来调控经济；其次，要加快国有企业改革，使企业成为自主经济、自负盈亏的市场主体和法人主体；最后，要深化市场建设，建立统一、开放、公平竞争的市场体系。[1]

提升出口产品结构。隆国强提出提高出口产品档次、质量与价格是减少贸易摩擦的根本出路。为此，要加大技术开发的力度，促进产业升级与产品档次的提高；继续扩大利用外资，鼓励吸收外向型的技术含量更高的外资企业；加大知识产权的保护力度，鼓励创新；严格出口管理，杜绝"假冒伪劣"商品流入境外市场。[2]

此外，聂文慧提出建立完备有效的贸易体系和政策体系，健全完善的贸易摩擦预警机制，运用区域和双边贸易安排解决贸易摩擦，还要积极参与制定多边和双边贸易规则。[3]

2. 企业角度

出口市场多元化，产品差异化，提高产品竞争力。付娟认为，通过出口市场多样化、产品差异化战略来分散市场风险、适应市场需求是减少贸易摩擦的途径之一。企业要按照市场经济的要求，建立现代化的科学的生产、经营、销售与决策管理体系以适应国际市场竞争的需要；积极开发新产品，推动产品的升级换代与技术改造，以避开与发展中国家同一档次低附加值产品的过度竞争，并保持持久的竞争力。[4]

积极"走出去"。蔡春林指出"走出去"是企业摆脱困境的重要选项之一。在经济全球化背景下，我国企业参与国际竞争的方式也应多样化。一些遭受贸易摩擦困扰较严重的企业可以选择转移生产的方式参与竞争。

---

① 于铁流、李秉祥：《中美贸易摩擦的原因及其解决对策》，《管理世界》2004 年第 9 期。
② 隆国强：《十大应对策略——中国直面贸易摩擦高发期》，《国际贸易》2003 年第 12 期。
③ 聂文慧：《应对贸易摩擦、改善贸易环境》，《中国经贸》2006 年第 4 期。
④ 付娟：《贸易摩擦日益频繁的原因与对策分析》，《东北财经大学学报》2003 年第 4 期。

比如，一些受到配额限制的产品，如果在境外生产，就可以改变原产地而绕开配额限制。"走出去"可以将贸易摩擦的风险降至最低。[①]

另外，钱学锋指出，企业在应对贸易摩擦中要增强主体意识，遇到不公平竞争时要敢于应诉和申诉，要利用利益集团的作用并在贸易谈判中善于使用可置信威胁解决摩擦。[②]

3. 行业协会的角度

刘力认为，作为一个行业所有企业的合作组织，行业协会是代表本行业企业应对国际经济摩擦的最佳"角色"。但目前中国的行业协会由于自身存在许多严重的问题而很难充分地发挥这种重要作用，因此应根据市场经济和开放经济的要求，借鉴国外的成功经验，尽早对行业协会进行彻底改革，使其真正成为独立的民间社团法人。[③]

马常娥提出要充分认识和关注第三方力量对于化解贸易摩擦的作用。王厚霜指出了公关在处理贸易摩擦中的作用。

(五) 简要评论

目前，理论界已普遍认为我国已进入贸易摩擦高发期。随着金融危机的爆发，世界经济发展放缓，贸易摩擦有增无减，新的贸易摩擦形式将不断出现，涉及的领域也越来越广，对于贸易摩擦还需要进一步深入研究。

首先，对于贸易摩擦原因的分析还只停留在宏观以及中观层面，还未深入到微观分析。虽然贸易摩擦的原因及形式呈多样性，但本质都是贸易保护主义，不同的只是保护的手段和目的以及引起保护的原因。新的保护主义形式所导致的贸易摩擦是未来的研究方向，因此，对于贸易摩擦原因的研究将更加注重微观层次的原因，也就是企业行为对于政府决策的影响，以及由此引起的贸易摩擦的过程。政治经济分析和微观企业分析是未来的研究角度和方向。

[①] 蔡春林：《中国入世后过渡期面临的贸易摩擦形式及对策》，《国际经贸探索》2007年第5期。

[②] 钱学锋：《经济全球化下中国的贸易摩擦问题及其解决机制》，《亚太经济》2004年第6期。

[③] 刘力：《当前中国面临的国际经济摩擦与对策》，《管理世界》2004年第9期。

其次，对于贸易摩擦效应的分析大多表明，摩擦不利于出口的经济福利，而对于进口国来说，也不一定会有积极的福利效应。在综合评价贸易摩擦对于总体经济的效应时，更应该从一般均衡的角度和长期经济效应出发，而不能只看短期效应和局部效应。同时，从国家层面上看，无论是发起摩擦还是应对摩擦，都不能从单个产品、单个事件去考虑，而必须从整个国家的经济福利和长远发展去考虑。

最后，对于贸易摩擦的化解途径上，国内的研究还只是停留在政策性的建议上，没有深度的理论分析和实证分析。

三、关于国际贸易与环境研究

新中国成立以后，我国经济建设逐步步入正轨，尤其是在改革开放以后，我国经济呈现快速增长的势头，对外贸易也得到迅猛发展。但是经济增长的背后，我们看到的是生态环境的恶化。由此，越来越多的人开始呼吁对环境的保护。同时，贸易与环境的关系也受到越来越多的学者的关注。一方面，贸易的发展可能对环境造成影响；另一方面，对环境保护的规则也可能对贸易的发展产生作用。如何使贸易发展和环境保护更加协调统一，成为国内学者重点研究的问题之一。

对贸易与环境的研究，国际上始于20世纪70年代，我国学者的研究稍晚一些，大概在20世纪80年代末，但是比较集中的研究在20世纪90年代末到21世纪初。国内学者对这个问题的研究主要是在国外已有的理论基础上进行的。国际上，关于贸易与环境关系的研究主要体现在Grossman和Kruger的贸易对环境产生的规模效应、结构效应和技术效应、库兹涅茨环境曲线假说、污染避难所假说、环境标准竞次假说、要素禀赋假说上。我国学者的研究主要是在这些理论的基础上进一步分析了中国的贸易与环境的关系，并进行了部分实证研究。

（一）贸易的发展对环境的影响

贸易对环境的影响可以从两方面来看：一方面，国际贸易通过促进一个国家经济的增长，实现收入的增加，从而使该国有能力增加其环境保护的投入，同时由于贸易增加了外汇收入，使该国家有能力进口国外的先进环保技术与设备，从而对本国环境质量的改善和提高起到一定的促进作用。另一方面，国际贸易也促进了各国经济规模的扩张，加速了对自然资源的开发和利用，并扩大了消费规模，从而加快了自然资源与环境退化的速度，产生一定的负面作用。如夏友富分析了盲目的出口以及进口某些废旧物品都给我国的生态环境造成了消极的影响，另外对三资企业控制不严，也导致他国将部分高污染、高能耗的产业转移到我国，从而影响我国的生态环境。[1]

赵玉焕认为贸易自由化将损害在污染工业部门具有比较优势的国家的国内环境而改善另外一些国家的环境。同时，贸易自由化带来的收益除了支付环境治理成本以外还有剩余。因此，他认为如果在贸易自由化的同时实行更严格的环境管制，就可以实现贸易发展和环境保护相协调的道路。[2]

沈亚芳、应瑞瑶则认为我国在国际贸易中具有比较优势的产业很大一部分属于污染密集产业，对环境造成严重污染：初级产品的出口导致了自然资源的日益枯竭；印染等传统劳动密集型产业的发展导致地区性的土壤污染与水污染；较低的环境标准诱发污染产业、产品和设备向我国的转移。[3]

张晓在库兹涅茨环境曲线假说的基础上，对我国 1985～1995 年的大气质量数据进行了分析，发现废气和二氧化硫的变动趋势与实际人均 GDP 呈现倒 U 型的关系，大气质量转折点位于人均 GDP1200～1500 元之间。而人均 GDP 的增长与贸易的发展又是呈现正相关的。[4]

党玉婷、万能在 Grossman 和 Kruger 研究的贸易对环境产生的规模效应、结构效应和技术效应的基础上，研究了中国 1994～2003 年间对外贸

---

① 夏友富：《中国对外开放与环境保护》，《国际商务》1994 年第 3 期。

② 赵玉焕：《贸易自由化对环境的影响》，《国际贸易问题》2003 年第 5 期。

③ 沈亚芳、应瑞瑶：《对外贸易、环境污染与政策调整》，《国际贸易问题》2005 年第 1 期。

④ 张晓：《中国环境政策的总体评价》，《中国社会科学》1999 年第 3 期。

易的环境效应，结果表明我国对外贸易对环境的技术效应和结构效应为正，但由于存在比较大的负规模效应，所以总效应为负，从而提出应当进一步降低污染密集度，强化其技术和结构效应。①

　　杨万平、袁晓玲基于 1982～2006 年间中国的 6 类环境污染指标，通过 VAR 模型的脉冲响应函数和方差分解方法，研究了对外贸易、FDI 对我国环境污染的长期动态影响。结果显示，FDI 和进口贸易有利于我国环境质量的改善，而出口贸易则恶化了我国的环境，"污染避难所"假说在我国得到实证，出口贸易是环境污染加剧的重要变量，这主要是因为我国出口的大多数是污染密集型和资源消耗型的产品。②

　　（二）环境保护对贸易的影响

　　不但贸易对环境会产生影响，对环境的保护也会反过来影响国际贸易。我国学者在这个问题上的研究主要偏重于环境保护对国际贸易产生的负面作用，尤其是对出口贸易产生的消极影响，比如出口产品的竞争力、市场准入、出口规模等。

　　倪薇芬认为环境保护主要是通过四个方面途径对贸易产生影响的：对环境保护的压力导致了许多国家的政府纷纷采取一定的贸易保护政策；各个国家不同的环境管制标准影响了某些产品的国际竞争力；在消费过程中环境保护的更加严格影响了进口贸易；环境管制的更加严格影响了产品的需求结构。③

　　张小瑜认为，虽然环境保护及标准的不同可能对竞争力产生影响，从而影响国际贸易，但是在影响竞争力的诸多因素中，环境措施只是其中之一，两者之间没有直接的对应关系。同样，环境措施对一些经济体的部分出口产品的确形成市场准入的障碍，对出口造成消极影响，但整体贸易格

① 党玉婷、万能：《贸易对环境影响的实证分析》，《世界经济研究》2007 年第 4 期。
② 杨万平、袁晓玲：《对外贸易、FDI 对环境污染的影响分析——基于中国时间序列的脉冲响应函数分析：1982—2006》，《世界经济研究》2008 年第 12 期。
③ 倪薇芬：《浅析环境管制对贸易的影响》，《国际贸易》1994 年第 4 期。

局和贸易流向尚未因此发生明显的变化。①

程名望、王莉分析了环境对国际贸易的影响，他们认为环境对国际贸易会产生两方面的作用。从积极影响上看，环境是国际贸易的基础，是开展国际贸易的前提，它使国际贸易得以存在并获得必要的资源；环境也是贸易可持续发展的基础；环境对于新的贸易市场的开发具有巨大的促进作用。从消极影响上看，环境因素导致了发展中国家贸易条件的恶化；环境标准中的绿色贸易壁垒也将影响贸易，同时环境因素导致世界贸易结构进一步失衡。②

部分学者还就环境保护对贸易的影响进行了实证分析。杨涛认为环境规制的差异对贸易将产生一定的影响：当环境规制相对变得更严时，环境规制的成本贸易效应发生作用，中国会进口更多的污染密集型产品；当环境规制变得相对较松时，中国会向发达国家出口更多的污染密集型产品。由于世界各国都有加强环境管制的趋势，在"波特假设"以及"环境规制的创新贸易效应"的作用下，适当加强环境管制虽然可能会增加污染密集型产品的进口，但是也能够有效地促进本国商品的出口，从而带来收益。③

尹显萍基于中欧环境规制的差异及近年来中欧商品贸易持续顺差的状况，对环境规制产生的影响进行了实证分析，结果表明，中欧环境规制指数与进出口指数存在比较稳定的相关性。欧盟环境规制的相对严格化使得中国污染密集型行业生产的产品在中欧贸易顺差中扮演了重要的角色，从而使我国承担了更多的环境成本。④

段琼、姜太平实证分析了环境标准对国际贸易竞争力的影响，结果发

① 张小瑜：《经受环境保护飓风的考验——与贸易有关的环境措施对贸易的影响》，《国际商务》1999 年第 2 期。
② 程名望、王莉：《环境对国际贸易的积极作用和消极影响》，《国际经贸探索》2008 年第 3 期。
③ 杨涛：《环境规制对中国对外贸易影响的实证分析》，《当代财经》2003 年第 10 期。
④ 尹显萍：《环境规制对贸易的影响——以中国与欧盟商品贸易为例》，《世界经济研究》2008 年第 7 期。

现无论是污染密集型产业还是清洁产业，国内环境政策对国家贸易竞争力有负面影响的假设都不能成立。因此他们认为发达国家要求各国的环境标准趋于一致是不现实的，更不能以所谓的生态倾销为借口，设置各种绿色壁垒。[①]

在环境保护对贸易的影响中，绿色贸易壁垒也成为学者们研究的一个重要问题。绿色贸易壁垒也称为环境壁垒，是在国际贸易中进口国以保护自然环境、生态资源以及人类和动植物的健康为由，制定一系列苛求的环境标准对来自国外的产品或服务加以限制。赵海鸥认为绿色贸易壁垒使中国外贸出口市场缩小，降低产品出口增长速度，并对出口产品的竞争力与经营效益产生影响。[②] 部分学者还就绿色贸易壁垒对我国某些特殊行业的影响进行了实证分析。如邱亦维、杨刚研究了绿色贸易壁垒对中国林产品出口的影响，他们认为由森林认证形成的消费绿色贸易壁垒成为我国林产品出口的一大隐患。由于我国林产品的生产和管理方面没有与国际标准接轨，致使各种法律绿色贸易壁垒从多方面影响我国林产品的出口，它将在一定程度上影响我国林产品的竞争力。[③]

（三）环保与贸易的协调发展

由于贸易与环保的相互影响，导致了两者之间存在一定程度的矛盾，因此环保与贸易的协调发展必然成为人们研究的课题。有的学者提出为促进环保与贸易的相互协调，环境成本内在化成为一条可供选择的途径。由于出口某些具有污染的产品具有外部性问题，它将导致市场失灵，因此必须将这种外部效应"内部化"，即内在化到这种出口商品或劳务的真实成本中去，这就是所谓的环境成本内在化理论。国内关于环境成本内在化的研究始于 20 世纪 80 年代。1984 年《公元 2000 年中国环境预测与对策研

---

① 段琼、姜太平：《环境标准对国际贸易竞争力的影响——中国工业部门的实证分析》，《国际贸易问题》2002 年第 12 期。
② 赵海鸥：《国际贸易中的环境保护与绿色贸易壁垒》，《国际商务研究》2002 年第 1 期。
③ 邱亦维、杨刚：《绿色贸易壁垒对中国林产品出口的影响及对策》，《国际贸易问题》2007 年第 5 期。

究》首次对全国环境污染损失进行估算。之后，不少学者通过建立计量模型对环境污染造成的经济损失进行了实证研究。但是，同时我们还应看到环境成本内在化通过影响比较优势、国际贸易商品结构和流向、南北贸易关系等也会对国际贸易产生影响。

赵玉焕认为环境成本内在化是协调贸易自由化与环保的有力措施，因为环境污染的根本原因不是自由贸易，而是市场失灵，为解决环境问题而设置绿色贸易壁垒将会阻碍自由贸易的发展，当环境成本内在化以后，产品成本就包括了生产成本、交易成本和环境成本，各国将据此确定自己的比较优势，从而进行国际贸易，它不但有利于保护环境，有利于公平竞争，而且还消除了由环境所造成的贸易障碍，促进贸易自由化。[1] 胡振华、杨晓明也持相同的观点，而且他们还分析了环境成本内在化对国际贸易产生的影响，虽然它能够暂时性地保护发展中国家的环境敏感性产业，但是发展中国家的出口仍然会受到限制，而且技术密集型而非环境敏感型产品的进出口将成为国际贸易的主要对象。[2]

白泉旺、俞海山分析了环境成本内在化对我国出口贸易的影响，他们认为虽然环境成本内在化会对我国出口产品的国际市场准入和竞争力产生负面影响，但是它有利于我国出口产品结构的改善和贸易产业的可持续发展。[3]

还有部分学者提出为促进环境与贸易的协调发展，应实行促进环境资源可持续发展的贸易自由化战略。如傅京燕主张通过实施"能源贸易自由化"政策、加快产业结构的战略调整、促进环保产业的发展、制定出口可持续发展战略等措施实现经济可持续发展。[4] 曹凤中也提出了类似的

---

[1] 赵玉焕：《贸易与环保相协调的途径——环境成本内在化》，《国际贸易问题》1997 年第 9 期。

[2] 胡振华、杨晓明：《环境成本内在化与国际绿色贸易》，《国际贸易问题》2001 年第 9 期。

[3] 白泉旺、俞海山：《环境成本内在化对我国出口贸易的影响及我国的对策》，《国际贸易》2008 年第 4 期。

[4] 傅京燕：《环境资源约束与我国对外贸易的可持续发展》，《国家贸易问题》2008 年第 6 期。

观点。① 在可持续发展的战略中，加强国际合作也成为一条有效的途径。以"全球伙伴"的精神参与环境和贸易发展领域的广泛合作，能促进各国的经济可持续发展，各国认真履行合作公约的各项义务，能有效地促进贸易与环保的协调发展。

（四）对环境与贸易问题研究的简要评价

从 20 世纪 80 年代末开始到目前为止，国内学者在环境和贸易问题上的研究已经经历了 20 多年。通过这一阶段的研究，我国在环境和贸易关系上的理论研究越来越深入，研究的问题也越来越广。同时，这种理论研究为现实生活中处理环境与贸易的关系打下了基础。我国从改革开放以来，经济增长十分迅速，但是为经济的增长也付出了自然资源受损的代价。而贸易的增长在一定程度上加重了这个问题。在经济发展初见成效的情况下，人们逐渐意识到这个问题，同时国际贸易中的相关规则也迫使人们必须重视这个问题。因此，理论研究的进展一方面让越来越多的人具有环保的意识，另一方面也为实践提供了一定程度的指导。

虽然如此，但是国内学者关于环境与贸易的研究还比较浅显，没有较大的突破性成果，在某些方面的研究还很不够。

首先，我国学者在此问题上的研究晚于国际上的研究，因此国内的研究完全是在国际领先成果的基础上进行的。无论是关于贸易和环境的相互影响问题，还是两者之间的协调发展问题，国外学者都是先研究了相关的理论，国内学者在此基础上再进一步分析，比较多的是结合中国的现实状况进行的分析。

其次，与国外的研究相比，国内的研究更多的在于运用计量经济学的方法进行实证分析，而国外的成果比较重视理论上的突破。从这一点上来说，我国的原创性理论严重缺乏。

再次，关于环境与贸易的协调发展问题，我国学者的研究还很不够。比如说关于环境成本内在化问题，虽然有不少学者进行了相关的研究，但

---

① 曹凤中：《寻求洁净的空间——环境、贸易与中国可持续发展》，《国际贸易》1996 年第 6 期。

是环境成本内在化在实践上还存在较多的问题。为实现环境成本内在化，必须确定环境资源的产权以及其价格，而环境资源价格的确定是实践上的难点。如何解决这个问题，值得进一步探讨。另外，环境和贸易协调发展的其他途径也值得深入探讨。

四、关于服务贸易研究

国内学者对服务贸易领域的研究始于20世纪90年代初。起初，由于中国服务贸易发展比较落后，对服务贸易理论的研究也比较粗浅，集中在对国外服务贸易理论的介绍上，如比较优势理论是否适用于服务贸易领域等。随着1995年世界贸易组织的成立，《服务贸易总协定》签订生效，我国学者关于服务贸易的研究也开始逐步深入。2002年，我国加入世贸组织，随后承诺服务贸易自由化，服务贸易快速发展。与之对应的是，理论界的研究也上了一个新的台阶。对服务贸易的研究更深入了，主要集中在中国服务贸易的现状、存在的问题以及相关对策的研究，服务贸易对经济增长的作用，我国服务贸易的国际竞争力等方面。

（一）中国服务贸易发展的现状和对策

大部分学者对我国服务贸易的发展现状进行分析，都认为我国从改革开放以来，服务贸易得到了快速的发展，但是总体水平仍然比较低，部门结构、地区结构、进出口结构发展呈现不平衡的状态，在服务贸易自由化的进程中，我国服务贸易受到的外部压力也越来越大。由此，理论界展开了对我国服务贸易发展对策的讨论，比如加快国内服务产业的发展、加快与其他国家之间的国际合作等。

丁维香在1995年对我国服务贸易的发展现状进行了分析，指出虽然改革开放以来我国服务贸易的发展取得了长足的进步，但是从总体水平来看，仍然与许多发达甚至发展中国家存在很大的差距。他提出要促进我国服务贸易的发展，首先要加快国内服务业的发展。[①]

---

① 丁维香：《我国服务贸易现状与发展方向》，《国际贸易》1995年第5期。

柯缇指出在 20 世纪 90 年代中后期我国服务贸易虽然在越境交付、境外消费、商业存在、自然人流动等方式上的开放都有所加深，但是由于受到国外发达的服务贸易的竞争，以及我国服务业自身发展水平落后、经营机制不合理、市场秩序较混乱等因素的影响，服务贸易对外开放受到了一定程度的限制。同时他提出应建立国际服务贸易管理体制，依法管理服务业、逐步开放我国服务业市场。[①]

王国安、杨军安运用服务贸易竞争力指数对我国服务贸易的现状进行了分析，认为我国服务贸易在迅速发展的同时，在世界市场中的份额比较小，总体竞争力比较低，结构不合理，新兴行业比重偏低。他们提出应该对我国的服务贸易采取扶持的政策、积极参与双边、多边合作、加强对人才的培养等，以促进服务贸易的发展。[②]

崔日明、刘利民认为我国服务贸易目前存在的问题主要表现为与货物贸易发展不平衡、持续逆差、比较优势缩小、传统服务贸易部门与现代服务贸易部门发展不均衡。他们提出应大力发展国内服务业、扩大国际经济合作、逐步开放国内服务贸易市场等对策来加大服务贸易的开放度。[③]

赵景峰、陈策运用了总量回归的方法对我国服务贸易的总量进行了经验分析，从而得出第三产业的发展、货物贸易的发展和外国直接投资对我国服务贸易总量增长都具有促进作用，同时还就中国服务贸易的结构变化进行了分析，从而说明其结构不合理，增长方式落后，传统优势不明显，现代服务业发展滞后，总体竞争力差。[④]

（二）服务贸易保护问题

从总体上来看，与发达国家相比，我国服务贸易的发展水平还比较低，尤其是在加入世界贸易组织之前。因此，在这一时期，理论界有不少

---

① 柯缇：《逐步开放我国服务业市场的战略措施》，《国际经济合作》1997 年第 5 期。
② 王国安、杨军安：《我国服务贸易现状分析》，《国际贸易问题》2005 年第 9 期。
③ 崔日明、刘利民：《加大开放力度——我国服务贸易面临的矛盾和问题》，《国际贸易》2005 年第 12 期。
④ 赵景峰、陈策：《中国服务贸易：总量和结构分析》，《世界经济》2006 年第 8 期。

人主张对服务贸易应实行适度保护的政策。加入世界贸易组织以后，我国面临着服务贸易自由化。学者们转而研究服务贸易壁垒所带来的成本。

张建民针对我国服务业总体发展水平不高的情况，提出在一定时期内应对服务贸易的市场准入实行适度保护，有步骤地对外开放国内服务业。同时他还对适度保护的衡量指标进行了探讨。①

王小梅利用 FTAP 模型数据库中的数据分析了服务贸易壁垒的成本，同时也比较了消除服务贸易壁垒后的一般均衡效应。结果表明，服务贸易壁垒对各个国家几乎所有部门的价格和产出都会产生影响。对于服务贸易壁垒比较低的国家，服务贸易自由化可以带来其他产业的连锁发展效应，而服务贸易壁垒比较高的国家，尤其是中国，从中获益最多的是服务部门。②

（三）服务贸易的竞争力

由于目前我国服务贸易从总体上看，水平仍比较低，所以为促进我国服务贸易的发展，了解其国际竞争力水平成为制订发展战略的重要前提。由此，理论界展开了对我国服务贸易国际竞争力的研究。部分学者在分析影响一个国家服务贸易竞争力的因素以后，采用各种指标对我国服务贸易竞争力进行行业分析，从而得出在部分劳动密集型的服务业中，我国具有一定的竞争力，如旅游，而在资本和知识技术密集型的服务业中，我国的竞争力十分薄弱，如金融等。

李怀政认为我国服务贸易国际竞争力较低，呈现国际市场占有率低、贸易专业化水平下滑、服务贸易出口结构不合理的状况，提出应该从政府孵化、战略管理、产业政策的角度提高整体竞争力。③

万红先通过国际市场占有率以及贸易竞争力指数对入世以来我国服务贸易的整体和各行业的国际竞争力进行实证分析，得出我国服务贸易整体

---

① 张健民：《服务贸易适度保护初论》，《国际贸易问题》2000 年第 5 期。
② 王小梅：《服务贸易壁垒的经济学分析》，《世界经济研究》2005 年第 6 期。
③ 李怀政：《我国服务贸易国际竞争力现状及国家竞争优势战略》，《国际贸易问题》2003 年第 2 期。

国际竞争力较低而且还有下降的趋势的结论，行业竞争力中旅游服务业具有一定的比较优势，而运输、保险、专有权使用费和特许费、咨询、电影音像等竞争力比较低，建筑和通讯的国际竞争力得到了提高，而金融服务业的竞争力却在减低。[1] 王庆颖[2]、赵放、冯晓玲[3]也曾运用"显性"比较优势指数和贸易专门化指数对我国服务贸易竞争力进行分析，得出了类似的结论。

贺卫、伍星、高崇用服务贸易出口额来衡量一国服务贸易的国际竞争力，同时通过回归分析得出结论，认为人力资本对提高我国服务贸易国际竞争力具有最大的影响力，其次是城市化因素，最后是外商直接投资。[4]

丁平通过构建模型分析了影响一个国家服务贸易竞争力的主要因素，包括服务业发展水平、FDI、货物出口额、服务市场开放度、国内消费水平。同时他通过计量模型测算了部分因素对中国服务贸易竞争力的影响，得出结论认为服务业的就业人数、服务市场开放度和国内消费水平对中国服务出口的促进作用较大。[5]

殷凤、陈宪采用常斜率变截距固定效应模型，对14个主要服务贸易经济体1990~2005年的面板数据进行实证分析，研究了影响国际服务贸易的影响因素，结果表明GDP、人均国民收入、服务业的发展水平、货物贸易的发展规模以及服务开放度与服务贸易的发展都具有显著关系。同时，他们从国际市场占有率、服务出口占贸易出口的比重、服务贸易竞争优势和显示比较劣势等方面对我国和世界主要服务贸易国家进行了比较研究，认为我国服务贸易整体竞争力还比较低，优势主要集中在传统的劳动和资源密集型行业，知识、技术密集型服务业的比重比较低，劣势非常明

[1] 万红先：《入世以来我国服务贸易国际竞争力变动分析》，《国际贸易问题》2005年第5期。
[2] 王庆颖：《中国服务贸易的国际竞争力实证分析》，《世界经济研究》2005年第1期。
[3] 赵放、冯晓玲：《中美服务贸易国际竞争力比较分析——兼论中国服务贸易结构性失衡》，《世界经济研究》2007年第9期。
[4] 贺卫、伍星、高崇：《我国服务贸易竞争力影响因素的实证分析》，《国家贸易问题》2005年第2期。
[5] 丁平：《中国服务贸易国际竞争力的影响因素分析和对策研究》，《世界经济研究》2007年第9期。

显，货物贸易对服务贸易的带动作用没有充分发挥出来。①

（四）服务贸易对经济增长的贡献

近些年来，随着我国服务贸易的发展，它在经济中的作用也日益受到人们的关注。由此不少学者采用协整、误差修正模型、脉冲响应函数等计量经济学方法对我国服务贸易在经济增长中发挥的作用进行研究。多数实证研究的结果都表明，服务贸易对我国经济增长具有一定的促进作用，但是总体而言其在国民经济中的比重还比较小，对经济增长的贡献也比较低。其中关于服务贸易出口与服务贸易进口，哪一个对经济增长的作用更大，国内学者对该问题上的观点存在分歧。部分学者还研究了服务贸易促进经济增长的路径，不少人认为服务贸易通过人力资本积累、技术进步等因素促进国民经济的增长，并且在实证研究中获得了一定的证据。

潘爱民运用协整和误差修正模型，对中国服务贸易进口、出口与经济增长之间的关系进行了研究，结果发现服务贸易进口、出口与经济增长之间存在一个长期稳定的均衡关系，他们对经济增长都起到一定的促进作用，且服务贸易进口对经济增长的促进作用大于出口，说明我国通过引进国外先进的技术和管理经验对经济的发展具有巨大的推动作用，同时也说明我国服务贸易总体竞争力水平比较低。而短期中服务贸易进口的波动对我国经济增长变化的影响比较明显。② 李平、梁俊启的实证分析也得出了类似的结论。③ 尚涛、郭根龙、冯宗宪运用 VAR 模型的脉冲响应函数法与方差分解法也得出了相似的结论，只是他们认为服务贸易出口对经济增长的促进作用大于进口。④

唐保庆、黄繁华通过对中国的实证研究考察了国际货物贸易和国际

① 殷凤、陈宪：《国际服务贸易影响因素与我国服务贸易国际竞争力研究》，《国际贸易问题》2009 年第 2 期。
② 潘爱民：《中国服务贸易开放与经济增长的长期均衡与短期波动研究》，《国际贸易问题》2006 年第 2 期。
③ 李平、梁俊启：《我国不同部门服务贸易对经济增长的影响》，《国际贸易问题》2007 年第 12 期。
④ 尚涛、郭根龙、冯宗宪：《我国服务贸易自由化与经济增长的关系研究——基于脉冲响应函数方法的分析》，《国际贸易问题》2007 年第 8 期。

服务贸易对经济增长产生影响的不同路径，结果发现，货物贸易主要是通过物质资本积累和技术进步促进经济增长，而服务贸易除此路径以外，还通过人力资本积累和提高市场化程度来促进经济增长，而且技术和知识密集型的服务贸易比劳动密集型的服务贸易更加有利于经济的增长。[1]

熊启泉、张琰光根据出口扩展型总量生产函数，利用中国 1982～2006 年的样本数据，分析了中国服务贸易对经济增长的贡献率。结果发现，中国服务贸易总体对经济增长的平均贡献率为 18.90%，其中服务贸易出口比进口对经济增长的贡献更大。从他们研究的结果来看，中国服务贸易对经济增长的贡献是比较低的，也说明了我国服务贸易有待于进一步发展。[2]

董有德、马力对我国旅游、运输和其他服务贸易部门 1982～2006 年数据进行实证分析，研究这些不同的服务贸易部门对经济增长的作用机制。他们通过研究认为服务贸易通过增加人力资本、加速制度改革和技术进步的途径来促进人均产出的增长。而且从中国目前的情况分析，三个不同部门中，旅游服务贸易对经济增长的促进作用最明显，运输服务贸易最不明显。同时由于粗放型的增长方式的作用，服务贸易通过促进人力资本的增加来促进经济增长还很不明显。[3]

国内学者对服务贸易的研究除了主要集中于以上四个方面以外，对服务贸易的其他问题也进行了探讨。如蔡洁、蒙英华通过构建复利收益模型，将服务贸易自由化和货物贸易自由化的收益进行比较，从而得出服务贸易自由化的收益较大的结论。[4] 唐宜红、林发勤分析了服务贸易在促进

① 唐保庆、黄繁华：《国际贸易结构对经济增长的影响路径——基于货物贸易与服务贸易的比较分析》，《世界经济研究》2008 年第 9 期。
② 熊启泉、张琰光：《中国服务贸易对经济增长的贡献——基于 1982—2006 年数据的实证分析》，《世界经济研究》2008 年第 11 期。
③ 董有德、马力：《我国不同部门服务贸易对经济增长的影响机制研究——基于 1982—2006 年数据的实证分析》，《世界经济研究》2009 年第 2 期。
④ 蔡洁、蒙英华：《贸易自由化福利收益模型和我国服务贸易发展的现实选择》，《国际贸易问题》2007 年第 5 期。

我国外贸增长方式转变中的作用，主要通过优化我国的整体对外贸易结构、提高货物贸易的技术含量，促进其向集约化增长方式转变。① 方慧通过实证分析，研究了服务贸易通过跨境服务和商业存在服务等途径对我国服务业存在技术溢出效应，从而提高服务业的生产效率。②

（五）对中国服务贸易研究的简要评价

从中国国内学者对服务贸易研究的进展可以看到，它是与我国服务贸易的实践发展紧密相连的。在中国服务贸易发展比较落后的初期，国内对服务贸易理论的研究也比较浅显，主要在于引入国外的相关理论。随着世贸组织的成立，服务贸易领域受到更多的关注。理论界对于服务贸易在国民经济中的地位和作用、服务贸易的国际规则和发展趋势、中国服务贸易的发展的前景等问题越发关注。这方面的研究为中国加入世界贸易组织和服务贸易自由化提供了一定的理论依据。2002 年，中国加入世界贸易组织。国内学者在借鉴国外先进理论的同时，对中国服务贸易的竞争力、对经济增长的作用等问题进行实证分析，从而为未来中国服务贸易的发展提供一定的政策依据。

虽然中国服务贸易研究为中国服务贸易的实践奠定了一定的理论基础，但是同时我们应该看到，这种研究还处于初期，目前还不能完全满足实践的需要。由于服务贸易是一种新兴的国际贸易方式，它所涉及的具体的领域比较广，随着实践的逐步深入，越来越多的问题也将显现出来，比如服务贸易的统计、监管、立法以及对国家安全的影响等方面的问题。尤其是在中国服务贸易不太发达的情况下，服务贸易理论的研究缺乏相应的基础，因此在一些新暴露出来的问题上，理论研究还很不全面，深度不够。同时理论研究的匮乏又反过来影响了实践的快速发展。所以在服务贸易领域中的理论研究，国内学者还有待于进一步深化。具体来说，主要在

---

① 唐宜红、林发勤：《服务贸易对中国外贸增长方式转变的作用》，《世界经济研究》2009 年第 3 期。
② 方慧：《服务贸易技术溢出的实证研究——基于中国 1991—2006 年数据》，《世界经济研究》2009 年第 3 期。

以下几个问题有待于深入研究：

1. 服务贸易统计问题

准确的统计是进行服务贸易研究和政策选择的基础，因此服务贸易统计随着服务贸易的发展而变得越来越重要。在《服务贸易总协定》签订以后，国际服务贸易涵盖的范围更为宽泛了，由此，2002 年的《国际服务贸易统计手册》提出了基于所有权原则的"国外分支机构服务贸易统计"（FATS 统计）。而中国的 FATS 统计起步比较晚，在这方面的研究也比较少，以前是采用 BOP 统计体系，如何使 FATS 统计与 BOP 统计协调起来，将成为进一步研究的课题。

2. 服务贸易监管问题

由于服务贸易具有无形性的特征，因此对服务贸易进行监管具有一定的难度。而从我国目前的现状来看，服务市场还不太规范，服务业发展也不够充分，服务贸易发展水平还比较低，因此对服务贸易进行监管就更有必要，它能有效地保护国内服务业免受不正当的竞争。国内学者在服务贸易监管方面的研究成果还比较少，对实践的指导还有待于理论的加强。

3. 服务贸易立法问题

服务贸易的发展需要严格的法律法规作保障。而目前我国对服务贸易的有效管理体制还没有完全建立，很多重要的服务部门都没有具体的立法或者立法不完备，这很有可能影响我国服务业的发展和经济安全。如何针对服务贸易的特征，制定法律法规，使对服务贸易的管理更加规范，成为一个重要的问题。它也将成为学者们有待于进一步研究的课题。

4. 服务贸易与国家安全问题

随着服务贸易的发展，服务贸易在国民经济中的地位也将越来越重要，它对国家安全也会产生一定的影响，而且它比商品贸易更多地涉及国家安全问题。国际服务贸易带来大量先进技术信息的现代化服务的同时，也可能带来各种危及国家安全的负面影响。比如取消对外国投资的某些限制要求，对本国金融服务市场的稳定和安全将构成潜在的威胁。如何结合服务贸易的自身特征，处理好它与国家安全的关系至关重要。由于目前我国服务贸易还不是特别发达，在国民经济中的作用也相对弱一些，因此在这方面的研究几乎还是空白，这也是未来理论研究的一个方向。

附录：

中国对外贸易60年
大事记

1949 年

3 月 5 日　毛泽东主席在中共七届二中全会上的报告中指出：人民共和国的国民经济的恢复和发展，没有对外贸易的统制政策是不可能的，对内的节制资本和对外的统制贸易，是这个国家在经济斗争中的两个基本政策。

9 月 29 日　中国人民政治协商会议第一届全体会议通过了《中国人民政治协商会议共同纲领》，其中规定，"实行对外贸易的管制，并采用保护贸易的政策"；"中华人民共和国可在平等和互利的基础上，与各外国的政府和人民恢复并发展通商贸易关系"。

10 月 19 日　中央人民政府委员会第三次会议通过成立中央贸易部。任命叶季壮为中央贸易部部长，姚依林、沙千里为副部长。在中央贸易部设国外贸易司，主管对外贸易工作，林海云任司长。

1950 年

2 月 14 日　中国政府和苏联政府关于苏联贷款给中国的协定在莫斯

科签订。周恩来总理和苏联外交部部长安·扬·维辛斯基分别代表本国政府签字。

2 月 22 日 中央人民政府贸易部公布一项临时性的出口货物统购统销办法，对若干出口货物实行统购统销，以适应当前对外贸易的需要，加强出口贸易的计划经营。

3 月 10 日至 30 日 中央贸易部召开第一届全国商品检验会议。会议制定了《商品检验暂行条例（草案）》、《商品检验暂行细则》。

3 月 14 日 政务院发布《关于统一全国国营贸易实施办法的决定》。

4 月 19 日 中国和苏联政府间贸易协定在莫斯科签订，叶季壮部长和苏联对外贸易部部长墨·安·孟什可夫分别代表本国政府签字。

7 月 13 日至 25 日 中央贸易部召开全国进出口贸易会议。

9 月 5 日 中央贸易部发布《边缘区小额贸易管理八项原则》。

12 月 8 日 政务院发布《对外贸易管理暂行条例》。

12 月 20 日 中央人民政府政务院发布关于设立海关原则和调整全国海关机构的指示。

12 月 22 日 中央贸易部发布《进出口厂商申请营业登记办法》。

12 月 28 日 中央贸易部发布《对外贸易管理暂行条例实施细则》。

1951 年

1 月 22 日 中国政府和匈牙利政府货物交换及付款协定在北京签订。姚依林副部长和匈牙利驻华大使夏法朗柯分别代表本国政府签字。

1 月 29 日 中国政府与波兰政府在北京签订四项对发展两国间具有重大意义的协定：1951 年中波交换货物及付款协定；中波航运协定；中波互换邮件及包裹协定与中波电讯协定。对外贸易部副部长姚依林、交通部副部长李运昌、邮电部副部长朱学范和波兰政府代表团团长、航运部副部长毕尔斯基及波兰驻中国大使布尔金分别代表本国政府签字。

2 月 26 日 中央贸易部发布《易货贸易管理暂行办法》。

3 月 6 日 中央贸易部发布《易货贸易管理暂行办法实施细则》。

4 月 5 日 中央贸易部、海关总署联合发布《出进口货物转口输出入管理暂行办法》。

4 月 18 日 政务院发布《中华人民共和国暂行海关法》。

5 月 14 日 政务院发布《中华人民共和国海关进出口税则》。

11 月 22 日 政务院财政经济委员会发布《商品检验暂行条例》。

1952 年

1 月 11 日 国际工业展览会在印度孟买开幕。中国参加了这次工业展览会。中国展览馆展出了各种展览品，分五个部分：（1）自然资源；（2）机器、电器和化学工业；（3）轻工业；（4）纺织工业；（5）食品工业和农业。

2 月 10 日 中国政府和朝鲜政府 1951 年及 1952 年贷款和易货议定书在北京签订。叶季壮部长和朝鲜商业相张时雨分别代表本国政府签字。

3 月 9 日 巴基斯坦国际博览会中国馆开幕。

4 月 3 日 国际经济会议在莫斯科举行。中国人民银行行长南汉宸率领中华人民共和国代表团出席了会议并在会上发言。会议决议成立国际贸易促进委员会，中国代表南汉宸、冀朝鼎当选为委员。

4 月 10 日至 17 日 在莫斯科参加国际经济会议的中华人民共和国代表团，会议期间先后同十一个国家的代表团签订了贸易协议。

4 月 19 日 我国在参加国际经济会议期间，先后与法国、英国、瑞士等 10 个国家代表团签订贸易协议，贸易总额达 22300 万美元。

5 月 4 日 中国国际贸易促进委员会在北京召开成立大会，大会选举南汉宸为贸促会主席，冀朝鼎为秘书长。

6 月 1 日 第一次中日民间贸易协议在北京签订。中国国际贸易促进委员会主席南汉宸和日本出席国际经济会议代表：国会议员高良富、日本日中贸易促进会代表帆足计、日本国会议员促进日中贸易联盟常任理事宫腰喜助在协议上签字。

6 月 9 日 中英两国贸易谈判代表，根据两国出席莫斯科国际经济会议代表团所签订的 1000 万英镑贸易协议进行了具体的贸易谈判，在柏林签订了第一批售货估计合同，中国进出口公司经理卢绪章、英国首席谈判代表工党议员锡尔佛曼分别代表本国签字。

7 月 18 日 日中贸易促进会举行第三次会议。大会听取了关于中日贸易协议情况的报告，根据中日贸易协议的规定，确定贸易的物品和数量，以及具体的执行，派遣贸易代表团进行谈判。

8 月 7 日 中央人民政府委员会第十七次会议通过成立中央人民政府对外贸易部。任命叶季壮为对外贸易部部长，雷任民、徐雪寒、李强为副部长。9 月 3 日，对外贸易部开始正式办公。

9 月 21 日 中国政府和苏联政府及芬兰政府间关于在 1952 年内供应货物的协定在莫斯科签订。中国驻苏联大使张闻天、苏联对外贸易部部长库米金、芬兰驻苏联公使桑斯特罗姆分别代表本国政府签字。

10 月 1 日 中国工农业展览会在蒙古首都乌兰巴托开幕。

10 月 4 日 中国政府和蒙古政府经济及文化合作协定在北京签订。周恩来总理和蒙古部长会议主席尤睦佳·泽登巴尔分别代表本国政府签字。

中国政府和锡兰（后改名斯里兰卡）政府贸易协定在北京签订。同时还签订了关于中国售予锡兰 8 万吨大米的合同。叶季壮部长和锡兰贸易代表团团长沈纳那亚克分别代表本国政府签字。

11 月 17 日至 12 月 5 日 全国对外贸易管理局局长会议召开。

11 月 28 日 中国进出口公司同日本巴商事株式会社签订中日贸易第一笔交易合同。

12 月 12 日至 29 日 全国对外贸易计划会议在北京召开。

12 月 18 日 中国政府和锡兰政府关于橡胶和大米的五年贸易协定在北京签订。

1953 年

1 月 14 日 中央人民政府委员会第二十一次会议通过批准《关于海

关与对外贸易管理机构实行合并的决定》。根据决定，海关总署划归对外贸易部领导。

3月25日至4月8日 全国国营对外贸易统计工作会议在北京召开。会议制定了《国家对外贸易机构统计制度》。

3月26日 中国商务代表团与苏联国内和对外贸易部进行贸易谈判，并签订了中苏关于1953年度货物周转议定书。苏联国内和对外贸易部部长米高扬、中国财政经济委员会副主任兼对外贸易部部长叶季壮和政务院财政经济委员会主任李富春分别代表本国政府签字。

4月27日至5月19日 对外贸易部全国特派员会议在北京召开。

4月27日 民主德国工业展览会在北京开幕。邓小平副总理为展览会剪彩。

5月13日 中国政府和苏联政府关于苏联政府援助中国政府发展经济的协定在莫斯科签订。李富春副总理和苏联部长会议副主席米高扬分别代表本国政府签字。

7月1日 中国进出口公司柏林代表处在东柏林正式成立，开始办理对西德和西欧的贸易业务。

7月6日 中国进出口公司和英国工商界访华团的商业协议在北京签订。

7月11日 中国工农业展览会在莫斯科开幕。

8月20日 中国政府和蒙古政府货物周转及付款协定在北京签订。李哲人副部长和蒙古驻华大使奥其尔巴特分别代表本国政府签字。

9月25日 中国政府和波兰政府关于1953年货物周转及付款协定在北京签字。对外贸易部副部长徐雪寒和波兰商务代表团团长、波兰对外贸易部副部长高伦斯基·包列斯拉夫分别代表本国政府签字。

9月26日 波兰经济展览会在北京开幕。邓小平副总理为展览会剪彩。

10月8日 中共中央批准了对外贸易部党组《关于对外贸易工作基本总结及今后工作指示》，并对有关方针政策问题作了重要指示。

10 月 29 日　第二次中日民间贸易协议在北京签订。中国国际贸易促进委员会主席南汉宸，副主席雷任民、李烛尘，秘书长冀朝鼎，委员卢绪章和日本国会议员促进日中贸易联盟访华团团长池田正之辅，副团长江藤夏雄、帆足计、中村良一等分别在协议上签字。

11 月 16 日　对外贸易部发布《进出口贸易许可证制度实施办法》。

11 月 23 日　中国政府和朝鲜政府经济和文化合作协定在北京签订。周恩来总理和朝鲜内阁首相金日成分别代表本国政府签字。

11 月 30 日　中国政府和印度尼西亚政府贸易协定在北京签订。雷任民副部长和印度尼西亚经济代表团团长阿斯玛温分别代表本国政府签字。

<h3 align="center">1954 年</h3>

1 月 3 日　政务院发布《输出输入商品检验暂行条例》。

1 月 23 日　中国政府和苏联政府关于 1954 年交换货物议定书及贷款方式议定书在莫斯科签字。政务院财政经济委员会副主任、对外贸易部部长叶季壮、苏联副部长斯·阿·波里索夫分别代表本国政府签字。

4 月 8 日　对外贸易部发出《关于进口公司试行商品流转责任分工制度的指示》。

4 月 17 日至 30 日　全国对外贸易局长会议在北京召开。

6 月 28 日　应英国工业联合会等 5 个工商团体的邀请，前往英国访问的中国贸易访问团自日内瓦到达伦敦。

8 月 25 日　北京对外贸易学院成立（1984 年改为对外经济贸易大学）。

10 月 2 日　苏联经济文化建设成就展览会在北京开幕。周恩来总理为展览会剪彩。毛泽东主席和中国政府其他领导人参观了展览会。

10 月 7 日至 20 日　全国商品检验局长会议在北京召开。

10 月 12 日　中国政府和苏联政府科学技术合作协定在北京签订。李富春副总理和苏联部长会议副主席米高扬分别代表本国政府签字。

10 月 14 日　中国政府和印度政府贸易协定在新德里签订。孔原副部

长和印度工商部秘书艾扬格分别代表本国政府签字。同时，双方还签订了
中印两国政府间关于过境问题的换文和关于日后商谈有关检查、验货、航
运、保险及商人来往等问题的换文。

10月22日　对外贸易部召开对港澳扩大出口座谈会。

11月21日　英国工商界贸易访问团一行28人到北京访问。他们代
表了英国的机器、汽车、电工器材、化学、制药等主要工业、银行和贸易
公司。访问期间，和中国进出口公司、中国各出口公司及中国银行商谈贸
易问题。

12月13日至24日　全国对外贸易计划、统计、基本建设工作会议
在北京召开。

1955 年

2月11日　中国政府和苏联政府关于1955年贸易协定在莫斯科签
字。对外贸易部副部长李哲人、苏联对外贸易部部长伊·格-卡巴诺夫分
别代表本国政府签字。

2月15日至3月4日　全国对外贸易局长会议在北京召开。

4月15日　捷克斯洛伐克社会主义建设成就展览会在北京开幕。周
恩来总理、陈云副总理参观了展览会。

4月26日　中国政府和匈牙利政府贸易协定在北京签订。对外贸易
部副部长李哲人和匈牙利对外贸易部副部长古斯诺夫·德罗帕分别代表本
国政府签字。

5月4日　第三次中日民间贸易协定在日本东京签订。中国访日贸易
代表团团长雷任民，副团长李烛尘、卢绪章和日本国际贸易促进协会会长
村田省藏、日本国会议员促进日中贸易联盟代表理事池田正之辅等分别在
协定上签字。

8月22日　中国政府和埃及政府贸易协定在北京签订。叶季壮部长
和埃及工商部部长穆罕默德·阿卜·努赛尔分别代表本国政府签字。

10月15日　中国商品展览会在日本东京开幕。

11 月 26 日　中国国际贸易促进委员会主席南汉宸设宴欢迎以阿克塞尔·格鲁恩为首的丹麦贸易代表团。代表团在北京期间，同中国进出口各专业公司广泛进行了贸易商谈，并且签订了贸易合同。

12 月 17 日　中国对外贸易部部长助理卢绪章和乌拉圭东岸共和国驻香港领事莫里西·内伯格就关于中乌两国之间的贸易问题签署了联合声明。

12 月 31 日　中国政府和黎巴嫩政府贸易协定在贝鲁特签订。江明副部长和黎巴嫩外交部部长萨利姆·拉霍德分别代表本国政府签字。

<h2 style="text-align:center">1956 年</h2>

1 月 5 日　叶季壮部长向刘少奇主席汇报外贸工作情况。刘少奇主席对有关外贸方针政策等问题作了重要指示。

1 月 20 日至 27 日　全国对外贸易局长、特派员会议在北京召开。

2 月 17 日　中国政府和南斯拉夫政府贸易协定在贝尔格莱德签订。孔原副部长和南斯拉夫政府贸易代表团团长尼科拉·明切夫分别代表本国政府签字。

2 月 19 日　中国国际贸易促进委员会同法国访华经济代表团经过融洽商谈后在北京签订了关于支付问题和支付方式的议定书。中国国际贸易促进委员会代表卢绪章，法国访华经济代表团团长罗谢罗分别代表本国政府签字。

3 月 21 日　毛泽东主席听取了对外贸易部党组关于对外贸易工作情况的报告，并作了重要指示。

4 月 1 日　中国商品展览会在埃及首都开罗开幕。

4 月 16 日　对外贸易部发布《关于下达第一个五年对外贸易计划的命令》。

4 月 30 日　国务院批转《对外贸易部关于进出口商品在国内实行统一调拨作价的请示报告》。

5 月 21 日　巴黎博览会闭幕。在博览会举行期间，有 80 万观众参观了中国展览馆。

6 月 21 日 中国政府和柬埔寨政府关于经济援助的协定在北京签订。叶季壮部长和柬埔寨首相府计划、农业部部长蒲烈芳分别代表本国政府签字。

6 月 28 日 国务院发布《关于我国工业品出口问题的几项决定》。

7 月 9 日 中国国际贸易促进委员会副主席冀朝鼎出席由中国、苏联、英国、法国等十国民间贸易团体在巴黎举行的会议。会议讨论了促进东西方贸易的问题。

8 月 22 日 新加坡工商贸易考察团访问中国。访问期间与中国对外贸易部部长叶季壮及各进出口公司等进行会谈。

8 月 29 日 中国政府和蒙古政府关于中国给予蒙古经济和技术援助的协定在乌兰巴托签订。卢绪章部长助理和蒙古部长会议副主席曾德分别代表本国政府签字。

10 月 3 日 中国国际贸易促进委员会和新加坡工商业贸易考察团、马来亚联合邦工商业贸易考察团联合声明在北京签订。中国贸促会副主席李烛尘、新加坡考察团团长高德根、马来亚考察团团长李延年分别在联合声明上签字。

10 月 6 日 日本商品展览会在北京开幕。毛泽东、刘少奇、周恩来、朱德、陈云、邓小平、李先念等中共中央和国家领导人参观了展览。毛泽东主席参观后题了词。

10 月 7 日 中国政府和尼泊尔政府经济援助协定在北京签订。叶季壮部长和尼泊尔驻华大使拉纳分别代表本国政府签字。

10 月 15 日 中日双方贸易促进团体代表在北京联合发表《关于进一步促进中日贸易的共同声明》。

11 月 10 日 中国出口商品展览会在广州开幕。

12 月 4 日 全国各省、市、自治区外贸局长、特派员座谈会在北京召开。

12 月 24 日 中苏科技合作委员会第五届会议在莫斯科结束，并签订了议定书。

12 月 25 日　日本石桥内阁举行首次会议，决定促进对中国的贸易，并打算在北京和东京互设民间贸易人员。

1957 年

2 月 11 日　中国政府和民主德国举行技术科学合作常任委员会第三届会议并签订了议定书。

3 月 21 日　中国经济建设展览会在缅甸仰光开幕。

3 月 21 日　中国国际贸易促进委员会同日本关西经济界访华友好代表团在北京签订关于促进中日贸易问题的共同声明。中国国际贸易促进委员会主席南汉宸、副主席雷任民和日本代表团团长吉野孝一在共同声明上签字。

4 月 11 日　中国政府和苏联政府贸易团就 1957 年的贸易协定在莫斯科签订。对外贸易部副部长李哲人和苏联对外贸易部部长卡巴诺夫分别代表本国政府签字。

4 月 19 日至 5 月 13 日　全国对外贸易局长、特派员会议在北京召开。朱德副主席到会作了重要讲话。

4 月 25 日　首届中国出口商品交易会在广州开幕。

7 月 28 日　中国政府和阿富汗政府交换货物和支付协定在喀布尔签订。中国驻阿富汗临时代办康矛召和阿富汗商业部代理副大臣阿卜杜·华哈伯·海德分别代表本国政府签字。

8 月 19 日　日本盐业访华代表团和中国粮谷油脂出口公司就一项为期一年的 100 万吨盐的协定在北京签订。日方代表团团长日中秀男、中国粮谷油脂出口公司经理李范如分别签字。

9 月 19 日　中国政府和锡兰政府经济援助协定在北京签订。叶季壮部长和锡兰驻华大使威尔莫特·佩雷拉分别代表本国政府签字。

9 月 27 日　中国国际贸易促进委员会和德意志经济东方委员会贸易协定在北京签订。中国国际贸易促进委员会主席南汉宸和德意志东方委员会主席奥托沃夫·冯·阿美隆根分别在协定上签字。

11月1日 日本访华通商使节团同中国国际贸易促进委员会举行中日贸易谈判。双方签署一项共同声明。

11月8日 中国政府和瑞典政府贸易协定在斯德哥尔摩签订。中国驻瑞典大使韩念龙和瑞典商业大臣厄斯顿·恩顿分别代表本国政府签字。

11月15日 国务院发布《关于改进商业管理体制的规定》。其中对有关对外贸易的外销部分的利润和外汇分成等问题作了规定。

11月26日至12月13日 全国对外贸易局长会议在北京开幕。朱德副主席、陈毅副总理到会作了重要讲话。

12月1日 中国政府和丹麦政府贸易协定和支付协定在北京签订。卢绪章副部长和丹麦驻华公使克努·温特费尔特分别代表本国政府签字。

1958 年

1月8日 中国政府和苏联政府共同进行苏联帮助中国进行重大科学技术研究议定书在莫斯科签订。中国科学院院长郭沫若和苏联国家科技委员会主席马克萨列夫分别代表本国政府签字。

1月12日 中国政府和也门王国政府商务条约在北京签订。周恩来总理和也门王国巴德尔王太子分别代表本国政府签字。

2月3日至14日 全国扩大对资本主义国家出口会议在北京召开。

2月26日 中国矿产公司和中国五金电工进口公司同日本钢铁代表团在北京签订中日长期钢铁易货协议。

3月5日 第四次中日民间贸易协定在北京签订。中国国际贸易促进委员会主席南汉宸，副主席雷任民、李烛尘、冀朝鼎等和日本国会议员促进日中贸易联盟、日本国际贸易促进协会、日中输出入组合三团体组成的通商使节团全体成员在协定上签字。

4月21日 中国政府和匈牙利政府关于1959年到1962年的长期贸易协定在北京签订。叶季壮部长和匈牙利外贸部部长英采·耶诺分别代表本国政府签字。

4 月 23 日　中国政府和苏联政府通商航海条约在北京签订。叶季壮部长和苏联外贸部部长伊凡·格里戈里耶维奇·卡巴诺夫分别代表本国政府签字。

5 月 2 日　日本长崎发生暴徒侮辱中国国旗事件，岸信介政府采取敌视新中国的政策。5 月 4 日，中国政府停止签发对日进出口许可证。中日贸易关系陷于中断。

5 月 24 日　对外贸易部发布《关于对资出口经营工作的几项措施和暂行办法》。

6 月 4 日　中国政府和挪威政府贸易和支付协定在北京签订。卢绪章副部长和挪威驻华大使克洛格-亨生分别代表本国政府签字。

6 月 25 日至 8 月 15 日　全国外贸局长会议在上海举行。7 月 16 日下午，周恩来总理接见出席会议的代表并作了重要指示。

8 月 11 日　中国政府和苏联政府就苏联技术援助中国建设的两国政府协议在莫斯科签订。

8 月 15 日　中央政治局扩大会议在北戴河召开，会议通过了《中共中央关于对外贸易必须统一对外的决定》、《中共中央关于贸易外汇体制的决定》。

9 月 25 日　中国政府和突尼斯政府贸易协定在突尼斯签订。雷任民副部长和突尼斯计划次长阿卜特萨拉姆·克那尼分别代表本国政府签字。

10 月 20 日　中华人民共和国建设成就展览会在柬埔寨首都金边开幕。

11 月 2 日至 13 日　中国和保加利亚科学技术合作委员会第三届会议在北京举行。会议期间，双方签订中保科学技术合作议定书。

12 月 8 日　中国国际贸易促进委员会主席南汉宸率领中国代表团出席在开罗举行的亚非经济合作组织第一次会议。

12 月 23 日　周恩来总理接见外贸部召开的口岸外贸局长座谈会代表，就外贸政策性问题作了重要讲话，明确指出，对外贸易要"量力而行，逐步发展"，要"重合同、守信用、重质先于重量"。

12 月 29 日　中国政府和蒙古政府关于给予蒙古经济技术援助的协定在北京签订。贺龙副总理和蒙古部长会议副主席莫洛姆扎木茨分别代表本国政府签字。

1959 年

1 月 3 日　中国政府和伊拉克政府贸易和支付协定在巴格达签订。卢绪章副部长和伊拉克经济部部长阿卜拉欣·库巴分别代表本国政府签字。

1 月 9 日　中国、苏联科学技术合作委员会第八届会议在北京举行，并签订了会议议定书。

2 月 12 日　国务院发出批转商业部、粮食部、外贸部、卫生部、水产部、轻工业部《关于商品分级管理办法的报告》的通知。

2 月 18 日　中国政府和越南政府关于给予越南经济技术援助的协定和关于 1960 年到 1962 年的长期贸易协定在北京签订，叶季壮部长和越南工业部部长黎清毅分别代表本国政府签字。

3 月 18 日　中国科学院和民主德国科学院科学合作协定在柏林签订。中国科学院副院长吴有训和民主德国科学院副院长施太尼奇分别代表双方签字。

4 月 10 日至 24 日　全国对外贸易工作会议在北京召开。李先念副总理到会作了重要讲话。

4 月 11 日　中国政府和捷克斯洛伐克政府 1960 年到 1962 年交换货物和付款协定在布拉格签订。李强副部长和捷克斯洛伐克对外贸易部部长弗·克拉伊契尔分别代表本国政府签字。

5 月 8 日　对外贸易部发布《关于加强对出口商品品质管制的指示》。

7 月 1 日至 4 日　中苏科学技术合作委员会第九届会议在莫斯科举行。会议期间，讨论了两国科学技术合作问题，并签订了议定书。

8 月 3 日　中国国际贸易促进委员会副主席冀朝鼎赴莫斯科参加社会主义国家商会会议。

9 月 16 日　捷克斯洛伐克布尔诺国际博览会中国馆开幕。

9 月 20 日　周恩来总理和日本前首相石桥湛山在北京发表共同声明，提出在中日两国关系中政治和经济不可分的原则。

12 月 31 日　中国食品出口公司与古巴贸易机构经过友好的商谈，在平等互利的基础上签订了中国购买古巴原糖的合同。这是中国第一次同古巴签订的贸易合同。

1960 年

1 月 18 日　中国政府和民主德国政府就通商航海条约，1960 至 1962 年贸易协定同时在北京签订。国务院副总理李先念和民主德国海固里希·劳分别代表本国政府签字。

3 月 21 日　中国政府和尼泊尔政府经济援助协定在北京签订。周恩来总理和尼泊尔首相毕·普·柯伊拉腊分别代表本国政府签字。

4 月 4 日　全国外贸局长会议在北京召开，会议讨论了建立出口商品基地问题，制定了基地的发展规划。

4 月 30 日　第二届亚非经济会议在开罗举行。会议批准了亚非经济合作组织的章程并选举了这个组织的领导机构，通过了若干决议。中国代表团团长南汉宸发表了书面发言。

5 月 27 日　周恩来总理赴蒙古进行访问。5 月 31 日发表了两国联合声明并签订了经济技术援助协定。周恩来总理和蒙古部长会议主席泽登巴尔分别代表本国政府签字。

7 月 16 日　苏联政府照会中国政府，决定自 1960 年 7 月 28 日至 9 月 1 日撤走全部在华苏联专家 1390 名。同时还片面停止派遣专家 900 多名，撕毁同中国政府签订的 12 个协定和 600 个合同。

7 月 23 日　中国政府和古巴政府贸易和支付协定在哈瓦那签订。卢绪章副部长和古巴国家银行行长格瓦拉分别代表本国政府签字。

8 月 10 日　中共中央发布《关于全党大搞对外贸易收购和出口运动的紧急指示》。

8 月 27 日　周恩来总理接见日中贸易促进会专务理事铃木一雄时提

出中日贸易三原则，即政府协定、民间合同、个别照顾。

10 月 13 日 中国政府和朝鲜政府关于中国向朝鲜供应成套设备和提供技术援助的协定在北京签订。李先念副总理和朝鲜内阁副首相李周渊分别代表本国政府签字。

11 月 28 日 中国科学技术代表团和越南科学技术代表团 11 月 17 日至 28 日在北京就发展两国间的科学技术合作进行了会谈，并签订了中国政府和越南政府科学技术合作协定。

11 月 30 日 李先念副总理和古巴革命政府经济代表团团长埃尔内斯托·切·格瓦拉在北京签署了联合公报。同时，还签订了中国政府和古巴政府经济合作协定。

12 月 30 日至 1961 年 1 月 25 日 全国对外贸易局长会议在北京召开。

1961 年

1 月 2 日 周恩来总理率中国政府友好代表团到缅甸进行访问。1 月 9 日中缅两国政府发表联合公报并签订了中国政府和缅甸政府经济技术合作协定。周恩来总理和缅甸联邦政府总理吴努分别代表本国政府签字。

1 月 31 日 中国政府和越南政府关于中国给予越南贷款的协定在北京签订，薄一波副总理和越南政府副总理阮维祯分别代表本国政府签字。

2 月 5 日 《中华人民共和国政府和阿拉伯联合共和国政府贸易协定第三个协定年度议定书》在开罗签订。中国政府贸易代表团团长卢绪章和阿联政府贸易代表团团长哈立德分别代表本国政府签字。

3 月 15 日 中国经济展览会在古巴首都哈瓦那开幕。

4 月 23 日 中国政府和阿尔巴尼亚政府关于中国向阿尔巴尼亚供应成套设备和给予技术援助的议定书在北京签订。李先念副总理和阿尔巴尼亚部长会议副主席阿·凯莱齐分别代表本国政府签字。

4 月 26 日 中国政府和蒙古政府通商条约在乌兰巴托签订，叶季壮部长和蒙古部长会议第一副主席莫洛姆扎木茨分别代表本国政府签字。

5 月 15 日 中国政府和民主德国政府 1961 年贸易协定在北京签订。

对外贸易部副部长雷任民和民主德国对外和东西德贸易部国务秘书兼第一副部长维利·许腾劳赫分别代表本国政府签字。

6月19日 中国政府和苏联政府就经济合作和科学技术合作协定在莫斯科签订。国家计划委员会副主任顾卓新和苏联国家对外经济联络委员会主席斯卡奇科夫分别代表本国政府签字。

8月18日 中国政府和加纳政府贸易和支付协定、经济技术合作协定在北京签订。李先念副总理和加纳运输、交通部部长克罗博·埃杜赛分别代表本国政府签字。

8月21日 中国人民银行和巴西银行支付和贸易协定在北京签订。中国人民银行代表丁冬放和巴西银行代表普罗恩萨·德古维亚分别在协定上签字。

9月22日 中国政府和马里政府经济技术合作协定在北京签订。叶季壮部长和马里政府经济代表团团长马德拉·凯塔分别代表本国政府签字。

10月11日 中国政府和印度尼西亚政府经济技术合作协定在北京签订。雷任民副部长和印度尼西亚驻华大使苏卡尼·卡托迪维约分别代表本国政府签字。

10月29日至11月2日 加纳轻重工业部部长克罗博·埃杜塞率领代表团来中国进行访问，11月1日签订了两国政府间的贸易和支付协定。叶季壮部长和加纳政府全权代表克罗博·埃杜塞分别代表本国政府签字。

12月5日至27日 全国外贸计划会议在北京召开，李先念副总理到会作了重要讲话。周恩来总理于会议召开前夕，接见了参加会议的代表并作了重要指示。

1962年

1月5日 叶季壮部长率领中国政府贸易代表团抵达朝鲜进行访问。1月8日，金日成首相接见了中国代表团全体成员，同日，中国政府和朝鲜政府1962年相互供应货物的议定书在平壤签订。叶季壮部长和朝鲜贸易相李一卿分别代表本国政府签字。

1月16日 叶季壮部长率领中国政府贸易代表团到越南进行访问。20日，胡志明主席接见了中国代表团。同日，中国政府和越南政府1962年度相互供应货物付款的议定书在河内签订。叶季壮部长和越南外贸部部长潘英分别代表本国政府签字。

2月28日 全国外贸经营管理会议在北京召开，会议制定了《出口商品经营管理工作守则》。

4月25日 中国政府和古巴政府贸易协定书在哈瓦那签订。中国贸易代表团团长杨浩庐和古巴对外贸易部副部长哈辛托·托拉斯分别代表本国政府签字。

6月20日至7月10日 国家计委、国家经委、国务院财贸办公室、外贸部在北京联合召开全国外贸专业会议。陈云、李先念副总理分别到会作了重要讲话。

10月3日 中国政府和锡兰政府第三个五年贸易协定、经济技术合作协定和换货议定书在北京签字。叶季壮部长、锡兰政府贸易代表团团长特·勃·伊兰加拉特尼分别代表本国政府签字。

11月1日至27日 国家计委、国家经委、国务院财贸办公室、外贸部在北京联合召开全国外贸计划会议。李先念副总理到会作了重要讲话。

11月9日 廖承志和高碕达之助在北京签订关于发展中日两国民间贸易的备忘录。

12月5日 中国政府和越南政府通商航海条约在北京签订。叶季壮部长和越南外贸部部长潘英分别代表本国政府签字。

12月10日 林海云副部长向全国人大常委会作《关于近三年来的对外贸易工作》的汇报；21日又作了《关于我国对资本主义市场出口贸易的情况》的汇报。叶季壮部长在会上作了补充发言。

12月27日 中国国际贸易促进委员会和日本国际贸易促进协会及日本国际贸易促进协会关西本部三团体签订了中日贸易议定书。

1963 年

1 月 5 日 中国政府和巴基斯坦政府贸易协定在卡拉奇签订。林海云副部长和巴基斯坦商业部部长瓦希杜查曼分别代表本国政府签字。

2 月 12 日 对外贸易部在北京召开对资出口工作会议。

4 月 8 日 中国政府和罗马尼亚政府间的贸易协定在布加勒斯特签字。中国驻罗马尼亚大使许建国和罗马尼亚对外贸易部副部长恩盖尔分别代表本国政府签字。

5 月 15 日 中国政府和索马里政府贸易和支付协定在北京签订。叶季壮部长和索马里新闻部部长阿里·穆罕默德·希拉维分别代表本国政府签字。

6 月 29 日 中国技术进口公司和日本仓敷人造丝株式会社在北京签订了维尼龙成套设备合同。

9 月 5 日至 27 日 国家计委、国家经委、国家财贸办公室、外贸部在北京联合召开全国外贸计划会议。李先念副总理到会作了重要讲话。

12 月 17 日 中国经济贸易展览会在墨西哥首都墨西哥城开幕。

12 月 28 日 中国经济建设成就展览会在马里首都巴马科举行。

1964 年

1 月 13 日 朱德委员长在上海听取上海市外贸局领导关于外贸工作情况的汇报,参观了出口商品陈列厅,并作了重要指示。

4 月 10 日 中国经济贸易展览会在日本东京举行,参观者达 80 万人次。

4 月 14 日 中国经济贸易展览会在日本东京开幕。

4 月 19 日 中日备忘录贸易双方代表在北京签署了关于互派代表并互设联络事务所、互换新闻记者和备忘录等有关贸易的会谈纪要。

5 月 16 日 中国经济贸易展览会在智利首都圣地亚哥开幕。

6 月 4 日 由英国四十八家集团组织的英国采矿与建筑设备展览会在

北京开幕。

9 月 5 日 法国技术展览会在北京开幕。陈毅副总理出席了开幕式。

9 月 19 日 中国政府和阿尔及利亚政府贸易协定在北京签订。叶季壮部长和阿尔及利亚国民经济部部长巴希尔·布马扎分别代表本国政府签字。

9 月 29 日 中国政府和中非共和国政府货物交换和支付协定在班吉签订。卢绪章副部长和中非共和国总统戴维·达科分别代表本国政府签字。

10 月 30 日 英国贸易大臣道格拉斯·贾埃访问中国。周恩来总理、李先念副总理分别会见了贾埃。

11 月 30 日 关于中国、意大利两国互设民间性商务代表办事处的协议在罗马签订。中国国际贸易促进委员会副主席雷任民和意大利对外贸易协会总经理格罗贾分别在协议上签字。

12 月 7 日 中国国际贸易促进委员会代表团在访问奥地利期间，同奥地利联邦商会签订了中奥两国经济关系的协议。根据协议，双方将在对方首都设立商务代表处。

12 月 21 日 中国政府和阿拉伯联合共和国政府经济技术合作协定在北京签订。国务院副总理薄一波和阿联副总理阿齐兹·西德基分别代表本国政府签字。

1965 年

2 月 9 日 周恩来总理和陈毅副总理会见由巴布部长率领的坦桑尼亚政府贸易代表团。2 月 10 日，中国政府和坦桑尼亚政府贸易协定在北京签订。林海云副部长和坦桑尼亚商业和合作部部长巴布分别代表本国政府签字。

2 月 22 日至 3 月 18 日 全国外贸工作会议在北京召开。李先念副总理到会作了重要讲话。

5 月 19 日 巴黎国际博览会中国馆开幕。

6 月 8 日 中国政府和阿尔巴尼亚政府关于 1966 年到 1970 年交换货物和付款协定在北京签订,李先念副总理和阿尔巴尼亚部长会议第一副主席斯皮罗·科列加分别代表本国政府签字。

8 月 12 日至 9 月 6 日 全国外贸计划会议在北京开幕。8 月 17 日,毛泽东主席和刘少奇主席等中共中央和国家领导人接见了出席会议人员。8 月 21 日,李先念副总理作了重要讲话。

9 月 23 日 中国经济建设展览会在罗马尼亚首都布加勒斯特开幕。

9 月 30 日 中国政府和印度尼西亚政府关于经济技术合作协定和贸易协定在北京签订。李先念副总理和印度尼西亚政府预算事务部部长苏尔亚迪分别代表本国政府签字。

11 月 11 日 国务院发布《关于供应出口商品统一作价办法的暂行规定》。

11 月 22 日 法国工业展览会在北京开幕,李先念副总理出席开幕式并参观了展览。

1966 年

3 月 15 日 中国经济贸易展览会在巴基斯坦首都卡拉奇开幕。

5 月 4 日 中国政府和阿拉伯联合共和国政府就 1966 年贸易协定在开罗签订。对外贸易部副部长雷任民和阿联政府贸易代表团团长、经济和对外贸易部国务秘书侯赛因·哈立德·哈姆迪分别代表本国政府签字。

5 月 16 日 亚非经济合作组织第五次大会在摩洛哥举行。中国代表团团长侯桐在会上发言,提出关于发展亚非国家之间的经济合作的五点主张。

9 月 15 日 芬兰赫尔辛基博览会中国馆开幕。

10 月 1 日 中国经济贸易展览会在日本北九州开幕,共接待观众 150 多万人次。

1967 年

1 月 17 日 中国经济贸易展览会在科威特开幕。1 月 19 日，科威特首相贾比尔·艾哈迈德·贾比尔·萨巴赫接见了中国代表团。

2 月 16 日 中国政府和毛里塔尼亚政府贸易协定在北京签订。陈毅副总理和毛里塔尼亚政府贸易代表团团长比拉尼·马马杜·瓦尼分别代表本国政府签字。

4 月 28 日 中国政府和赞比亚政府贸易协定在北京签订，林海云代部长和赞比亚工商与外贸部部长钦巴分别代表本国政府签字。

6 月 27 日 对外贸易部部长叶季壮因病在北京逝世，中共中央和国家领导人周恩来、李富春、陈毅、李先念、叶剑英参加了追悼会，李先念致悼词。

8 月 14 日 中国政府向马里政府提供无息、无任何条件和特权的贸易贷款协定在北京签订。中国政府全权代表陈毅和马里政府全权代表赛杜·巴迪安·库亚特在协议上签字。

1968 年

1 月 27 日 国务院、中央军委发出《关于加强对外贸易工作的通知》。

9 月 24 日 中国政府和南也门（后改名也门民主人民共和国）政府贸易协定在北京签订，陈毅副总理兼外交部部长和南也门外交部部长塞弗·艾哈迈德·扎莱分别代表本国政府签字。

11 月 20 日 中国政府和阿尔巴尼亚政府就中国给予阿尔巴尼亚贷款、提供技术援助和供应成套设备的议定书在北京签订。李先念副总理、阿尔巴尼亚部长会议副主席阿迪尔·查尔查尼分别代表本国政府签字。

12 月 24 日 对外贸易部代部长林海云率领中国政府代表团到巴基斯坦进行访问。12 月 26 日，中巴两国政府间签订经济技术合作协定。

1969 年

2 月 28 日　中国政府向几内亚政府提供商品贷款的协定在北京签订。林海云代部长和几内亚贸易、运输、邮电部部长凯塔·恩法玛拉分别代表本国政府签字。

12 月 1 日　中国社会主义建设成就展览会在阿尔巴尼亚首都地拉那开幕。

1970 年

4 月 14 日　周恩来总理会见日本国际贸易促进协会代表团、松村谦三访华团，提出了对日贸易四项条件。

4 月 26 日　周恩来总理审查第二十七届中国出口商品交易会展馆并作了"外贸要促生产、促内贸、促生产、使用、科研相结合"的重要指示。

8 月 2 日　南也门总统委员会主席萨勒姆·鲁巴伊·阿里率领南也门代表团到中国进行访问。8 月 7 日，两国政府经济技术合作协定在北京签订。周恩来总理和南也门总统委员会主席萨勒姆·鲁巴伊·阿里分别代表本国政府签字。

10 月 17 日　中国政府和朝鲜政府关于 1971 年至 1976 年相互供应主要货物协定在北京签订。李先念副总理和朝鲜内阁副首相郑准泽分别代表本国政府签字。

11 月 12 日　中国政府和苏联政府的贸易协定在北京签订。对外贸易部副部长李强和苏联政府贸易代表团团长、对外贸易部副部长格里申分别代表本国政府签字。

1971 年

1 月 22 日　中国政府和赤道几内亚政府 1971 年贸易协定在北京签订。李先念副总理和赤道几内亚政府代表团团长赫苏斯·阿方索·奥约诺·阿洛戈部长分别代表本国政府签字。

4 月 20 日　中国政府和智利政府贸易协定在圣地亚哥签订。周化民副部长和智利外交部代理部长、经济部长佩德罗·符斯科维奇分别代表本国政府签字。

5 月 29 日　中国政府和巴基斯坦伊斯兰共和国边境贸易签字仪式在我国乌鲁木齐举行。

7 月 29 日　中国政府和塞拉勒窝内（后改名塞拉利昂）政府贸易和支付协定在北京签订。李先念副总理和塞拉勒窝内财政部部长克·阿·卡马拉·泰勒分别代表本国政府签字。

10 月 9 日　中国政府和埃塞俄比亚政府贸易协定在北京签订。姬鹏飞外长和埃塞俄比亚外交大臣梅纳西·海尔博士分别代表本国政府签字。

10 月 25 日　第二十六届联合国大会通过恢复中华人民共和国在联合国的合法席位和一切合法权利。联合国各"专门机构"等组织也相继恢复中国的合法权利，中国开始积极参加各种国际经济贸易组织的活动，并建立密切联系。

10 月 29 日　中国政府和意大利政府贸易和支付协定在罗马签订。白相国部长和意大利外贸部部长马里奥·扎加里分别代表本国政府在协定上签字。

11 月 14 日　中国对外贸易部和圭亚那贸易部关于两国进出口商品的协议在北京签订。白相国部长和圭亚那贸易部部长戴维·辛格分别代表本国政府签字。

12 月 10 日至 1972 年 1 月 29 日　全国外贸计划座谈会在北京召开。会议讨论落实完成 1972 年外贸计划的几项具体措施，研究拟定《第四个五年计划期间发展对外贸易出口规划的初步设想》。

1972 年

1 月 6 日　中国政府和布隆迪政府贸易协定在北京签订。姬鹏飞外长和布隆迪外交、合作和计划部部长辛巴纳尼耶分别代表本国政府签字。

4 月 13 日 周化民副部长率领中国代表团出席在智利首都圣地亚哥举行的第三届联合国贸易发展会议。周化民在全体会议上宣读了周恩来总理的贺电。

5 月 11 日 对外贸易部发出《关于把好出口商品质量检验关的通知》。

6 月 23 日 中国政府和卢旺达政府贸易协定在北京签订。姬鹏飞外长和卢旺达国际合作部部长奥古斯坦·穆尼亚内扎分别代表本国政府签字。

8 月 9 日 中国政府和秘鲁政府贸易协定在利马签订。白相国部长和秘鲁工商业部部长阿尔贝托·希门尼斯·德卢西奥分别代表本国政府签字。

8 月 15 日 周恩来总理、姬鹏飞外长会见由外交部部长樊尚·埃丰率领的喀麦隆政府代表团。8 月 17 日，中国政府和喀麦隆政府贸易协定在北京签订。姬鹏飞和樊尚·埃丰分别代表本国政府签字。

8 月 17 日 加拿大全国展览会中国馆开幕。

9 月 25 日 中国建设成就展览会在意大利首都罗马开幕。

10 月 3 日 中华人民共和国代表张建华、副代表李志敏参加联合国贸易发展理事会在日内瓦举行的第十二届会议。

11 月 2 日 中国政府和奥地利政府贸易和支付协定在北京签订。白相国部长和奥地利工商部部长约瑟夫·施塔里巴赫分别代表本国政府签字。

11 月 8 日 中国政府和圭亚那政府 1973 年进出口商品协议在北京签订。白相国部长和圭亚那经济发展部部长肯尼斯·金分别在协议上签字。同日，周恩来总理会见了圭亚那政府经济贸易代表团全体成员。

12 月 29 日 中国政府和达荷美（后改称贝宁）政府贸易和支付协定在北京签订。姬鹏飞外长和达荷美外交部部长米歇尔·阿拉达耶分别代表本国政府签字。

1973 年

1 月 14 日　中国政府和扎伊尔政府贸易协定在北京签订，姬鹏飞外长和扎伊尔外交和国际合作事务国务委员恩古扎·卡尔·伊邦德分别代表本国政府签字。

1 月 17 日　经国务院批准，中华人民共和国对外贸易部商品检验局改为中华人民共和国商品检验局。

3 月 26 日　英国工业技术展览会在北京举行。

4 月 8 日　中国政府和伊朗政府贸易协定在北京签订。白相国部长和伊朗经济大臣胡山·安萨里分别代表本国政府签字。

4 月 22 日　中国政府和墨西哥政府贸易协定在北京签订。姬鹏飞外长和墨西哥外交部部长埃米略·奥·拉瓦萨分别代表本国政府签字。

5 月 22 日　中国政府和希腊政府贸易和支付协定在北京签订。李先念副总理和希腊副首相尼古拉斯·马卡雷佐斯分别代表本国政府签字。

7 月 5 日　中国政府和联邦德国政府贸易和支付协定在波恩签订。中国驻联邦德国大使王雨田和联邦德国外交部国务秘书汉斯·乔治·萨克斯分别代表本国政府签字。

7 月 24 日　中国政府和澳大利亚政府贸易协定在堪培拉签订。白相国部长和澳大利亚海外贸易部部长兼二次产品部部长詹姆斯·凯恩斯分别代表本国政府签字。

9 月 19 日　中国政府和塞浦路斯政府贸易和支付协定在北京签订。白相国部长和塞浦路斯工商部部长米切尔·科洛卡西德分别代表本国政府签字。

10 月 9 日　中国政府和新西兰政府贸易协定在北京签订。白相国部长和新西兰海外贸易部部长沃尔丁分别代表本国政府签字。

10 月 13 日　中国政府和加拿大政府贸易协定在北京签订。周恩来总理和加拿大总理特鲁多分别代表本国政府签字。

11 月 23 日　中国政府和塞内加尔政府贸易协定、经济技术合作协定在北京签订。对外经济联络部部长方毅和塞内加尔计划和合作部部长奥斯曼·塞克分别代表本国政府签字。

12 月 26 日 周恩来总理、李先念副总理等会见由差提猜副外长率领的泰国贸易代表团。12 月 27 日，中泰两国就柴油交易达成了协议。

1974 年

1 月 5 日 毛泽东主席、周恩来总理会见日本外务大臣大平正芳。同日，中国政府和日本政府贸易协定在北京签订。姬鹏飞外长和日本外务大臣大平正芳分别代表本国政府签字。

2 月 12 日 中国政府和牙买加政府经济技术合作协定在金斯敦签订。中国驻牙买加大使李超和牙买加总理迈克尔·曼利分别代表本国政府签字。

5 月 30 日 西班牙巴塞罗那博览会中国馆开幕。

7 月 13 日 中华人民共和国展览会在日本大阪开幕。

7 月 16 日 中国政府和土耳其政府贸易协定在北京签订。李强部长和土耳其外交部部长居内什分别代表本国政府签字。

8 月 31 日 希腊萨洛尼卡博览会中国馆开幕。

9 月 14 日 墨西哥经济贸易展览会在北京开幕。李先念副总理参观了展览会。

9 月 17 日 中国经济贸易展览会在新西兰首都惠灵顿开幕。

9 月 23 日 中国政府和菲律宾政府在北京签署关于进一步发展两国贸易的换文。李强部长和菲律宾工业部部长维森特·帕特尔诺分别在换文上签字。

10 月 4 日 加蓬总统邦戈到中国访问。毛泽东、周恩来、邓小平等分别会见了邦戈。10 月 6 日，中国政府和加蓬政府贸易协定在北京签订。姬鹏飞外长和加蓬外交和合作事务部部长奥昆巴·多克瓦策格分别代表本国政府签字。

10 月 18 日 中国经济贸易展览会在澳大利亚首都堪培拉开幕。

12 月 20 日　中国政府和瑞士政府贸易协定在伯尔尼签订。中国驻瑞士大使陈志方和瑞士联邦委员会代表雷蒙·普罗勃斯特分别代表本国政府签字。

1975 年

4 月 10 日　中国与比利时、荷兰、卢森堡三国在北京互换照会，确认达成商标注册互惠协议。李强部长代表中国政府，比利时外贸大臣图山代表比利时政府，荷兰驻华大使费渊代表荷兰和卢森堡政府签署了换文。

6 月 9 日　中国政府和菲律宾政府贸易协定在北京签订，李强部长和菲律宾工业部部长维森特·帕特尔诺分别代表本国政府签字。

6 月 13 日　中华人民共和国展览会在联邦德国开幕。

7 月 4 日　邓小平副总理和伊拉克副总统马鲁夫举行会谈。7 月 6 日，在北京签署了关于中、伊两国贸易和经济技术合作会谈纪要。对外经济联络部副部长陈慕华和伊拉克外交部部长穆罕默德·萨布里·哈迪西分别代表本国政府签字。

7 月 8 日　李先念副总理会见由厄瓜多尔工商业一体化部长亚历杭德罗·鲁维奥·乔温率领的厄瓜多尔共和国特派代表团全体成员。7 月 10 日，中国政府和厄瓜多尔政府贸易协定在北京签订，李强部长和亚历杭德罗·鲁维奥·乔温部长分别代表本国政府签字。

9 月 5 日　德意志联邦共和国技术展览会在北京举行。

10 月 1 日　中华人民共和国展览会在朝鲜首都平壤开幕。

10 月 14 日　联合国贸发会议秘书长柯里亚访问中国，就第四届联合国贸发会议议题交换意见。

11 月 5 日　中国政府和冈比亚政府贸易协定在北京签订。陈洁副部长和冈比亚总统府国务部议会秘书捷莱·荔·布·达夫埃分别代表本国政府签字。

11 月 18 日　日本工业技术展览会在北京开幕。李先念副总理参观了展览会。

12 月 25 日　中国政府和圣多美和普林西比政府贸易协定在北京签订。对外经济联络部副部长陈慕华和圣多美和普林西比外交部部长莱昂内尔·马里奥·达尔瓦分别代表本国政府签字。

1976 年

3 月 10 日　中国政府和柬埔寨政府关于经济合作协定在金边签订。李强部长和柬埔寨副总理英萨利分别代表本国政府签字。

3 月 25 日　中华人民共和国展览会在泰国首都曼谷开幕。

4 月 24 日　比利时布鲁塞尔国际博览会中国馆开幕。

6 月 10 日　中国政府和科摩罗政府经济技术合作协定在北京签订。李强部长和科摩罗内政部部长萨利姆·希米迪分别代表本国政府签字。

9 月 26 日　中国政府和牙买加政府贸易协定在北京签订。

10 月 1 日　中国经济贸易展览会在菲律宾首都马尼拉开幕。

11 月 16 日　中国政府和中非共和国政府贸易协定在北京签订，李先念副总理和中非副总理亨利·迈什分别在协定上签字。

1977 年

1 月 4 日　中国政府和孟加拉国政府贸易协定在北京签订，外交部部长黄华和孟加拉国总统顾问委员会委员阿齐兹·哈克分别代表本国政府签字。

2 月 2 日　中国政府和阿根廷政府贸易协定在布宜诺斯艾利斯签订，中国驻阿根廷大使郑为之和阿根廷外交部部长塞萨尔·奥古斯托·古塞蒂分别代表本国政府签字。

3 月 30 日　日本经济团体联合会会长上光敏夫率领全体副会长访华，李先念副总理会见了代表团全体成员。

4 月 22 日　中国经济贸易展览会在荷兰阿姆斯特丹开幕，正在荷兰访问的中国外贸部副部长姚依林主持了开幕式。

5 月至 9 月　中华人民共和国展览会先后在日本名古屋、北海道、北九州举办。

9 月 29 日　中国和日本国商标保护协定在北京签订，李强部长和日本驻华大使佐藤正二分别代表本国政府签字。

1978 年

1 月 7 日　中国政府和巴西政府贸易协定在北京签订。李强部长和巴西驻华大使阿芦伊济奥·纳波莱昂分别代表本国政府签字。

2 月 16 日　中日长期贸易协议在北京签订。中国中日长期贸易协议委员会主任刘希文和日本日中长期贸易协议委员会委员长稻山嘉宽分别在协议上签字。李先念副总理会见了稻山嘉宽一行。

3 月 25 日　李强部长到埃及进行访问，并同埃及贸易供应部部长陶菲克签订了中国政府和埃及政府 1978 年贸易议定书。

3 月 29 日　泰国总理江萨到中国访问。3 月 31 日，中国政府和泰国政府贸易协定在北京签订。黄华外长和泰国外长乌巴蒂·巴乍里央恭分别代表本国政府签字。

4 月 3 日　中国和欧洲经济共同体贸易协定在布鲁塞尔签订。李强部长和欧洲经济共同体部长理事会执行主席安诺生、欧洲经济共同体委员会负责对外关系的副主席哈费尔坎普分别在协定上签字。

5 月 19 日　中国政府和罗马尼亚政府经济技术合作协定在北京签订。陈慕华副总理和罗马尼亚副总理科尔内尔·布尔蒂卡分别代表本国政府签字。

6 月 19 日　中国政府和西班牙政府贸易协定在北京签订。李强部长和西班牙外交大臣马塞利诺·奥雷哈分别代表本国政府签字。

8 月 9 日　中国政府和利比亚政府贸易协定在北京签订。黄华外长和利比亚外交秘书阿里·阿卜杜勒·萨拉姆·图尔基分别代表本国政府签字。

8 月 22 日　对外经济联络部副部长魏玉明率中国代表团出席在布宜诺斯艾利斯举行的联合国发展中国家技术合作大会，会议通过了《促进和加强发展中国家技术合作行动计划》。

8月26日 中国政府和南斯拉夫政府长期经济、科学和技术合作协定在贝尔格莱德签订。

11月17日 中共中央、国务院批准国家基本建设委员会和对外经济联络部负责人《关于拟开展对外承包建筑工程的报告》。

12月4日 中国政府和法国政府关于发展经济关系和合作的长期协定在北京签订。李强部长和法国外贸部部长让·弗朗索瓦·德尼奥分别代表本国政府签字。

国务院领导批准对外贸易部和外交部关于在国外设立外贸公司代表处的请示报告。

12月5日 中国政府和瑞典政府关于工业和科学技术合作协定在北京签订。国家经委副主任马仪和瑞典工业大臣埃里克·胡斯分别代表本国政府签字。

12月8日 国务院转发《进口成套设备检验工作的试行规定》。

12月20日 党的十三届三中全会公报中提出，"全党工作的着重点应该从1979年转移到社会主义现代化建设上来"，并且指出，要在自力更生的基础上积极发展同世界各国平等互利的经济合作，努力采用世界先进技术和先进设备。

1979 年

1月12日 对外贸易部负责人就中国大陆与台湾地区的贸易问题发表谈话，指出台湾是中华人民共和国的领土，同台湾开展贸易是地区间的物资交流。在目前特殊情况下，外贸部暂时负责这方面的业务。

1月15日 中国经济贸易展览会在孟加拉国首都达卡开幕。

4月23日 中国政府和意大利政府经济技术合作协定在罗马签订。李强部长和意大利外贸部部长斯塔马蒂分别代表本国政府签字。

5月8日 对外贸易部发布《关于开展对台湾贸易的暂行规定》。

5月15日 中国政府和瑞典政府贸易协定在斯德哥尔摩签订。耿飚副总理和瑞典首相奥拉·乌尔斯腾分别代表本国政府签字。

5 月 29 日 中国政府和芬兰政府经济、工业和科技合作协定在赫尔辛基签订。外交部部长助理宋之光和芬兰外交部国务秘书马蒂·托维宁分别代表本国政府签字。

6 月 29 日 中国政府与联合国开发计划署之间的协定在纽约签订。中国代理常驻联合国代表赖亚力大使和联合国开发计划署署长布雷德福·莫尔斯分别在协定上签字。

7 月 1 日 全国人大常委会公布施行《中华人民共和国中外合资经营企业法》。

7 月 7 日 中国政府和美国政府贸易关系协定在北京签订。李强部长和美国驻华大使伍德科克分别代表本国政府签字。

7 月 8 日 中国政府和菲律宾政府长期贸易协定在北京签订。李先念副总理和菲律宾政府代表伊梅尔达·马科斯分别代表本国政府签字。

7 月 15 日 中共中央批转广东省委、福建省委关于对外经济活动实行特殊政策和灵活措施的两个报告。

7 月 18 日 中国政府代表韩芳宇和欧洲经济共同体委员会代表陈文心在北京签署中国与欧洲共同体纺织品贸易协议。

7 月 23 日 中共中央、国务院决定设立国家进出口管理委员会和国家外国投资管理委员会，任命国务院副总理谷牧兼进出口管理委员会和外国投资管理委员会主任；顾明（兼）、汪道涵、周建南、马宾、甘子玉（兼）、贾石（兼）、卜明（兼）为副主任。

8 月 13 日 国务院发布《关于大力发展对外贸易增加外汇收入的若干问题的规定》。

9 月 3 日 国务院发布《开展对外加工装配和中小型补偿贸易办法》。

9 月 14 日 国务院批转国家进出口管理委员会《关于京、津、沪三市出口工作座谈会纪要的报告》。

中国政府和丹麦政府经济和技术合作协定在北京签订。李强部长和丹麦外交大臣克里斯托弗森分别代表本国政府签字。

10 月 17 日 余秋里副总理和法国外贸部部长让·弗朗索瓦·德尼奥在巴黎签署《关于中法经济关系的发展》文件。

10 月 19 日 中国政府和加拿大政府经济合作议定书在渥太华签订。李强部长和加拿大经济发展和贸易部部长德科特雷分别代表本国政府签字。

10 月 24 日 中国政府和联邦德国政府经济合作协定在波恩签订。黄华外长和联邦德国副总理兼外长汉斯·迪特利希·根舍分别代表本国政府签字。

11 月 20 日至 12 月 18 日 全国进口工作会议在北京召开,谷牧副总理到会作了讲话。

11 月 23 日 中国和比利时—卢森堡经济联盟发展经济、工业、科学和技术合作协定在北京签订,李强部长和比利时副首相兼经济事务大臣克拉斯分别在协定上签字。

12 月 29 日 中国政府和新加坡政府贸易协定在北京签订,李强部长和新加坡财政部部长韩瑞生分别代表本国政府签字。

1980 年

1 月 4 日 国务院批准对外经济联络部、交通部、铁道部、国家建筑工程总局、国家进出口管理委员会、国家计划委员会、财政部、国家物资总局、中国银行《关于积极开展承包项目的几个问题的请示》,决定对在国外开展承包工程业务的公司采取扶持措施。

2 月 7 日 中国对外贸易部和阿拉伯也门供应贸易部 1980 年至 1984 年贸易议定书在萨那签订。陈洁副部长和也门供应贸易部萨利赫·贾马里分别在议定书上签字。

2 月 9 日 国务院发出《关于改革海关管理体制的决定》,并决定成立中华人民共和国海关总署。

2 月 29 日 国务院决定成立中华人民共和国进出口商品检验总局。为国务院直属局,由对外贸易部代管。

4 月 8 日至 15 日　对外贸易部扶持出口商品生产措施工作座谈会在杭州召开。

4 月 17 日　经国务院批准，长江沿岸开办八个对外贸易运输港口。

6 月 3 日　国家进出口管理委员会、对外贸易部发布《关于出口许可证制度的暂行办法》。

6 月 7 日　中国政府和阿根廷政府经济合作协定在北京签订，姬鹏飞副总理和阿根廷外交和宗教事务部长卡洛斯·华盛顿·帕斯托分别代表本国政府签字。

7 月 1 日　国务院决定成立中华人民共和国进出口商品检验总局（简称国家商检总局），为国务院直属局，以加强全国进出口商品检验管理工作的领导，改革现行进出口检验管理体制，适应对外贸易发展的需要。

7 月 4 日　中国政府和葡萄牙政府贸易协定在北京签订。李强部长和葡萄牙商业旅游部部长巴西利奥·奥尔塔分别代表本国政府签字。

8 月 10 日　国家进出口管理委员会发出关于《出口工业品专厂试行办法》和《出口农副产品生产基地试行办法》的通知。

8 月 19 日　对外贸易部发布《关于对台湾贸易管理试行办法》。

8 月 26 日　国家进出口管理委员会、对外贸易部发布《对外贸易进口管理试行办法》、《对外贸易地方进口管理试行办法》。

9 月 17 日　薄一波副总理和美国总统卡特在华盛顿签订中美两国政府纺织品贸易协议。

9 月 25 日　中国政府和挪威政府经济、工业和技术合作协定在北京签订。

10 月 6 日　中国政府和科威特国政府贸易协定在科威特签订。李强部长和科威特工商大臣阿卜杜勒·瓦哈布·奈菲西分别代表本国政府签字。

10 月 14 日　中国政府和阿曼政府贸易协定在北京签订。李强部长和阿曼工商大臣穆罕默德·祖贝尔分别代表本国政府签字。

10 月 22 日　中国政府和美国政府粮食贸易协议在北京签订。李强部长和美国驻华大使伍德科克分别代表本国政府签字。

10 月 30 日　中国政府和荷兰政府经济技术合作协定在北京签订，黄华副总理兼外长和荷兰外交大臣范德克劳分别代表本国政府签字。国务院发布《关于管理外国企业常驻代表机构的暂行规定》。

11 月 5 日　中国政府和奥地利政府经济、工业和技术合作协定在维也纳签订。李强部长和奥地利工商部部长施塔里巴赫分别代表本国政府签字。

11 月 17 日　美国经济贸易展览会在北京开幕。

12 月 10 日　国务院批准成立厦门经济特区，福建省人民政府决定成立厦门经济特区管委会。

12 月 12 日至 27 日　全国进出口工作会议在北京召开。谷牧副总理到会作了重要讲话。

12 月 18 日　国务院发布《中华人民共和国外汇管理暂行条例》。

12 月 20 日　中国政府和古巴政府 1981 至 1985 年贸易协定在北京签订。王润生副部长和古巴外贸部副部长何塞·德拉富恩特分别代表本国政府签字。

1981 年

1 月 19 日　对外贸易部发布《关于外商要求在各地设立常驻代表机构的审批手续》。

1 月 21 日　国务院发布《技术引进和设备进口工作暂行条例》。

3 月 30 日　"欧洲经济共同体—中国贸易周"在布鲁塞尔开幕。中国代表团团长谷牧出席开幕式并讲话。

5 月 9 日　葡萄牙里斯本国际博览会中国馆开幕。

5 月 22 日　中国政府和澳大利亚政府经济合作议定书在堪培拉签订。刘希文副部长和澳大利亚工商技术部秘书长约翰·道格拉斯·安东尼分别代表本国政府签字。

6 月 30 日　法国法中委员会主席贝利埃来华访问。谷牧副总理会见了贝利埃。

7 月 6 日 中国国际贸易学会成立。周化民任会长。

7 月 17 日 中国政府和哥伦比亚政府贸易协定在北京签订。李强部长和哥伦比亚驻华大使圣多明戈分别代表本国政府签字。

7 月 19 日 中共中央、国务院批转《广东、福建两省和经济特区工作会议纪要》。

10 月 2 日 中国政府和澳大利亚政府技术合作促进发展计划的协定在北京签订。陈慕华副总理和澳大利亚经济代表团团长麦凯勒分别代表本国政府签字。

10 月 11 日 阿拉伯商工农联合会主席阿卜杜勒·卡利姆·迦法率领阿拉伯国家商会代表团访华。

10 月 24 日 中国国际贸易促进委员会和阿拉伯商会代表团签订了促进中国和阿拉伯国家经贸关系的协议。

10 月 31 日 中国国际经济咨询公司在北京正式成立。该公司接受国内外机构、企业、其他经济组织和个人的委托，提供有关投资项目的方向、模式、可行性研究、生产、经营管理、财务、会计、法律方面的服务。

11 月 20 日 中国政府和尼日利亚政府贸易协定在拉格斯签订。黄华副总理兼外长和尼日利亚副总理埃奎梅分别代表本国政府签字。

12 月 15 日 对外贸易部发布对外贸易企业《财务管理办法》和《基本业务统一会计制度》。

12 月 23 日 中国投资银行在北京正式成立。该银行是国营企业，实行独立核算、自负盈亏，有签订合同的自主权。

12 月 24 日 对外贸易部、国家进出口管理委员会发出关于《进一步办好出口商品生产基地、专厂的设想》的通知。

1982 年

1 月 7 日 国务院批转对外贸易部《关于出口商品实行分类经营的规

定的请示》。

1月15日 中共中央、国务院批转《沿海九省、市、自治区对外经济贸易工作座谈会纪要》。

3月8日 五届人大常委会第二十二次会议决定，将国家进出口管理委员会、对外贸易部、对外经济联络部和外国投资管理委员会合并，设立对外经济贸易部，任命国务委员陈慕华兼对外经济贸易部部长。同日，国务院任命郑拓彬、魏玉明、贾石、吕学俭为对外经济贸易部副部长。李克、陈洁、王品清为部长代表。

4月16日 对外经济贸易部副部长贾石和苏联对外贸易部第一副部长根·基·茹拉夫廖夫在北京换函，确认恢复中国黑龙江省和内蒙古自治区同苏联的边境贸易。

6月7日至10日 我国对外经济贸易部和联合国工业发展组织共同举办的中国投资促进会在广州举行。我国有关方面同来自世界各地的投资者签署了47个项目的意向书、备忘录等文件。

6月11日 中国政府和芬兰政府长期贸易协定在赫尔辛基签订。郑拓彬副部长和芬兰外贸部部长莱柯拉分别代表本国政府签字。

6月15日 中国政府和挪威政府长期贸易协定在奥斯陆签订。郑拓彬副部长和挪威商航大臣斯考格分别代表本国政府签字。

7月15日 国务院发出《批转对外经济贸易部关于在主要口岸设立特派员办事处和〈对外经济贸易部特派员办事处暂行条例〉的请示的通知》。

8月9日 中国政府和莫桑比克政府贸易协定在北京签订。国务委员兼对外经济贸易部部长陈慕华和莫桑比克外贸部部长萨洛芒·蒙关贝分别代表本国政府签字。

9月10日 全国进出口许可证管理工作会议在杭州召开。

9月29日至10月20日 全国对外经济贸易计划会议在北京召开。

10月4日 中国政府和葡萄牙政府经济、工业和技术合作协定在北京签订。国务委员兼对外经济贸易部部长陈慕华和葡萄牙工业、能源和出口部部长里卡多·巴尧·奥尔塔分别代表本国政府签字。

10 月 28 日　中国政府和朝鲜政府关于 1982 年到 1986 年相互供应主要货物的协定在平壤签订，国务委员兼对外经济贸易部部长陈慕华和朝鲜副总理孔镇泰分别代表本国政府签字。

11 月 24 日　中国政府代表团列席关贸总协定缔约国大会。

12 月 30 日　国务院为责成中国银行清偿从国外或港澳地区收回的美国解冻美元资产，特发布《国务院公告》作为清偿工作的基本法规依据，公告全文共十条。

1983 年

1 月 19 日　对外经济贸易部对外贸易管理局局长沈觉人受权宣布，由于美国政府对中国纺织品实行单方面进口限制，中国政府决定停止批准自美国进口棉花、大豆、化纤的新合同并削减从美国进口其他农产品的计划。

3 月 24 日　国务委员兼对外经济贸易部部长陈慕华赴英国、马耳他、法国、奥地利、比利时等国和欧洲经济共同体委员会、联合国工发组织访问。访问期间，陈慕华同上述各国政府有关部长、两个组织的领导人及经济界人士就双边经济贸易、技术合作问题进行了广泛讨论。

3 月 28 日　对外经济贸易部顾问石林率领代表团以特邀客人身份列席在布宜诺斯艾利斯召开的第五届七十七国集团部长级会议。

5 月 16 日　为了使上海在四个现代化建设中发挥更大的作用，国务院决定扩大上海市对外经济贸易的管理权限，使上海市在国家计划指导下，在利用外资、引进技术、对外贸易、劳务出口等方面有较多的自主权。

5 月 23 日　中国国际贸易促进委员会副主任任建新率领代表团参加国际保护工业产权协会在巴黎召开的第三十二届例会。会上正式接纳了中国分会。

6 月 9 日　姚依林副总理应邀赴贝尔格莱德，出席第六届联合国贸发会议并讲话。对外经济贸易部部长代表李克率领代表团出席了会议。

6 月 25 日　中国政府和希腊政府经济技术合作协定在北京签订。贾石副部长和希腊国民经济部常务副部长约·波塔基斯分别代表本国政府签字。

7 月 20 日　全国经贸企业整顿会议在青岛召开。

9 月 13 日　国务院批准对外经济贸易部、国家工商行政管理局制定的《出口商品商标管理办法》。

9 月 20 日　国务院发布《中华人民共和国中外合资经营企业法实施条例》。

10 月 27 日　中国银行首次开办的出口买方信贷在上海正式签订第一笔贷款。这笔贷款是由中国银行上海分行贷给香港快航船务公司的，金额为 546 万美元。中国银行为了支持我国机电产品和船舶扩大出口。决定由上海等地分行试办出口买方信贷业务，为购买我国产品的外国和港澳地区进口提供优惠贷款。

11 月 1 日　欧洲经济共同体主席托恩访问中国，同中国有关部门就扩大中国与该组织的经济贸易关系问题进行了会谈。从此，中国和该组织的关系扩大到整个欧洲共同体。

12 月 30 日　国务院发出《关于当前外贸工作问题的通知》。

1984 年

1·月 10 日　国务院发布《中华人民共和国进口货物许可证制度暂行条例》。

1 月 18 日　中国正式参加国际纺织品贸易协议。

1 月 28 日　国务院发布《中华人民共和国进出口商品检验条例》。

6 月 25 日　中国政府和匈牙利政府经济技术合作协定在布达佩斯签订。国务委员兼对外经济贸易部部长陈慕华和匈牙利外贸部部长韦来什·彼得分别代表本国政府签字。

6 月 30 日　中国政府和波兰政府经济技术合作协定在华沙签订。国务委员兼对外经济贸易部部长陈慕华和波兰外贸部部长内斯托罗维奇分别代表本国政府签字。

7月6日 中国政府和捷克斯洛伐克政府经济技术合作协定在布拉格签订。国务委员兼对外经济贸易部部长陈慕华和捷克斯洛伐克外贸部部长博·乌尔班分别代表本国政府签字。

9月9日 中国政府和南斯拉夫政府1986至1990年贸易协定在贝尔格莱德签订。国务委员兼对外经济贸易部部长陈慕华和南斯拉夫联邦执委会副主席米·舒科维奇分别代表本国政府签字。

9月12日 对外经济贸易部发出《关于对沿海开放城市下放进出口等管理审批权的通知》。

9月15日 国务院批转对外经济贸易部《关于外贸体制改革意见的报告》。同日，中国政府和保加利亚政府经济和技术合作协定在索非亚签订。国务委员兼对外经济贸易部部长陈慕华和保加利亚外贸部部长赫里斯托夫分别代表本国政府签字。

9月17日 中国政府和民主德国政府经济合作协定在柏林签订。国务委员兼对外经济贸易部部长陈慕华和民主德国外贸部部长霍斯特·泽勒分别代表本国政府签字。

9月26日 中国、欧洲经济共同体部长级会晤第一次会议在北京举行。国务委员兼对外经济贸易部部长陈慕华和欧洲共同体委员会主席哈费尔坎普就国际经济、贸易及发展双边经贸关系问题交换了意见。

10月4日 国务院批准了国家计委《关于改进计划体制的若干暂行规定》，并通知各地区、各部门从1985年开始试行。

10月14日 中国与瑞典纺织品及纺织制品贸易协定在北京签订。国务委员兼对外经济贸易部部长陈慕华和瑞典外贸大臣海尔斯特姆分别代表本国政府签字。

10月20日 党的十二届三中全会通过《中共中央关于经济体制改革的决定》，规定外贸体制改革"既要调动各方面积极性，又要实行统一对外"的总的指导原则。

10 月 29 日 全国对外经济贸易工作会议在北京召开。田纪云副总理到会作了重要讲话。

11 月 14 日 全国人大常委会通过中国加入《保护工业产权巴黎公约》的决定。

11 月 18 日 国务院发布《中华人民共和国国务院关于经济特区和沿海 14 个港口城市减征、免征企业所得税和工商统一税的暂行规定》的通知，并自 1984 年 12 月 1 日起试行。

12 月 20 日 对外经济贸易部发布《边境小额贸易暂行管理办法》。

12 月 28 日 中国政府和苏联政府经济技术合作协定在北京签订，姚依林副总理和苏联部长会议第一副主席伊·瓦·阿尔希波夫分别代表本国政府签字。

1985 年

1 月 1 日 根据国务院批转的对外经济贸易部《关于外贸体制改革意见的报告》，经 1984 年 10 月全国对外经贸会议讨论决定。从 1985 年 1 月 1 日起，外贸实行政企职责分开。

1 月 14 日 对外经济贸易部发布《关于调整出口农副产品奖售政策和管理办法的通知》。

1 月 31 日 对外经济贸易部部长代表王品清和蒙古对外贸易部副部长纳·巴布在乌兰巴托换文，确认中蒙进行边境贸易。

3 月 7 日 国务院发布《中华人民共和国进出口关税条例》。

3 月 18 日 对外经济贸易部发布《关于出口许可证分级管理有关问题的通知》。

3 月 21 日 六届全国人民代表大会常委会通过《中华人民共和国涉外经济合同法》。同年 7 月 1 日开始实行。

3 月 29 日 国务院发布批转对外经济贸易部、国家计划委员会、国家外汇管理局《出口商品外汇留成办法》的通知。

4 月 1 日 国务院发布《关于狠抓出口保证国家外汇收入的通知》。

4 月 16 日　中国和法国关于发展经济关系和合作的长期协定以及法国政府向中国政府提供贷款的两个文件在北京签订。对外经济贸易部部长郑拓彬和法国工业调整和外贸部部长克雷松分别代表本国政府签字。

5 月 1 日　对外经济贸易部设立审计监督机构。

5 月 21 日　中国—欧洲经济共同体贸易和经济合作协定在布鲁塞尔签订。郑拓彬部长和欧洲共同体部长理事会主席、意大利外长安德雷奥蒂和欧洲共同体委员会负责对外关系的委员德克莱克在协定上签字。

5 月 24 日　国务院发布《中华人民共和国技术引进合同管理条例》。

6 月 3 日　中英两国政府间在伦敦签订了经济合作协定。

6 月 30 日　土耳其总理厄扎尔到中国访问。访问期间，邓小平、李先念等中国政府领导人分别同厄扎尔就进一步发展两国经济、贸易关系进行会谈。7 月 3 日双方签订《协议纪要》。对外经济贸易部部长代表陈洁和土耳其总理府国库外贸署署长埃克雷姆·帕克代米尔利分别代表本国政府签字。

7 月 5 日　中国国际贸易促进委员会主任王耀庭和印度尼西亚工商会主席苏坎达尼在新加坡签署了关于中国和印度尼西亚两国恢复直接贸易的谅解备忘录。

7 月 10 日　中国政府和苏联政府关于 1986 年至 1990 年交换货物和付款协定在莫斯科签订。姚依林副总理和苏联部长会议第一副主席伊·阿尔希波夫分别代表本国政府签字。

7 月 14 日　李先念主席访问加拿大，李鹏副总理随同出访。7 月 16 日，李鹏副总理和加拿大国际贸易部部长凯莱赫签署了延长中加贸易协定的换文。

7 月 15 日　中国政府和民主德国政府 1986 年至 1990 年交换货物和付款协定在北京签订。田纪云副总理和民主德国部长会议副主席许雷尔分别代表本国政府签字。

7 月 29 日　国务院批准把厦门经济特区的范围扩大到厦门全岛和鼓浪屿全岛，总面积为 131 平方公里，并在这个特区逐步实行自由港的某些政策。

8 月 4 日 中国政府和埃及政府长期贸易协定在北京签订。郑拓彬部长和埃及经济贸易部部长阿布·阿里分别代表本国政府签字。

9 月 18 日 对外经济贸易部发布《技术引进合同审批办法》。

10 月 11 日 中国政府和罗马尼亚政府 1986 年至 1990 年相互供应主要货物的长期贸易协定和现汇易货协定在北京签订。国务委员陈慕华和罗马尼亚第一副总理扬·丁卡分别代表本国政府签字。

10 月 19 日 国务院发出批转国家计委等八个部门《关于扩大机电产品出口报告》的通知。

11 月 15 日 中国国际贸易促进委员会和联合国亚太经社会联合举办的亚太国际贸易博览会在北京开幕。全国人大常委会委员长彭真为开幕式剪彩。

12 月 3 日 中国政府和阿尔巴尼亚政府 1986 年至 1990 年换货和付款协定在北京签订。陈洁部长和阿尔巴尼亚对外贸易部副部长阿亚兹分别代表本国政府签字。

1986 年

1 月 22 日 中国中日长期贸易协议委员会主任刘希文和日本日中长期贸易协议委员会委员长河合良一就中日长期贸易协议项下 1986 年至 1990 年石油、煤炭安排事项在东京签订协议。

2 月 6 日 国务院发出《关于鼓励出口商品生产扩大出口创汇的通知》。

3 月 7 日 对外经济贸易部发布《鼓励出口收汇奖励办法实施细则》和《出口专项奖金实施办法》。

3 月 15 日至 21 日 中国、苏联经济贸易、科技合作委员会第一次会议在北京举行。

3 月 24 日 国务院发出批转农牧渔业部、对外经贸部、商业部《关于建立农副产品出口生产体系的报告》的通知。

5 月 8 日 中国政府和爱尔兰政府经济、工业、科学和技术合作协定在都柏林签订。郑拓彬部长和爱尔兰工商部长迈克尔·努南分别代表本国政府签字。

6 月 2 日至 27 日 联合国开发计划署第三十三届理事会在日内瓦举行。对外经济贸易部部长助理沈觉人率领中国代表团参加，会议通过了对华援助第二周期方案。

6 月 9 日 对外经济贸易部发出《关于下达第七个五年对外贸易计划的通知》。

6 月 9 日至 19 日 第二届亚太经社理事会贸易部长会议在曼谷举行。王品清副部长率领中国代表团出席会议。

7 月 1 日 欧洲经济共同体委员会主席德洛尔访华。郑拓彬部长同德洛尔就发展双方经济贸易关系问题进行了会谈。中顾委主任邓小平会见了德洛尔。

7 月 11 日 中国驻日内瓦联合国常驻代表钱嘉栋大使向关贸总协定总干事邓克尔提交了中国政府关于恢复中国在关贸总协定缔约国地位的申请。

7 月 17 日 由稻山嘉宽率领的日本食品开发综合技术展览会代表团访华。胡耀邦总书记，李鹏、姚依林副总理分别会见了稻山嘉宽。

9 月 8 日 苏联部长会议第一副主席塔雷津率领苏联政府代表团到中国访问。姚依林副总理和塔雷津就进一步发展两国经济贸易关系问题进行了会谈。

9 月 14 日至 19 日 全国技术贸易工作会议在北京召开。

9 月 15 日至 20 日 关税及贸易总协定缔约国部长级会议在乌拉圭埃斯特角城召开。沈觉人部长助理率领中国政府代表团出席了会议，取得了中国全面参加第八轮多边贸易谈判的资格。

9 月 23 日 中国、法国、英国三国的有关银行和公司在北京签署关于建设广东大亚湾核电站的贷款协议和供货合同。李鹏副总理出席了签字仪式。

10 月 3 日至 10 日　全国对外贸易出口计划会议在北京召开。姚依林副总理到会作了重要讲话。

10 月 8 日　对外经济贸易部发布《对外贸易开发新商品出口管理暂行办法》。

10 月 11 日　国务院发布关于鼓励外商投资的规定，并自发布之日起实施。

11 月 6 日　中国对日经济贸易工作协调组在北京成立。贾石任首席顾问，沈觉人任组长。

11 月 19 日　美国助理贸易代表纽柯克率代表团访华，同以对外经济贸易部部长助理沈觉人为首的中国代表团进行第一轮中美总协定问题双边磋商。

12 月 1 日　对外经济贸易部发布《外贸企业基本业务统一会计制度》。

12 月 2 日　全国人大常委会决定中国加入《承认及执行外国仲裁公约》。

12 月 12 日　苏联工业贸易展览会在北京开幕。

1987 年

1 月 22 日　第六届全国人民代表大会常委会通过《中华人民共和国海关法》，自 1987 年 7 月 1 日起施行。

2 月 16 日　外贸专业公司开始实行出口承包经营责任制。

3 月 29 日　中国出口商品包装改进成果展览会在北京举行。姚依林副总理参观了展览会。

4 月 29 日　国务院办公厅转发国家经委、对外经贸部、国家商检局《关于加强出口商品质量管理工作的意见》。

6 月 4 日　中国国际贸易促进委员会举行庆祝该会成立三十五周年暨第二次全体委员会议。姚依林、田纪云副总理等到会祝贺，薄一波名誉会长出席会议并讲话。

6 月 10 日　对外经济贸易部副部长李岚清率领代表团访问欧洲经济共同体，在布鲁塞尔同欧洲共同体代表团进行第一轮关贸总协定问题双边磋商。

6 月 16 日　中国对外经济贸易广告协会和英国《南方》杂志共同举办的第三世界广告大会在北京举行。万里代总理参加开幕式并讲话。李先念主席会见了各国代表。

7 月 9 日至 8 月 3 日　联合国第七届贸发会议在日内瓦举行。田纪云副总理到会发表讲话。沈觉人部长助理率领代表团出席会议。

8 月 25 日　李岚清副部长同卢森堡副首相兼外交大臣普斯在北京就双边经贸合作问题进行了会谈。

8 月 27 日　郑拓彬部长率领中国政府经济贸易代表团到瑞典访问，同瑞典外贸大臣阿尼塔·格拉丁就进一步发展两国之间的贸易问题进行了会谈，并签署了关于促进中国向瑞典出口的意向书。

9 月 7 日　国家经委、对外经贸部、海关总署、国家商检局发布《进口商品质量监督管理办法》。

9 月 12 日　国务院修订发布《中华人民共和国进出口关税条例》。

9 月 26 日　国务院发出《关于批转对外经济贸易部一九八八年外贸体制改革方案的通知》，决定在轻工业品、工艺品、服装三个出口行业实行自主经营、自负盈亏的试点改革等一系列改革措施。

10 月 17 日　中国政府和冰岛政府贸易协定在北京签订。对外经济贸易部部长助理朱友兰和冰岛驻华大使索斯坦松分别代表本国政府签字。

10 月 21 日至 24 日　全国外贸外汇工作会议在广东省中山市召开。

10 月 24 日　关税及贸易总协定总干事邓克尔到中国访问。国务委员张劲夫和对外经济贸易部部长助理沈觉人分别同邓克尔举行了会谈，双方就恢复中国关贸总协定缔约国地位问题，进一步交换了意见。

10 月 25 日　党的第十三次代表大会提出加快和深化经济体制改革的方针，并且明确指出："为了更好地扩大对外贸易，必须按照有利于促进外贸企业自负盈亏、放开经营、工贸结合、推行代理制的方向，坚决地、有步骤地改革外贸体制。"

11 月 11 日 对外经济贸易部海外贸易中心工作会议在北京召开。

11 月 25 日 郑拓彬部长率领中国政府经济贸易代表团访问古巴，11月 27 日同古巴外贸部部长里卡多·卡布里萨斯在哈瓦那签署了中古 1988年贸易议定书和关于成立部长级经贸混委会的换文。

12 月 4 日 中国工业技术出口交易会在香港举行。

12 月 12 日至 16 日 全国出口商品收购价格工作会议在福州召开。

12 月 13 日至 19 日 全国乡镇企业出口创汇工作会议在北京召开。李鹏、田纪云、李铁映等领导人会见了会议代表并作了重要讲话。

12 月 18 日 澳大利亚外交贸易部贸易谈判部部长迈克尔·达菲访华，访华期间同对外经济贸易部部长郑拓彬进行了会谈，田纪云副总理和国务委员吴学谦分别会见了达菲一行。

12 月 25 日 新华社报道，最近国务院批准中国化工进出口公司作为第一个国际化经营承包的试点，大胆向跨国集团公司迈进。我国外贸体制的这一改革，是充分利用国内外两种资源，在国际国内两个市场上综合运筹，迈向国际大循环，发展贸易，开辟创汇渠道的尝试。

12 月 30 日 国务院批准《中华人民共和国技术引进合同管理条例施行细则》。

1988 年

1 月 4 日 沈觉人部长助理率领中国政府经济代表团访问印度，同印度政府商务秘书瓦尔玛进行第一轮中印关贸总协定问题双边磋商。

1 月 30 日 中共中央和国务院领导人在中南海会见对外经济贸易部领导人和各司、局以及各外贸专业总公司与部分工贸公司负责人。李鹏代总理作了重要讲话。

2 月 26 日 国务院发布《关于加快和深化对外贸易体制改革若干问题的规定》。全国开始全面推行外贸承包经营责任制。

3 月 20 日至 25 日 全国工贸联营会议在广东省江门市召开。

4 月 1 日 中国政府和马来西亚政府贸易协定在北京签订。郑拓彬部长和马来西亚贸易和工业部部长达汀·拉菲达·阿齐兹分别代表本国政府签字。

5 月 14 日至 19 日 全国银贸工作会议在四川省成都市召开。

6 月 14 日至 18 日 全国对外加工装配工作会议在广东省东莞市召开。

6 月 28 日 中国国际贸易促进委员会开始同时使用"中国国际商会"的名称。

7 月 3 日 国务院发布《关于鼓励台湾同胞投资的规定》。

7 月 5 日 国务院最近发出通知：下放外资企业审批权，授权省、区、市经济特区和计划单列市政府审批。国务院这一决定是根据《中华人民共和国外资企业法》第六条规定作出的。

7 月 15 日 中国对外技术交易会在深圳举行。

10 月 4 日 新华社报道，经贸部采取五项措施治理外贸环境，整顿外贸秩序，以保证外贸体制改革的进一步深化和外贸出口的稳定发展。五条措施是：（1）结合税收、财政、物价大检查，清查整顿外贸企业，重点是"皮包公司"；（2）整顿出口商品收购秩序；（3）加强计划、配额许可证和海关的综合治理；（4）调整部分鼓励出口的政策；（5）加强进口管理，不该进口的坚决不进，特别是高档消费品。

10 月 4 日至 8 日 全国外贸出口工作会议在北京召开。田纪云副总理到会作了重要讲话。

10 月 17 日至 20 日 全国进口工作会议在广州召开。

10 月 19 日 国家机构编制委员会批准对外经济贸易部的"三定"方案，按照"转变职能、下放权力、调整结构、精简人员"的原则，重新确定对外经济贸易部的职能、机构和人员编制。

10 月 22 日 外交部部长钱其琛和安哥拉外交部部长姆宾达分别代表本国政府在北京签署了关于成立中安经济、技术和贸易合作混合委员会的协定。国家主席杨尚昆和安哥拉总统多斯桑托斯出席了签字仪式。

11 月 11 日 中国驻美国大使韩叙和沙特阿拉伯驻美国大使班达尔·本·苏尔坦亲王分别代表本国政府在华盛顿签署了两国互设商务代表处的谅解备忘录。

12 月 5 日 对外经济贸易部副部长沈觉人率领中国代表团出席在加拿大蒙特利尔举行的乌拉圭回合多边贸易谈判部长级中期审评会议。这是新中国成立以来首次正式参加国际多边贸易谈判。

<h2 style="text-align:center">1989 年</h2>

1 月 8 日 对外经济贸易部机构改革方案最近经国务院批准付诸实施。改革后的经贸机构把职能转变摆在突出的位置，综合运用经济手段、法律手段和必要的行政手段，加强宏观调控，并调整了机构，精简了人员，全力提高办事效率。

2 月 13 日至 18 日 国家外汇管理局全国分局长会议在北京举行。会上提出 1989 年工作总的要求是，加强外汇外债的宏观调控。1988 年全国调剂外汇成交额达 62.68 亿美元，占同期全国留成外汇总额 1/3，占全国同期进口的 18%。

3 月 5 日 经国务院批准，国家外汇管理局发布了《境外投资外汇管理办法》，这项管理办法共有 17 条，旨在促进对外经济技术合作，加强境外投资外汇管理，有利于国家的国际收支平衡。

7 月 24 日 经国务院批准，国家外汇管理局发布了关于华侨、港澳同胞捐赠外汇参加外汇调剂的暂行规定。实施新的暂行规定后，允许参与外汇调剂的捐赠外汇大大增加。

11 月 10 日 国务院批转了经贸部《关于进一步清理整顿各类对外经济贸易公司的意见》。并对严格清理整顿后，各级各类外贸公司的设置做了具体规定；对于保留下来的各级各类外贸公司的业务经营范围，都要重新核定。经贸部负责人指出，清理整顿各类对外经贸公司，是治理外贸环境、整顿外贸秩序的一项重要措施，是为了更好地促进对外开放。

12 月 9 日 第一次全国外贸法律工作会议在北京举行。经贸部副部

长王品清说，运用法律手段管理对外贸易，发展对外贸易，是进一步改革
开放和贯彻治理整顿方针的需要。

12 月 15 日 国家外汇管理局宣布，人民币汇率将从 12 月 16 日起下
调 21.2%。国家外汇管理局发言人指出，目前我国人民币汇率偏高，适
当下调人民币汇率是合理的，将有利于促进生产发展和对外经济贸易
往来。

1990 年

1 月 6 日 经贸部在福建召开全国第三次进出口许可证管理工作会
议。部长助理谷永江说，我国自 1980 年恢复进出口许可证管理以来，许
可证管理制度不断完善，已初步形成了外贸管理、海关管理和外汇管理的
综合管理体制，为保证我国对外贸易事业的发展起到了重要作用。

3 月 14 日 日本兴业、第一劝业、住友和三和等四家银行决定恢复
对我国贷款，第一批款额共约 2000 万美元。

4 月 24 日 经贸部副部长李岚清和苏联对外经济联络部部长康·
弗·卡图谢夫代表本国政府在莫斯科签署了中国政府和苏联政府关于中国
向苏联提供日用消费品的政府贷款协定、中国政府和苏联政府在中国合作
建设核电站和苏联向中国提供政府贷款的备忘录。

5 月 1 日至 17 日 江泽民总书记考察海南省，指出兴办海南特区决
策正确，在海南实行各项政策不变，支持海南吸收外商投资，进行成片开
发。并强调兴办经济特区，必须坚持社会主义方向，坚持物质文明和精神
文明一起抓，在实行对外开放，引进国外先进技术和管理经验的同时，对
资本主义腐朽的东西要坚决抵制。

6 月 11 日 国务院批转了《1990 年经济特区工作会议纪要》，并发出
通知强调，支持特区更好地发展外向型经济，充分发挥特区在对外开放的
窗口和基地作用。

8 月 1 日 全国外贸出口工作会议 1 至 4 日在北京举行。经贸部副部
长李岚清主持开幕式。经贸部部长郑拓彬作报告。国家计委副主任甘子玉

等到会并讲话。

8 月 19 日　李鹏总理签署国务院令，发布《国务院关于鼓励华侨和香港澳门同胞投资的规定》，并自发布之日起执行。

11 月 7 日　中国外商投资企业协会第二届会员代表大会在北京举行。来自全国各地的外商投资企业会员代表，各省、市、自治区和计划单列市的外商投资企业协会代表，中央有关部委的负责人共 700 人参加。

12 月 13 日　以经贸部副部长沈觉人为团长的中日长期贸易协议委员会代表团 13 至 22 日访问日本。18 日与日本日中长期贸易协议委员会委员长河合良一在东京签订了新的中日长期贸易协议。

1991 年

1 月 23 日　我国 1991 年将进一步改革和完善对外贸易体制。经贸部新闻发言人指出，新出台的改革方案，主要是在已经调整人民币汇率的基础上，建立外贸企业自负盈亏机制，使外贸逐步走上统一政策、平等竞争、自主经营、自负盈亏、工贸结合，推行代理制的轨道。

2 月 21 日　对外经济贸易部发出第 1 号公告。公告要求国内各有关单位加强对纺织品配额的管理，对国内有关纺织品出口企业绕开配额管理、通过第三国或地区向双边纺织品协定国家转口纺织品的做法也做出了处罚规定。

4 月 6 日　全国技术进出口会议在济南召开。我国将逐步增加技术引进外汇投入。我国技术出口发展快、势头好，"七五"期间，我国出口技术涉及 20 多个领域，出口到 40 多个国家和地区。

4 月 24 日　新华社报道，4 月 9 日七届全国人大四次会议审议通过《中华人民共和国外商投资企业和外国企业所得税法》，合并了现行的两个涉外企业所得税法，在不增加税负、不减少税收优惠的原则下，把对合营企业、合作企业、外资企业和外国企业实行的税率加以统一。新税法将更透明、简化、规范，促进外商投资。新税法将于 7 月 1 日起实施。

6 月 10 日　国务院关税税则委员会召开《税则》审定会议。会议审定的《税则》是将现行《税则》转换采用《商品名称及编码协调制度》目录，《协调制度》目录在国际上大多数国家和地区已经使用，它标志着我国关税制度一项重大改革。审定后的新《税则》将于 1991 年 11 月 1 日对外公布，自 1992 年 1 月 1 日起实施。

8 月 29 日 为完善对外贸易代理制，明确代理各方当事人的权利义务，促进对外贸易发展，经贸部特制定《关于对外贸易代理制的暂行规定》，并予以公布。

9 月 2 日 全国外贸出口工作会议在京召开，经贸部部长李岚清在大会上高度评价当年前 8 个月我国进出口工作：认为在全面取消财政补贴，实行自负盈亏新外贸体制下，外贸取得了较大的成绩。他强调，要把提高出口质量作为战略来抓。

10 月 22 日至 25 日 中美关于市场准入和知识产权问题的谈判在北京举行。以经贸部副部长吴仪、佟志广为团长的中方代表团参加了会谈，并向美方提交了一份关于市场准入问题的备忘录（草案）；经贸部部长李岚清会见了美方代表团团长、美国助理贸易代表梅西，双方就共同关心的中美经贸关系中的一些同题交换了看法。

11 月 15 日 全国出口商品原产地工作会议在北京举行，会议将修改《中华人民共和国出口货物原产地规则》、《中华人民共和国出口货物原产地证明书签发管理新章法》等法规，以加快出口商品原产地的立法工作，使中国对外贸易体制逐步符合国际贸易规范。

1992 年

2 月 13 日 以经贸部副部长佟志广为团长的中国代表团参加在日内瓦举行的关贸总协定中国工作组第十次会议。这次会议基本结束了对中国外贸制度的评估和答疑阶段，进入了中国恢复关贸总协定地位议定书的实质性谈判阶段。

2 月 14 日 《人民日报》报道，我国海陆空一类口岸目前已有 154 个对外开放，比 1978 年增加两倍，这些口岸在我国对外开放中发挥了积极作用。1991年新开放的有：内蒙古呼和浩特航空口岸；广东佛山铁路口岸；番禺南沙港和深圳机场；福建东山港和长江的芜湖、九江，武汉四个港口原来只对国轮开放，现在扩大为对外国籍船舶开放。

3月5日 经贸部部长李岚清和俄罗斯联邦对外经济联络部部长彼·奥·阿文代表本国政府在北京签署了中俄政府间经济贸易关系协定和关于鼓励和相互保护投资协定，并就尽快召开中俄经贸科技合作委员会会议问题达成协议。

7月25日 《人民日报》报道，经贸部将调整政策，扩大利用外资的领域，进一步深化外贸进出口体制改革及外贸企业的改革。今后将在关贸总协定范围内逐步建立符合国际惯例的公开配额制；适时取消限制进口和暂停进口商品和装配线名录，公开鼓励进口商品名录；对幼稚工业的产品逐步按关贸总协定对发展中国家保护条款和国际惯例进行管理；随时恢复关贸总协定缔约国地位实质性谈判进展，降低关税水平；减少进口许可证管理商品范围，取消国家对进口商品的财政补贴等。

8月26日至29日 全团外贸企业转换经营机制座谈会在广州举行。经贸部部长李岚清在座谈会上作了重要报告，报告提出，外贸公司要加快实现10个转变。

9月10日 经贸部部长李岚清随同国务委员兼外交部部长钱其琛出席在泰国曼谷举行的第四届亚太经济合作部长级会议（APEC）。会上，李岚清就乌拉圭回合多边贸易谈判和区域贸易自由化问题发表讲话。会议期间，李岚清还同马来西亚、泰国、韩国和日本的贸易、商业部部长以及美国副贸易代表就双边经贸关系和亚太经济合作问题进行了会谈。

10月3日至10日 以经贸部副部长佟志广为团长的中国政府代表团在华盛顿与美国贸易代表办公室就中美市场准入问题进行第九轮谈判。经过艰苦的谈判，双方于10日达成协议，佟志广与美国贸易副代表签署了中美关于市场准入的谅解备忘录，从而结束了长达一年半共九轮的中美市场准入谈判，使中美经贸关系得以继续发展。

12月4日 新华社报道，国务院关税税则委员会决定从1992年12月

13 日起降低 3000 多个税目商品的进口关税税率。这次调税使我国关税总水平下降 7.3%，是历次调税涉及商品范围最广、水平下降幅度最大的一次。降税的重点商品为：（1）国内需要长期进口的原材料；（2）国内不能生产的先进技术产品。

12 月 30 日　新华社报道，我国外贸体制改革又出台新措施，从 1993 年 1 月 1 日起，实行出口许可证管理商品的分配权，并取消把出口商品分为一、二、三类的做法，使外贸企业可以进一步放开经营。这次国家实行配额许可证管理的出口商品品种共 198 种，其中实行计划配额管理的 38 种，实行主动配额管理的 54 种，实行一般许可证管理的 22 种，实行被动配额管理的 24 种。

1993 年

1 月 5 日至 10 日　全国经济体制改革工作会议在北京召开：李鹏在闭幕会上强调，今年的改革工作，一定要紧紧围绕建立社会主义市场经济体制的目标，着重从体制机制上加大改革力度，国家体改委对如何建立社会主义市场经济新体制提出了 6 条新思路，并确定今年 8 项改革重点。

3 月 21 日　《国际商报》报道，根据 1992 年 10 月 10 日达成的中美市场准入谅解备忘录中的规定，中国将采取措施，逐步放宽对进口的限制，如取消和减少进口许可证、进口配额、进口控制等。按照备忘录附件的规定，中国目前实行的进口许可证制度项下的大部分许可证将在 5 年至 6 年的时间里取消，仅保留对一小部分特别需要保护的幼稚工业产品的许可证管理。大部分的进口配额许可证及进口控制也将在同样的期间内逐步取消。

3 月 26 日　《人民日报》报道，国务院批转国家体改委《关于 1993 年经济体制改革要点》并发出通知，要求各地区、各部门根据实际情况，采取有力措施认真贯彻执行。《要点》提出积极推进外贸体制改革，要按照《条例》和已经公布及将要公布的企业经营外贸业务和标准的审批办法，进一步扩大生产企业、科研单位及其他企业的外贸自主权，加快外贸企业经营机制的转换，推动外贸企业集团化、实业化和国际化经营。

3月29日 经贸部部长吴仪和德国联邦经济部长莱克斯洛特分别代表本国政府在北京签署了关于成立中德经济合作投资委员会的意向书和关于中德中小企业经济合作的意向书。此外，双方还签订了南平铝厂轧机公司和西安啤酒罐装线的合作协议。

5月16日 新华社报道，全国机电设备进口管理工作会议在北京召开，我国机电设备进口管理体制将进行重大改革，改革的重点是大幅度削减进口机电产品的管理范围，改变使用重复交叉的进口限制手段，主要采取配额等国际通用的保障措施。

9月2日 《中华人民共和国反不正当竞争法》由中华人民共和国第八届全国人民代表大会常务委员会第三次会议通过，自1993年12月1日起施行。

9月21日 中国、欧共体工作组第一次会议21至23日在北京举行。外经贸部欧洲司、条法司、贸管司、国际司及国家商检局、海关总署有关人员及欧共体委员会对外关系司中国处处长霍夫曼等6人出席了会议。双方就双边贸易问题、贸易制度、部门贸易、在华设立货运公司问题交换了意见。

10月5日 为加快科技成果的商品化、产业化，推动科研院所参与对外贸易和国际竞争，对外贸易经济合作部与国家科委联合发布《赋予科研院所科技产品进出口权暂行办法》。

10月28日 外经贸部新闻发言人宣布，中国恢复从1960年7月以来断绝的同南非的经济贸易关系。外经贸部将积极推动中国经贸企业界同南非经贸企业界开展直接贸易往来和经济合作。

11月15日 《国际商报》报道，1993年底我国将较大范围调整进口关税税率。这是国务院关税税率委员会根据我国《进出口关税条例》，为贯彻对外开放国策、促进对外经贸和国民经济发展、鼓励我国企业参与国际竞争而作出的决定。这一次调整关税税率涉及2898个税号的商品，其中包括国内短缺的某些原材料和不能满足需要的机器设备。调税后，我国关税的算术水平将由 39.9% 降到 36.4%，降税幅度为 8.8%。这次调税从 1993 年 12 月 31 日起实施。

12 月 6 日 李鹏总理主持召开国务院第十三次常务会议，会议讨论并原则通过了《中华人民共和国对外贸易法（草案）》；会议讨论认为，新中国成立 40 多年来，我国的对外贸易事业取得了令人瞩目的成绩；为了深化我国对外贸易体制改革，有必要制定对外贸易法，以确立我国社会主义市场经济下的对外贸易体制，保障正常的对外贸易秩序，促进我国对外贸易和国民经济的发展。为了保护台胞投资者的合法权益，会议还原则通过了《中华人民共和国台湾同胞投资保护法（草案）》。

12 月 7 日 全国对外经济贸易工作会议在北京隆重开幕。这次会议的中心内容是以党的十四大和十四届三中全会精神为指导，按照全国经济工作会议的部署，研究和安排次年对外经贸领域加快改革和发展的各项任务，推动我国对外经济贸易持续、快速、健康发展。

12 月 20 日 中国和加拿大纺织品协议到期问题第三轮谈判在温哥华举行，双方同意该协议延长到 1994 年。

1994 年

1 月 1 日 《人民日报》报道，国务院关税税则委员会决定，当年再对部分进口的工农业生产的主要原材料、机电产品关键部件及出口的铝、锌等商品实行暂定关税税率；国务院还决定，自当年 1 月 1 日起适当降低小汽车进口税税率，同时调整进口小汽车减免税政策。

1 月 5 日至 17 日 中美第四轮纺织品配额谈判在北京举行，外经贸部副部长石广生和美纺织品首席代表希尔曼代表本国政府签署了谈判协议。

2 月 5 日至 7 日 我国引进外围资金、先进设备和技术建设的第一座大型核电站——广东大亚湾核电站一号机组投入商业运营。

3 月 4 日至 7 日 国务院召开的全国外资工作座谈会在北京举行。全国各省、自治区、直辖市及计划单列市人民政府主管领导及各地经贸委、计经委主要负责同志和国务院有关部委负责同志出席了会议。会议总结了改革开放 15 年利用外资工作，研究今后利用外资工作的方针、政策。会议期间，江泽民主席、李鹏总理、李岚清副总理和吴仪部长分别作了重要讲话。

4 月 11 日至 20 日 外经贸部部长吴仪率领中国政府经贸代表团访问美国。访问期间，吴仪一行参加在华盛顿举行的中美第八届商贸联委会会议，并和美方签署联委会工作组联合声明。19 至 20 日，中美两国大型经贸投资洽谈活动在纽约举行，双方共达成并签署 62 项合同协议，意向书及合同金额达 54 亿美元。

4 月 19 日 国家经贸委和外经贸部就烟草专卖品进出口管理问题联合发布公告。

4 月 28 日 中国证监会与美国证券与交易管理委员会在北京签订中美合作监管谅解备忘录。当年将有五家企业到美国上市。

5 月 31 日 新华社报道，我国有条件地允许外商投资民航业。中国民航总局和外经贸部日前联合颁发《关于外商投资民用航空业的有关政策的通知》。

7 月 11 日 国家外汇管理局公布《进口付汇核销管理暂行办法》，并自 8 月 1 日起执行。

8 月 27 日 中澳政府贷款工作年会在澳大利亚墨尔本举行。外经贸部部长助理龙永图同澳大利亚澳援局总局长菲利浦·弗拉德共同主持技术合作和优惠贷款联席会议，双方签署了会谈纪要，并同意 13 个项目（总金额 1.1 亿美元）列入 1995 至 1996 年度利用澳大利亚政府贷款项目清单。

11 月 5 日至 10 日 加拿大总理克雷蒂安率团访华，其间，与中国政府签署和平利用核能合作协定和两国政府关于中加发展合作项目意向书，协议总金额为 86 亿加元。外经贸部部长吴仪会见随同克雷蒂安总理访华的加拿大国际贸易部部长麦克莱伦、亚太事务部部长陈卓愉和 8 位省长及两位地区行政长官，双方就双边经贸关系、中国"复关"以及服务业开放问题交换了意见。

12 月 20 日 关贸总协定中国工作组第十九次会议在日内瓦举行。由于少数缔约方缺乏诚意，蓄意阻挠，中国"复关"谈判未能达成协议。中国政府代表团团长谷永江在会上重申我国的原则立场。

1995 年

1 月 4 日 外经贸部副部长石广生与俄罗斯驻华商务代表卡恰诺夫分别代表本国政府在北京签署《中华人民共和国和俄罗斯联邦政府关于偿还中国与原苏联记账贸易中中方贸易顺差的协定》。

1 月 20 日 欧洲联盟宣布，经过五轮 10 个月的谈判，欧盟同中国就中国向欧盟出口纺织品等问题达成一系列协议。

2 月 16 日 全国海关发出公告：1995 年 1 月 1 日至 1995 年 12 月 31 日，海关对 246 个税号的进口商品和 9 个税号的出口商品按比现行税率低的暂行税率征收关税。在此期间，如调整税率，则按调整后的税率执行。

3 月 11 日 外经贸部部长吴仪同美国贸易代表坎特在北京分别代表本国政府正式签署了中美知识产权协议。

3 月 13 日 中国与法国政府在北京签署关于建设大亚湾第二核电站的谅解备忘录，李鹏总理会见了出席谅解备忘录签字仪式的法国工业、邮电和外贸部部长罗西一行。

4 月 5 日 外经贸部部长吴仪会见哥伦比亚副总统时指出，中国将以在发展中求平衡的原则解决与哥伦比亚的贸易顺差。

5 月 13 日 李岚清副总理在北京召开的美亚协会第六届年会上指出，中国经济将与世界经济互接互补。吴仪在年会上提出，中国将努力建立有中国特色的自由贸易制度，争取 3 年内建立起规范和保障这一贸易制度的对外贸易法律体系。

6 月 10 日 国家商检局公布了新调整的《商检机构实施检验的进出口商品种类表》，并自 1995 年 7 月 1 日起正式实施。

6 月 16 日 吴仪部长在北京会见荷兰首相维姆·科克及随同来访的

荷兰经济代表团。荷兰企业家们与中国同行签署了 17 项合作合同或谅解备忘录，其内容涉及城市变通、运输、污水处理、化肥、渔业、农业、能源、汽车制造、金融和科技交流等。

7 月 6 日　中国、俄罗斯"科学与高科技中心"协会在北京举行首次理事会会议，双方代表签署了旨在推动两国高新技术交流与合作的议定书。

10 月 17 日　由吴仪部长和美国商务部部长布朗共同主持的第九届中美商贸联委会开幕，会上吴仪部长着重阐述中国对美进出口银行提供对华贷款、美对华反倾销案、纺织品贸易、复关和最惠国待遇等一系列问题的立场。双方签署中美商贸联委会商务发展委员会合作声明和协调工作组联合声明。此外，中美两国政府签署邮电合作条款、环境保护工作条款、中美全球学习与观察计划和美国亚美达科赞助协议、专利合作备忘录等文件。

11 月 19 日　钱其琛副总理在日本大阪宣布：为推动落实大阪会议通过的《行动议程》，中国将于 1996 年采取五大具体行动，即对 4000 多个税目降低不小于 30％ 的进口关税税率；再取消进口商品 170 余种的配额许可证和进口控制措施；在上海等地进行中外合资经营外贸企业试点；继续扩大试办中外合资商业零售企业；将外商投资外汇买卖统一纳入银行结售汇体系。

12 月 6 日　中国、朝鲜、俄国、韩国和蒙古在纽约正式签署关于开发图们江地区的三项协定。

12 月 28 日　国务院正式发布通知：改革和调整进口税收政策，从 1996 年 4 月 1 日起进口关税总水平降至 23％。

1996 年

1 月 9 日至 10 日　全国经贸工作会议在北京召开，会议提出 1996 年经贸工作要推进经济体制和经济增长方式的转变，建立有利于节约增效、技术进步、公平竞争和资源优化配置的机制。

1 月 11 日　外经贸部和国家科委在北京再次授予 100 家科研院所科技产品进出口权。

2 月 12 日至 16 日　外经贸部部长吴仪率中国政府经贸代表团访问英国，会见英国首相梅杰、副首相赫塞尔廷等政界要人；与英贸工大臣伊恩·兰换函确立了中英经贸联委会机制，并与其主持召开了联委会第一次会议；与英外交部海外开发署大臣乔克女士签署了关于英国向中国提供第四批政府贷款协议，即《中英两国政府关于优惠贷款安排的谅解备忘录》。同日，吴仪部长还会见了英工商界人士，中英双方有关企业签订了总计 27.4 亿美元的贸易合同和合资协议。

3 月 1 日　亚欧会议在曼谷召开，出席会议的东盟七国、中国、日本、韩国和欧盟 15 个成员国的领导人和代表以及欧盟委员会主席，在会上就加强亚欧间的合作问题进行了热烈讨论；李鹏总理在会上就建立亚欧新型伙伴关系，加强两洲在经济等领域的合作阐述了中国的立场。

4 月 10 日　李鹏总理和法国总理朱佩在巴黎出席两国经贸合作协定、合同及意向书签字仪式。它们包括关于 1996 年和 1998 年购买小麦的换函，中法政府间海运协定，中国民航向空中客车工业公司订购 30 架 A320—200 型飞机总协定以及 3 架 A340 飞机合同，法国兴业银行向神龙汽车项目提供出口信贷协议。

5 月 2 日　外经贸部部长吴仪和南非贸易和工业部部长欧文在约翰内斯堡举行会谈，会后双方签署相互给予最惠国待遇换函。

6 月 6 日至 7 月 5 日　外经贸部部长吴仪率中国政府经贸代表团访问古巴、墨西哥、秘鲁、智利、阿根廷、乌拉圭、巴西七国，分别与拉美七国领导人就双边及多边经贸合作交换了意见。

6 月 13 日　中美知识产权问题在北京举行正式磋商，16 日，中美就此达成一致，美承诺取消对华贸易报复。

6 月 29 日　全国海关推行加工贸易银行保证金台账制度工作会议在北京召开。国务院决定在试点的基础上，从 7 月 1 日起在全国推行加工贸易银行保证金台账制度。

7 月 20 日 国家外汇管理局全国分局长会议在北京召开。会议宣布，经国务院批准，从 1996 年 7 月 1 日起，我国对外商投资企业实行银行结售汇，并在年底之前实现人民币经常项目可兑换。同日，中国人民银行发布《结汇、售汇及付汇管理规定》。

9 月 14 日 国务院决定适当扩大内地省、自治区和计划单列市，国务院有关部委、直属机关，中国科学院以及船舶工业、兵器工业、航空工业、航天工业、核工业、石油化工、有色金属工业总公司和解放军总后勤部吸收外商直接投资项目的审批权限。

11 月 29 日 中国人民银行行长戴相龙宣布从 1996 年 12 月 1 日起实行人民币经常项目下可兑换。

12 月 15 日 经国务院批准，中国人民银行发布《上海浦东外资金融机构经营人民币业务试点暂行管理办法》，开始审批在上海浦东符合条件的外资金融机构经营人民币业务。中国人民银行已受理 10 家外资银行。

1997 年

1 月 2 日 外经贸部、国家工商局、国家经贸委、财政部、国家外汇管理局、国家税务局和海关总署等七部委发出通知，从 1997 年起对外商投资企业实行联合年检。

2 月 2 日 中美两国纺织品代表团正式签署第 5 个双边纺织品协议。新协议有效期为 4 年。吴仪部长和美国驻华使馆临时代办麦克海出席签字仪式。

3 月 1 日 为完善贸易进口付汇核销监管制度，国家外汇管理局决定自 1997 年 3 月 1 日起，实施新的核销管理办法。

3 月 21 日 国务院新闻办公室发表《关于中美贸易平衡问题》白皮书，阐述中国政府在此问题上的立场和观点。白皮书包括中美贸易平衡的统计问题、按原产地统计难以真实反映中美贸易平衡状况、美国对中国出口管制是双边贸易平衡的主要障碍等 5 个部分。

4 月 3 日 由国务院特区办和江苏、上海、天津、陕西联合主办的'97

中国东西部合作与投资贸易洽谈会在西安开幕，共推出招商引资和经济技术合作项目 3000 多个。来自日本、泰国、新加坡、马来西亚、荷兰、美国、加拿大、德国及港澳台地区的 600 多名境外客商参加了洽谈会。

4 月 8 日　为适应中美贸易发展对银行业的需要，中国建设银行日前在纽约设立了办事处，这是自 1991 年以来获准在美国设立的第一家商业银行机构。

4 月 12 日　为期 5 天的首届厦门对台出口商品交易会暨'97 台胞回乡旅游购物节闭幕。这次出口交易额为 15004 万美元，进口成交额为 57 万美元。

5 月 5 日　全国反倾销工作会议在广东省中山市召开。外经贸部副部长石广生强调，一些国家以反倾销之名行贸易保护主义之实，中国企业要理直气壮地保护自己的合法权益。

6 月 3 日　近日宣告成立的中国与南非之间最大的合资企业亚洲—南非金属有限公司，在南非北方省拥有一座年产 40 万吨原矿的铬矿山，产品主要销往欧洲、北美和亚洲地区。该企业的合资期限为 40 年。总投资超过 70 万美元，中方有 60% 的股份。

7 月 1 日　经国务院批准，中华人民共和国九龙海关从 1997 年 7 月 1 日起更名为"中华人民共和国深圳海关"。

7 月 9 日　由上海东方国际集团与日本三菱商事株式会社、美国大陆谷物及上海外贸公司四方合资组建的东菱贸易有限公司经国务院批准成立，这是新中国成立以来我国政府批准的第一家中外合资外贸公司。

8 月 1 日　为支持促进我国保税区的健康发展，完善和规范海关对保税区的管理，国务院批准了《保税区海关监管办法》，并于同日正式实施。

9 月 16 日　国家决定从 1997 年 10 月 1 日起降低进出口商品关税税率，平均关税水平由 23% 降低到 17%，降税幅度为 26%，这次降税共涉及 4800 多个税号商品，降低面达 73% 以上。

10 月 10 日　中国人民银行发布公告，经国务院批准，自 1997 年 10

月 15 日起,逐步允许中资企业保留一定限额的外汇收入。

10 月 16 日 国内产业首例依法对国外产品提起反倾销调查的申请由中国新闻纸产业的 9 家厂家正式向我国外经贸部和国家经贸委提出。此次被申请反倾销调查的对象主要是美国和加拿大等国的新闻报纸。

10 月 26 日至 11 月 2 日 江泽民主席访问美国,其间,江泽民同克林顿总统举行了会谈,中美发表了联合声明,中美还签署了价值 30 亿美元的 50 架波音客机等经贸合作协议。

11 月 10 日 俄罗斯总统叶利钦访问我国,其间,中俄签署声明和两国关于铺设天然气管道的谅解备忘录等文件。

11 月 10 日至 12 日 中国投资政策与投资风险保险高级国际研讨会在北京举行。李岚清副总理在研讨会上指出,中国将采取多种利用外资方式,包括进行外商投资特许权项目等新方式的试点,有步骤地推进金融、保险、贸易、通讯等服务领域的开放。

11 月 23 日 国家主席江泽民赴加拿大温哥华出席 APEC 领导人非正式会议,并在会上宣布,中国决定到 2005 年,将工业品的平均关税降至 10%。

11 月 24 日 由外经贸部科技司组织有关单位制定的《国际贸易付款方式代码》、《国际贸易合同代码规范》已经国家技术监督局批准为国家标准,编号和名称分别为:GB/T16962—1997《国际贸易付款方式代码》;GB/T6963—1997《国际贸易合同代码规范》。这两个标准将于 1998 年 1 月 1 日起实行。

12 月 9 日至 11 日 中央经济工作会议在北京召开,江泽民、李鹏、朱镕基作重要讲话。

12 月 10 日 中华人民共和国对外贸易经济合作部决定于 1997 年 12 月 10 日对来自美国、加拿大、韩国的新闻纸反倾销调查正式立案。

12 月 23 日 全国机械工作会议在北京召开,重点研究提高机械产品在国内外的竞争力。

1998 年

1 月 6 日　国家计委等组织修订的《当前国家重点鼓励发展的产业、产品和技术目录》及《外商投资产业指导目录》正式推出。

1 月 7 日　经贸委等四部委联合通知，要求严格限制进口旧机电产品。

2 月 8 日至 10 日　全国对外经济贸易工作会议在北京召开。吴仪在会上要求克服困难完成今年外经贸任务。

3 月 1 日　国家税务局发出通知，决定从当年 1 月 1 日起将纺织品的出口退税率提高到 11%。

3 月 24 日　经国务院批准，我国首家大型外经贸企业集团——中国通用技术（集团）控股有限责任公司在北京正式开业。

6 月 12 日　我国首家合资旅行社"云南力天旅游有限公司"成立。

6 月 13 日　国家外汇管理局发布国家外汇储备情况，截至当年 5 月底，国家外汇储备为 1409.1 亿美元，比年初增加 10 亿美元。

7 月 10 日　我国首例反倾销案件初步裁定，外经贸部决定从 10 日起对原产于加拿大、韩国和美国的进口新闻纸实施临时反倾销措施。

8 月 4 日　外经贸部日前向全国外经贸机构和本部各直属公司发出了《关于规范各类进出口企业经营行为，严肃查处走私行为的紧急通知》。

9 月 23 日　中国人民银行宣布：从当日起，降低美元存款利率。降低后的美元 1 年期存款利率变为 4.24%，低于人民币当时的一年期利率 4.77%。

10 月 31 日　中国人民银行决定即日起扩大对中小企业贷款利率浮动幅度，上限扩大为 20%，下限不变。

12 月 3 日　外经贸部、科技部联合正式发布《限制出口技术管理办法》及经国务院批准的《中国禁止出口、限制出口的技术目录》。

12 月 11 日　全国经贸工作会议在北京召开，国务委员吴仪在会上要求切实搞好 6 个方面的工作，加大出口力度。

12 月 29 日 中国人民银行和国家外汇管理局正式公布，自 1999 年 1 月 1 日起，中国的金融机构、企业及个人在与欧元区 11 国的经贸、金融等往来中可以接受和使用欧元。

1999 年

1 月 4 日 经外经贸部批准，希望集团有限公司等 20 家私营生产企业首批获得自营进出口权。

2 月 8 日至 10 日 龙永图首席谈判代表率中国代表团与以美国助理贸易代表卡西迪为首的美国代表团在华盛顿就中国加入世贸组织问题进行磋商。双方就美方准备提交的"最后要价单"进行讨论，这是中美间第十九轮中国加入世贸组织问题双边磋商。

3 月 19 日 龙永图在日内瓦出席由世贸组织中国工作组主席吉拉德主持的代表团团长非正式会议，此次会议的主要目的是评估目前中国加入世贸组织谈判的形式，并对今后的谈判做出安排。美国、欧盟、日本、加拿大、澳大利亚、新西兰、阿根廷、智利、马来西亚等代表团的团长出席会议，与会代表一致认为中国加入世贸组织谈判已出现新的势头，希望中国在新一轮谈判前加入世贸组织。

4 月 6 日至 14 日 中国国务院总理朱镕基对美国进行正式访问，就中国加入世界贸易组织问题，朱镕基和克林顿发表联合声明：两国已大大推进中国加入世贸组织的共同目标，美国坚定地支持中国于 1999 年加入世贸组织。

9 月 13 日 亚太经合组织第七次领导人非正式会议在新西兰奥克兰举行。中国国家主席江泽民和亚太经合组织其他成员领导人出席会议，就进一步推进亚太地区经济合作、亚太经合组织如何为新一轮全球贸易谈判做贡献以及亚太经合组织的未来走向等问题展开讨论。会后通过题为《奥克兰挑战》的宣言。

9 月 28 日 外经贸部部长石广生同美国贸易谈判代表巴尔舍夫斯基在华盛顿就中国加入世贸问题举行会谈，进一步贯彻执行两国元首就恢复双边磋商和加快谈判进程所达成的谅解。

11月15日 外经贸部部长石广生与美国贸易代表巴尔舍夫斯基分别代表中美两国政府在北京签署关于中国加入世界贸易组织的双边协议，该协议标志着中美就中国加入全球最大贸易组织的双边谈判正式结束，为中国加入世贸组织迈出重要一步。

12月3日 为期4天的世界贸易组织第三届部长会议在美国西雅图结束，本届会议未能就启动新一轮多边贸易谈判达成一致，与会者同意2000年1月在日内瓦继续进行有关新一轮谈判的磋商。中国对外经济贸易合作部部长石广生参会期间分别会见乌拉圭、巴基斯坦、俄罗斯、沙特阿拉伯等国的贸易部长及欧盟贸易委员会委员帕斯卡尔·拉米。

2000 年

1月24日至25日 中国外经贸部首席谈判代表龙永图率团前往布鲁塞尔与欧盟委员会贸易总司司长汉斯·弗雷德里克·贝塞勒为首的欧盟代表举行会谈。双边谈判集中在市场准入问题上，同时涉及与多边谈判有关的法律兼容问题。

2月17日 国务院总理朱镕基在北京会见应邀来访的世界贸易组织总干事穆尔，双方就中国加入世贸组织问题深入交换了意见。

4月5日 曼谷协定第十六次常委会一致通过关于中国加入该协定决定。中国在完成核准和生效程序后，将成为曼谷协定第六个成员国。

4月12日 中国与马来西亚在吉隆坡共同签署中马关于中国加入世界贸易组织双边市场准入协议。

5月19日 中国与欧盟在北京就中国加入世界贸易组织达成双边协议。外经贸部部长石广生和欧盟贸易委员会委员帕斯卡尔·拉米分别代表中欧双方签署协议。

6月22日 国家经贸委、国家计委、外经贸部联合发布《中西部地区外商投资优势产业目录》。

10月10日至12日 "中非合作论坛——北京2000年部长级会议"

在北京举行。国家主席江泽民、多哥总统埃亚德马、阿尔及利亚总统布特弗利卡、赞比亚总统奇卢巴、坦桑尼亚总统努卡帕、非统组织秘书长卡利姆以及来自非洲40多个国家主管对外事务和经济合作的领导人参加了会议。11日，石广生部长作题为《加强中非合作，共创美好明天》的发言，并代表中国政府做出四项承诺，支持非洲国家经济社会发展。12日，"中非合作论坛——北京2000年部长级会议"闭幕，中非双方签署《北京宣言》和《中非经济和社会合作纲领》。国务院总理朱镕基发表题为《加强团结合作，实现共同发展》的讲话。

12月5日　上海信天通信有限公司成立，这表明外资开始进入我国的电信营运领域。

12月29日　外经贸部部长石广生签署2000年第9号部令，发布《对台湾地区贸易管理办法》。明确规定对台贸易的指导原则，并对对台贸易管理方式、纠纷解决等进行规范。

2001 年

1月1日起　再次自主降低关税总水平。关税总水平从16.4%降至15.3%，平均降幅为6.6%。此次降低关税共涉及3462个税目，占我国税则税目总数的49%。

1月2日　外经贸部发布2001年第一号公告，为适应对外开放和经济体制改革的需要，决定自2001年1月15日起，取消20种机电产品配额、许可证、特定进口管理措施。

4月23日　中国向亚太经社会第五十七届年会递交中国政府对《曼谷贸易优惠协定》批准书，中国正式加入该协定。中国政府承诺削减634种商品的进口关税10%~84%。

11月9日至14日　世界贸易组织第四次部长级会议在卡塔尔首都多哈召开，会议做出启动新的多边贸易谈判的决定，并审议通过中国和中国台北"入世"的决定。

11月10日　在卡塔尔首都多哈举行的世界贸易组织（WTO）第四届

部长级会议以全体协商一致的方式，审议并通过了中国加入 WTO 的决定，标志着中国长达 15 年复关和加入 WTO 进程的结束。11 日，中国代表团团长、外经贸部部长石广生向世贸组织总干事穆尔递交江泽民主席签署的《中国加入世界贸易组织批准书》，并签署中国加入 WTO 议定书。12 月 11 日，中国正式成为 WTO 第 143 个成员。中国加入 WTO 使之向真正成为全球性贸易组织迈出一大步。19 日，龙永图等 6 名中国政府代表首次以正式成员身份出席 WTO 总理事会。

12 月 11 日　中国将正式成为世贸组织第 143 个成员。

2002 年

2 月 4 日　中国国务院总理朱镕基和东盟十国领导人在出席东盟与中国领导人会议后签署了《中国与东盟全面经济合作框架协议》，决定到 2010 年建成中国—东盟自由贸易区。《框架协议》是中国与东盟全面经济合作的里程碑，它的签署标志着中国与东盟的经贸合作进入了崭新的历史阶段。

2 月 11 日　国务院总理朱镕基签发中华人民共和国国务院第 346 号令，全文公布《指导外商投资方向规定》，并自 2002 年 4 月 1 日起施行。

8 月 21 日　国家外汇管理局发布新的《保税区外汇管理办法》，并于 2002 年 10 月 1 日起施行。

9 月 13 日　首次中国—东盟经济贸易部长会议在文莱达鲁萨兰国首都斯里巴加湾市举行。

10 月 9 日　外经贸部有关负责人表示，从 2002 年 11 月 1 日起正式实施的《对外贸易壁垒调查暂行规则》标志着我国已初步建立起贸易壁垒调查制度。

11 月 4 日　朱镕基在金边出席第 6 次东盟与中日韩（"10＋3"）领导人会议并发表讲话。

12 月 1 日　《合格境外机构投资者境内证券投资管理暂行办法》（即 QFII 制度）正式实施。

2003 年

3 月 24 日 为适应国际投资新趋势、多渠道引进外资，不断完善外商直接投资外汇管理，进一步改善外商投资环境，国家外汇管理局发布《关于外商直接投资外汇管理工作有关问题的通知》。《通知》于 2003 年 4 月 1 日起正式执行。

6 月 18 日 中国、泰国在北京签署关于《中国—东盟全面经济合作框架协议》"早期收获"方案下加速取消关税的协议。两国将自 2003 年 10 月 1 日起，提前实现中泰之间水果和蔬菜产品的零关税。

6 月 29 日 《内地与香港关于建立更紧密经贸关系的安排》（CEPA）协议签署，将自 2004 年 1 月 1 日起实施。

6 月 29 日、10 月 17 日 《内地与香港关于建立更紧密经贸关系的安排》及其 6 个附件在香港签署，《内地与澳门关于建立更紧密经贸关系的安排》及其 6 个附件于 10 月 17 日在澳门签署。内地与香港、澳门签署的这两个《安排》都于 2004 年 1 月 1 日开始实施。两个《安排》分别是中国国家主体与其单独关税区香港和澳门之间建立自由贸易关系的经贸安排。《安排》遵循"一国两制"方针，符合世贸组织有关自由贸易协定的规定。

10 月 13 日 国务院发布关于改革现行出口退税机制的决定，对现行出口退税机制进行改革。

10 月 24 日 胡锦涛在澳大利亚堪培拉与澳大利亚总理霍华德举行会谈。会谈后，共同出席《中国澳大利亚贸易与经济框架》等 4 个双边文件的签字仪式。

12 月 27 日 国家税务总局和澳门特区政府签署《澳门和内地关于对所得避免双重征税和防止偷漏税的安排》。

2004 年

1 月 1 日 我国调整进口税则的部分税目，进口税则税目总数由 2003

年的 7445 个增加到 7475 个。同时，我国降低进口税则中 2414 个税目的最惠国税率，调整后的关税总水平由 11% 下降至 10.4%，进口税则普通税率不变。

4 月 6 日　十届全国人大常务委员会第八次会议通过新的《中华人民共和国对外贸易法》，7 月 1 日起正式实施。与 1994 年外贸法相比，新《外贸法》中有六大变化值得关注：允许自然人从事对外贸易经营活动；取消对货物和技术进出口经营权的审批，实行备案登记；国家可以对部分货物的进出口实行国营贸易管理；对部分自由进出口的货物实行进出口自动许可证管理；加强与对外贸易有关的知识产权保护；加大对违法行为及侵犯知识产权行为的处罚力度。

8 月 27 日　《内地与香港关于建立更紧密经贸关系的安排》（CEPA）联合指导委员会高层会议在北京召开，商务部副部长安民与香港特区政府财政司司长唐英年共同主持会议，并分别代表中央政府和香港特区政府签署《〈内地与香港关于建立更紧密经贸关系的安排〉扩大开放磋商纪要》。

10 月 29 日　《〈内地与澳门关于建立更紧密经贸关系的安排〉补充协议》在澳门签署。

11 月 29 日　在老挝万象召开第八次中国—东盟领导人会议期间，中国商务部部长薄熙来与东盟十国经贸部长分别代表各自政府签署了中国—东盟自由贸易区（CAFTA）《货物贸易协议》和《争端解决机制协议》。商务部有关负责人表示，这两个协议的签署，标志着 CAFTA 建设进入了实质性全面启动阶段，对双边经贸关系的发展具有重大的意义，对亚洲区域经济一体化进程也将产生积极和深远的影响。

内地与香港、澳门《关于建立更紧密经贸关系的安排》于 2004 年 1 月 1 日正式实施，为内地与港澳的经贸交流拓展新的合作领域提供了更大的空间，提高了合作层次。个人游、人民币业务、货物关税、服务贸易扩大开放、专业人员进入内地等诸多措施的落实，带动了港澳酒店、销售、餐饮、运输等相关行业的景气回升以及房地产市场的反弹，困扰香港多年的通缩已逐步消失，对香港的经济复苏和发展起到了立竿见影的作用。10

月 27 日、29 日，内地与香港、澳门分别签署了《〈安排〉扩大开放的补充协议》。

12 月 1 日 中国银行业监督管理委员会宣布允许外资金融机构将经营人民币业务地域扩大到 18 个。

2005 年

1 月 1 日 中国全面履行加入 WTO 承诺，除加入 WTO 承诺中允许采用的非关税措施外，中国取消了其他所有的非关税措施，这是中国对外贸易体制发展史上的一个标志性事件。与此同时，中国关税总水平也由 10.4% 降至 9.9%，涉及降税的共 900 多个税目。

1 月 25 日 中国—智利自由贸易区贸易谈判委员会第一次会议在北京开幕。

4 月 21 日 温家宝在北京人民大会堂与来访的法国总理拉法兰举行会谈，会谈后两国总理出席双方关于农业、航空、能源等领域 20 个双边合作协议的签字仪式。

5 月 1 日 联想集团宣布以 17.5 亿美元成功收购美国 IBM 公司全球 PC 业务，合并后联想集团将以 130 亿美元的年销售额成为全球第三大 PC 制造商。10 月 26 日，总部设在加拿大的哈萨克斯坦 PK 石油公司宣布，加拿大地方法院已经批准中石油对其提出的 41.8 亿美元收购案，这是迄今为止中国公司完成的最大一起海外收购项目。

7 月 20 日 中国—东盟自由贸易区降税计划正式启动。该降税计划共涉及 7000 种商品，2005 年我国实际下调税率的商品共 3408 种，包括 2004 年 1 月 1 日已开始实施优惠税率的"早期收获"产品。

11 月 18 日 中国和智利在韩国釜山签署了《中华人民共和国政府和智利共和国政府自由贸易协定》。

2006 年

1 月 12 日 中国政府首次正式发表《中国对非洲政策文件》。指出：

中国政府致力于建立和发展中非间政治上平等互信、经济上合作共赢、文化上交流互鉴的新型战略伙伴关系。

3 月 24 日　中国—巴西高层协调与合作委员会第一次会议在北京举行。

4 月 19 日　世界贸易组织对中国加入世贸组织以来的首次贸易政策审议在日内瓦世贸组织总部举行。

6 月 15 日　上海合作组织成员国元首理事会第六次会议在上海举行。胡锦涛主持会议并发表讲话，指出：要坚定不移地倡导和实践互信、互利、平等、协商，尊重多样文明，谋求共同发展的"上海精神"。六国元首共同签署《上海合作组织五周年宣言》。

8 月 21 日至 23 日　中央外事工作会议举行。胡锦涛主席、温家宝总理在会上讲话。会议强调：新世纪新阶段的外事工作，要高举和平、发展、合作的旗帜，坚持独立自主的和平外交政策，坚定不移地走和平发展道路，全方位开展外事工作，维护和用好重要战略机遇期，维护国家主权、安全、发展利益，努力为我国改革开放和社会主义现代化建设营造良好国际环境和有利外部条件，为推动建设持久和平、共同繁荣的和谐世界做出贡献。

9 月 26 日至 28 日　第一届中国中部投资博览会在长沙举办。

10 月 15 日　历经 50 载风雨的中国出口商品交易会，迎来第 100 届盛会。国务院总理温家宝在开幕式上宣布，从第 101 届开始，"中国出口商品交易会"正式更名为"中国进出口商品交易会"。

12 月 14 日　国务院副总理吴仪和美国财长保尔森分别作为两国元首的特别代表共同主持了中美首次战略经济对话。

12 月 19 日　中国已经超越西班牙成为古巴的第二大贸易伙伴。

12 月 24 日　中国—巴基斯坦自贸协定正式签署。中国—东盟自贸区建设加快，进行了服务贸易和投资谈判。自 2006 年 10 月 1 日起，中国—智利自由贸易区开始实施。中国继续与澳大利亚、新西兰、海湾合作委员会开展自贸区谈判，并取得重要进展。此外，还启动了冰岛、新加坡的自贸区谈判。

12 月 28 日 商务部首次发布《中国服务贸易发展报告》。

2007 年

1 月 14 日 中国与东盟十国在菲律宾宿务签署了中国—东盟自贸区《服务贸易协议》。该《协议》将在各国完成国内法律审批程序后，于2007 年 7 月 1 日起正式生效。

3 月 15 日至 18 日 召开的十届全国人大五次会议上通过了《物权法草案》、《企业所得税法草案》。物权法草案以宪法为依据，体现了中国的基本经济制度，遵循了平等保护的市场法则，加大了对国有资产的保护力度，反映了现阶段党在农村的基本政策，重点解决了现实生活中迫切需要规范的问题，维护了最广大人民群众的根本利益。企业所得税法草案将内外资企业所得税税率统一为 25％，沿用十多年的内外资企业执行不同税率的时代将结束。

4 月 14 日 国务院发出《关于鼓励和规范企业对外投资合作的意见》。

6 月 29 日 商务部与香港特区政府在香港签署了《〈内地与香港关于建立更紧密经贸关系的安排〉补充协议四》，该协议将于 2008 年 1 月 1 日起正式实施。

7 月 8 日 中国与瑞士在北京签署了《中国商务部与瑞士经济部联合声明》，瑞士宣布承认中国完全市场经济地位，迄今共有 75 个国家/地区承认中国完全市场经济地位。

9 月 6 日至 8 日 首届"夏季达沃斯论坛"在大连举行。温家宝总理出席开幕式并讲话。

11 月 20 日 温家宝总理在新加坡参加东亚峰会期间，与日本首相福田康夫举行会晤。两国领导人共同确认，首次中日经济高层对话将于当年12 月 1 日在北京举行。

12 月 1 日 首次中日经济高层对话在北京人民大会堂举行，中国国务院副总理曾培炎同日本外务大臣高村正彦共同主持对话。

12 月 11 日　中美双方在钓鱼台国宾馆举行了中美经贸合作签字仪式，共签署了 14 个协议和备忘录。

2008 年

1 月 1 日　新的《企业所得税法》及其实施条例开始施行，内资、外资企业开始适用统一的企业所得税税率。

1 月 30 日　中国服务贸易协会在北京举行揭牌仪式，并开通协会网站（www. catis. org. on）。

2 月 1 日　中国铝业公司联合美国铝业公司，获得力拓英国上市公司 12% 的现有股份，交易总对价约 140.5 亿美元，这是中国企业历史上规模最大的一笔海外投资。

2 月 27 日　几内亚政府表示，鉴于中国在市场经济建设中取得的巨大成就，几内亚承认中国市场经济地位。

3 月 22 日　从水产品国际贸易发展座谈会上获悉，2007 年我国水产品出口额达 9714 亿美元。我国水产品出口已连续六年居世界首位，约占世界水产品贸易总额的 10%。

4 月 12 日　博鳌亚洲论坛 2008 年年会在海南博鳌开幕。国家主席胡锦涛在开幕式上发表主旨演讲。

6 月 19 日　以"加强亚欧合作、促进共同发展"为主题的第五届亚欧议会伙伴会议在北京举行。全国人大常委会委员长吴邦国出席开幕式并发表演讲。

8 月 1 日　财政部、国家税务总局下发通知，宣布 2008 年 8 月 1 日起调整部分纺织品、农药产品等商品的出口退税率。

8 月 16 日　我国外贸保持持续稳定增长态势。海关总署最新公布的外贸进出口数据显示，截至 2008 年 7 月底，我国对外贸易进出口总值达 14821.1 亿美元，比 2007 年同期增长 22.6%。其中，出口 8029.1 亿美元，增长 22.6%；进口 6792 亿美元，增长 31.1%。

12 月 17 日　从财政部获悉，经国务院关税税则委员会审议并报国务院批准，我国将从 2009 年 1 月 1 日起进一步调整进出口关税税则，主要涉及最惠国税率、年度暂定税率、协定税率、特惠税率及税则税目等方面。调整后，我国 2009 年版进出口税则税目总数由 2008 年的 7758 个增至 7868 个。

2009 年

2 月 5 日 从财政部获悉，财政部、国家税务总局近日发布《关于提高纺织品、服装出口退税率的通知》，明确从 2009 年 2 月 1 日起将纺织品、服装出口退税率由 14% 提高到 15%。

3 月 11 日 据海关总署公布数据显示，2009 年 1 至 2 月我国外贸进出口总值 2667.7 亿美元，同比下降 27.2%。

3 月 13 日 十一届全国人民代表大会第二次会议举行记者会，国务院总理温家宝在回答记者提问时指出，中国采取了外汇储备多元化的经营方针，中国的外汇储备总体上是安全的。中国的财政赤字在可控制的范围内，债务也是安全的。

3 月 16 日 商务部发布《境外投资管理办法》。

4 月 8 日 国务院总理温家宝主持召开国务院常务会议，讨论并原则通过《全国新增 1000 亿斤粮食生产能力规划（2009—2020 年）》。会议同时决定在上海市和广东省内四城市开展跨境贸易人民币结算试点，这标志着人民币结算由此前仅限于边贸领域开始向一般国际贸易领域拓展。

5 月 18 日 商务部副部长钟山陪同王岐山副总理在黑龙江省漠河县兴安镇出席中俄原油管道工程中国境内段开工仪式。

6 月 12 日 商务部部长陈德铭在上海主持召开华东片外贸形势座谈会。

6 月 16 日 商务部副部长钟山在京召开华北、东北片外贸形势座谈会。

后 记

在共和国诞生 60 年之际,由中国社会科学院财贸研究所所长裴长洪研究员主编,王万山教授副主编,郑文、李秀香、刘振林、吴朝阳、何昌、杨丽琳、夏建伟、陶然等教授、博士参与研究写作完成的这本著作,是我们献给祖国母亲 60 岁生日的一份礼物。本书主要从国际贸易环境、国际贸易状况、国际贸易结构、国际贸易方式、国际贸易体制与政策等方面研究和阐述共和国 60 年来的国际贸易发展,并从国际服务贸易、贸易与投资、贸易与对外经济合作、加入 WTO 和新一轮的贸易谈判、60 年贸易理论研究进展等方面以专题形式对共和国 60 年来的贸易领域做专门性的研究和阐述。共和国 60 年的对外贸易进程时而风雨兼程,时面康庄大道,是一幅波澜壮阔的历史画卷。面对纷繁的事件和人物,面对多变的贸易环境、体制及政策,面对诸多的贸易摩擦与成败得失,我们编写组很难把所有历史细节都囊括进这本著作中,我们奉献给大家的只是共和国对外贸易成长的轮廓性素描。本书是在前人研究的基础上完成,我们真挚感谢为本书添砖加瓦、增加素材的前人学者们。本书的数据资料主要来自《中国统计年鉴》、《中国对外经济贸易年鉴》、《海关统计》、"中经网统计数据库"等政府部门的统计资料,部分来自前人学者的研究成果,均已在书中标注,在此对资料提供单位和学者表示感谢。

本书的拟稿人主要来自中国社会科学院财贸研究所和江西财经大学国际经贸学院的教授和博士,研究和写作分工如下:主编裴长洪,承担全书的组织写作,确定写作思路和拟定写作大纲,在写作过程中进行纲要性指导,对全书进行统稿和审定等。副主编王万山,承担全书写作中的协调与沟通工作,对各章写作提出修改意见,统一各章格式,负责本书一稿核对，提供写作素材和材料等。各章节的具体撰稿人如下：导言：裴长洪；第一章：郑文；第二章：李秀香、杨丽琳、汪忠华、黄梓桢；第三章：刘振林；第四章：夏建伟；第五章：郑文；第六章：黄先明、陈琦；第七章：李秀香、熊雯；第八章：王万山、宋均法；第九章：何昌、陈强；第十章：王万山、毕占天；第十一章：王万山、徐丽；第十二章：吴朝阳；第十三章：吴朝阳；第十四章：陶然、涂远芬；附录：郑文；后记：王万山。此外，参加本书资料查找和协作写作的学生有江西财经大学国际经贸学院研究生陈宗财、石晶晶、黄晖等，以及江西财经大学本科生叶欢、张富昌、吕永健，青岛农业大学王莎莎等同学，在此一并表示感谢。

由于本书编写时间紧迫，因此不可避免存在一些错误和不足之处，我们真诚欢迎同行学者们提醒和指正。同时，对于文献引用中的遗漏，也敬请相关作者谅解。

编者

2009 年 8 月

策划编辑:吴焰东
责任编辑:吴焰东
封面设计:肖　辉

图书在版编目(CIP)数据

共和国对外贸易 60 年/裴长洪 主编　王万山 副主编.
-北京:人民出版社,2009.9
(庆祝新中国成立 60 周年百种重点图书)
ISBN 978 - 7 - 01 - 008224 - 0

Ⅰ. 共…　Ⅱ. 裴…　Ⅲ. 对外贸易-经济史-中国-1949 ~ 2009
Ⅳ. F752.97

中国版本图书馆 CIP 数据核字(2009)第 164055 号

共和国对外贸易60年
GONGHEGUO DUIWAI MAOYI 60 NIAN

裴长洪　主编　王万山　副主编

人民出版社 出版发行
(100706　北京朝阳门内大街 166 号)

北京外文印刷厂印刷　新华书店经销

2009 年 9 月第 1 版　2009 年 9 月北京第 1 次印刷
开本:710 毫米×1000 毫米 1/16　印张:39.75
字数:563 千字　印数:0,001 - 5,000 册

ISBN 978 - 7 - 01 - 008224 - 0　定价:80.00 元

邮购地址 100706　北京朝阳门内大街 166 号
人民东方图书销售中心　电话 (010)65250042　65289539